高等学校物理实验教学示范中心系列教材

PUTONG WULIXUE SHIYAN

普通物理学实验

主　编　陈水桥　王业伍
副主编　郑　远　肖　婷　姚星星　郭红丽

中国教育出版传媒集团
高等教育出版社·北京

内容简介

本书是《大学物理实验》的拓展与延伸，精选了39个反映当前主流教学和前沿发展的综合探究性、设计创新性实验项目，其中不少是近年来出现的实验项目，体现了物理实验与现代科技的融合。本书详细阐述了每个实验的原理、背景知识和在现代生产生活中的具体应用，并介绍了相关的实验仪器、操作要领和注意事项，旨在倡导学生自主学习，着力于培养他们分析问题、解决问题及创新的能力。

本书可作为理工科非物理学类专业多学时（48学时及以上）普通物理实验课程的教材，也可作为相关专业教师和学生的参考书。

图书在版编目（CIP）数据

普通物理学实验／陈水桥，王业伍主编；郑远等副主编．-- 北京：高等教育出版社，2025.9. -- ISBN 978-7-04-065313-7

Ⅰ. O4-33

中国国家版本馆CIP数据核字第2025C4R825号

PUTONG WULIXUE SHIYAN

策划编辑 张琦玮　　责任编辑 张琦玮　　封面设计 李小璐　　版式设计 明 艳
责任绘图 马天驰　　责任校对 陈 杨　　责任印制 高 峰

出版发行 高等教育出版社
社 址 北京市西城区德外大街4号
邮政编码 100120
印 刷 北京新华印刷有限公司
开 本 787mm×1092mm 1/16
印 张 23.25
字 数 570千字
购书热线 010-58581118
咨询电话 400-810-0598

网 址 http://www.hep.edu.cn
http://www.hep.com.cn
网上订购 http://www.hepmall.com.cn
http://www.hepmall.com
http://www.hepmall.cn

版 次 2025年9月第1版
印 次 2025年9月第1次印刷
定 价 52.00元

物 料 号 65313-00

前　言

实验物理和理论物理是物理学的两大分支，实验物理与理论物理相辅相成、缺一不可，物理学正是靠着实验和理论的相互促进不断向前发展的。

本书是一本面向理学、工学专业学生的物理实验教材，适合各类高校选用。

本书内容由综合实验（11个）、现代实验（13个）、课题实验（13个）和虚拟实验（2个）组成。本书强调实验与理论的结合、科学与创新的联系、实验与实践的关联，引入先进测量技术和计算机在物理实验教学中的应用，突出科学实验的理念和方法，倡导自主性探究和创新，着力于解决实际问题和创新能力的培养，是本科专业大类培养的物理实验教材。

本书是一本集综合性、创新性和探索性于一体的实验教材，主要培养学生的实践能力、创新能力和探索能力，从而激发学生的创新发展意识。每个实验项目都包含前沿性和创新性内容，并将相关背景知识和最新科技等融入其中，强调物理学家的开创性成就，强调全球的前沿性产品和技术，有效促进了教材建设的发展。

本书主编为陈水桥和王业伍，副主编为郑远、肖婷、姚星星和郭红丽，参编人员还有王鲲、王宙洋、费莹、杨瀚城、居乐乐等。编者感谢浙江大学物理实验教学中心的全体同事的贡献，感谢高等教育出版社相关编辑为本书付出的辛勤劳动，感谢浙江大学和物理学院领导的大力支持。

限于编者的水平，书中难免存在不足和纰漏，衷心期望同行和读者提出建议和意见。

编　者

2024年10月

目　录

第 1 章　综合实验

1.1　交流电桥与电容电感测量

【实验综述】

交流电桥是一种用于测量各种交流阻抗的仪器,交流电桥和直流电桥有着相同的结构,在直流电桥的桥臂中加入电抗元件就变成了交流电桥。由于采用交流电源,所以交流电桥的平衡条件、线路组成和平衡的实现都比直流电桥复杂。但是因为交流电桥测量电路的准确度和灵敏度都比较高,所以在电磁学测量中的应用极为广泛。

本实验要求利用交流电桥对电容及其损耗因数、电感及其品质因数进行测量和分析。

【实验目的】

1. 了解交流电桥平衡原理,掌握交流电桥平衡条件。
2. 学会用交流电桥测量电容及损耗因数。
3. 学会用交流电桥测量电感及品质因数。

【背景知识】

电桥是一种用比较法对电学参量进行高精度测量的仪器。物理实验常用的电桥一般有两类:直流电桥和交流电桥。

1. 直流电桥

直流电桥是测量电阻的仪器。物理实验常用的直流电桥有惠斯通电桥、直流双臂电桥和非平衡直流电桥。惠斯通电桥主要用于测量中等阻值的电阻;直流双臂电桥又称开尔文电桥,是一种测量低阻值电阻的仪器;直流非平衡电桥主要用于探测某个物理量的变化信息。

2. 交流电桥

交流电桥是测量各种交流参量的仪器。物理实验常用的交流电桥有并联电容电桥、串联电容电桥、海氏电桥和麦克斯韦电桥。串联电容电桥主要用来测量损耗小的电容;并联电容电桥主要用来测量损耗大的电容;海氏电桥是一种利用已知电容来测定高 Q 值电感线圈的电桥;麦克斯韦电桥是一种利用已知电容来测量低品质因数(Q 值)电感线圈的电桥。

【基本原理】

1. 交流电桥的平衡条件

如图 1-1-1 所示，交流电桥的四个桥臂均由阻抗元件构成，电桥的一条对角线 CD 接入检流计 G，另一对角线 AB 接入交流电源 U_s。

调节桥臂中各元件的阻抗，当检流计中无电流通过时，C、D 两点的电位相等，电桥处于平衡状态，这时有

$$\dot{Z}_1 \cdot \dot{Z}_3 = \dot{Z}_2 \cdot \dot{Z}_4 \tag{1-1-1}$$

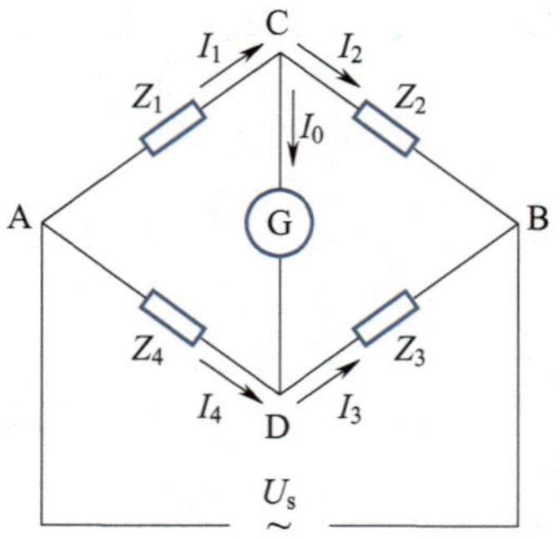

图 1-1-1

式(1-1-1)就是交流电桥的平衡条件，即当交流电桥达到平衡时，两个相对应的桥臂阻抗的乘积相等。

阻抗是表示元件电压和电流按正弦规律变化时所起的阻碍或抵抗作用的物理量，一般用符号 Z 表示。它是一个复数，实部为电阻，虚部为电抗。相应地，电容对电路中交流电所起的阻碍作用叫容抗，电感对电路中交流电所起的阻碍作用叫感抗。电容和电感在电路中对交流电引起的阻碍作用总称为电抗，一般用符号 X 表示。阻抗的单位是欧姆。复数阻抗的形式表示为

$$\dot{Z} = R + \mathrm{j}X \tag{1-1-2}$$

若将其写为指数形式，则可以表示为

$$\dot{Z} = Z\mathrm{e}^{\mathrm{j}\phi} \tag{1-1-3}$$

因此，将电桥的平衡条件用复数的指数形式表示为

$$Z_1 \cdot Z_3 \mathrm{e}^{\mathrm{j}(\phi_1+\phi_3)} = Z_2 \cdot Z_4 \mathrm{e}^{\mathrm{j}(\phi_2+\phi_4)} \tag{1-1-4}$$

根据复数相等的条件，式(1-1-4)两端的辐模相等，辐角也相等，即

$$\phi_1+\phi_3=\phi_2+\phi_4 \tag{1-1-5}$$

由此可见，交流电桥的平衡条件必须同时满足两个条件：(1) 相对桥臂上的阻抗辐模乘积相等；(2) 相对桥臂上的阻抗辐角之和相等。

2. 交流电桥桥臂阻抗配置形式

为便于调节电桥平衡，需要根据元件的性质按照电桥的平衡条件适当配置桥臂阻抗，一般采用标准电抗元件和被测元件搭配的形式。按桥臂阻抗配置形式，交流电桥一般有臂比电桥和臂乘电桥两种配置形式。

(1) 臂比电桥配置形式

若将标准元件 Z_n 和被测元件 Z_x 相邻放置，比如图 1-1-1 中的 Z_4 改用 Z_x，Z_3 改用 Z_n，此时根据式(1-1-1)有

$$\dot{Z}_x = \frac{\dot{Z}_1}{\dot{Z}_2} \cdot \dot{Z}_n \tag{1-1-6}$$

式中，$\dot{Z}_1/\dot{Z}_2$ 为实数，称为臂比。此种形式的电桥又称臂比电桥，其中 Z_n 和 Z_x 必须是性质相同的

元件，改变臂比可以改变测量倍率。

由电桥的平衡条件可知，如果相邻两臂接入纯电阻，则另外相邻两臂也必须接入相同性质的阻抗。如果被测对象 Z_x 是电容，则与它相邻的桥臂 Z_n 也必须是电容。如果被测对象 Z_x 是电感，则与它相邻的桥臂 Z_n 也必须是电感。

（2）臂乘电桥配置形式

若将被测元件 Z_x 和标准元件 Z_n 相对放置，比如图 1-1-1 中的 Z_4 为 Z_x，Z_2 为 Z_n，则此时根据式(1-1-1)有

$$\dot{Z}_x=\frac{\dot{Z}_1\cdot\dot{Z}_3}{\dot{Z}_n} \tag{1-1-7}$$

式中，$\dot{Z}_1\cdot\dot{Z}_3$ 称为臂乘。此种形式的电桥又称臂乘电桥，其中 Z_n 和 Z_x 元件阻抗性质必须相反。这种形式的电桥常用于使用标准电容测量电感的实验中。

如果相对桥臂接入纯电阻，则另外相对两臂必须为相反性质的阻抗元件。如果被测对象 Z_x 是电容，则它相对的桥臂 Z_n 必须是电感。如果被测对象 Z_x 是电感，则它相对的桥臂 Z_n 必须是电容。

3. 电容电桥和损耗因数

电容电桥主要用于测量电容器的电容及其损耗因数。电容器并非理想元件，存在介质损耗，因此通过电容器的电流和它两端电压的相位差并非 90°，而是比 90°要小一个角度 δ。这个角度 δ 称为损耗角。

具有损耗的电容可以用两种形式的等效电路表示：一种是理想电容和一个电阻串联的等效电路，如图 1-1-2(a)所示；另一种是理想电容和电阻并联的等效电路，如图 1-1-3(a)所示。在等效电路中，理想电容表示实际电容的等效电容，串联或者并联的等效电阻表示实际电容的热损耗。必须注意，等效串联电路中的 C 和 R 与等效并联电路中的 C' 和 R' 是互不相等的。在一般情况下，电容器电介质损耗不大时，应该有 $C\approx C'$，$R\leqslant R'$。因此，如果用 R 或者 R' 表示实际电容器的损耗时，必须说明它是针对哪种等效电路而言的。因此，为方便起见，通常使用电容器的损耗角的正切表示它的介质损耗特性，用符号 D 表示，称为损耗因数。由图 1-1-2(a)和图 1-1-3(a)可看出，这对两种等效电路都是适合的，因此不管采用哪种等效电路，求出的损耗因数应该是一致的。

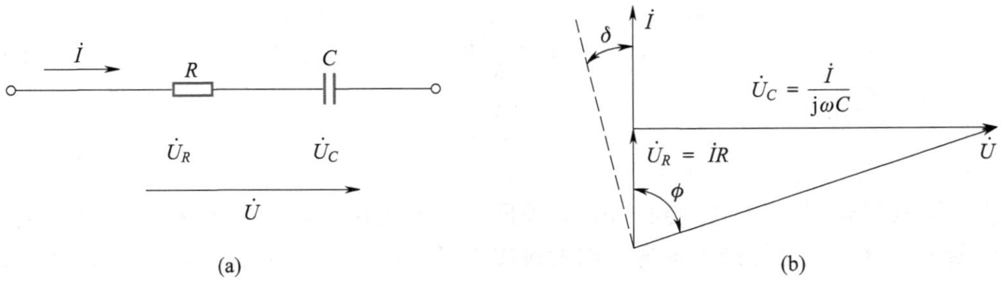

图 1-1-2

（a）电容与电阻串联的等效电路

电容与电阻串联等效电路的电压与电流的相量图如图 1-1-2(b)所示。

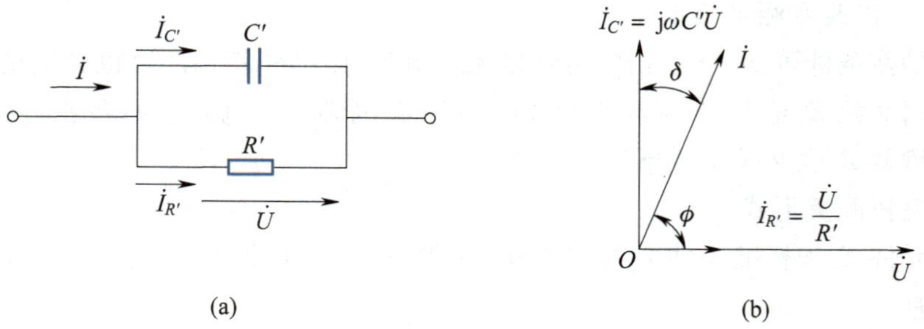

图 1-1-3

根据图 1-1-2(b)电压和电流的相量图，得到串联的电容器的损耗因数为

$$D=\tan\delta=\frac{\dot{U}_R}{\dot{U}_C}=\omega CR \tag{1-1-8}$$

(b) 电容与电阻并联的等效电路

电容与电阻并联等效电路的电压与电流的相量图如图 1-1-3(b)所示。

根据图 1-1-3(b)电压和电流的相量图，得到并联的电容器的损耗因数为

$$D=\tan\delta=\frac{\dot{I}_{R'}}{\dot{I}_{C'}}=\frac{1}{\omega C'R'} \tag{1-1-9}$$

(1) 串联电容电桥

串联电容电桥是一种测量损耗小的电容的交流电桥。图 1-1-4 是适用于测量损耗较小的电容的串联电容电桥，被测电容 C_x 接到电桥的一臂，它的损耗以等效串联电阻 R_x 表示，与被测电容相比较的标准电容 C_n 接入其相邻臂，同时给 C_n 串联一个可变电阻 R_n，桥的另外两臂均为纯电阻 R_a 和 R_b。根据电桥的平衡条件

$$\left(R_x+\frac{1}{j\omega C_x}\right)R_b=\left(R_n+\frac{1}{j\omega C_n}\right)R_a \tag{1-1-10}$$

当电桥平衡时，有

$$R_x=\frac{R_a}{R_b}R_n \tag{1-1-11}$$

$$C_x=\frac{R_b}{R_a}C_n \tag{1-1-12}$$

由上述两式可知，要使电桥达到平衡，必须同时满足电桥的两个平衡条件，因此需要至少调节两个参量 R_n 和 C_n，但是标准电容通常都做成固定的，即电容 C_n 不可能连续可调，只能调节 R_a 与 R_b 的比值，使得式(1-1-12)达到相等，但是调节 R_a 与 R_b 的比值又会影响式(1-1-11)的相等。可见，要使得电桥同时满足两个平衡条件，必须同时对 R_a、R_b、R_n 等参量反复调节才能实现。最后，当电桥平衡时，R_x 和 C_x 分别可以根据式(1-1-11)和式(1-1-12)计算得到，此时被测电容的损耗因数为

$$D=\tan\delta=\omega C_x R_x=\omega C_n R_n \qquad (1-1-13)$$

(2) 并联电容电桥

并联电容电桥是一种测量损耗大的电容的交流电桥。如果被测电容的损耗较大，当用串联电容电桥测量时，标准电容串联的电阻 R_n 的阻值必须很大，这样会降低电桥的灵敏度。因此当被测电容损耗很大时，可采用图 1-1-5 所示的并联电容电桥的线路进行测量。

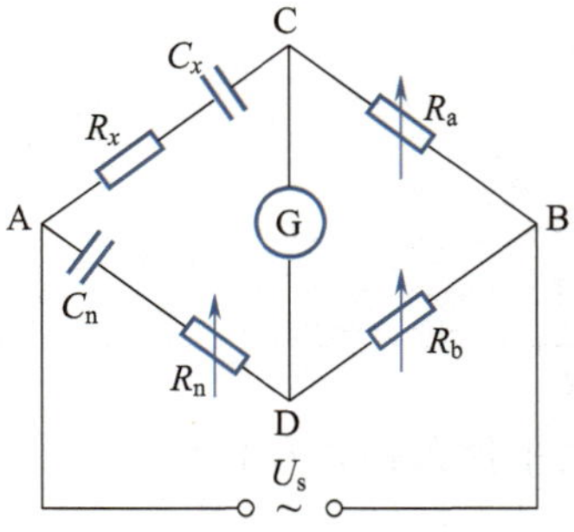

图 1-1-4

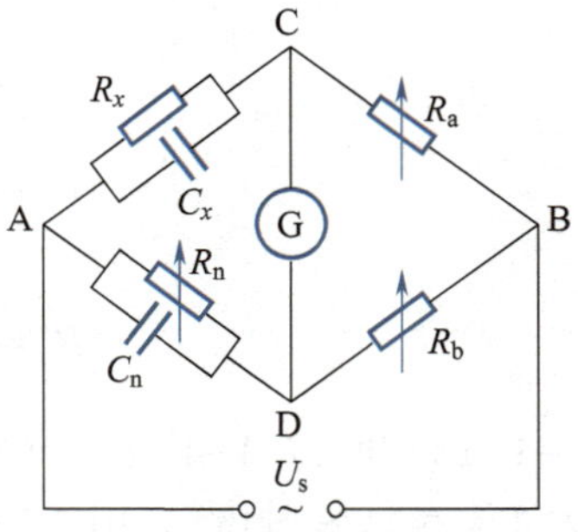

图 1-1-5

将被测电容 C_x 接到电桥的一臂，被测电容的损耗以等效并联电阻 R_x 表示，将与被测电容相比较的标准电容 C_n 接入其相邻臂，同时给 C_n 并联一个可变电阻 R_n，桥的另外两臂为纯电阻 R_a 和 R_b，则根据电桥的平衡条件有

$$R_b\left(\frac{1}{j\omega C_x+\frac{1}{R_x}}\right)=R_a\left(\frac{1}{j\omega C_n+\frac{1}{R_n}}\right) \qquad (1-1-14)$$

整理后可得

$$R_x=\frac{R_a}{R_b}R_n, \quad C_x=\frac{R_b}{R_a}C_n$$

此时损耗因数为

$$D=\tan\delta=\frac{1}{\omega C_x R_x}=\frac{1}{\omega C_n R_n} \qquad (1-1-15)$$

4. 电感电桥和品质因数

电感电桥可用来测量电感，电感电桥有多种形式，通常采用的是标准电容作为标准元件，由前面对电桥的平衡条件的分析可知，标准电容一定要和被测电感放置在相对的桥臂上。当然，根据实际测量的需要，也可以采用标准电感作为标准元件，此时标准电感和被测电感应放置在相邻的桥臂上。

由于一般的电感线圈都不是纯电感，除了电抗外，还有有效电阻，电抗与电阻之比称为电感的品质因数，用 Q 表示，即

$$Q=\frac{\omega L}{R} \qquad (1-1-16)$$

下面是两种常见的电感电桥。

(1) 海氏电桥

海氏电桥一般用来测量高 Q 值的电感,电路图如图 1-1-6 所示。

将被测电感 L_x 接到电桥的一臂,其等效串联电阻用 R_x 表示,标准电容 C_n 接入相对的另一臂,同时给 C_n 串联一个可变电阻 R_n,桥的另外两臂均为纯电阻 R_a 和 R_b。根据电桥平衡条件可得

$$(R_x+j\omega L_x)\left(R_n+\frac{1}{j\omega C_n}\right)=R_aR_b \tag{1-1-17}$$

整理后可得

$$L_x=R_aR_b\frac{C_n}{1+(\omega C_nR_n)^2} \tag{1-1-18}$$

$$R_x=R_aR_b\frac{R_n\omega^2C_n^2}{1+(\omega C_nR_n)^2} \tag{1-1-19}$$

通过式(1-1-18)和式(1-1-19)可知,海氏电桥的平衡条件是和频率有关的。因此在使用海氏电桥时,需要考虑电源频率,否则会影响测量精度。

使用海氏电桥测量电感时,其 Q 值为

$$Q=\frac{\omega L_x}{R_x}=\frac{1}{\omega C_nR_n} \tag{1-1-20}$$

由式(1-1-20)可知,被测电感的 Q 值越小,则要求标准电容 C_n 的值越大,但是一般的标准电容都不会做得很大。此外,若是被测电感 Q 值过小,则海氏电桥的标准电容桥臂中所串联的电阻 R_n 的值也必须很大,当电桥中某个桥臂阻抗数值过大时,将会影响电桥的灵敏度,因此海氏电桥适用于测量 Q 值较大的电感。

(2) 麦克斯韦电桥

测量低 Q 值(Q<10)电感时,应采用麦克斯韦电桥,其电路图如图 1-1-7 所示。

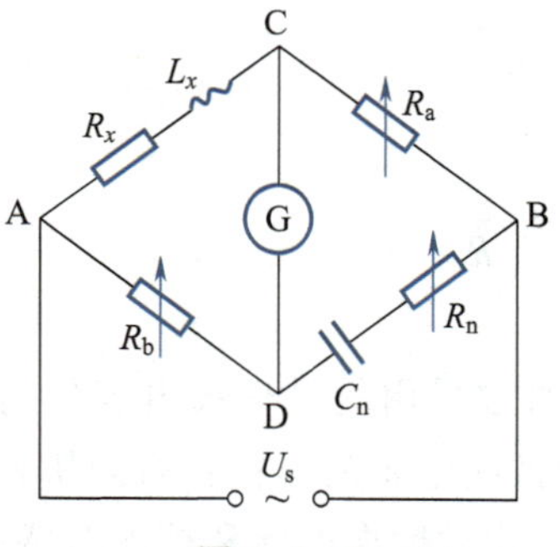

图 1-1-6

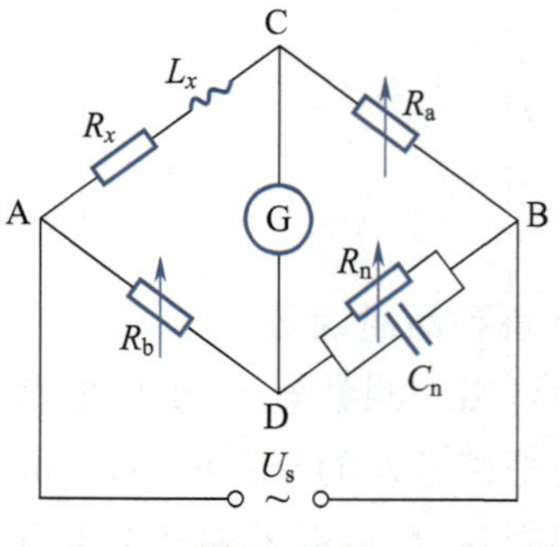

图 1-1-7

将被测电感 L_x 接到电桥的一臂,它的等效串联电阻用 R_x 表示,标准电容 C_n 接入相对的另一臂,同时给 C_n 并联一个可变电阻 R_n,桥的另外两臂均为纯电阻 R_a 和 R_b。根据平衡条件可得

$$(R_x+j\omega L_x)\left(\frac{1}{j\omega C_n+\frac{1}{R_n}}\right)=R_aR_b \tag{1-1-21}$$

整理后可得

$$L_x = R_a R_b C_n \tag{1-1-22}$$

$$R_x = R_a R_b \frac{1}{R_n} \tag{1-1-23}$$

被测电感的品质因数 Q 为

$$Q = \frac{\omega L_x}{R_x} = \omega C_n R_n \tag{1-1-24}$$

可见，L_x 和 R_x 的关系式均与频率无关，因此该电桥的应用范围较广。

【实验装置】

被誉为“交流电之父”的法拉第首先发现电磁感应现象，并进而得到产生交流电的方法，发明了第一台发电机。法拉第的电磁感应理论为麦克斯韦电磁理论的建立打下了基础。麦克斯韦是经典电动力学的创始人，统计物理学的奠基人之一，他建立了麦克斯韦方程组，预言电磁波的存在，提出光的电磁说。麦克斯韦电桥是一种测量未知电感的交流电桥，广泛应用于电工电子领域。

交流电桥实验仪通常为盒式结构，主要用于测量各种电抗元件的参量。本实验的交流电桥实验仪面板示意图如图 1-1-8 所示。

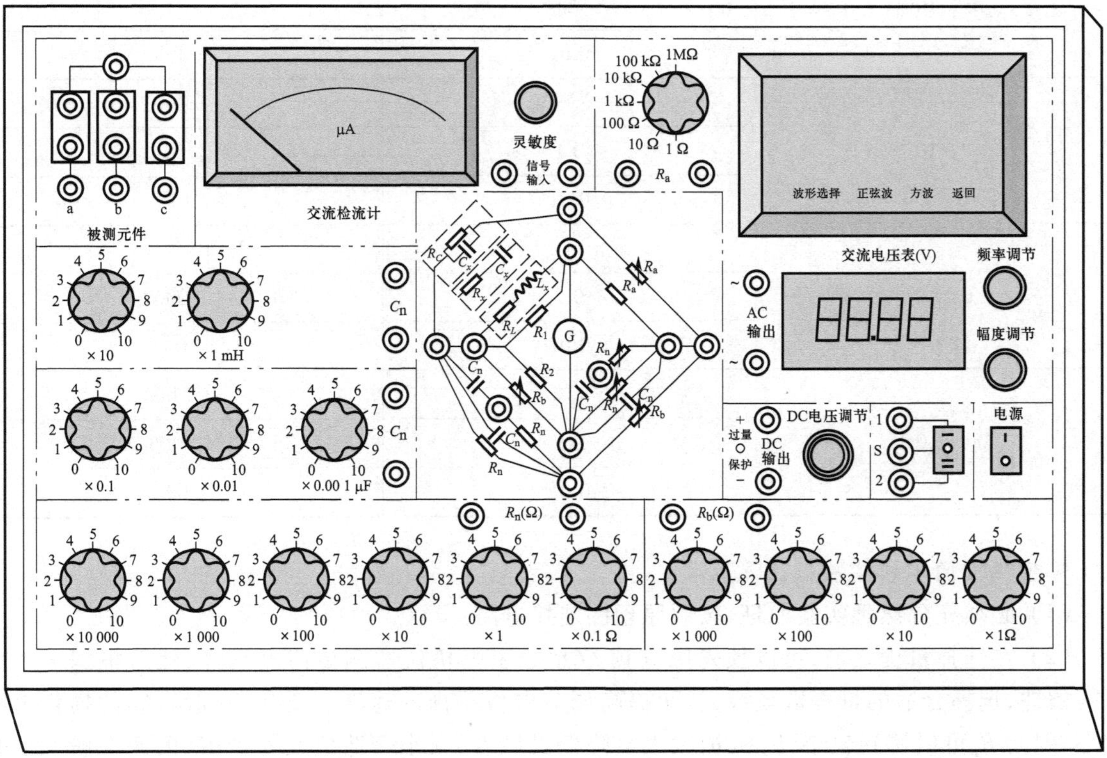

图 1-1-8

1. 交流电桥实验仪主要技术性能

（1）内置桥臂电阻

（a）R_a：由 1 Ω，10 Ω，100 Ω，1 000 Ω，1 kΩ，10 kΩ，100 kΩ，1 MΩ 六个电阻组成，精度为 0.2%。

（b）R_b：由 10×1 000 Ω，10×100 Ω，10×10 Ω，10×1 Ω 电阻箱组成，精度为 0.2%。

（c）R_n：由 10×10 000 Ω，10×1 000 Ω，10×100 Ω，10×10 Ω，10×1 Ω，10×0.1 Ω 电阻箱组成，精度为 0.2%。

（2）内置标准电容

C_n：由 10×0.1 μF，10×0.01 μF，10×0.001 μF 三个电容箱组成。

（3）内置标准电感

L_n：由 10×1 mH，1×10 mH 两个电感箱组成。

2. 交流电桥实验仪操作说明

为了使待测电容 C_x 的电容有 4 位有效数字，电阻 R_b 必须显示 4 位以上有效数字，表 1-1-1 是参量设置方法。电感电桥的参量可以根据平衡条件的公式，先用宽频 *LCR* 数字电桥仪器测量待测元件电感数量级，从而设定标准元件的数量级，进而可取得 4 位有效数字。

表 1-1-1 参量设置

C_x/μF	C_n/μF	R_a/Ω
10~100	1	100
	0.1	10
	0.01	1
1~10	1	1 000
	0.1	100
	0.01	10
0.1~1	1	10 000
	0.1	1 000
	0.01	100
0.01~0.1	1	100 000
	0.1	10 000
	0.01	1 000

3. 使用交流电桥实验仪注意事项

（1）必须充分熟悉实验原理，按照原理图连接电路。

（2）在选择量程之前，可以预先用宽频 *LCR* 数字电桥仪器测量待测元件，然后根据电桥的平衡条件，选择合适的量程数量级，从而提高调节电桥平衡的速度。比如，一般电容的损耗电阻较小，因此 R_n 可以调到较小；R_a 和 R_b 太大会降低灵敏度，太小会造成元件过载，因此一般调成几百或几千欧较为适宜；刚开始设置的电源电压太大，检流计就不容易调节，因此刚开始时的电源电压可以调小些,再慢慢地调大,这样调节更容易使电路平衡。

(3) 交流电桥采用的是检流计,电桥平衡时指针位于左侧0位置。实验时,检流计的灵敏度应先调到较低位置,待基本平衡时,再调高灵敏度,并继续调节,直到电桥平衡。

(4) 使用电容测量功能时,应该注意 R_a 的阻值以几百欧或几千欧为宜,否则影响测量灵敏度。

(5) 为了使测量结果有4位有效数字,电阻 R_b 的"×1 000"挡应该不能为零。

(6) 在电桥平衡过程中,有时指针不能完全回到0位置,但只要让指针指数最小即可。指针不能完全回到0位置的原因有:测量电阻时,被测电阻的分布电容或电感太大;测量电容和电感时,损耗平衡的调节精度受到限制,尤其是低 Q 值的电感或者高损耗的电容测量时更为明显;电感线圈极易受到外界干扰,也会影响电桥平衡,此时可以试着变换电感的位置来减小其影响;由于桥臂元件并非理想元件,所以选择的量程不当,以及被测元件的电抗值过小或者过大,也会造成电桥难以调至平衡;在保证测量精度情况下,灵敏度不宜过高,灵敏度过高也会给测量带来影响;使用了不合适的桥路形式;等等。

【实验内容】

1. 电容测量

(1) 串联电容电桥

根据实验原理,测量低损耗待测电容,并计算待测电容损耗因数。

(a) 用宽频 *LCR* 数字电桥仪器测量待测电容的电容 C_x 和电容损耗因数 D 作为真值,并记录在表 1-1-2 中。

表 1-1-2 数据记录

次数 i	测量值		设置值		读数		计算结果				
	$C_{x真值}$	$D_{真值}$	C_n	R_a	R_n	R_b	R_x	C_x	D	$\overline{C}_x$	$\overline{D}$
1											
2											
3											
4											
5											

(b) 按照图 1-1-4 原理,在交流电桥实验仪上连接线路。

(c) 根据表 1-1-1 参量设置方法设置合适的 C_n、R_a 值,并把设置值记录在表 1-1-2 中。如果待测电容较小,R_n 可以调成零或较小值。

(d) 开启交流电桥实验仪的电源,选择"正弦波",设定频率为 1 kHz。

(e) 调节工作电压"幅度调节"旋钮和"灵敏度"调节旋钮,先使输出值较小,然后慢慢调大,以减小调节难度。

(f) 调节 R_b 使检流计偏转最小,调节 R_n 使检流计再次偏转最小,慢慢增加工作电压和灵敏度，反复调节 R_b 和 R_n，直到工作电压和灵敏度最大时检流计偏转最小。

(g) 读取 R_n 和 R_b 值，并记录在表 1-1-2 中。

(h) 计算 R_x、C_x 和 D 值，记录在表 1-1-2 中。

(i) 重复测量，并计算 $\overline{C}_x$ 和 $\overline{D}$ 值，记录在表 1-1-2 中。

(j) 求电容 C_x 和电容损耗因数 D 的相对误差。

(2) 并联电容电桥

根据实验原理，测量有损耗的待测电容，并计算待测电容损耗因数。

(a) 用宽频 LCR 数字电桥仪器测量待测电容的电容 C_x 和电容损耗因数 D 作为真值，并记录在表 1-1-3 中。

表 1-1-3 数据记录

次数 i	测量值		设置值		读数		计算结果				
	$C_{x真值}$	$D_{真值}$	C_n	R_a	R_n	R_b	R_x	C_x	D	$\overline{C}_x$	$\overline{D}$
1											
2											
3											
4											
5											

(b) 按照图 1-1-5 原理，在交流电桥实验仪上连接线路。

(c) 根据表 1-1-1 参量设置方法设置合适的 C_n、R_a 值，并把设置值记录在表 1-1-3 中。如果待测电容较小，R_n 可以调成零或较小值。

(d) 开启交流电桥实验仪的电源，选择“正弦波”，设定频率为 1 kHz。

(e) 调节工作电压“幅度调节”旋钮和“灵敏度”调节旋钮，先使输出值较小，然后慢慢调大，以减小调节难度。

(f) 调节 R_b 使检流计偏转最小，调节 R_n 使检流计再次偏转最小，慢慢增加工作电压和灵敏度，反复调节 R_b 和 R_n，直到工作电压和灵敏度最大时检流计偏转最小。

(g) 读取 R_n 和 R_b 值，并记录在表 1-1-3 中。

(h) 计算 R_x、C_x 和 D 值，记录在表 1-1-3 中。

(i) 重复测量，并计算 $\overline{C}_x$ 和 $\overline{D}$ 值，记录在表 1-1-3 中。

(j) 求电容 C_x 和电容损耗因数 D 的相对误差。

2. 电感测量

(1) 海氏电桥

根据实验原理，测量高 Q 值的待测电感，并计算待测电感品质因数。

(a) 用宽频 LCR 数字电桥仪器测量待测电感的电感 L_x 和电感品质因数 Q 作为真值，并记录在表 1-1-4 中。

表 1-1-4　数据记录

次数 i	测量值		设置值		读数		计算结果				
	$L_{x真值}$	$Q_{真值}$	C_n	R_a	R_n	R_b	R_x	L_x	Q	$\overline{L}_x$	$\overline{Q}$
1											
2											
3											
4											
5											

(b) 按照图 1-1-6 原理，在交流电桥实验仪上连接线路。

(c) 按照估算，设置合适的 C_n和 R_a值，并把设置值记录在表 1-1-4 中。

(d) 开启交流电桥实验仪的电源，选择“正弦波”，设定频率为 1 kHz。

(e) 调节工作电压“幅度调节”旋钮和“灵敏度”调节旋钮，先使输出值较小，然后慢慢调大，以减小调节难度。

(f) 调节 R_b使检流计偏转最小，调节 R_n使检流计再次偏转最小，慢慢增加工作电压和灵敏度，反复调节 R_b和 R_n，直到工作电压和灵敏度最大时检流计偏转最小。

(g) 读取 R_n和 R_b值，并记录在表 1-1-4 中。

(h) 计算 R_x、L_x和 Q 值，记录在表 1-1-4 中。

(i) 重复测量，并计算 $\overline{L}_x$和 $\overline{Q}$ 值，记录在表 1-1-4 中。

(j) 求电感 L_x和电感品质因数 Q 值的相对误差。

(2) 麦克斯韦电桥

根据实验原理，测量低 Q 值的待测电感，并计算待测电感品质因数。

(a) 用宽频 *LCR* 数字电桥仪器测量待测电感的电感 L_x和电感品质因数 Q 作为真值，并记录在表 1-1-5 中。

表 1-1-5　数据记录

次数 i	测量值		设置值		读数		计算结果				
	$L_{x真值}$	$Q_{真值}$	C_n	R_a	R_n	R_b	R_x	L_x	Q	$\overline{L}_x$	$\overline{Q}$
1											
2											
3											
4											
5											

(b) 按照图 1-1-7 原理，在交流电桥实验仪上连接线路。

(c) 按照估算，设置合适的 C_n和 R_a值，并把设置值记录在表 1-1-5 中。

(d) 开启交流电桥实验仪的电源，选择“正弦波”，设定频率为 1 kHz。

(e) 调节工作电压“幅度调节”旋钮和“灵敏度”调节旋钮，先使输出值较小，然后慢慢调大，以减小调节难度。

(f) 调节 R_b 使检流计偏转最小，调节 R_n 使检流计再次偏转最小，慢慢增加工作电压和灵敏度，反复调节 R_b 和 R_n，直到工作电压和灵敏度最大时检流计偏转最小。

(g) 读取 R_n 和 R_b 值，并记录在表 1-1-5 中。

(h) 计算 R_x、L_x 和 Q 值，记录在表 1-1-5 中。

(i) 重复测量，并计算 $\overline{L}_x$ 和 $\overline{Q}$ 值，记录在表 1-1-5 中。

(j) 求电感 L_x 和电感品质因数 Q 值的相对误差。

【拓展题】

1. 简述交流电桥的基本特性。

2. 设计一个利用电桥测量微位移的方法，要求画出实验系统框图，叙述实验原理和测量方法。

1.2 电子束与电子荷质比测量

【实验综述】

电子的发现不仅使人类对电现象有了更本质的认识,还打破了原子是不可再分的最小单位的观点。带电粒子的电荷量与质量的比值称为荷质比,也称比荷,是带电微观粒子的基本参量之一。电子电荷量及荷质比的测定在近代物理学的发展中具有重大的意义,是研究物质结构的基础。

本实验主要探究电子束在电磁场中的运动规律,并利用磁聚焦法测量电子荷质比。

【实验目的】

1. 了解示波管结构。
2. 熟悉电子束发生电偏转、电聚焦、磁偏转和磁聚焦的原理。
3. 学会使用磁聚焦法测量电子荷质比。

【背景知识】

测量电子荷质比的方法很多,除了本实验中的电偏转法、磁偏转法及磁聚焦法外,还有磁控管法、双电容法和塞曼效应法等。

1. 磁控管法

磁控管法是把磁控管(理想真空二极管)置于同轴长螺线管内,在磁控管上灯丝加电压,阴极发射电子,当阴极和阳极之间被加上阳极电压 U_{A_2} 时,在阴极和阳极间就形成径向电场,连接这个磁控管的外电路中就有电流通过,如图 1-2-1(a)为磁控管中径向运动的电子运动状态;将磁控管置于磁场中,则磁控管中径向运动的电子将受到洛伦兹力的作用而作曲线运动,如图 1-2-1(b)、(c)所示;当磁场强度达到一定值时,作曲线运动的径向电子流将不能到达阳极而"断流",如图 1-2-1(d)所示。只要测出使阳极电流截止时的临界磁场 B,就可以求出电子的荷质比

$$e/m = 8U_{A_2}/B^2b^2$$

其中,b 为磁控管圆筒形阳极的半径,B 为磁场的磁感应强度。

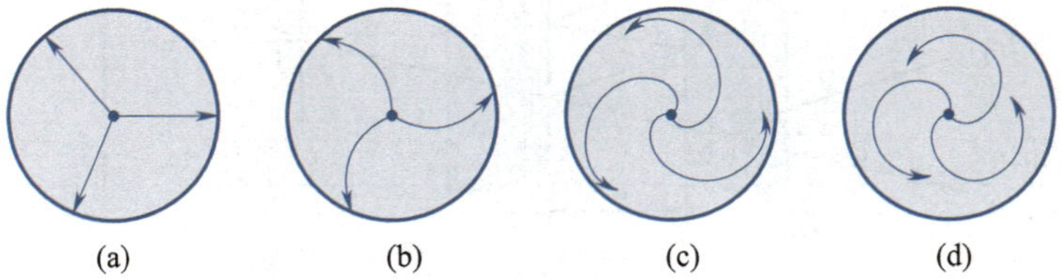

图 1-2-1

2. 双电容法

双电容法是电子荷质比测量较精准的方法之一，工作原理示意图如图 1-2-2 所示。基本方法是：让电子在阴极 K 和阳极 A 间加速电压 U_{A_2} 的作用下，进入加有频率为 f 的交流电压的两个带孔电容器 C_1 和 C_2 中，图中 D_1 和 D_2 是带有小孔的屏，两电容器间距离为 L，通过改变频率使电子束在荧光屏 F 上不发生偏转，此时根据电子的平衡条件得到电子的荷质比为

$$e/m = 2f^2L^2/n^2U_{A_2}^2, \quad n = 1, 2, 3, \cdots$$

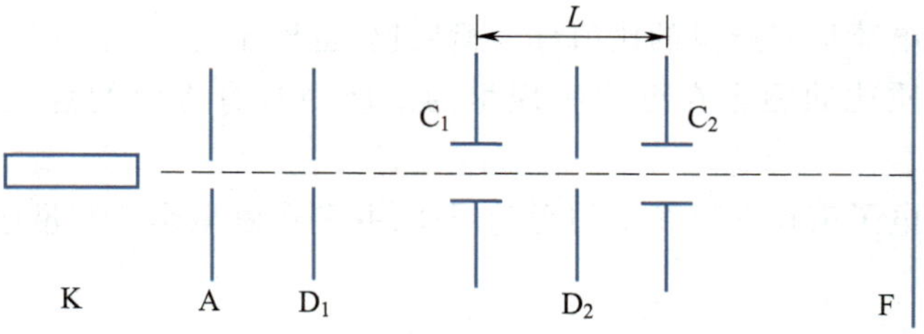

图 1-2-2

3. 塞曼效应法

根据塞曼效应，当光线通过强磁场时，光谱中的一条谱线会分裂成几条谱线。谱线分裂的条数随光子跃迁能级的不同而不同。用间距为 d 的法布里-珀罗标准具（F-P 标准具）测量干涉环直径，可得到各分裂谱线的波长或波长差，其光路示意图如图 1-2-3 所示。设空气折射率 $n=1$，可得电子荷质比为

$$\frac{e}{m} = \frac{4\pi c}{Bd}\left(\frac{D_k'^2 - D_k^2}{D_{k-1}^2 - D_k^2}\right)$$

其中，c 为光速，B 为磁场的磁感应强度，D_k 表示未加磁场时原谱线所形成的第 k 级干涉圆环直径，与同一级次分裂后的 9 个圆环中的中间圆环的直径相等，D_k' 为加磁场后分裂成的 9 个圆环中除了中间圆环外的其他圆环中任何一个圆环的直径。

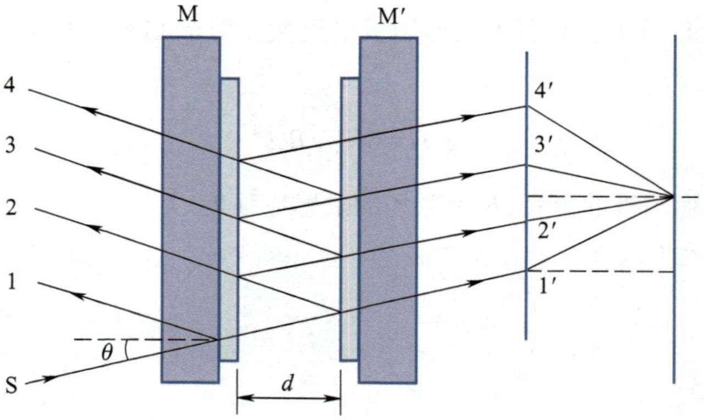

图 1-2-3

【实验原理】

1. 电偏转——电子束与横向电场

如图 1-2-4 所示，在示波管间距为 d 的偏转板上加上偏转电压 U_d，当加速后的电子 e 以初速度 v_0 沿 Z 轴方向进入偏转板中，受到电场强度为 $\boldsymbol{E}$ 的偏转电场（Y 轴方向）的作用，使电子的运动轨道发生偏移。假定偏转电场在偏转板长度为 l 的范围内是均匀分布的，则电子作类平抛运动；在偏转板外，电场为零，电子不受力，作匀速直线运动。

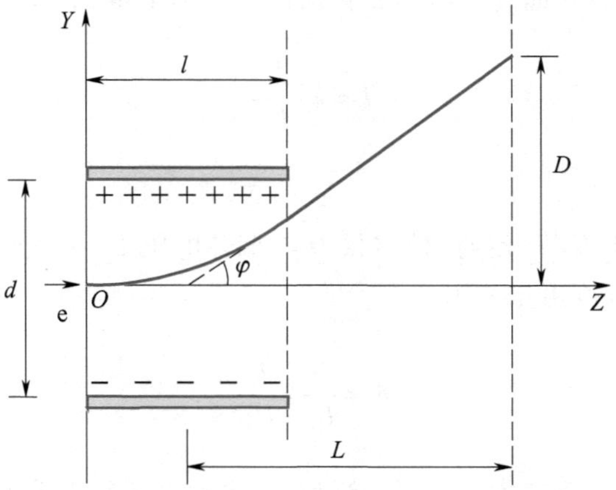

图 1-2-4

在偏转板内部，电子偏转量可表示为

$$Y=\frac{1}{2}at^2=\frac{1}{2}\frac{eE}{m}\left(\frac{Z}{v_0}\right)^2 \tag{1-2-1}$$

式(1-2-1)中，e 为电子电荷量（绝对值），m 为电子的质量，Y 为电子束在 Y 轴方向的偏转量，a 为电子在电场中的加速度，t 为电子在电场中的加速时间，Z 为电子在电场中沿 Z 轴方向的位移，v_0 为电子进入电场的初始速度。电子在加速电压 U_{A_2} 的作用下，加速电压对电子所做的功全部转化为电子的动能，则有

$$\frac{1}{2}mv_0^2=eU_{A_2} \tag{1-2-2}$$

将式(1-2-2)和 $E=\dfrac{U_d}{d}$ 代入式(1-2-1)，得

$$Y=\frac{U_d Z^2}{4U_{A_2}d} \tag{1-2-3}$$

电子离开偏转系统时，电子运动的轨道与 Z 轴方向所成的偏转角 φ 的正切为

$$\tan\varphi=\left.\frac{\mathrm{d}Y}{\mathrm{d}Z}\right|_{Z=l}=\frac{U_d l}{2U_{A_2}d} \tag{1-2-4}$$

设偏转板的中心至荧光屏的距离为 L，电子在荧光屏上的偏转量为 D，把 $\tan\varphi=\dfrac{D}{L}$ 代入式(1-2-4)，得

$$D=\frac{U_d lL}{2U_{A_2}d} \tag{1-2-5}$$

由式(1-2-5)可知，荧光屏上电子束的偏转量 D 与偏转电压 U_d 成正比，与加速电压 U_{A_2} 成反比。由于式(1-2-5)中的其他量是与示波管结构有关的常量，故式(1-2-5)可改写成

$$D=k_e\frac{U_d}{U_{A_2}} \tag{1-2-6}$$

式中，k_e 为电偏常量。

由此可见，当加速电压 U_{A_2} 一定时，偏转量 D 与偏转电压 U_d 呈线性关系。

另外，电偏转的灵敏程度可定义为

$$\delta_e=\frac{D}{U_d}=\frac{k_e}{U_{A_2}} \tag{1-2-7}$$

其中，δ_e 称为电偏转灵敏度，单位为 mm/V。δ_e 越大，表示电偏转系统的灵敏度越高。

2. 电聚焦——电子束与纵向电场

电聚焦系统由电极 G′、第一阳极 A_1 和第二阳极 A_2 组成，它能把电子束的交叉点成像在示波管的荧光屏上，呈现为直径足够小的光点。如果将这个过程与几何光学进行类比，由于 A_1 两侧具有相同的电位就好比具有相同的折射率，所以由 G′、A_1、A_2 所组成的电聚焦系统对电子的作用与凸透镜对光的作用相似，通常亦称为电子透镜。

设一电子由电极 G′进入加速场，电子初速度 $\boldsymbol{v}$ 与 Z 轴的夹角为 θ，其运动轨迹如图 1-2-5 所示。由于电子带负电，电子在电场中任何位置所受电场力 $\boldsymbol{F}$ 的方向应与该点电场强度 $\boldsymbol{E}$ 的方向相反，$\boldsymbol{E}$ 的方向与电场线的切线方向一致。在图 1-2-5 中，作用于电子上的电场力 $\boldsymbol{F}$ 可分解为两个分量，即轴向的 $\boldsymbol{F}_{/\!/}$（沿 Z 轴方向）和径向的 $\boldsymbol{F}_{\perp}$（垂直于 Z 轴方向）。当入射电子处于位置①时，所受到的力使电子减速、发散；当电子处于位置②时，受到的力使电子减速、会聚；当电子处于位置③时，所受到的力使电子加速、会聚；当电子处于位置④时，电子则被加速、发散。$F_{/\!/}$ 在整个电子透镜范围内，沿着 Z 轴加速电子，而 $\boldsymbol{F}_{\perp}$ 在电子透镜的前半区使电子运动轨道向靠近 Z 轴方向弯曲，在电子透镜后半区背离 Z 轴方向，向反方向弯曲。由于在电子透镜区域内电子受 $\boldsymbol{F}_{/\!/}$ 的作用而加速，速度越来越快，电子在电子透镜前半区停留的时间比在后半区停留的时间长，径向力的总效果是将使电子的运动轨迹向靠近 Z 轴方向弯曲，因此电子透镜对进入加速场的电子束有会聚作用。

电子束通过电子透镜能否聚焦在荧光屏上，与第一阳极电压 U_{A_1} 和第二阳极电压 U_{A_2} 的值无关，仅取决于其差值与比值，改变 A_1、A_2 之间的电位差，相当于改变电子透镜的焦距，选择合适的 U_{A_1} 与 U_{A_2} 的比值，就可以使电子束的会聚点正好处于示波管的荧光屏，从而实现聚焦。

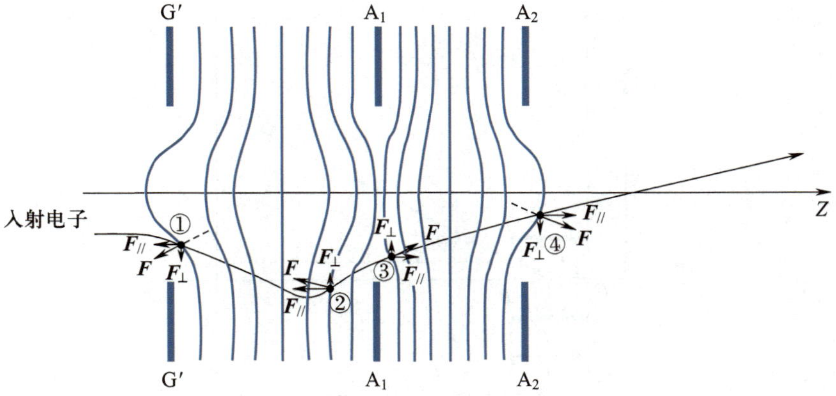

图 1-2-5

在示波管内，第二阳极对电子直接起加速作用，称为加速极。第一阳极主要用来改变 U_{A_1} 与 U_{A_2} 的比值使电子束便于聚焦，故称聚焦极。改变 U_{A_2} 也能改变 U_{A_1} 与 U_{A_2} 的比值大小，因此第二阳极也能起辅助聚焦作用。

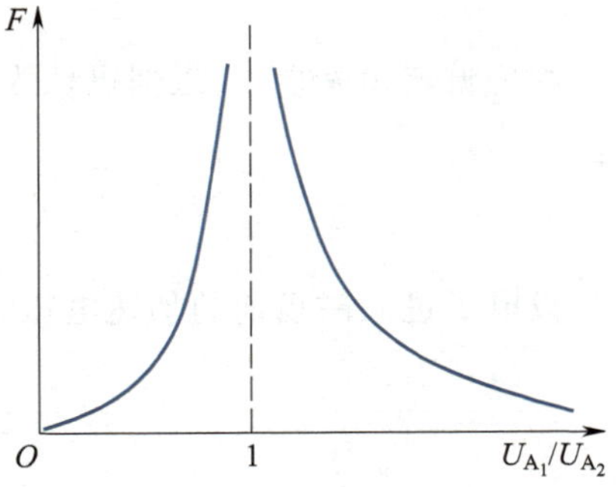

图 1-2-6

用几何光学中的高斯成像公式 $\frac{1}{f}=\frac{1}{u_{物距}}+\frac{1}{v_{像距}}$，可求出上述电子透镜的焦距 f。图 1-2-6 为示波管的 $f-U_{A_1}/U_{A_2}$ 曲线。

从图 1-2-6 中可见，当 $U_{A_1}=U_{A_2}$ 时，由于 G′、A_1、A_2 中不存在电场，所以电聚焦系统不具有聚焦作用，焦距 f 为无穷大。

3. 磁偏转——电子束与横向电场

(1) 磁偏转位移量

以速度 $\boldsymbol{v}$ 运动的电子在磁感应强度为 $\boldsymbol{B}$ 的磁场中受到的洛伦兹力 $\boldsymbol{F}$ 为

$$\boldsymbol{F}=-e\boldsymbol{v}\times\boldsymbol{B} \tag{1-2-8}$$

可见，洛伦兹力的方向始终与电子运动的方向垂直，所以洛伦兹力对运动的电子不做功，但会改变电子的运动方向。

为简单起见，设磁场是均匀的，电子速度 $\boldsymbol{v}$ 与磁场垂直，电子在洛伦兹力的作用下作匀速圆周运动。设电子作圆周运动的圆弧半径为 R，则有

$$evB=\frac{mv^2}{R} \tag{1-2-9}$$

电子离开磁场区域后，磁场为零，除重力外，电子不再受任何力的作用，应作直线运动（忽略重力的影响），轨迹如图 1-2-7 所示。

设偏转板长度为 l，偏转板的中心至荧光屏的距离为 L，电子在荧光屏上的偏转量为 S，由图 1-2-7 和式(1-2-9)可知

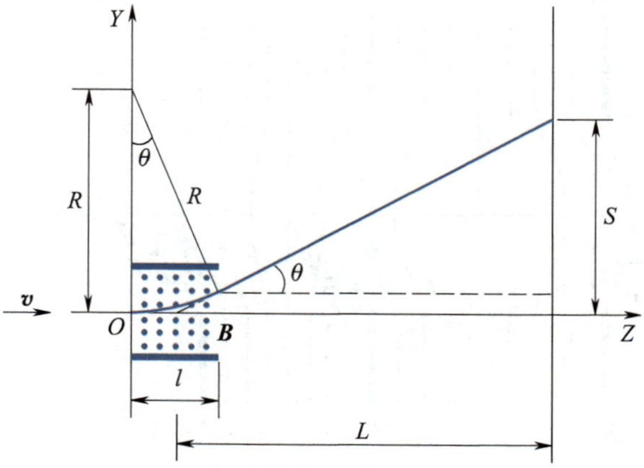

图 1-2-7

$$\sin\theta=\frac{l}{R}=\frac{leB}{mv} \tag{1-2-10}$$

因为偏转角 θ 很小,近似可认为 $\sin\theta=\tan\theta$,所以偏转量 S 为

$$S=L\tan\theta=\frac{leB}{mv}L \tag{1-2-11}$$

设电子进入磁场前的加速电压为 U_{A_2},加速电场对电子做的功全部转化成电子的动能

$$\frac{1}{2}mv^2=eU_{A_2} \tag{1-2-12}$$

求得 v 并代入式(1-2-11),则

$$S=lBL\sqrt{\frac{e}{2mU_{A_2}}} \tag{1-2-13}$$

如果磁场是由长直螺线管产生的,则螺线管内 $B=\mu_0 nI$,其中 n 是螺线管单位长度线圈的匝数,I 是通过线圈的电流,因此

$$S=\mu_0 nIlL\sqrt{\frac{e}{2mU_{A_2}}} \tag{1-2-14}$$

可见,磁偏转量 S 与通过线圈的电流 I 成正比,与加速电压 U_{A_2}的平方根成反比。

为了反映磁偏转的灵敏程度,定义

$$\delta_m=\frac{S}{I}=\mu_0 nlL\sqrt{\frac{e}{2mU_{A_2}}} \tag{1-2-15}$$

δ_m 称为磁偏转灵敏度,单位为 mm/V。δ_m 越大,表示磁偏转系统的灵敏度越高。

(2)地磁场水平分量

在做“电子束的加速和电偏转”实验时,在偏转电压 U_d 为零的情况下将光点调整到坐标原点,改变加速电压 U_{A_2} 时,虽然没有外加偏转电压,但光点的位置已经偏离了原点。研究发现,光点的偏移位置与实验仪摆放的位置有关,是否是地磁场的存在导致了这种现象呢？借助罗盘与指南针,找到示波管与地磁场水平分量相平行的方位,再次改变加速电压,发现光点保持在原点位置不变。由此可见,地磁场是造成光点位置改变的重要原因之一。下面介绍用电子束实验仪来测地磁场的水平分量。

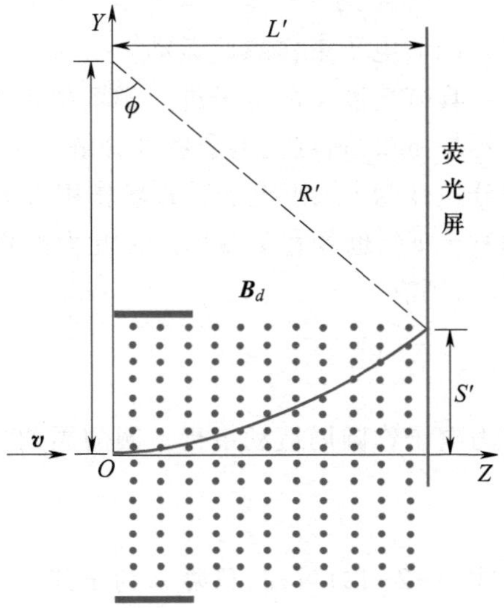

图 1-2-8

如图 1-2-8 所示,电子束所受重力远小于洛伦兹力,因此重力因素的影响可以忽略。因为电子速度 v 可根据式(1-2-12)求出,圆弧半径 R' 可根据式(1-2-9)求出,则在地磁场中电子沿弧线打到荧光屏的点相对于没有偏转时的位置,电子移动的距离为

$$S'=R'-R'\cos\phi=\frac{mv}{eB_d}(1-\cos\phi) \tag{1-2-16}$$

其中,B_d 为地磁场的水平分量,ϕ 为偏转角。

由于偏转角 ϕ 很小,$\sin\phi\approx\phi$,近似可得到

$$\cos\phi=1-\frac{\phi^2}{2} \tag{1-2-17}$$

代入式(1-2-16)得

$$S'=\frac{mv}{eB_d}\cdot\frac{\phi^2}{2}=\frac{mv}{eB_d}\cdot\frac{\sin^2\phi}{2} \tag{1-2-18}$$

因为 $\sin\phi=\frac{L'}{R'}=\frac{L'eB_d}{mv}$,所以式(1-2-18)可改写为

$$S'=\frac{L'^2eB_d}{2\sqrt{2meU_{A_2}}} \tag{1-2-19}$$

由于示波管中的电极通常是由镍制成的,是铁磁体,对电子束有磁屏蔽作用,电子束在离开加速极前没有明显的偏转,所以 L' 是加速极到屏的全长。

磁场的水平分量的实验测量方法:调节加速电压 U_{A_2} 和聚焦电压 U_{A_1},在屏上得到一个清晰光点,将 X、Y 轴偏转电压调为零,将光点调到水平轴上,保持 U_{A_2} 不变,原地水平转动电子束实验仪,当地磁场的水平分量与电子束垂直时,光点的偏转量最大,记录光点偏转最大和最小的两个偏移量 S_1、S_2(可以借助罗盘或指南针确定方位),取 $S'=(S_1+S_2)/2$ 作为加速电压为 U_{A_2} 时的偏转量,代入式(1-2-19)就可求得地磁场的水平分量

$$B_d=\frac{2S'\sqrt{2meU_{A_2}}}{L'^2e} \tag{1-2-20}$$

4. 磁聚焦——电子束与纵向磁场

(1) 电子束作螺旋运动

具有速度 $\boldsymbol{v}$ 的电子进入磁场中要受到磁力的作用,若速度 $\boldsymbol{v}$ 与磁感应强度为 $\boldsymbol{B}$ 的磁场的夹角不是 $\pi/2$,则可把电子速度分解为两个分量考虑。设与磁场平行的分速度为 $v_{/\!/}$,与磁场垂直的分速度为 $v_{\perp}$,则电子受磁场作用力的大小取决于 $v_{\perp}$。此时磁力大小为 $F_R = ev_{\perp}B$,力的方向既垂直于 $v_{\perp}$,也垂直于磁场。在此力的作用下,电子的运动投影在垂直于磁场的平面上为一圆周运动,则有

$$ev_{\perp}B = \frac{mv_{\perp}^2}{R} \tag{1-2-21}$$

因为电子作圆周运动绕行一圈的周期为

$$T = \frac{2\pi R}{v_{\perp}} = 2\pi \frac{m}{eB} \tag{1-2-22}$$

由式(1-2-22)可知,只要 B 为定值,则电子绕行的周期也是定值,而与 $v_{\perp}$ 和圆周运动半径 R 无关。所以电子绕行的角速度为

$$\omega = \frac{v_{\perp}}{R} = \frac{eB}{m} \tag{1-2-23}$$

另外,电子与磁场平行的分速度 $v_{/\!/}$ 不受磁场的影响。在一周期内电子应沿磁场的方向(或其反向)作匀速直线运动。当电子速度的两个分量同时存在时,电子的轨迹将成为一条螺旋线,如图 1-2-9 所示,其螺距 d(即电子每回转一周时前进的距离)为

$$d = v_{/\!/}T = \frac{2\pi mv_{/\!/}}{eB} \tag{1-2-24}$$

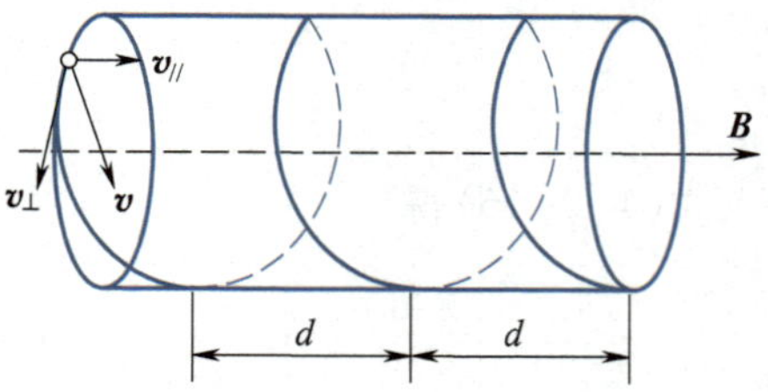

图 1-2-9

显然,螺距 d 与电子垂直方向的速度分量无关。

由式(1-2-24)可得到

$$\frac{e}{m} = \frac{2\pi v_{/\!/}}{Bd} \tag{1-2-25}$$

可见,只要测得 $v_{/\!/}$、d 和 B,就可计算出 e/m 的值。

(a) 平行速度的测量

如果使用静电型阴极射线示波管,则可由电子枪得到水平方向的电子射线,电子射线的水平速度遵从如下公式:

$$\frac{1}{2}mv_{/\!/}^2 = eU_{A_2} \tag{1-2-26}$$

从而求得 $v_{/\!/} = \sqrt{\dfrac{2eU_{A_2}}{m}}$。

(b) 螺距的测量

在示波管中,如果使 X 轴偏转板 X_1、X_2 和 Y 轴偏转板 Y_1、Y_2 的电位都与第二阳极 A_2 相同,

则电子射线通过 A_2 后将不受电场力作用而作匀速直线运动，直射于荧光屏中心一点。此时即使加上沿示波管轴线方向的磁场，由于磁场和电子速度平行，电子射线亦不受磁力作用，故仍射于屏中心一点。

当在偏转板 Y_1、Y_2 上加一个偏转电压时，由于 Y_1、Y_2 两偏转板有了电位差，则必产生垂直于电子射线方向的电场，此电场将使电子射线得到附加的分速度 $v_\perp$（原有电子枪射出的电子的 $v_{/\!/}$ 不变）。此分速度将使电子作傍切于中心轴线的螺旋运动。

当磁感应强度 B 一定时，电子绕行角速度恒定，而分速度越大的电子，其绕行螺旋线半径越大。但绕行一个螺距的时间（即周期 T）是相同的。如果在偏转板 Y_1、Y_2 上加交变电压，则在正半周期（Y_1 正、Y_2 负）内先后通过此两极间的电子，将分别得到大小不同的向上的分速度，如图 1-2-10(a)右半部分所示，分别在轴线右侧作傍切于轴的不同半径的螺旋运动。荧光屏上出现的是一条直线。理由如图 1-2-10(b)所示，假设正半周 Y_1 正、Y_2 负，在 t_0 时刻，$v_\perp=0$，电子不受洛伦兹力作用；t_1 时刻，$v_\perp=v_{\perp 1}$，电子受的洛伦兹力为 F_1，在轴线右侧作半径为 R_1 的螺旋运动，$R_1=\dfrac{mv_{\perp 1}}{eB}$；$t_2$ 时刻，$v_\perp=v_{\perp 2}$，电子受的洛伦兹力为 F_2，在轴线右侧作半径为 R_2 的螺旋运动，$R_2=\dfrac{mv_{\perp 2}}{eB}$。因此整个正半周期不同时刻发出的电子将在轴线右侧作不同半径的螺旋运动，而在负半周电子将在轴线左侧作不同半径的螺旋运动。但由式(1-2-23)可知，角速度 ω 与 $v_\perp$ 无关，只要保持 B 不变，不同时刻从 O 点（Y 偏转板电极位置）发出的电子作螺旋运动的角速度就是相同的。

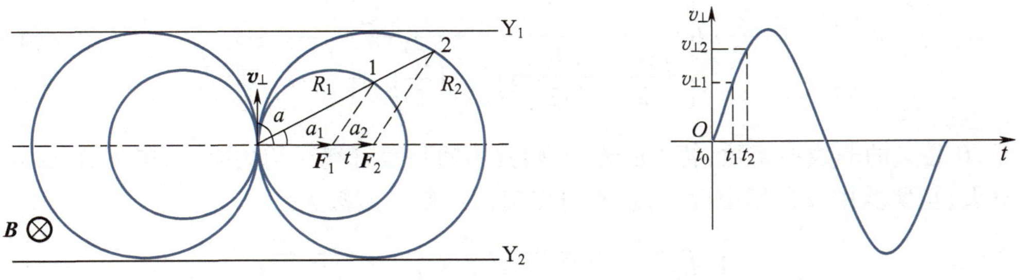

图 1-2-10

设从 O 点到荧光屏的距离为 L'，由于 $v_{/\!/}$ 不变，不同时刻从 O 点发出的电子到达屏所用的时间均为 $T_0=L'/v_{/\!/}$，所以不同时刻从 O 点发出的电子，从射出到打到荧光屏上，从螺旋运动的分运动来说，绕过的圆心角均相同，即图 1-2-10(a)中的 $a_1=a_2=\omega T_0$，所以在图 1-2-10(a)中，亮点"1"与亮点"2"都在过轴心的同一直线上，只是亮点"1"比亮点"2"早到(t_2-t_1)的时间。由于余辉效应，在"2"点到来之前，"1"点并未消失。同样，其他时刻从 O 点发出的电子打到荧光屏上的亮点也都与"1""2"点打在同一直线上。这样，在一个交变电压周期时间内，使电子打到荧光屏上的轨迹成为一条亮线，下一个周期重复，仍为一条亮线，各周期形成的亮线重叠成为一条不灭的射线。

增加 B 时，由式(1-2-21)和式(1-2-23)可知，在交变电压振幅不变的情况下，螺旋运动的半径减小，所以亮线缩短，同时由于 ω 增加，在从 O 点发出的电子到达荧光屏这段时间内，绕过的圆周角增大，所以亮线在缩短的同时还旋转，如图 1-2-11 所示。一般改变 B 的大小，即改变 ω，使得在 T_0 这段时间内，绕过的圆周角刚好为 2π，即圆周运动刚好绕一周。这样，电子从 O 点发出，作了一周的螺旋运动，又回到轴线上，只是向前进了一个螺距 d。这时荧光屏上将显示一个亮点，这就是所谓的一次聚焦。一次聚焦时，螺距 d 在数值上等于示波管内 Y 偏转板电极到荧光屏的距离 L'。这就是测量螺距 d 的方法。

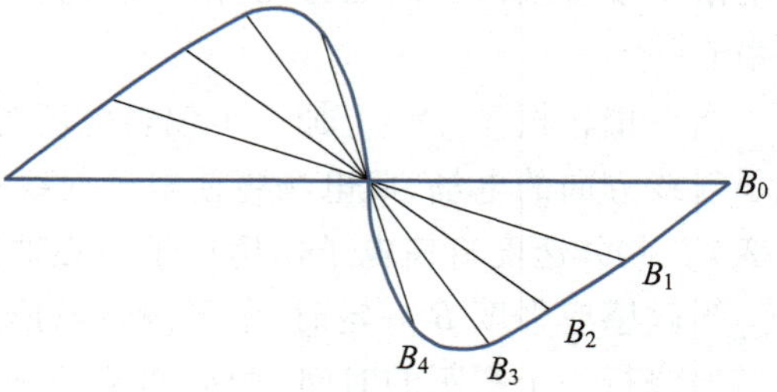

图 1-2-11

如果继续增大磁场，可以获得第二次聚焦、第三次聚焦等，对应的螺距分别为 $d=L'/2$、$d=L'/3$ 等。

(c) 磁感应强度的测量

螺线管内轴线上某点磁感应强度 B 的大小为

$$B=\frac{\mu_0}{2}nI(\cos\gamma_2-\cos\gamma_1) \tag{1-2-27}$$

式中，μ_0 为真空中磁导率；n 为螺线管线圈匝密度；I 为励磁电流；γ_1、γ_2 是从该点到线圈两端的连线与轴的夹角。

如图 1-2-12 所示，若螺线管的长度为 l'，直径为 D'，则距轴线中点 O 为 x 的某点，B 可表示为

$$B=\frac{\mu_0}{2}nI\left[\frac{\frac{l'}{2}-x}{\sqrt{\left(\frac{D'}{2}\right)^2+\left(\frac{l'}{2}-x\right)^2}}+\frac{\frac{l'}{2}+x}{\sqrt{\left(\frac{D'}{2}\right)^2+\left(\frac{l'}{2}+x\right)^2}}\right] \tag{1-2-28}$$

显然，B 是 x 的非线性函数，若 l' 足够大，则其中间一段可视为均匀磁场，于是 $B=\mu_0 nI$。若 l' 不是足够大，且实验中仅使用中间一段，则可以引入一修正系数 K，

$$K=\frac{1}{2x_0}\left[\sqrt{\left(\frac{D'}{2}\right)^2+\left(\frac{l'}{2}+x_0\right)^2}+\sqrt{\left(\frac{D'}{2}\right)^2+\left(\frac{l'}{2}-x_0\right)^2}\right] \tag{1-2-29}$$

式中，x_0 为所用中间段的端点到螺线管中点 O 的距离。因此

$$B=K\mu_0 nI \tag{1-2-30}$$

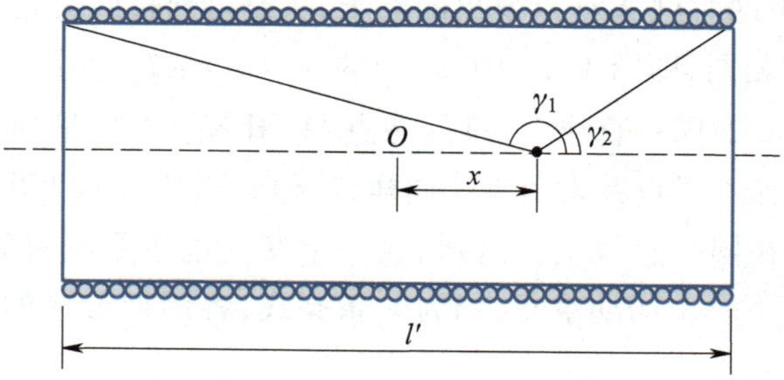

图 1-2-12

(2) 电子束螺旋运动极坐标方程

当电子沿轴方向的运动距离为 L'',那么它旋转的总角度 φ 为

$$\varphi=\frac{\omega L''}{v_{/\!/}}=\frac{eBL''}{mv_{/\!/}} \tag{1-2-31}$$

螺距 d 与 φ 之间存在简单的关系为 $\varphi=\frac{2\pi L''}{d}$,这一关系可直接从几何关系得到。

在本实验中,φ 和 L''都是可以直接测量的,因此上面的关系式可以用来计算 d;而 d 在实验中是不能直接测量的,因为管中的电子束是看不见的。

图 1-2-13 画出了从荧光屏向电子枪方向观察的情况,A 点是打在荧光屏上的光点位置,原点 O 是当 $v_\perp=0$ 时光斑的位置,以 R 为半径的圆周表示螺旋线的正视图。选取如图 1-2-13 所示的极坐标 r 和 θ,设螺旋线的起点为 $\theta=0,\varphi=0$,当光斑在 A 点的位置时,对应的坐标为

$$r=2R\sin\frac{\varphi}{2},\quad \theta=\frac{\varphi}{2} \tag{1-2-32}$$

当电子回旋不止一周时,图 1-2-13 中 φ 角还要加上 2π 的整数倍(取决于螺旋线转过的周数)。

R 和 φ 都与 B 有关,则 r 和 θ 也都是 B 的函数。为了得到当 B 改变时光点运动的轨迹,还要找出 r 与 θ 满足的方程式,联立消去 B,就可得到轨迹方程 $r=f(\theta)$。由式(1-2-23)、式(1-2-31)和式(1-2-32)得 $r=2R\sin\theta,\varphi R=\frac{v_\perp L''}{v_{/\!/}}$,则

$$R=\frac{v_\perp L''}{2\theta v_{/\!/}} \tag{1-2-33}$$

所以有

$$r=\frac{v_\perp L''\sin\theta}{\theta v_{/\!/}} \tag{1-2-34}$$

这是一个涡线方程,图 1-2-14 是相应的曲线的示意图,图中标明了一些 φ 值。

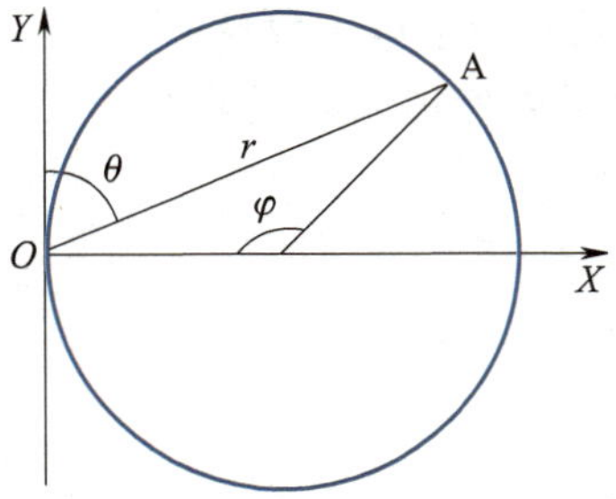

图 1-2-13

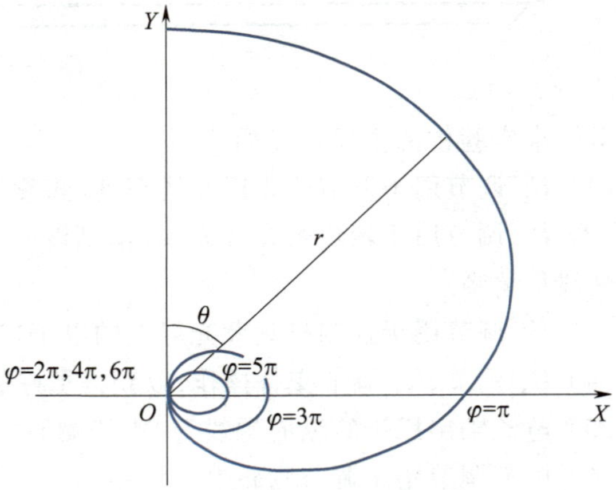

图 1-2-14

当 θ 取 π 的整数倍时，相应地，φ 取 2π 的整数倍，即螺旋线绕了整数圈，r 则变为零，电子束回到未偏转的位置，光斑位置与 O 点重合。若 B 增加，φ 相应增加，电子束偏离这一位置的幅度也越来越小。当 φ 为 π 的奇数倍时，光斑位置都在 X 轴上。

【实验装置】

1. 电子束实验仪

电子的荷质比是由英国的物理学家汤姆孙 1897 年在英国剑桥大学卡文迪什实验室对“阴极射线”粒子的荷质比的测定中首先测出的。这一发现为电子的存在提供了最好的实验证据。本实验的电子束实验仪示意图如图 1-2-15 所示。

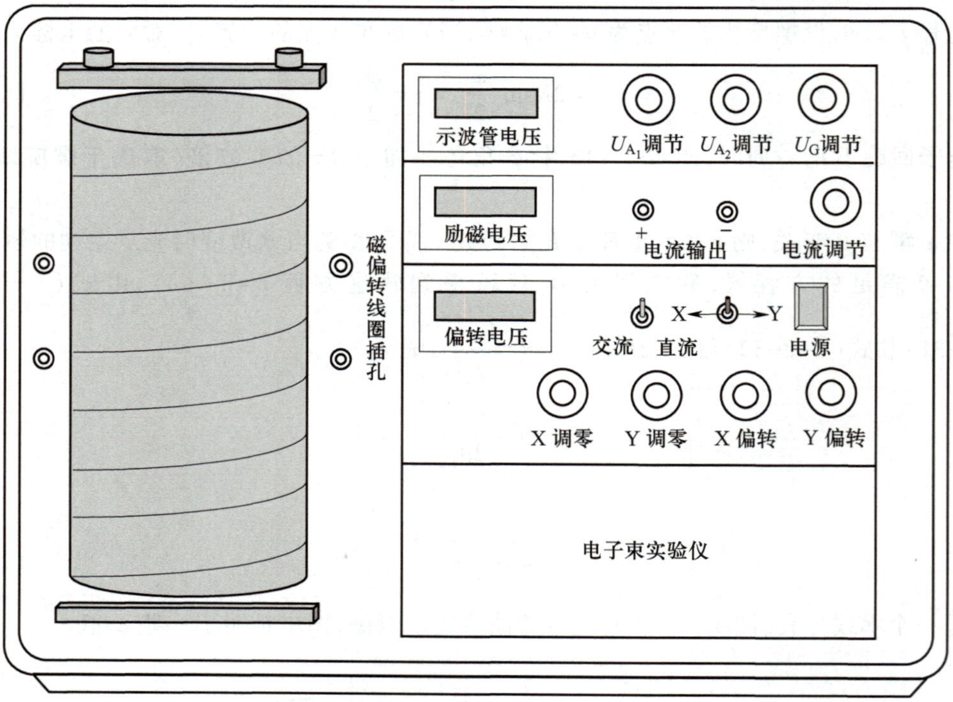

图 1-2-15

电子束实验仪的主要功能如下。

(1) U_G 调节用于调节荧光屏光线亮度(辉度)，即控制打到荧光屏上电子数目。

(2) U_{A_1}调节用于聚焦荧光屏光线(清晰度)，即将较粗的电子束聚焦成明锐的电子束，使荧光屏光线更清晰。

(3) U_{A_2}调节用于控制打到荧光屏上的电子速度。

(4) U_{A_1}调节、U_{A_2}调节交替操作，以获得更好的聚焦效果。

(5) 电流输出用于给纵向螺线管(大线圈)提供励磁电流。

(6) 电流调节用于调节励磁电流大小。

(7) 交直流选择开关有三挡，用于 X、Y 偏转板上交流和直流电压的切换。置于中间位置时，无电压输出；置于交流位置时，Y 偏转板上输出交流电压。X、Y 换向开关用于切换至直流电压时显示 X、Y 偏转电压。当 X、Y 偏转电压为零时，调节“X 调零”或“Y 调零”旋钮使电子打到荧光屏中心的原点位置。

电子束实验仪操作注意事项如下。

（1）U_{A_2}电压不可过高，以免烧坏荧光屏。

（2）纵向螺线管和横向螺线管（小线圈，两只）不可同时接在电源上，以免线圈烧坏。

（3）切勿擅自打开机箱，机箱内有高压，防止触电。

2. 示波管

示波管又叫阴极射线管（cathode ray tube，CRT），它是一种古老而又充满活力的显示设备，是电视机和计算机显示器的核心部件。1897 年，德国物理学家布劳恩（Karl Ferdinand Braun）发明了最早的阴极射线管。1908 年，英国科学家斯文顿（Alan Archibald Campbell Swinton）提出了 CRT 在电视显示方面的潜力，并提出了扫描线和逐行扫描的概念。

示波管主要包括抽成真空的玻璃壳、电子枪、偏转系统与荧光屏四个部分，如图 1-2-16 所示。各部分功能及工作原理如下。

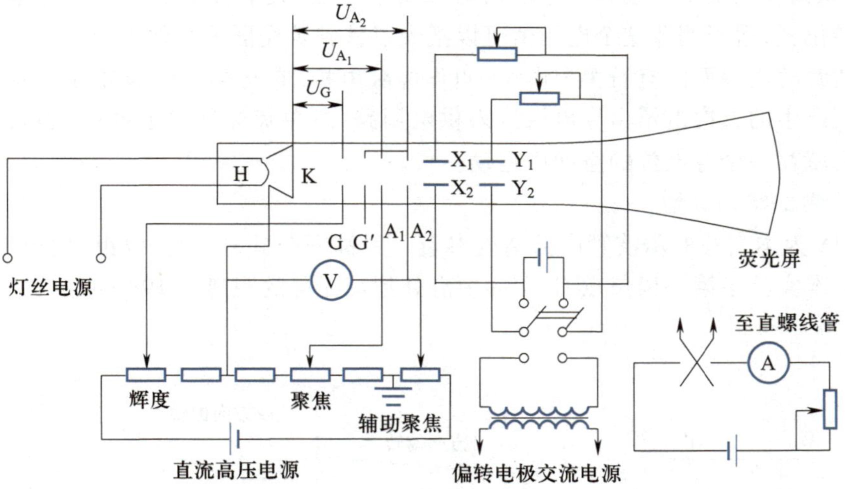

图 1-2-16

（1）灯丝通电后，灯丝 H 发热，阴极 K 受热发射电子，在栅极 G 上加一相对于阴极的负电压（5~20 V），它的作用有两个：一个是通过调节电压的大小以控制阴极发射电子的数目；另一个是利用栅极电压和与第二阳极电压同电位的 G′构成一定的空间电位分布，使由阴极发射的电子束在栅极附近形成一交叉点（实际上是一个最小界面），如图 1-2-17 所示。

（2）电极 G′在管内与第二阳极 A_2 相连，工作电压 U_{A_2}相对于阴极 K 一般是正几百伏到几千伏。

（3）第一阳极 A_1 相对于阴极 K，其上加有几百伏的电压 U_{A_1}，这个电压介于 U_K和 U_{A_2}之间；电极 G′、第一阳极 A_1、第二阳极 A_2 一方面构成聚焦电场，使经过第一交叉点又发散了的电子在聚焦电场的作用下再会聚起来，另一方面使电子加速。

（4）电子以高速运动打到荧光屏上，屏上的荧光物质在高速电子轰击下发出荧光，荧光屏上光点的发光强度取决于到达荧光屏的电子数目和电子速度，改变栅极及加速电压的大小都可以

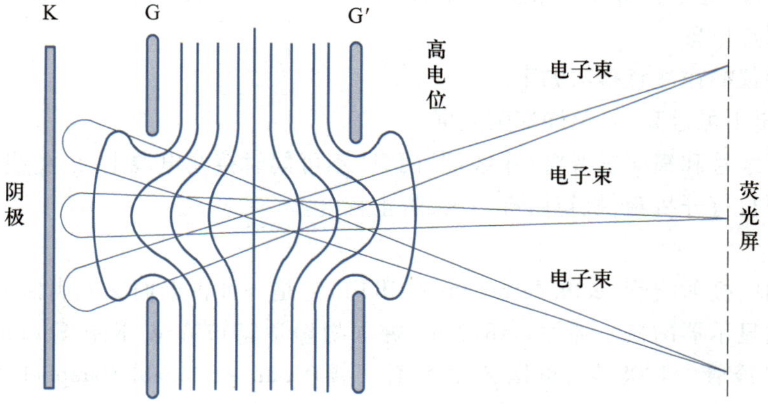

图 1-2-17

控制光点的亮度。

（5）横、纵偏转板是相互垂直放置的两对金属平行板，其上分别加以不同的电压，用于控制电子束的偏转位置，适当调节这个电压值可以把光点移到荧光屏的其他位置。

（6）示波管的内表面涂有石墨导电层，叫作屏蔽电极，它与第二阳极连在一起，使荧光屏受电子束轰击而产生的二次电子由导电层流入供电回路，避免荧光屏附近电荷积累，这样，电子进入第二阳极后就在一个等电位的空间中运动。

3. 示波管内部结构参量

图 1-2-18 为本实验的示波管内部结构参量。用高斯公式求 f 时，像距、物距可参照图中的数据来确定。本实验中第一聚焦点 G、G′的中点处到荧光屏的距离为 198 mm。

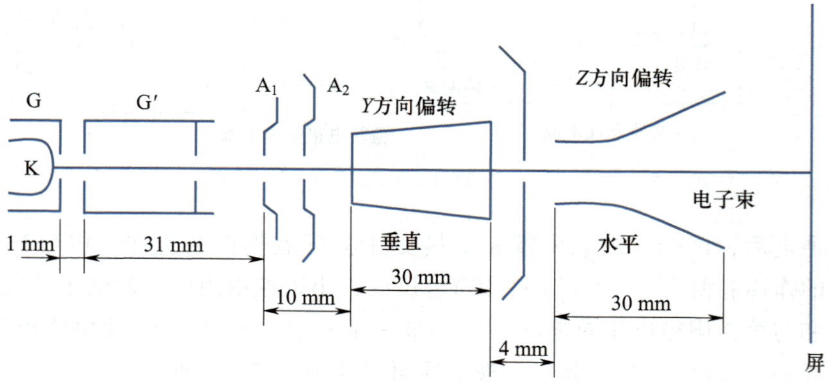

图 1-2-18

【实验内容】

1. 测量电偏转灵敏度

（1）安装示波管、刻度板和纵向磁感线圈。

（2）接通电源，并调节 U_{A_1}、U_{A_2}、U_G 旋钮，使光点聚焦成一个亮点，且亮度适中。

(3) 交直流选择开关置于直流挡，通过 X、Y 换向开关切换和显示偏转电压，调节 X 偏转、Y 偏转旋钮，使得偏转电压分别指示为 0。

(4) 调节 X 调零、Y 调零旋钮使光点处在荧光屏的中心。

(5) 调节 X 偏转、Y 偏转旋钮，测量电子束在横向电场作用下 X 轴、Y 轴方向的偏转量和偏转电压，记录数据在表 1-2-1 中，分别绘制偏转量 D_X、D_Y 与偏转电压 U_X、U_Y 之间的关系曲线。因为偏转量与偏转电压呈线性关系，所以直线斜率就是电偏转灵敏度 δ_e。

表 1-2-1 数据记录

加速电压 U_{A_2} = V			
D_X/mm	D_Y/mm	U_X/V	U_Y/V

(6) 计算电偏转灵敏度 δ_e。

2. 测量电子透镜焦距

(1) 观察电聚焦现象：调节 U_G 辉度旋钮，观察栅极 G 相对于阴极 K 的电压变化对光点亮度的影响；调节 U_{A_1} 聚焦旋钮，改变电子透镜的焦距；调节 U_{A_2} 辅助聚焦旋钮，达到聚焦和加速电子束的目的。

(2) 测量电子透镜的焦距：调节聚焦和辅助聚焦旋钮，使屏上亮点聚焦到最佳状态，用几何光学中的高斯公式求焦距。

3. 测量地磁场水平分量

(1) 借助指南针将示波管放至与地磁场方向平行；交直流选择开关置于直流挡；分别调节 X 偏转、Y 偏转旋钮，使偏转电压指示均为 0，调节 X 调零、Y 调零旋钮，使光点处在荧光屏的中心处。

(2) 将实验仪转动 90°(即示波管与东西方向平行)时，读出偏移值 S_1；将实验仪相对于地磁场方向转动 270°时，读出偏移值 S_2。记录数据于表 1-2-2 中。

表 1-2-2 数据记录

次数 i	1	2	3	4	5	6
S_1/mm						
S_2/mm						
S'/mm						
$\overline{S}'$/mm						

(3) 本实验中使用的刻度盘每格为 2 mm，即 2 mm/DIV，计算 $S'=\dfrac{S_1+S_2}{2}$。

(4) 已知加速极至荧光屏距离 $L'=0.15$ m,根据式(1-2-20)求出 B_d 及其不确定度。

4. 测量磁偏转灵敏度

(1) 参照实验内容 3,借助指南针将示波管调整为南北方向放置,即与地磁场方向平行。

(2) 断开电源开关,安装横向磁感线圈(两只小线圈)。

(3) 打开电源调零,交直流选择开关置直流挡,调节 X 偏转、Y 偏转旋钮使偏转电压指示均为 0;调节 X 调零、Y 调零旋钮,使光点处在荧光屏的中心原点上,或直接将交直流选择开关置于中间零位置挡;调节 X 调零旋钮使光点落在荧光屏中间竖直线上。

(4) 设置一定的加速电压 U_{A_2},调节电流调节旋钮改变磁感线圈中电流 I 的大小,测量电子束的偏转量 S 与磁场电流 I,并绘制 $S-I$ 关系图。因为偏转量 S 与磁场电流 I 呈线性关系,所以直线斜率就是磁偏转灵敏度 δ_m。

(5) 计算磁偏转灵敏度 δ_m。

5. 利用磁聚焦法测量电子荷质比

观察电子螺旋现象:首先调节 U_{A_1}、U_{A_2},使电子束聚焦在示波管屏上;然后在 Y 轴偏转板上加交变电压,使电子束在示波管屏幕的 Y 轴方向上扫描成一段线光迹;最后加上轴向磁场,使电子在示波管所在空间内作螺旋运动。

当轴向磁场从零逐渐增强时,荧光屏上的直线光迹将一边旋转一边缩短,直到电子的螺旋运动轨迹的螺距正好等于垂直偏转板中心至荧光屏的距离 L 时,电子束将被轴向磁场聚焦成一光点。这样,根据这时的 U_{A_2}、B 和 L 值,求得 e/m 值。具体操作步骤如下。

(1) 安装纵向磁感线圈(大线圈)时,从正直位置转过 45°(呈歪斜姿态)套入主机上的示波管,再往回转动 45°后放平。

(2) 打开电源开关,交直流选择开关置于中间零位置挡,调节 X 调零旋钮,使光点落在中间竖直线上,分别调整 U_{A_1} 调节、U_{A_2} 调节、U_G 调节旋钮,使光点亮度适中。

(3) 将交直流选择开关量交流挡,调整 Y 偏转(或 Y 调零)旋钮,使荧光屏中心出现一条亮线。

(4) 调节电流调节旋钮,使线圈励磁电流由零逐渐增大,当光点聚成一亮点时,记录励磁电流 I_1;继续增大电流,当光点第二次聚成一亮点时,记录励磁电流 I_2;当光点第三次聚成一亮点时,记录励磁电流 I_3 和加速电压 U_{A_2}。求相当于一次聚焦时的励磁电流 $I=\dfrac{I_1+I_2+I_3}{1+2+3}$,记录数据于表 1-2-3 中。

表 1-2-3 数据记录

次数 i	1	2	3	4	5	6
I_1/A						
I_2/A						
I_3/A						
I/A						
U_{A_2}/V						

续表

次数 i	1	2	3	4	5	6
$B/(10^{-3}\ \mathrm{T})$						
$e/m/(10^{11}\ \mathrm{C/kg})$						
$\overline{e/m}/(10^{11}\ \mathrm{C/kg})$						

(5) 根据式(1-2-25)、式(1-2-26)和式(1-2-30)推导出 e/m 实验公式,即可计算出 e/m。

注意:本实验中垂直偏转板中心至荧光屏的距离 $L=0.135$ m,$K=0.84$,$d=L$;线圈匝数 $N=1\ 160$,线圈长度 l'参照线圈标贴;为消除地磁场的影响,可将螺线管东西方向放置,或改变电流方向,测两次取平均值;为消除某些随机因素的影响,也可改变 U_{A_2},重复测量几次,取平均值。

【拓展题】

1. 简述示波管工作原理。

2. 设计一个利用示波器显示“浙江大学求是鹰”的二维图形显示系统。画出系统框图,简述基本原理和方法。

1.3 示波器与拍频测量

【实验综述】

两个交变物理量叠加后产生一个差频物理量的现象称为拍，在单位时间内差频物理量强弱变化次数称为拍频。在电子学测量中，因为高频信号比较难以测量，所以往往通过把高频信号中的频率信息和相位信息变换到差频信号之中，使测量变得容易。拍频现象主要应用在各种电子学测量仪器之中，此外在生活中也常常应用拍频技术，比如管乐器中的双簧管就是利用两个簧片振动频率的细微差别产生颤动的拍音。

本实验主要通过示波器观察、分析和探究拍频现象，并完成相关实验。

【实验目的】

1. 熟悉拍频的相关原理。
2. 熟练掌握示波器的结构、功能和使用方法。
3. 观察拍现象，学会拍频测量。
4. 学会利用示波器测量两输入信号的相位差。

【背景知识】

拍频是一种在物理学中广泛存在的现象，拍频可以分为时间拍频和空间拍频两种类型。时间拍频是在时间范围内发生的拍频现象，而空间拍频是在空间范围内发生的拍频现象。通常所说的拍频是指时间差频现象。常见的拍频有波拍频、声拍频和光拍频三种。

1. 波拍频

设一个 850 Hz 和一个 855 Hz 两列波叠加在一起，由于两列波的频率有微小差别，所以可以产生一个拍频，这时整个波形产生波包一样的形态。差拍就是两列波的频率之差的一半，和拍是两列波频率之和的一半，可以利用和差化积公式进行具体分析。

2. 声拍频

比如钢琴调律，根据机械波振动叠加原理，当两乐音的频率越接近，拍音次数就会越少，拍音现象就越容易被人耳所察觉。钢琴调律师根据拍音数量的多少，推测原来两个波的频率差的大小，从而判定乐音之间的不和谐程度，并将其调整到正确的音高位置。

3. 光拍频

比如光拍法测量光速，根据波的振动叠加原理，将两列频率相差较小、速度相同、同向传播的激光光束叠加形成光拍，获得拍频 Δf，如果两光拍信号相位差为 2π，光程差为 $\Delta\lambda$ 时，则根据 $c=\Delta\lambda\cdot\Delta f$ 公式，可以测量光速大小。其中，拍频信号用光电检测器接收，并通过声光效应实现两光波具有一定的频差。

【基本原理】

1. 波形叠加原理

示波器两个通道输入信号相加可以实现算术和。使用示波器时，选择 CH1+CH2，就是把两个输入信号 CH1 和 CH2 进行相加，在屏幕上显示相加后的波形。

根据傅里叶级数理论和狄里赫利条件，周期信号是由一个或几个，乃至无穷多个不同频率、不同幅值和不同相位的简谐振动叠加而成的，因此可以用简谐振动信号叠加以合成复杂的周期信号。信号叠加方式为对应时刻的信号幅值叠加。如图 1-3-1 中的波形①和波形②是两个原始信号波形，波形③为它们相加后的合成波形，就是说把两个原始波形在每个时间点的幅度逐一进行算术相加（同方向的相加、不同方向的相减），生成一个新的波形。

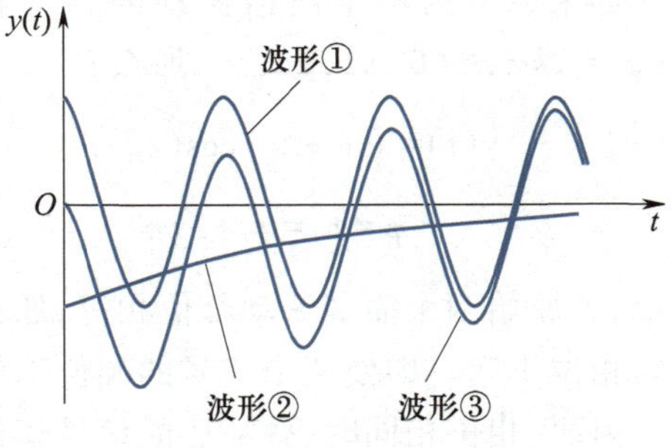

图 1-3-1

2. 拍频形成原理

当同方向的两个频率相差不大的简谐振动叠加时，叠加后的波形的幅值将随时间作周期性变化，这种现象称为拍，单位时间内出现的拍数称为拍频（也就是拍的频率），拍频是两频率相差不大的简谐振动信号叠加后波形的幅值变化的频率。如图 1-3-2 所示，图中有 3 个“拍”。

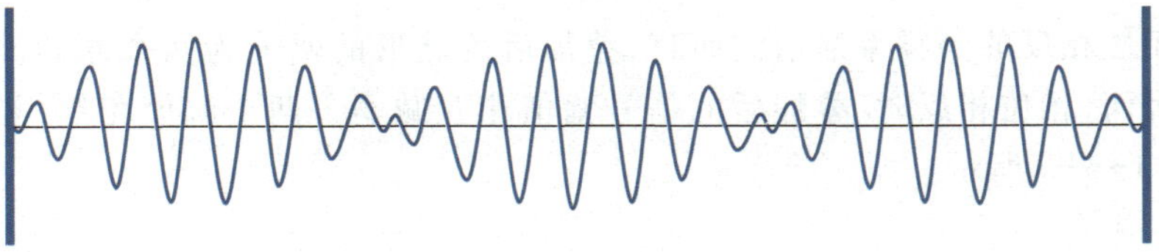
图 1-3-2

虽然原始的两个简谐振动的振动频率较高，叠加后的波形的频率也较高，但拍的频率却很低，因此，当出现拍现象时，它把高频信号变成低频信号，使难以测量的高频信号变得容易测量。

（1）两个同方向、同频率的简谐振动叠加形成拍的原理

假设两个同方向、频率相同的简谐振动方程式分别为

$$y_1(t)=A_1\cos(\omega t+\varphi_1) \tag{1-3-1}$$

$$y_2(t)=A_2\cos(\omega t+\varphi_2) \tag{1-3-2}$$

则合振动为

$$y(t)=y_1(t)+y_2(t)=A\cos(\omega t+\varphi) \tag{1-3-3}$$

其中

$$A=\sqrt{A_1^2+A_2^2+2A_1A_2\cos(\varphi_2-\varphi_1)} \tag{1-3-4}$$

$$\tan\varphi=\frac{A_1\sin\varphi_1+A_2\sin\varphi_2}{A_1\cos\varphi_1+A_2\cos\varphi_2} \tag{1-3-5}$$

从式(1-3-3)可以看出,两个同方向、同频率的简谐振动叠加后的信号仍为简谐振动,如图 1-3-3,波形④与⑤叠加后,得到波形⑥。

下面分析两个原始信号的相位关系:同相位和反相位。

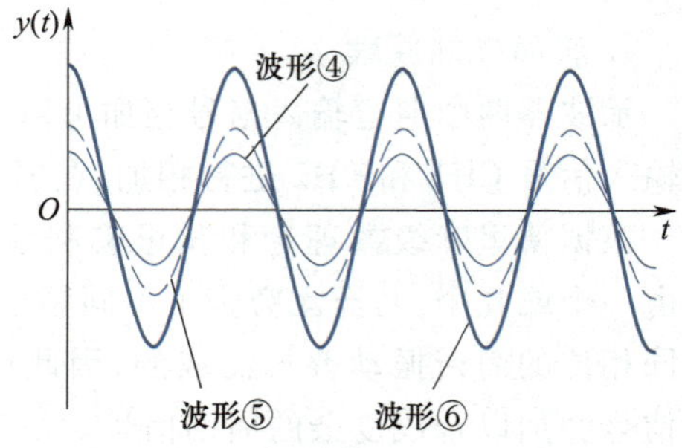

图 1-3-3

① 同相位

如果原始的两个简谐振动的相位相同,即 $\Delta\varphi=\varphi_2-\varphi_1=2k\pi, k=0,\pm1,\pm2,\cdots$,那么有

$$y(t)=(A_1+A_2)\cos(\omega t+\varphi) \tag{1-3-6}$$

$$\varphi=\varphi_2=\varphi_1+2k\pi \tag{1-3-7}$$

因此,若原始两个简谐振动幅值相等,那么叠加后的简谐振动的幅值为原始波形幅值的 2 倍,频率与相位不变。即使两个信号的幅值不相等,叠加后的波形的幅值为两个原始波形幅值直接相加。因而,相位相同时,叠加后的信号幅值相互加强。两个幅值相等的同相位简谐振动叠加,见图 1-3-4。

② 反相位

如果原始的两个简谐振动相位相反,即 $\Delta\varphi=\varphi_2-\varphi_1=(2k+1)\pi, k=0,\pm1,\pm2,\cdots$,那么有

$$y(t)=|A_1-A_2|\cos(\omega t+\varphi) \tag{1-3-8}$$

$$\varphi=\varphi_2=\varphi_1+(2k+1)\pi \tag{1-3-9}$$

对于两个相位相反的同频率简谐波而言,叠加后的波形的幅值为两个原始波形幅值直接相减的绝对值。因而,相位相反时,叠加后的信号幅值相互减弱。两个幅值相等、相位相反的简谐振动叠加,如图 1-3-5 所示。

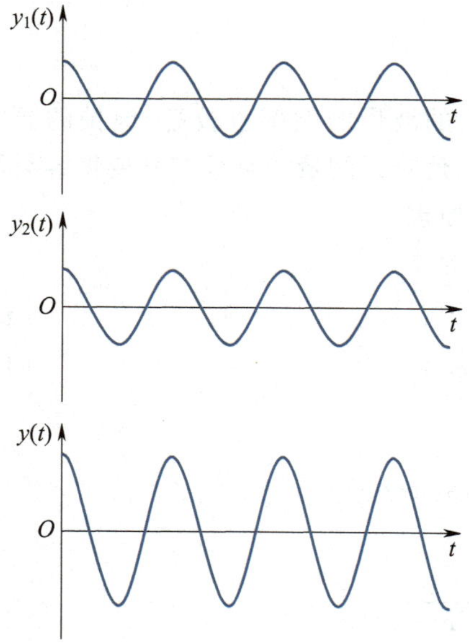

图 1-3-4

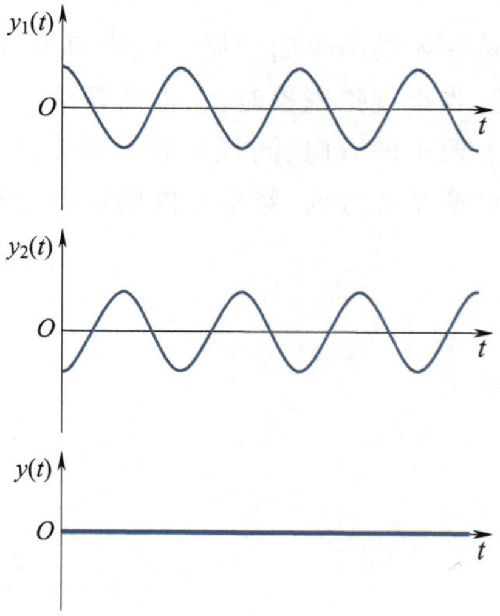

图 1-3-5

（2）两个同方向、不同频率的简谐振动叠加形成拍的原理

假设两个振幅和初相位相同、频率相近的简谐振动方程式为

$$y_1(t)=A\cos(\omega_1 t+\varphi) \tag{1-3-10}$$

$$y_2(t)=A\cos(\omega_2 t+\varphi) \tag{1-3-11}$$

则合振动为

$$\begin{aligned}y(t)=y_1(t)+y_2(t)&=2A\cos\left(\frac{\omega_2-\omega_1}{2}t\right)\cos\left(\frac{\omega_2+\omega_1}{2}t+\varphi\right)\\&=2A\cos\left(2\pi\frac{\nu_2-\nu_1}{2}t\right)\cos\left(\frac{\omega_2+\omega_1}{2}t+\varphi\right)\end{aligned} \tag{1-3-12}$$

式中，$A\cos\left(\frac{\omega_2-\omega_1}{2}t\right)$ 为叠加以后拍的幅值。因为 $\omega_2-\omega_1$ 很小，所以 A 表示缓慢作周期性变化的幅值。由于 $0\leqslant\left|\cos\left(\frac{\omega_2-\omega_1}{2}t\right)\right|\leqslant 1$，则有 $A_{\max}=2A$，$A_{\min}=0$。

拍频为

$$\nu_{拍频}=|\nu_2-\nu_1| \tag{1-3-13}$$

拍频周期为

$$T_{拍频}=\frac{1}{|\nu_2-\nu_1|} \tag{1-3-14}$$

这就使得拍的幅值作周期性变化：加强与减弱，如图 1-3-6 所示。合成后的波形的振动频率为

$$\nu_{合}=\frac{\nu_1+\nu_2}{2}=\frac{1}{T_{合}} \tag{1-3-15}$$

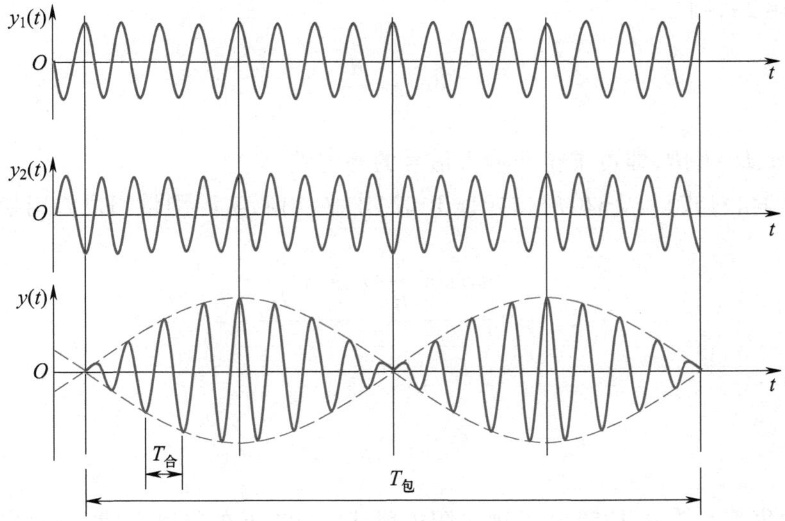

图 1-3-6

合成后的拍除了上述两个频率成分外，还有一个频率成分，即包络线的频率成分，该频率成分为拍频的一半，即

$$\nu_{包}=\frac{|\nu_2-\nu_1|}{2}=\frac{1}{T_{包}} \tag{1-3-16}$$

3. 李萨如图形法测量相位差

当两个信号的相位差为 0°时，波形为一条直线；当两个信号的相位差为 90°时，波形为一个圆；当两个信号的相位差为 $0°<\varphi<90°$时，波形为椭圆。

椭圆的李萨如图形如图 1-3-7 所示。图中，d 为椭圆与 X 轴相交点的间距值，D 为椭圆 X 轴方向最大值，h 为椭圆与 Y 轴相交点的间距值，H 为椭圆 Y 轴方向最大值。

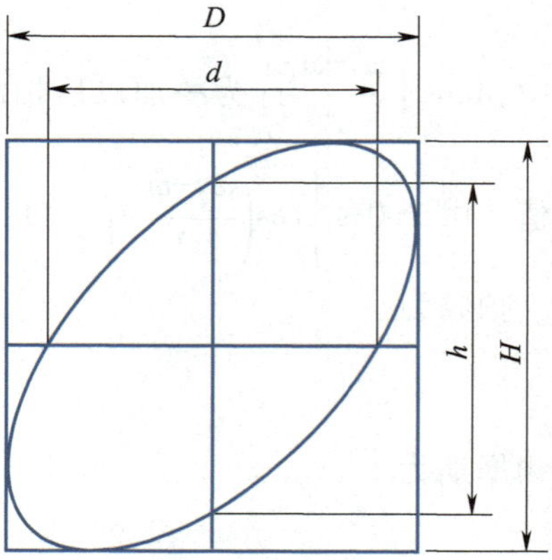

图 1-3-7

输入示波器 CH1 和 CH2 通道的两个频率相同的简谐振动方程式如下：

$$x=A\sin\,\omega t \tag{1-3-17}$$

$$y=B\sin(\omega t+\varphi) \tag{1-3-18}$$

当 $\omega t=0$ 时，有 $x=0$，$y=B\sin\,\varphi$。因此有

$$\sin\,\varphi=\frac{y}{B} \tag{1-3-19}$$

设 $h=2y$，$H=2B$，则

$$\sin\,\varphi=\frac{h}{H} \tag{1-3-20}$$

当 $\omega t=\pi-\varphi$ 时，有 $x=A\sin\,\varphi$，$y=0$。因此有

$$\sin\,\varphi=\frac{x}{A} \tag{1-3-21}$$

设 $d=2x$，$D=2A$，则

$$\sin\,\varphi=\frac{d}{D} \tag{1-3-22}$$

因此，只要测量 d、D、h、H，即可求得两输入信号的相位差。

为了减小误差，对式(1-3-20)和式(1-3-22)求平均值，实验测量相位差用如下公式计算：

$$\varphi=\frac{\arcsin\,\frac{h}{H}+\arcsin\,\frac{d}{D}}{2} \tag{1-3-23}$$

【实验装置】

1. 示波器

德国物理学家普吕克在 1858 年发现了阴极射线；1897 年布劳恩发明了阴极射线管(CRT)，为示波器的发明揭开了帷幕；1899 年泽纳克在 CRT 中装入扫描磁场，为后来电视机、雷达和电子

显微镜的发明奠定了重要基础；1930 年前后，第一台双踪 CRT 示波器被研制成功；1980 年前后，数字示波器被推广应用；如今基于个人计算机的数字示波器已经被广泛应用。

示波器是一种用途广泛的电信号测量仪器，利用示波器可以直观地观察电信号的波形，并测量电信号的电压、频率和周期等参量。示波器也能对非电学量信号进行观察和定量分析，比如压强、振动、声音、光、热通过各类传感器转换成电学量，就可以通过示波器观察和测量。

（1）示波管

示波管由密封在高真空玻璃壳内的电子枪、偏转系统和荧光屏三部分构成，如图 1-3-8 所示。电子枪由灯丝、阴极、栅极、加速极和阳极等组成。灯丝通电加热阴极，阴极受热发射电子；栅极主要控制射向荧光屏的电子流密度，从而调节光点的辉度；聚焦阳极主要聚焦电子流，加速极主要对阴极电子奔向荧光屏起加速作用；偏转系统控制电子射线方向，使荧光屏上的光点随外加信号的变化描绘出被测信号的波形，Y 偏转板在前，X 偏转板在后，两对偏转板分别加上电压，使两对偏转板间各自形成电场，从而分别控制电子束在垂直方向和水平方向偏转。

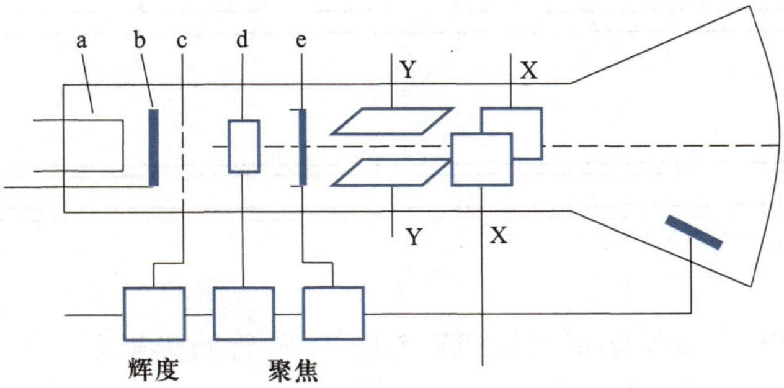

图 1-3-8

a—灯丝；b—阴极；c—栅极；d—聚焦阳极；e—加速极

（2）示波器功能

本实验所用示波器前面板如图 1-3-9 所示。各部分操作与功能如下。

①：电源部分：POWER 指电源开关。

②：显示控制部分：TRACE ROTATION 指水平轨迹调整旋钮；INTEN 指轨迹辉度旋钮；FOCUS 指轨迹和光标聚焦旋钮。另外，CAL 连接器可输出校正电压信号（1 kHz，$0.5U_{pp}$），用于仪器的操作检测和探头波形的调整，接地可用于接地测量。

③：垂直调节部分：CH1 X、CH2 Y 接口用于输入信号的连接；VOLTS/DIV 为偏转因数选择；POSITION 为垂直位移调节；CH1、CH2 按钮用于通道显示选择；AC/DC 为输入信号交直流耦合选择；GND/P×10 指输入接地选择或通道偏向系数；ADD 指 CH1、CH2 两信号叠加，INV 指倒相选择；ALT 指交替显示模式，CHOP 指断续显示模式。

④：水平调节部分：POSITION 为水平位移调节；TIME/DIV 为时基选择；MAG×1 为在×1 标准和 MAG 之间选择扫描时间，×5/×10/×20 表示 MAG 扩大倍数，ALT 指交替选择。另外，X-Y 为李萨如图等闭合曲线显示选择，EXT TRIG 指外触发源连接接口。

⑤：功能与触发部分：ATO NML 为扫描模式选择；SOURCE 为触发源选择；COUPLING 为触

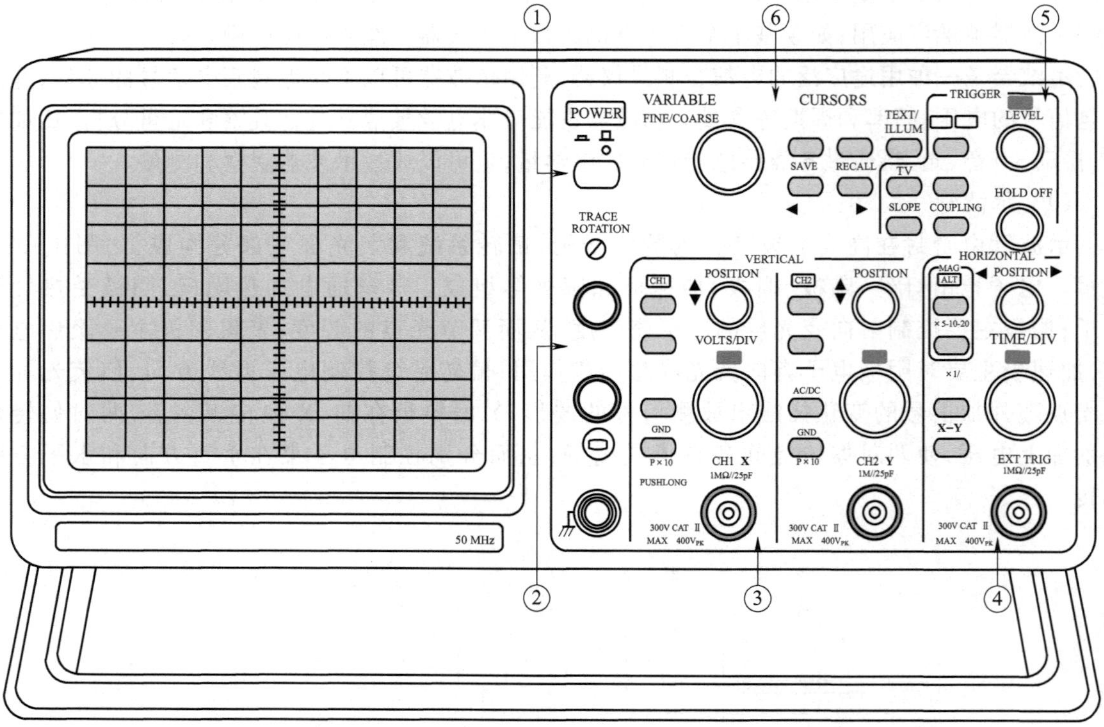

图 1-3-9

发耦合模式选择;SLOPE 为触发斜率选择;TV 为电视场/行同步耦合。另外,TRIG LEVEL 为调节触发电平幅值,HOLD OFF 为触发释抑。

⑥:光标测量部分:VARIABLE 为光标调节;C1-C1 TRK 为可移动光标切换;$\Delta U-\Delta T$ 为横向或纵向光标选择;TEXT/ILLUM 为辉度旋钮;SAVE 为保存;RECALL 为恢复。

示波器的基本调节方法和步骤如下。

(a) 对示波器的辉度(INTEN 旋钮)和聚焦(FOCUS 旋钮)进行调节。

(b) 选择扫描模式,一般为 AUTO,以及合适的触发源(SOURCE 键)和触发耦合(COUPLING 键)。

(c) 调节波形在示波器屏幕上的水平位置和垂直位置(POSITION),并依次调节偏转因数选择(VOLTS/DIV 旋钮)和时基选择(TIME/DIV 旋钮),使屏幕上显示合适的波形。

(d) 如果发生波形连续左移或右移,则通过调节触发电平幅值(LEVEL 旋钮)使波形稳定下来。

(e) 如果需要观测李萨如图形等闭合曲线,则选择 X-Y 按钮。

(f) 如果需要测量电压或周期,可选择 $\Delta U-\Delta T$ 和 C1-C1 TRK,利用示波器的屏幕读出功能和 VARIABLE 旋钮进行测量。

2. 任意波形信号发生器

任意波形信号发生器面板图如图 1-3-10 所示。

任意波形发生器有两个通道,每个通道具有最高 60 MHz 的带宽、最高 $10U_{pp}$ 的电压输出幅度;内置波形包括:正弦波、方波、脉冲波、锯齿波、噪声波和 45 种常用任意波形。

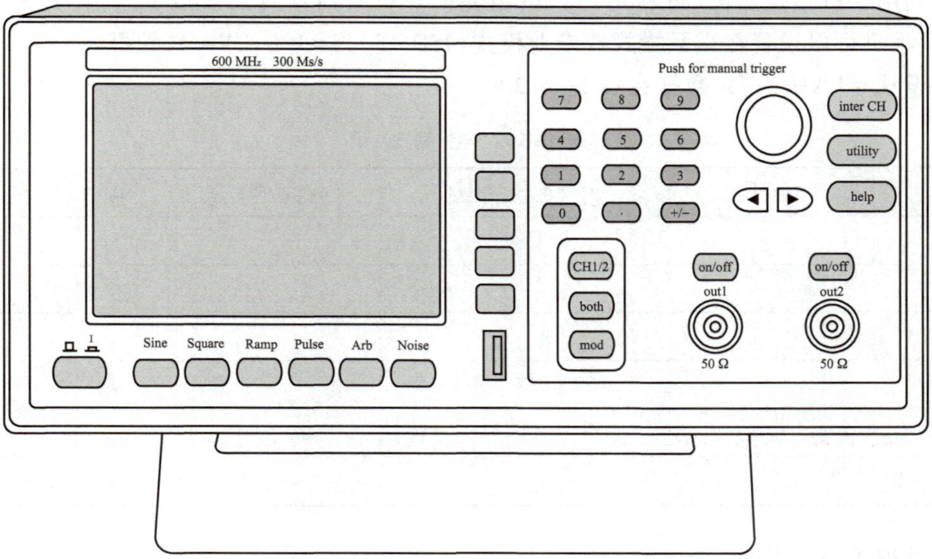

图 1-3-10

【实验内容】

1. 同相位与反相位波形探测

（1）将两个振幅相同、频率相等、相位相等的正弦波信号输入示波器，观察叠加的波形，并拍摄图像。

（2）将两个振幅相同、频率相等、相位相反的正弦波信号输入示波器，观察叠加的波形，并拍摄图像。

（3）计算叠加后的波形的电压值。

（4）数据记录在表 1-3-1 中。

表 1-3-1 数据记录

U_{CH1}（信号发生器读数）	U_{CH2}（信号发生器读数）	$U_{叠加}$（示波器读数）	$U=U_{CH1}+U_{CH2}$	$\Delta U=\lvert U-U_{叠加}\rvert$

2. 拍频测量

（1）信号发生器输出两个信号，分别接入示波器的两个输入通道，并通过示波器“双踪”观察拍频现象。

（2）调节信号发生器输出的两个信号：波形相同，都为正弦波；起始相位相同；幅度相同，都为 5 V；频率相同，都为 1 kHz。并通过示波器观察和调节，使之显示两信号的正确波形。

（3）调节两个信号频率，比如一个信号频率为 $\nu_1=1$ kHz，另一个信号频率 ν_2 大于或小于 1 kHz，一般取 $\lvert\nu_2-\nu_1\rvert>30$ Hz。

（4）调节示波器，将两个信号“叠加”，并调节 ν_2（自定，要求 6 次实验取不一样的值），调节示波器使之显示稳定的“拍”图像。

（5）利用手机拍摄图像（可利用计算机相关软件获取拍频值），获取 $\nu_{拍频}$ 值，并记录实验数据。建议：手机可以设置在夜景模式或专业模式（ISO = 50、S = 1/8、EV = 0）拍摄。

（6）设 $\nu_1 = 1$ kHz，记录数据在表 1-3-2 中。

表 1-3-2 数据记录

次数 i	ν_2/Hz	$\nu = \lvert \nu_2 - \nu_1 \rvert$/Hz	$\nu_{拍频}$/Hz	$\Delta\nu = \lvert \nu - \nu_{拍频} \rvert$/Hz
1				
2				
3				
4				
5				
6				

（7）求拍频相对误差。

3. 李萨如图形法测量两个信号的相位差

（1）将信号发生器产生的两个信号通过 out1 和 out2 分别输入到示波器的 CH1、CH2，将示波器的 X-Y 键按下，示波器自动将 CH1 加在 X 通道，将 CH2 加在 Y 通道，示波器将显示互相垂直的两个信号合成的李萨如图形。

（2）调节信号发生器使两个信号的频率相同，用示波器观察李萨如图形。

（3）调节信号发生器输出到 CH1 的信号，设其初始相位为 0°（也可以其他值），调节信号发生器输出到 CH2 的信号，使示波器显示图形为一条直线，则 CH1 和 CH2 两信号的相位差为 $k\pi$（$k = 0, 1, 2, 3, \cdots$）。

（4）改变 CH2 相位（自定某个值，6 次实验都是不一样的值），使示波器显示一个椭圆，且几乎静止不动，此时可在示波器上测量 h、H、d、D 的数据。

（5）重复（3）和（4）进行实验。

（6）数据记录在表 1-3-3 和表 1-3-4 中。

表 1-3-3 数据记录

CH1 初始相位	CH2 初始相位（φ_1）

表 1-3-4

次数 i	CH2 改变相位（φ_2）	$\varphi' = \lvert \varphi_1 - \varphi_2 \rvert$	h	H	d	D	φ	$\Delta\varphi = \lvert \varphi - \varphi' \rvert$
1								
2								
3								
4								

续表

次数 i	CH2 改变相位(φ_2)	$\varphi'=\|\varphi_1-\varphi_2\|$	h	H	d	D	φ	$\Delta\varphi=\|\varphi-\varphi'\|$
5								
6								

(7) 通过式(1-3-23)求出相位差 φ,并计算其相对误差。

【拓展题】

1. 简述拍和拍频现象。
2. 举一个利用拍频原理的实际应用实例,要求叙述该实例的基本原理和实现方法。

1.4 热敏元件温度特性分析

【实验综述】

温度传感器是被最早研究、开发和应用的一类传感器，一般包括金属热电阻、热敏电阻和热电偶等热敏元件。

金属热电阻是利用金属电阻率随温度升高而缓慢上升的规律制成的温度传感器，一般其电阻阻值随温度按线性规律变化。

热敏电阻是一种由半导体材料制成的温度敏感元件，按照温度系数不同，一般分为正温度系数（PTC）热敏电阻和负温度系数（NTC）热敏电阻两种。正温度系数热敏电阻的电阻率随着温度的升高而急剧升高。负温度系数热敏电阻的电阻率随着温度的升高而急剧下降。热敏电阻的电阻值一般随温度按指数规律变化。

热电偶是一种利用两个具有差异性的导体或者半导体组合成闭合回路的测温元件，如果两个导体或者半导体测得不同温度，则温度差异会使回路中产生电动势，通过测量电动势的大小就可以获得温度。

本实验要求利用金属热电阻、热敏电阻和热电偶三种温度传感器分别测量物体温度，探究不同温度传感器的特征物理量随温度变化的规律。

【实验目的】

1. 掌握利用恒流智能控温实验仪测量在不同温度下热敏电阻阻值的方法。
2. 探究铜电阻、铂电阻、热敏电阻和热电偶的温度特性。
3. 学会使用函数拟合法分析和处理实验数据。

【背景知识】

温度传感器是指能感受温度并将其转换为可用信号输出的传感器。常见的温度传感器一般有如下几种类型。

1. 分立式温度传感器

分立式温度传感器主要利用非电学量与电学量之间的转换来实现温度测量。本实验用到的金属热电阻、热敏电阻、热电偶均属此类，它们的优点是测量精确度较高、测量范围较广，因此得到广泛应用。

2. 红外温度传感器

红外温度传感器是一种非接触式的测温设备。它利用传感器接收物体表面发射的红外辐射，再通过光电二极管等器件转换为电信号，经放大和处理的电信号对照预先校准的公式转化为温度读数。该方法适用于测量高温物体、远距离物体或移动物体的温度。

3. 模拟集成温度传感器

模拟集成温度传感器也称为硅传感器或单片集成温度传感器，将硅半导体集成到一个芯片上完成温度检测及模拟信号输出，它的优点是响应速度快、传输距离远、功耗小、适宜远距离测温。

4. 数字化智能温度传感器

数字化智能温度传感器结合了微电子技术、计算机技术和自动测试技术，由温度传感器、A/D 转换器、信号处理器、存储器和接口电路组成，搭配微控制器，并通过软件实现测试功能。

【实验原理】

1. 金属热电阻的温度特性

金属热电阻大都由纯金属材料制成，应用最广泛的是铂电阻和铜电阻。

一般铂电阻的阻值随温度的升高而增大，且阻值与温度之间近似为线性关系。当温度 T 在 $-200\sim0$ ℃范围内时，铂电阻的特征曲线方程可表示为

$$R_T=R_0[1+AT+BT^2+C(T-T_0)T^3] \tag{1-4-1}$$

其中，R_T和 R_0 分别为铂电阻在温度 T 和 0 ℃时的电阻值，A、B、C 均为温度系数。对于工业上常用的铂电阻，$A=3.908\ 02\times10^{-3}/℃$，$B=-5.801\ 95\times10^{-7}/℃^2$，$C=-4.273\ 50\times10^{-12}/℃^3$。

当温度在 $0\sim650$ ℃范围内时，铂电阻的特征曲线方程可表示为

$$R_T=R_0(1+AT+BT^2) \tag{1-4-2}$$

本实验采用 Pt100 型铂电阻温度传感器，在 $0\sim100$ ℃范围内，式(1-4-2)近似为

$$R_T=R_0(1+AT) \tag{1-4-3}$$

其中，A 是温度系数，近似为 $3.85\times10^{-3}/℃$，$R_0=100\ \Omega$。

本实验中的铜电阻与温度的关系也可以用式(1-4-3)来表示。

2. 热敏电阻的温度特性

热敏电阻是一种由半导体材料制成的温度敏感元件，在一定的温度范围内，其半导体的电阻率 ρ 和温度 T 之间有如下关系：

$$\rho=A_1\mathrm{e}^{B_1/T} \tag{1-4-4}$$

其中，A_1 和 B_1 是与材料物理性质有关的常量，T 为热力学温度。对于截面均匀的热敏电阻，其阻值 R_T可用下式表示：

$$R_T=\rho\frac{l}{S} \tag{1-4-5}$$

其中，R_T为在温度为 $T(K)$时的电阻值，l 为两电极间的距离，S 为热敏电阻横截面积。将式(1-4-4)代入式(1-4-5)，并令 $A_2=A_1\dfrac{l}{S}$，于是可得

$$R_T=A_2\mathrm{e}^{B_1/T} \tag{1-4-6}$$

对一定的电阻而言，A_2 和 B_1 均为常量，其值与半导体材料的成分和制造方法有关。对式(1-4-6)两边取对数，则有

$$\ln R_T = B_1 \frac{1}{T} + \ln A_2 \qquad (1-4-7)$$

由此可见,$\ln R_T$与 $1/T$ 呈线性关系,因此只要在实验中测得各个温度 T 对应的 R_T值后,即可通过作图法求出 A_2 和 B_1 值,再代入式(1-4-6),即可得到 R_T的表达式。

图 1-4-1 表示了两种热敏电阻的温度特性曲线。

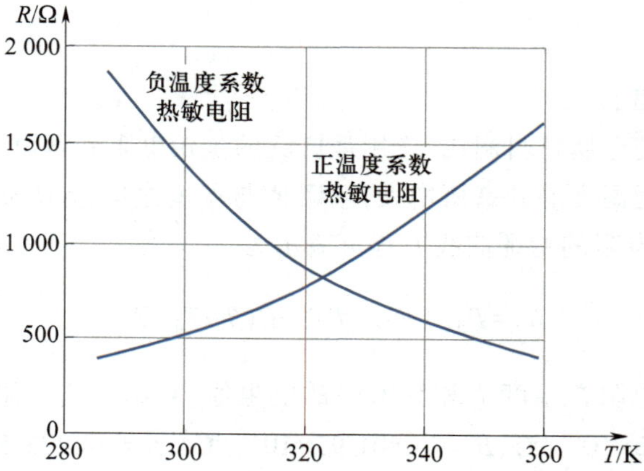

图 1-4-1

3. 热电偶的温度特性

热电偶是由两种不同材料的金属丝的端点彼此紧密接触而构成。如图 1-4-2 所示,当不同材料的金属丝 P 和 Q 的两个接点处于不同温度 t 和 t_0 时,回路中就有直流电动势产生,该电动势称为温差电动势或热电动势。当组成热电偶的材料一定时,温差电动势 E_t 仅与两接点处的温度有关,并且两接点的温差在一定的温度范围内有如下近似关系式:

$$E_t \approx \alpha(t - t_0) \qquad (1-4-8)$$

其中,α 称为温差电系数。对于不同金属组成的热电偶,α 是不同的,其数值等于两接点温度差为 1 ℃时所产生的电动势。

为了测量温差电动势,可以在图 1-4-2 的回路中接入电位差计,但测量仪器的引入不能影响热电偶原来的性质,即不影响它在一定的温差 $t-t_0$ 下应有的电动势 E_t 值,要做到这一点,实验时必须保证一定的条件。常见的处理方法是在两种金属 P、Q 之间插入第三种金属 Z,如图 1-4-3 所示。若 Z 与 P、Q 的两连接点均处于同一温度 t_0,则该闭合回路的温差电动势与只有 P、Q 两种金属组成回路时的数值完全相同。

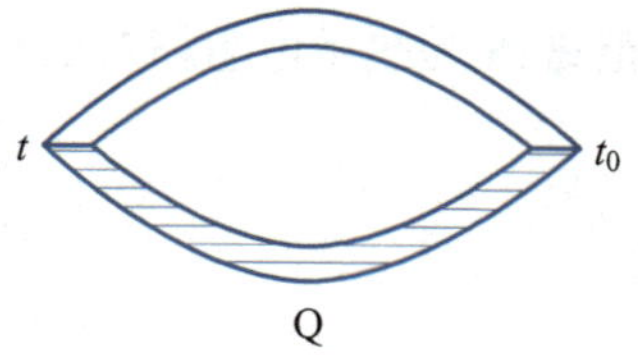

图 1-4-2

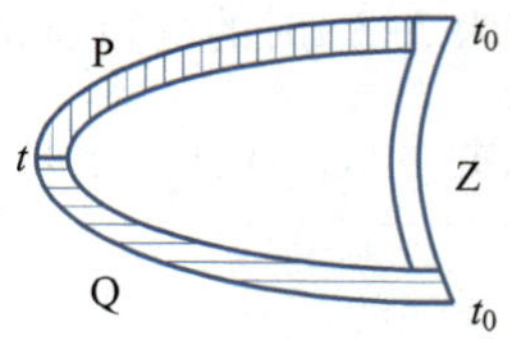

图 1-4-3

(1) 铜-康铜热电偶

如图 1-4-4 所示,把两根不同成分的金属丝 P、Q 的一端焊接在一起,构成热电偶的热端(即工作端),将另两端各与铜引线(即第三种金属 Z)焊接,构成两个同温度(t_0)的冷端(即自由端)。然后将铜引线与电位差计相连,这样就组成了一个热电偶温度计。通常将冷端置于冰水混合物中,以保持 $t_0=0$ ℃,而将热端置于待测温度处,即可测得相应的温差电动势,再根据事先校正好的曲线或数据,求出待测温度 t。

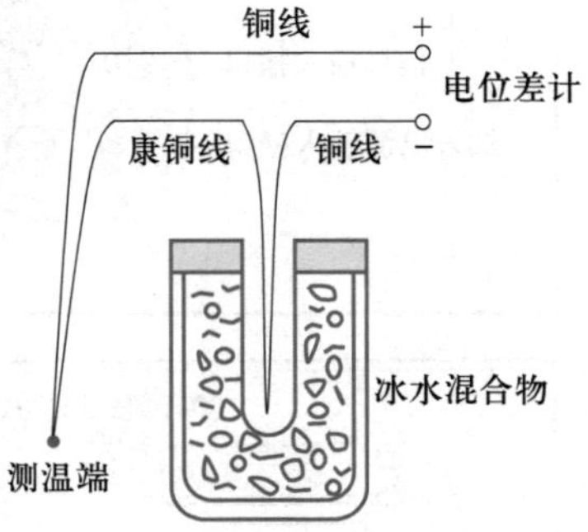

图 1-4-4

(2) 温差电系数 α 测量方法

在本实验温度范围内,E_t-t 函数关系近似为线性,即 $E_t=\alpha\times t$。所以,在曲线上可给出线性化后的平均直线,从而求得 α。在直线上取两点 $a(E_a,t_a)$ 和 $b(E_b,t_b)$(注意不要选取测量的数据点,而且两点间尽可能相距远一些),求得斜率

$$k=\frac{E_b-E_a}{t_b-t_a} \tag{1-4-9}$$

k 值即为所求的 α,本实验取 α 的理论值为 0.042 8 mV/℃。

【实验装置】

伽利略首先发现了空气在玻璃泡内的热胀冷缩能够推动玻璃管中水的运动现象,从而发明了世界上第一支温度计;后来华伦海特研制出了更为精确的水银温度计;摄尔修斯提出了 0~100 ℃ 的摄氏温标概念,并一直沿用至今。如今,能够实现精确测量的温度传感器已经随处可见。

本实验的测量系统框图如图 1-4-5 所示,主要包括恒流智能控温实验仪、加热炉和万用表。图 1-4-6 分别为恒流智能控温实验仪面板图和加热炉示意图,两者通过连接线相连组成测量系统。

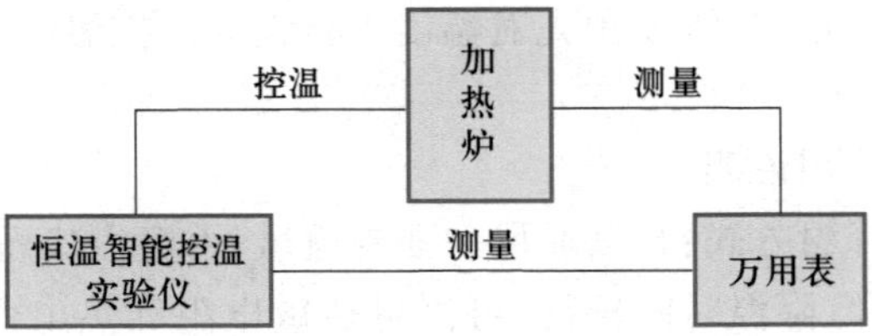

图 1-4-5

1. 恒流智能控温实验仪

恒流智能控温实验仪采用 PID 控温,具有温度控制精度高,使用方法简便等特点。配合万用表电阻挡可做热敏电阻的温度特性曲线实验;配合万用电表直流电压挡可做测热电偶温差电势实验。

(1) 恒流智能控温仪设置方法

(a) 长按设定键(SET)5 s 进入温度设定模式。

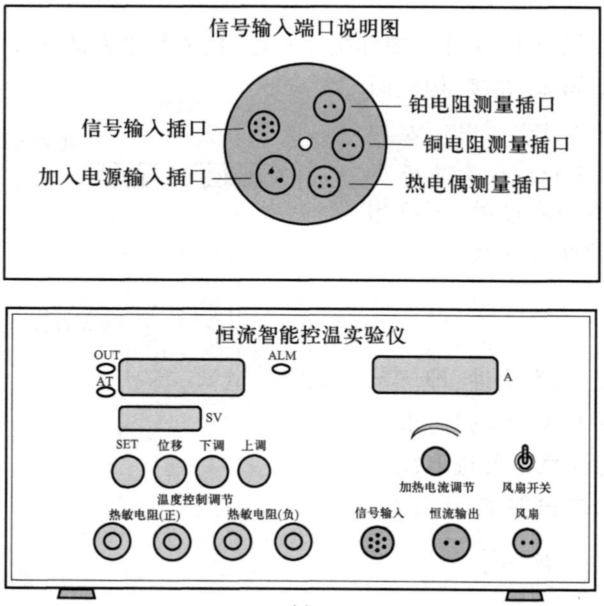

(a)

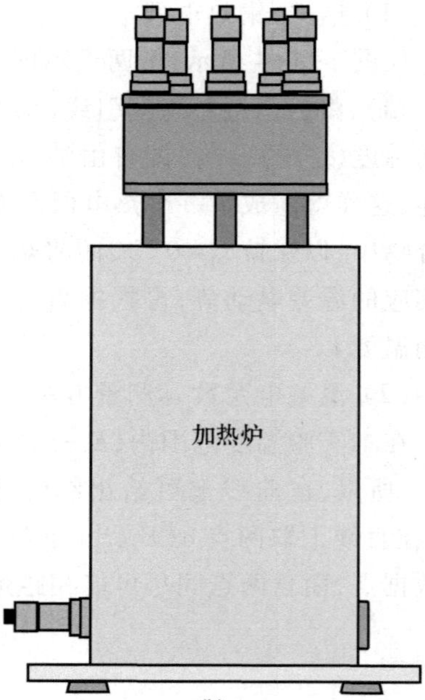

(b)

图 1-4-6

(b) 按位移键确定设置调整数位。

(c) 分别按上调键和下调键设置所需温度值。

(d) 长按 5 s 设定键(SET)退出设置。

(e) 如需改变设置,重复以上(a)~(d)步骤。

(2) 控温实验仪升温使用说明

(a) 做升温实验前,将温控仪与加热器各相应接口连接好。测量时所需的温度越高,加热电流就需越大,电流调节范围为 0~1.5 A。电流越大,加热时温升越快,但电流过大会导致温度俯冲过高,温升太快,控温时间延长,影响测量精度,所以一般以小电流加热较为合适。

(b) 如果测量过程需要恒温,则要预先对温度进行设置。控温时,若发现不能达到实测温度值,可适当调高加热工作电流。

(3) 控温实验仪降温使用说明

控温仪设有两种通风降温方式:自然通风和强制通风,由温控仪面板上的开关转换。

(a) 自然通风较为温和,降温时间较长,可测量热敏电阻和热电偶的降温温度特性曲线,特别在测热敏电阻时,其降温温度特性曲线重复性更好。

(b) 强制通风由加热器底部的风扇实现,可使降温速度满足实验需要。选择哪种降温方式,可根据实验的实际情况进行选择。

(4) 仪器使用注意事项

(a) 加热炉在加热时,应根据室温选择提供加热电流的大小,可逐渐加大电流,以防止较大的温度俯冲。

(b) 因加热炉内铜电阻传感器的温度上限为 120 ℃,所以加热温度不可超过该数值,以免其损坏。

2. 万用表

数字万用表(图 1-4-7)提供测量交流电压、直流电压、交直流电流、电阻、电容等的便捷测量功能。电压测量量程包括 1 000 V 和 400 mV,直流电压测量精度分别为 0.5%和 3.0%;电流量程包括 10 A 和 400 μA,测量精度均为 1.5%;电阻测量量程为 40 MΩ,分为自动挡和手动挡。电压与电阻测量使用同一组接线端,但挡位不同,应注意切换。

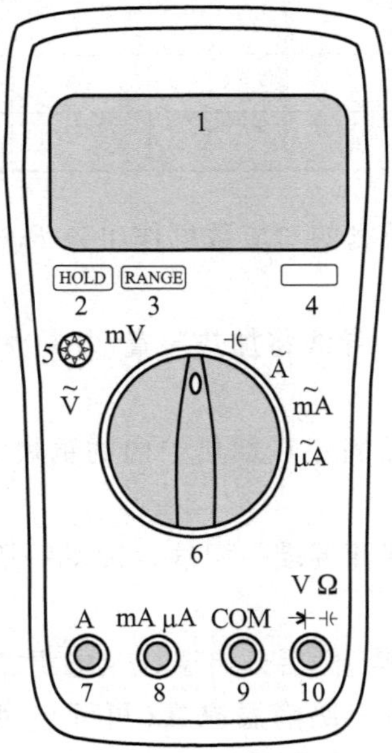

图 1-4-7

1—读数显示屏;2—数据保持;3—手动/自动/量程切换;4—功能切换;5—背光键;6—多功能转盘;7—交/直流电流测量端;8—交/直流微安毫安测量端;9—返回接线端;10—多功能测量端

【实验内容】

1. 利用金属热电阻和热敏电阻测量温度

(1) 连接铜电阻(或铂电阻)与万用表,从室温到 100 ℃,每隔 5 ℃测一个数据,测出铜电阻(或铂电阻)在不同温度下的电阻值,并将测量数据记录在表 1-4-1 中。

(2) 连接热敏电阻(负温度系数)与万用表,从室温到 100 ℃,每隔 5 ℃测一个数据,测出热敏电阻在不同温度下的电阻值,并将测量数据记录在表 1-4-1 中。

(3) 连接热敏电阻(正温度系数)与万用表,从室温到 100 ℃,每隔 5 ℃测一个数据,测出热敏电阻在不同温度下的电阻值,并将测量数据记录在表 1-4-1 中。

表 1-4-1 数据记录

温度阻值/℃								
铜电阻阻值/kΩ								
铂电阻阻值/kΩ								

续表

热敏电阻(NTC)阻值/kΩ								
热敏电阻(PTC)阻值/kΩ								
温度阻值/℃								
铜电阻阻值/kΩ								
铂电阻阻值/kΩ								
热敏电阻(NTC)阻值/kΩ								
热敏电阻(PTC)阻值/kΩ								

(4) 按等精度作图的方法，用所测的对应数据作出各 R_T-T 曲线。

2. 利用铜-康铜热电偶测量温度

(1) 根据图 1-4-6 所示，用专用导线将加热装置(加热炉)上的相应热电偶测量插口与万用表电压测量端连接。

(2) 铜-康铜热电偶的测温端已固定在加热炉内的铜块上，冷端(自由端)插入杜瓦瓶内的冰水混合物中，确保 $t_0=0$ ℃。

(3) 连接时应将铜-康铜热电偶测温端一引线及冷端一引线接入万用表的电压测量端与返回接线端。

(4) 测出室温时热电偶的电动势，然后开启温控仪电源，对热端加温，每隔 10 ℃左右测一组 (t,E_t)，直至 100 ℃为止。然后再做一次降温测量(可开启风扇)，每降低 10 ℃测一组 (t,E_t)。最后取升温、降温测量数据的平均值作为测量值。将测量数据记录在表 1-4-2 中。

表 1-4-2 数据记录

t/℃								
E_t(升温)/V								
E_t(降温)/V								
E_t(平均)/V								

(5) 作铜-康铜热电偶 E_t-t 曲线。

(6) 求铜-康铜热电偶的温差电系数 α。

【拓展题】

1. 解释温差电效应基本原理。

2. 设计一个利用热敏电阻控制空调启停的系统，要求简述测温基本原理，画出设计系统框图，解释系统工作过程。

1.5 光的衍射与光波波长测量

【实验综述】

光的衍射一般是指光遇到障碍物时偏离直线传播方向的现象。当障碍物大小比光的波长大的不很多时，就能直接观察到光的衍射现象。实验室中常用狭缝、细针、小孔、圆屏等障碍物观察衍射光斑。光的衍射和光的干涉表明了光具有波动性。一般衍射分为单缝衍射、多缝衍射和光栅衍射等。根据狭缝形状的不同，光的衍射又有矩形孔衍射、圆形孔衍射和复杂孔衍射之分。

本实验主要探究单缝衍射、圆孔衍射、双缝干涉和光栅衍射的特性，并利用相关公式计算光波波长。

【实验目的】

1. 掌握在光学导轨及光学器件调节方法。
2. 熟悉各种衍射光的产生机理。
3. 观察夫琅禾费单缝衍射光强分布规律，测量单缝大小。
4. 观察夫琅禾费圆孔衍射光强分布规律，测量激光波长。
5. 观察杨氏双缝干涉光强分布规律，测量双缝间距。
6. 观察光栅衍射光强分布规律，测量激光波长。

【背景知识】

除衍射法测量光波波长外，物理实验室常见的测量光波波长的方法还有干涉法、色散法和波速法等。

1. 干涉法

迈克耳孙干涉仪是一种利用分振幅法产生相干光以实现干涉的仪器。迈克耳孙干涉仪所产生的圆环等倾干涉圆条纹的位置取决于相干光束间的光程差。如图 1-5-1 所示，每当动镜增加或减少 $\lambda/2$ 时，就有一圈条纹从中心“涌出”或“陷入”，因此，只要测得动镜移动的距离 Δd 和“涌出”或“陷入”的条纹数 ΔN，就可以根据公式 $\Delta d=\Delta N\dfrac{\lambda}{2}$求得入射光光波波长。

2. 色散法

利用三棱镜产生的光的色散现象，将不同波长的光分离成不同的方向，从而形成一个按光谱排列的色带。利用汞灯发出的各单色光的波长校准望远镜所处位置的角度示值，获得波长与角度关系，通过比较的方法测量未知单色光的波长。系统示意图如图 1-5-2 所示。

3. 波速法

因为波速 v 等于波长 λ 乘以频率 f，即 $v=\lambda f$，波的速度在同一介质中是恒定的，所以只要测得波的频率，就可以得到波长值。

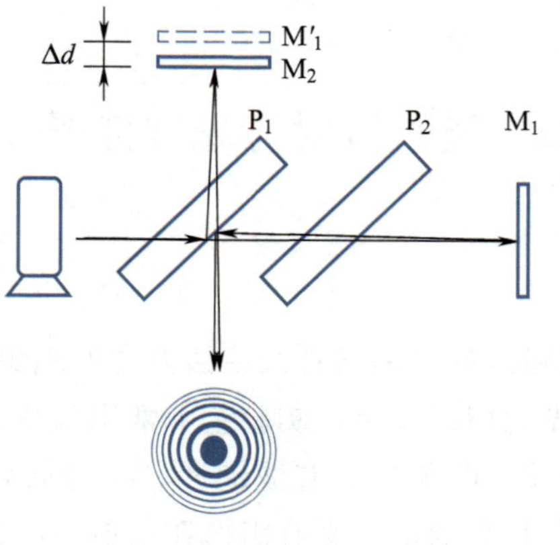

图 1-5-1

P_1—分光镜片；P_2—补偿镜片；M_1—静全反镜；M_2—动全反镜；M_1'—静全反镜虚像

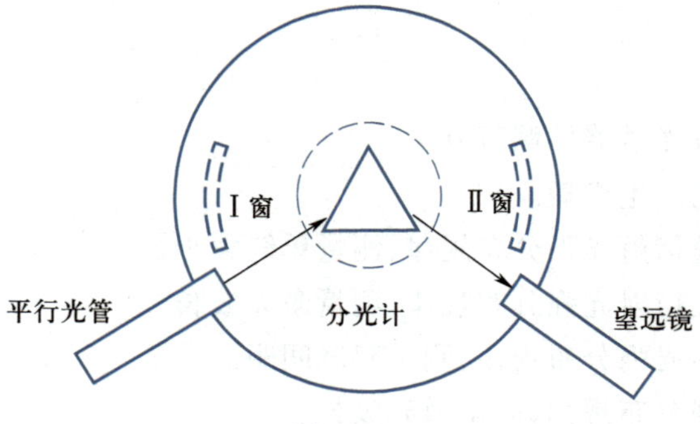

图 1-5-2

【基本原理】

1. 夫琅禾费单缝衍射

夫琅禾费单缝衍射是指衍射物为一条狭小的可调节的单缝，当单色光通过该单缝时，因为光的波动性而发生衍射现象。夫琅禾费单缝衍射系统光路原理示意图如图 1-5-3 所示，图中黑色代表明条纹。

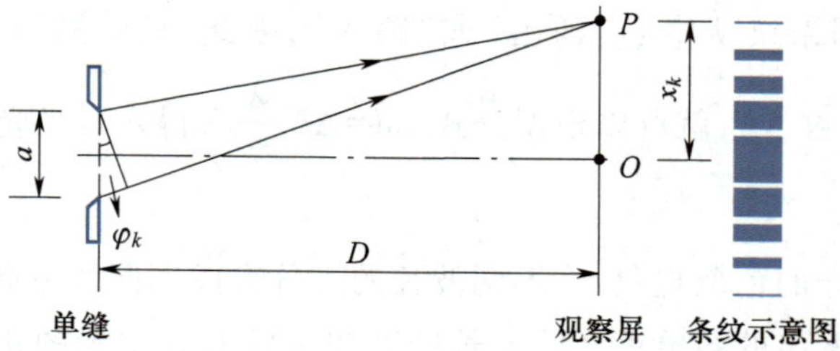

图 1-5-3

（1）衍射条纹位置关系

如图 1-5-3 所示，设光源的波长为 λ，a 为单缝的单缝宽度，单缝与观察屏之间的间距为 D，观察屏上衍射条纹中心 P 点的衍射角为 φ_k，衍射条纹中心 P 点离观察屏中心 O 点的位移为 x_k。

因为宽度为 a 的单缝产生的夫琅禾费衍射光路图满足近似条件为 $D\gg a$，φ_k角很小，所以 $\sin\varphi_k\approx\tan\varphi_k\approx\varphi_k$，则 x_k大小可以表示为

$$x_k=D\times\varphi_k \tag{1-5-1}$$

根据光的相干原理，产生暗条纹的条件是

$$a\sin\varphi_k=k\lambda,\quad k=\pm1,\pm2,\pm3,\cdots \tag{1-5-2}$$

因此，根据式(1-5-1)，暗条纹的中心位置到中心 O 点的位移为

$$x_k=k\frac{D\lambda}{a},\quad k=\pm1,\pm2,\pm3,\cdots \tag{1-5-3}$$

而产生明条纹的条件是

$$a\sin\varphi_k=\left(k+\frac{1}{2}\right)\lambda,\quad k=\pm1,\pm2,\pm3,\cdots \tag{1-5-4}$$

因此也可以获得明条纹的中心位置到中心 O 点的位移为

$$x_k=\left(k+\frac{1}{2}\right)\frac{D\lambda}{a},\quad k=\pm1,\pm2,\pm3,\cdots \tag{1-5-5}$$

变换式(1-5-5)，就可以得到用来测量单缝大小的表达式

$$a=\left(k+\frac{1}{2}\right)\frac{D\lambda}{x_k} \tag{1-5-6}$$

(2) 衍射条纹强度分布

夫琅禾费单缝衍射的明条纹的光强公式为

$$I_{\varphi_k}=I_0\left(\frac{\sin u}{u}\right)^2 \tag{1-5-7}$$

其中，I_0 为中心点 O 处的光强，$\left(\frac{\sin u}{u}\right)^2$ 为单缝衍射因子，且

$$u=\frac{\pi a\sin\varphi_k}{\lambda} \tag{1-5-8}$$

图 1-5-4 是单缝衍射的相对光强曲线示意图，中心为光强主极大。除主极大外，次极大出现在$\frac{\mathrm{d}}{\mathrm{d}u}\left(\frac{\sin u}{u}\right)^2=0$ 的位置，它们是超越方程 $u=\tan u$ 的根。曲线以$\frac{a\sin\varphi_k}{\lambda}$为横坐标，$u$ 为 $\pm1.43\pi,\pm2.46\pi,\pm3.47\pi,\cdots$，对应 $\sin\varphi_k=\pm\frac{1.43\lambda}{a},\pm\frac{2.46\lambda}{a},\pm\frac{3.47\lambda}{a},\cdots$。因为衍射角 φ_k角很小，$\sin\varphi_k\approx\varphi_k$，所以观察屏上的某条衍射条纹中心离屏中心 O 的位移可近似表示为

$$x_k=\varphi_k\cdot D=\pm\frac{1.43D\lambda}{a}\pm\frac{2.46D\lambda}{a}\pm\frac{3.47D\lambda}{a}\pm\cdots \tag{1-5-9}$$

光强次极大也可以分别表示为 $I_1\approx4.7\%I_0$，$I_2\approx1.7\%I_0$，$I_3\approx0.8\%I_0$，…，由此可见，光强次极大比主极大的强度要弱很多。

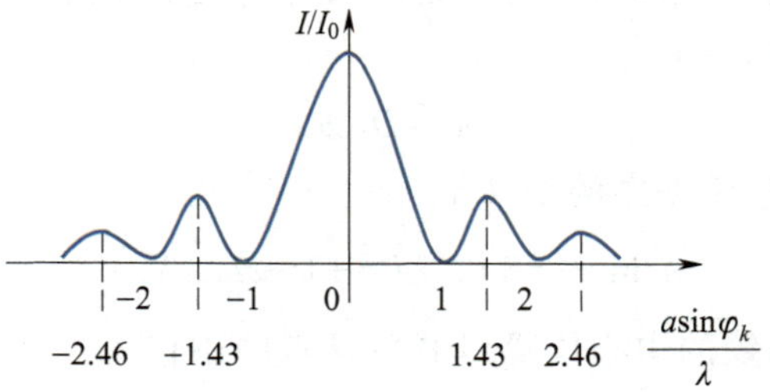

图 1-5-4

对于暗条纹,将式(1-5-2)代入式(1-5-8),可得 $u=k\pi$,对应的衍射角为 $\varphi_k=\frac{k\lambda}{a}$。

2. 夫琅禾费圆孔衍射

夫琅禾费圆孔衍射图形的中间为一个圆形亮斑,周围还有一些明暗相间的同心圆环。夫琅禾费圆孔衍射系统光路原理示意图如图 1-5-5 所示,图中黑色代表亮斑。

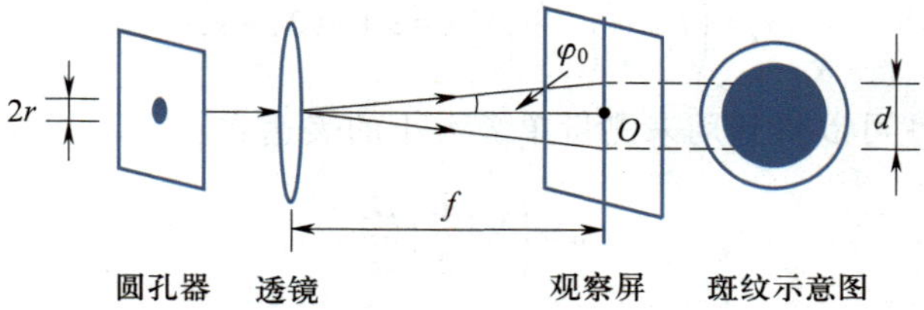

图 1-5-5

(1) 衍射光斑位置关系

如图 1-5-5 所示,r 为圆孔器的圆孔半径,透镜焦距为 f,衍射角为 φ。把其中以第一暗环为界限的中央亮斑称为艾里斑,设艾里斑直径为 d,艾里斑衍射半角宽度为 φ_0,根据光的相干原理,得到暗纹位置出现在 $u=0.61\pi, 1.12\pi, 1.62\pi, \cdots$ 处,因此,$\sin\varphi=0.61\frac{\lambda}{r}$,$\sin\varphi=1.12\frac{\lambda}{r}$,$\sin\varphi=1.62\frac{\lambda}{r}$,…。

因为 φ 很小,所以暗纹位置对应的衍射角分别为 $\varphi=0.61\frac{\lambda}{r}$,$\varphi=1.12\frac{\lambda}{r}$,$\varphi=1.62\frac{\lambda}{r}$,…。

当 $\varphi=\varphi_0$ 时,它满足

$$\sin\varphi_0=0.61\frac{\lambda}{r} \tag{1-5-10}$$

根据几何关系,由图 1-5-5 可知

$$\tan\varphi_0=\frac{d}{2f} \tag{1-5-11}$$

同样,因为 φ_0 很小,所以近似认为 $\sin\varphi_0=\tan\varphi_0$,因此得到

$$d=1.22\frac{\lambda f}{r} \tag{1-5-12}$$

由式(1-5-12)可知,圆孔直径越小,艾里斑越大,衍射现象也越明显。

变换式(1-5-12),就可以得到用来测量入射光波波长的表达式

$$\lambda=\frac{2r\cdot d}{2.44f} \tag{1-5-13}$$

其中,圆孔直径用 $2r$ 表示。

(2) 衍射光斑强度分布

夫琅禾费圆孔衍射光强分布曲线示意图见图 1-5-6 所示。根据惠更斯-菲涅耳原理,采用积分法可以得到平行光垂直入射到圆孔时的夫琅禾费圆孔衍射的光强公式

$$I=I_0\left[1-\frac{1}{2}u^2+\frac{1}{3}\left(\frac{u^2}{2!}\right)^2-\frac{1}{4}\left(\frac{u^3}{3!}\right)^2+\cdots\right] \tag{1-5-14}$$

其中,$u=\dfrac{\pi r\sin\varphi}{\lambda}$,艾里斑光强约占总光强的 84%。

3. 杨氏双缝干涉

1801 年,托马斯·杨首次从实验获得了两列相干的光波,观察到了光的干涉现象。杨氏双缝干涉实验系统光路原理示意图如图 1-5-7 所示,图中黑色代表明条纹。

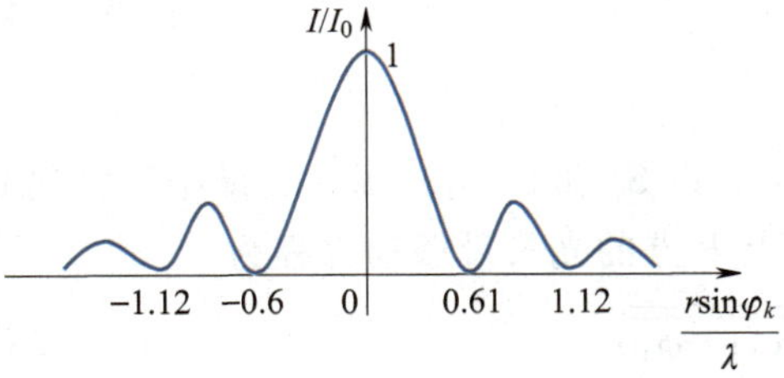

图 1-5-6

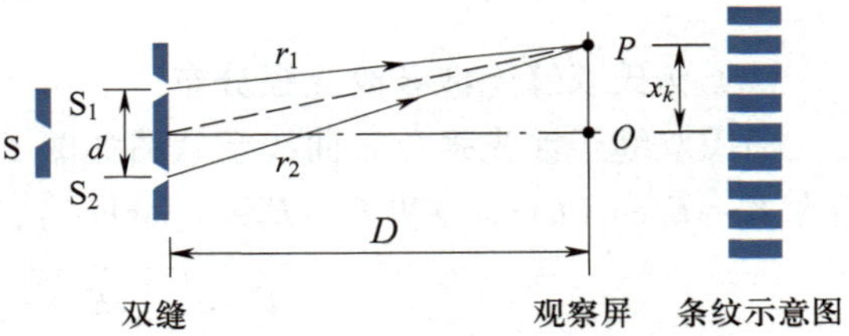

图 1-5-7

(1) 杨氏双缝干涉条纹位置关系

如图 1-5-7 所示,S 为单缝,S_1 和 S_2 组成双缝,两缝到单缝间距相等,经过双缝的波相干,并在观察屏上叠加,形成干涉条纹。设 P 为观察屏上一点,观察屏上 O 点在 S_1 和 S_2 的中轴线上,单缝 S_1 和 S_2 到观察屏上 P 点的距离分别为 r_1 和 r_2,S_1 和 S_2 的间距为 d,从 S_1 和 S_2 发出的波具有相同相位,双缝到观察屏的距离为 D,P 点到 O 点的距离为 x_k,根据几何关系有

$$r_1=D^2+\left(x_k-\frac{d}{2}\right)^2 \tag{1-5-15}$$

$$r_2=D^2+\left(x_k+\frac{d}{2}\right)^2 \tag{1-5-16}$$

因此,得到

$$r_2^2-r_1^2=2dx_k \tag{1-5-17}$$

因为 $D\gg d$,$D\gg x_k$,所以 $r_1+r_2\approx 2D$,整理式(1-5-17),可得 S_1 和 S_2 发出的波到达 P 点的光程差

$$\Delta r=r_2-r_1=\frac{dx_k}{D} \tag{1-5-18}$$

如果满足干涉条件

$$\Delta r=\pm k\lambda,\quad k=0,1,2,3,\cdots \tag{1-5-19}$$

则 P 点上是明条纹，且干涉条纹的位移为

$$x_k=\pm\frac{D}{d}\cdot k\lambda,\quad k=0,1,2,3,\cdots \tag{1-5-20}$$

如果满足干涉条件

$$\Delta r=\pm\left(k+\frac{1}{2}\right)\lambda,\quad k=0,1,2,3,\cdots \tag{1-5-21}$$

则 P 点上是暗条纹，且干涉条纹的位移为

$$x_k=\pm\frac{D}{d}\cdot\left(k+\frac{1}{2}\right)\lambda,\quad k=0,1,2,3,\cdots \tag{1-5-22}$$

设相邻两明纹或暗纹的间距为 Δx，则根据式（1-5-20）或式（1-5-22），有

$$\Delta x=\frac{D}{d}\lambda \tag{1-5-23}$$

因此，变换式（1-5-23），就可以得到用来测量光波波长的表达式

$$\lambda=\frac{\Delta xd}{D} \tag{1-5-24}$$

（2）杨氏双缝干涉条纹光强分布

杨氏双缝干涉光强分布曲线示意图如图 1-5-8 所示。设 S_1 和 S_2 两光源光矢量振动方程分别为 $E_1=E_0\cos(\omega t+\phi_1)$ 和 $E_2=E_0\cos(\omega t+\phi_2)$，则观察屏上 P 点的光矢量振动方程为

$$E=\sqrt{E_1^2+E_2^2+2\sqrt{E_1E_2\cos(\phi_2-\phi_1)}} \tag{1-5-25}$$

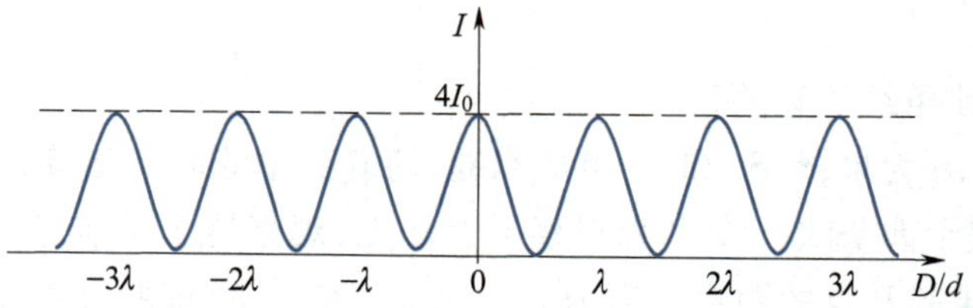

图 1-5-8

设 S_1 和 S_2 两光源在观察屏上 P 点光强分别为 I_1 和 I_2，则合光强 I 为

$$I=I_1+I_2+2\sqrt{I_1I_2}\cos(\phi_2-\phi_1) \tag{1-5-26}$$

因为 $\Delta\phi=\phi_2-\phi_1=2\pi\frac{\Delta r}{\lambda}$，假如 S_1 和 S_2 两光源在观察屏上 P 点强度都是 I_0，则 $I_1=I_2=I_0$，所以条纹光强大小可简化为

$$I=4I_0\cos^2\left(\pi\frac{\Delta r}{\lambda}\right) \tag{1-5-27}$$

所以，将式（1-5-19）代入式（1-5-27），可得明条纹处光强为 $I=4I_0$。

将式（1-5-21）代入式（1-5-27），可得暗条纹处光强为 $I=0$。

4. 光栅衍射

光栅一般分透射式和反射式两种类型。透射式光栅是在一块平面透明的玻璃板上刻上平行、等间距又等宽的直痕，刻痕部分不透光，两刻痕间能透光，相当于狭缝，相邻两刻痕间的距离 d 称为光栅常量。反射式光栅是在镀有金属层的表面上刻画斜的平行等间距刻痕，斜面能反射光。光栅衍射的主要特点是：缝数增加，明条纹变细，明条纹强度增加。本实验用透射式光栅。

光栅衍射实验系统光路原理示意图如图 1-5-9 所示，图中黑色代表明条纹。

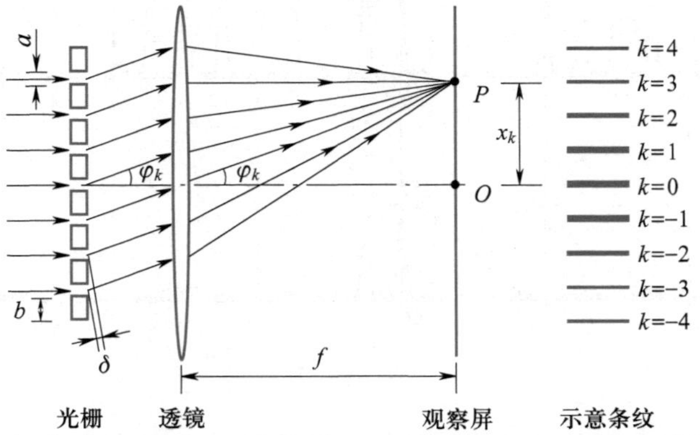

图 1-5-9

(1) 光栅衍射条纹位置关系

设 a 为透光部分宽度，b 为遮挡部分宽度，则 $d=a+b$，d 就是光栅常量。

假设光是垂直入射在光栅器件上，根据明纹干涉条件，相邻两狭缝发出的倾角为 φ_k 的光线到达 P 点的光程差为

$$\delta = d\sin\varphi_k = \pm k\lambda,\quad k=0,1,2,3,\cdots \tag{1-5-28}$$

其中，δ 是光程差，φ_k 是第 k 级条纹（谱线）衍射角，k 是主极大级次，$k=0$ 表示中央明条纹。因为 $|\sin\varphi|\leqslant 1$，所以 $k_{\max}<\dfrac{d}{\lambda}$。

暗纹满足 $a\sin\varphi_k=\pm k'\lambda$，$k'=0,1,2,3,\cdots$，则有

$$k=\pm\frac{d}{a}k' \tag{1-5-29}$$

由式(1-5-29)可知，出现缺级现象。比如 $a+b=3a$，那么 $k=\pm 3k'=\pm 3,\pm 6,\pm 9,\cdots$ 缺级，即观察屏上这些级次不出现。

因为 φ_k 很小，所以 $\sin\varphi_k\approx\tan\varphi_k\approx\varphi_k$，变换式(1-5-28)，就可以得到用来测量光波波长的表达式

$$\lambda=\frac{d\sin\varphi_k}{k}=\frac{dx_k}{kf} \tag{1-5-30}$$

(2) 光栅衍射条纹光强分布

图 1-5-10 是单缝衍射、多缝干涉和光栅衍射的光强曲线比对示意图。其中总缝数 $N=4$，光栅常量 $d=4a$，a 为单缝大小。

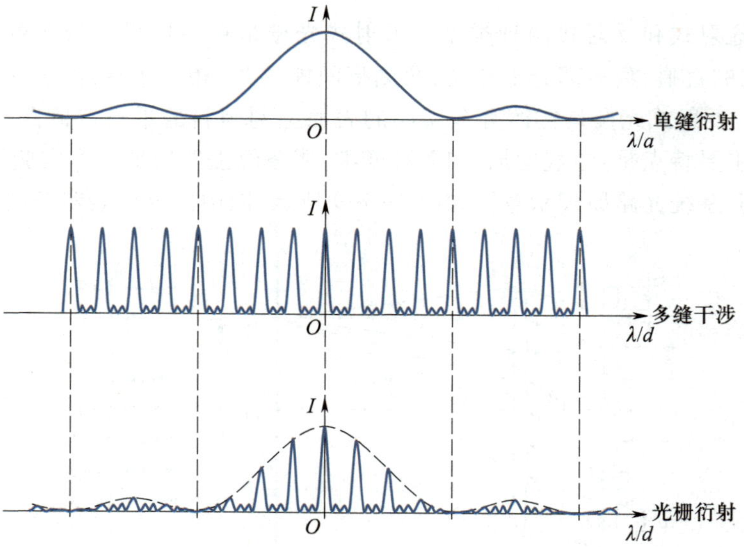

图 1-5-10

光栅衍射条纹的光强分布是由各缝引起的光振动相干叠加的结果，各缝光振动振幅可认为近似相等。对应于衍射角为 φ 的 P 点来说，相邻两缝的光振动的相位差为 $\Delta\phi = 2\pi d\sin\varphi/\lambda$。$N$ 个光振动矢量的叠加与单缝衍射的光强分布的方程类似，所以每个光振动构成了以 O 为中心，R 为半径的圆的等长弦，所对应的圆心角均为 $\Delta\phi$。由几何关系可得，其振幅为

$$A = 2R\sin\left(\frac{\Delta\phi \cdot N}{2}\right) \tag{1-5-31}$$

或写成

$$A_i = 2R\sin\left(\frac{\Delta\phi}{2}\right) \tag{1-5-32}$$

其中，R 为圆的半径，A 表示振幅。因此 P 点的合振幅为

$$A = \frac{A_i\sin\left(\dfrac{\Delta\phi \cdot N}{2}\right)}{\sin\left(\dfrac{\Delta\phi}{2}\right)} \tag{1-5-33}$$

根据单缝衍射的振幅公式 $A_\varphi = A_0\dfrac{\sin u}{u}$，$\mu = \dfrac{\pi a}{\lambda[\sin(\alpha-\beta)+\sin(\theta-\beta)]}$，式中，$\beta$ 为刻痕面与光栅面的夹角，a 为缝宽，α 为入射角，于是有

$$A_\varphi = A_0\frac{\sin u}{u} \cdot \frac{\sin\dfrac{\phi \cdot N}{2}}{\sin\dfrac{\Delta\phi}{2}} \tag{1-5-34}$$

则 P 点的光强为

$$I_{\varphi}=I_0\left(\frac{\sin u}{u}\right)^2\cdot\left(\frac{\sin\dfrac{\Delta\phi\cdot N}{2}}{\sin\dfrac{\Delta\phi}{2}}\right)^2 \tag{1-5-35}$$

式(1-5-34)和式(1-5-35)分别为 N 缝夫琅禾费衍射的振幅分布公式和光强分布公式。式(1-5-35)中的 I_0 代表单缝衍射时中央明纹的光强，$\left(\frac{\sin u}{u}\right)^2$ 是单缝衍射因子，表征了单缝衍射对条纹光强的影响。因子$\left(\frac{\sin\frac{\Delta\phi\cdot N}{2}}{\sin\frac{\Delta\phi}{2}}\right)^2$ 是多缝干涉因子，来源于 N 个振动的叠加，体现了多光束干涉的作用。

【实验装置】

德国物理学家夫琅禾费最具影响力的贡献是发表并研究了平行光通过单缝和多缝的“夫琅禾费衍射”和太阳光谱中的“夫琅禾费线”，他因此成为光谱学的奠基者之一。夫琅禾费还设计并制造了分光仪、消色差透镜、大型折射望远镜、衍射光栅等，这些均被广泛应用在实践和实验之中。本实验的夫琅禾费衍射实验系统装置的示意图见图 1-5-11。

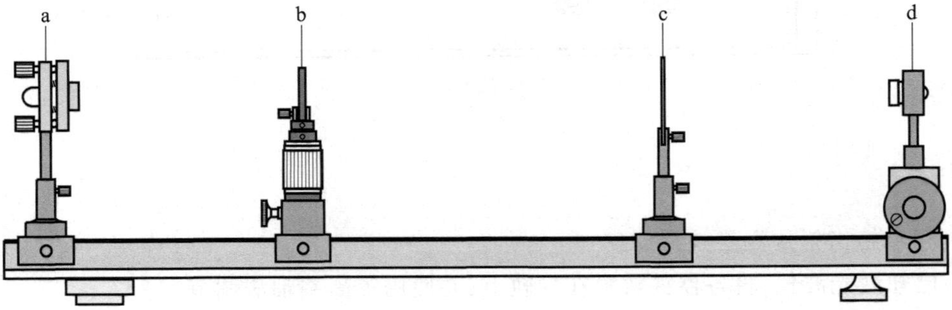

图 1-5-11

a—激光器；b—样品；c—白屏；d—光电探测器

夫琅禾费衍射实验装置主要包括光学导轨、激光器、样品、白屏和光电探测器，其工作过程如下：单色激光通过样品在 X 轴方向产生衍射条纹图形。光电探测器在鼓轮的控制下在水平方向移动，从而可以实现定点测量或在某一范围内的测量。光强相对强度可在多功能光信号分析仪上读取。

1. 样品

样品实物示意图如图 1-5-12 所示，主要包括：圆形孔、正方形孔、双圆形孔、双棱镜、不同宽度的单缝、不同距离的双缝和光栅。

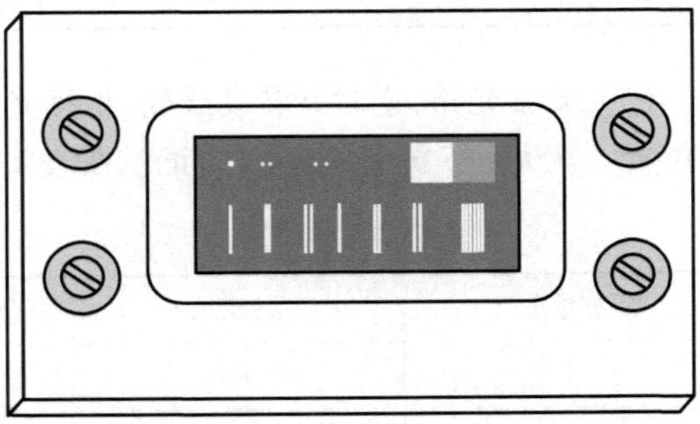

图 1-5-12

2. 激光器

半导体激光是一种相干辐射光源，其工作原理是激励方式，利用电子在能带间跃迁发光，用两个平行反光镜面作为反射镜，组成谐振腔，使光振荡、反馈、产生光的辐射放大，输出激光。半导体激光器的优点是效率高、体积小、质量轻且价格低。

激光器使用注意事项：

(1) 激光不可直射眼睛，否则会灼伤眼睛；

(2) 激光器不宜反复启动和关闭，以免影响其寿命；

(3) 激光器要防静电，出光面要保证无污染。

3. 多功能光信号分析仪

多功能光信号分析仪是用来测试连续激光功率的仪器。多功能光信号分析仪由光电探测器和显示设备组成，光电探测器功能是光能转换为电信号输出，从而精确测量激光功率的大小。本实验采用的多功能光信号分析仪面板示意图如图 1-5-13 所示。

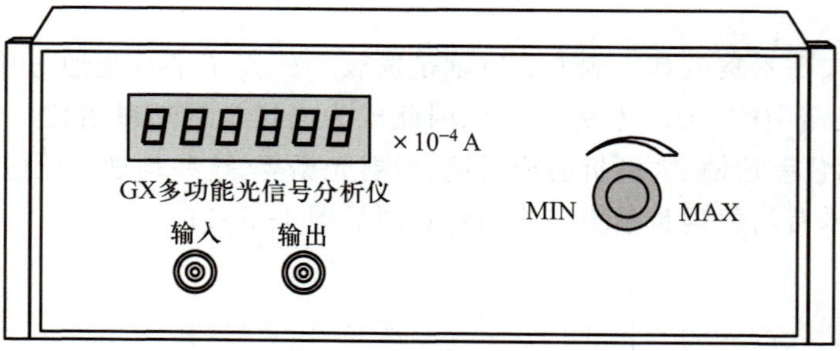

图 1-5-13

【实验内容】

1. 利用单缝衍射法测量狭缝宽度

(1) 已知激光波长，将各器件放置在导轨上，并使用等高共轴法调节。

(2) 测量单缝器（样品）到光电探测器距离 D，并填入表 1-5-1。

表 1-5-1 数据记录

次数 i	1	2	3	4	5	6
D/mm						

(3) 调整光路，逆时针转动鼓轮，根据光斑的光强大小，找到各主极大，并记录各主极大的坐标位置。从 $k=+5$ 测量到 $k=-5$，记录在表 1-5-2 中。

表 1-5-2 数据记录

序号 n	级次 k	坐标 X_n/mm	$x_k=X_{6-k}-X_6$/mm
1	+5		
2	+4		

续表

序号 n	级次 k	坐标 X_n/mm	$x_k=X_{6-k}-X_6$/mm
3	+3		
4	+2		
5	+1		
6	0		
7	-1		
8	-2		
9	-3		
10	-4		
11	-5		

(4) 计算单缝大小,求不确定度。

2. 利用圆孔衍射法测量激光波长

(1) 已知圆孔直径,将各器件放置在导轨上,并使用等高共轴法调节。

(2) 测量透镜到光电探测器的距离 f,并填入表 1-5-3。

表 1-5-3 数据记录

次数 i	1	2	3	4	5	6
f/mm						

(3) 调整光路,逆时针转动鼓轮,根据光斑的光强大小,找到第一暗环位置,并记录该坐标位置,重复测量,记录在表 1-5-4 中。

表 1-5-4 数据记录

序号 n	坐标 $X_{左}$/mm	坐标 $X_{右}$/mm	艾里斑直径为 $d=\|X_{左}-X_{右}\|$/mm	$\overline{d}$/mm
1				
2				
3				
4				
5				
6				

(4) 计算激光波长大小。

3. 利用杨氏双缝干涉法测量双缝间距

(1) 已知激光波长,将各器件放置在导轨上,并使用等高共轴法调节。

(2) 测量双缝器(样品)到光电探测器距离 D,并填入表 1-5-5。

表 1-5-5 数据记录

次数 i	1	2	3	4	5	6
D/mm						

(3) 调整光路,逆时针转动鼓轮,根据光斑的光强大小,找到各明条纹位置,并记录该坐标位置,记录在表 1-5-6 中。

表 1-5-6 数据记录

序号 n	坐标 X_n/mm	$\Delta x=X_{n+4}-X_n$/mm	$\overline{\Delta x}$/mm
1			
2			
3			
4			
5			
6			
7			
8			
9			
10			

(4) 计算双缝间距大小。

4. 利用光栅衍射法测量激光波长

(1) 已知光栅常量,将各器件放置在导轨上,并使用等高共轴法调节。

(2) 测量透镜到光电探测器距离 f,并填入表 1-5-7。

表 1-5-7 数据记录

次数 i	1	2	3	4	5	6
f/mm						

(3) 调整光路,逆时针转动鼓轮,根据光斑的光强大小,找到各主极大,并记录各主极大的坐标位置。从 $k=+5$ 测量到 $k=-5$,记录在表 1-5-8 中。

表 1-5-8 数据记录

序号 n	级次 k	坐标 X_n/mm	$x_k=X_{6-k}-X_6$/mm
1	+5		
2	+4		
3	+3		

续表

序号 n	级次 k	坐标 X_n/mm	$x_k=X_{6-k}-X_6$/mm
4	+2		
5	+1		
6	0		
7	-1		
8	-2		
9	-3		
10	-4		
11	-5		

(4) 计算激光波长大小,求不确定度。

【拓展题】

1. 简述光的衍射本质。
2. 叙述一个生活中的光的衍射现象,并解释这种现象。

1.6 分光计与介质折射率测量

【实验综述】

介质的折射率是指光在真空中的传播速度与光在介质中的传播速度之比。介质折射率是光学材料的重要参量之一，是物理实验测量的物理量之一，科研和生产实际也常需要用到它。一般来说，测量介质折射率的方法可分两类：一类是物理光学法，利用光通过介质（或由介质反射）后透射光的相位变化（或反射光的偏振态变化）与折射率密切相关的原理来测定折射率，可用于研究光的本性、光与物质的相互作用规律，这类方法在物理实验中常用椭偏法、布儒斯特角法、干涉法等测量介质的折射率；另一类是几何光学法，又称光线光学法，是以光的直线传播性质为基础，研究光在介质中的传播规律及其应用，利用折射、反射、全反射等定律，再通过测量光线角度，可以求得介质的折射率，这类方法在物理实验中常用自准直法、最小偏向角法、全反射法等测量介质的折射率。

本实验主要探究用掠入射法测定三棱镜材料的折射率。

【实验目的】

1. 熟练掌握分光计的调整和使用。
2. 探究用自准直法测量三棱镜顶角的原理和方法。
3. 探究用掠入射法测定介质折射率的原理和方法。
4. 学会用不确定度来分析实验数据误差。

【背景知识】

测量介质折射率具有广泛的应用价值，物理实验室常见的介质折射率测量方法有插针法、视深法、最小偏向角法和临界角法等。

1. 插针法

如图 1-6-1(a)所示，通过插针法，确定入射光线和出射光线路径，测量入射角和折射角，代入公式 $n=\sin\alpha/\sin\beta$（假设空气折射率为 1）就可求得折射率。

2. 视深法

如图 1-6-1(b)所示，通过读数显微镜测量物体 p_1 的实际位置深度 h（图中是玻璃厚度）和物体像 p_2 的实际位置深度 $h-|d_1-d_2|$，最后代入公式 $n=\dfrac{h}{h-|d_1-d_2|}$求得折射率。

3. 最小偏向角法

如图 1-6-1(c)所示，对于一个顶角为 θ、折射率为 n 的三棱镜，将它放在空气中（假设空气折射率为 1），当三棱镜第一表面的入射角 i 等于在第二表面的折射角时，偏向角达到最小值 δ，

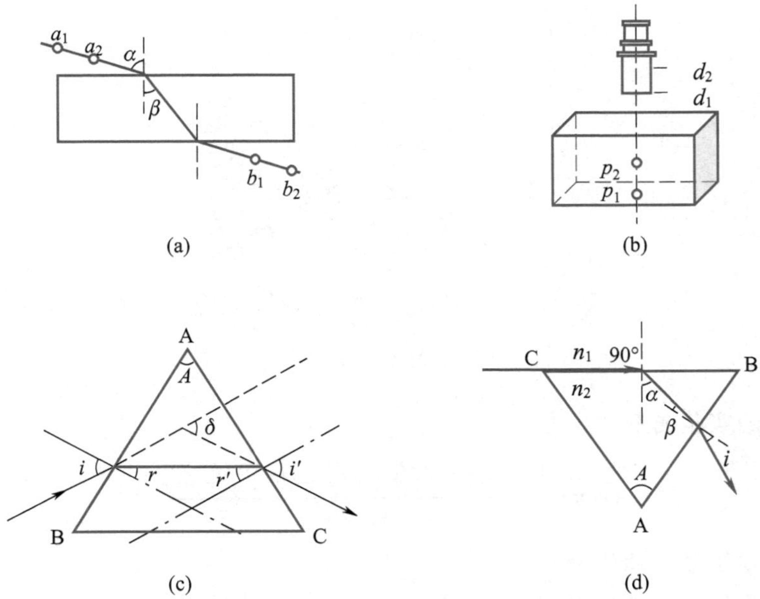

图 1-6-1

则用测角仪测定 θ 和 δ,根据公式 $n=\dfrac{\sin\dfrac{\theta+\delta}{2}}{\sin\dfrac{\theta}{2}}$,即可计算出折射率。

4. 临界角法

如图 1-6-1(d)所示,光从光密介质进入光疏介质时,入射角小于折射角,改变入射角,可以使出射角为 90°,此时的入射角就是临界角。假如光线逆行,它正好是发生全反射的临界角。因此,可在仪器视场中看到与之对应的明暗分界线,依据 $n_1\sin 90°=n_2\sin\alpha$,$n_2\sin\beta=n_1\sin i$,就可以计算出介质折射率。

【实验原理】

1. 用自准直法测量三棱镜顶角

用自准直法测量三棱镜顶角光路图如图 1-6-2 所示。设被测量的三棱镜顶角为 A,望远镜放在其左侧时,分光计读数窗Ⅰ的读数为$\angle$左$_{\text{Ⅰ}}$、读数窗Ⅱ的读数为$\angle$左$_{\text{Ⅱ}}$;望远镜放在三棱镜右侧时,分光计读数窗Ⅰ的读数为$\angle$右$_{\text{Ⅰ}}$、读数窗Ⅱ的读数为$\angle$右$_{\text{Ⅱ}}$。望远镜从垂直于三棱镜光学面 AB 位置转到垂直于三棱镜光学面 AC 位置的角度大小为 α,则根据几何知识可得

$$A=\pi-\alpha \tag{1-6-1}$$

因为实验中 α 为

$$\alpha=\frac{|\angle 左_{\text{Ⅰ}}-\angle 右_{\text{Ⅰ}}|+|\angle 左_{\text{Ⅱ}}-\angle 右_{\text{Ⅱ}}|}{2} \tag{1-6-2}$$

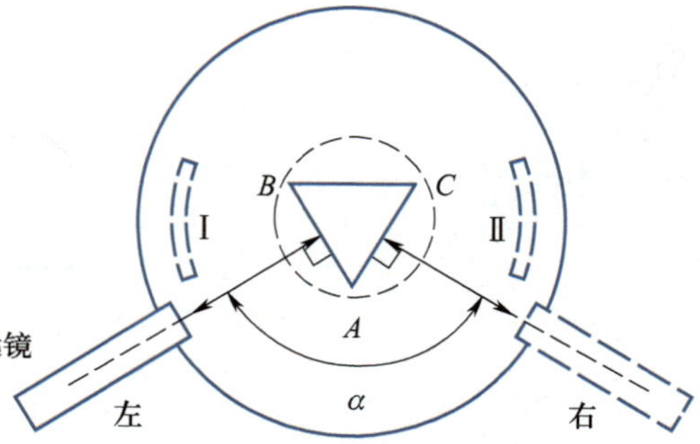

图 1-6-2

所以三棱镜顶角的实验测量公式为

$$A=\pi-\frac{|\angle 左_{\mathrm{I}}-\angle 右_{\mathrm{I}}|+|\angle 左_{\mathrm{II}}-\angle 右_{\mathrm{II}}|}{2} \tag{1-6-3}$$

2. 用掠入射法测量介质折射率

用掠入射法测量三棱镜折射率的光路图如图 1-6-3 所示，用单色扩展光源(可以在钠灯前加一块毛玻璃)照射到三棱镜 AB 面上。当扩展光源出射的光线从各个方向射向 AB 面时，有如下三种情况。

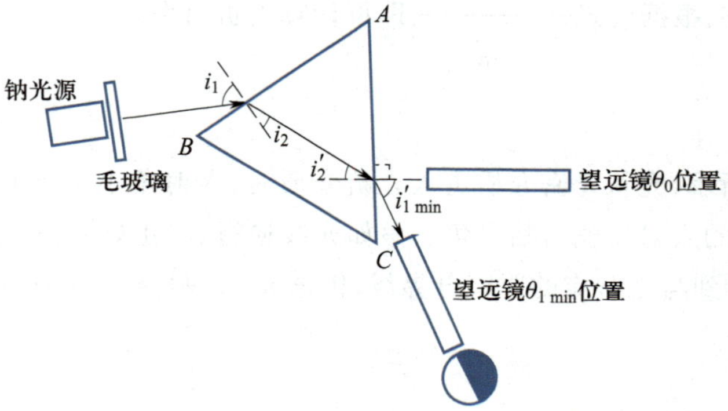

图 1-6-3

(1) 以 90°入射的光线，其内折射角 i_2 最大为 $i_{2\max}$，其出射角 i_1'最小为 $i_{1\min}'$，此时入射角记为 $i_{1\min}$。

(2) 小于 90°入射的光线，其内折射角必小于 $i_{2\max}$，出射角必大于 $i_{1\min}'$。

(3) 大于 90°入射的光线不能进入三棱镜。

这样，在 AC 面用望远镜观察出射光时，视场中将出现半明半暗。明暗视场分界线对应于入射角 i_1 为 90°时光线的出射方向。

下面是实验中折射率计算公式推导过程。

当入射角 $i_1=90°$时，折射角为 $i_{2\max}$，假设空气折射率为 1，则根据折射定律，折射率可表示为

$$n=\frac{\sin i_1}{\sin i_2}=\frac{1}{\sin i_{2\max}} \tag{1-6-4}$$

设三棱镜顶角为 A，则由几何知识可以得到

$$A=i_{2\max}+i_2' \tag{1-6-5}$$

设光线出射角 i_1' 最小角为 $i_{1\min}'$，则根据折射定律，折射率又可表示为

$$n=\frac{\sin i_{1\min}'}{\sin i_2'}=\frac{\sin i_{1\min}'}{\sin(A-i_{2\max})} \tag{1-6-6}$$

又因为，根据式(1-6-4)可得 $\sin i_{2\max}=\frac{1}{n}$，则 $\cos i_{2\max}=\sqrt{1-\left(\frac{1}{n}\right)^2}$，变换后代入式(1-6-6)可得

$$n=\frac{\sin i_{1\min}'}{\sin A\cdot\sqrt{1-\left(\frac{1}{n}\right)^2}-\cos A\cdot\frac{1}{n}} \tag{1-6-7}$$

整理式(1-6-7)，得

$$\sin i_{1\min}'=\sin A\cdot\sqrt{n^2-1}-\cos A \tag{1-6-8}$$

整理式(1-6-8)，得

$$n=\sqrt{\left(\frac{\cos A+\sin i_{1\min}'}{\sin A}\right)^2+1} \tag{1-6-9}$$

从式(1-6-9)可知，只要求得三棱镜顶角 A 和出射光线最小角 $i_{1\min}'$，就能求出三棱镜材料的折射率。而 $i_{1\min}'$ 就是入射角为 90°光线的明暗视场分界线出射光线方向与法线方位的夹角，可通过调节光路观察和测量，所以通过分光计就能测量出射光线最小角 $i_{1\min}'$，即

$$i_{1\min}'=|\theta_{1\min}-\theta_0| \tag{1-6-10}$$

其中，θ_0 为望远镜与三棱镜 AC 面垂直方向的读数，θ_0 读数可以用自准直法测量。$\theta_{1\min}$ 为望远镜观察到的出射光线最小角 $i_{1\min}'$ 对应的读数。

综上，实验中 $i_{1\min}'$ 计算公式为

$$i_{1\min}'=\frac{|\theta_{1\min\,\text{I}}-\theta_{0\,\text{I}}|+|\theta_{1\min\,\text{II}}-\theta_{0\,\text{II}}|}{2} \tag{1-6-11}$$

3. 最小出射角 $i_{1\min}'$ 测量方法

掠入射法测量介质折射率实验中，明暗视场分界线就是 90°入射光线的出射光线对应的位置，但由于扩展光源射进三棱镜的入射角度具有一定的范围，所以在 AC 出射面观察出射光时，可看到如下情形。

(1) 入射角 i_1 满足 $i_{1\min}<i_1<90°$ 的入射光线，产生的各种方向的出射光形成一个亮区。

(2) 入射角 $i_1>90°$ 的入射光线被非光学面 BC 挡住，不能进入三棱镜，而在出射面形成暗区。

(3) 在 $i_1<i_{1\min}$ 的区域，由于没有光线射出三棱镜 AC 面，在出射面相应的区域也形成暗区。

以上情形在望远镜视场中出现的影像开始时如图 1-6-4(a)所示，为一亮柱，即存在着两条明暗分界线。如果顺时针缓慢旋转分光计载物台，随着入射光线角度的不断增大，能够进入到三

棱镜的光线就会不断减少，观察到如图 1-6-4(b)所示，直到变成如图 1-6-4(c)所示，成为一条清晰的细亮线。

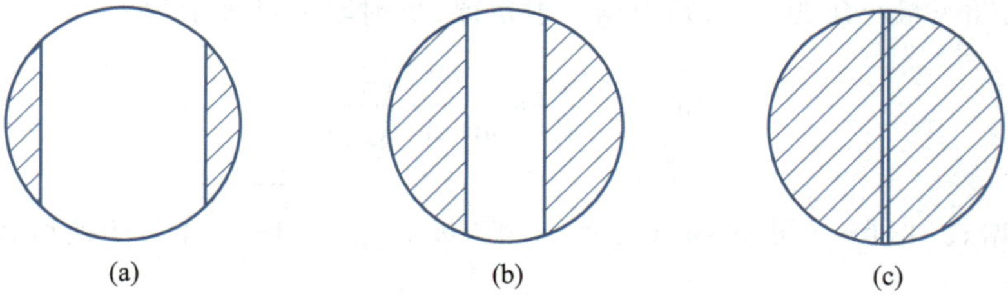

图 1-6-4

亮柱宽度变化现象说明：假设有三条入射位置相对不变的光线①、②和③，它们的光路图如图 1-6-5 所示。现在顺时针方向转动三棱镜，则出现如下情况。

(1) 当光线②的入射角度增大到约 90°时，光线①的入射角肯定大于 90°，所以被 BC 面遮挡，而不能射出光线。

(2) 入射角度小于光线②的光线③的入射角也不断增大，其出射光线的出射角也不断减小，随着出射光线的减少和出射角的减小，导致出射角最大的光线与出射角最小的光线之间的夹角也不断减小，所以从 *AC* 面出射光线的角度范围也在不断地收窄，因此望远镜中观察到的亮柱宽度就不断地收窄，就像图 1-6-4(b)所示的宽亮柱。

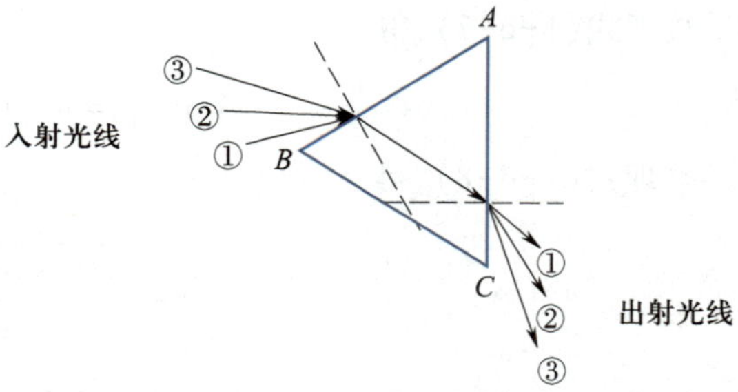

图 1-6-5

(3) 如果进一步顺时针方向转动三棱镜，使光源只有入射角约为 90°的入射光线射入三棱镜，其他入射光线的角度增大到大于 90°，而被 BC 面挡住不能进入三棱镜，这时三棱镜的出射面只剩下 90°掠入射的出射光线。所以通过望远镜观察到的视场将由亮柱进一步收窄成为一条清晰的细亮线，比如如图 1-6-4(c)所示的细亮线，这条细亮线即为原来明暗场的分界线。用这条细亮线作为分界线测量最小出射角 $i'_{1\min}$，可以减小实验误差，从而提高测量三棱镜材料折射率的准确度。

【实验装置】

1814 年，夫琅禾费在研究太阳暗线时设计了由望远镜和平行光管组成的仪器，这是分光计的雏形。分光计是测定光线偏转角的仪器，所以也称测角仪。许多光学实验中的光波波长、材料折射率、偏振角、色散率都可以直接或间接地用分光计来测量。

常用的分光计主要由望远镜、平行光管、载物台和读数窗四部分组成，其外形结构示意图如图 1-6-6 所示。

1. 望远镜

望远镜主要用于找像和测量角度，其结构如图 1-6-7 所示，由物镜、目镜、全反射直角三棱

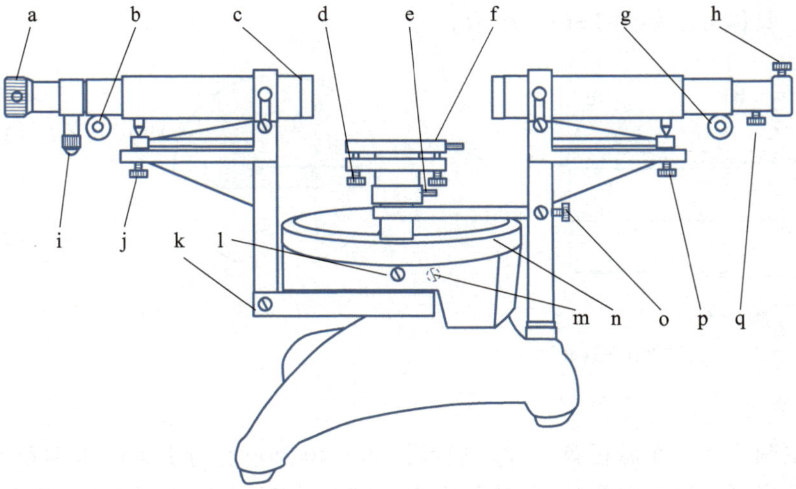

图 1-6-6

a—目镜调焦旋钮;b—物镜调焦旋钮;c—物镜;d—样品台调平螺钉;e—载物台升降锁住螺钉;f—样品台;
g—平行光调焦旋钮;h—狭缝大小调节旋钮;i—灯珠;j—望远镜倾角调节旋钮;k—望远镜转动微动旋钮;l—望远镜止动螺钉;
m—主刻度盘与望远镜止动螺钉(在背面);n—主刻度盘;o—角游标盘止动螺钉;p—平行光管倾角调节旋钮;q—狭缝器锁住螺钉

镜和带"$\mp$"形刻度线的分划板组成。其中,直角三棱镜紧贴刻有可透光的十字孔的分划板,小灯珠发出的光经直角三棱镜反射后再经物镜投射到载物平台上的反射镜,反射回来的像是一个亮十字像。当望远镜光轴与载物平台上的反射镜镜面垂直时,反射回来的亮十字像应位于分划板的"$\mp$"形刻度线的上刻线处。

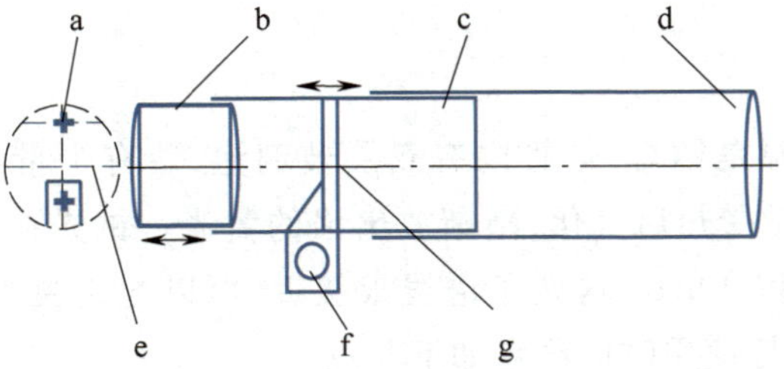

图 1-6-7

a—亮十字像;b—目镜;c—可调镜筒;d—物镜;e—"$\mp$"形刻度线;f—灯珠;g—分划板

2. 平行光管

平行光管用于产生平行光。它由一个可改变缝宽的狭缝器和一个会聚凸透镜组成,其结构如图 1-6-8 所示。狭缝器至透镜的距离可调节。当用光源照射狭缝时,若狭缝刚好位于会聚凸透镜焦平面处,则由狭缝器入射的光束经透镜后即成为平行光束。

3. 载物台

载物台由样品台和升降平台组成,样品台用来放置光学元件,样品台下有三个调节螺钉①、②和③,用以调节样品台的水平度。一般来说,利用反射镜调节样品台平面与转轴垂直时,反射镜位置有两种放置方法:一种是将反射镜置于垂直于①、②脚连线且通过平台中心的位置,通过调节螺钉①和②调平样品台;另一种是将反射镜置于平行于①、②脚连线的位置,通过调节螺钉

③调平样品台。具体方法如图 1-6-9 所示。

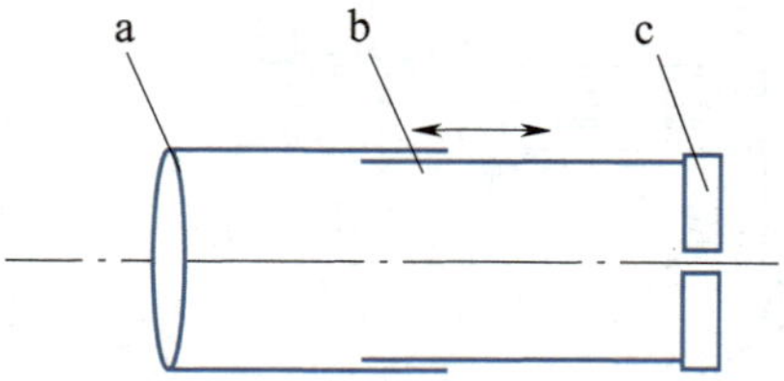

图 1-6-8

a—会聚凸透镜；b—平行光管；c—狭缝器

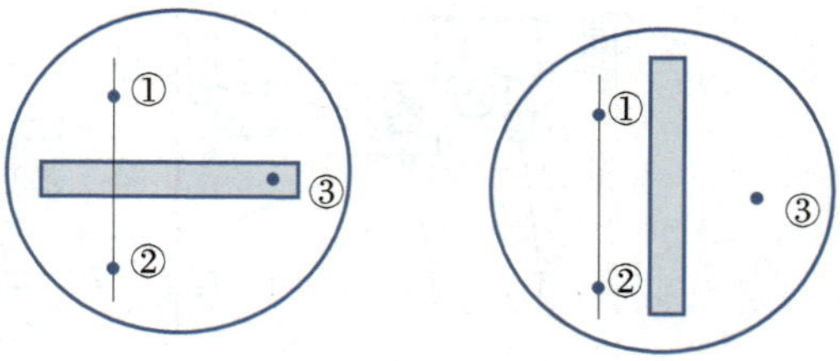

图 1-6-9

4. 读数窗

读数窗由主刻度盘和角游标盘组成。望远镜和载物台分别与主刻度盘和角游标盘相连，它们的相对转动角度可从读数窗中读出，读数窗有Ⅰ窗和Ⅱ窗，它们相隔 180°，从Ⅰ窗或Ⅱ窗可读得望远镜的角度数据。采用两个读数窗是为了消除主刻度盘与角游标盘可能存在的偏心差。

本实验所用分光计的主刻度盘上每小格为 30′，角游标盘的最小分度值为 1′。主刻度盘读法：读取角游标盘上 0 刻线对应于主刻度盘上的角度数据，其值为整数或读到 30′；角游标盘读法：读取主刻度盘上某一刻线与角游标盘某一刻线最佳对齐的角游标盘刻线上的角度数据；将这两个角度数据相加，即为当前望远镜所处位置的角度值。图 1-6-10 读得的角度数据为：255°30′+18′=255°48′。

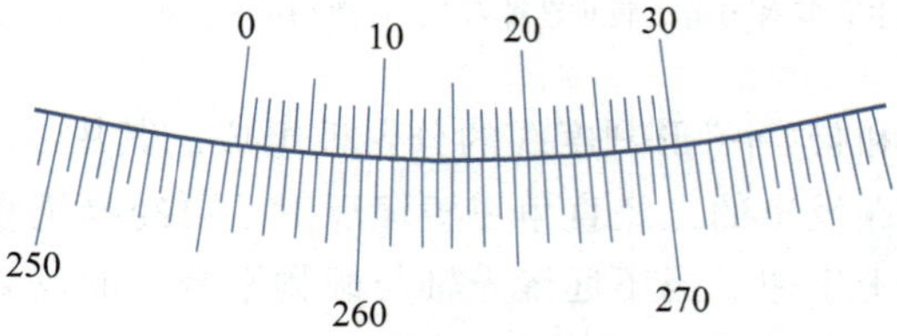

图 1-6-10

5. 钠灯

本实验所用的单色光源是钠灯，灯管内有双层玻璃泡，装有少量氩气和钠。通电时加热灯丝，氩气即放出淡紫色光，钠受热后气化，渐渐放出强的黄光。钠光在可见光范围内两条谱线的波长分别为 589.6 nm 和 589.0 nm。这两条谱线很接近，可以把它视为单色光，并取其波长平均值 589.3 nm 为波长值。钠灯使用时应注意如下几点。

（1）通电后需预热数分钟，它才会发出稳定的黄光。

（2）电源每开关一次，对灯的寿命都有影响，因此短时间内不要随意开关。

（3）钠灯应垂直放置，不得倾倒，以免金属钠流动，影响灯的性能。

【实验内容】

1. 分光计的调整

分光计的调整方法详见“分光计的调整和使用”实验。

2. 自准直法测量三棱镜顶角

（1）将三棱镜放置在样品台中央。

（2）利用望远镜分别找到两光学镜面的亮十字像，并记录此时的读数窗数据。

（3）数据记录在表 1-6-1 中。

表 1-6-1

次数 i	左		右		$A=\pi-\frac{\lvert\angle 左_{\mathrm{I}}-\angle 右_{\mathrm{I}}\rvert+\lvert\angle 左_{\mathrm{II}}-\angle 右_{\mathrm{II}}\rvert}{2}$
	Ⅰ窗	Ⅱ窗	Ⅰ窗	Ⅱ窗	
1					
2					
3					
4					
5					
6					

（4）计算角 A 的平均值和不确定度。

3. 测定最小出射角 $i'_{1\min}$

（1）将三棱镜放置在样品台中央，转动角游标盘，使平行光管对准一个三棱镜光学镜面，利用望远镜观察另一个三棱镜光学镜面。

（2）继续转动角游标盘，直到观察到如图 1-6-4(c)所示的清晰的细亮线。

（3）数据记录在表 1-6-2 中。

表 1-6-2

次数 i	$\theta_{1\min}$		θ_0		$\lvert\theta_{1\min\mathrm{I}}-\theta_{0\mathrm{I}}\rvert$	$\lvert\theta_{1\min\mathrm{II}}-\theta_{0\mathrm{II}}\rvert$	$i'_{1\min}$
	Ⅰ窗	Ⅱ窗	Ⅰ窗	Ⅱ窗			
1							
2							
3							
4							
5							
6							

（4）求最小出射角 $i'_{1\min}$ 的平均值和不确定度。

4. 计算三棱镜材料折射率

（1）将上面实验获得的相关数据代入式(1-6-9)，计算三棱镜的材料的折射率。

（2）求三棱镜材料折射率的总不确定度。

【拓展题】

1. 简述望远镜自准直光路的基本原理。
2. 设计一种测量介质折射率的方法，要求画出系统原理图，简述实验原理和方法。

1.7 RLC 电路稳态和暂态特性分析

【实验综述】

电路稳态过程是指由 R、L 和 C 元件组成的各类电路在接通电源一段时间后，通过各元件电压的波形与电源电压的波形一样处于稳定状态的过程，一般用电路的幅频特性和相频特性分析和描述。因为 R、L 和 C 元件的不同组合，可以构成 RC、RL 和 RLC 电路，这些不同的电路对阶跃电压有不同的响应，且随着电源频率的变化而变化，所以幅频特性用来描述各元件上电压与电源频率的函数关系，相频特性用来描述电流相对于电源电压间、各元件上电压与电源电压间的相位差与电源频率的函数关系。

电路暂态过程是指 R、L 和 C 组成的电路在电源接通或断开后的瞬间，电路从一种平衡态转变到另一种平衡态的过程，是电路中的电流或电压非稳定的变化过程。电路在瞬变时某些部分的电压或电流可能大于稳定状态时最大值的好几倍，出现过电压或过电流的现象，所以在设计这类电路时，必须预先考虑到暂态过程中的过渡现象，以防元器件因过电压或过电流造成损坏。

本实验主要探究 RC、RL 和 RLC 串联电路的稳态和暂态特性，包括它们的幅频特性和相频特性，以及谐振频率 f_0、电路品质因数 Q 和时间常量 τ 的测量等。

【实验目的】

1. 熟悉数字示波器、任意波形发生器和数字毫伏表的使用方法。
2. 探究 RC、RL、RLC 串联电路的幅频特性和相频特性。
3. 了解 RLC 电路的串联谐振现象和电路品质因数 Q 值的物理意义。
4. 测量 RLC 电路的串联谐振频率。
5. 探究 RC、RL、RLC 串联电路的充放电特性。
6. 掌握时间常量 τ 的概念及其测量方法。

【背景知识】

振荡器是一种将直流电能转化为具有一定频率及一定波形的交流电能的能量转化装置，广泛应用于各种电子设备。按振荡电路结构的形式，振荡器主要分为阻容振荡器、电感电容振荡器和晶体振荡器。

1. 阻容振荡器

阻容振荡器由连接在一起的电阻器 R 和电容器 C 组成，主要为正弦波振荡器。它没有输入信号，成本低、电路启动快，通常用于产生较低频率的波形。常见的 RC 振荡器包括相移振荡器和桥式振荡器。RC 相移振荡器的特点是选频效果差、振幅不稳、频率调节不便，一般用于频率固定且稳定性要求不高的场合。RC 桥式振荡器的特点是可连续改变振荡频率、容易得到良好的振荡波形。

2. 电感电容振荡器

电感电容振荡器由连接在一起的电感器 L 和电容器 C 组成，是一种调谐电路。电荷通过电感器在电容器极板之间来回流动,可以存储以谐振频率振荡的电能。LC 振荡电路主要用来产生高频正弦信号,通常用于无线电可调频率源、射频功率晶体管电路等。

3. 晶体振荡器

晶体振荡器是一种振荡频率受石英晶体控制的振荡器,它利用一种能把电能和机械能相互转化的晶体,在共振的状态下工作,从而提供稳定、精确的单频振荡波形。晶体作为谐振器机械振动,具有很高的 Q 因子,并且比调谐电路具有更好的温度稳定性,因此晶体振荡器的频率稳定性远比 RC 振荡器和 LC 振荡器好。晶体振荡器应用非常广泛,比如无线电广播和电视发射器、石英时钟、计算机时钟等。

【基本原理】

1. RC 串联电路稳态特性

RC 串联电路如图 1-7-1 所示。

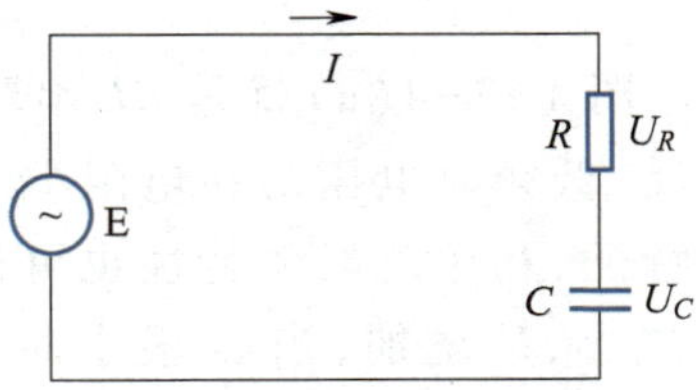

图 1-7-1

根据正弦交流电流和电压数学表达式 $I(t)=I_m\sin\omega t$、$U(t)=U_m\sin(\omega t+\phi)$(下同),可得 I、U_R、U_C 和 ϕ 的关系式:

$$I=\frac{U}{\sqrt{R^2+\left(\frac{1}{\omega C}\right)^2}} \tag{1-7-1}$$

$$U_R=IR=\frac{U}{\sqrt{1+\left(\frac{1}{\omega CR}\right)^2}} \tag{1-7-2}$$

$$U_C=\frac{I}{\omega C}=\frac{U}{\sqrt{1+(\omega CR)^2}} \tag{1-7-3}$$

$$\phi=-\arctan\frac{U_C}{U_R}=-\arctan\frac{1}{\omega CR} \tag{1-7-4}$$

其中,ω 为电源 E 的角频率,U 为电源 E 的电压有效值,ϕ 为电流和电压的相位差。因为电阻与频率无关,所以 U_R 和 I 与 ω 的关系均相同。图 1-7-2(a)是 RC 串联电路幅频特性曲线图,由曲线图可知,U_R 和 U_C 随 ω 变化正好相反,低频时电压落在电容端,高频时电压落在电阻端,利用此幅频特性可以把各种频率分开,从而组成各种滤波电路。由上述关系式可知,当 ω 增加时,I 和 U_R 均增加,U_C 减小;当 ω 很小时,ϕ 趋于 $-\pi/2$;当 ω 很大时,ϕ 趋于 0。ϕ 与 ω 的关系如图 1-7-2(b)所示。

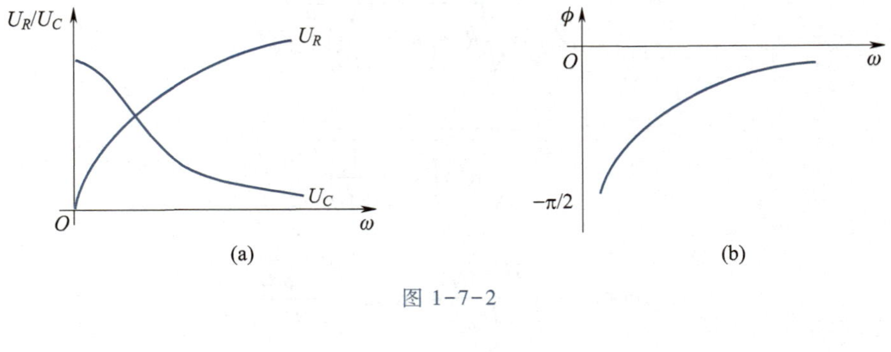

图 1-7-2

2. *RL* 串联电路稳态特性

RL 串联电路如图 1-7-3 所示。

电路中 I、U_R、U_L 和 ϕ 有如下关系式：

$$I=\frac{U}{\sqrt{R^2+(\omega L)^2}} \tag{1-7-5}$$

$$U_R=IR=\frac{U}{\sqrt{1+\left(\frac{\omega L}{R}\right)^2}} \tag{1-7-6}$$

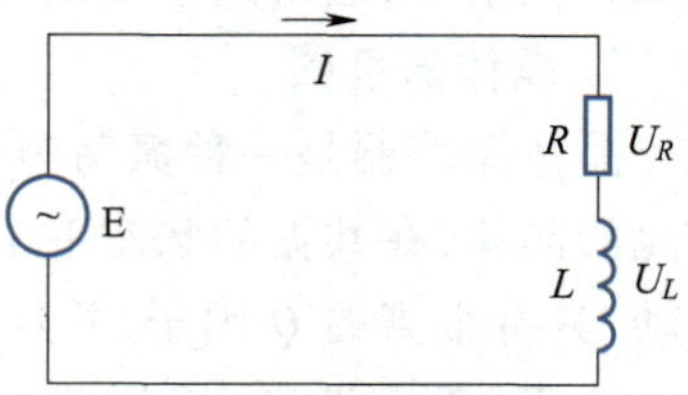

图 1-7-3

$$U_L=I\omega L=\frac{U}{\sqrt{1+\left(\frac{R}{\omega L}\right)^2}} \tag{1-7-7}$$

$$\phi=\arctan\frac{U_L}{U_R}=\arctan\frac{\omega L}{R} \tag{1-7-8}$$

图 1-7-4(a)就是 *RL* 串联电路幅频特性曲线图，由曲线图可知，U_R和 U_L随 ω 变化正好相反，低频时电压落在电阻端，高频时电压落在电感端，说明电感具有高频开路、低频短路的特征，利用此幅频特性也可以组成各种滤波电路。由上述关系式可知，当 ω 增加时，I 和 U_R减小，U_L增加；当 ω 很小时，ϕ 趋向于 0，当 ω 很大时，ϕ 趋向于 $\pi/2$。ϕ 与 ω 的关系见图 1-7-4(b)所示。

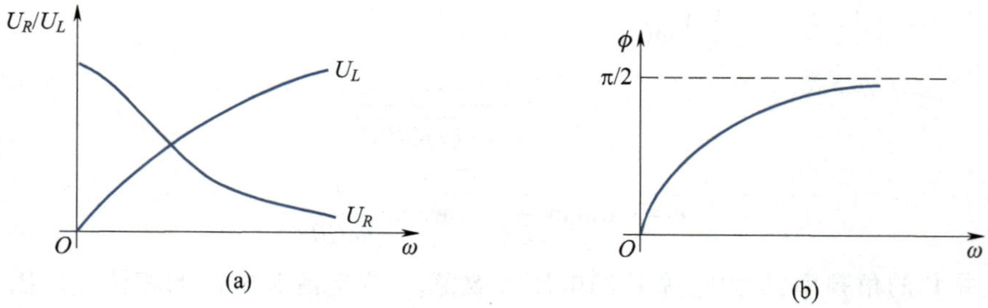

图 1-7-4

3. *RLC* 串联电路稳态过程

RLC 串联电路如图 1-7-5 所示，电路中阻抗 $|Z|$、I 和 ϕ 有如下关系：

$$|Z|=\sqrt{R^2+\left(\omega L-\frac{1}{\omega C}\right)^2} \tag{1-7-9}$$

$$I=\frac{U_R}{R}=\frac{U}{\sqrt{R^2+\left(\omega L-\frac{1}{\omega C}\right)^2}} \tag{1-7-10}$$

$$\phi=\arctan\frac{U_L-U_C}{U_R}=\arctan\frac{\omega L-\frac{1}{\omega C}}{R} \tag{1-7-11}$$

图 1-7-6 为 RLC 串联电路幅频特性曲线图，U_R 与 ω 和 I 与 ω 的关系相同。当 $\omega L=\frac{1}{\omega C}$ 时，$\phi=0$，电流达到最大值 I_m，设此时角频率和频率分别为 ω_0 和 f_0，分别也称谐振角频率和谐振频率。在谐振频率 f_0 处，电路呈电阻性，阻抗最小，电流最大。因为 $\omega=\omega_0=\frac{1}{\sqrt{LC}}$，所以

$$f_0=\frac{1}{2\pi\sqrt{LC}} \tag{1-7-12}$$

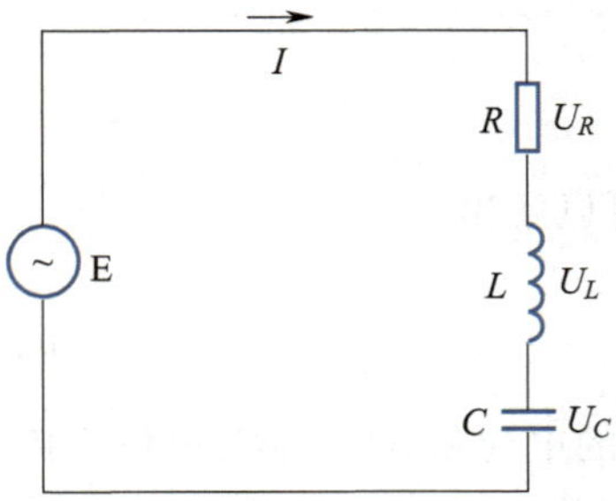

图 1-7-5

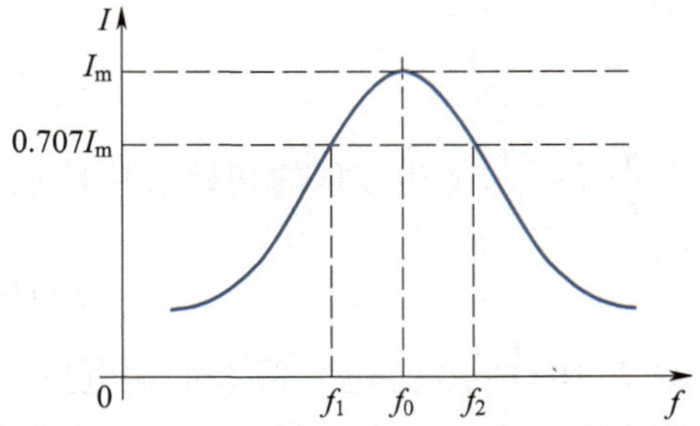

图 1-7-6

所以，当 $f<f_0$ 时，电路呈现电容特性；当 $f>f_0$ 时，电路呈现电感特性。

RLC 串联电路相频特性，即 ϕ 与 f 的关系如图 1-7-7 所示。

当 $\phi=0$ 时，$U_L=U_C$，此时电路呈现纯电阻特性，电感上的电压与电容上的电压相位相反，并有

$$Q=\frac{U_L}{U}=\frac{U_C}{U}=\frac{\omega_0 L}{R}=\frac{1}{R\omega_0 C} \tag{1-7-13}$$

其中，Q 为电路品质因数。

一般地，为了描绘谐振曲线的尖锐程度，常规定电流 I 在最大值 I_m 下降到 $\frac{I_m}{\sqrt{2}}$ 时对应的频率 f_1 和 f_2 的差值为通频带宽度，如图 1-7-6 所示。此时 Q 可以表示为

$$Q=\frac{f_0}{f_2-f_1} \tag{1-7-14}$$

可见，Q 越大，带宽越窄，曲线越尖锐。

4. RC 串联电路暂态过程

在由电阻 R 和电容器 C 组成的串联电路中，暂态过程即电容器的充放电过程。如图 1-7-8 所示的 RC 电路，设电阻为 R，电容为 C，电源两端电压为 U_E，电容两端电压为 U_C，电阻两端的电压为 U_R，通过电阻和电容的电流为 i。下面分别分析 RC 电路充电过程和放电过程。

（1）RC 电路充电过程

图 1-7-8 中，当开关 S 打向位置“1”时，电源对电容器充电，直到其两端电压等于电源电压 U_E，在充电过程中，回路方程为

$$iR+\frac{q}{C}=U_E \tag{1-7-15}$$

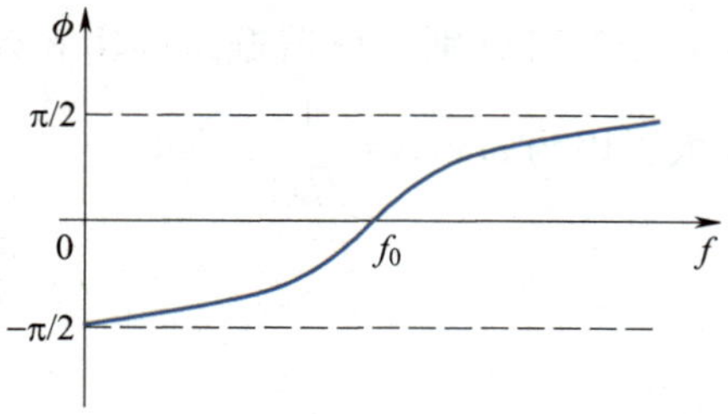

图 1-7-7

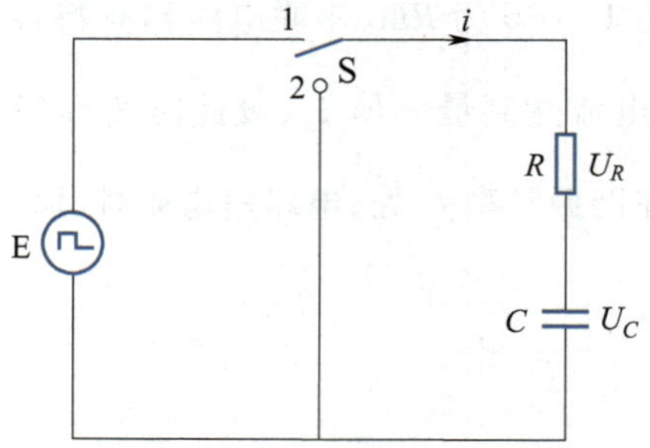

图 1-7-8

其中，$U_C=\dfrac{q}{C}$，$i=\dfrac{\mathrm{d}q}{\mathrm{d}t}$，上述方程的初始条件是 $q(0)=0$，因此可以解出

$$q=Q(1-\mathrm{e}^{-t/\tau}) \tag{1-7-16}$$

式(1-7-16)中，Q 是电容器 C 的端电压为 U_E 时所存储的电荷量，$Q=U_EC$，单位为库仑(C)；q 是 t 时刻电容器存储的电荷量；τ 为 RC 串联电路的时间常量，$\tau=RC$，单位为秒。

充电过程：当时间 $t=\tau$ 时，电压 U_C 上升到 $0.63U_E$；当时间 $t=5\tau$ 时，$U_C=0.99U_E$；可见，经过 $3\tau\sim5\tau$ 后，电容充电过程基本结束，如图 1-7-9(a)所示。

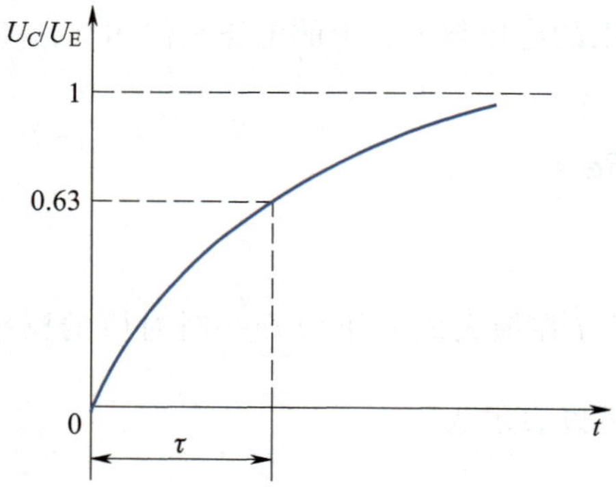

(a)

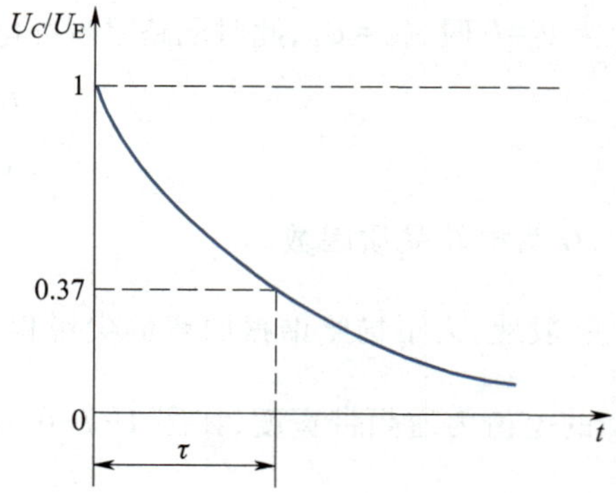

(b)

图 1-7-9

根据式(1-7-16)和 $Q=U_EC$，可以得到电容两端的电压表达式

$$U_C=\frac{q}{C}=U_E(1-\mathrm{e}^{-t/\tau}) \tag{1-7-17}$$

同时，根据式(1-7-15)和式(1-7-17)得到电阻两端的电压表达式为

$$U_R=R\frac{\mathrm{d}q}{\mathrm{d}C}=U_E\mathrm{e}^{-t/\tau} \tag{1-7-18}$$

(2) RC 电路放电过程

图 1-7-8 中，先将开关 S 打向位置“1”，电源对电容器充电，然后把开关 S 打向位置“2”，电

容 C 就通过电阻 R 放电，放电过程的回路方程为

$$R\frac{\mathrm{d}q}{\mathrm{d}t}+\frac{q}{C}=0 \tag{1-7-19}$$

根据初始条件 $q(0)=Q=U_{\mathrm{E}}C$，可以得到

$$q=Q\mathrm{e}^{-t/\tau} \tag{1-7-20}$$

因此，可以得到电容两端的电压表达式为

$$U_C=U_{\mathrm{E}}\mathrm{e}^{-t/\tau} \tag{1-7-21}$$

电阻两端的电压表达式为

$$U_R=-U_{\mathrm{E}}\mathrm{e}^{-t/\tau} \tag{1-7-22}$$

放电过程：当时间 $t=\tau=RC$ 时，电压 U_C 下降到 $0.37U_{\mathrm{E}}$，当 $t\to\infty$，$U_C\to0$。如图 1-7-9(b)所示。

所以，由式(1-7-17)和式(1-7-21)可知，U_C 在充放电过程中都按指数变化，并且 τ 值越大，则 U_C 变化越慢，即电容的充电或放电越慢。图 1-7-10(a)和(b)分别给出不同 τ 值的 U_C 变化情况的充电过程和放电过程示意图，其中 $\tau_1<\tau_2<\tau_3$。

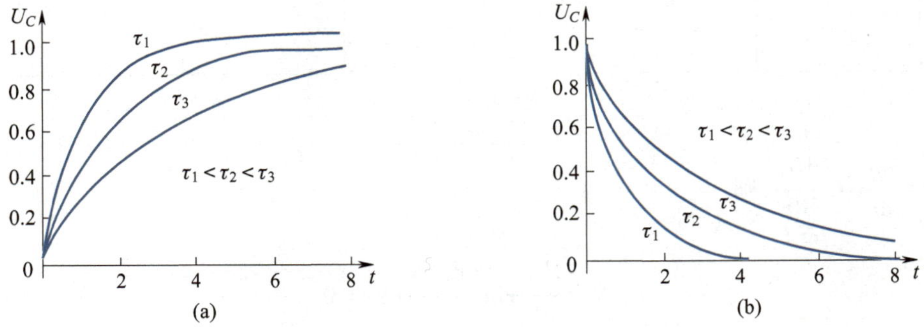

图 1-7-10

图 1-7-11 是不同 τ 值时 U_C 变化的完整波形示意图。

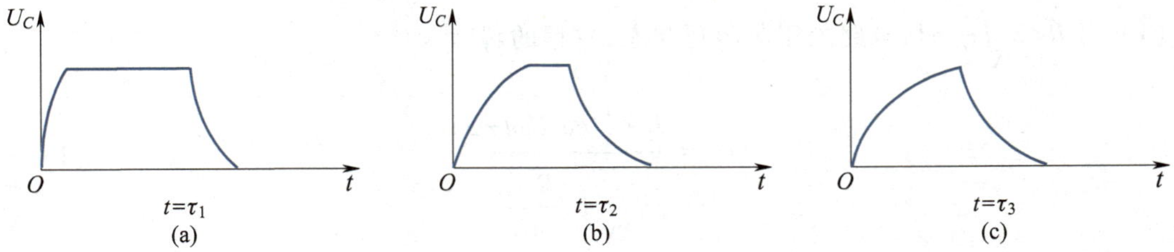

图 1-7-11

5. RL 串联电路暂态过程

如图 1-7-12 所示为 RL 电路图，当开关打向“1”时，RL 串联电路中开始有电流通过，$i=\frac{U_{\mathrm{E}}}{R}$，并逐步达到最大；然后将开关打到“2”，此时电流不是瞬间达到零，而是慢慢变小，直至消失。

RL 电路的时间常量为 $\tau=\dfrac{L}{R}$。在电流增长过程，电感的端电压可以表示为

$$U_L=U_E e^{-\tau t} \tag{1-7-23}$$

在电流消逝过程，电感的端电压可以表示为

$$U_L=-U_E e^{-\tau t} \tag{1-7-24}$$

6. *RLC* 串联电路暂态过程

将 R、L 和 C 元件串联，组成如图 1-7-13 所示的电路，先将 S 打向“1”，待电路中电流稳定后打向“2”，这称为 RLC 串联电路的放电过程，此时方程为 $U_R+U_L+U_C=0$，即

$$iR+L\frac{di}{dt}+U_C=0 \tag{1-7-25}$$

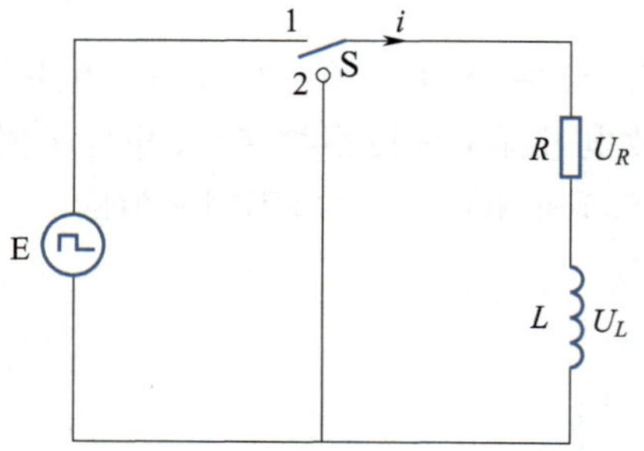

图 1-7-12

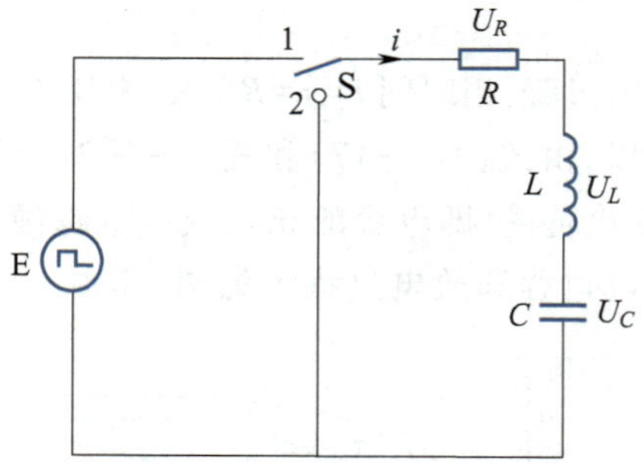

图 1-7-13

由于 $i=\dfrac{dq}{dt}=C\dfrac{dU_C}{dt}$，则

$$RC\frac{dU_C}{dt}+LC\frac{d^2U_C}{dt^2}+U_C=0 \tag{1-7-26}$$

初始条件为 $t=0$ 时 $U_C=U_E$ 和 $\dfrac{dU_C}{dt}=0$，这样方程的解可以分为以下三种情况。

（1）当 $R<2\sqrt{\dfrac{L}{C}}$ 时，电路处于欠阻尼状态，方程的解为

$$U_C=\frac{U_E e^{-\tau/t}\cos(\omega t+\varphi)}{\sqrt{1-\dfrac{R^2C}{4L}}} \tag{1-7-27}$$

其中，$\tau=\dfrac{2L}{R}$，$\omega=\dfrac{1}{\sqrt{LC}}\sqrt{1-\dfrac{R^2C}{4L}}$。

欠阻尼状态是因为负载阻抗大于传输线的特性阻抗，因此负载端多余的能量就会反射回源端，由于负载端没有吸收全部能量，说明阻尼不够大，所以这个阻尼并不足以阻止振动越过平衡位置，此时系统将作振幅逐渐减小的周期性阻尼振动。

（2）当 $R=2\sqrt{\frac{L}{C}}$ 时，电路处于临界阻尼状态，方程的解为

$$U_C=\left(1+\frac{t}{\tau}\right)U_\mathrm{E}\mathrm{e}^{-\tau/t} \tag{1-7-28}$$

由于任何一个振动系统，当阻尼增加到一定程度时，物体的运动是非周期性的，物体振动连一次都不能完成，只是慢慢地回到平衡位置就停止了。临界阻尼就是当阻力使振动物体刚好能不作周期性振动而又能最快地回到平衡位置的情形。

（3）当 $R>2\sqrt{\frac{L}{C}}$ 时，电路处于过阻尼状态，不再出现振荡状态，方程的解为

$$U_C=\frac{1}{\sqrt{\frac{C}{4L}\cdot R^2-1}}U_\mathrm{E}\cdot \mathrm{e}^{-\tau/t}\cdot \mathrm{sh}(\omega t+\varphi) \tag{1-7-29}$$

其中，$\tau=\frac{2L}{R}$，$\omega=\frac{1}{\sqrt{LC}}\sqrt{\frac{R^2C}{4L}-1}$。

过阻尼状态是因为负载阻抗小于传输线的特性阻抗，所以负载试图消耗比当前源端提供的能量更多的能量，故通过反射要求源端输送更多的能量。

对于放电过程，上述三种情况下的 U_C-t 变化曲线如图 1-7-14 所示。充电过程与放电过程类似，只是初始条件和最后平衡的位置不同。

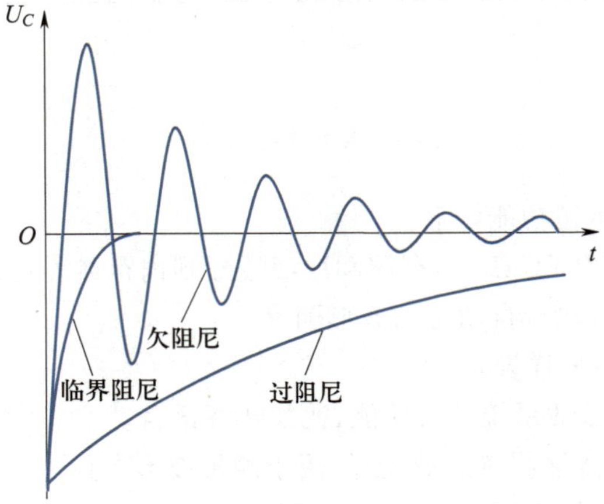

图 1-7-14

【实验装置】

1. 数字示波器

1869 年德国物理学家普吕克发现阴极射线，1880 年美国科学家爱迪生发现热电子发射效应，1897 年英国物理学家汤姆孙首次提出电子的概念，1897 年德国物理学家布劳恩发明阴极射线管，1899 年布劳恩的助手泽纳克在 CRT 中装入扫描磁场。1930 年前后，第一台双踪示波器被研制出来；1980 年前后，数字示波器被发明和推广；1990—2000 年末期，基于个人计算机的数字

示波器面市。

TDS1002C 型数字示波器面板图如图 1-7-15 所示。使用“AUTO(自动设置)”功能可获得稳定的波形显示效果。自动设置功能可以自动调整垂直刻度、水平刻度和触发信号设置。自动设置也可在刻度区域显示峰-峰值、周期、频率等几个自动测量结果,显示的内容取决于信号的类型,如波形为正弦波时,除自动显示周期、频率、峰-峰值之外,还显示其有效值,而波形为方波时,则显示其平均值。若两个输入通道均有信号,则以较低频率信号的通道作为触发源。

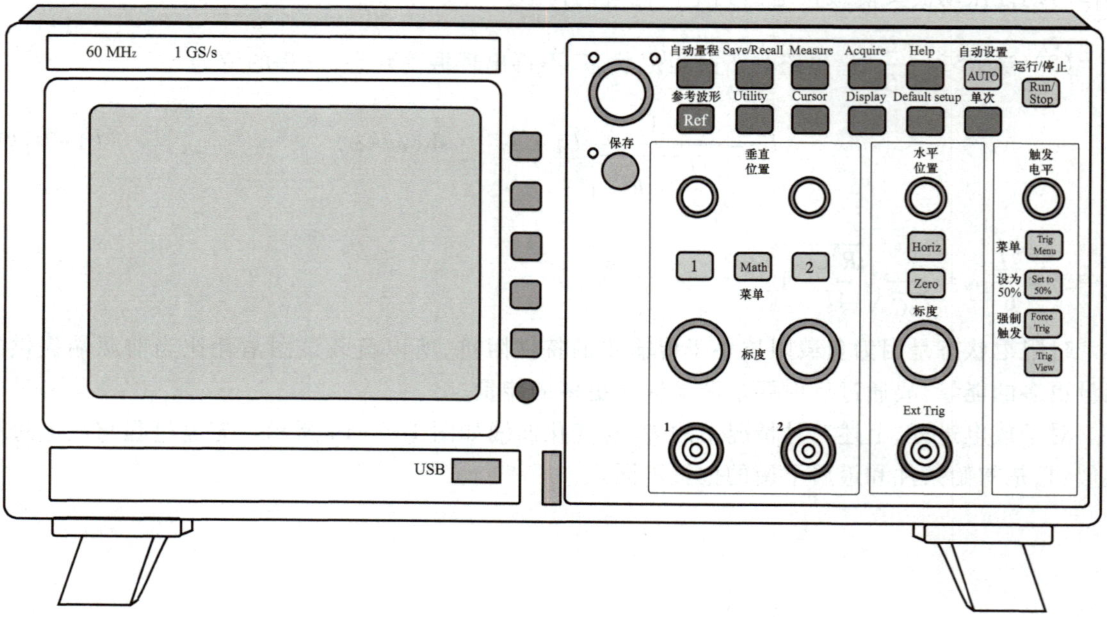

图 1-7-15

数字示波器各按钮和旋钮功能如下。

(1) 存储/调出(SAVE/RECALL):存储和取回波形到内存或外存。

(2) 测量(MESSURE):执行自动化的波形测量。

(3) 采样(ACQUIRE):采样设置。

(4) 工具(UTILITY):激活系统工具功能,比如选择语言。

(5) 光标(CURSOR):激活屏幕上的光标,用于测量波形参量。

(6) 显示(DISPLAY):改变波形外观和显示屏。

(7) 帮助(HELP):激活帮助系统。

(8) 默认设置(DEFAULT SETUP):恢复出厂设置。

(9) 自动设置(AUTO SET):自动设置垂直、水平和触发器控制器。

(10) 单次(SINGLE SEQ):一次单脉冲捕获,设置触发参量至正确位置。

(11) 运行/停止(RUN/STOP):停止和重新启动捕获。

(12) 打印设置(PRINT):打印机设置。

2. 数字毫伏表

双通道交流数字毫伏表面板图如图 1-7-16 所示,适用于测量频率 5 Hz~2 MHz、电压

100 μV～300 V 的有效值电压信号。数字毫伏表具有测量精度高、测量速度快、输入阻抗高、频率影响误差小等优点，具备自动/手动测量功能，同时显示电压值和 dB/dBm 值。

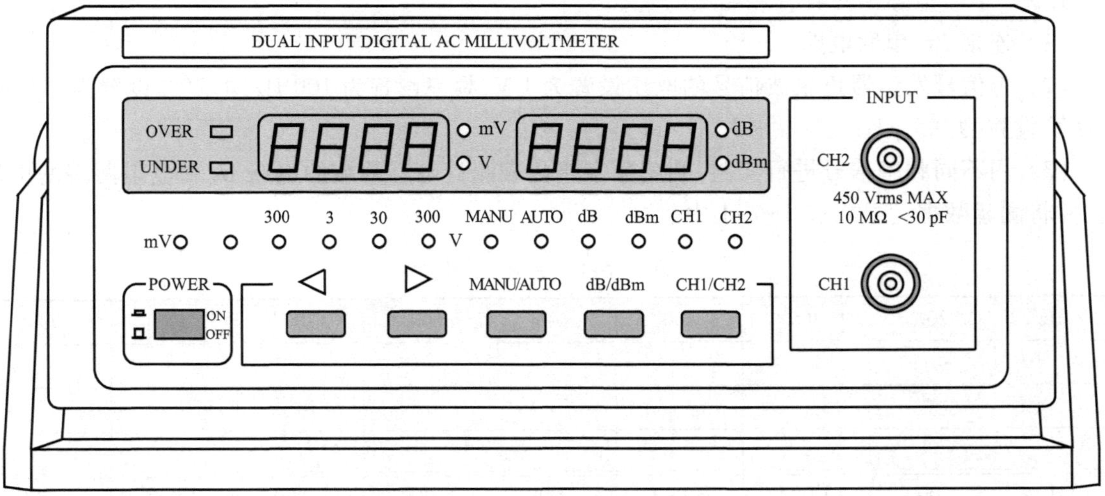

图 1-7-16

3. 任意波形信号发生器

任意波形信号发生器面板图如图 1-7-17 所示。它有两个输出通道，每个通道具有最高 60 MHz 的带宽，最高 10 V_{p-p} 电压输出幅度，内置包括正弦波、方波、脉冲波、锯齿波、噪声波等 45 种常用任意波形。

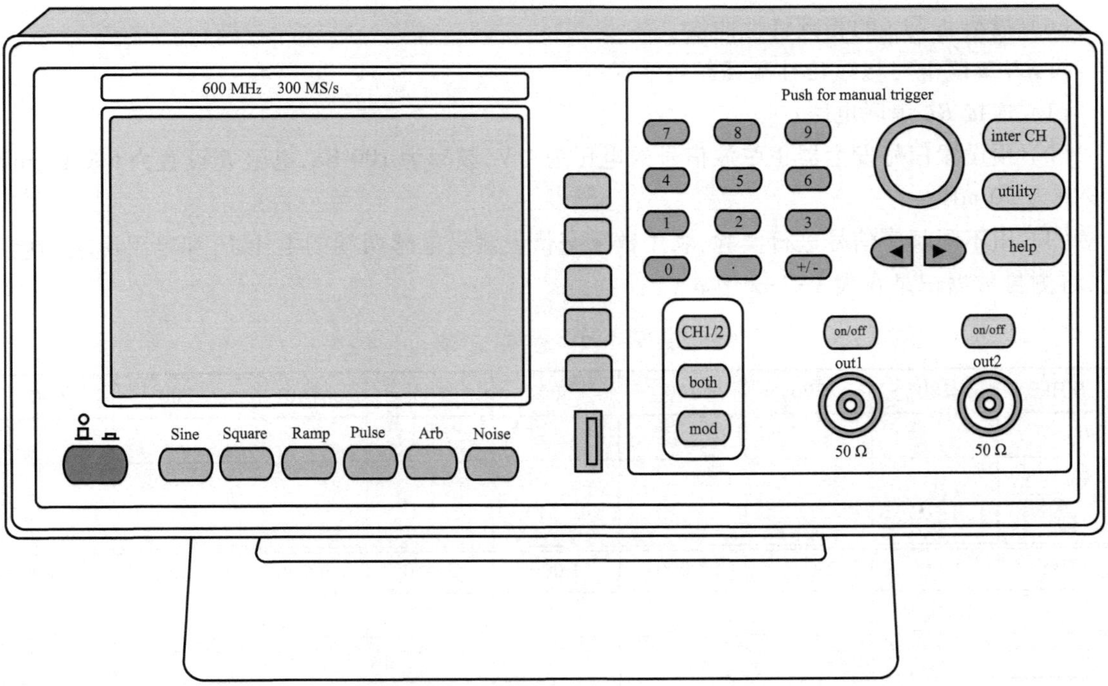

图 1-7-17

【实验内容】

1. *RC* 串联电路幅频特性和相频特性探究

（1）连接 *RC* 串联电路。

（2）将信号发生器正弦波信号的电压设置为 1 V，频率设置为 100 Hz，电阻 R 设置为 500 Ω，电容 C 设置为 0.5 μF。

（3）用不同频率信号进行实验，利用数字毫伏表测量电容两端的电压 U_C 和电阻两端的电压 U_R，并将测量数据记录在表 1-7-1 中。

表 1-7-1 数据记录

f/Hz	200	300	400	500	600	700	800	900
U_C/V								
U_R/V								
ϕ								
f/Hz	1 000	2 000	3 000	4 000	5 000	6 000	7 000	8 000
U_C/V								
U_R/V								
ϕ								

（4）描绘 U_C-f 和 U_R-f 的幅频特性曲线。

（5）根据式(1-7-4)计算 ϕ。

（6）描绘 ϕ 与 f 的相频特性曲线。

2. *RL* 串联电路幅频特性和相频特性探究

（1）连接 *RL* 串联电路。

（2）预设置信号发生器正弦波信号的电压为 1 V，频率为 100 Hz，电阻 R 设置为 500 Ω，电感 L 设置为 50 mH。

（3）用不同频率信号进行实验，利用数字毫伏表测量电感两端的电压 U_L 和电阻两端的电压 U_R，将测量数据记录在表 1-7-2 中。

表 1-7-2 数据记录

f/Hz	200	300	400	500	600	700	800	900
U_L/V								
U_R/V								
ϕ								
f/Hz	1 000	2 000	3 000	4 000	5 000	6 000	7 000	8 000
U_L/V								
U_R/V								
ϕ								

（4）描绘 U_L-f 和 U_R-f 的幅频特性曲线。

（5）根据式（1-7-8）计算 ϕ。

（6）描绘 ϕ 与 f 的相频特性曲线。

3. *RLC* 串联电路幅频特性和相频特性探究

（1）连接 *RLC* 串联电路。

（2）预先将信号发生器正弦波信号的电压设置为 1 V，频率设置为 100 Hz，电阻 R 设置为 100 Ω，电容 C 设置为 0.5 μF，电感 L 设置为 100 mH。

（3）设计用不同频率进行实验，利用数字毫伏表测量电阻两端电压 U_R、电感两端电压 U_L 和电容两端电压 U_C，并根据式（1-7-10）计算电流大小，将测量数据记录在表 1-7-3 中。

表 1-7-3 数据记录

f/Hz	100	150	200	250	300	350	400	450
U_R/V								
U_L/V								
U_C/V								
I/mA								
ϕ								
f/Hz	500	550	600	650	700	750	800	850
U_R/V								
U_L/V								
U_C/V								
I/mA								
ϕ								
f/Hz	900	950	1 000	1 050	1 100	1 150	1 200	1 250
U_R/V								
U_L/V								
U_C/V								
I/mA								
ϕ								

（4）描绘 I 与 f 的幅频特性曲线。

（5）根据式（1-7-11）计算 ϕ。

（6）描绘 ϕ 与 f 的相频特性曲线。

（7）根据所得相频特性曲线图测量 f_0，并与 f_0 理论值比较，求相对误差。

（8）根据式（1-7-13）计算 *RLC* 电路的品质因数 Q 值。

4. *RC* 串联电路暂态过程分析

（1）连接 *RC* 串联电路。

（2）预设置信号发生器方波信号的电压为 1 V,频率为 100 Hz。

（3）选择合适的电阻 *R* 和电容 *C*,利用示波器观察电路的充电和放电过程。

（4）画出此 *R*、*C* 值情况下的波形图。

（5）记录 *R*、*C* 值,计算时间常量 τ。

5. *RL* 串联电路暂态过程分析

（1）连接 *RL* 串联电路。

（2）预设置信号发生器方波信号的电压为 1 V,频率为 100 Hz。

（3）选择合适的电阻 *R* 和电感 *L*,利用示波器观察电路的充电和放电波形。

（4）画出此 *R*、*L* 值情况下波形图。

（5）记录 *R*、*L* 值,计算时间常量 τ。

6. *RLC* 串联电路三种阻尼状态分析

（1）连接 *RLC* 串联电路。

（2）预设置信号发生器方波信号的电压为 1 V,频率为 100 Hz。

（3）选择合适的电感 *L* 和电容 *C* 的值,直到电路在欠阻尼时出现多个振荡周期,调节电阻 *R* 大小,利用示波器观察三种阻尼状态波形。实验时,电阻 *R* 由小到大逐渐增大,最初出现欠阻尼状态,当数值增大到某一数值 R_0 时,波形刚好不出现振荡,此时电路处于临界阻尼状态,记下临界电阻 R_0;继续增大电阻值,电路便处于过阻尼状态。

（4）画出电路三种阻尼状态的波形图。

【拓展题】

1. 简述 *RC* 串联电路中 τ 的物理意义。
2. 举一个实际生活中的 *RLC* 电路的应用实例,叙述 *RLC* 电路的作用。

1.8 常见物质水溶液表面张力系数的测量

【实验综述】

液体表面的分子具有使液面趋向收缩拉紧,这种促使液体表面收缩的力就是表面张力。表面张力是液体的重要特性之一,液体的很多现象,比如浸润现象、毛细现象、液体泡沫形成等,都与表面张力有关。表面张力一般用表面张力系数表征,它与液体本身的性质、浓度、杂质含量和温度等因素有关。表面张力在生产生活和科学研究中有着广泛的应用。

本实验主要探究用气泡幅频当量法测量常见物质水溶液的表面张力系数,以加深对不同种类液体表面张力的了解。

【实验目的】

1. 掌握动态液体表面张力系数测量仪的使用方法。
2. 熟悉用气泡当量法测量表面张力系数的原理和方法。
3. 探究表面活性物质和表面非活性物质对溶液表面张力系数的影响。
4. 学会根据实验数据建立表面张力系数数学模型的方法。

【背景知识】

测量液体表面张力系数的实验方法有很多种,常用的有拉脱法、毛细管法和滴重法等。

1. 拉脱法

拉脱法也叫吊环法,图 1-8-1(a)所示,通过测量圆环脱离液面时所需要的拉力、圆环质量和接触面周边界长度,计算得到液体表面张力系数 σ,可表示为

$$\sigma=\frac{F-mg}{4\pi r}$$

其中,F 为拉力,r 为圆环半径,m 为圆环质量。

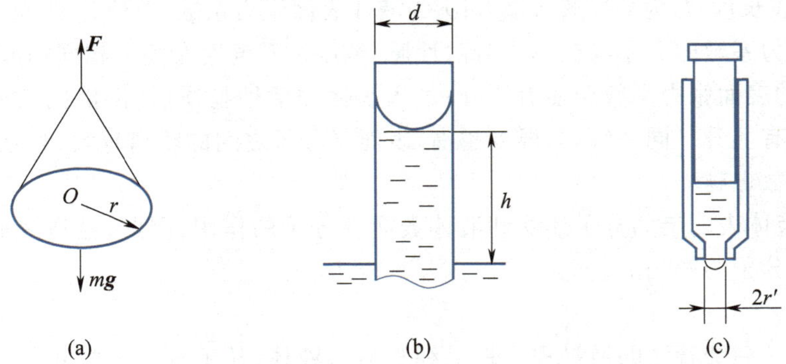

图 1-8-1

2. 毛细管法

毛细管法就是利用液体的毛细现象，根据液面表面张力的垂直分量与管内重力的变化量相等，求液体表面张力的方法。图1-8-1(b)所示，将一根半径均匀的毛细管插入液体中，毛细管内外的液面会出现一定的高度差，对于可浸润液体，毛细管内的液面会升高，对于不可浸润液体，毛细管内的液面会降低，然后根据毛细管的内径以及液面上升或下降的高度，就可以计算出液体表面张力系数σ，即

$$\sigma=\frac{1}{4}d\rho g\left(h+\frac{d}{6}\right)$$

其中，ρ为液体密度，d为毛细管直径，h为液面高度。

3. 滴重法

滴重法也叫滴体积法。图1-8-1(c)所示，将液滴从毛细管滴头滴下时，液滴的大小和质量与滴头出口的大小以及表面张力有关。通过测量液体的体积或质量，就可计算得到液体表面张力系数σ，即

$$\sigma=\frac{mg}{2\pi r'\varepsilon},$$

其中，ε为校正因子，m为液滴质量，r'为滴头半径。

【实验原理】

1. 液体表面张力系数

液体表面张力源自表面层分子之间的相互作用。液体表面层是指液体与外界气体相接触的薄层，厚度约等于分子间引力作用的半径。不同于液体内部，液体表面层的分子分布比液体内部稀疏，分子之间的相互作用主要是引力。如图1-8-2所示，假设在液体表面层有一条分界线AB，将液体表面层分隔成N区和M区两部分。N区对M区的引力$\boldsymbol{F}_1$与M区对N区的引力$\boldsymbol{F}_2$大小相等、方向相反，这一对力就是液体表面张力。

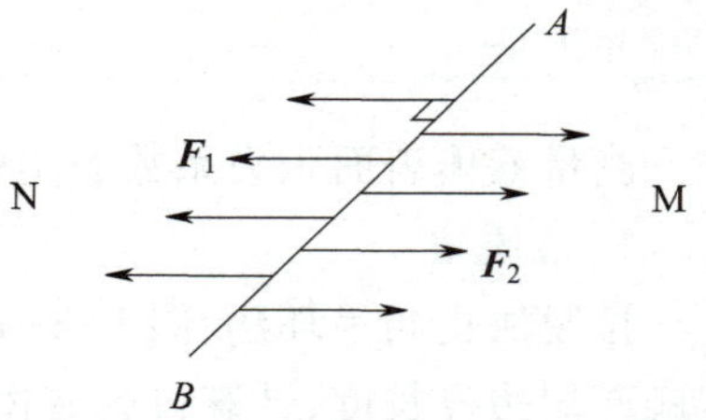

图1-8-2

液体表面张力的方向沿着液面的切线方向，并与液面表面任何两部分分界线垂直。表面张力的大小正比于液面表面分界线的长度，即

$$F=\sigma l \tag{1-8-1}$$

其中，l为AB线段长度；F为l两侧的拉力；σ为液体表面张力系数，单位是N/m。

液体表面张力系数的大小与液体本身的性质、纯度以及温度有关。相同的液体，加入表面活性物质后，溶液的表面张力系数会显著下降；加入表面非活性物质后，溶液的表面张力系数没有显著变化或者略有上升。同一液体，温度越高，表面层分子之间的距离越大，相互作用引力越小，液体表面张力系数也越小。

另外，由于液体表面层的分子还受到液体表面外分子的作用，因此，液体表面张力系数也会受到液体表面外分子的影响。

2. 最大泡压法

最大泡压法是毛细管法的逆过程。将毛细管插入液体，从毛细管上端对管内施以一定的压力（缓慢吹气），则在毛细管下端口处就会形成气泡。在气泡的形成过程中，气泡的半径先变小，

再变大，如图 1-8-3 所示。

假设毛细管的口径很小，气泡在形成过程中始终保持球形，在此动态平衡中，气泡内外侧的压强差 Δp、液体表面张力系数 σ 和气泡的半径 r 之间的关系可用拉普拉斯公式表示，即

$$\Delta p=\frac{2\sigma}{r} \tag{1-8-2}$$

设毛细管插入液体的深度为 h，液体的密度为 ρ，那么气泡内外侧的压强差为气泡内绝对压强 p 与液体静压强 ρgh 的差值，即

$$\Delta p=p-\rho gh \tag{1-8-3}$$

所以

$$\sigma=\frac{r(p-\rho gh)}{2} \tag{1-8-4}$$

由于在气泡的形成过程中，气泡的半径先变小，再变大，所以当气泡半径 r 等于毛细管半径时，气泡半径最小，压强差可以达到最大值 Δp_{max}。因此，根据 Δp_{max} 和毛细管半径，就可以得到液体的表面张力系数。

3. 气泡当量法

气泡当量法是一种基于最大泡压法的动态测量表面张力的方法。即将最大泡压法中的缓慢吹气、缓慢施压变为每秒吹若干个气泡。

将毛细管一端插入液体中，另一端接一个气流量可调的气源，通过气源向毛细管内吹气，毛细管下端就会不断产生气泡，然后长大，再消失。连续检测若干个气泡的压强变化情况，就可以获得压强随时间变化的振荡曲线，因为不同气泡所对应的压强变化情况基本相同，所以它是一条等幅振荡曲线，如图 1-8-4 所示。

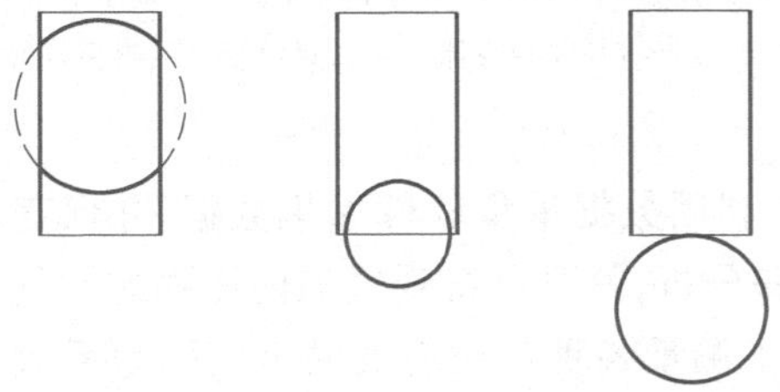

图 1-8-3

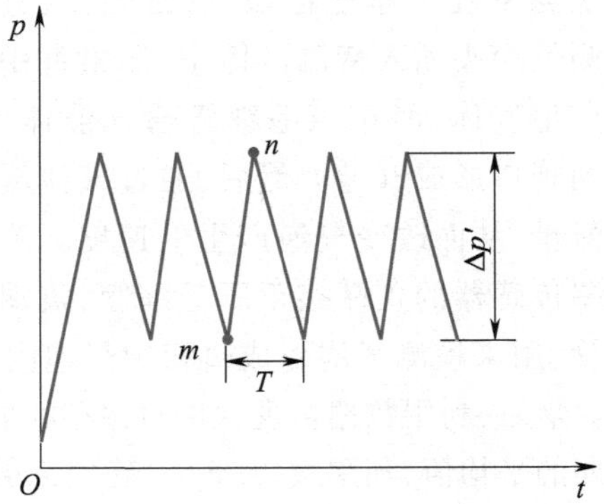

图 1-8-4

图 1-8-4 中，m 表示气泡离开气泡口时的状态，此时气泡内压强最小，n 表示气泡曲率半径最小时的状态，此时气泡内压强最大。T 表示一个气泡从产生到离开的周期，$\Delta p'$ 表示气泡内压最大与压强最小的差值，称为气泡内压差。由于气泡内压差与气泡的形成周期以及液体的表面张力系数有关，因此，可以根据曲线的振幅差和周期求解出一个与真实表面张力系数相当的当量表面张力系数 σ_{d}，当量表面张力系数可表示为

$$\sigma_{d}=a\Delta p'+bT+c \tag{1-8-5}$$

其中，a、b、c 均为修正系数，由实验数据确定。

一般在气流量不变的条件下，毛细管插入越深，测得的 $\Delta p'$ 越小，气泡生成的周期 T 越大。如果在实验测量时，保持毛细管的插入深度 h 不变，即可消除深度 h 对当量表面张力系数 σ_d 计算所产生的影响。

【实验装置】

1. 液体表面张力系数测量系统

自从英国物理学家托马斯·杨第一次提出表面张力之后，许多科学家研究了表面张力问题。表面张力是一种特殊的物理现象，它还涉及化学和医学等领域，具有很大的现实意义。

液体表面张力系数测量系统包括主机平台、测量室和升降机构，如图 1-8-5 所示。

主机平台包括动态液体表面张力测量实验仪和加热垫，装有待测液体的烧杯可以放置在加热垫上加热。测量室由微型气泵、可调气体流量计、测量探头和微压差传感器构成，其中测量探头有三根，分别为正压毛细管、负压毛细管和温度计。本实验气泡形成过程中气泡内压强的变化 $\Delta p'$ 由测量室中的微压差传感器检测，微压差传感器是一种具有高精度、高稳定性的微压芯片。升降机构可以用来上下移动测量室。

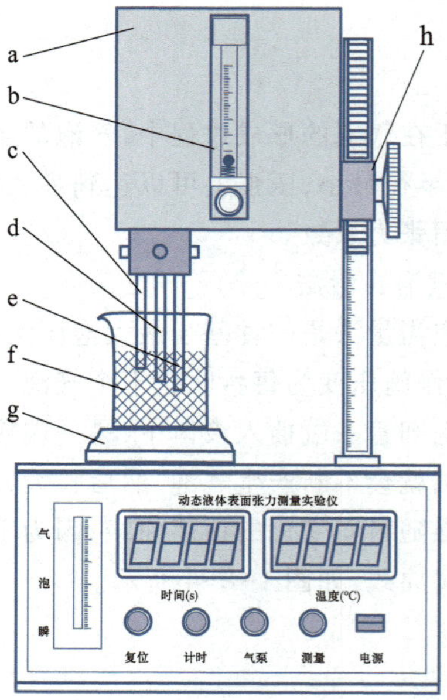

图 1-8-5

a—测量室；b—流量计；c—正压毛细管；d—负压毛细管；e—温度计；f—待测液体；g—加热垫板；h—升降机构

仪器系统工作过程如下：首先，通过升降机构将测量探头插入待测液体中，测量室中的微型气泵产生气体，经正压毛细管通入液体中，在正压毛细管口形成气泡。然后，通过气体流量计调节气流量，从而改变气泡产生的速度。测量室中微压差传感器的正端接正压毛细管，负端接负压毛细管，用来检测气泡形成过程中气泡内压强的变化。利用数据采集软件采集数据，并保存相关数据。最后，利用数据再现软件对保存的数据进行处理和分析，就可以得到气泡内压强差和气泡产生周期的平均值，利用式(1-8-5)确定系数 a、b、c，就可以测量各种物质溶液的表面张力系数。

实验仪器装置使用注意事项：

(1) 液体液面高度在不同的实验内容中必须保持相同。

(2) 通过微调负压毛细管的插入深度，可以显示完整波形，便于测量。

(3) 气泵开启后，方可将测量探头置于液面以下；同样，将测量探头移出液面后，才可以关闭气泵。

2. 数据采集软件

数据采集软件界面示意图如图 1-8-6 所示，通过左侧栏选择合适的参量，右侧界面即可显示气泡生成过程中压强变化的实时曲线。通过“SAVE”按钮可以保存当前所显示的波形数据，同时可以记录当前计算机显示的时间。

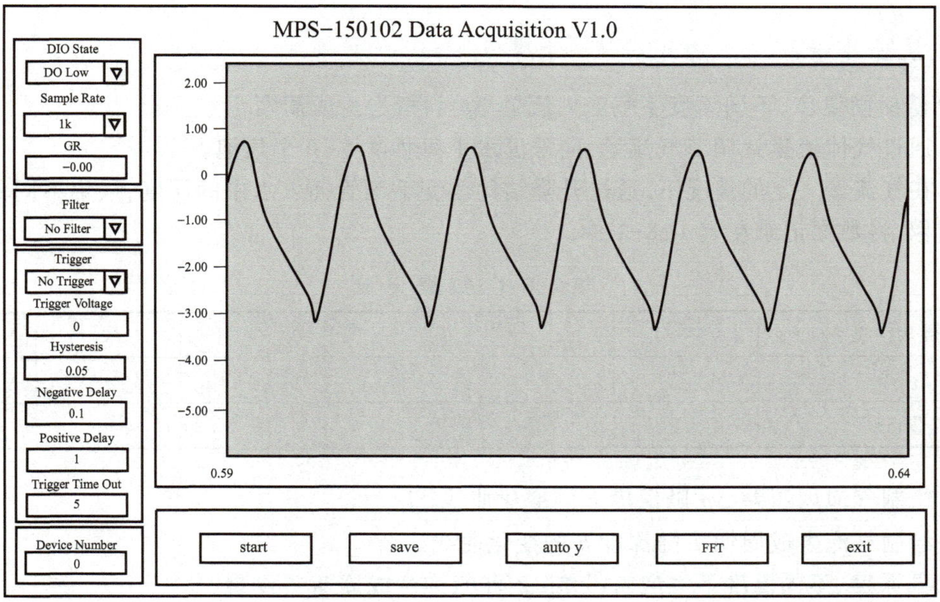

图 1-8-6

3. 数据再现软件

数据再现软件界面示意图如图 1-8-7 所示，利用数据再现软件，打开数据采集软件保存的文件，并保存为 *.bmp 格式曲线图，其中数据以 *.txt 格式保存，便于后期进行数据处理。

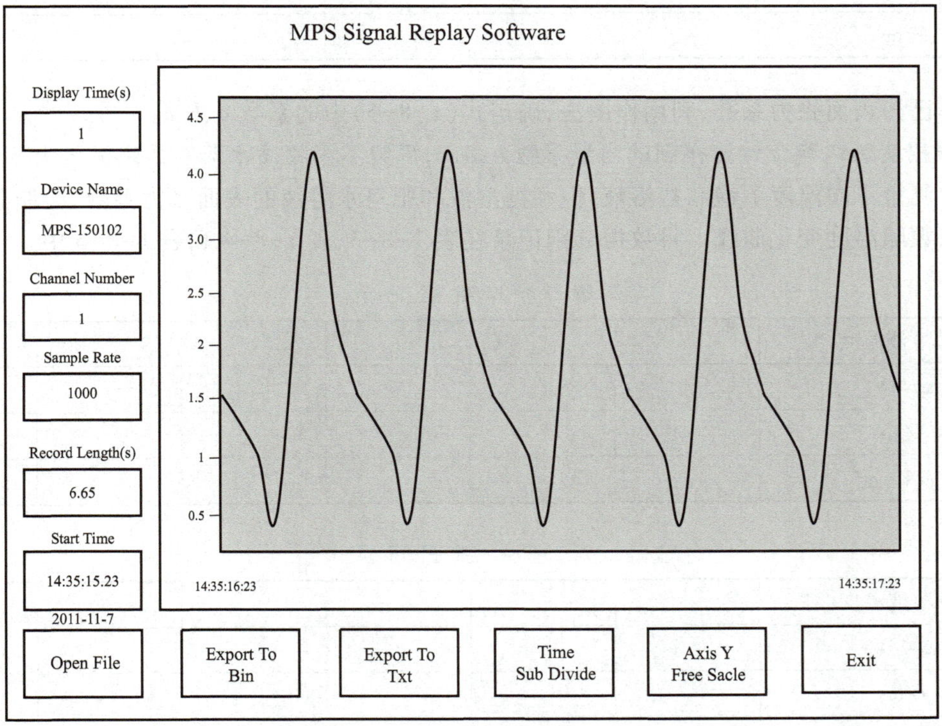

图 1-8-7

【实验内容】

1. 测量相同温度、不同深度下气泡内压差 $\Delta p'$和气泡生成周期 T

（1）通过气体流量计调节气流量，向常温水中每秒吹 5~6 个气泡。

（2）在气流量一定的情况下，通过升降结构改变毛细管插入水中的深度，采集不同深度下的数据和图像，将数据记录在表 1-8-1 中。

表 1-8-1 数 据 记 录

毛细管插入深度 h/cm						
$\Delta p'$/V						
T/ms						

（3）绘制气泡内压差 $\Delta p'$随深度 h 的变化曲线。

（4）绘制气泡生成周期 T 随深度 h 的变化曲线。

2. 相同深度、不同温度下气泡内压差 $\Delta p'$和气泡生成周期 T 测量

（1）通过加热装置加热液体，在气流量一定、毛细管插入水中的深度一定的情况下，采集不同温度 t 对应的数据和图像，将数据记录在表 1-8-2 中。

表 1-8-2 数 据 记 录

水的温度 t/℃						
$\Delta p'$/V						
T/ms						

（2）已知表面张力系数，利用作图法，确定式(1-8-5)中的系数 a、b、c。

3. 根据实验内容 2 计算得到的当量系数 a、b、c，探究不同物质水溶液的表面张力系数

（1）测量不同温度下饱和盐溶液、饱和糖溶液和肥皂水溶液的表面张力系数，绘制各溶液表面张力系数随温度变化曲线。将数据分别记录在表 1-8-3、表 1-8-4 和表 1-8-5 中。

表 1-8-3 数 据 记 录

饱和盐溶液温度/℃						
$\Delta p'$/V						
T/ms						
σ/(mN · m^{-1})						

表 1-8-4 数 据 记 录

饱和糖溶液温度/℃						
$\Delta p'$/V						
T/ms						
σ/(mN · m^{-1})						

表 1-8-5 数据记录

肥皂水溶液温度/℃						
$\Delta p'/V$						
T/ms						
$\sigma/(mN \cdot m^{-1})$						

（2）测量不同浓度下盐溶液和糖溶液表面张力系数，绘制各溶液表面张力系数随温度的变化曲线。将数据分别记录在表 1-8-6 和表 1-8-7 中。

表 1-8-6 数据记录

糖溶液浓度/%						
$\Delta p'/V$						
T/ms						
$\sigma/(mN \cdot m^{-1})$						

表 1-8-7 数据记录

盐溶液浓度/%						
$\Delta p'/V$						
T/ms						
$\sigma/(mN \cdot m^{-1})$						

【拓展题】

1. 解释最大泡压法的基本原理。

2. 设计一个测量液体表面张力的实验，要求简述测量方法和基本原理，分析实验存在的误差。

1.9 光的偏振及其应用

【实验综述】

光是一种电磁波，电场 $\boldsymbol{E}$ 和磁场 $\boldsymbol{B}$ 的振动矢量的叉积方向为光的传播方向，其中光矢量（电矢量）振幅的平方正比于光的强度。光的偏振性描述了电磁波中光矢量在垂直于传播方向平面内的振动状态。偏振现象只在横波中存在，因此光的偏振性证实了电磁波是一种横波。一般来说，自然光由大量的原子辐射产生，因此光矢量的振动方向在垂直于波前进方向的平面内随机分布。而当自然光穿过某种特殊的材料或经历反射、折射等过程后，光矢量的振动可能会在某些特定的方向上产生优越性，因此呈现出偏振特性。光的偏振在日常生活和诸多科学研究中都有着广泛的应用，例如，娱乐生活中的立体电影、自然界中的生物偏振导航和科研中的磁光隔离技术等都与光的偏振密切相关。

本实验要求理解光波的五种偏振态：自然光、线偏振光、部分偏振光、椭圆偏振光和圆偏振光，并通过实验验证马吕斯定律，以及测量黑色玻璃板反射率。

【实验目的】

1. 了解光的偏振原理和相关应用。
2. 测量黑色玻璃板折射率。
3. 利用马吕斯定律探究光电池的短路电流和入射光强的关系。
4. 探究线偏振光入射黑色玻璃板的反射率与入射角的关系曲线。

【背景知识】

按照不同的偏振状态划分，常见的光线大致可以分为自然光、线偏振光、部分偏振光、圆偏振光和椭圆偏振光。

1. 自然光

光波是一定波长范围的电磁波。在光波的 $\boldsymbol{E}$ 振动和 $\boldsymbol{B}$ 振动中，引起感光作用和生理作用的是 E 振动，所以一般把 E 叫作光矢量，E 振动叫作光振动。

普通光源光矢量 E 不可能保持一定方向，而是无规则取所有可能的方向，没有哪一个方向比其他方向更优越。所以，在垂直于光传播方向的平面内任意一个方向上，光振动的振幅都相等，这样的光叫作自然光。如图 1-9-1(a)所示，自然光中所有方向的光矢量振幅相等、无固定的相位关系，因此可以看作在所有方向上分布的概率相同，如太阳光、蜡烛光等都是自然光，也称天然光。钠灯具有自然光特性，也是自然光，属于人造光。

2. 线偏振光

与纵波相比，横波最大的不同点在于其振动方向对于传播方向不具有轴对称性，即在垂直于波传播方向的平面看，横波的振动矢量偏于某一方向，而纵波的振动矢量则在传播方向的对称轴上，横波的这种特性也叫偏振性，与光的偏振性直接有关的一些光学现象叫作光的偏振现象。如

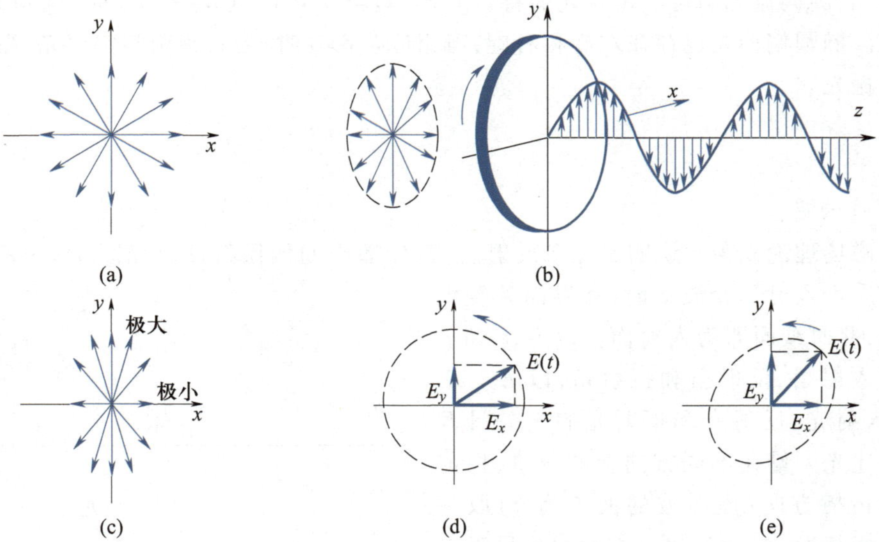

图 1-9-1

图 1-9-1(b)所示，自然光经某些物质反射、折射或吸收后，可能只保留某一方向的光振动。这种只有某一固定方向振动的光叫作线偏振光，简称偏振光。

3. 部分偏振光

若光线中某一方向的振动比另一方向的振动占优势，这种光叫作部分偏振光。偏振态介于自然光和线偏振光中间的光就是部分偏振光，如图 1-9-1(c)所示，部分偏振光的光矢量大小在 90°范围内存在极大和极小值。

4. 圆偏振光

圆偏振光的光矢量随时间改变方向但不改变大小，端点轨迹为一个圆形，如图 1-9-1(d)所示，将其在水平和竖直方向上分解，可以表示成两个互相垂直的线偏振光的叠加

$$E_x(t)=A\cos\ \omega t \tag{1-9-1}$$

$$E_y(t)=A\cos\ \omega\left(t\pm\frac{\pi}{2}\right) \tag{1-9-2}$$

$$\boldsymbol{E}(t)=A\cos\ \omega t\boldsymbol{x}+A\cos\left(\omega t\pm\frac{\pi}{2}\right)\boldsymbol{y} \tag{1-9-3}$$

分解得到的两个振动分量的振幅相等，当相位差 $\delta=\pi/2$ 时，为右旋圆偏振光；当 $\delta=-\pi/2$ 时，为左旋圆偏振光。

5. 椭圆偏振光

椭圆偏振光与圆偏振光的区别在于两个振动分量的振幅大小不相等，光矢量末端的轨迹是一个椭圆，如图 1-9-1(e)所示，将其在水平和竖直方向上分解，分别得

$$E_x(t)=A_x\cos\ \omega t \tag{1-9-4}$$

$$E_y(t)=A_y\cos(\omega t+\delta) \tag{1-9-5}$$

$$\boldsymbol{E}(t)=A_x\cos\ \omega t\boldsymbol{x}+A_y\cos(\omega t+\delta)\boldsymbol{y} \tag{1-9-6}$$

由此可知，圆偏振光是椭圆偏振光的特殊形式，即当 $A_x = A_y$ 且 $\delta = \pm\pi/2$ 时，椭圆偏振光会变成圆偏振光。椭圆偏振光也存在左旋和右旋，当相位差 $\delta>0$ 时，为右旋椭圆偏振光；当 $\delta<0$ 时，为左旋椭圆偏振光。

【实验原理】

1. 菲涅耳公式

光的电磁场理论完美地说明了光在反射、折射传播中的偏振特性。如图 1-9-2 所示，当一束光线从介质 1 入射到介质 2 时，在界面处发生反射和折射，此时纸面即为入射面。以 i_1、i'_1 和 i_2 代表光波的入射角、反射角和折射角，以 E_1、E'_1 和 E_2 代表入射光、反射光和折射光的光矢量振幅。为了描述光矢量在不同方向上的分量，根据每条光线的传播方向（电磁波的波矢为 $\boldsymbol{k}$）取一组局部的坐标基矢：$\boldsymbol{p}\times\boldsymbol{s}=\boldsymbol{k}$，则 $\boldsymbol{s}$ 方向的分量垂直于入射面（用⊙表示，见图 1-9-2），$\boldsymbol{p}$ 方向的分量平行于入射面。

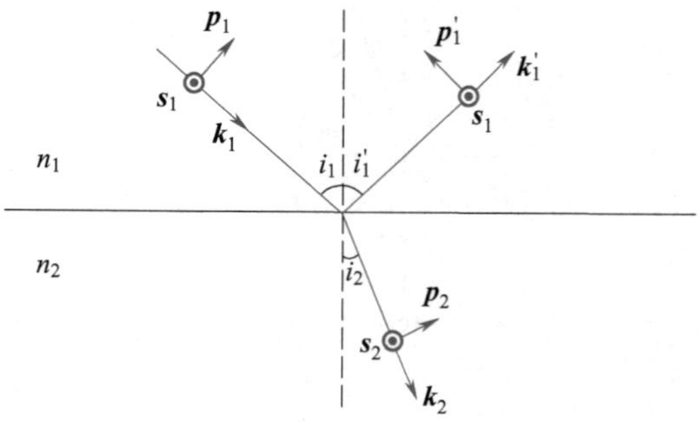

图 1-9-2

利用电磁波理论的边值条件，可以得到光在不同介质界面发生反射和折射后各个方向上光矢量的强度变化

$$E'_{1p}=\frac{n_2\cos i_1-n_1\cos i_2}{n_2\cos i_1+n_1\cos i_2}E_{1p}=\frac{\tan(i_1-i_2)}{\tan(i_1+i_2)}E_{1p} \tag{1-9-7}$$

$$E'_{1s}=\frac{n_1\cos i_1-n_2\cos i_2}{n_1\cos i_1+n_2\cos i_2}E_{1s}=\frac{\sin(i_2-i_1)}{\sin(i_1+i_2)}E_{1s} \tag{1-9-8}$$

$$E_{2p}=\frac{2n_1\cos i_1}{n_2\cos i_1+n_1\cos i_2}E_{1p}=\frac{2\cos i_1\sin i_2}{\sin(i_1+i_2)\cos(i_1-i_2)}E_{1p} \tag{1-9-9}$$

$$E_{2s}=\frac{2n_1\cos i_1}{n_1\cos i_1+n_2\cos i_2}E_{1s}=\frac{2\cos i_1\sin i_2}{\sin(i_1+i_2)}E_{1s} \tag{1-9-10}$$

以上 4 式即为菲涅耳（Fresnel）公式。菲涅耳公式表明，反射、折射光线的 $\boldsymbol{s}$ 分量只与入射光线的 $\boldsymbol{s}$ 分量有关，$\boldsymbol{p}$ 分量只与入射光线的 $\boldsymbol{p}$ 分量有关，即在反射和折射的过程中，不同方向的振动分量彼此独立。由式（1-9-7）可知，当 $i_1+i_2=90°$ 时，反射光中的 $E'_{1p}=0$，仅剩下垂直于入射面方向的分量 E'_{1s}，此时的入射角 i_1 称为布儒斯特角。再结合折射定律，可知

$$\frac{n_2}{n_1}=\frac{\sin i_1}{\sin i_2}=\frac{\sin i_1}{\sin\left(\dfrac{\pi}{2}-i_1\right)}=\tan i_1 \tag{1-9-11}$$

一束自然光以布儒斯特角入射介质表面时，反射光为线偏振光，并且偏振方向垂直于入射面。当平行于入射面的线偏振光以布儒斯特角入射表面时，则反射光强为零。因此，可以测量偏振光以不同角度从空气入射介质材料时反射光光强的变化，得到相应的布儒斯特角，并计算介质材料的折射率。

由菲涅耳公式还可以得到不同偏振分量的光矢量的振幅反射率公式

$$r_p=\frac{E'_{1p}}{E_{1p}}=\frac{\tan(i_1-i_2)}{\tan(i_1+i_2)} \tag{1-9-12}$$

$$r_s=\frac{E'_{1s}}{E_{1s}}=\frac{\sin(i_2-i_1)}{\sin(i_1+i_2)} \tag{1-9-13}$$

由于光强的大小正比于振幅的平方，所以不同偏振方向的光强的反射率为

$$R_p=\frac{I'_p}{I_p}=r_p^2 \tag{1-9-14}$$

$$R_s=\frac{I'_s}{I_s}=r_s^2 \tag{1-9-15}$$

2. 马吕斯定律

马吕斯(Etienne Louis Malus)是法国物理学家及军事工程师，从事光学方面的研究，1809 年马吕斯在实验中发现光的偏振现象，并确定偏振光强度变化的规律。自然光经过偏振片后为线偏振光，线偏振光经过偏振片后的光强变化规律由马吕斯定律给出，如图 1-9-3 所示，设入射的线偏振光与偏振片偏振化方向的夹角为 θ，入射光强为 I_0，出射光强为 I，则出射光强的大小满足关系式

$$I=I_0\cos^2\theta \tag{1-9-16}$$

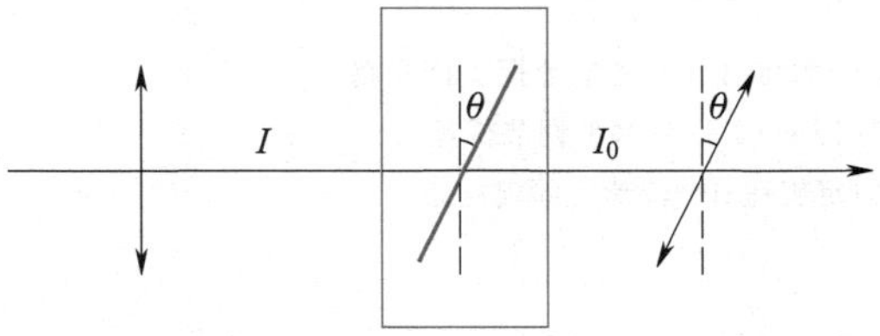

图 1-9-3

式(1-9-16)即为马吕斯定律。当起偏器和检偏器的偏振化方向平行时，即 $\theta=0$ 或 $\theta=180°$ 时，$I=I_0$，出射光的光强最大；当起偏器和检偏器的偏振化方向正交时，即 $\theta=90°$或 $\theta=270°$时，$I=0$，出射光的光强最小，没有光透过检偏器；当 θ 介于上述各值之间时，则出射光的光强在最大值和零之间变化。

【实验装置】

实验装置主要包括带角坐标的光学工作台、光电池探头、半导体激光器、带刻度盘的可转动偏振片和万用表。

1. 光学工作台

如图 1-9-4 所示，光学工作台带有角坐标刻度盘，刻度盘中间为带有固定螺丝的转动平台，可竖直放置一玻璃片并在 360°范围内转动。光学工作台上有一个固定臂和一个转动臂，固定臂在平台上的 180°刻度处且末端带有一个可三维调节的光学支架。转动臂末端可固定光电池探头，侧边有金属读数指针，可读出其在平台上的角坐标读数。

2. 偏振片

偏振片结构如图 1-9-5 所示，刻度盘中心为带有指针的可旋转偏振片，偏振片的偏振化方向与指针方向存在一个未知的夹角。

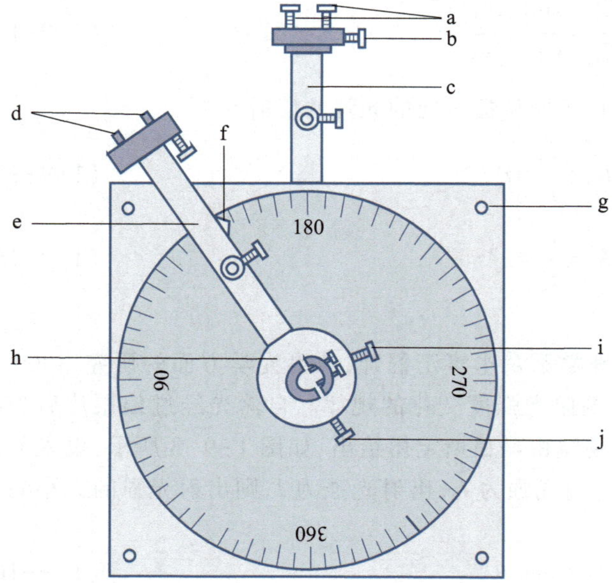

图 1-9-4

a—三维调节旋钮；b—固定旋钮；c—固定臂；d—光电池探头接线端；
e—转动臂；f—角坐标读数指针；g—工作台水平调节螺丝；
h—转动平台；i—转动平台固定旋钮；j—转动臂固定旋钮

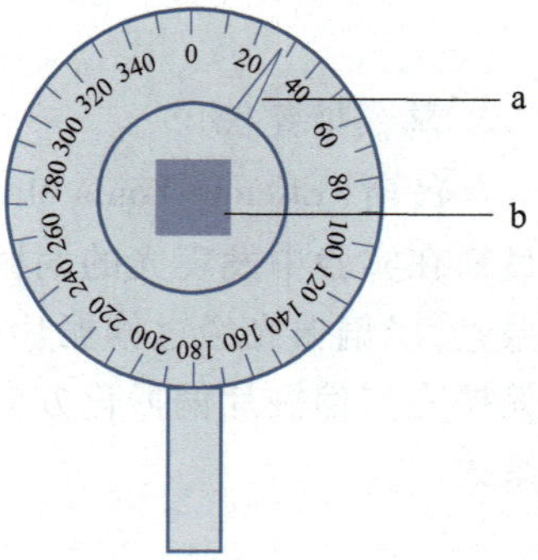

图 1-9-5

a—偏振片指针；b—偏振片

【实验内容】

1. 测量黑色玻璃板折射率

(1) 如图 1-9-6 所示，将待测黑色玻璃板竖直地固定于转动平台上。将激光器安装在光学平台的固定臂上，调整激光器支架的调节旋钮，使光线沿 180°刻度方向出射至转动平台的轴心。

(2) 以激光光线为轴在光学平面内转动激光光源至某一角度，然后转动转台，改变入射角 α，肉眼观察射在白纸上的反射光光强的变化。多次转动光源，当反射光光强随入射角变化最明显时固定激光器，此时激光 s 偏振方向上的分量相对较小。

(3) 用导线连接光电池电极与万用表，并选择万用表的测量模式为直流微安挡，调节转动臂使反射光入射至光电池传感器的中心，测量光电流的大小。转动平台改变入射角 α，观察入射光电池的光电流的大小变化。通过逐次逼近法，确定光电流最小时的转动臂的角坐标 θ_1，此时的入射角即为布儒斯特角 α_0。

(4) 转动中心转台，使反射光在光学平台中线另一侧。以相同的步骤找到激光以布儒斯特角 α_0 入射黑色玻璃板，测量此时反射光的光电流最小的位置，此时转动臂的角坐标刻度为 θ_2。

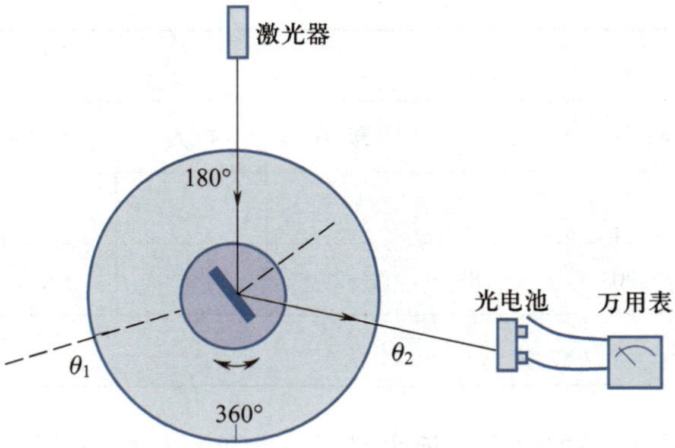

图 1-9-6

（5）两侧均重复测量 6 次，记录数据在表 1-9-1 中。计算布儒斯特角 α_0 的平均值 $\overline{\alpha}_0$，得到黑色玻璃板的折射率 n。应用不确定度传递公式，计算黑色玻璃板折射率的不确定度（取刻度盘的仪器允差 $\Delta_{仪}=0.5°$）。

表 1-9-1　数据记录

次数 i	左侧角坐标 θ_1/(°)	右侧角坐标 θ_2/(°)	$\alpha_0=\frac{\lvert\theta_2-\theta_1\rvert}{4}$/(°)
1			
2			
3			
4			
5			
6			
$n=\tan\overline{\alpha}_0$			

2. 利用马吕斯定律探究光电池的短路电流与入射光强的关系

（1）保持激光以布儒斯特角$\overline{\alpha}_0$入射黑色玻璃板，在固定支架平面内转动激光器，使光电流读数最大，则此时反射光线为 s 方向振动的线偏振光且振幅较大。

（2）在光电池前的光路上固定偏振片，偏振片上的 0 刻度方向即为 s 方向上的光在空间上的实际振动方向（垂直入射面）。为了求得指针和偏振片偏振方向的夹角 $\Delta\beta$，从 0°开始顺时针旋转偏振片指针两周，观察光电流大小。

（3）记录光电流为极大或极小值时指针的角刻度读数 β，计算指针与偏振片偏振方向在 0~90°范围内等效夹角 $\Delta\beta$。数据记录在表 1-9-2 中，求得 $\Delta\beta$ 的平均值 $\Delta\overline{\beta}$。计算 $\Delta\overline{\beta}$的合成不确定度。

表 1-9-2 数据记录

偏振片的编号：								
光电流	极大	极小	极大	极小	极大	极小	极大	极小
$\beta/(^\circ)$								
$\Delta\beta/(^\circ)$	β	$\beta-90$	$\beta-180$	$\beta-270$	β	$\beta-90$	$\beta-180$	$\beta-270$
$\Delta\overline{\beta}/(^\circ)$								

（4）关闭激光器电源，记录本底光电流大小 i'。打开激光器，偏振片指针以激光的偏振化等效刻度（$\Delta\overline{\beta}$）为起点，以 10° 为间隔改变角度 β，测量相应的光电流大小 i，重复 8 次实验，记录数据在表 1-9-3 中。计算得到偏振光与偏振片偏振化方向的夹角 $\varphi=\beta-\Delta\beta$ 与对应的去本底光电流 $i-i'$ 的关系。

表 1-9-3 数据记录

本底光电流大小 i'=____ μA								
$\beta/(^\circ)$								
$i/\mu A$								
$\varphi/(^\circ)$								
$100\cos^2\varphi$								
$i-i'/\mu A$								

（5）由马吕斯定律可知，从偏振光出射后的线偏振光的光强大小 I 与 $\cos^2\varphi$ 成正比，由表 1-9-3 数据作出 $100\cos^2\varphi$ 与 $i-i'$ 的关系图，判定光电池探头入射光强 I 与去本底光电流 $i-i'$ 的关系。

3. 测量光矢量平行入射面的线偏振光入射黑色玻璃板的反射率与入射角的关系曲线

（1）将偏振片固定在激光器前端的固定臂上，转动指针指向（$\Delta\overline{\beta}$+90）°。在固定支架平面内转动激光器，使激光通过偏振片后的光强较强。此时将入射光调整为 **p** 方向的线偏振光，且振幅较大。

（2）在不放置黑色玻璃板的情况下，调节转动臂使光电池探头与激光光线在一条直线上。测量激光源的出射光电流 i_0 和关闭激光电源时的背景本底光电流 i_0'，并读出转动臂刻度的角坐标读数 θ_0。

（3）装上黑色玻璃板，转动中心转台和转动臂，控制转动臂在 195°～355°范围内以 5°为间隔移动，测量不同入射角下反射光的光电流 i 和背景本底光电流 i' 的大小，数据记录在表 1-9-4 中。

表 1-9-4 数据记录

没有黑色玻璃板反射时：i_0=____ μA，i'_0=____ μA，θ_0=____°							
θ/(°)	355.0	350.0	345.0	…	205.0	200.0	195.0
i/μA							
i'/μA							
$i-i'$/μA							
α/(°)							
R							

（4）计算相应的入射角和反射率大小，作出反射率 $R=\dfrac{i-i'}{i_0-i'_0}$ 与入射角 $\alpha=\dfrac{180-|\theta-\theta_0|}{2}$ 的关系曲线，并外推该线偏振光垂直入射至黑色玻璃板时（$\alpha=0°$）反射率的大小。

【拓展题】

1. 简述光的偏振特性。

2. 设计一个利用偏振片测量玻璃折射率的实验，要求作出系统光路图，阐述实验原理和测量玻璃折射率的方法。

1.10 椭圆偏振仪与薄膜折射率测量

【实验综述】

材料薄膜的厚度是材料研究和薄膜制备中不可缺少的参量。椭圆偏振法测量薄膜厚度是一种利用偏振光学原理的测量方法，由于无须测定光强的绝对值，因而具有很高的精度和灵敏度。由于椭偏参量确立的方程是超越方程，无法直接从测量数据通过计算得到薄膜参量的解析解，所以需要进行反演计算，可通过优化算法做数值反演解。可运用C++语言通过变步长迭代循环的优化算法开发数据处理程序，再根据输入的数据直接得到结果，无须进行查表或作图等人工操作，并且具有适应性较广（可以接受任意的激光波长和基底材料）、速度较快（平均运行时间为2 s）、精度较高（折射率精确到0.001，厚度精确到0.01 nm）等优点。

本实验主要探究利用椭圆偏振仪测量薄膜厚度和折射率。

【实验目的】

1. 了解椭圆偏振仪的结构。
2. 学会使用椭圆偏振仪测量透明薄膜厚度和折射率。
3. 用计算物理的方法求解超越方程。
4. 分析薄膜单周期及多周期厚度的解。

【背景知识】

薄膜厚度是一个很重要的参量，其测量方法较多，在物理实验室常见的测量方法有如下几种。

1. 等厚干涉法

当两片很平的玻璃叠合在一起，并在其中一端垫入薄膜时，两玻璃片之间就形成夹角 θ 很小的空气腔，如图1-10-1所示。在单色光束垂直照射下，经空气腔上、下表面反射后两束反射光在上表面附近相遇并产生干涉，干涉条纹是间隔相等且平行于两玻璃交线的明暗交替的条纹。由于相邻两明条纹或暗条纹的光程差 δ 相差一个波长，所以相邻两明条纹或暗条纹在空气腔中对应的厚度差总是等于 $\lambda/2$。设薄膜厚度为 d，在腔尖到薄膜的距离中明条纹或暗条纹总数为 N，在忽略尘埃线度量级脏物等影响下，薄膜厚度为 $d=N\cdot\lambda/2$。

2. 等倾干涉法

如图1-10-2所示，从光源S发出的一束激光射到分光板 P_1 上，并分成振幅近似相等的两束光。这两束光分别射向互相垂直的全反射镜 M_1 和 M_2，经 M_1 和 M_2 反射后又交会于分光板 P_1。这两束光互为相干光，如果 M_1 和 M_2 垂直，可在屏幕W观察到圆环形的等倾干涉条纹。其中 P_2 为补偿板，M_1' 是反射镜 M_1 被 P_1 反射后所成的虚像。

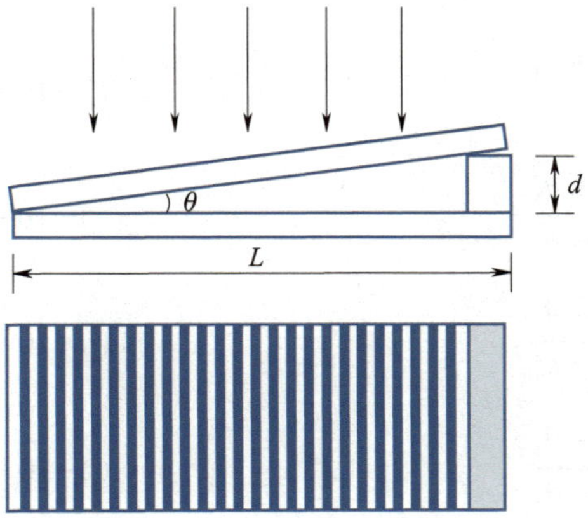

图 1-10-1

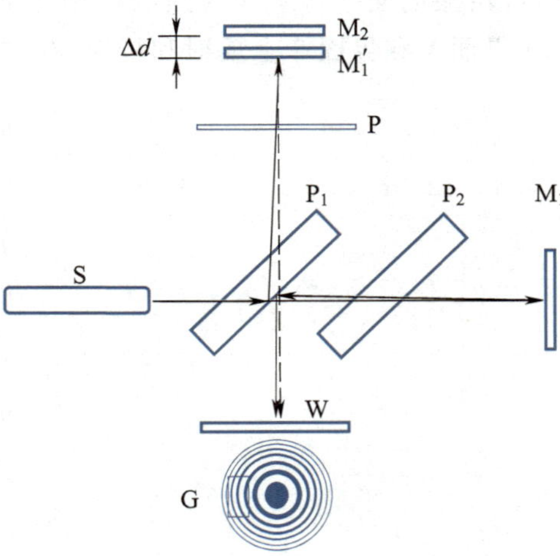

图 1-10-2

若在 M_2 和 P_1 间插入透明薄膜 P，屏幕 W 的某块区域 G 中干涉条纹的密度图会改变，此时如调节 M_2 和 M_1'间距，就可以恢复到未插入透明薄膜 P 前的这个区域中干涉条纹的密度图。可用 $d=\Delta d/(n-1)$ 求得薄膜厚度 d，其中 Δd 为 M_2 平移改变的距离，n 为薄膜折射率。

3. 差动光通量法

如图 1-10-3 所示，光源发出的光经过透镜 1 会聚成平行光束后，经透镜 2 会聚入射到光敏电阻，当挡光带材移动时，光敏电阻受到的光通量改变，光敏电阻的电阻值发生改变（光敏电阻接在惠斯通直流电桥电路中），电桥平衡被打破，检流器发生变化，通过检流器的电流通过转换放大电路输出到 Arduino 板，最后在 ArduinoIDE 软件支持的计算机显示出输出电压变化值的二进制计数，从而得到挡光带材移动距离与计算机二进制计数之间的关系。先用游标卡尺定标，获得挡光带材移动距离与计算机二进制计数的关系式，再测量薄膜厚度。

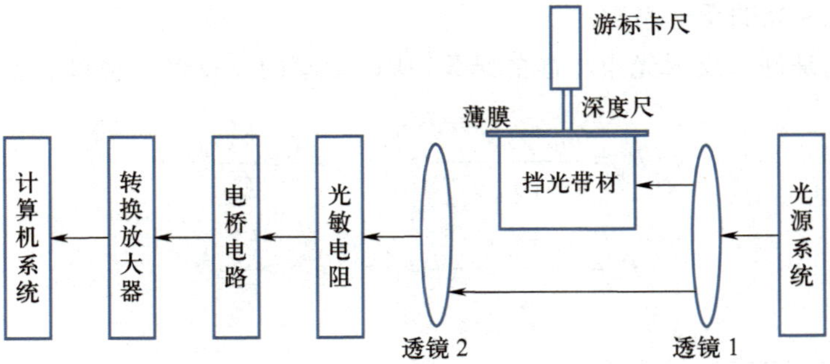

图 1-10-3

【实验原理】

1. 基本原理

如图 1-10-4 所示，有一偏振光在样品表面反射，可以将其分解成为在两个互相垂直方向上的分量波:振动面平行于入射面的线偏振光(p 波)和振动面垂直于入射面的线偏振光(s 波)。光波在界面 1 和界面 2 上反射和折射,存在菲涅耳反射系数公式

$$r_{1p}=\frac{n\cos\theta_0-n_0\cos\theta_1}{n\cos\theta_0+n_0\cos\theta_1} \tag{1-10-1}$$

$$r_{1s}=\frac{n_0\cos\theta_0-n\cos\theta_1}{n_0\cos\theta_0+n\cos\theta_1} \tag{1-10-2}$$

$$r_{2p}=\frac{n_s\cos\theta_1-n\cos\theta_2}{n_s\cos\theta_1+n\cos\theta_2} \tag{1-10-3}$$

$$r_{2s}=\frac{n\cos\theta_1-n_s\cos\theta_2}{n\cos\theta_1+n_s\cos\theta_2} \tag{1-10-4}$$

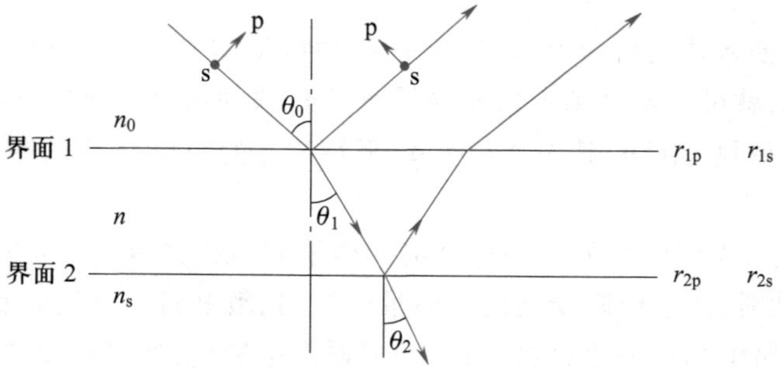

图 1-10-4

式中,n_0 为空气折射率(一般取 $n_0=1.0$),n 为薄膜折射率,n_s 为衬底折射率,θ_0 为入射角,θ_1 为界面 1 的折射角,θ_2 为界面 2 的折射角,r_{1p}、r_{1s} 分别是界面 1 上 p 光和 s 光的反射系数,r_{2p}、r_{2s} 分别是界面 2 上 p 光和 s 光的反射系数。

因为总反射光是许多反射光束干涉的结果,所以薄膜的总反射系数可表示为

$$\dot{R}_p=\frac{r_{1p}+r_{2p}e^{-2i\delta_p}}{1+r_{1p}r_{2p}e^{-2i\delta_p}}=|r_p|e^{i\delta_p}=\frac{E_p^r}{E_p^i}e^{i\delta_p} \tag{1-10-5}$$

$$\dot{R}_s=\frac{r_{1s}+r_{2s}e^{-2i\delta_s}}{1+r_{1s}r_{2s}e^{-2i\delta_s}}=|r_s|e^{i\delta_s}=\frac{E_s^r}{E_s^i}e^{i\delta_s} \tag{1-10-6}$$

其中,$\delta=\frac{2\pi}{\lambda}d\sqrt{n^2-n_0^2\sin^2\theta_0}$,式中 d 为薄膜的厚度。($\dot{E}_p^i$,$\dot{E}_s^i$)和($\dot{E}_p^r$,$\dot{E}_s^r$)分别表示紧贴界面两侧相对点处入射波和反射波的电矢量分量的复振幅。$|r_p|$ 表示入射波矢量振动平行于入射面时,反射波电矢量(正弦)振动的振幅与入射波电矢量振幅的比值,$|r_s|$ 的含义与 $|r_p|$ 类似。δ_p 表示电矢量振动平行于入射面时由于反射使电矢量振动产生的相移,δ_s 的含义也与 δ_p 类似。

为使理论分析和实验测定方便,在椭偏法中定义

$$\rho=\frac{\dot{R}_{\mathrm{p}}}{\dot{R}_{\mathrm{s}}}=\tan\psi\mathrm{e}^{\mathrm{i}\Delta} \tag{1-10-7}$$

则有

$$\tan\psi=\frac{|\dot{R}_{\mathrm{p}}|}{|\dot{R}_{\mathrm{s}}|}=\frac{\dot{E}_{\mathrm{p}}^{r}}{\dot{E}_{\mathrm{p}}^{i}}\cdot\frac{\dot{E}_{\mathrm{s}}^{i}}{\dot{E}_{\mathrm{s}}^{r}} \tag{1-10-8}$$

其中,ρ 是非涅耳复振幅反射系数的比值,$\tan\psi$ 是相对振幅衰减。

在波长、入射角、衬底等参量一定的条件下,ψ、Δ 与 n、d 的关系有

$$\Delta=\delta_{\mathrm{r}}-\delta_{\mathrm{i}}=(\theta_{\mathrm{p}}^{r}-\theta_{\mathrm{s}}^{r})-(\theta_{\mathrm{p}}^{i}-\theta_{\mathrm{s}}^{i}) \tag{1-10-9}$$

式中,Δ 是 p 波和 s 波间的相位差经系统反射后发生的变化。

当线偏振光垂直入射 $\lambda/4$ 波片且与其快轴或慢轴成 45°角透过,则透过的光为圆偏振光,即 $\dfrac{\dot{E}_{\mathrm{p}}^{i}}{\dot{E}_{\mathrm{s}}^{i}}=1$,式(1-10-8)可变为 $\tan\psi=\dfrac{\dot{E}_{\mathrm{p}}^{r}}{\dot{E}_{\mathrm{s}}^{r}}$。所以理论上只要确定 ψ 和 Δ 后,就可以解出 n 和 d。

2. 实验原理

图 1-10-5 为线偏振光经过 $\lambda/4$ 波片后变为椭圆偏振光。p 波和 s 波的电场分量分别沿 p 轴和 s 轴振动。

由光路图可知,光经过起偏器后,变为线偏振光,即线偏振光的电矢量 $\boldsymbol{E}_0^i$ 平行于起偏器透光方向 $\boldsymbol{t}$,经过 $\lambda/4$ 波片后,首先考虑电矢量分解为在快轴 $\boldsymbol{h}$ 方向的分量 E_h^i 和慢轴 l 方向的分量 E_l^i,有

$$\begin{pmatrix}\dot{E}_h^i\\ \dot{E}_l^i\end{pmatrix}=\begin{pmatrix}\cos\left(P-\dfrac{\pi}{4}\right) & 0\\ \sin\left(P-\dfrac{\pi}{4}\right) & 0\end{pmatrix}\begin{pmatrix}\dot{E}_0^i\\ \dot{E}_0^i\end{pmatrix} \tag{1-10-10}$$

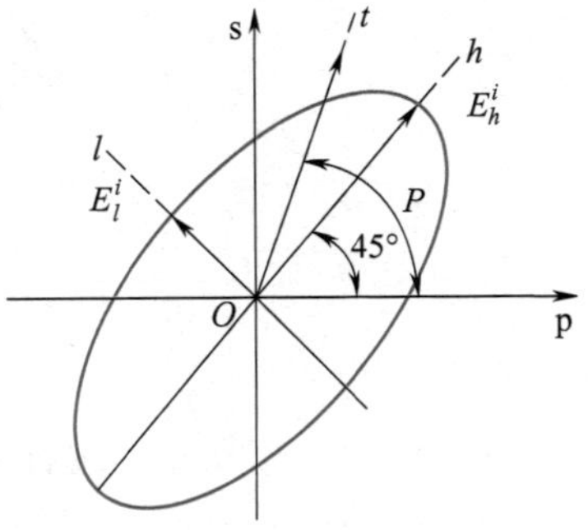

图 1-10-5

再考虑经过 $\lambda/4$ 波片后,E_h^i 比 E_l^i 超前 $\dfrac{\pi}{2}$,变化矩阵为 $\begin{pmatrix}\mathrm{e}^{\mathrm{i}\frac{\pi}{2}} & 0\\ 0 & 1\end{pmatrix}$,则有

$$\begin{pmatrix}\dot{E}_h^i\\ \dot{E}_l^i\end{pmatrix}=\begin{pmatrix}\mathrm{e}^{\mathrm{i}\frac{\pi}{2}} & 0\\ 0 & 1\end{pmatrix}\begin{pmatrix}\cos\left(P-\dfrac{\pi}{4}\right) & 0\\ \sin\left(P-\dfrac{\pi}{4}\right) & 0\end{pmatrix}\begin{pmatrix}E_0^i\\ E_0^i\end{pmatrix} \tag{1-10-11}$$

椭圆偏振光射到样品上,可分解成 p 波和 s 波,这两个波的电矢量 $\boldsymbol{E}_{\mathrm{p}}^i$ 和 $\boldsymbol{E}_{\mathrm{s}}^i$ 可通过旋转 $\dfrac{\pi}{4}$ 的 hOl 到 pOs 的坐标变换矩阵求得,变换矩阵为 $\begin{pmatrix}\cos\dfrac{\pi}{4} & -\sin\dfrac{\pi}{4}\\ \sin\dfrac{\pi}{4} & \cos\dfrac{\pi}{4}\end{pmatrix}$,则有

$$\begin{pmatrix}\dot{E}_{p}^{i}\\ \dot{E}_{s}^{i}\end{pmatrix}=\begin{pmatrix}\cos\dfrac{\pi}{4} & -\sin\dfrac{\pi}{4}\\ \sin\dfrac{\pi}{4} & \cos\dfrac{\pi}{4}\end{pmatrix}\begin{pmatrix}E_{h}^{i}\\ E_{l}^{i}\end{pmatrix}=\frac{\sqrt{2}}{2}E_{0}^{i}\begin{pmatrix}e^{i\left(P+\frac{\pi}{4}\right)}\\ e^{i\left(\frac{3\pi}{4}-P\right)}\end{pmatrix} \tag{1-10-12}$$

因此，当入射线偏振光与 $\lambda/4$ 波片快轴或慢轴成 45°角时，样品上入射光 p 波和 s 波的电矢量强度均为$\dfrac{\sqrt{2}}{2}E_0^i$。相位差为 $\delta_P=2P-\dfrac{\pi}{2}$。旋转起偏器就是转动 P 角，即改变相位差 δ_i。可以通过旋转 P 角，使得样品上发射光为线偏振光，这时有 $\delta_r=0$ 或 π，所以得到

$$\Delta=0-\delta_i=0-\left(2P-\frac{\pi}{2}\right)=\frac{\pi}{2}-2P \tag{1-10-13}$$

$$\Delta=\pi-\delta_i=\pi-\left(2P-\frac{\pi}{2}\right)=\frac{3\pi}{2}-2P \tag{1-10-14}$$

本实验用的是消光型椭偏仪，即寻求输出最小光强位置的椭偏仪，其光路如图 1-10-6 所示。

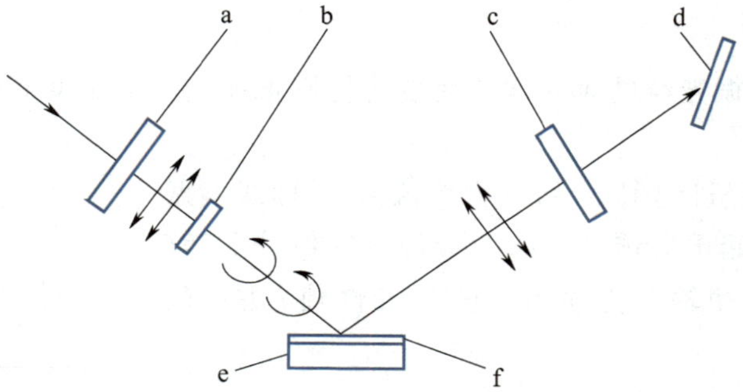

图 1-10-6

a—起偏器；b—$\dfrac{\lambda}{4}$波片；c—检偏器；d—白屏；e—基片；f—被测膜层

氦氖激光器发出波长为 632.8 nm 的激光束，经起偏器后变成线偏振光，偏振光的偏振方向由起偏器方位角（设为 P）决定，转动起偏器可以改变光束的偏振方向。该线偏振光经过 $\lambda/4$ 波片后，成为椭圆偏振光，椭圆偏振光的椭圆长短轴沿着 $\lambda/4$ 波片的快慢轴，而椭圆形状（椭圆率）由射入 $\lambda/4$ 波片的线偏振光的偏振方向决定。椭圆偏振参量 Ψ 和 Δ 可由补偿器（$\lambda/4$ 波片）和检偏器的方位角（设为 A）确定。

椭圆偏振参量 Ψ 和检偏器的方位角 A 关系：式（1-10-8）中的 ψ 是反射光与 s 轴的夹角。A 为检偏器透光方向与 p 轴的夹角。$0\sim\dfrac{\pi}{2}$之间的 A 记为 A_1，$\dfrac{\pi}{2}\sim\pi$ 之间的 A 记为 A_2。与 A_1、A_2 对应的 P 分别为 P_1、P_2。下面分析两种情况。

（1）$\delta_r=\pi$

$\delta_r=\pi$ 的消光位置如图 1-10-7 所示，反射光 p 波分量超前 s 波分量 π。反射线偏振光方向在Ⅱ、Ⅳ 象限。消光时，检偏器透光方向 $\boldsymbol{t}_1$ 在Ⅰ、Ⅲ 象限，则 $\psi=A_1\left(0<A_1<\dfrac{\pi}{2}\right)$，$\Delta=\dfrac{3\pi}{2}-2P_1$。

（2）$\delta_r = 0$

$\delta_r = 0$ 的消光位置如图 1-10-8 所示，反射线偏振光方向在Ⅰ、Ⅲ象限。消光时，检偏器透光方向 t_1 在Ⅱ、Ⅳ象限，则 $\psi = \pi - A_2 \left(\frac{\pi}{2} < A_2 < \pi \right)$，$\Delta = \frac{\pi}{2} - 2P_2$。

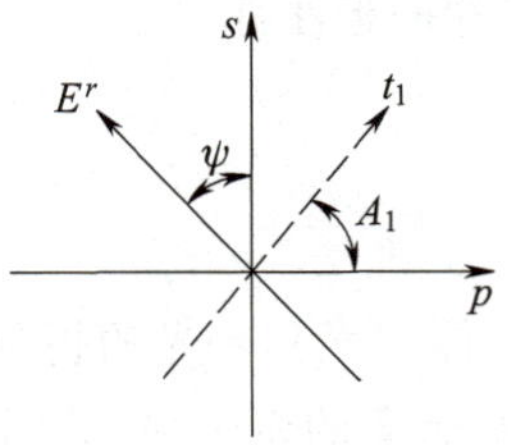

图 1-10-7

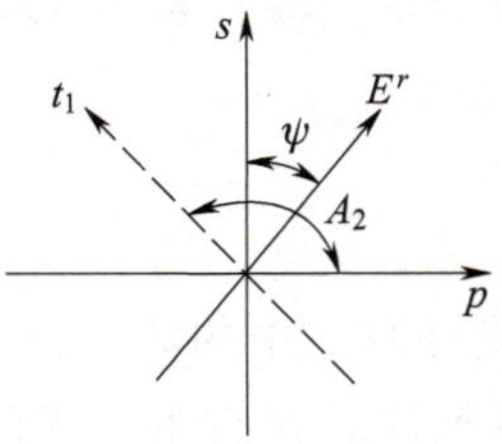

图 1-10-8

实验中，A、P 均在 0~π 之间取值。若出现大于 π 的值时，应减去 π 后再换算。

【实验装置】

椭圆偏振仪示意图见图 1-10-9。

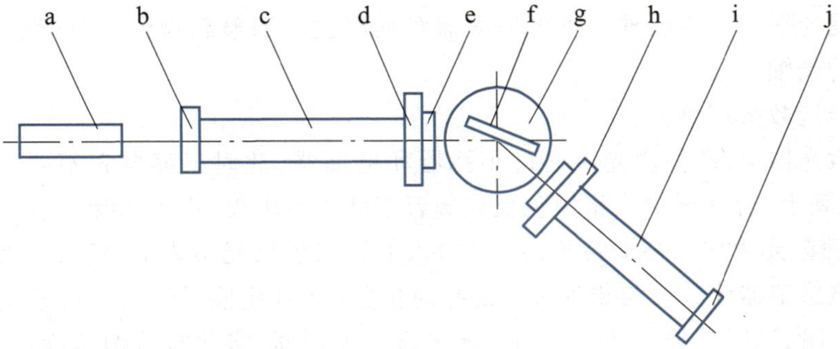

图 1-10-9

a—He-Ne 激光管；b—小孔器；c—平行光管；d—起偏器；e—λ/4 波片；f—被测样品；g—载物台；h—检偏器；i—望远镜；j—白屏目镜

1. 偏振片

偏振片是一种能使自然光变为偏振光的人造透明薄片。某些物质对不同方向的光振动具有选择性的吸收，如天然的电气石晶体、硫酸碘奎宁晶体等，它们能吸收某一方向的光振动，而只让与此方向垂直的光振动通过，把这种物质涂在透明薄片上，就可制成偏振片。偏振片所允许通过的光振动方向称为该偏振片的偏振化方向或透光轴，通常在偏振片上用记号“↕”表示。如图 1-10-10 所示，自然光通过偏振片变成线偏振光。

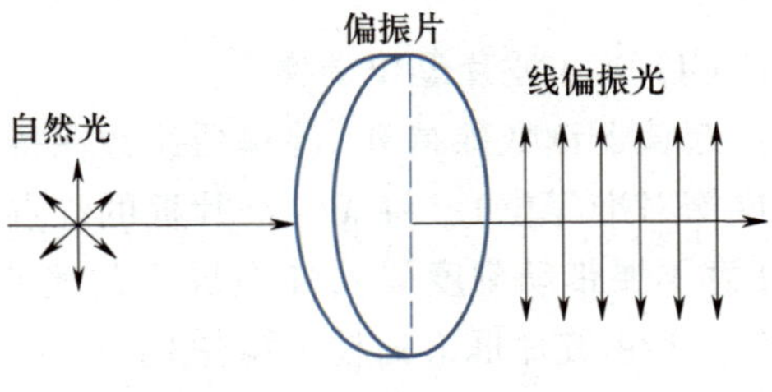

图 1-10-10

自然光通过偏振片后成为偏振光，这就是起偏振

(起偏),这种偏振片就叫作起偏器。偏振片不但可以把自然光变成偏振光,而且还可以检查某一光波是否是偏振片,这就是检偏振(检偏),而这种检验偏振光的偏振片就叫作检偏器。

2. 波片

表面与光轴平行的晶体薄片称为波片,用于改变或检验光的偏振情况。使 o 光和 e 光的光程差为 $\lambda/4$ 波长的奇数倍的波片称为 $\lambda/4$ 波片,$\lambda/4$ 波片的最小厚度 d 为

$$d=\frac{\lambda}{4(n_o-n_e)} \tag{1-10-15}$$

式中,λ 为入射单色光在真空中的波长,n_o和 n_e分别为晶体 o 光和 e 光的折射率。

偏振光通过 $\lambda/4$ 波片后,o 光和 e 光的相位差 $\Delta\phi$ 为 $\pi/2$ 的奇数倍,此时可获得椭圆偏振光。若入射光的振动面与 $\lambda/4$ 波片的主截面成 45°角,则偏振光通过 $\lambda/4$ 波片可获得圆偏振光。所以,$\lambda/4$ 波片可以使线偏振光变成圆偏振光。

【实验内容】

1. 仪器调整

(1) 水平度盘调整

调整望远镜与平行光管同轴。将水平度盘对准零位。调整载物台与游标盘的旋转轴,使之垂直于望远镜的光轴。

(2) 检偏器读数头调整

开启氦氖激光器电源,使激光束通过小孔器和检偏器(此时起偏器先不要装上),将检偏器读数头 90°读数朝上,位置居中。将黑色反光镜置于载物台中央,将望远镜转过 66°(与平行光管成 114°夹角),使激光束按布儒斯特角(约 57°)入射到黑色反光镜表面,使反射光在白屏上成为一个圆点。调整检偏器读数头与望远镜筒的相对位置(此时检偏器读数保持不变,即 90°位置),使白屏上光点最暗,这时检偏器的透光轴一定平行于入射面,将此时检偏器读数头位置固定(拧紧三颗平头螺丝)。

(3) 起偏器读数头调整

取下黑色反光镜,将起偏器读数头套在平行光管镜筒上(此时 $\lambda/4$ 波片不要装上),使其读数 0°朝上,位置居中。将望远镜转回原来位置,使检偏器和起偏器共轴,让激光束通过中心。调整起偏器读数头与平行光管的相对位置(此时起偏器读数应保持不变,即 0°位置),找出最暗位置。定此值为起偏器读数头零点位置,并将其位置固定(拧紧三颗平行头螺丝)。

(4) $\lambda/4$ 波片零位调整

起偏器读数保持 0°,检偏器读数保持 90°,此时白屏上光点最暗。将 $\lambda/4$ 波片读数头(即内刻度圈对准零位)。将 $\lambda/4$ 波片框的红点(即快轴方向记号)向上,套在内刻度圈上,并微微转动(注意不要带动刻度圈),使白屏上的光点最暗,定此位置为 $\lambda/4$ 波片的零位,并将其位置固定(拧紧 $\lambda/4$ 波片框上的柱头螺丝)。

经过上面的调整,将起偏器筒(即平行光管)和检偏器筒(即望远镜筒)放置成 140°夹角,即将入射角定为 70°,可进行样品的测量。

2. 测定氧化锆的 n 和 d

测量数据记录在表 1-10-1 中。

表 1-10-1　数据记录

次数 i	1	2	3	4	5	6
n						
d						

介质膜消光后测得 P 和 A，用 C++语言通过变步长循环的优化算法处理软件得到薄膜的折射率和厚度。

【拓展题】

1. 简述椭圆偏振光是怎样形成的。

2. 设计一个利用光的偏振原理测量波薄膜厚度的实验系统，要求作出系统光路图，阐述实验测量方法。

1.11 准稳态法比热容和导热系数的测量

【实验综述】

比热容是指单位质量的某种物质在单位温度变化时所吸收或释放的热量,它表征物质在温度变化时的热能吸收或释放能力的大小。比热容越大,物质在温度变化时需要的热量就越多。比热容的检测方法有微量热量计法、速率量热法、柴契科夫物理量热法等,它们被广泛应用于材料科学、化学、地质学、生物学和制药学等领域。

热导率也称导热系数,是指单位温度梯度下单位时间内由单位面积传递的热量,它表征物体热传导能力的大小(热量在物质内部传递的速率和难易程度)。热导率的大小与物质的组成、物理结构、温度和压力等因素有关。

本实验主要探究利用准稳态法测量物质的比热容和热导率。

【实验目的】

1. 了解准稳态法测量物质比热容和热导率的原理。
2. 学习用热电偶测量温度的原理和使用方法。

【背景知识】

常用的热导率测试方法有热流计法、热线法、闪光法等。

1. 热流计法

热流计法是一种间接或相对的测量导热系数的方法,主要通过测试试件热阻与标准试件热阻的比值进行测量。若热流计内热板和冷板在温度和温差恒定的状态下,就会在热流计中心区域和试件中心区域建立一个单向稳定热流密度,通过测量试件的热流密度、两侧温差和厚度,可以计算得到导热系数。热流计法的优点是性能温度、重复性好。

2. 热线法

热线法是通过在材料中引入一个加热元件和一个测温元件,利用热传导原理测量材料的导热系数的方法,即先在样品中插入一根热线,再在热线上施加一个恒定的加热功率,通过测量温度梯度和施加的热线功率,可以计算材料的导热系数。热线法的优点是测量速度快。

3. 闪光法

闪光法的基本原理是:当一个瞬态热脉冲被施加到被测物质表面时,热量会迅速扩散并传递到材料的内部,通过测量材料表面温度随时间变化的响应,可以计算出导热系数。在实验中,通常使用激光器或其他高能光源产生瞬态热脉冲,并采用红外热像仪或高精度温度传感器对材料表面温度进行实时监测。闪光法的优点在于其快速、非侵入性和高精度测量能力。

【实验原理】

1. 准稳态法测量比热容和导热系数

(1) 比热容

比热容指单位质量的某种物质升高(或下降)单位温度所吸收(或放出)的热量,它表示物质提高温度所需热量的能力。令 1 kg 的物质的温度上升 1 K 所需的热量,比热容的计算公式可以表示为

$$c=\frac{Q}{m\Delta t} \tag{1-11-1}$$

其中,c 是比热容,其国际单位制中的单位是 J/(kg · K);Q 是物体在温度变化过程中吸收或放出的热量,m 是物体的质量,Δt 是温度的变化量。

(2) 热导率

热导率是表征物质热传导性能的物理量,在稳定的传热条件下可表示为:单位长度材料两侧表面温差为 1 K 时,单位时间内通过单位横截面传递的热量,单位是 W/(m · K)。热导率反映了材料内部热量传递的效率,导热系数越大,表明材料的导热能力越强。

根据热传导理论,当材料内部有温度梯度时,就有热量从高温处向低温处传送,则在 Δt 时间内通过 ΔS 面积的热量为 ΔQ,ΔQ 正比于物体内的温度梯度,其比例系数就是导热系数,即

$$\frac{\Delta Q}{\Delta t}=-\kappa\frac{\mathrm{d}T}{\mathrm{d}z}\Delta S \tag{1-11-2}$$

式中,$\frac{\Delta Q}{\Delta t}$为传热速率;$\frac{\mathrm{d}T}{\mathrm{d}z}$为与面积 ΔS 相垂直方向上的温度梯度,z 为热流方向,负号表示热量从高温处传向低温处;κ 为材料热导率。

(3) 准稳态法

一维无限大的导热模型如图 1-11-1 所示,设平板厚度为 $2d$,初始温度为 t_0,如果在平板两侧同时施加均匀指向中心面的热流密度 q_c,则平板各处温度 $t(x,\tau)$ 将随加热时间 τ 而变化。

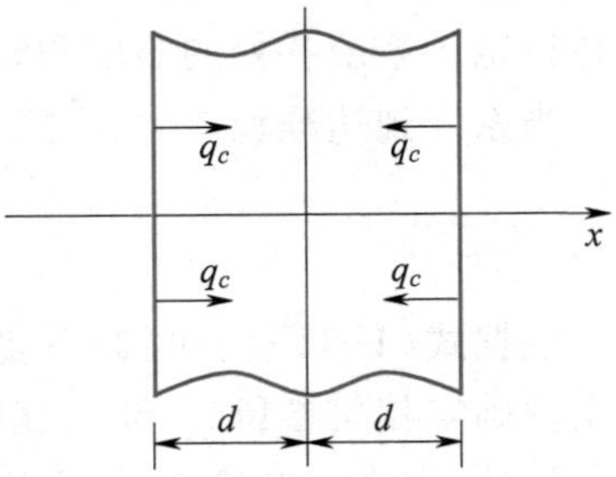

图 1-11-1

以样品中心为坐标原点,上述模型的数学描述可表示如下:

$$\begin{cases}\dfrac{\partial t(x,\tau)}{\partial\tau}=a\dfrac{\partial^2 t(x,\tau)}{\partial x^2}\\[2ex]\dfrac{\partial t(d,\tau)}{\partial x}=\dfrac{q_c}{\kappa}\\[2ex]\dfrac{\partial t(0,\tau)}{\partial x}=0\\[2ex]t(x,0)=t_0\end{cases}$$

其中，$a=\kappa/\rho c$，ρ 为材料密度，上述方程的解为

$$t(x,\tau)=t_0+\frac{q_c}{k}\left(\frac{a}{d}\tau+\frac{1}{2d}x^2-\frac{d}{6}+\frac{2d}{\pi^2}\sum_{n=1}^{\infty}\frac{(-1)^{n+1}}{n^2}\cos\frac{n\pi}{d}x\cdot e^{-\frac{an^2\pi^2}{d^2}\tau}\right) \tag{1-11-3}$$

由 $t(x,\tau)$ 的解析式(1-11-3)可以看到，随着加热时间的不断增加，样品各处温度发生变化，式(1-11-3)中的级数求和项是由于指数衰减的原因，会随着加热时间增加而逐渐减小，因而该项对式(1-11-3)的结果影响较小。定量分析表明，当 $a\tau/d^2>0.5$ 时，上述级数求和项可以忽略，所以式(1-11-3)可以改写为

$$t(x,\tau)=t_0+\frac{q_c}{\kappa}\left(\frac{a}{d}\tau+\frac{1}{2d}x^2-\frac{d}{6}\right) \tag{1-11-4}$$

当在样品中心 $x=0$ 处时，式(1-11-3)可以改写为

$$t(x,\tau)=t_0+\frac{q_c}{\kappa}\left(\frac{a}{d}\tau-\frac{d}{6}\right) \tag{1-11-5}$$

当在样品加热面 $x=\pm d$ 处时，式(1-11-3)可以改写为

$$t(x,\tau)=t_0+\frac{q_c}{\kappa}\left(\frac{a}{d}\tau+\frac{d}{3}\right) \tag{1-11-6}$$

由式(1-11-5)和式(1-11-6)可见，当加热时间满足条件 $a\tau/d^2>0.5$ 时，在样品中心面和加热面处的温度和加热时间成线性关系，升温率为 $\partial t/\partial\tau=aq_c/\kappa d$，这个值是一个与材料导热性能和实验条件有关的常量，此时加热面和中心面之间的温差为

$$\Delta t=t(d,\tau)-t(0,\tau)=\frac{q_c d}{2\kappa} \tag{1-11-7}$$

根据式(1-11-7)可以看出，加热面和中心面之间的温度差 Δt 和加热时间 τ 没有直接关系，保持恒定。系统各处的温度和时间成线性关系，升温速率也相同，此种状态称为准稳态。

当系统到达准稳态时，由式(1-11-7)可得

$$\kappa=\frac{q_c d}{2\Delta t} \tag{1-11-8}$$

根据式(1-11-8)可知，只要测量进入准稳态后的加热面和中心面之间的温度差 Δt，并由实验条件确定相关参量 q_c 和 d，就可以计算得到待测样品的导热系数 κ。

另外，在进入准稳态后，由比热容的定义和能量守恒关系，可以得到物质比热容关系式

$$c=\frac{q_c}{\rho d\dfrac{\partial t}{\partial\tau}} \tag{1-11-9}$$

式中，$\partial t/\partial\tau$ 为准稳态条件下样品中心面(或加热面)的升温速率。

进入准稳态后各点的升温速率是相同的，所以只要测出系统进入准稳态后加热面与中心面之间的温度差和中心面的升温速率，即可由式(1-11-8)和式(1-11-9)分别得到待测材料的导热系数和比热容。

2. 热电偶测温原理

如图 1-11-2(a)所示，由 A(单线表示)和 B(双线表示)两种不同金属材料导体两端互相紧密连接在一起，组成一个闭合回路。当两连接点温度不相等时，如 $T>T_0$ 时，回路中就会产生热电

动势，从而形成电流，这就是塞贝克效应。此时，热电动势便是两接点温度 T 和 T_0 的函数差，即

$$E_{AB}(T,T_0)=f(T)-f(T_0) \tag{1-11-10}$$

因为冷端 T_0 恒定，所以热电偶产生的热电动势只随热端温度的变化而变化，即一定的热电动势对应着一定的温度，即

$$E_{AB}(T,T_0)=\varphi(T) \tag{1-11-11}$$

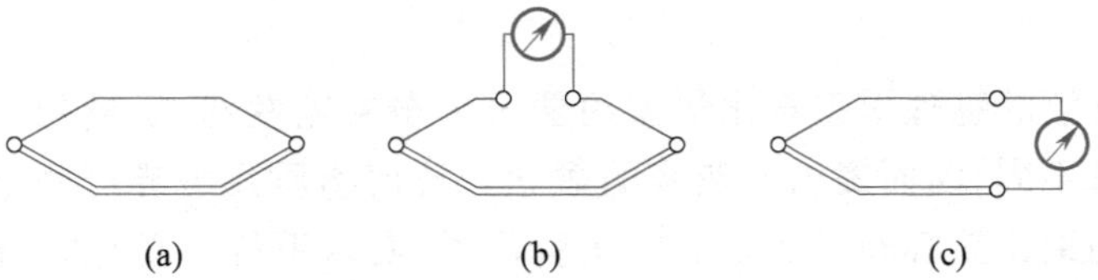

图 1-11-2

热电偶具有如下基本特性：

（1）热电偶的热电势仅取决于热电偶的材料和两个接点的温度，而与温度沿热电极的分布、热电极的尺寸、热电极的形状等无关。在实际测温过程中，通常采用图 1-11-2(b)或 1-11-2(c)的接法，回路中接入的导线和测量仪表相当于接入第三导体，只要引入的第三导体两端温度相同，则对回路的总热电势也没有影响。

（2）热电偶的输出电压与温度的关系为非线性关系，但在小温度范围内近似呈线性关系。对于常用的热电偶，其热电势与温度的关系由热电偶特性分度表给出。测量时，若冷端温度为 0 ℃，则由测得的电压通过对应分度表，即可查得所测的温度。若冷端温度不为 0 ℃，则需通过一定的修正，也可得到温度值。

3. 实验中相关参量计算与修正

（1）热流密度

热流密度也称为热通量密度，是指单位时间内通过单位面积的热能。它是热量传递的重要参量之一，本实验中热流密度表达式为

$$q_c=\frac{U^2}{2Sr} \tag{1-11-12}$$

式中，U 为两并联加热器之间的加热电压，S 为加热面积，r 为每个加热器的电阻阻值。

（2）导热系数修正

修正后的导热系数为 $\kappa'=A\times\kappa$，式中 A 为修正系数。

修正系数 A 的计算方法如下：如果已知样品的长为 90 mm，宽为 90 mm，厚度为 10 mm，则 $A=\dfrac{S_上+S_下}{S_上+S_下+S_侧}=0.818$，其中 $S_上$ 为上表面积，$S_下$ 为下表面积，$S_侧$ 为四个侧面总面积。

（3）比热容修正

修正后的比热容为 $c'=A\times B_1\times c$。

为了确保导热的均匀性和稳定性，测试样品中增加了铜板，因此需要引入一个比热容修正系

数 B_1。B_1 的计算方法如下：如果已知铜板质量为 270 g，比热容为 390 J/(kg · K)，测试样品质量 94 g，比热容为 1 400 J/(kg · K)，则 $B_1=\dfrac{94\times1\ 400}{94\times1\ 400+270\times390}=0.556$。

(4) 散热修正电压

当系统温度高于环境温度时，系统会向外界散热，因此需要引入一个散热修正电压 B_2，本实验 $B_2=0.002$ mV，即当样品处于准稳态时，系统每分钟散热产生的温差电势为 0.002 mV。

【实验装置】

在 18 世纪，苏格兰的物理学家兼化学家约瑟夫 · 布莱克发现，质量相同的不同物质上升到相同温度所需的热量不同，因而提出比热容的概念。任何物质几乎皆可测量比热容。本实验系统是实验室常见的测量比热容和导热系数的实验仪器，实验系统主要包括准稳态法比热导热系数测定仪、实验样品台、保温桶、实验样品(有机玻璃和橡胶各 4 块)、加热器 1、加热器 2、中心面测温热电偶和加热面测温热电偶等。

1. 准稳态法比热容导热系数测定仪

准稳态法比热容导热系数测定仪面板如图 1-11-3 所示。主要功能是可以控制加热启停、测量加热电压和热电动势。

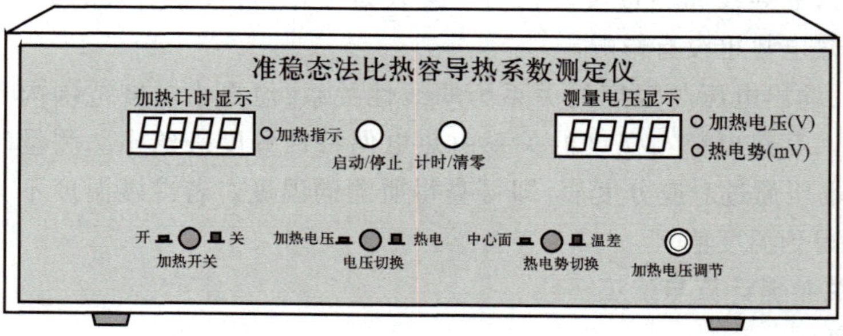

图 1-11-3

2. 实验样品台

实验样品台示意图如图 1-11-4 所示。

使用实验样品台时，需注意如下事项：

(1) 放置有机玻璃样品要保持平整。

(2) 热电偶的导线很细，切勿拉拽其引线，以免损坏热电偶。

(3) 实验过程中不要触碰已经连接好的实验导线，以免对实验结果造成影响。

(4) 实验中加热超过 5 min 后，如要重新进行实验，需要将实验样品和实验装置冷却至室温才可以重新开始实验。

3. 热电偶

热电偶通常是利用两种不同金属材料焊接制作而成的热端元件，制作热电偶的材料一般为金属，如铜、银或金等，以贵金属为主，也可以是半导体。热电偶结构简单，如图 1-11-5 所示，通常由热电极、绝缘套保护管和显示器等组成。

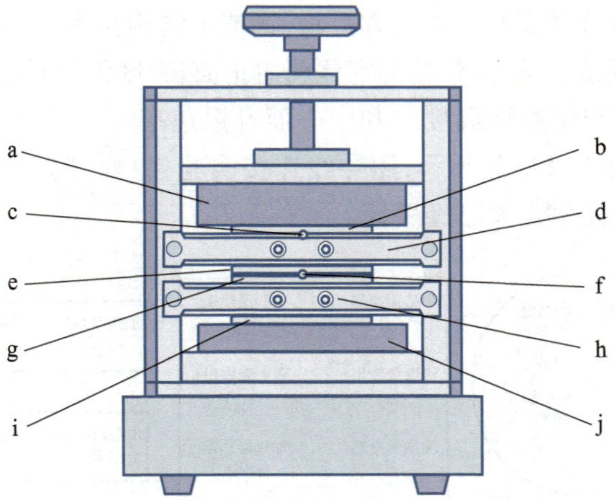

图 1-11-4

a—保温棉 2;b—样品 4;c—加热面测温热电偶 2;d—加热器 2;e—样品 3;
f—中心面测温热电偶 1;g—样品 2;h—加热器 1;i—样品 1;j—保温棉 1

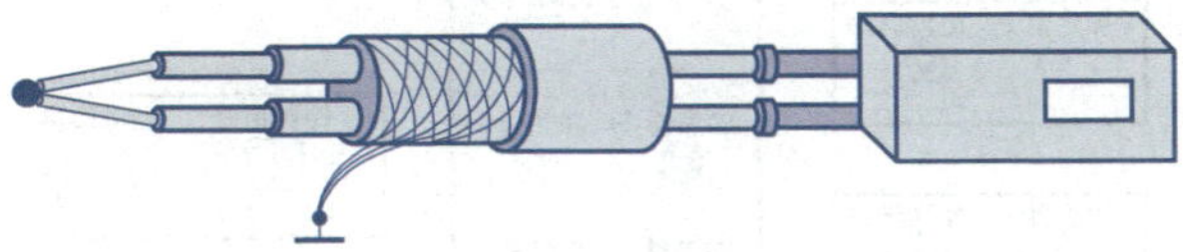

图 1-11-5

【实验内容】

1. 测量有机玻璃样品的比热容和导热系数

(1) 测试样品的安装

① 在保温桶中加入水,水的容量为保温桶容积的 3/5,盖好保温桶。

② 将第 1 块保温棉 1(有凹槽的一面朝向正面)放在实验样品台底部,将第 1 块有机玻璃样品 1 放在凹槽内,加热器 1 放在有机玻璃样品 1 上方,同时用锁紧旋钮固定加热器 1。(注意:将有机玻璃样品 1 卡在加热器 1 的凹槽内,并保持平整,加热器 1 的字体朝向正面,否则无法对准螺纹孔,锁紧加热器 1。)

③ 放置第 2 块有机玻璃样品 2 在加热器 1 的凹槽内,然后将中心面测温热电偶 1 放置在第 2 块有机玻璃样品 2 上方,并且卡在中心面的凹槽内,同时用锁紧旋钮固定中心面测温热电偶 1。(注意:将有机玻璃样品 2 卡在中心面的凹槽内,并保持平整,中心面的字体朝向正面,否则无法对准螺纹孔,锁紧中心面。)

④ 放置第 3 块有机玻璃样品 3 在中心面测温热电偶 1 上方的凹槽内,然后将加热器 2 放置在第 3 块有机玻璃样品 3 的上方,并且卡在加热器 2 的凹槽内,同时用锁紧旋钮固定加热器 2。(注意:将有机玻璃样品卡 3 在加热器 2 的凹槽内,并保持平整,加热器 2 的字体朝向正面,否则无法对准螺纹孔,锁紧加热器 2。)

⑤ 将加热面测温热电偶 2 用锁紧旋钮固定在支架上,再将加热面测温热电偶 2 放在加热器 2 的凹槽内,放置第 4 块有机玻璃样品 4 在加热器 2 的上方凹槽内,将第 2 块保温棉 2 放置在第 4 块

有机玻璃样品 4 上方，最后旋转实验对象上方手轮，将整个结构压紧。（注意：将有机玻璃样品卡 4 在加热器 2 的凹槽内，并保持平整，加热器的字体朝向正面，否则无法对准螺纹孔，锁紧加热面。）

（2）测量样品加热面与中心面温度差和中心面升温速率

① 如图 1-11-6 和图 1-11-7 所示，用导线连接实验接口。同时确认准稳态法比热容导热系数测定仪面板上的加热控制开关已经关闭。

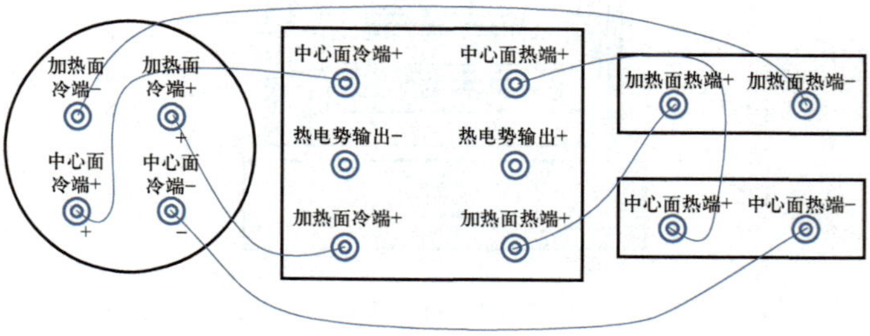

图 1-11-6

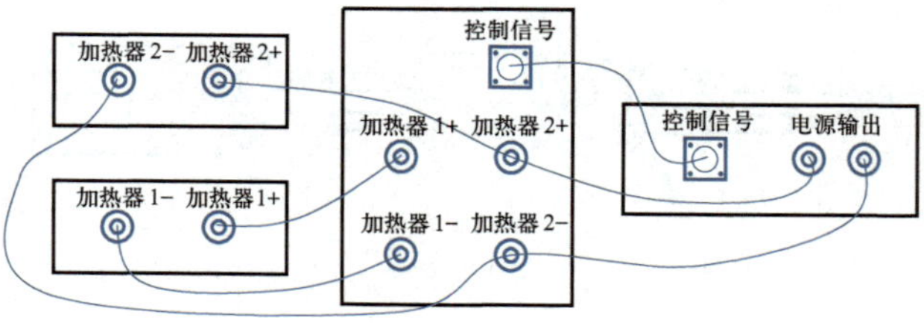

图 1-11-7

② 打开主机电源，预热仪器 10 min 左右。

③ 按下“电压切换”按钮，切换到“加热电压”显示状态，旋转“加热电压调节”旋钮，使电压显示为 18.00 V。

④ 弹出“电压切换”按钮，切换到“热电势”挡位，弹出“热电势切换”按钮，切换到“温差”挡位，将此时的温差的数值记录在表 1-11-1 中。

表 1-11-1 数据记录

样品参量				
长度：____ mm，宽度：____ mm，厚度：____ mm，密度：____ kg/m^3 加热电压 U：____ V，加热器电阻 R：____ Ω				
时间 τ（分：秒）	温差热电势 V_t/V	时间 τ（分：秒）	中心面热电势 V/V	中心面每分钟上升的热电势 ΔV/V
0：00		0：00		
0：30		1：00		
1：30		2：00		
2：30		3：00		

续表

时间 τ(分：秒)	温差热电势 V_t/V	时间 τ(分：秒)	中心面热电势 V/V	中心面每分钟上升的热电势 ΔV/V
3：30		4：00		
4：30		5：00		
5：30		6：00		
6：30		7：00		
7：30		8：00		
8：30		9：00		
9：30		10：00		
10：30		11：00		
11：30		12：00		
12：30		13：00		
13：30		14：00		
14：30		15：00		
15：30		16：00		
16：30		17：00		
17：30		18：00		
18：30		19：00		
19：30		20：00		
20：30		21：00		
21：30		22：00		
22：30		23：00		
23：30		24：00		
24：30		25：00		

⑤ 按下机箱正面的“加热开关”按钮，同时计时器开始计时，按照表 1-11-1 中的时间要求读取数据并记录在表 1-11-1 中。（读数时要来回按下或者弹出“热电势切换”按钮，可以读到温差热电势 V_t 和中心面热电势 V。读数时要先读 V_t，30 s 后再读 V，依次循环直到 25 min 后实验结束，要保证温差热电势 V_t 和中心面热电势 V 的读数间隔都是 1 min。）

⑥ 测量结束，弹出机箱正面的“加热开关”按钮，同时计时器停止计时。

（3）数据处理

① 根据表 1-11-1 中的数据，绘制 $\tau-V_t$ 曲线和 $\tau-V$ 曲线。

② 根据表 1-11-1 中的数据，找出加热面和中心面之间温差热电势 V_t 在时间________到时

间________较为稳定，选择这段时间内的 5 个数据为对象，计算 $\overline{V}_t - V_{t0}$，其中 V_{t0} 为未加热时的温差热电势。

③ 根据表 1-11-1 中的数据，找出中心面每分钟上升热电势 ΔV 在时间________到时间________较为稳定，选择这段时间内的 5 个数据为对象，计算 $\Delta\overline{V} + B_2$，其中 B_2 为散热修正电压。

④ 将 $\overline{V}_t - V_{t0}$ 和 $\Delta\overline{V} + B_2$ 换算为加热面与中心面之间的温度差 Δt 和中心面的升温速率 $\partial t/\partial\tau$。

铜-康铜热电偶的热电常量为 0.04 mV/K，即每相差 1 K 的温差热电势为 0.04 mV。将温差和升温速率的电压值换算为温度值。

温度差为 $\Delta t = \dfrac{\overline{V}_t - V_{t0}}{0.04}$，单位为 K；升温速率为 $\dfrac{\partial t}{\partial \tau} = \dfrac{\Delta\overline{V} + B_2}{60\times 0.04}$，单位为 K/s。

⑤ 根据式(1-11-8)和式(1-11-9)分别计算有机玻璃的导热系数和比热容，并进行修正。

2. 测量橡胶样品的导热系数和比热容

将实验样品台中有机玻璃样品更换为橡胶样品，重复上述实验 1 的操作步骤。

【拓展题】

1. 简述泽贝克效应。

2. 设计一个利用光学知识测量导热系数的实验，要求给出实验系统框图，解释实验基本原理和方法。

第 2 章　现代实验

2.1　传感器设计与应用

【实验综述】

传感器是一种能感知外界信息并能按一定规律将这些信息转换为电信号的部件或装置。它由敏感元器件和转换器件两部分组成。有的半导体敏感元器件可以直接输出电信号,本身就构成了传感器。敏感元器件品种繁多,按其感知外界信息的原理有三种类型:(1) 物理类:基于力、热、光、电、磁和声等物理效应。(2) 化学类:基于化学反应。(3) 生物类:基于酶、抗体和激素等分子识别功能。按其基本感知功能通常分为热敏元件、光敏元件、气敏元件、力敏元件、磁敏元件、湿敏元件、声敏元件、放射线敏感元件、色敏元件和味敏元件等。

人们还常将传感器的功能与人类五大感觉器官相比拟,比如光敏传感器与视觉、声敏传感器与听觉、气敏传感器与嗅觉、化学传感器与味觉、压敏传感器与触觉等。可见,传感器对人类的贡献非常深远。

本实验主要探究应变片构成不同桥路的电子秤性能,并了解其他类型传感器的设计原理。

【实验目的】

1. 了解传感器基本原理。
2. 学会电子秤传感器的设计与应用。
3. 了解差动变压器传感器、电涡流传感器和霍尔传感器的设计与应用。

【背景知识】

在一个测量控制系统中,传感器位于检测部分的最前端,是决定系统性能的最关键部件之一,传感器的灵敏度、分辨率、稳定性等指标对测量结果产生直接影响。传感器的各种特性是根据输入、输出关系来描述的,不同的输入信号,其输出特性不同。为描述传感器的基本特性,可将传感器看成一个具有输入、输出的二端网络,如图 2-1-1 所示。

图 2-1-1

传感器通常要把各种信息量变换为电学量，由于受传感器内部储能元件（电感、电容、质量块、弹簧等）的影响，它们对慢变信号与快变信号反应大不相同，所以需根据输入信号的慢变与快变，分别讨论传感器的静态特性和动态输入量特性。对于慢变信号，即输入为静态或变化极缓慢的信号（如环境温度），需研究传感器的静态特性，也就是不随时间变化的特性；对于快变信号，即输入为随时间较快变化的信号（如振动、加速度等），需要考虑传感器的动态特性，也就是随时间变化的特性。

传感器的基本特性包括线性度、灵敏度、重复性、迟滞性和动态特性。

1. 线性度

一个理想的传感器，希望它具有线性的输入、输出关系，但由于实际传感器总有非线性项（高次项）存在，因此大多数传感器是非线性的。在实际应用中，为标定方便，常常对传感器作近似处理，如简化计算、电路补偿、软件补偿等，或在某一小范围内用切线或割线近似代表实际曲线，使输入、输出线性化。实际的静态特性曲线可以用实验方法获得。

如图 2-1-2 所示，由于实际传感器有非线性项存在，所以近似后的拟合直线与实际曲线存在偏差，其中的最大偏差称为传感器的非线性误差，非线性误差通常用相对误差表示，线性度表示为

$$\gamma_L = \pm\frac{\Delta L_{\max}}{y_{FS}}\times 100\%$$

式中，$\Delta L_{\max}$为最大非线性绝对误差，y_{FS}为满量程输出。

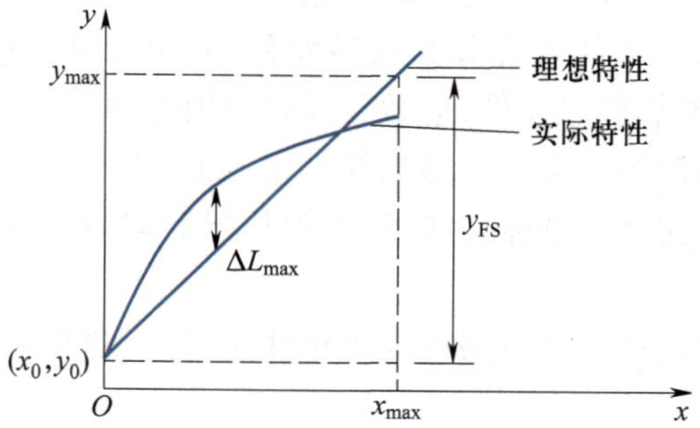

图 2-1-2

线性度 γ_L是表征实际特性与拟合直线不吻合的参量。传感器的非线性误差以一条理想直线作基准，即使同一传感器，基准不同时，得出的线性度也不同，因此不能笼统地提出线性度。当提出线性度的非线性误差时，必须说明所依据的基准直线，因为不同的基准直线对应于不同的线性度。

2. 灵敏度

灵敏度是指传感器在稳定工作条件下，输出微小变化增量与引起此变化的输入微小变量的比值，常用 S 表示。对于输入与输出关系为线性的传感器，灵敏度是一常量，即为特性曲线的斜率，如图 2-1-3(a)所示，灵敏度表达式为 $S=\Delta y/\Delta x$。非线性传感器的灵敏度如图 2-1-3(b)所示，灵敏度为一变量，可表示为

$$S=\mathrm{d}y/\mathrm{d}x$$

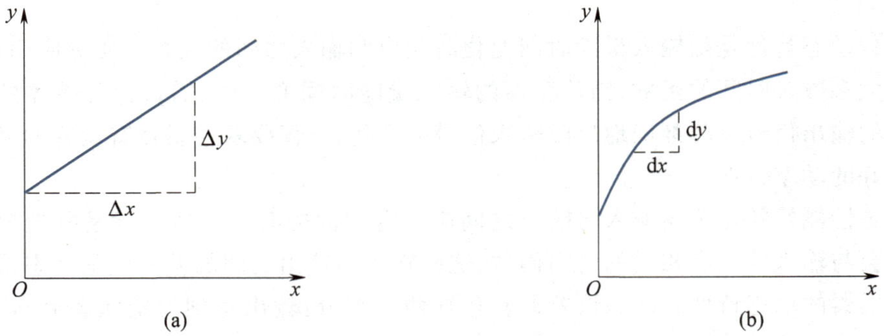

图 2-1-3

3. 重复性

重复性是指在相同条件下，输入量按同一方向进行全量程多次测量时，所得传感器输出特性曲线不一致的程度。重复性误差特性曲线如图 2-1-4 所示。

重复性的计算有不同方法，较简单的方法是先计算最大重复偏差，即先求出正行程的最大偏差 ΔR_{max1} 和反行程的最大偏差 ΔR_{max2}，取出两个偏差的较大者 ΔR_{max}，然后用最大偏差与满量程输出 y_{FS} 的百分比表示，重复性表达式为

$$\gamma_R = \pm\frac{\Delta R_{max}}{y_{FS}}\times 100\%$$

4. 迟滞性

在相同条件下传感器在正行程（输入量由小到大）和反行程（输入量由大到小）期间，所得输入、输出特性曲线往往不重合。也就是说，对于同一大小的输入信号，传感器正反行程的输出信号大小不等，产生迟滞现象。

迟滞用来描述传感器在正反行程期间特性曲线不重合的程度，迟滞性如图 2-1-5 所示。

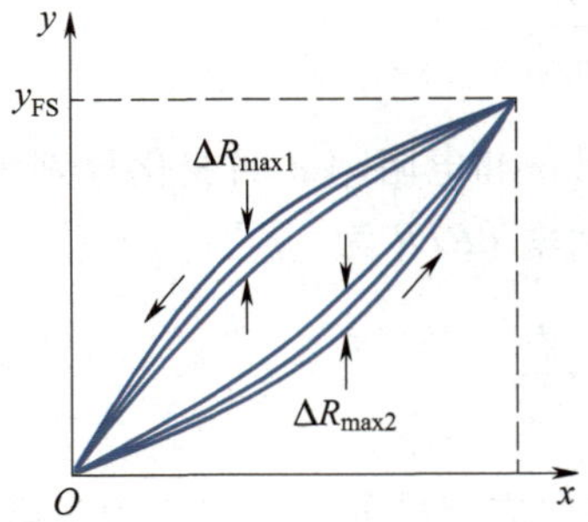

图 2-1-4

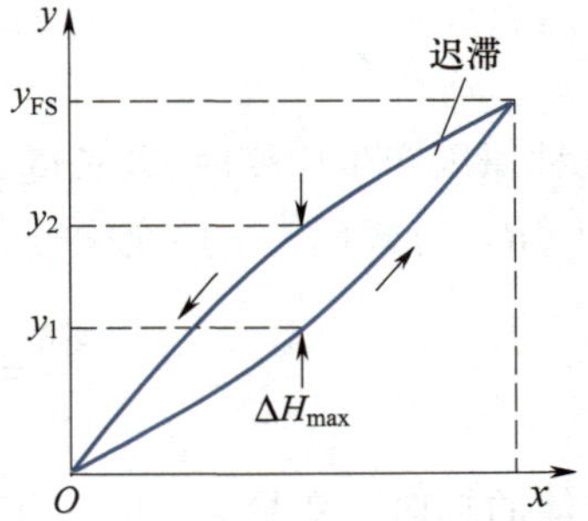

图 2-1-5

迟滞性的大小一般由正反行程的最大输出差值与满量程输出的百分比表示，表达式为

$$\gamma_H = \pm\frac{\Delta H_{max}}{y_{FS}}\times 100\%$$

式中，$\Delta H_{max}=y_2-y_1$，ΔH_{max} 为正反行程输出值之间最大差值。

5. 动态特性

传感器的动态特性是指输入量随时间变化时输出和输入之间的关系。实际应用中传感器检测的物理量大多数是时间的函数，当传感器的输入量随时间变化时，需讨论传感器的动态特性。为使传感器的输出信号及时准确地反映输入信号的变化，不仅要求传感器有良好的静态特性，更希望它具有好的动态特性。

一个动态性能好的传感器输入与输出之间应具有相同的时间函数。但是除理想状态外，输出信号定不会与输入信号有相同的时间函数，这种输入与输出之间的差异就是动态误差，这种误差反映了传感器的动态特性。动态误差通常包括两个部分：输出达到稳定状态后与理想输出之间的差别，称为稳态误差；输入量发生跃变时，输出量由一个稳定状态过渡到另一个稳定状态期间的误差，称为暂态误差。

【实验原理】

1. 电阻应变式传感器

电阻应变式传感器是一种利用电阻材料的应变效应将工程结构件的内部变形转换为电阻变化的传感器，由在弹性元件表面上通过特定工艺粘贴电阻应变片组合而成。此类传感器主要是通过一定的机械装置将被测量转化成弹性元件的变形，然后由电阻应变片将弹性元件的变形的应力大小转换成电阻的变化，再通过测量电路将电阻的变化转换成电压或电流变化信号输出。它可用于能转化成变形应力大小的各种非电学量的检测，如力、压强、加速度、力矩、质量等，在机械加工、计量、建筑测量等行业应用十分广泛。

（1）应变片的电阻应变效应

所谓电阻应变效应，是指具有规则外形的金属导体或半导体材料在外力作用下产生应变而其电阻值也会产生相应地改变，这一物理现象称为电阻应变效应。以圆柱形导体为例，设其长为 L、半径为 r、材料的电阻率为 ρ，根据电阻的定义得

$$R=\rho\frac{L}{A}=\rho\frac{L}{\pi r^2} \tag{2-1-1}$$

当导体因某种原因产生应变时，其长度 L、截面积 A 和电阻率 ρ 的变化分别为 $\mathrm{d}L$、$\mathrm{d}A$、$\mathrm{d}\rho$，相应的电阻变化为 $\mathrm{d}R$。对式(2-1-1)全微分，电阻变化率 $\mathrm{d}R/R$ 为

$$\frac{\mathrm{d}R}{R}=\frac{\mathrm{d}L}{L}-2\frac{\mathrm{d}r}{r}+\frac{\mathrm{d}\rho}{\rho} \tag{2-1-2}$$

式中，$\mathrm{d}L/L$ 为导体的轴向应变量 ε_L，$\mathrm{d}r/r$ 为导体的横向应变量 ε_r。由材料力学得

$$\varepsilon_r=-\mu\varepsilon_L \tag{2-1-3}$$

式中，μ 为材料的泊松比，大多数金属材料的泊松比为 0.3~0.5 左右；负号表示两者的变化方向相反。将式(2-1-3)代入式(2-1-2)得

$$\frac{\mathrm{d}R}{R}=(1+2\mu)\varepsilon_L+\frac{\mathrm{d}\rho}{\rho} \tag{2-1-4}$$

式(2-1-4)表明,电阻应变效应主要取决于它的几何应变(几何效应)和本身特有的导电性能(压阻效应)。

(2) 应变灵敏系数

应变灵敏度是指电阻应变片在单位应变作用下所产生的电阻的相对变化量。金属导体的应变灵敏度主要取决于其几何效应,可取

$$\frac{\mathrm{d}R}{R}\approx(1+2\mu)\varepsilon_L \tag{2-1-5}$$

其灵敏度系数 K 为

$$K=\frac{\mathrm{d}R}{\varepsilon_L R}=(1+2\mu) \tag{2-1-6}$$

金属导体在受到应变作用时将产生电阻的变化,拉伸时电阻增大,压缩时电阻减小,且与其轴向应变成正比。金属导体的电阻应变灵敏系数一般在 2 左右。

半导体的应变灵敏系数主要取决于其压阻效应 $\frac{\mathrm{d}R}{R}\approx\frac{\mathrm{d}\rho}{\rho}$。半导体材料之所以具有较大的电阻变化率,是因为它的压阻效应远比金属导体显著得多。在受力变形时半导体会暂时改变晶体结构的对称性,因而改变了半导体的导电机理,使得它的电阻率发生变化,这种物理现象称为半导体的压阻效应。不同材质的半导体材料在不同受力条件下产生的压阻效应不同,可以是正的(使电阻增大)或负的(使电阻减小)压阻效应。也就是说,同样是拉伸变形,不同材质的半导体将得到完全相反的电阻变化效果。

半导体材料的电阻应变效应主要体现为压阻效应,其灵敏度系数较大,一般为 100~200。

(3) 贴片式应变片的应用

在贴片式工艺的传感器上普遍应用金属箔式应变片,贴片式半导体应变片(温漂、稳定性、线性度不好而且易损坏)很少应用。一般半导体应变采用 N 型单晶硅为传感器的弹性元件,在它上面直接蒸镀扩散出半导体电阻应变薄膜(扩散出敏感栅),制成扩散型压阻(压阻效应)传感器。

金属箔式应变片是在用苯酚、环氧树脂等绝缘材料的基板上,粘贴直径为 0.025 mm 左右的金属丝或金属箔制成,如图 2-1-6(a)为丝式应变片,如图 2-1-6(b)为箔式应变片。

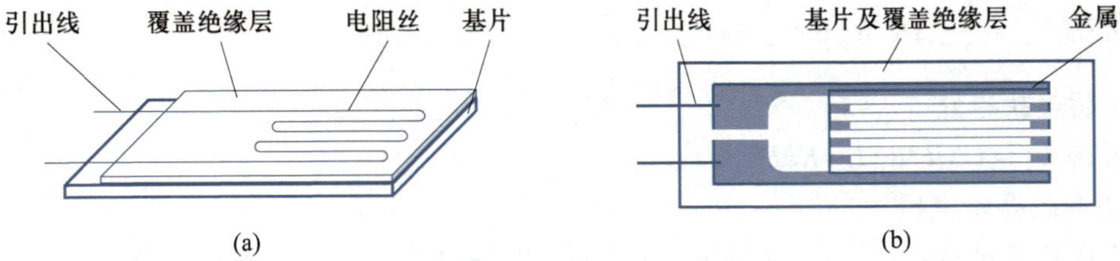

图 2-1-6

金属箔式应变片就是通过光刻、腐蚀等工艺制成的应变敏感元件,与丝式应变片工作原理相同。电阻丝在外力作用下发生机械变形时,其电阻值发生变化,这就是电阻应变效应。

(4) 测量电路

为了将电阻应变式传感器的电阻变化转换成电压或电流信号,在应用中一般采用电桥电路作为其测量电路。电桥电路具有结构简单、灵敏度高、测量范围宽、线性度好且易实现温度补偿等优点,能较好地满足各种应变测量要求,因此在应变测量中得到了广泛的应用。

电桥电路按其工作方式有单臂、双臂和全桥三种。单臂工作输出信号最小、线性、稳定性较差;双臂电压输出是单臂的两倍,性能比单臂有所改善;全桥工作时的输出电压是单臂时的4倍,性能最好。因此,为了得到较大的输出电压,一般都采用双臂或全桥工作。单臂电桥电路如图2-1-7(a)所示,半桥电桥电路如图2-1-7(b)为所示,全桥电桥电路如图2-1-7(c)所示。

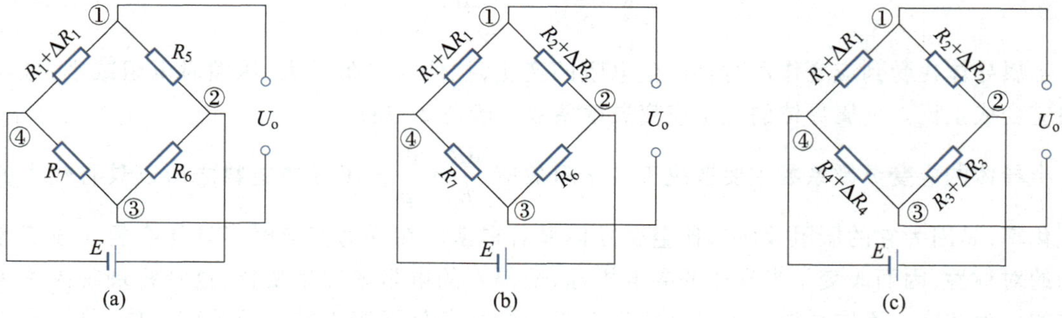

图 2-1-7

(a) 单臂电桥电路

根据电路原理,当电桥平衡时,其输出电压为

$$U_o=U_1-U_3=[(R_1+\Delta R_1)/(R_1+\Delta R_1+R_5)-R_7/(R_7+R_6)]E$$

$$=\{[(R_7+R_6)(R_1+\Delta R_1)-R_7(R_5+R_1+\Delta R_1)]/[(R_5+R_1+\Delta R_1)(R_7+R_6)]\}E \qquad (2-1-7)$$

设 $R_1=R_5=R_6=R_7$,且 $\Delta R_1/R_1=\Delta R/R\ll 1,\Delta R/R=K\varepsilon$。

则 $U_o\approx\frac{1}{4}(\Delta R_1/R_1)E=\frac{1}{4}(\Delta R/R)E=\frac{1}{4}K\varepsilon E$。

(b) 双臂(半桥)电路

同样可得 $U_o\approx\frac{1}{2}(\Delta R/R)E=\frac{1}{2}K\varepsilon E$。

(c) 全桥电桥电路

同样可得 $U_o\approx(\Delta R/R)E=K\varepsilon E$。

2. 差动变压器传感器

差动变压器的结构如图2-1-8所示,由一个一次绕组1和两个二次绕组2、3及一个衔铁4组成。差动变压器一、二次绕组间的耦合能随衔铁的移动而变化,即绕组间的互感随被测位移改变而变化。由于把两个二次绕组反向串接(同名端相接),以差动电势输出,所以把这种传感器称为差动变压器式电感传感器,通常简称差动变压器。

当差动变压器工作在理想情况下(忽略涡流损耗、磁滞损耗和分布电容等的影响),它的等效电路如图 2-1-9 所示。

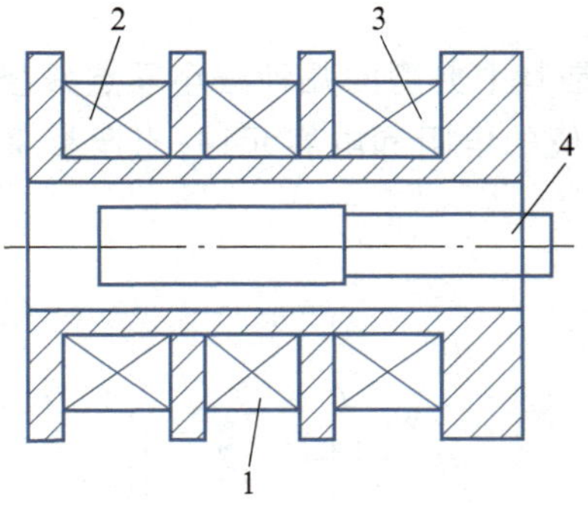

图 2-1-8

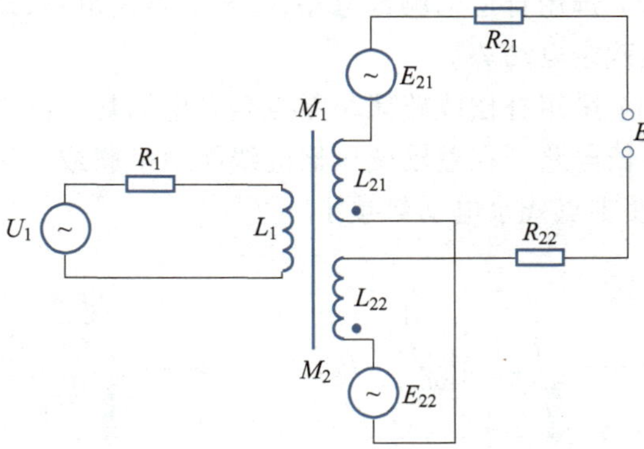

图 2-1-9

图 2-1-9 中 U_1 为一次绕组激励电压，M_1、M_2 分别为一次绕组与两个二次绕组间的互感：L_1、R_1 分别为一次绕组的电感和有效电阻；L_{21}、L_{22} 分别为两个二次绕组的电感；R_{21}、R_{22} 分别为两个二次绕组的有效电阻。对于差动变压器，当衔铁处于中间位置时，两个二次绕组互感相同，因而由一次侧激励引起的感应电动势相同。由于两个二次绕组反向串接，所以差动输出电动势为零。当衔铁移向二次绕组 L_{21}，这时互感 M_1 大、M_2 小，因而二次绕组 L_{21} 内感应电动势大于二次绕组 L_{22} 内感应电动势，这时差动输出电动势不为零。在传感器的量程内，衔铁位移越大，差动输出电动势就越大。同样地，当衔铁向二次绕组 L_{22} 一边移动时，差动输出电动势仍不为零，但由于移动方向改变，所以输出电动势反相。因此通过差动变压器输出电动势的大小和相位，可以知道衔铁位移量的大小和方向。

由图 2-1-9 可以看出，一次绕组的电流为 $I_1=\dfrac{U_1}{R_1+j\omega L_1}$。二次绕组的感应动势为 $\dot{E}_{21}=-j\omega M_1 I_1$，$\dot{E}_{22}=-j\omega M_2 I_1$。由于二次绕组反向串接，所以输出总电动势为 $\dot{E}_2=-j\omega(M_1-M_2)\dfrac{U_1}{R_1+j\omega L_1}$，其有效值为 $E_2=\dfrac{\omega(M_1-M_2)U_1}{\sqrt{R_1^2+(j\omega L_1)^2}}$。

差动变压器的输出特性曲线如图 2-1-10 所示。图中 E_{21}、E_{22} 分别为两个二次绕组的输出感应电动势，E_2 为差动输出电动势，l 表示衔铁偏离中心位置的距离。其中 E_2 的实线表示理想的输出特性，而虚线表示实际的输出特性。E_0 为零点残余电动势，这是由于差动变压器制作上的不对称以及铁芯位置等因素所造成的。零点残余电动势的存在，使得传感器的输出特性在零点附近不灵敏，给测量带来误差，此值的大小是衡量差动变压器性能好坏的重要指标。

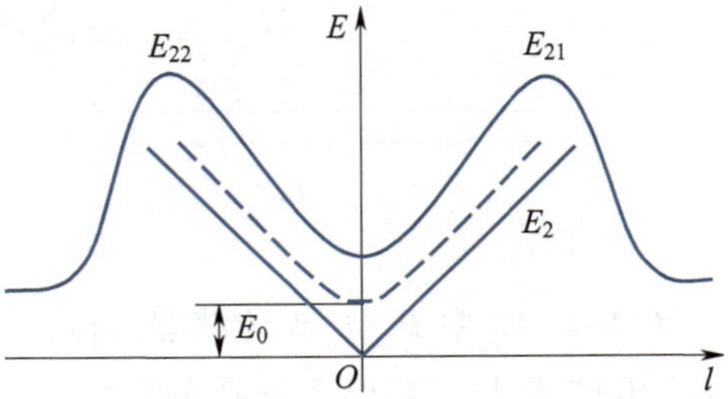

图 2-1-10

为了减小零点残余电动势，可采取以下方法。

(1) 制造时，尽可能保证传感器几何尺寸、线圈电气参量及磁路的对称。磁性材料要经过处理,消除内部的残余应力,使其性能均匀稳定。

(2) 选用合适的测量电路,如相敏整流电路,既可判别衔铁移动方向,又可改善输出特性,减小零点残余电动势。

(3) 采用补偿线路减小零点残余电动势。图 2-1-11 是其中典型的几种减小零点残余电动势的补偿电路。在差动变压器的线圈中串联或并联适当数值的电阻和电容元件,当调整 W_1、W_2 时,可使零点残余电动势减小。

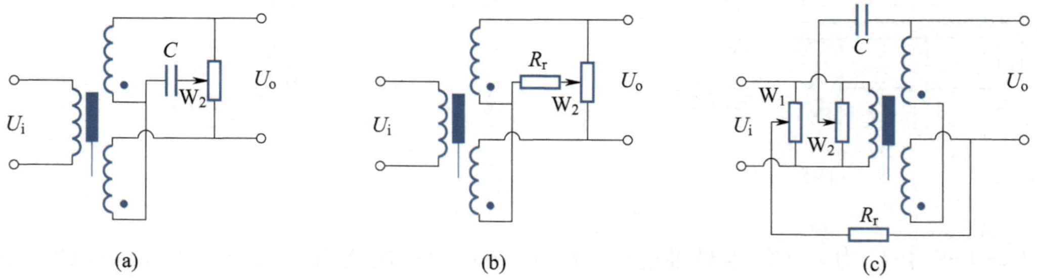

图 2-1-11

3. 电涡流传感器

电涡流式传感器是一种建立在涡流效应原理上的传感器。电涡流式传感器由传感器线圈和被测物体(导电体——金属涡流片)组成,如图 2-1-12 所示。

根据电磁感应定律,当传感器线圈(一个扁平线圈)通以交变电流 I_1(频率较高,一般为 1 MHz~2 MHz)时,线圈周围空间会产生交变磁场 H_1,当线圈平面靠近某一导体面时,由于线圈磁通链穿过导体,使导体的表面层感应出呈旋涡状自行闭合的电流 I_2,而 I_2所形成的磁通链又穿过传感器线圈,这样线圈与涡流"线圈"形成了有一定耦合的互感,最终原线圈反馈一等效电感,从而导致传感器线圈的阻抗 Z 发生变化。可以把被测导体上形成的电涡等效成一个短路环,这样就可得到如图 2-1-13 的等效电路。

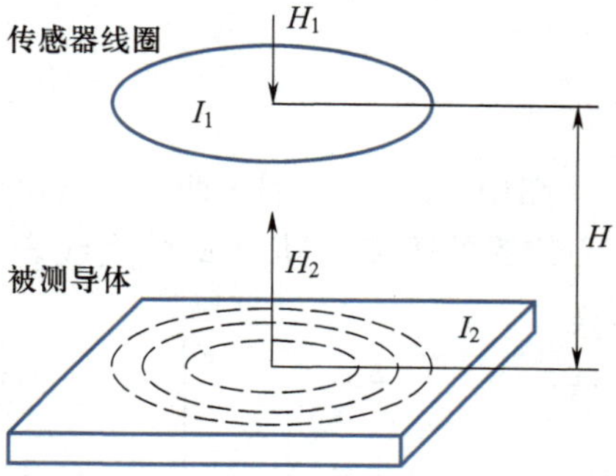

图 2-1-12

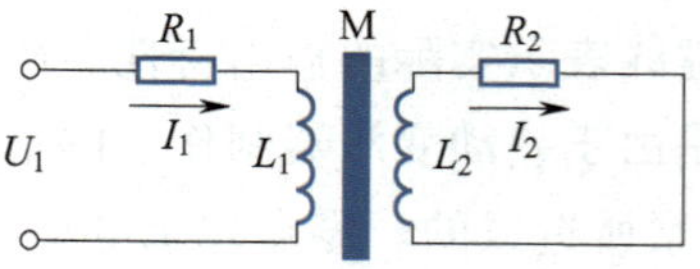

图 2-1-13

图 2-1-13 中 R_1、L_1为传感器线圈的电阻和电感。短路环可以认为是一匝短路线圈,其电阻为 R_2、电感为 L_2。线圈与导体间存在一个互感 M,它随线圈与导体间距的减小而增大。根据等效电路可列出电路方程组

$$\begin{cases} R_2\dot{I}_2+\mathrm{j}\omega L_2\dot{I}_2-\mathrm{j}\omega M\ \dot{I}_1=0 \\ R_1\dot{I}_1+\mathrm{j}\omega L_1\dot{I}_1-\mathrm{j}\omega M\ \dot{I}_2=\dot{U}_1 \end{cases}$$

通过解方程组,可得 I_1、I_2。

因此,传感器线圈的复阻抗为

$$Z=\frac{\dot{U}}{\dot{I}}=\left[R_1+\frac{\omega^2M^2}{R_2^2+(\omega L_2)^2}\right]+\mathrm{j}\left[\omega L_1-\frac{\omega^2M^2}{R_2^2+(\omega L_2)^2}\omega L_2\right]$$

线圈的等效电感为

$$L=L_1-L_2\frac{\omega^2M^2}{R_2^2+(\omega L_2)^2}$$

线圈的等效 Q 值为

$$Q=Q_0\{[1-(L_2\omega^2M^2)/(L_1Z_2^2)]/[1+(R_2\omega^2M^2)/(R_1Z_2^2)]\}$$

式中,Q_0为无涡流影响下线圈的 Q 值,$Q_0=\omega L_1/R_1$;Z_2^2为金属导体中产生电涡流部分的阻抗,$Z_2^2=R_2^2+\omega^2L_2^2$。

线圈与金属导体系统的阻抗 Z、电感 L 和品质因数 Q 值都是该系统互感系数平方的函数,从麦克斯韦互感系数的基本公式出发,可得互感系数是线圈与金属导体间距离 $x(H)$ 的非线性函数。因此,Z、L、Q 均是 x 的非线性函数。虽然它整个函数是非线性的,其函数特征为"S"形曲线,但可以选取它近似为线性的一段。其实 Z、L、Q 的变化与导体的电导率、磁导率、几何形状、线圈的几何参量、激励电流频率以及线圈到被测导体间的距离有关。如果控制上述参量中的一个参量改变,而其余参量不变,则阻抗就成为这个变化参量的单值函数。当电涡流线圈、金属涡流片以及激励源确定后,并保持环境温度不变,则阻抗只与距离 x 有关。因此,通过传感器的调理电路(前置器)处理,将线圈阻抗 Z、L、Q 的变化转化成电压或电流的变化输出。输出信号的大小随探头到被测体表面之间的间距而变化,电涡流传感器就是根据这一原理实现对金属物体的位移、振动等参量的测量。

为利用电涡流进行位移测量,必须有一个专用的测量电路。这一测量电路(称为前置器,也称电涡流变换器)应包括具有一定频率的稳定的振荡器和一个检测电路等。电涡流传感器位移测量实验示意图如图 2-1-14 所示。

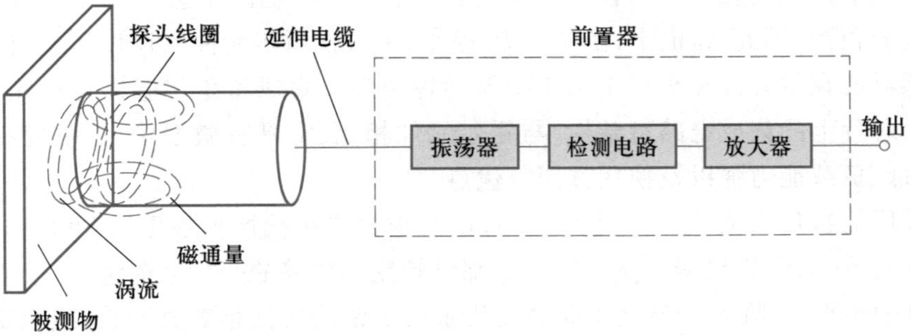

图 2-1-14

根据电涡流传感器的基本原理，将传感器与被测物体之间的距离变换为传感器的 Q 值、等效阻抗 Z 和等效电感 L 三个参量，用相应的测量电路（前置器）来测量。

电涡流传感器是通过传感器端部线圈与被测物体（导电体）间的间隙变化来测物体振动的相对位移量和静位移的，它与被测物之间没有直接的机械接触，具有很宽的使用频率范围。当无被测导体时，振荡器回路谐振于 f_0，传感器端部线圈 Q_0 为定值且最大，对应的检波输出电压 V_o 最大。当被测导体接近传感器线圈时，线圈 Q 值发生变化，振荡器的谐振频率发生变化，谐振曲线变得平坦，检波出的幅值 V_o 变小。V_o 变化反映了位移 x 的变化。电涡流传感器在位移、振动、转速、探伤、厚度等的测量上得到应用。

4. 霍尔传感器

霍尔传感器是一种磁敏传感器，基于霍尔效应原理工作。它将被测量的磁场变化（或以磁场为媒体）转换成电动势输出。霍尔效应是具有载流子的半导体同时处在电场和磁场中而产生电势的一种现象。如图 2-1-15 所示（带正电的载流子），把一块宽为 b，厚为 d 的导电板放在磁感应强度为 B 的磁场中，并在导电板中通以纵向电流 I，此时在板的横向两侧面 A、A' 之间就呈现出一定的电势差，这一现象称为霍尔效应，所产生的电势差 U_H 称为霍尔电压。霍尔效应的数学表达式为

$$U_H = R_H \frac{IB}{d} = K_H IB \tag{2-1-8}$$

式中 $R_H = -\frac{1}{ne}$ 是由半导体本身载流子迁移率决定的物理常量，称为霍尔系数。$K_H = \frac{R_H}{d}$ 为灵敏度系数，与材料的物理性质和几何尺寸有关。

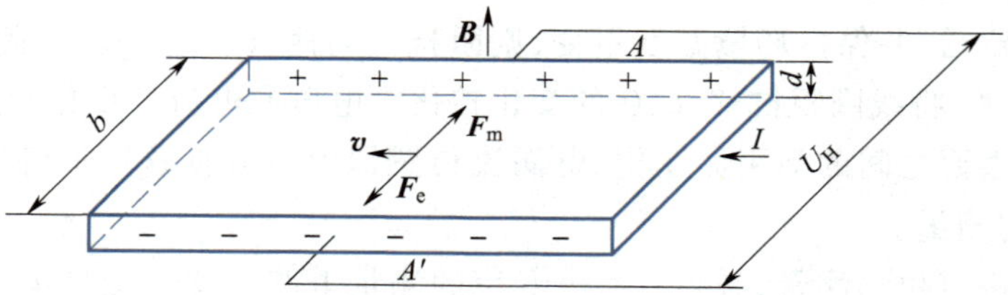

图 2-1-15

基于霍尔效应制成的元件称为霍尔元件，霍尔元件大多采用 N 型半导体材料（金属材料中自由电子浓度 n 很高，因此 R_H 很小，使输出 U_H 极小，不宜作霍尔元件），厚度 d 只有 1 μm 左右。

霍尔传感器有霍尔元件和集成霍尔传感器两种类型。集成霍尔传感器是把霍尔元件、放大器等做在一个芯片上的集成电路型结构，与霍尔元件相比，它具有微型化、灵敏度高、可靠性高、寿命长、功耗低、负载能力强以及使用方便等优点。

本实验采用的霍尔式位移（小位移 1～2 mm）传感器是由线性霍尔元件、永久磁钢组成，其他很多物理量如力、压力和机械振动量等本质上都可转变成位移的变化来测量。

如图 2-1-16 所示，将磁场强度相同的两块永久磁钢同极性相对放置着，线性霍尔元件置于两块磁钢间的中点，其磁感应强度为 0，设这个位置为位移的零点，即 $x=0$，因磁感应强度 $B=0$，

故输出电压 $U_H=0$。当霍尔元件沿 x 轴有位移时，由于 $B\neq 0$，则有一电压 U_H 输出，U_H 经差动放大器放大输出为 U。U 与 x 有一一对应的特性关系。

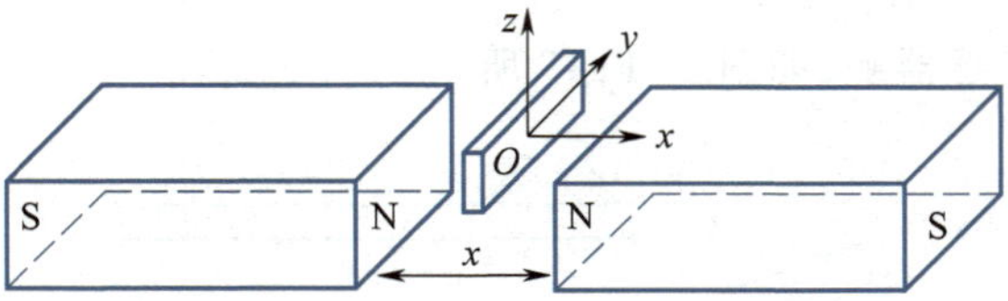

图 2-1-16

【实验装置】

YC-3000 型传感器检测技术实验台由主机箱、温度源、转动源、振动源、传感器等相应的实验模板、数据采集卡及处理软件、实验桌等组成。

1. 主控台

主控台提供高稳定的±15 V、+5 V、±2 V、±4 V、±6 V、±8 V、±10 V 及+2 V~+24 V 可调的多种直流稳压电源；面板上装有电压、气压、频率、转速的 3 位半数显表以及计时表；音频信号源（音频振荡器）频率为 1 kHz~10 kHz（可调）；低频信号源（低频振荡器）频率为 1 Hz~30 Hz（可调）；气压源压强为 0~20 kPa（可调）；高精度温度/转速两用仪表；RS232 计算机串行接口；流量计；漏电保护器。

电源、音频信号源、低频信号源均具有短路保护功能。±2~±10 V 电源与其他电源、信号 F_{in}、U_{in} 部分，不共地。如果与其他电源同时使用，应将其共地。

注意事项：因短路导致无输出时，应排除故障，再重新开机即恢复正常；调节仪置内为温度调节，置外为转速调节。

2. 三源板

三源板上装有振动台（1~30 Hz 可调）、旋转源（0~2 400 r/min 可调）、加热源（常温至 150 ℃可调）。

3. 传感器

基本型传感器包括：电阻应变式传感器、扩散硅压力传感器、差动变压器、电容式传感器、霍尔传感器、霍尔式转速传感器、磁电转速传感器、压电式传感器、电涡流传感器、光纤传感器、光电转速传感器、集成温度传感器、K 型热电偶、E 型热电偶、Pt100 铂电阻、Cu50 铜电阻、湿敏传感器、气敏传感器等，共 18 个。

增强型传感器包括：基本型加上 PSD（位置传感器）、扭矩传感器、超声位移传感器、CCD（电荷耦合器件）、光栅位移传感器等 5 种传感器。

注意事项：线性霍尔元件有 4 个引线端，涂黑的两个端是电源输入激励端，另外两端是输出端。接线时，电源输入激励端与输出端切忌搞混，以免损坏霍尔元件。

4. 实验模板部分

普通型有应变式、压力、差动变压器、电容式、霍尔式、压电式、电涡流、光纤位移、温度、移相/滤波等传感器模板，共 10 个。增强型有 PSD、扭矩、超声波、CCD 等传感器模板，共 4 个。

【实验内容】

1. 电子秤设计——单臂电桥性能实验

(1) 将托盘安装到传感器上,如图 2-1-17 所示。

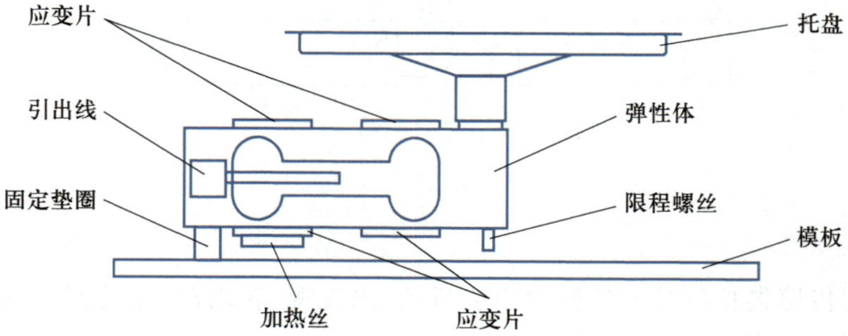

图 2-1-17

(2) 测量应变片的阻值。当传感器的托盘上无重物时,分别测量应变片 R_1、R_2、R_3、R_4 的阻值。在传感器的托盘上放置 10 只砝码后再分别测量 R_1、R_2、R_3、R_4 的阻值变化,分析应变片的受力情况(受拉的应变片:阻值变大;受压的应变片:阻值变小。)。

(3) 将实验模板中的差动放大器调零。按示意图 2-1-18 接线,将主机箱上的电压表量程切换开关切换到 2 V 挡,检查接线无误后合上主机箱电源开关;调节放大器的增益电位器 RW_3 于合适位置(先顺时针轻轻转到底,再逆时针回转 1 圈)后,再调节实验模板放大器的调零电位器 RW_4,使电压表显示为零。

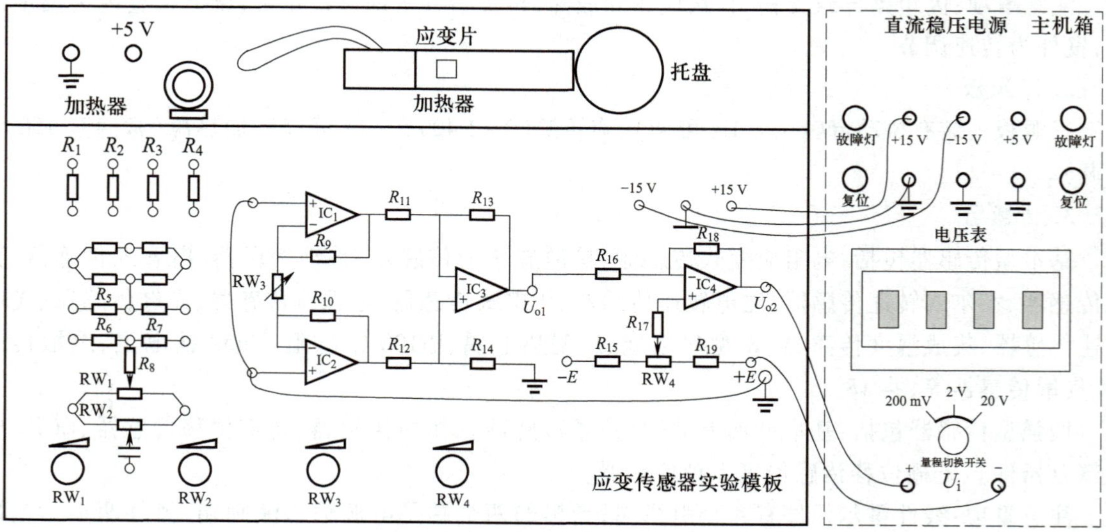

图 2-1-18

(4) 应变片单臂电桥实验。关闭主机箱电源,按示意图 2-1-19 接线,将±2 V~±10 V 可调电源调节到±4 V 挡。检查接线无误后合上主机箱电源开关,调节实验模板上的桥路平衡电位器

RW_1,使主机箱电压表显示为零;在传感器的托盘上依次增加放置一只 20 g 砝码(尽量靠近托盘的中心点放置),读取相应的数显表电压值,记下实验数据,填入表 2-1-1 中。

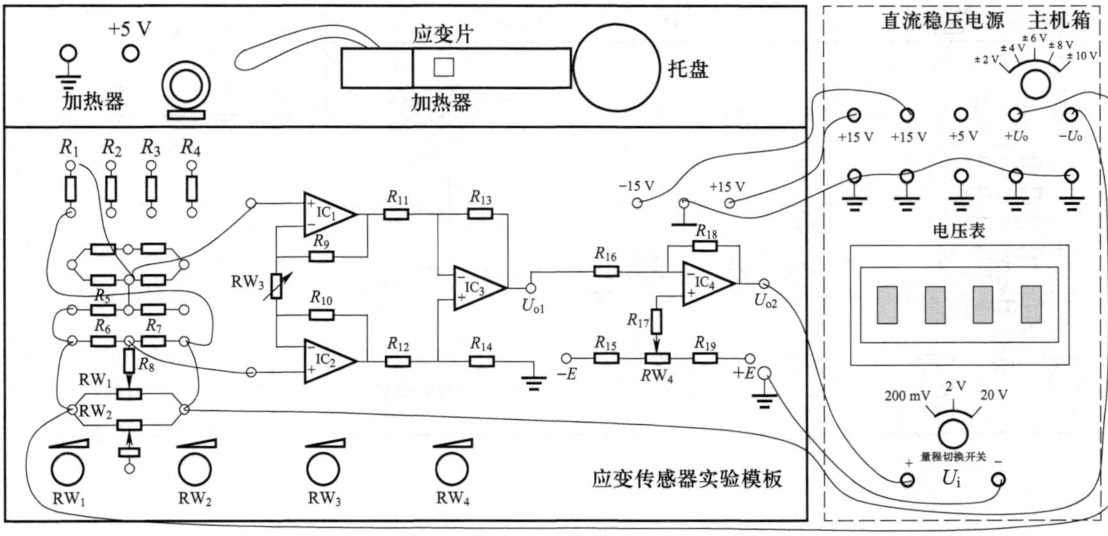

图 2-1-19

表 2-1-1

次数 i	1	2	3	4	…					
质量 W/g										
电压 U/mV										

(5) 根据表 2-1-1 数据计算系统灵敏度 $S_1=\dfrac{\Delta U}{\Delta W}$(式中 ΔU 为输出电压变化量,ΔW 为质量变化量)和非线性误差 $\delta_{f1}=\Delta m/y_{FS}\times100\%$。式中 Δm 为输出值(多次测量时为平均值)与拟合直线的最大偏差,y_{FS} 为满量程输出平均值,此处为 200 g(或 500 g)。

2. 电子秤设计——半桥性能实验

(1) 传感器安装方式同"单臂电桥性能实验"。按"单臂电桥性能实验"的步骤(2)进行实验,将实验模板差动放大器调零。

(2) 根据图 2-1-20 接线。R_1、R_2 为实验模板左上方的应变片,注意 R_2 应和 R_1 受力状态相反,即将传感器中两片受力相反(一片受拉力、一片受压力)的电阻应变片作为电桥的相邻边。接入桥路电源±4 V,调节电桥调零电位器 RW_1 进行桥路调零,然后按"单臂电桥性能实验"中的步骤(4)进行实验。

(3) 将实验数据记入表 2-1-2 中,计算应变灵敏度 $S=\Delta U/\Delta W$ 和非线性误差 δ_{f_2}。若实验时无数值显示,则说明 R_2 与 R_1 为受力状态相同的应变片,应更换其中一个应变片。

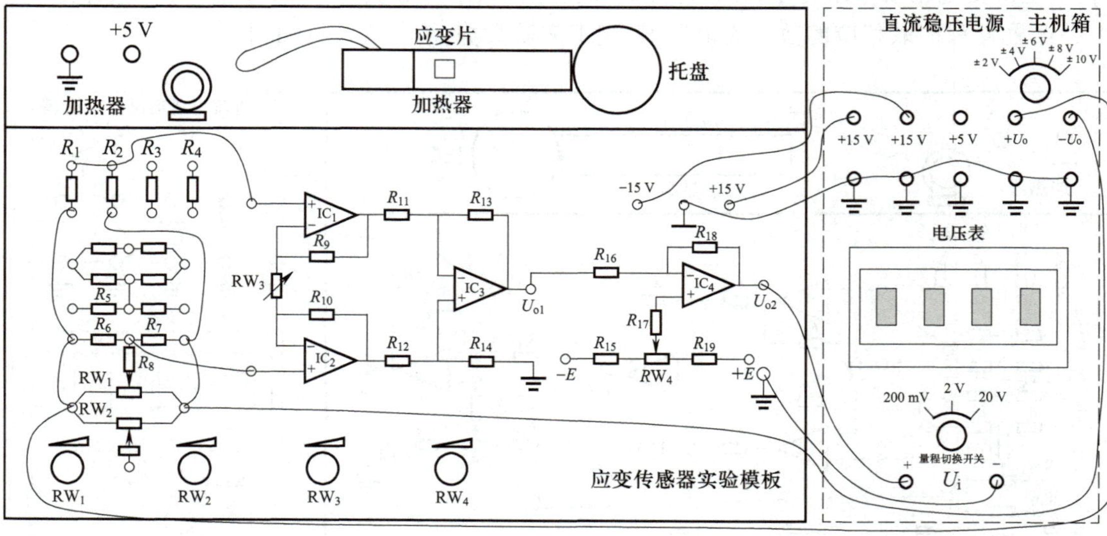

图 2-1-20

表 2-1-2

次数 i	1	2	3	4	…					
质量 W/g										
电压 U/mV										

3. 电子秤设计——全桥性能实验

实验步骤与方法(除了按图 2-1-21 示意接线外)参照“半桥性能实验”,将实验数据填入表 2-1-3中,作出实验曲线并计算灵敏度和非线性误差。

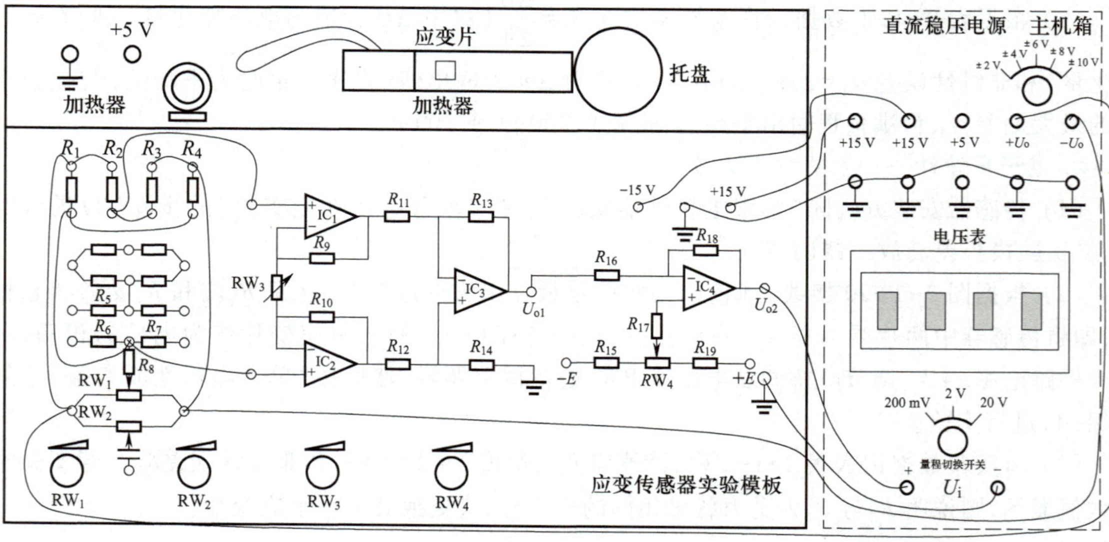

图 2-1-21

表 2-1-3

次数 i	1	2	3	4	…					
质量 W/g										
电压 U/mV										

(1) 关闭主机箱电源,按图 2-1-21(应变片全桥性能实验接线示意图)示意接线,将±2 V~±10 V 可调电源调节到±4 V 挡。检查接线无误后合上主机箱电源开关,调节实验模板上的桥路平衡电位器 RW_4,使主机箱电压表显示为零。

(2) 将 10 只砝码全部置于传感器的托盘上,调节电位器 RW_3(增益即满量程调节)使数显表显示为 0.200 V(2 V 挡测量)。

(3) 移去托盘上的所有砝码,调节电位器 RW_1(零位调节)使数显表显示为 0.000 V。

(4) 重复步骤(2)、(3)的标定过程,一直到精确为止,把电压量纲改为质量量纲,将砝码依次放在托盘上称重;放上笔、钥匙之类的小物体,称量其质量。

4. 差动变压器——位移特性实验

差动变压器、测微头及实验模板按图 2-1-22 示意安装、接线。实验模板中的 L_1 为差动变压器的初级线圈,L_2、L_3 为次级线圈,L_1 的激励电压必须从主机箱中声频振荡器的 L_U 端子引入。检查接线无误后合上主机箱电源开关,调节音频振荡器的频率为 4~5 kHz,以峰峰值 $U_{p-p}=2$ V 作为差动变压器初级线圈的激励电压(示波器设置提示:触发源选择内触发 CH1,水平扫描速度 TIME/DIV 在 0.1 ms~10 μs 范围内选择,触发方式选择 AUTO 。垂直显示方式为双踪显示 DUAL,垂直输入耦合方式选择交流耦合 AC,CH1 灵敏度 VOLTS/DIV 在 0.5~1 V 范围内选择,CH2 灵敏度 VOLTS/DIV 在 0.1 V~50 mV 范围内选择)。

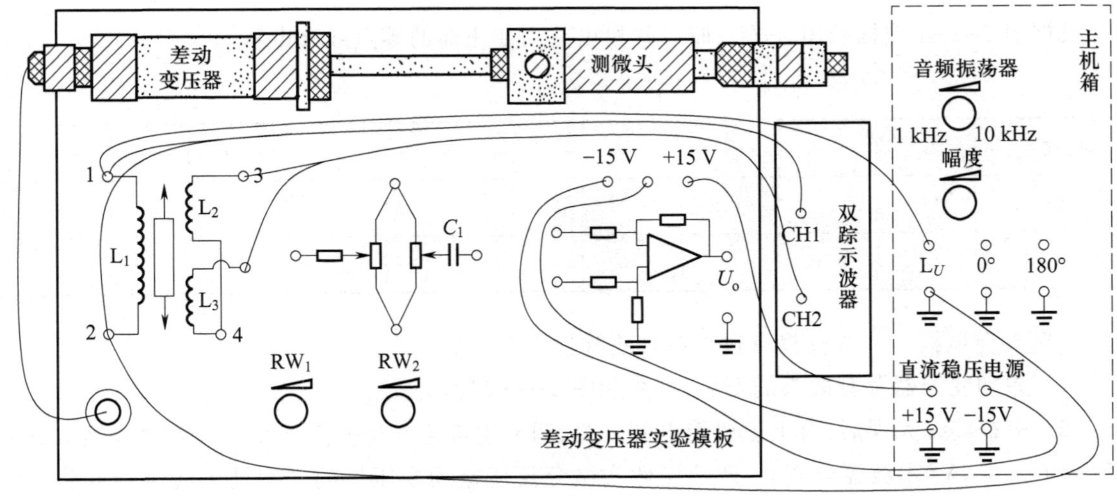

图 2-1-22

使用测微头时,当来回调节微分筒使测杆产生位移的过程中本身存在机械回程差。为消除这种机械回程差,可用如下两种方法实验。建议用方法二检测差动变压器零点残余电压附近的死区范围。

方法一:调节测微头的微分筒(0.01 mm/DIV),使微分筒的 0 刻度线对准轴套的 10 mm 刻度线。松开安装测微头的紧固螺钉,移动测微头的安装套使示波器 CH2 通道显示的波形 U_{p-p}(峰峰值)为较小值(越小越好,变压器铁芯大约处在中间位置)时,拧紧紧固螺钉。仔细调节测微头的微分筒使示波器第二通道显示的波形 U_{p-p}为最小值(零点残余电压)并定为位移的相对零点。这时可假设其中一个方向为正位移,另一个方向位移为负,从 U_{p-p}最小处开始旋动测微头的微分筒,每隔 $\Delta x=0.2$ mm(可取 30 点值)从示波器上读出输出电压 U_{p-p}值,填入表 2-1-4 中,再将测位头位移退回到 U_{p-p}最小处,开始反方向(也取 30 点值)做相同的位移实验。在实验过程中请注意:(1) 从 U_{p-p}最小处决定位移方向后,测微头只能按所定方向调节位移,中途不允许回调,否则,由于测微头存在机械回程差而引起位移误差;因此,实验时每点位移量须仔细调节,绝对不能调节过量,如过量,则只好剔除这一点粗大误差,继续做下一点实验或者回到零点重新做实验。(2) 当一个方向行程实验结束,做另一方向时,测微头回到 U_{p-p}最小处时,它的位移读数有变化(没有回到原来起始位置)是正常的。做实验时,位移取相对变化量 Δx 为定值,与测微头的起始点定在哪一条刻度线上没有关系,只要中途测微头微分筒不回调,就不会引起机械回程差。

方法二:调节测微头的微分筒(0.01 mm/DIV),使微分筒的 0 刻度线对准轴套的 10 mm 刻度线。松开安装测微头的紧固螺钉,移动测微头的安装套使示波器 CH2 通道显示的波形 U_{p-p}为较小值(越小越好,变压器铁芯大约处在中间位置)时,拧紧紧固螺钉,再顺时针方向转动测微头的微分筒 12 圈,记录此时的测微头读数和示波器 CH2 通道显示的波形 U_{p-p}值为实验起点值。以后,反方向(逆时针方向) 调节测微头的微分筒,每隔 $\Delta x=0.2$ mm(可取 60~70 点值)从示波器上读出输出电压 U_{p-p}值,填入表 2-1-4 中(采用单行程位移方向做实验,可以消除测微头的机械回程差)。

根据表 2-1-4 数据画出 $x-U_{p-p}$曲线并找出差动变压器的零点残余电压。

表 2-1-4

次数 i	1	2	3	…						
x/mm										
U_{p-p}/mV										

5. 差动变压器——激励频率对差动变压器特性的影响

(1) 差动变压器及测微头的安装、接线如图 2-1-22 所示。

(2) 检查接线无误后,合上主机箱电源开关,调节主机箱音频振荡器 L_U 至输出频率为1 kHz、幅度为 $U_{p-p}=2$ V(示波器监测)。调节测微头微分筒使差动变压器的铁芯处于线圈中心位置即输出信号最小时(示波器监测 U_{p-p}最小时)的位置。

(3) 调节测微头位移量 Δx 为 2. 5mm,差动变压器有某个较大的 U_{p-p}输出。

(4) 在保持位移量不变的情况下,改变激励电压(音频振荡器)的频率从 1~9 kHz(激励电压幅值 2 V,保持不变)时差动变压器的相应输出的 U_{p-p}值,填入表 2-1-5 中。

表 2-1-5

次数 i	1	2	3	…						
f/kHz										
U_{p-p}/mV										

（5）作出幅频（$f-U_{p-p}$）特性曲线。

6. 差动变压器——零点残余电压补偿实验

（1）根据图 2-1-23 接线，差动变压器原边激励电压从音频振荡器的 L_U端子引入，实验模板中的 R_1、C_1、RW_1、RW_2组成交流电桥。

（2）检查接线无误后合上主机箱电源开关，用示波器 CH1 通道监测并调节主机箱音频振荡器 L_U输出频率为 4～5 kHz、幅值为 2 V 峰峰值的激励电压。

（3）调整测微头，使放大器输出电压（用示波器 CH2 通道监测）最小。

（4）依次交替调节 RW_1、RW_2，使放大器输出电压进一步降至最小。

从示波器上观察（注：这时的零点残余电压是经放大后的零点残余电压，因此经补偿后的零点残余电压为$U_{零点\,p-p}=U_{K0}$，K是放大倍数，约为 7 倍），判断差动变压器的零点残余电压值（峰峰值）与差动变压器的性能实验中的零点残余电压比较是否小很多。

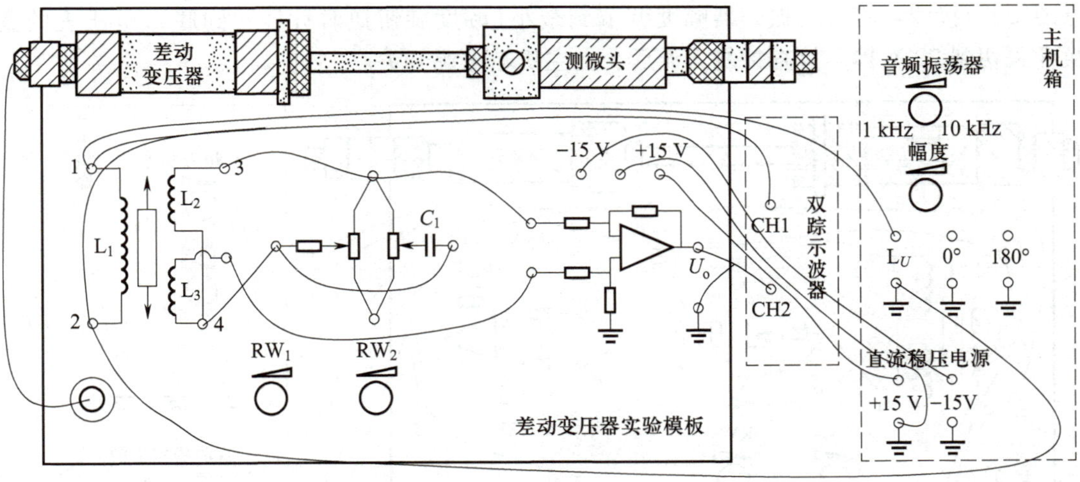

图 2-1-23

7. 差动变压器——位移测量实验

（1）相敏检波器电路调试。将主机箱的音频振荡器的幅度调到最小（幅度旋钮逆时针轻轻转到底），将±2～±10 V 可调电源调节到±2 V 挡，再按图 2-1-24 示意接线，检查接线无误后合上主机箱电源开关，调节音频振荡器频率f=5 kHz，峰峰值 U_{p-p}=5 V。（用示波器测量。提示：正确选择双踪示波器的“触发”方式及其他设置，触发源选择内触发 CH1。水平扫描速度 TIME/DIV 在 0.1 ms～10 μs 范围内选择，触发方式选择 AUTO；垂直显示方式为双踪显示，置于 DUAL，垂直输入耦合方式选择直流耦合 DC，灵敏度 VOLTS/DIV 在 1～5 V 范围内选择。当 CH1、CH2 输入对地短接时，移动光迹线居中后再去测量波形）调节相敏检波器的电位器旋钮使示波器显示幅值相等、相位相反的两个波形。到此，相敏检波器电路已调试完毕，后续实验不要再调节此电位器。

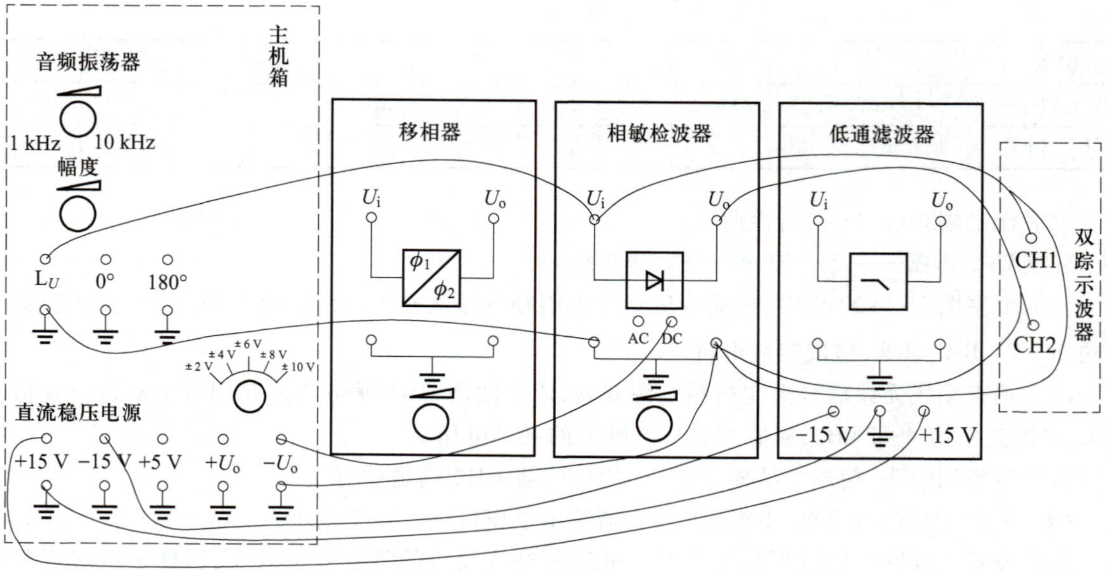

图 2-1-24

（2）调节测微头的微分筒，使微分筒的 0 刻度值与轴套上的 10 mm 刻度值对准。按图 2-1-25 示意图安装、接线。将音频振荡器幅度调节到最小（幅度旋钮逆时针轻转到底）；电压表的量程切换开关切到 20 V 挡。检查接线无误后合上主机箱电源开关。

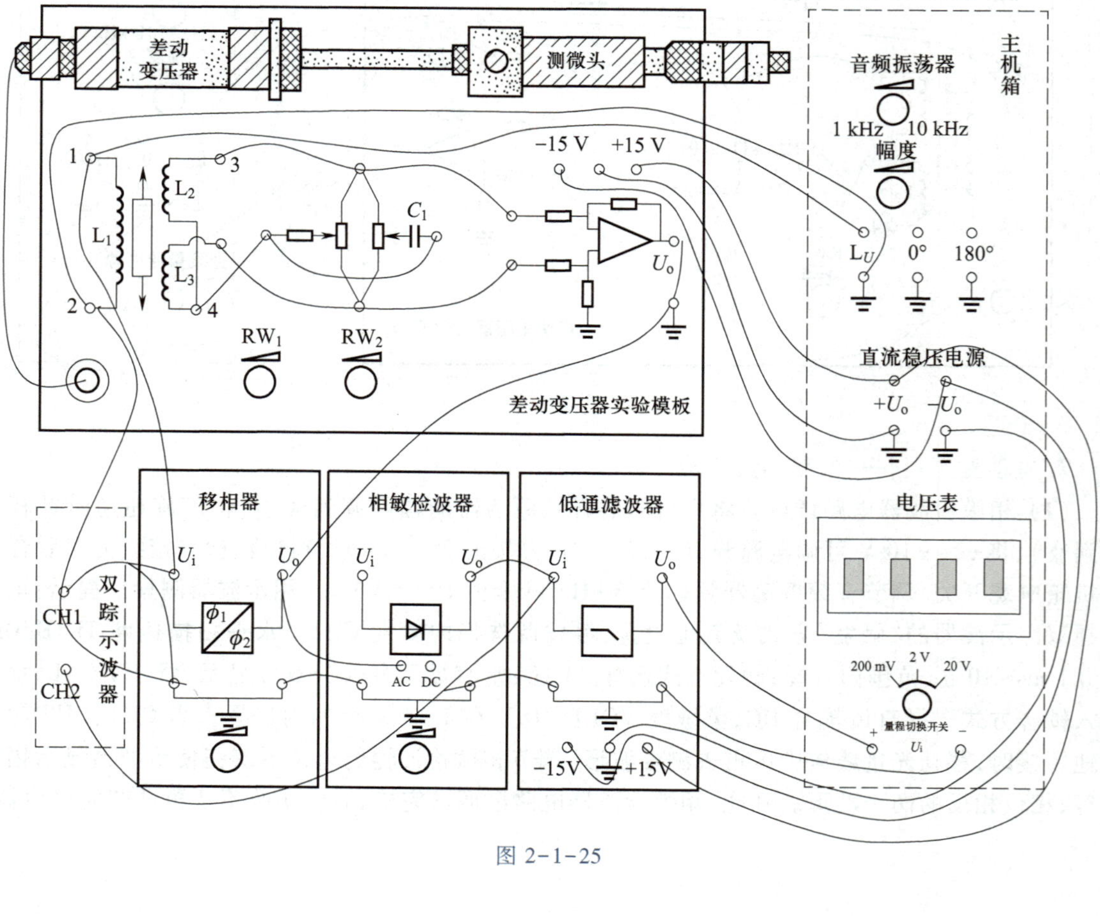

图 2-1-25

(3) 调节音频振荡器至频率 $f=5$ kHz、幅值 $U_{p-p}=2$ V(用示波器观测)。

(4) 松开测微头安装套上的紧固螺钉。顺着差动变压器衔铁的位移方向移动测微头的安装套(左、右方向都可以),使差动变压器衔铁明显偏离 L_1 初级线圈的中点位置,再调节移相器的移相电位器,使相敏检波器输出为全波整流波形(示波器 CH2 的灵敏度 VOLTS/DIV 在 1 V~50 mV 范围内选择监测)。再缓慢且细心地移动测微头的安装套,使相敏检波器输出波形幅值尽量为最小(尽量使衔铁处在 L_1 初级线圈的中点位置)并拧紧测微头安装孔的紧固螺钉。

(5) 调节差动变压器实验模板中的 RW_1、RW_2(二者配合交替调节)使相敏检波器输出波形趋于水平线(可相应调节示波器量程挡观察)且电压表显示趋于 0 V。

(6) 调节测微头的微分筒,每隔 $\Delta x=0.2$ mm 从电压表上读取低通滤波器输出的电压值,填入表 2-1-6 中。

表 2-1-6

次数 i	1	2	3	…						
x/mm										
U/mV										

(7) 根据表 2-1-6 数据作出实验曲线并截取线性比较好的线段计算灵敏度 $S=\Delta U/\Delta x$、线性度及测量范围。

8. 差动变压器——振动测量实验

(1) 相敏检波器电路调试参见“差动变压器——位移测量实验”中的步骤(1)(图 2-1-25)。

(2) 将差动变压器卡在传感器安装支架的 U 形槽上并拧紧差动变压器的夹紧螺母,再安装到振动源的升降杆上,如图 2-1-26 所示。调整传感器安装支架使差动变压器的衔铁连杆与振动台接触,再调节升降杆使差动变压器衔铁大约处于 L_1 初级线圈的中点位置。

(3) 将音频振荡器和低频振荡器的幅度电位器逆时针轻轻转到底(幅度最小),按图 2-1-26 接线,并调整好有关部分,调整如下:① 检查接线无误后,合上主机箱电源开关,用示波器 CH1 通道观测音频振荡器 L_U 的频率和幅值,调节音频振荡器的频率、幅度旋钮使 L_U 输出 4~5 kHz、$U_{op-p}=2$ V。② 用示波器 CH2 通道观察相敏检波器输出(图中低通滤波器输出中接的示波器改接到相敏检波器输出),用手往下按住振动平台(让传感器产生一个大位移)仔细调节移相器的移相电位器,使示波器显示的波形为一个接近全波整流波形。③ 手离开振动台,调节升降杆(松开锁紧螺钉转动升降杆的铜套)的高度,使示波器显示的波形幅值为最小。④ 仔细调节差动变压器实验模板的 RW_1 和 RW_2(交替调节)使示波器(相敏检波器输出)显示的波形幅值更小,趋于一条接近零点线(否则再调节 RW_1 和 RW_2)。⑤ 调节低频振荡器幅度旋钮和频率(8 Hz 左右)旋钮,使振动平台振荡较为明显。用示波器观察相敏检波器的输入、输出波形及低通滤波器的输出波形(正确选择双踪示波器的“触发”方式,TIME/DIV 在 50~20 ms 范围内选择,VOLTS/DIV 在 1~0.1 V 范围内选择)。

(4) 定性地作出相敏检波器的输入、输出及低通滤波器的输出波形。

9. 电涡流传感器——位移特性实验

(1) 观察传感器结构,这是一个平绕线圈。调节测微头的微分筒,使微分筒的 0 刻度值与轴套上的 5 mm 刻度值对准。按图 2-1-27 安装测微头、被测体铁圆片、电涡流传感器(注意安装顺

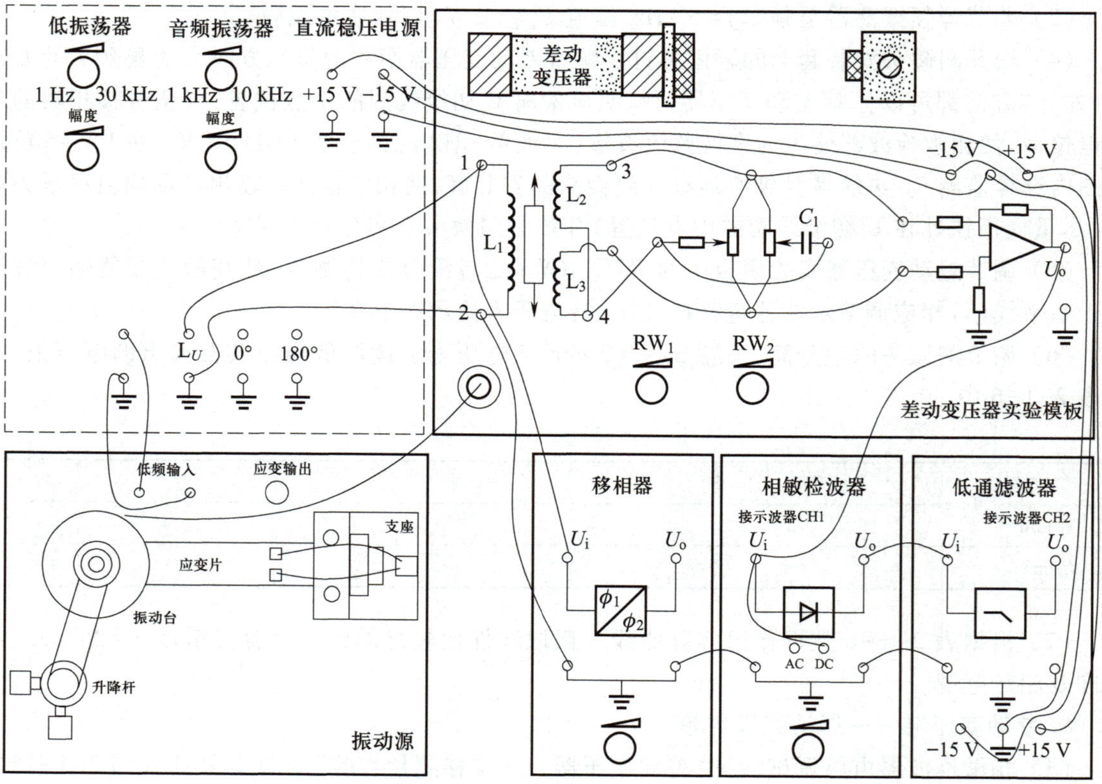

图 2-1-26

序。首先将测微头的安装套插入安装架的安装孔内，再将被测体铁圆片套在测微头的测杆上；然后在支架上安装电涡流传感器；最后平移测微头安装套使被测体与传感器端面紧贴并拧紧测微头安装孔的紧固螺钉)，再按图 2-1-27 示意图接线。

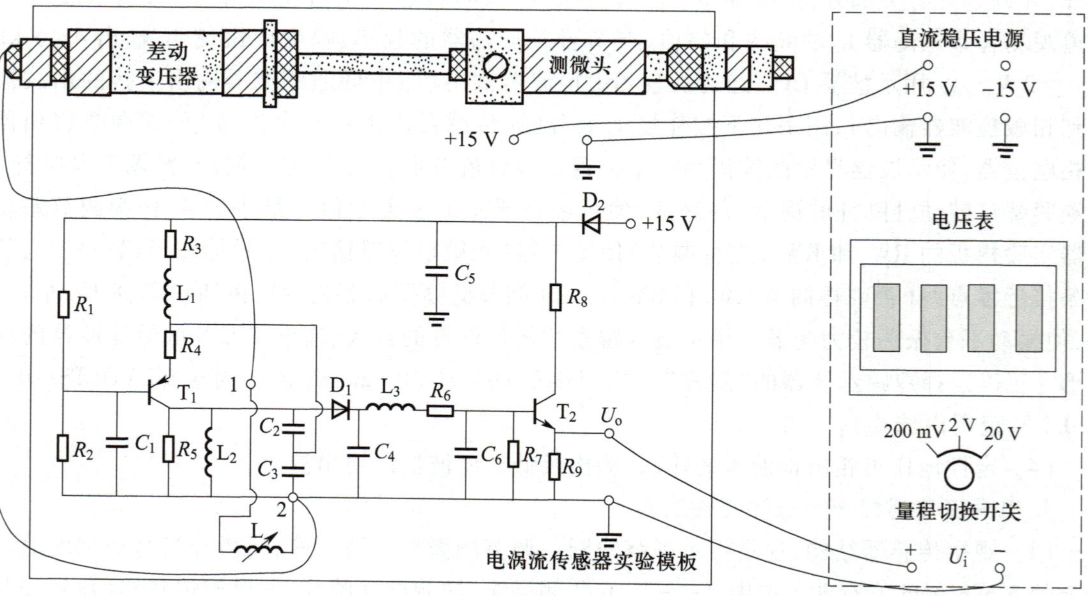

图 2-1-27

(2) 将电压表量程切换开关切换到 20 V 挡,检查接线无误后开启主机箱电源,记下电压表读数,然后逆时针调节测微头微分筒,每隔 0.1 mm 读一个数,直到输出 U_o变化很小为止,并将数据列入表 2-1-7 中(输入端即传感器二端可接示波器,以观测振荡波形)。

表 2-1-7

次数 i	1	2	3	…						
x/mm										
U_o/V										

(3) 根据表 2-1-7 中数据,画出 U_o-x 实验曲线,根据曲线找出线性区域比较好的范围计算灵敏度和线性度(可用最小二乘法或其他拟合直线)。

10. 电涡流传感器——被测体材质对电涡流传感器特性影响

(1) 实验步骤与方法与"电涡流传感器——位移特性实验"相同。

(2) 将"电涡流传感器——位移特性实验"中图 2-1-27 的被测体铁圆片换成铝和铜圆片,进行被测体为铝圆片和铜圆片时的位移特性测试(重复"电涡流传感器-位移特性实验"步骤),分别将实验数据列入表 2-1-8 和表 2-1-9。

表 2-1-8

次数 i	1	2	3	…						
x/mm										
U_o/V										

表 2-1-9

次数 i	1	2	3	…						
x/mm										
U_o/V										

11. 电涡流传感器——被测体面积大小对电涡流传感器的特性影响

(1) 传感器、测微头、被测体安装、接线与"电涡流传感器——位移特性实验"相同。

(2) 在测微头的测杆上分别用两种不同面积的被测铝材对电涡流传感器的位移特性影响进行实验,并分别将实验数据列入表 2-1-10。

表 2-1-10

次数 i	1	2	3	…						
x/mm										
被测体 1—U_o/V										
被测体 2—U_o/V										

（3）根据表 2-1-10 数据画出实验曲线。

【拓展题】

1. 传感器有哪些类型？说明其特性。
2. 举一个生活中传感器应用的例子，解释其工作原理和实现的功能。

2.2 PN 结正向压降温度特性分析

【实验综述】

采用不同的掺杂工艺,通过扩散作用,将 P 型半导体与 N 型半导体制作在同一块半导体基片上,二者交界面形成的空间电荷区就是 PN 结。PN 结具有单向导电特性,这种特性使得 PN 结成为电子设备中常见的二极管和晶体管组成元件。

PN 结还有一个特性就是 PN 结的电压降与温度相关,PN 结的正向电压降受温度影响显著,且在一定条件下具有线性关系。利用 PN 结正向压降随温度升高而降低的特性设计制作的温度传感器广泛应用于各个领域。

本实验主要探究 PN 结正向电压降的温度特性,并计算玻尔兹曼常量 k。

【实验目的】

1. 了解 PN 结基本电学特性,在室温下测量 PN 结电流与电压关系。
2. 掌握 PN 结正向电压降随温度升高而降低的特性,求该 PN 结温度传感器的灵敏度。
3. 学会测量玻尔兹曼常量,并计算在 0 K 温度时半导体硅材料的近似禁带宽度。

【背景知识】

物质按照导电能力的强弱可以分为导体、绝缘体和半导体三种。

1. 导体

导体一般是指电阻率很小且易于传导电流的物质。在导体中存在大量可以自由移动的带电粒子(载流子),如图 2-2-1(a)所示。导体在外电场 $\boldsymbol{E}_0$作用下,载流子会作定向运动,形成电场 $\boldsymbol{E}'$,产生电流,最后导体处于静电平衡,如图 2-2-1(b)所示。金属是最常见的一类导体,金属导体的电阻率一般随温度降低而减小,在极低温度下,某些金属与合金的电阻率将消失而转化为超导体。

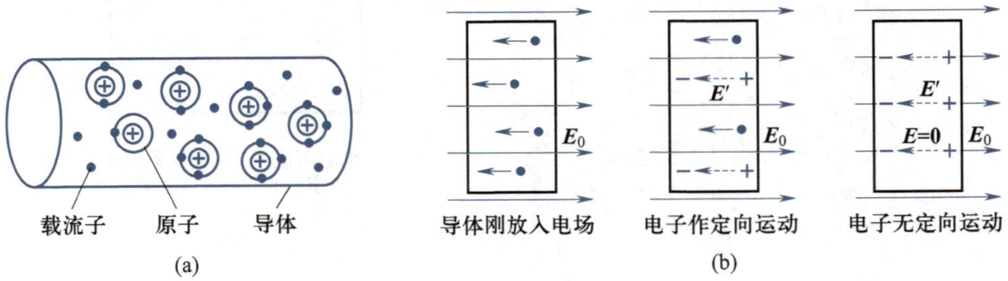

图 2-2-1

2. 绝缘体

绝缘体是一种不容易传导电流的电介质,其电阻率极高。绝缘体在某些条件下也可以转化为导体。电介质一般分为无极分子电介质(正负电荷中心重合)和有极分子电介质(正负电荷中心不重合)。电介质极化是指外电场作用下电介质显示电性的现象,电介质极化产生束缚电荷,从而形成附加电场。在外电场作用下,无极分子电介质发生位移极化,有极分子电介质发生取向极化(也有位移极化),如图 2-2-2 所示。空气是一种常见的绝缘体,高压输电线就是通过空气绝缘的。

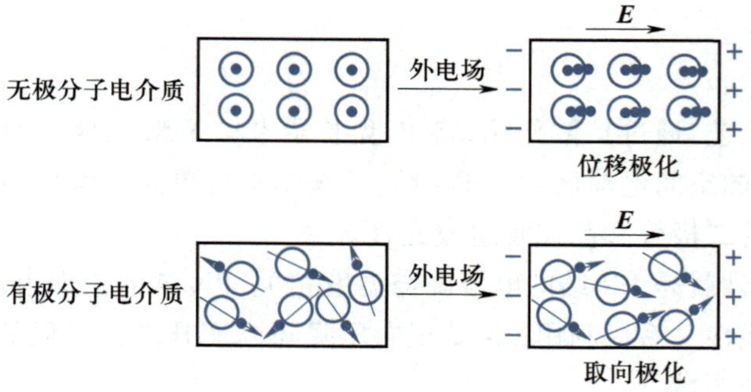

图 2-2-2

3. 半导体

半导体是一种导电能力介于绝缘体和导体之间的物质,按照载流子(空穴和电子)的不同可分为 P 型半导体和 N 型半导体,半导体的导电性能与载流子密度有关。半导体器件的最基本组成单元为 PN 结,PN 结具有正向导通、反向绝缘的功能。

(1) P 型半导体

P 型半导体又称空穴型半导体,是以带正电的空穴导电为主的半导体。其主要特点是掺入杂质越多,空穴浓度越高,导电性就越强。如图 2-2-3(a)所示,在硅或锗的晶体中掺入少量的三价元素(比如硼)就形成 P 型半导体,P 型半导体结构示意图如图 2-2-3(b)所示。

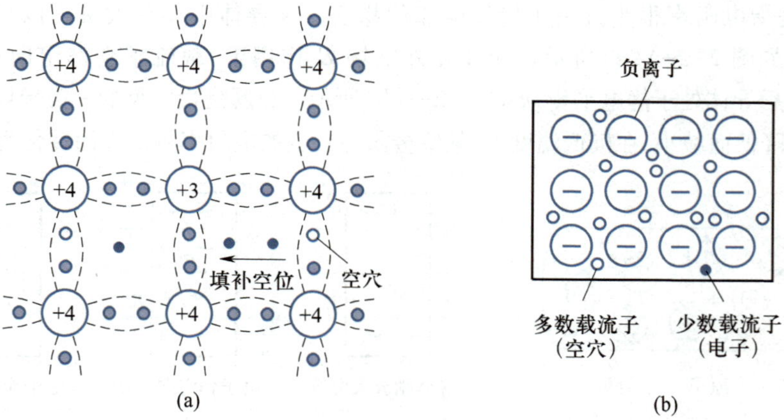

图 2-2-3

(2) N 型半导体

N 型半导体也称为电子型半导体,也就是自由电子浓度远大于空穴浓度的杂质半导体。如图 2-2-4(a)所示,在硅或锗的晶体中掺入少量的五价元素(比如磷)就形成 N 型半导体,N 型半导体结构示意图如图 2-2-4(b)所示。

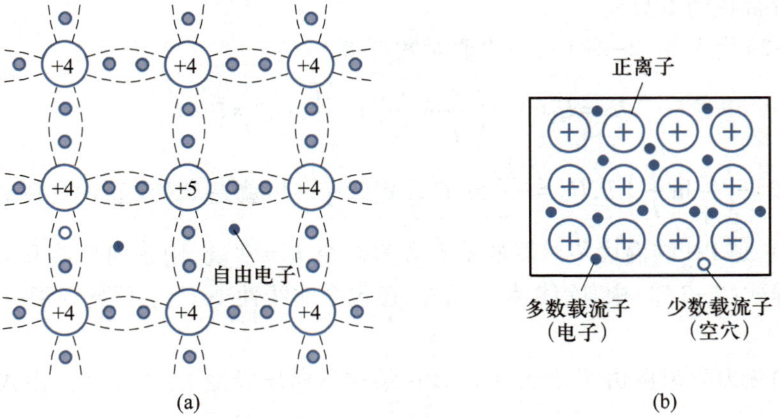

图 2-2-4

【实验原理】

1. PN 结

在同一半导体材料晶片内分别掺杂形成 P 型导电区与 N 型导电区,二者相接触的截面形成了 PN 结。由于 P 型半导体中以空穴为主,而 N 型半导体中以电子为主,所以在 PN 结处电子与空穴发生扩散,从而在 P 区与 N 区的界面形成了一定厚度的带正负电荷的空间层(空间电荷区),从而形成一个自建场。当自建场达到平衡时,P 区与 N 区之间产生电势差 U_{PN},如图 2-2-5 所示。

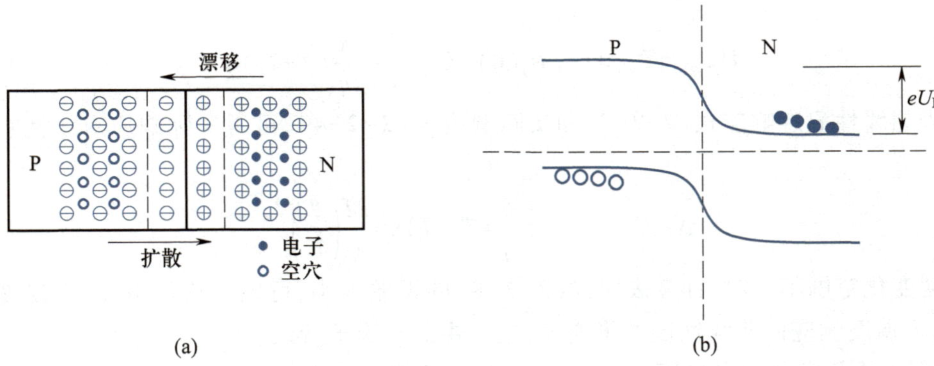

图 2-2-5

一般来说,对于一个理想的 PN 结,其正向电流 I_F 和压降 U_F 存在如下近似关系:

$$I_F = I_S \exp\left(\frac{qU_F}{kT}\right) \tag{2-2-1}$$

其中,q 为电子电荷,k 为玻尔兹曼常量,T 为热力学温度,I_S 为反向饱和电流。可以证明

$$I_S = cT^{\gamma} \exp\left(\frac{qU_g(0)}{kT}\right) \tag{2-2-2}$$

其中,c 是一个与结面积、掺杂浓度等有关的常量,γ 是一常量因子,$U_g(0)$ 为绝对零度时 PN 结材

料的导带底和价带顶的电势差。

将式(2-2-2)代入式(2-2-1),两边取对数可得

$$U_F = U_g(0) - \left(\frac{k}{q}\ln\frac{c}{I_F}\right)T - \frac{kT}{q}\ln T^{\gamma} = U_1 + U_{nl} \tag{2-2-3}$$

设 $U_1 = U_g(0) - \left(\frac{k}{q}\ln\frac{c}{I_F}\right)T$, $U_{nl} = -\frac{kT}{q}\ln T^{\gamma}$。式(2-2-3)就是PN结正向压降作为电流和温度函数的表达式,它是PN结温度传感器的基本方程。令 I_F = 常量,则正向压降只随温度变化而变化。但是在方程式(2-2-3)中,除线性项 U_1 外,还包含非线性项 U_{nl}。因此还要分析 U_{nl} 项所引起的非线性误差。

假设环境的热力学温度由 T_1 变为 T 时,PN结的正向压降由 U_{F1} 变为 U_F,由式(2-2-3)可得

$$U_F = U_g(0) - [U_g(0) - U_{F1}]\frac{T}{T_1} - \frac{kT}{q}\left(\frac{T}{T_1}\right)^{\gamma} \tag{2-2-4}$$

按理想的线性温度响应,U_F 应取如下形式:

$$U_{理想F} = U_{F1} + \frac{\partial U_{F1}}{\partial T}(T - T_1) \tag{2-2-5}$$

其中,$\frac{\partial U_{F1}}{\partial T}$ 等于 T_1 温度时的 $\frac{\partial U_F}{\partial T}$ 值。

另外由式(2-2-3)可得

$$\frac{\partial U_{F1}}{\partial T} = -\frac{U_g(0) - U_{F1}}{T_1} - \frac{k}{q}\gamma \tag{2-2-6}$$

因此有

$$U_{理想F} = U_g(0) - [U_g(0) - U_{F1}]\frac{T}{T_1} - \frac{k}{q}(T - T_1)\gamma \tag{2-2-7}$$

比较理想线性温度响应式(2-2-7)和实际响应式(2-2-4),可得实际响应对线性响应的理论偏差为

$$\Delta = U_{理想F} - U_F = \frac{k}{q}(T_1 - T)\gamma + \frac{kT}{q}\left(\frac{T}{T_1}\right)^{\gamma} \tag{2-2-8}$$

当温度变化范围不大时,计算表明式(2-2-8)的误差很小,可以忽略。不过,当温度变化范围很大时,U_F 温度响应的非线性误差将增大,这主要由 γ 因子所致。

综上可知,在恒流供电条件下,PN结的 U_F 对 T 的依赖关系主要取决于线性项 U_1,因此正向压降几乎随温度升高而线性下降,这就是PN结测温的依据。必须指出,上述结论仅适用于杂质全部电离、本征激发可以忽略的温度区间。如果温度低于或高于上述范围,由于杂质电离因子减小或本征载流子迅速增加,U_F-T 关系将产生新的非线性,这一现象说明 U_F-T 的特性还随PN结的材料而异。对于宽带材料(如GaAs)的PN结,其高温端的线性区则宽;而材料杂质电离能小(如InSb)的PN结,则低温端的线性范围宽。对于给定的PN结,即使在杂质导电和非本征激发温度范围内,其线性度也随温度的高低而有所不同,这是由非线性项 U_{nl} 引起的,由 U_{nl} 对 T 的二阶导数 $\frac{d^2U_{nl}}{dT} = \frac{1}{T}$ 可知,$\frac{dU_{nl}}{dT}$ 的变化与 T 成反比。因此 U_F-T 的线性度在高温端优于低温端,这是

PN 结温度传感器的普遍规律。

另外，由式(2-2-4)可知，减小 I_F 可以改善线性度，但并不能从根本上解决问题，目前行之有效的方法大致有两种。

其一是将三极管的基极与集电极短路，与发射集组成一个 PN 结，分别在不同电流 I_{F1}、I_{F2} 下工作，并由此获得两者电压之差($U_{F1}-U_{F2}$)与温度成线性函数关系，即

$$U_{F1}-U_{F2}=\frac{kT}{q}\ln\frac{I_{F1}}{I_{F2}} \tag{2-2-9}$$

由于晶体管的参量有一定的离散性，实际与理论仍存在差距，但与单个 PN 结相比，其线性度与精度均有所提高。

其二是采用电流函数发生器来消除非线性误差。由式(2-2-3)可知，非线性误差来自 T^{γ} 项，利用函数发生器，使 I_F 比例于热力学温度的 γ 次方，则 U_F-T 的线性理论误差 $\Delta=0$，实验结果与理论值颇为一致。

2. 运算放大器

OP07 型运算放大器用于组成电流-电压变换器(弱电流放大器)，如图 2-2-6 所示。其中虚线框内电阻 Z_r 为电流-电压变换器等效输入阻抗。由图 2-2-6 可知，运算放大器的输出电压 U_o 为

$$U_o=-K_0U_i \tag{2-2-10}$$

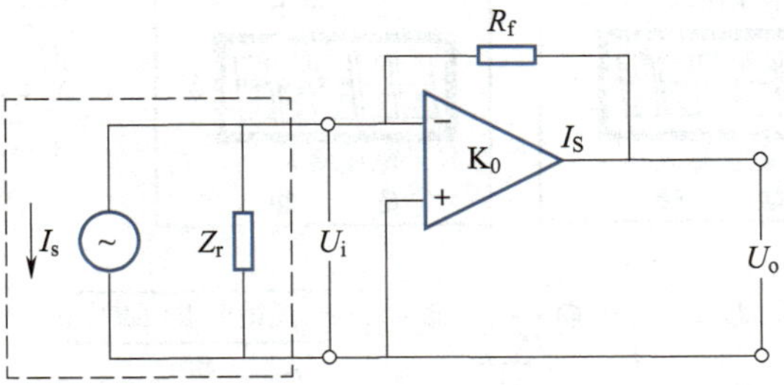

图 2-2-6

式(2-2-10)中，U_i 为输入电压，K_0 为运算放大器的开环电压增益，即图 2-2-6 中电阻 $R_f\to\infty$ 时的电压增益，R_f 称反馈电阻。因为理想运算放大器的输入阻抗 $r_i\to\infty$，所以信号源输入电流只流经反馈网络构成的通路。因而有

$$I_S=\frac{U_i-U_o}{R_f}=\frac{U_i(1+K_0)}{R_f} \tag{2-2-11}$$

由式(2-2-11)可得电流-电压变换器等效输入阻抗 Z_r 为

$$Z_r=\frac{U_i}{I_S}=\frac{R_f}{1+K_0}\approx\frac{R_f}{K_0} \tag{2-2-12}$$

由式(2-2-11)和式(2-2-12)可得电流-电压变换器输入电流 I_S 输出电压 U_o 之间的关系式，即

$$I_S=\frac{-U_o(1+K_0)}{K_0R_f}=\frac{-U_o(1+1/K_0)}{R_f}=\frac{-U_o}{R_f} \tag{2-2-13}$$

由式(2-2-13)可知,只要测得输出电压 U_o 和已知 R_f 值,即可求得 I_S 值。

以高输入阻抗集成运算放大器 LF356 为例,讨论 Z_r 和 I_S 值的大小 LF356 的开环增益 $K_0=2\times10^5$,输入阻抗 $r_i\approx10^{12}\ \Omega$,若取 $R_f=1.00\ \text{M}\Omega$,则由式(2-2-12)可得:$Z_r=1.00\times10^6\ \Omega/(1+2\times10^5)=5\ \Omega$。

【实验装置】

贝尔实验室的科学家罗素·奥尔(Russell Shoemaker Ohl)发现了硅 PN 结和光电效应,结型半导体和太阳能电池分别源于这两项发明。美国物理学家和发明家威廉·肖克利(William Shockley)提出了结型晶体管的概念,从此 PN 结成为电子工业界最常见的整流器形式,并成为半导体器件设计的基本构件。本实验系统由 PN 结样品、测定仪、恒温室及温度控制仪四部分组成。将 PN 结样品放入恒温室,连线接入测定仪,通过温度控制仪改变恒温室中样品的温度,利用测定仪测量 PN 结样品经放大电路后的输出电压。

1. 测定仪

测定仪由两个电压源、样品接口、放大电路和显示屏等单元组成,面板结构如图 2-2-7 所示。

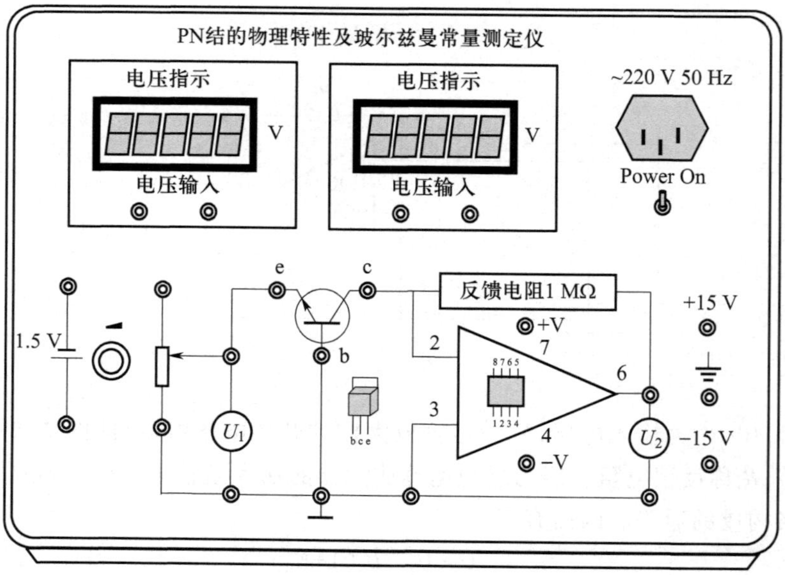

图 2-2-7

电压源有两组,一组 1.5 V 直流电源提供 I_F,电流输出范围为 0~1 000 μA 连续可调,其电压数值由显示屏显示;另一组±15V 直流电源为放大电路提供电压,其电压由导线接入显示屏接口进行显示。

PN 结样品制作成 TIP31 型三极管,测量引线接入面板上的 b、c、e 三个接口,样品放入恒温室。其输出电流经过 OP07 型运算放大器可将约 10^{-11} A 数量级的弱电流值转化为 0.01 mV 数量级的电压信号。

2. 恒温室与加热温度控制仪

恒温室与加热温度控制仪的界面图如图 2-2-8 所示。恒温室用于放置 PN 结样品，保证其温度恒定。测温探头采用热电偶温度传感器测量恒温室内温度，并将温度实时显示在加热温度控制仪的实测温度指示显示屏上。电压输入接头与加热温度控制仪上的加热电压输出接口连接，加热温度控制仪的温度设置按钮可设置恒温室温度并将温度值显示在设置温度指示显示屏上。温度读数精度为±0.1 ℃，温度控制稳定度为±0.1 ℃/10 min，温度设定范围为-5.0 ℃～+105 ℃，四位数码管显示。

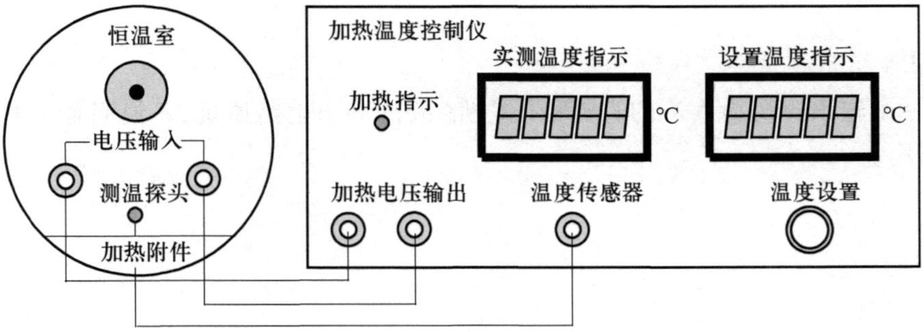

图 2-2-8

【实验内容】

1. I_F-U_F 关系实验

I_F-U_F 关系测定，并进行曲线拟合，求经验公式，计算玻尔兹曼常量。

（1）调节电压的分压器为多圈电位器，为保持 PN 结与周围环境一致，把 TIP31 型三极管浸没在盛有变压器油的干井槽中。

（2）在室温情况下，测量三极管发射极与基极之间的电压 U_1 和相应的电压 U_2。在常温下 U_1 的值从 0.3～0.42 V 范围内每隔 0.01 V 测一点数据，测 10 多个数据点，当 U_2 值达到饱和时（U_2 值变化较小或基本不变）结束测量。在记录数据开始和数据结束时，都要同时记录干井温度，取温度平均值 $\overline{T}$。

（3）求经验公式。运用最小二乘法，将实验数据分别代入线性回归、指数回归、乘幂回归这三种常用的基本函数，然后求出衡量各回归程序好坏的标准差 δ。对已测得的 U_1 和 U_2 各对数据，以 U_1 为自变量，U_2 作因变量，分别代入函数关系式：① 线性函数 $U_2=aU_1+b$；② 乘幂函数 $U_2=aU_1^b$；③ 指数函数 $U_2=a\exp(bU_1)$。求出各函数相应的 a 和 b 值，得出三种函数式。用标准差来检验哪一种函数符合物理规律，处理方法：把实验测得的各个自变量 U_F 分别代入三个基本函数，得到相应因变量的预期值 U_i^*，并由此求出各函数拟合的标准差 $\delta=\sqrt{\sum_{i=1}^{n}\frac{(U_i-U_i^*)^2}{n}}$，式中 n 为测量数据个数，U_i 为实验测得的因变量，U_i^* 为将自变量代入基本函数的因变量预期值。最后比较三种基本函数，标准差最小的函数拟合得最好。

（4）求玻尔兹曼常量，并与公认值进行比较。

2. U_F-T 关系实验

U_F-T 关系测定，求 PN 结温度传感器灵敏度 S，计算硅材料 0 K 时近似禁带宽度 E_{g0} 值。

（1）调节电源电压或电阻箱，使流过 PN 结的电流 $I_F=100\ \mu A$。

（2）调节温控器温度，从室温开始每隔 5 ℃~10 ℃测量 U_F，求得 U_F-T 关系。

（3）用最小二乘法对 U_F-T 关系进行直线拟合，求出 PN 结测温灵敏度 S 及近似求得温度为 0 K 时硅材料禁带宽度 E_{g0}。

【拓展题】

1. 简述 PN 结基本特性。

2. 设计一个输出直压为 5 V 的直流稳压电路，要求画出电路原理，并说明各个器件的工作原理、特性和作用。

2.3　北斗导航定位模拟设计与应用

【实验综述】

定位系统是以确定空间位置为目标而构成的相互关联的一个集合体或装置，它主要利用了波在传播过程中时间坐标和空间坐标关联的原理。定位系统的应用领域正在不断地开拓，包括导航、地理信息系统、物联网、无人机、自动驾驶汽车等。

本实验采用声源发射技术中的平面定位原理，进行二维和三维的声源定位模拟实验。通过本实验可以了解由传感器、信号处理电路和计算机组成的现代测量系统的基本知识，以及用计算机处理实验数据的一些基本方法。

【实验目的】

1. 加深理解压电效应原理。
2. 掌握电声转换和超声波发生与接收的机理。
3. 了解声源定位原理和方法。
4. 熟悉现代测量仪器和以计算机为中心的数字技术在物理实验中的应用。

【背景知识】

定位方法主要有基于时间的定位方法(TDOA)、基于信号角度的定位方法(AOA)和基于信号强度的定位方法(RSSI)等。

1. 基于时间的定位方法

TDOA 是一种基于测量信号到达监测站的时间差来确定信号源距离的方法。如图 2-3-1(a)所示，可通过未知信号源 M 发射的信号到达监测站 T_i 的时间来确定未知信号源的距离，只要确定未知信号源到各个监测站的距离，就能确定未知信号源的位置。TDOA 法不需要定位标签与定位基站之间进行往复通信，因此可以降低功耗。

2. 基于信号角度的定位方法

AOA 是一种通过测量信号到达角度的定位方法。如图 2-3-1(b)所示，通过参考监测站 T_i

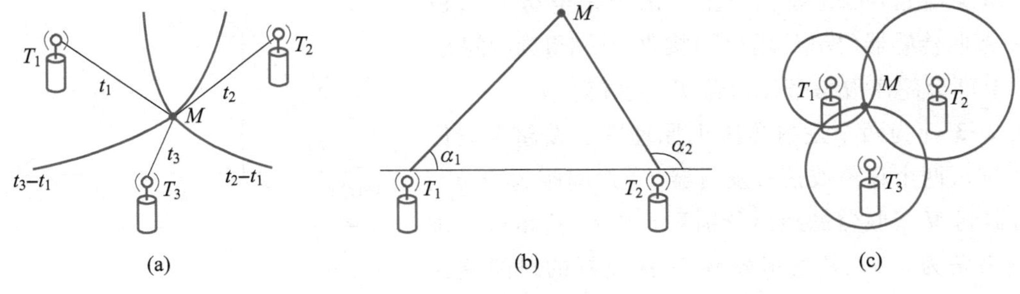

图 2-3-1

的阵列来测量未知信号源 M 信号的角度信息，再通过三角测量方法确定未知信号源的位置。AOA 法的主要特点是成本低、定位精度高。

3. 基于信号强度的定位方法

RSSI 是一种利用信号在传播过程中衰减的定位方法。如图 2-3-1(c)所示，它根据接收信号强度值来确定未知信号源 M 和监测站 T_i 之间的距离。RSSI 法测距不需要复杂的时间同步和相应的数据交换，不需要额外的硬件辅助设备，是一种简单易行的测距方法。

【实验原理】

1. 声源定位

双曲线定位是一种无源定位方法，它是通过处理三个或更多的信号到达时间差实现对目标定位。在二维平面中，目标源的声波信号到达两监测站的时间差确定了一条以两站为焦点的双曲线，再利用第三个监测站就可以形成两条双曲线，并产生交点，从而确定目标位置。

如图 2-3-2，布置三个接收传感器(监测站)T_0、T_1 和 T_2，它们的坐标分别为(x_0,y_0)、(x_1,y_1)和(x_2,y_2)。当平面上声源 $M(x,y)$ 发出超声波时，该声波信号将先后被 T_0、T_1 和 T_2 接收，设超声波信号到达 T_0、T_1 和 T_2 的时间分别为 t_0、t_1 和 t_2(实际上实验不能真正测到绝对时间，而只能测出它们之间的时间差)，超声波传播速度为 v，对传感器 T_0 和 T_1 而言，声波发出的位置应当在该两点的距离差 $v\Delta t_1=v(t_0-t_1)$ 为常量的动点的曲线上，这是一条双曲线。对传感器 T_0 和 T_2 而言，声波信号发出的位置应当在该两点的距离差 $v\Delta t_2=v(t_2-t_0)$ 为常量的动点的曲线上。因此，利用 Δt_1 和 Δt_2 可以得到两条双曲线，它们的交点就是声源所在的位置。

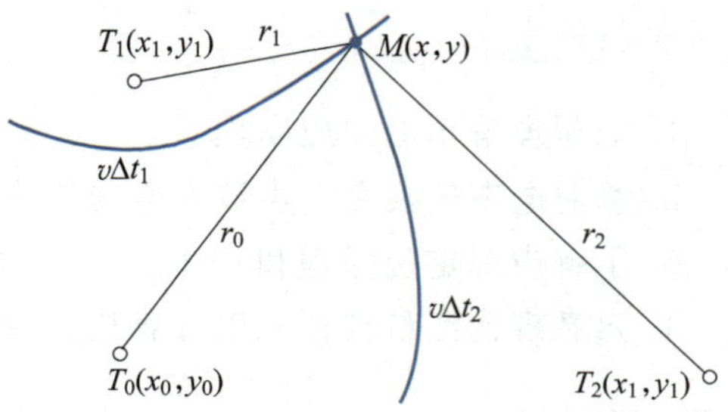

图 2-3-2

位置关系满足下面的表达式

$$(x_0-x)^2+(y_0-y)^2=r_0^2$$
$$(x_1-x)^2+(y_1-y)^2=r_1^2$$
$$(x_2-x)^2+(y_2-y)^2=r_2^2$$

2. 二维平面北斗定位的声学模拟

在二维平面的北斗定位声学模拟中，$T_i(x_i,y_i)(i=1,2,3,\cdots)$表示已知的信号发射器，模拟导航卫星发出超声波(导航卫星发出的是电磁波)，被 $M(x,y)$ 接收传感器(模拟"用户")接收，分别得到时间 t_i。

(1) 两个超声波信号发射器 T_1、T_2 阵列

图 2-3-3 为两个发射器阵列原理图。设超声波传播速度为 v，两个超声波信号发射器 T_1、T_2 间距为 D，T_1、T_2 发射器到 M 接收器的距离分别为 r_1 和 r_2，T_1 相对于 M 和 T_2 的夹角为 θ，T_1、T_2 发射器到 M 接收器的时间差为 $\Delta t=t_2-t_1$，则 $v\Delta t=r_2-r_1$，$h=r_1\sin\theta$，$h^2=r_2^2-(D-r_1\cos\theta)^2$，

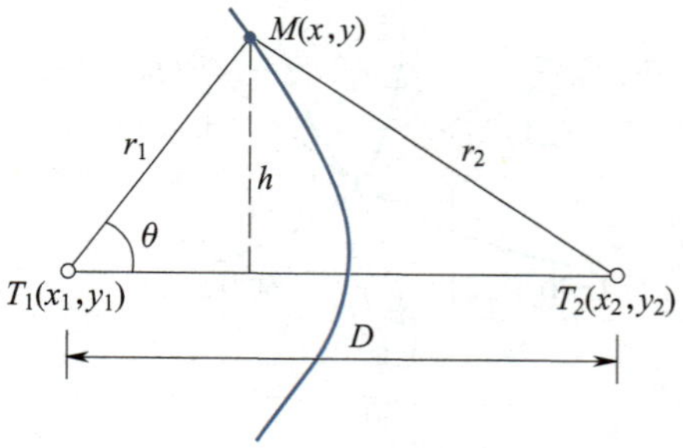

图 2-3-3

所以

$$r_1=\frac{D^2-v^2\Delta t^2}{2(v\Delta t+D\cos\theta)} \tag{2-3-1}$$

（2）三个超声波信号发射器 T_1、T_2、T_3阵列

图 2-3-4 为三个发射器阵列的原理图。设超声波传播速度为 v，两个超声波信号发射器 T_1、T_2间距为D_1，两个超声波信号发射器 T_1、T_3间距为D_2，T_1、T_2、T_3发射器到 M 接收器的距离分别为 r_1、r_2和 r_3，MT_1、T_2T_1和 T_3T_1相对于参考线的夹角为 θ、θ_1和 θ_3，T_1、T_2发射器到 M 接收器的时间差为 $\Delta t_1=t_2-t_1$，T_1、T_3发射器到 M 接收器的时间差为 $\Delta t_2=t_3-t_1$，则 $v\Delta t_1=r_2-r_1$，$v\Delta t_2=r_3-r_1$，所以

$$r_1=\frac{D_1^2-v^2\Delta t_1^2}{2[v\Delta t_1+D_1\cos(\theta-\theta_1)]} \tag{2-3-2}$$

$$r_1=\frac{D_2^2-v^2\Delta t_2^2}{2[v\Delta t_2+D_2\cos(\theta_3-\theta)]} \tag{2-3-3}$$

设 $a=\cos\theta_1$，$b=\sin\theta_1$，$c=\cos\theta_3$，$d=\sin\theta_3$，$e=D_1^2-v^2\Delta t_1^2$，$f=D_2^2-v^2\Delta t_2^2$，$g=v\Delta t_1$，$h=v\Delta t_2$，$A=eh-gf$，$B=fD_1a-eD_2c$，$T=fD_1b-eD_2d$，$X=\cos\theta$，则得到

$$(B^2+T^2)X^2-2ABX+A^2-T^2=0 \tag{2-3-4}$$

（3）四个超声波信号发射器 T_1、T_2、T_3、T_4阵列

图 2-3-5 为四个发射器阵列的原理图。由探头 T_1和 T_3到 M 的时差 Δt_x得到双曲线 1，由探头 T_2和 T_4到 M 的时差 Δt_y得到双曲线 2。T_1和 T_3的间距为 m，T_2和 T_4的间距为 n。设 $L_x=v\Delta t_x$，$\Delta t_x=t_1-t_3$，$L_y=v\Delta t_y$，$\Delta t_y=t_2-t_4$，则 $M(x,y)$坐标为

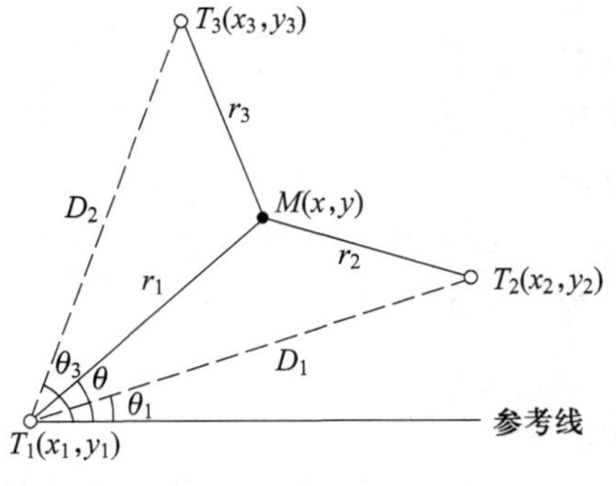

图 2-3-4

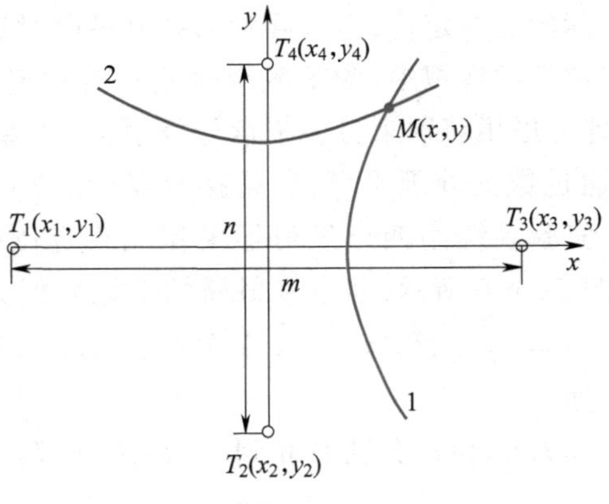

图 2-3-5

$$x=\frac{L_x}{2m}\left[L_x+2\sqrt{\left(x-\frac{m}{2}\right)^2+y^2}\right] \tag{2-3-5}$$

$$y=\frac{L_y}{2n}\left[L_y+2\sqrt{\left(y-\frac{n}{2}\right)^2+x^2}\right] \tag{2-3-6}$$

由式（2-3-5）得

$$y^2=\left(\frac{m^2}{L_x^2}-1\right)x^2+\left(\frac{L_x^2}{4}-\frac{m^2}{4}\right) \tag{2-3-7}$$

设 $A=\frac{m^2}{L_x^2}-1, B=\frac{L_x^2}{4}-\frac{m^2}{4}$,则

$$y^2=Ax^2+B \tag{2-3-8}$$

由式(2-3-6)得

$$x^2=\left(\frac{n^2}{L_y^2}-1\right)y^2+\left(\frac{L_y^2}{4}-\frac{n^2}{4}\right) \tag{2-3-9}$$

设 $E=\frac{n^2}{L_y^2}-1, F=\frac{L_y^2}{4}-\frac{n^2}{4}$,则

$$x^2=Ey^2+F \tag{2-3-10}$$

联立式(2-3-8)和式(2-3-10),得

$$y^2=\frac{AF+B}{1-AE} \tag{2-3-11}$$

求得 y,代入式(2-3-10),可求得 x。

下面是四个象限的时间差分布情况:

(1) $\Delta t_x=t_1-t_3>0, \Delta t_y=t_2-t_4>0$,则为 $+x$, $+y$ 范围。

(2) $\Delta t_x=t_1-t_3>0, \Delta t_y=t_2-t_4<0$,则为 $+x$, $-y$ 范围。

(3) $\Delta t_x=t_1-t_3<0, \Delta t_y=t_2-t_4>0$,则为 $-x$, $+y$ 范围。

(4) $\Delta t_x=t_1-t_3<0, \Delta t_y=t_2-t_4<0$,则为 $-x$, $-y$ 范围。

3. 三维空间北斗定位的声学模拟

实际的北斗定位,至少要对四颗卫星同时进行测量。以确定地球坐标系中的三维坐标。在北斗定位声学模拟中,为了减小时差不准对定位精度的影响,设计考虑用获取来自多个信号发射器(卫星)的位置和时差,通过数据处理平台,获得接收器(用户)的相关位置信息。实验系统用四个发射器模拟北斗定位中的卫星阵列,如图 2-3-6 所示,四个发射器的坐标分别为 $T_1(x_1, y_1, z_1)$、$T_2(x_2, y_2, z_2)$、$T_3(x_3, y_3, z_3)$、$T_4(x_4, y_4, z_4)$,$M(x, y, z)$ 为定位目标。

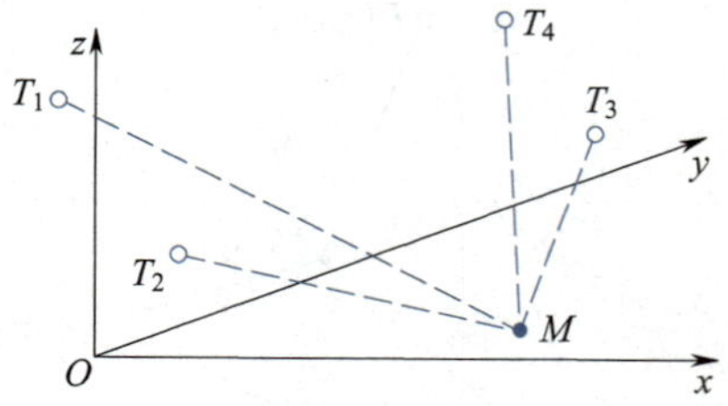

图 2-3-6

设 t_1、t_2、t_3 和 t_4 分别为 M 到 T_1、T_2、T_3 和 T_4 的时间,$\Delta t_1=t_2-t_1$,$\Delta t_2=t_3-t_1$,$\Delta t_3=t_4-t_1$;v 为声速;$l_1=v\Delta t_1$,$l_2=v\Delta t_2$,$l_3=v\Delta t_3$;$f(1)=\sqrt{(x_1-x)^2+(y_1-y)^2+(z_1-z)^2}$;$f(2)=\sqrt{(x_2-x)^2+(y_2-y)^2+(z_2-z)^2}$;$f(3)=\sqrt{(x_3-x)^2+(y_3-y)^2+(z_3-z)^2}$;$f(4)=\sqrt{(x_4-x)^2+(y_4-y)^2+(z_4-z)^2}$。因此有

$$f(2)-f(1)=v\Delta t_1=l_1 \tag{2-3-12}$$

$$f(3)-f(1)=v\Delta t_2=l_2 \tag{2-3-13}$$

$$f(4)-f(1)=v\Delta t_3=l_3 \tag{2-3-14}$$

设 $f_1(x,y,z)=f(2)-f(1)-l_1$;$f_2(x,y,z)=f(3)-f(1)-l_2$;$f_3(x,y,z)=f(4)-f(1)-l_3$。

如果 $f_1(x,y,z)=f_2(x,y,z)=f_3(x,y,z)=0$,则 x、y、z 就是解。

设模函数 $F(x,y,z)=f_1^2(x,y,z)+f_2^2(x,y,z)+f_3^2(x,y,z)$,若 $F(x,y,z)=0$,则 x、y、z 就是解。

设 $x(0)$、$y(0)$、$z(0)$是第 0 步(初始)时的试样解,$x(k)$、$y(k)$、$z(k)$是第 k 步的试样解,则

$$x(k)=x(k-1)-\Delta x(k),\Delta x(k)=h(k)\cdot\left.\frac{\partial F}{\partial x}\right|_{x=x(k-1),y=y(k-1),z=z(k-1)}$$

$$y(k)=y(k-1)-\Delta y(k),\Delta y(k)=h(k)\cdot\left.\frac{\partial F}{\partial y}\right|_{x=x(k-1),y=y(k-1),z=z(k-1)}$$

$$z(k)=z(k-1)-\Delta z(k),\Delta z(k)=h(k)\cdot\left.\frac{\partial F}{\partial z}\right|_{x=x(k-1),y=y(k-1),z=z(k-1)}$$

用 MATLAB 软件进行梯度法求解 M 点的坐标 x、y、z。

【实验装置】

北斗卫星导航系统(beidou satellite navigation system,BDS)由多颗运行在地球轨道的卫星组成,其运行和管理由我国国家航天局负责。该系统采用了多模组合技术,综合了不同系统的导航卫星,从而提供更高的导航精度和可靠性。本实验的模拟北斗卫星定位实验装置由实验平台和测量控制仪组成。

1. 实验平台

实验平台上装有信号发射探头(代表模拟卫星)和信号接收探头(代表目标探测物),如图 2-3-7 所示。在装置平台平面内有直角坐标系和极坐标系两套坐标系,目标探测物在平台上的位置也可通过平台坐标确定。目标探测物只能在平面内自由移动,四个模拟卫星可在平面内自由移动,并且可在固定杆上升降,实现等效的三维空间。四个信号发射探头和信号接收探头都是采用压电陶瓷换能器制成。

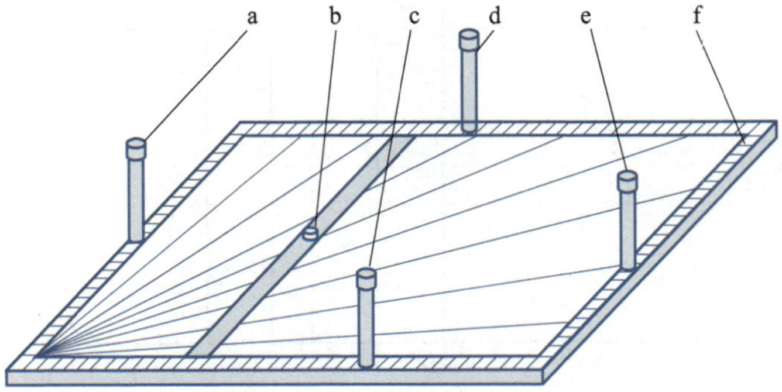

图 2-3-7

a、c、d、e—发射探头;b—接收探头;f—带标度平面

2. 测量控制仪

测量控制仪面板如图 2-3-8 所示。将信号发射探头连线接入“发射端”,信号接收探头连线接入“接收端”。显示屏可以显示信号接收探头接收到不同信号发射探头发射信号的时间。测量时要保证信号发射探头与信号接收探头尽量对准,确保能够接收到信号。“复位”按钮可重置设备参量。选择某个信号发射探头,按“确认键”,即可显示该环境温度下信号发射探头与信号

接收探头之间的传输时间。

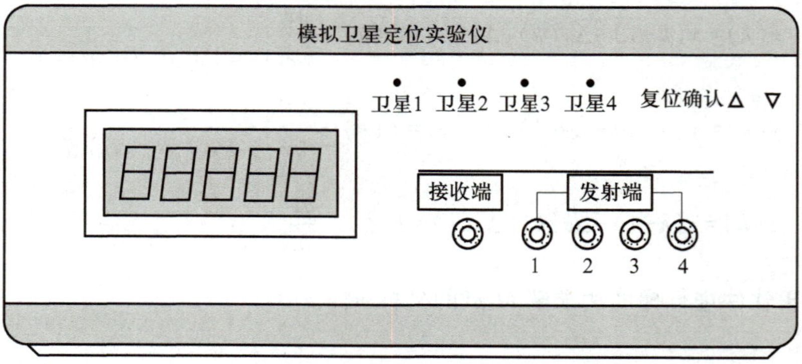

图 2-3-8

3. 压电陶瓷超声换能器

压电陶瓷超声换能器由两片压电陶瓷环片(由石英和锆钛酸铝等材料制成)和轻重两种金属组成。如图 2-3-9 所示,头部轻金属(铝)与一片压电陶瓷片黏合,尾部的钢质重金属与另一片压电陶瓷片黏合,两片之间夹一铜箔制成的圆环,作为引出电极。穿心螺钉将所有器件紧固成一体,但不与引出线接触,这样头尾轻重金属为一电极,铜箔片为另一电极,在压电陶瓷环片上的两个底面上加上正弦交流电压,它就按正弦规律产生振动而直接影响头部铝质轻金属,使头部轻金属发射声波。而尾部钢质金属较重,伸缩作用小,反射的声波也小。同样压电陶瓷片也可以使声压转化为电压的变化,用来作为超声波的接收器。

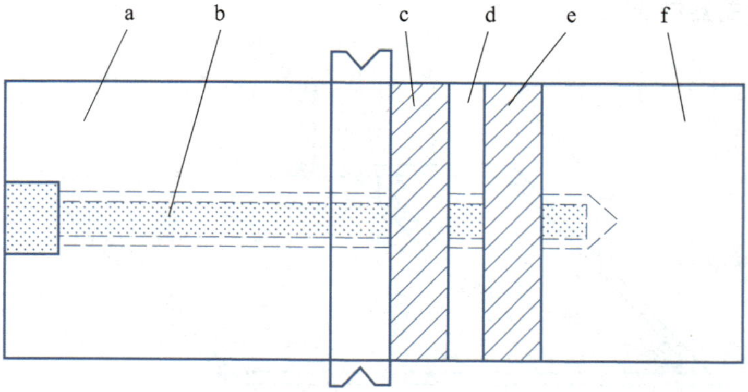

图 2-3-9

a—尾部重金属;b—紧固螺钉;c、e—压电陶瓷环片;d—铜箔引线;f—头部轻金属

【实验内容】

1. 三个声源系统的二维定位

(1) 利用皮卷尺测量发射器 T_1、T_2与 T_3间的距离D_1、D_2;利用测角仪分别测量 T_1T_2和 T_1T_3与参考线间的角度θ_1、θ_3。

(2) 测量距离 r_1和角度 θ,数据记录在表 2-3-1 中。

(3) 设置测量点 M 的位置，测量 T_1、T_2、T_3 到达测量点 M 的时间，数据记录在表 2-3-1 中。

(4) 根据公式计算距离 r_1 和角度 θ，数据记录在表 2-3-1 中。

表 2-3-1

	T_1 到测量点的时间	T_2 到测量点的时间	T_3 到测量点的时间	r_1/cm		θ/(°)	
测量点	$t_1/\mu s$	$t_2/\mu s$	$t_3/\mu s$	实测值	计算值	实测值	计算值
A							
B							
C							
D							
E							
F							
G							
H							
I							
J							
K							

2. 四个声源系统的二维定位

(1) 利用皮卷尺测量 T_1 和 T_3 的间距 m 以及 T_2 和 T_4 的间距 n。

(2) 用皮卷尺测量测量点在坐标系中的坐标值 x、y，数据记录在表 2-3-2 中。

(3) 设置测量点 M 的位置，测量 T_1、T_2、T_3、T_4 到达测量点 M 的时间，数据记录在表 2-3-2 中。

(4) 根据公式计算测量点 M 位置的坐标值 x、y，数据记录在表 2-3-2 中。

表 2-3-2

	T_1 到测量点的时间	T_2 到测量点的时间	T_3 到测量点的时间	T_4 到测量点的时间	x/cm		y/cm	
测量点	$t_1/\mu s$	$t_2/\mu s$	$t_3/\mu s$	$t_4/\mu s$	实测值	计算值	实测值	计算值
A								
B								
C								
D								
E								
F								

续表

	T_1到测量点的时间	T_2到测量点的时间	T_3到测量点的时间	T_4到测量点的时间	x/cm		y/cm	
测量点	$t_1/\mu s$	$t_2/\mu s$	$t_3/\mu s$	$t_4/\mu s$	实测值	计算值	实测值	计算值
G								
H								
I								
J								
K								

3. 三维空间北斗定位声源模拟

（1）利用皮卷尺测量四个超声波探头阵列的坐标 $T_1(x_1,y_1,z_1)$、$T_2(x_2,y_2,z_2)$、$T_3(x_3,y_3,z_3)$、$T_4(x_4,y_4,z_4)$。

（2）设置测量点 M 的位置，测量 T_1、T_2、T_3、T_4到达测量点的时间，数据记录在表 2-3-3 中。

（3）用皮卷尺测量测量点 M 在坐标系中的坐标 x、y、z，数据记录在表 2-3-3 中。

（4）借助 MATLAB 软件用梯度法求解 M 点的坐标 x、y、z，数据记录在表 2-3-3 中。

表 2-3-3

	T_1到测量点的时间	T_2到测量点的时间	T_3到测量点的时间	T_4到测量点的时间	x/cm		y/cm		z/cm	
测量点	$t_1/\mu s$	$t_2/\mu s$	$t_3/\mu s$	$t_4/\mu s$	实测值	计算值	实测值	计算值	实测值	计算值
A										
B										
C										
D										
E										
F										
G										
H										
I										
J										
K										

【拓展题】

1. 简述基于时间的定位方法进行定位模拟的基本原理。

2. 设计一个借助智能手机的“小车跟人”系统，要求画出系统框图，说明小车跟随人（拿着手机）移动的原理。

2.4 声波多普勒效应与频谱分析

【实验综述】

多普勒效应是指波源和接收者存在相对运动时,接收者接收到波的频率与波源发出的频率出现频移的现象,频移程度与波源和接收者的运动速度有关。最常见的多普勒效应有电磁波多普勒效应和声波多普勒效应两类。其中,声波多普勒效应是指当波源和观察者之间有相对运动时,观察者感受到的声波频率会发生变化的现象。当波源离观察者而去时,声波的波长增加,频率降低;当波源接近观察者时,声波的波长减小,频率升高。

本实验主要探究声波多普勒效应及其频移现象。

【实验目的】

1. 掌握声波多普勒效应基本原理。
2. 学会设计一维和二维相对运动的声波多普勒效应实验。
3. 学会用频谱分析方法测量声波频率。

【背景知识】

多普勒效应反映出频率对速度的响应特性,具有广泛的应用价值。下面介绍几种常见的利用多普勒效应制作的仪器。

1. 激光测振仪

多普勒激光测振仪主要由激光源、光电探测器和信号处理系统组成。由于光电探测器的输出信号混合了方向、频率已知的参考光束,因此能够分辨出被测物体表面的运动速度、幅度和频率等振动特性的信息。如图 2-4-1 所示,频率为 f_0的激光器发出的激光通过分光镜分成测量光和参考光。测量光聚焦到被测物体表面,物体振动引起多普勒频移 f_d,$f_d=2v/\lambda=2vf_0/c$,其中,v 是物体的运动速度,λ 是激光波长,c 是光速。物体反射光与参考光在光电探测器表面产生干涉,干涉信号的频率为 f_0+f_d,它携带了被测物体的振动信息。信号处理系统将频移信号转换为速度

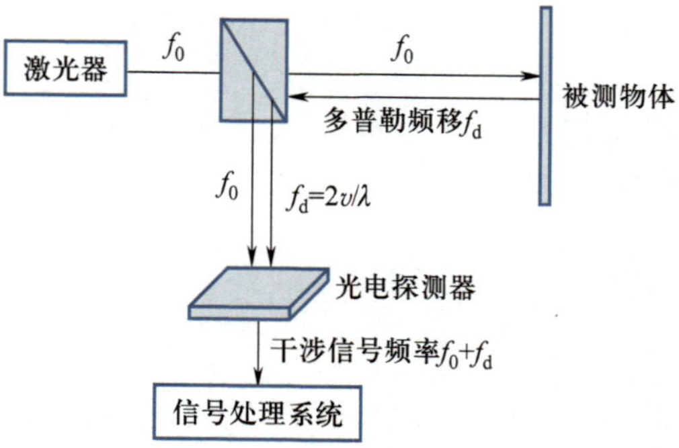

图 2-4-1

和位移信号，从而得出物体振动的振幅和频率。

2. 超声测心动图仪

常规超声心动图能显示心脏结构的边缘，但无法测量血液在心脏中流动的速度。超声测心动图仪结合多普勒效应，当超声波被传输到心脏中时，心脏血管内随血液流动的细胞会反射声波，细胞运动的速度和方向都会引起频率的变化，从而将被测量显示出来。如图 2-4-2 所示，超声探头发出超声波的频率为 f_0，心脏反射多普勒信号的频率为 f_1，心脏血液细胞运动产生频移为 $f_d = f_1 - f_0$。

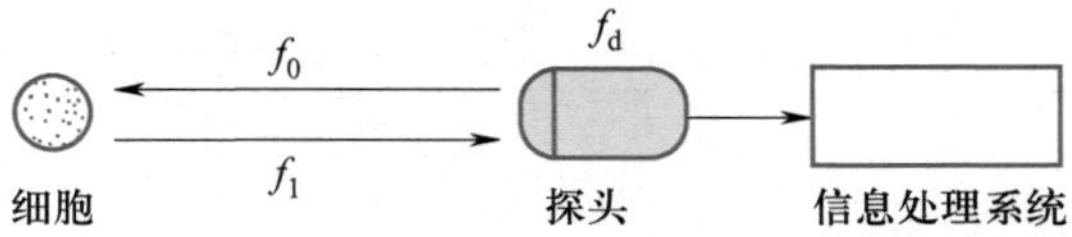

图 2-4-2

3. 测速雷达

雷达是通过电磁波的发射、反射和接收进行距离、方位角和速度测量的仪器，其中速度的测量就是利用了多普勒效应。当雷达发射的电磁波遇到移动的物体时，这些波会被反射回来，反射回来的波的频率会因物体相对于雷达的运动而发生改变。如果物体是静止的，反射回来的电磁波的频率不会发生变化；但如果物体在移动，它会影响电磁波的频率，导致频率的升高或降低。雷达通过接收这些被反射回来的电磁波，并利用多普勒效应来计算物体的速度。如图 2-4-3 所示，目标物体移动引起多普勒频移 f_d，$f_d = \dfrac{2f_0 v}{c}\cos\alpha$，其中，$v$ 是目标物体的运动速度，f_0是雷达发射的电磁波频率，c 是光速，α 是雷达波束与目标物体运动方向的夹角。

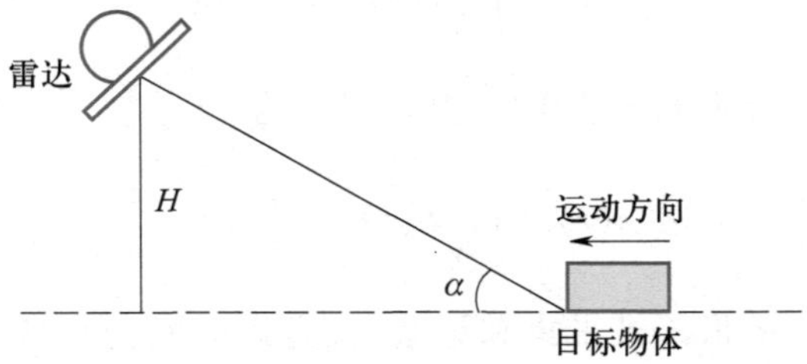

图 2-4-3

【实验原理】

1. 声波多普勒效应

如图 2-4-4，根据声波的多普勒效应，当声源与接收器之间有相对运动且彼此靠近时，接收器收到的频率 f 为

$$f=\frac{v_0+v_1\cos\alpha_1}{v_0-v_2\cos\alpha_2}f_0 \tag{2-4-1}$$

其中，f_0为声源发射频率，v_0为声速，v_1为接收器运动速率，α_1为声源与接收器连线和接收器运动方向之间的夹角，v_2为声源运动速率，α_2为声源与接收器连线和声源运动方向之间的夹角。

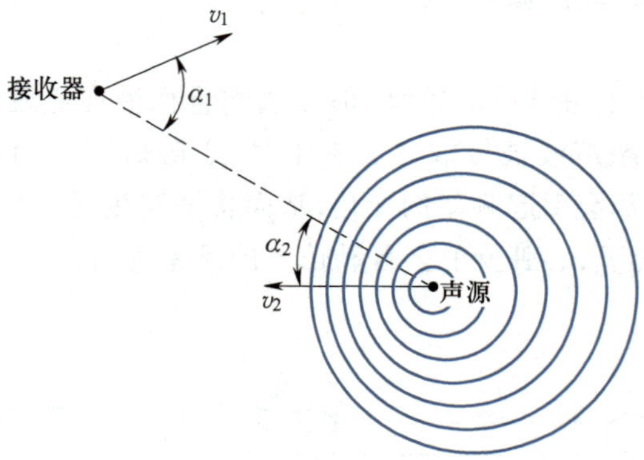

图 2-4-4

如果声源和接收器在同一直线上运动，则$\alpha_1=\alpha_2=0$，式(2-4-1)可简化为

$$f=\frac{v_0+v_1}{v_0-v_2}f_0 \tag{2-4-2}$$

若已知声源频率f_0和声速v_0，通过测量接收频率f就能根据式(2-4-2)得出接收器和声源速度之间的关系；同样地，若已知声源频率f_0、接收器运动速度和声源运动速度，通过测量接收频率f就能根据式(2-4-2)计算出声速v_0。

2. 声波频谱分析

对于以时间为自变量的函数$s(t)$，采用傅里叶变换可得到其以频率为自变量的函数$S(f)$。这种变换有助于分析原函数中包含的频率特征，其定义式为

$$S(f)=\int_{-\infty}^{+\infty}s(t)\cdot \mathrm{e}^{-\mathrm{i}2\pi ft}\mathrm{d}t \tag{2-4-3}$$

相应地，从$S(f)$变换到$s(t)$为傅里叶逆变换，其定义式为

$$s(t)=\int_{-\infty}^{+\infty}S(f)\cdot \mathrm{e}^{\mathrm{i}2\pi ft}\mathrm{d}f \tag{2-4-4}$$

声波通常是以音频信号的形式被采集和记录，且是以时间为自变量的函数，称为时域函数，属于实函数。经过式(2-4-3)变换后则成为频域函数，变成复函数。频谱分析是指将时域函数经傅里叶变换得到频域函数的频率特征的分析。

一般来说，数字化的音频信号是等时间间隔的离散数据，并不能按照式(2-4-3)进行积分运算，而需要通过离散傅里叶变换进行计算。假设采集的音频信号为$s[n]$，其数据总长度为N，离散傅里叶变换的定义式为

$$S[k]=\sum_{n}s_N[n]\cdot \mathrm{e}^{-\mathrm{i}2\pi\frac{k}{N}n},\quad k\in\mathbb{Z} \tag{2-4-5}$$

其傅里叶逆变换为

$$s_N[n]=\frac{1}{N}\sum_{k}S[k]\cdot \mathrm{e}^{\mathrm{i}2\pi\frac{n}{N}k},\quad k\in\mathbb{Z} \tag{2-4-6}$$

在各类频谱分析软件中正是加入了离散算法，从而实现对音频数据的傅里叶变换计算。在大部分编程性的数学软件中，还附有进一步提速离散算法的快速傅里叶变换（FFT）函数。图 2-4-5 展示了音频波形图和经快速傅里叶变换后的曲线图。从音频波形中可以看到，特定周期 T_s 的振荡与频域强度曲线出现的峰的频率 f_s 互相对应，满足 $T_s=1/f_s$。频域曲线的峰出现的展宽和音频波形的周期不稳定有关。对于单一频率的音频信号，通过频谱分析能够很容易地找到频谱峰，从而得到声波对应的频率。

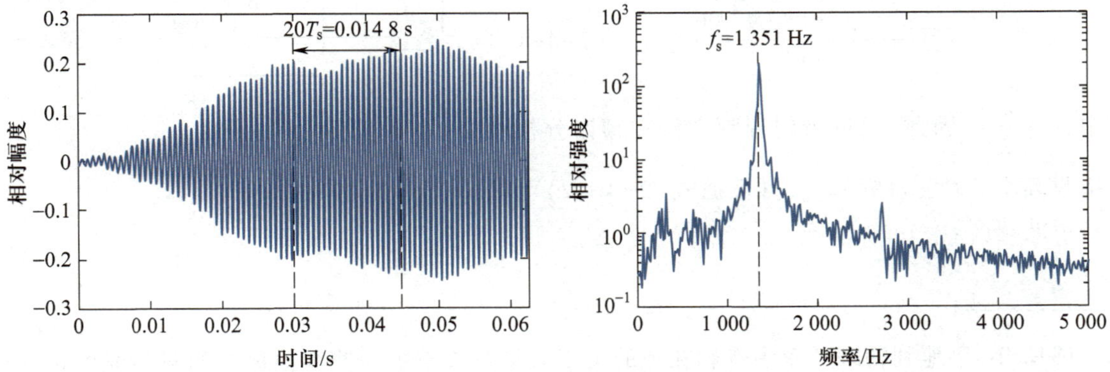

图 2-4-5

3. 一维相对运动多普勒效应法测量声速

如果将声源位置固定，即 $v_2=0$，且接收器跟随小车匀速运动，则多普勒效应公式（2-4-2）化简为

$$f=\frac{v_0+v_1}{v_0}f_0 \tag{2-4-7}$$

设挡光片宽度为 Δs，挡光片通过光电门的时间 Δt，则得到小车匀速运动速度 v_1 为

$$v_1=\frac{\Delta s}{\Delta t} \tag{2-4-8}$$

采用固定的声源发射频率 f_0，通过录制音频文件和频谱分析得到接收频率 f 和发射频率 f_0，因此声速为

$$v_0=\frac{f_0}{f-f_0}\cdot\frac{\Delta s}{\Delta t} \tag{2-4-9}$$

同样，如果将接收器位置固定，则 $v_1=0$，且声源跟随小车匀速运动，则声速为

$$v_0=\frac{f}{f-f_0}\cdot\frac{\Delta s}{\Delta t} \tag{2-4-10}$$

4. 二维相对运动多普勒效应法测量声速

将声源静置于仪器轨道外一侧，即 $v_2=0$，小车运动情况如图 2-4-6 所示，其运动速度可由光电门测出。设声源与接收器连线与接收器运动方向之间的夹角 α_1，则式（2-4-1）化简为

$$f=\frac{v_0+v_1\cos\alpha_1}{v_0}f_0 \qquad (2-4-11)$$

根据图 2-4-6,由式(2-4-11)以及三角函数关系可得 $s=b-v_1t$, $\cos\alpha_1=\frac{s}{\sqrt{a^2+s^2}}$,所以

$$f=\frac{v_0+v_1\frac{b-v_1t}{\sqrt{(b-v_1t)^2+a^2}}}{v_0}f_0 \qquad (2-4-12)$$

式中,$v_1=\frac{\Delta s}{\Delta t}$。因此,通过录制音频文件和频谱分析得到接收频率 f 和发射频率 f_0,再根据式(2-4-12)可以计算声波速度。

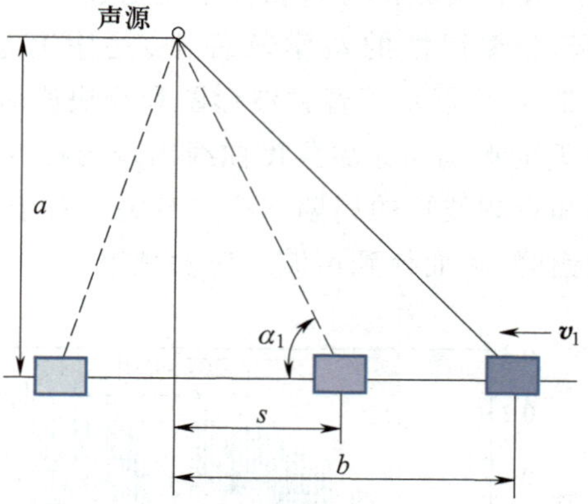

图 2-4-6

【实验装置】

1842 年,奥地利物理学家多普勒在他的关于双星及天空中一些其他星体的彩色光的论文中首次观测到波的频率取决于波源和观察者的相对速度。1845 年,荷兰化学家巴洛特在行驶的列车上对声波进行实验,证实当声源向接收者靠近时,声音的频率比发射频率更高,当声源远离接收者时,声音的频率比发射频率更低。后来这些现象被称为多普勒效应。本实验仪就是声波多普勒效应验证实验仪器。

声波多普勒效应实验装置示意图如图 2-4-7 所示。

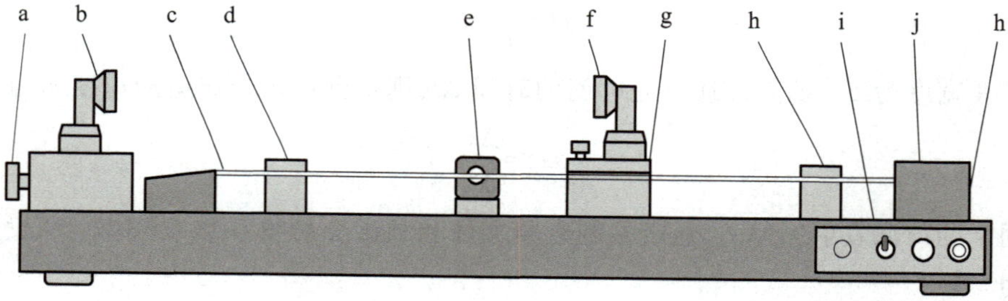

图 2-4-7

a—传送带松紧旋钮;b—信号发生器;c—传送带;d—停止阀;e—测速光电门;f—信号接收器;g—小车;h—停止阀;i—速度变换;j—速度调节旋钮;k—小车启动按钮

1. 仪器系统功能

(1) 多普勒效应实验仪可以测量和显示信号发生器的频率以及小车挡光片通过光电门的时间,如图 2-4-8 所示。

(2) 实验中,可以通过启动按钮控制皮带轮带动小车作往返运动,其速度大小由底座上的速度调节旋钮调节。

(3) 小车上装有挡光片,通过测量挡光片穿过光电门的时间可以计算其速度。

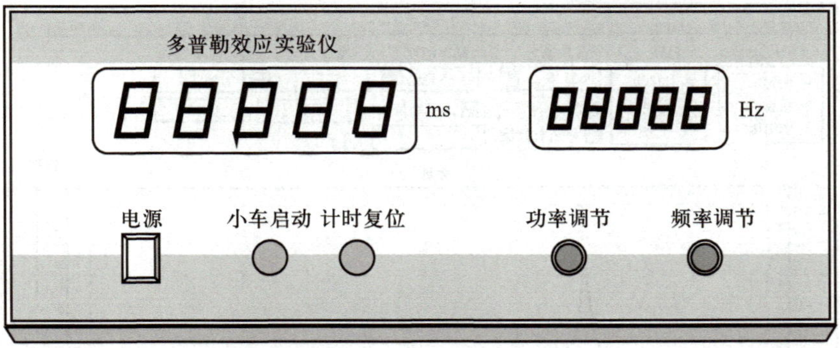

图 2-4-8

(4) 声波发射器和接收器可互换位置,以满足实验需要。

(5) 当挡光片进入停止阀时,小车停止运动。

2. 声波信号采集方法

(1) 直接采集:将声波接收器信号线插入计算机音频输入口,通过音频软件实时录制音频文件(小车运动前开始录音,停止后停止录音)。

(2) 录音采集:录音机示意图如图 2-4-9 所示,将录音机放置在小车上的盒中,录音口与声源相对,作为声波信号接收器。实验时分别录制各过程中的音频信号(小车运动前开始录音,停止后停止录音),保存在录音机中。实验结束后,将音频文件导入计算机。

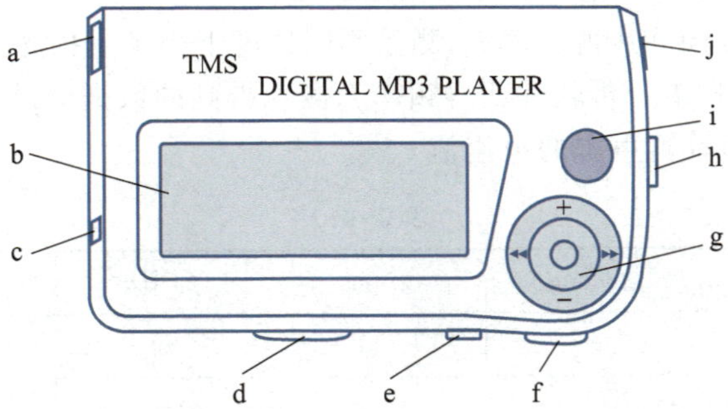

图 2-4-9

a—电池盒;b—显示窗口;c—USB 接口;d—USB 伸缩按键;e—外录连接孔;f—开机/停机;g—音量/选曲;h—耳机插孔;i—录音;j—麦克风

3. 频谱分析方法

“频谱分析器”软件界面图如图 2-4-10 所示。

(1) 将录音文件用录音机上的 USB 接口复制到计算机。

(2) 整理音频文件,运行频谱分析软件 DC6。

(3) 选择视图中“频谱分析器”。

(4) 用鼠标选中要分析的音频段,点击“播放”,即可得到分析结果。

(5) 记录频谱分析结果,并进行数据处理和分析。

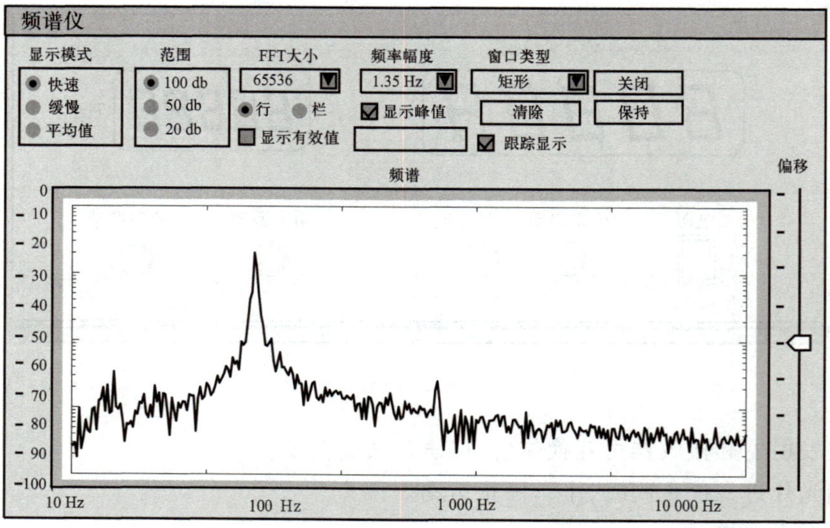

图 2-4-10

【实验内容】

1. 设计一种一维相对运动的声波多普勒效应实验方案,并测量声速。

(1) 声源发射器位置固定,接收器跟随小车运动。

(a) 测量挡光片宽度 Δs,测量得到的数据记录在表 2-4-1 中。

(b) 设置小车运动方向和声源频率 f_0,测量不同速度下小车上挡光片通过光电门的时间 Δt,同时录制音频信号,通过频谱分析软件获得频率 f,测量得到的数据记录在表 2-4-1 中。

(c) 根据式(2-4-9)计算声源的声速值 v_0。

表 2-4-1

速度方向	音频文件名	Δs/mm	Δt/ms	f_0/Hz	f/Hz	v_0/(m/s)
背离声源						
朝向声源						

(2) 接收器位置固定,声源发射器跟随小车运动。

(a) 测量挡光片宽度 Δs,测量得到的数据记录在表 2-4-2 中。

(b) 设置小车运动方向和声源频率 f_0,测量不同速度下小车上挡光片通过光电门的时间 Δt,同时录制音频信号,通过频谱分析软件获得频率 f,测量得到的数据记录在表 2-4-2 中。

(c) 根据式(2-4-10)计算声源的声速值 v_0。

表 2-4-2

速度方向	音频文件名	Δs/mm	Δt/ms	f_0/Hz	f/Hz	v_0/(m/s)
背离接收器						
朝向接收器						

2. 设计一种二维相对运动的声波多普勒效应实验方案,并分析小车的运动状态。

(1) 将声源或接收器放置在仪器轨道外一侧。

(2) 测量挡光片宽度,测量不同速度下小车上挡光片通过光电门的时间 Δt,测量得到的数据记录在表 2-4-3 中,并计算小车速度。

(3) 连续分析从小车运动开始后的每 0.1 s 间隔中的信号频率 f 的变化值。数据记录在表 2-4-4 中。

(4) 记录接收器接收的音频信号,并对音频文件进行频谱分析,根据运动方向角度 α_1 与频率变化的关系作出曲线图,结合式(2-4-12)分析小车的运动状态。

表 2-4-3

序号 i	音频文件名	Δt/ms	挡光片宽度/mm	v_1/(m/s)
1				
2				
3				

表 2-4-4

序号 i	t/s	频谱分析 f/Hz	α_1/(°)	理论 f/Hz
1				
2				
3				
4				
5				
6				
7				
8				

【拓展题】

1. 解释声波多普勒效应基本原理。

2. 基于声波多普勒效应，设计一个一维小车做变速运动的实验。要求设计系统框图，通过多普勒效应观测小车运动状态，并得到其加速度和运动方程。

2.5 用双光栅法测量微弱振动的位移量

【实验综述】

光的多普勒效应是指光源、接收器、传播介质或中间反射器之间的相对运动所引起的接收器接收到的光波频率与光源频率发生的变化，由此产生的频率变化称为多普勒频移。当激光束通过平行相贴的位移相位光栅和静止相位光栅后，会产生光的多普勒效应，并且频移和非频移的两束光直接平行地叠加产生光拍，再通过光电探测器检测，取出差频信号，可以精确测定微弱振动的位移。双光栅式位移测量技术在长度与角度的数字化测量、运动比较测量、数控机床和应力分析等领域有着广泛的应用。

本实验主要探究用双光栅法测量微弱振动位移量，即音叉振动的微振幅。

【实验目的】

1. 了解利用光的多普勒频移形成光拍的原理。
2. 探究用双光栅微弱振动测量仪测量音叉振动的微振幅。

【背景知识】

测量微小位移的方法有很多种，例如，光杠杆法、迈克耳孙干涉仪法、光栅尺法等。

1. 光杠杆法

光杠杆是一种光学放大部件，如图 2-5-1 所示，光杠杆的三个足尖构成一个等腰三角形，后足尖到前足尖连线的垂直距离为 b，当物体发生微小位移 ΔL 时，带动光杠杆后足尖一起移动，进而带动光杠杆上的平面镜也随之改变一个小角度 θ，若标尺与平面镜镜面之间的距离为 D，且从望远镜中读到标尺的刻度值的变化值为 ΔS，则物体的微小位移量为

$$\Delta L=\frac{b}{2D}\Delta S$$

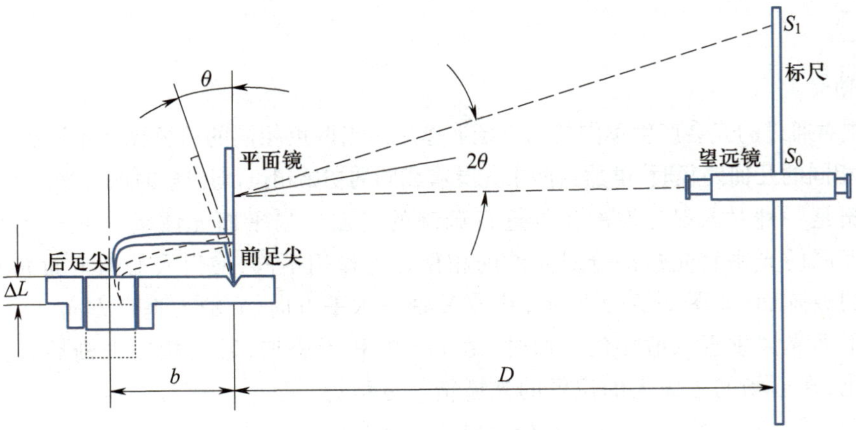

图 2-5-1

2. 迈克耳孙干涉仪法

迈克耳孙干涉仪是一种利用分振幅法产生相干光以实现干涉的仪器，如图 2-5-2 所示，每当动镜光路增加或减少 $\lambda/2$ 光程时，就有一圈条纹从中心“涌出”或“陷入”。测量物体微小位移时，通过外加传动装置将物体微小位移转变为干涉仪中动镜的移动，微小位移量就转变为干涉条纹的变化。若“涌出”或“陷入”的条纹数为 ΔN，就可以根据公式 $\Delta d=\Delta N\dfrac{\lambda}{2}$求得微小位移量。

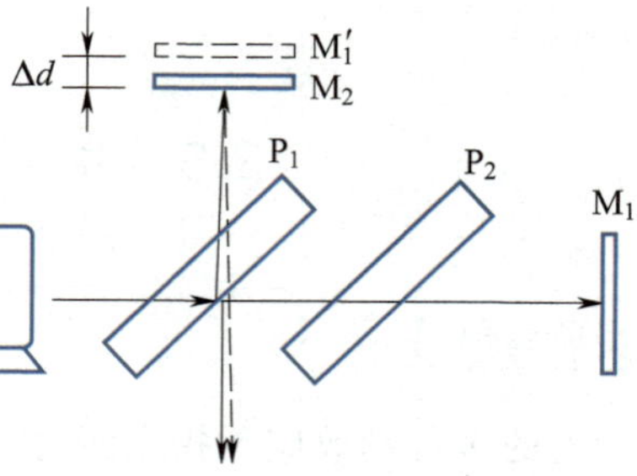

图 2-5-2

P_1—分光镜片；P_2—补偿镜片；

M_1—静全反镜；M_2—动全反镜

3. 光栅尺法

光栅尺法主要利用的是光栅叠栅条纹原理，如图 2-5-3 所示，当两块光栅以小角度 θ 相交，刻面相对平行放置时，可以看见明暗交替的叠栅条纹。两块光栅栅线彼此重合的地方形成亮纹，栅线错开的地方成为暗纹，叠栅条纹的方向垂直于两光栅交角平分线的方向。当其中任一光栅沿垂直于其刻痕方向移动时，叠栅条纹沿着垂直于两光栅交角平分线的方向移动，光栅移动一个栅距，叠栅条纹移动一个条纹距离，叠栅条纹起“位移放大”的作用。在小角度近似下，叠栅条纹的放大倍数近似为 $1/\theta$。只要将物体的微小移动转变为其中一个光栅的移动，就可以通过测量叠栅条纹的移动量得到物体的微小移动量。

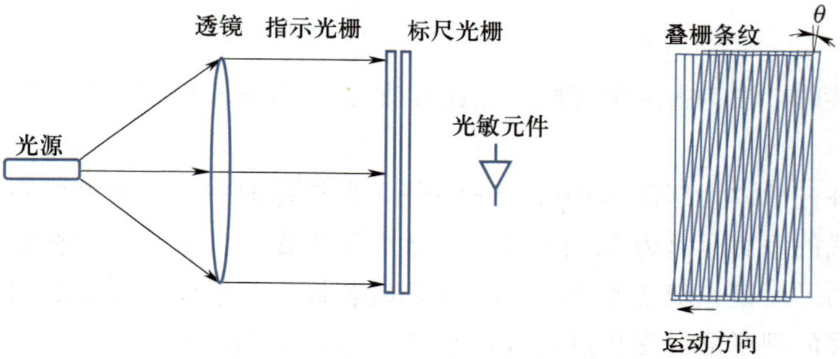

图 2-5-3

【实验原理】

1. 多普勒频移

不同介质对通过的光会产生不同的相位延迟作用。当两束相同的单色光在不同折射率的介质中传播，且经过相同的几何路径时，虽然这两束光具有相同的初始相位，但出射时两束光的相位不再相同。

相位光栅是一种对入射光波的相位进行调制的光栅。当平面光波垂直入射到相位光栅时，相位光栅上不同的光密和光疏部分对光波的相位延迟作用不同，使得入射的平面光波在出射时，变成褶曲形的波阵面，如图 2-5-4 所示，其中 X 轴为水平方向，Y 轴为垂直方向。

当激光平面光波垂直入射相位光栅时，由于光的相干叠加，通过相位光栅后，光的强度出现周期性的变化，在远场的主极大的位置的光栅衍射方程为

$$d\sin\theta=\pm k\lambda,\quad k=0,1,2,\cdots \tag{2-5-1}$$

其中，k 为主极大级数，d 为光栅常量，θ 为衍射角，λ 为光波波长。

若相位光栅在 Y 轴方向以速度 v 进行平移，那么从相位光栅出射的褶曲形的波阵面也以速度 v 在 Y 轴方向进行平移。因此，对于同一级的衍射光线，在 t 时刻，在 Y 轴方向上也有一个 vt 的位移量，如图 2-5-5 所示。

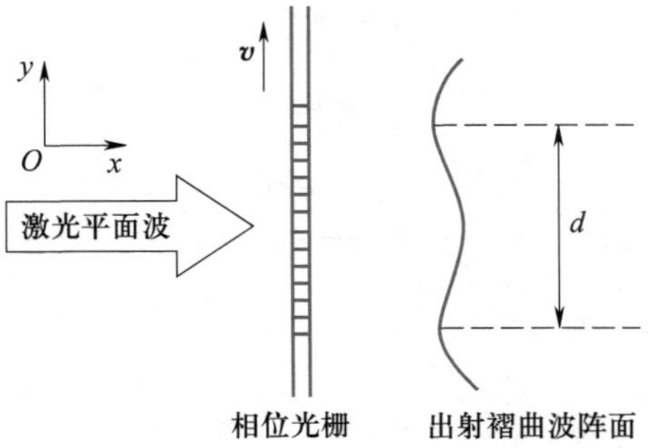

图 2-5-4

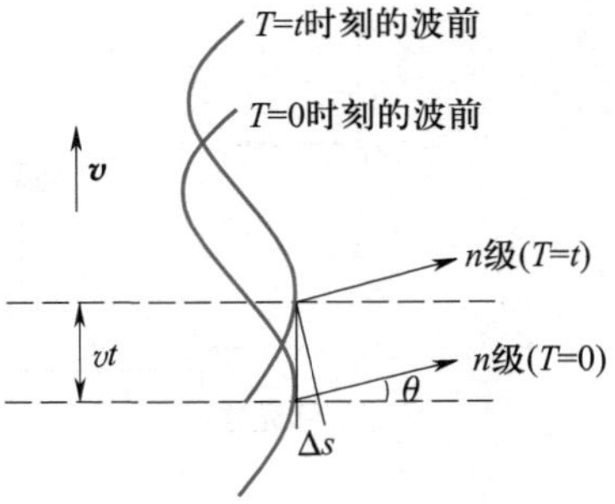

图 2-5-5

沿着第 k 级主级大方向，在 Y 轴方向 vt 的位移量相应于出射光波相位的变化量为

$$\Delta\phi(t)=\frac{2\pi}{\lambda}\Delta s=\frac{2\pi}{\lambda}vt\sin\theta \tag{2-5-2}$$

将式(2-5-1)代入式(2-5-2)可以得到

$$\Delta\phi(t)=\frac{2\pi}{\lambda}vt\frac{k\lambda}{d}=k2\pi\frac{v}{d}t=k\omega_{\mathrm{d}}t \tag{2-5-3}$$

式(2-5-3)中 ω_{d}为

$$\omega_{\mathrm{d}}=2\pi\frac{v}{d} \tag{2-5-4}$$

一般对于一束激光平面光波，其光波电矢量方程可以写成

$$E=E_0\cos\omega_0 t \tag{2-5-5}$$

当其从一静止的相位光栅出射时，光波电矢量方程保持不变。当其从在 Y 轴方向以速度 v 平移的相位光栅出射时，光波电矢量方程变为

$$E=E_0\cos[(\omega_0+k\omega_{\mathrm{d}})t] \tag{2-5-6}$$

因此，移动的相位光栅的第 k 级衍射光波的频率与静止的相位光栅的第 k 级衍射光波的频率相比，二者之差为

$$\Delta\omega=k\omega_{\mathrm{d}}=2\pi k\frac{v}{d} \tag{2-5-7}$$

$\omega_k=\omega_0+k\omega_{\mathrm{d}}$为相应的多普勒频移，如图 2-5-6 所示。

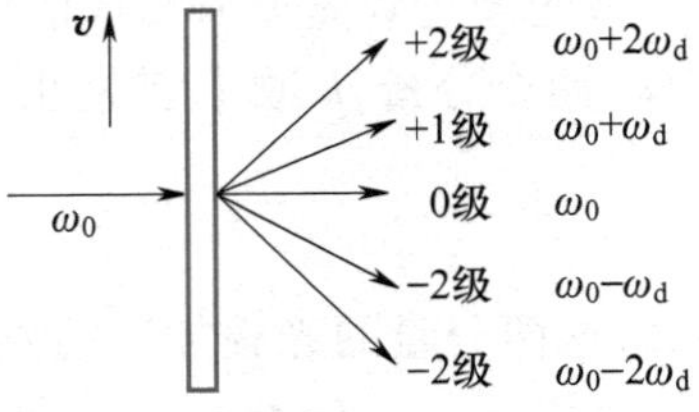

图 2-5-6

由此可见，移动的相位光栅的非零级衍射光波会发生多普勒频移，频移量与衍射光波级数、光栅移动速度以及光栅常量有关。

2. 光拍法

微弱振动与多普勒频移量 ω_{d}有关。从移动的相位光栅出射的衍射光波中含有多个频率分量，而且光的频率很高，直接测量衍射光波的各个频率再取差值比较困难。但可以将频移的和未频移的平行光束相叠加，形成光拍，利用光拍法进行测量。

如图 2-5-7 所示，将两片完全相同的相位光栅 A 和 B 平行紧贴，A 在 Y 轴方向以速度 v_A 平移，起频移的作用，B 静止不动，起衍射作用。激光通过位移相位光栅 A 和静止相位光栅 B 后形成衍射光，包含多个频率分量。激光通过双光栅后出射的衍射光包含两种以上不同频率且又平行的光束，例如，水平方向包含 ω_0，$\omega_0 \pm \omega_d$，$\omega_0 \pm 2\omega_d$，… 频率分量。

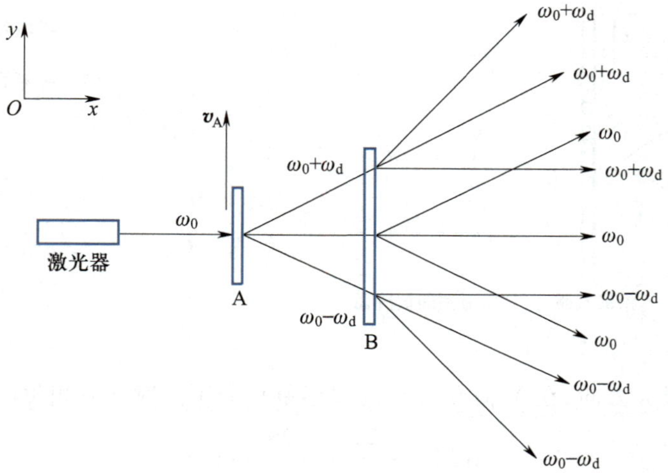

图 2-5-7

由于激光束具有一定宽度，若双光栅紧贴，同方向光束可以平行叠加，进而直接形成光拍，如图 2-5-8 所示。

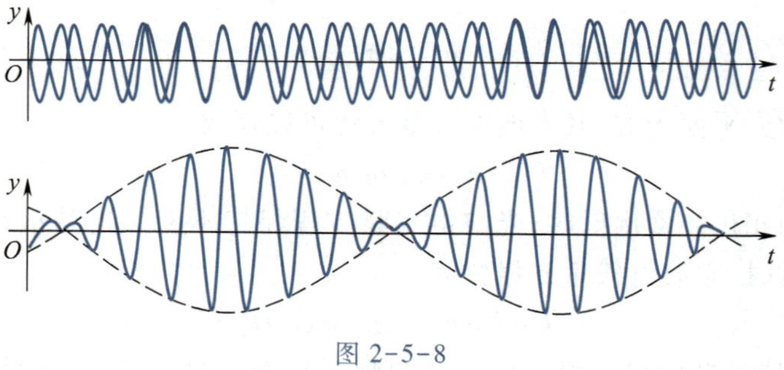

图 2-5-8

激光经过双光栅所形成的衍射光叠加成光拍信号。光拍信号进入光电检测器后，考虑 ω_0 和 $\omega_0+\omega_d$ 两个分量，k 取 1，其输出光电流可表示为

$$E_1 = E_{10}\cos(\omega_0 t+\varphi_1) \tag{2-5-8}$$

$$E_2 = E_{20}\cos\left[(\omega_0+\omega_d)t+\varphi_2\right] \tag{2-5-9}$$

那么，这两分量的光叠加后的光电流为

$$\begin{aligned} I=\zeta(E_1+E_2)^2\zeta\{&[E_{10}\cos(\omega_0 t+\varphi_1)]^2+[E_{20}\cos[(\omega_0+\omega_d)t+\varphi_2]]^2 \\ &+E_{10}E_{20}\cos[(\omega_0+\omega_d-\omega_0)t+(\varphi_2-\varphi_1)] \\ &+E_{10}E_{20}\cos[(\omega_0+\omega_d+\omega_0)t+(\varphi_2+\varphi_1)] \end{aligned} \tag{2-5-10}$$

式中，ζ 为光电转换常量。

由于光波频率 ω_0 很高，光电检测器只能对拍频信号做出响应，根据式（2-5-10）可知，拍频信

号光电流为

$$i_s=\zeta\{E_{10}E_{20}\cos[\omega_d t+(\varphi_2-\varphi_1)]\} \tag{2-5-11}$$

即拍频 $F_{拍}$ 为

$$F_{拍}=\frac{\omega_d}{2\pi}=\frac{v_A}{d}=v_A n_\theta \tag{2-5-12}$$

式中，$n_\theta=1/d$ 为光栅密度，本实验 $n_\theta=1/d=100$ 条/mm。由此可见，$F_{拍}$ 与光频率 ω_0 无关，且当光栅密度 n_θ 为常量时，只正比于光栅移动速度 v_A。

3. 微弱振动位移量检测

敲击音叉，音叉臂会发生微小的周期性振动。若将位移相位光栅 A 粘在音叉上，则 v_A 随时间周期性变化，光拍信号频率 $F_{拍}$ 也随时间而变化。

音叉的微弱振动的位移振幅可表示为

$$A=\frac{1}{2}\int_0^{T/2}v(t)\,dt=\frac{1}{2}\int_0^{T/2}\frac{F_{拍}(t)}{n_\theta}dt=\frac{1}{2n_\theta}\int_0^{T/2}F_{拍}(t)\,dt \tag{2-5-13}$$

式中，T 表示音叉振动周期，$\int_0^{T/2}F_{拍}(t)\,dt$ 表示 $T/2$ 内拍频波的个数。因此，根据半个周期内拍频波的波数，就可计算得到音叉振动的位移振幅。图 2-5-9 为通过示波器显示的拍频图形示意图。

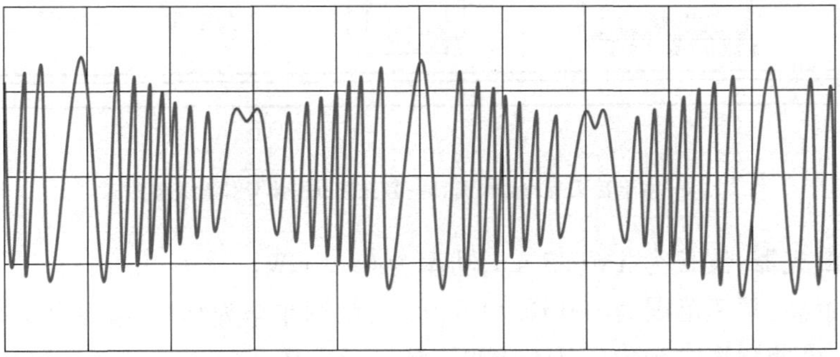

图 2-5-9

波形数 m 由三部分组成，第一部分是半个周期拍频波完整波形数 m_0；第二部分是半周期拍频波中的分数波形数 a_0 和 b_0，即首和尾中满 1/2 或 1/4 或 3/4 个波形的分数部分（满 1/2 个波形为 0.5，满 1/4 个波形为 0.25，满 3/4 个波形为 0.75）；第三部分是半周期拍频波中两端不足 1/4 个波形的部分 a 和 b，可根据波群的首、尾幅度和该处完整波形的振幅之比，波形的分数部分可按反正弦函数折算。所以波形数可表示为

$$m=m_0+a_0+b_0+\frac{\arcsin a}{2\pi}+\frac{\arcsin b}{2\pi} \tag{2-5-14}$$

举例：如图 2-5-10，在 $T/2$ 内，可以按 $m_0=4$，$a_0=0$，$b_0=0.25$，$a=0$，$b=\frac{h}{H}=\frac{0.5}{1}=0.5$ 计算，即 $m=4+0.25+0.167=4.417$。

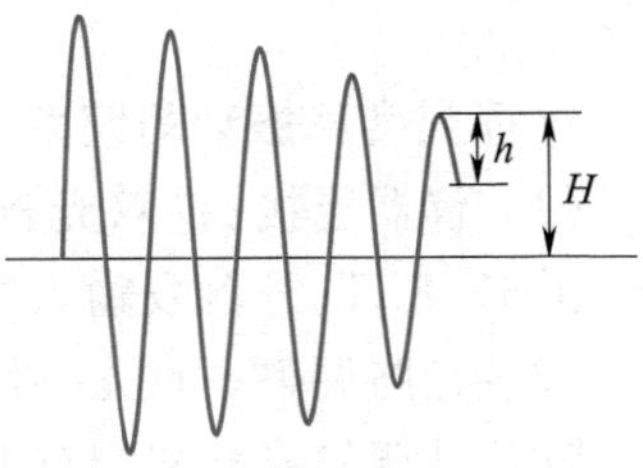

图 2-5-10

【实验装置】

克里斯琴·安德烈亚斯·多普勒(C.A.Doppler)是奥地利物理学家及数学家,他发现,火车从远而近时汽笛声变强,音调变尖,而火车从近而远时汽笛声变弱,音调变低,这一现象被称为多普勒效应。双光栅微弱振动测量仪就是利用多普勒频移法设计和制作的。

双光栅微弱振动测量仪包括半导体激光器、信号发生器、频率计、音叉和双光栅等。双光栅微弱振动测量仪示意图如图 2-5-11 所示。

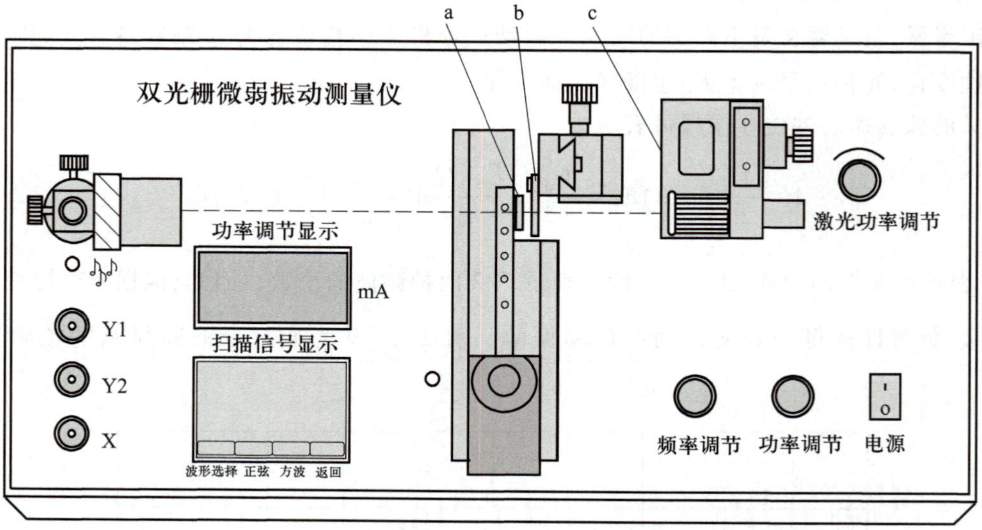

图 2-5-11

a—粘于音叉上的动光栅;b—静光栅;c—半导体激光器

(1) 半导体激光器:波长为 $\lambda = 635$ nm,功率为 0~3 mW。

(2) 信号发生器:频率范围为 100 Hz~1 000 Hz,微调频率为 0.1 Hz,输出功率为 0~500 mW。

(3) 频率计:可调频率大小为(1 Hz~999.9 Hz)±0.1 Hz。

(4) 音叉:谐振频率为 506 Hz 左右。

双光栅微弱振动测量仪使用注意事项如下。

(1) 装取静光栅架时,谨防刮擦到光栅,以免损坏光栅。

(2) 静光栅尽可能与动光栅接近,但不可以让它们相碰。

【实验内容】

1. 探究音叉振动的频率与振幅谐振关系

(1) 仪器连接:将双光栅微弱振动测量仪的输出端 Y1、Y2、X 分别连接至双踪示波器的 CH1、CH2、EXT(外触发输入端)。

(2) 光路调整。首先,微调激光器支架调节旋钮,使激光光束可以依次通过静光栅和动光栅;其次,微调静光栅架调节旋钮,使得经过两光栅后的光束的同一级衍射光斑尽可能重合;然后,调节光电池架调节旋钮,让某一级衍射光正好落入光电池前的小孔内。

（3）频率调节。将音叉驱动频率初置为音叉标称谐振频率，根据示波器上显示的波形，调节激光器功率大小。根据示波器上显示的半个光拍周期内的波数，在音叉标称谐振频率附近细调频率，寻找实际谐振频率。当半个光拍周期内的波数为 15 个左右时，即可认为音叉处于谐振状态，记录此时的驱动频率、半个光拍周期内的波数（屏上完整波的个数、不足一个完整波形的首数及尾数值）。

（4）测量数据。保持驱动功率不变，在音叉谐振频率附近，微调“频率”旋钮，测出音叉的振动频率与对应的半个光拍周期内的波形数。将数据记录在表 2-5-1 中。

表 2-5-1

音叉振动频率/Hz								
波形数/个								
音叉位移振幅/μm								

（5）绘制曲线。根据式（2-5-13）计算相应的位移振幅，绘制音叉振动的频率与振幅谐振曲线。

2. 探究音叉有效质量对音叉谐振曲线的影响

（1）将不同质量的橡皮泥粘在音叉上，调节“频率”旋钮，使音叉谐振，记录此时音叉振动频率、半周期拍频波的波形数，并计算相应的音叉位移振幅；保持驱动功率不变，在音叉谐振点附近，微调“频率”旋钮，测出音叉的振动频率与对应的半周期拍频波的波形数。

（2）作出音叉不同有效质量时的谐振曲线，并定性讨论其变化趋势。

【拓展题】

1. 解释光波多普勒效应基本原理。

2. 设计一个利用光拍频法测量光波波长的方法。要求简述测量光波波长基本原理，设计系统框图，并说明实验测量方法。

2.6　超声光栅设计与应用

【实验综述】

超声波通过介质时会造成介质的局部压缩或伸长而产生弹性应变，且应变随时间和空间作周期性变化，从而使介质对光波的折射率在空间上出现疏密相间的变化，如同一个相位光栅，如果将光通过这个被声波扰动的介质，则出射光会发生散射或衍射的现象，并且衍射光的强度、频率和方向等都随着超声波场的变化而变化，这种现象称为声光效应。声光效应因其独特特性而被广泛应用于电信、光谱学和激光技术等很多领域。

本实验主要探究利用声光效应测定超声波在液体中传播的速度。

【实验目的】

1. 了解声光效应原理。
2. 掌握利用声光效应测定液体中声速的方法。

【背景知识】

实验室中测量声速常用的方法包括弦振动法、相位比较法，以及利用声波的干涉、反射及衍射进行测量等。

1. 弦振动法

一均匀弦由 A、B 两支点支撑，A 端振动引起弦上质点振动朝着 B 端方向传播，称为入射波，再由 B 支点反射沿着弦向 A 端传播，称为反射波，这两列同频率的波在同一弦上沿着相反方向传播时产生干涉。移动支撑点 A、B 距离到适当位置，弦线上形成驻波，由图 2-6-1 可见，相邻两个波节（或波腹）间的距离等于半波长。根据波速为频率与波长的乘积的关系，可以求得波速 $v=f\cdot\dfrac{2L}{n}$，其中 f 为弦振动频率，L 为 AB 两点间距，n 为弦线上的半波数。

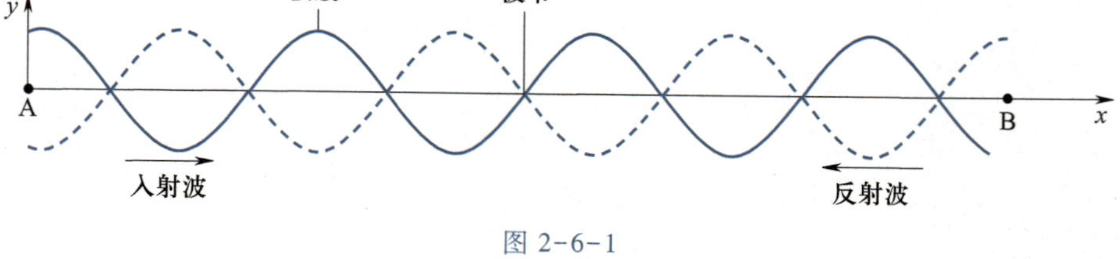

图 2-6-1

2. 相位比较法

将两个正对的超声探头的发射端和接收端的信号接入示波器，就可以观察合振动轨迹形成的李萨如图形。假设发射端和接收端的波动方程分别为 $x=A_x\cos(\omega t+\varphi_1)$，$y=A_y\cos(\omega t+\varphi_2)$，合振动的轨迹为椭圆，且椭圆长短轴的方向由相位差 $\Delta\varphi=\varphi_2-\varphi_1$ 决定。如图 2-6-2 所示，当 $\Delta\varphi=0$

时,轨迹为位于第一、三象限的一条直线;当 $\Delta\varphi=\pi/2$ 时,轨迹为以坐标轴为主轴的椭圆;当 $\Delta\varphi=\pi$ 时,轨迹为位于第二、四象限的一条直线。由此可见,相位差随着超声探头接收端移动距离改变而变化,因为椭圆图形从第一、三象限的直线变为第二、四象限的直线时接收端移动距离为 $\lambda/2$,所以利用公式 $v=\lambda f$ 就可计算得到声速值 v,其中 f 为超声波频率,λ 为超声波波长。

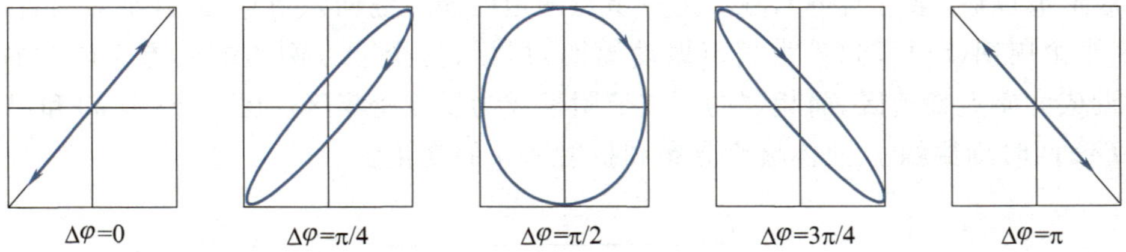

图 2-6-2

3. 单缝衍射与双缝干涉法

与电磁波产生衍射和干涉类似,超声波也可以实现衍射与干涉。将超声波发射器放置在宽度为 d 的单缝前垂直入射,使用接收器寻找衍射极小的位置,如图 2-6-3(a)所示,ϕ 为接收器中心位置转过的角度,此时衍射极小位置满足波程差 $d\sin\phi=\left(k+\frac{1}{2}\right)\lambda$,$k=0,\pm1,\pm2,\cdots$。类似地,将超声波发射器放置在间隔为 l 的双缝前垂直入射,使用接收器观察干涉强度极大与极小位置,如图 2-6-3(b)所示,此时干涉强度极大满足条件 $l\sin\theta=k\lambda$,干涉强度极小满足条件 $l\sin\theta=\left(k+\frac{1}{2}\right)\lambda$,$k=0,\pm1,\pm2,\cdots$,$\theta$ 为接收器中心位置转过的角度。测得声波波长后,利用公式 $v=\lambda f$,就可计算得到声速值。

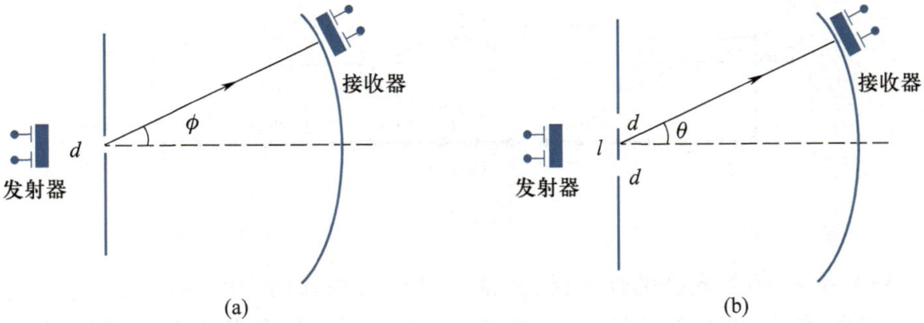

图 2-6-3

【实验原理】

1. 超声光栅

压电陶瓷片(PZT)在高频信号源(频率约 10 MHz)所产生的交变电场的作用下会发生周期性的压缩或伸长,振动会形成超声波。如果将这个压电陶瓷片放入液体中,那么超声波就会在液体中传播,其声压会使液体分子作周期性变化,液体的局部就会产生周期性的压缩或膨胀,这使得液体的密度在超声波的传播方向上形成周期性分布,从而导致液体的折射率也作同样分布,并形成疏密波，这种疏密波所形成的密度分布层次结构就是超声场的图像，超声场在液体中形成的密度分布层次结构是以行波运动的。与此同时，若有平行光沿垂直于超声波传播方向通过液体，那么平行光就会产生衍射。为了使得实验在有限的水槽内更加容易观察，一般用驻波法进行实验，因为驻波振幅可以达到行波振幅的两倍，进一步加剧了液体疏密变化的程度。

当驻波形成以后，某一时刻 t，驻波某一节点两边的质点涌向该节点，使该节点附近成为质点密集区，在半个周期（$t+T/2$）（T 为超声振动周期）以后，这个节点两边的质点又向左右扩散，使该波节附近成为质点稀疏区，而相邻的两波节附近成为质点密集区。图 2-6-4（a）和（b）分别为在 t 和 $t+T/2$ 两时刻振幅 y、液体疏密分布和折射率 n 的变化图。

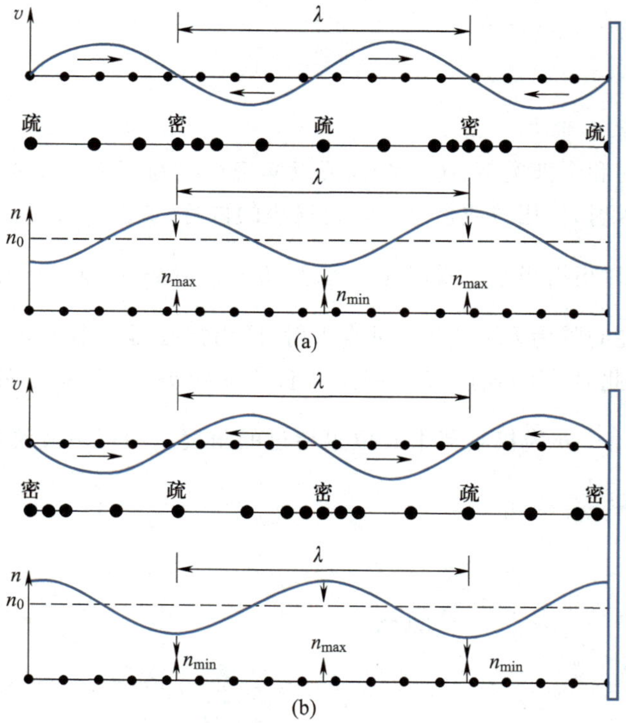

图 2-6-4

由图 2-6-4 可见，超声光栅的性质是：在某一时刻 t，相邻两个密集区域的距离为 λ，λ 为液体中传播的行波的波长，在半个周期以后，相当于所有这样区域的位置整体平移了 $\lambda/2$ 的距离；而在其他时刻，波的现象则完全消失，液体的密度处于均匀状态。

当光线通过超声场时，观察驻波场的结果是：波节为暗条纹（不透光），波腹为亮条纹（透光），明暗条纹的间距为声波波长的一半，即为 $\lambda/2$。

一般光线衍射的主极大位置可用如下光栅方程表示

$$d\sin\varphi_k = k\lambda,\quad k=0,1,2,\cdots \tag{2-6-1}$$

设本实验的光栅常量为 d，入射角为 ϕ_k，声波的波长为 λ_s，入射光的波长为 λ_g，且 $d=\lambda_s$，则光栅方程可以改写为

$$\lambda_s\sin\phi_k = k\lambda_g,\quad k=0,1,2,\cdots \tag{2-6-2}$$

2. 利用超声光栅测定液体中的声速

超声光栅实验系统光路示意图如图 2-6-5 所示，S 为光源，L_1 和 L_2 是透镜，G 为光栅。由于 ϕ_k 角很小，可以近似认为

$$\sin\phi_k = \frac{l_k}{f'} \tag{2-6-3}$$

其中，l_k 为衍射零级光谱线至第 k 级光谱线的距离，f' 为 L_2 透镜的焦距，则超声波的波长为

$$\lambda_s = \frac{k\lambda_g}{l_k} f' \tag{2-6-4}$$

所以，超声波在液体中的传播速度

$$v = \lambda_s \nu \tag{2-6-5}$$

式中，ν 为信号源的振动频率。

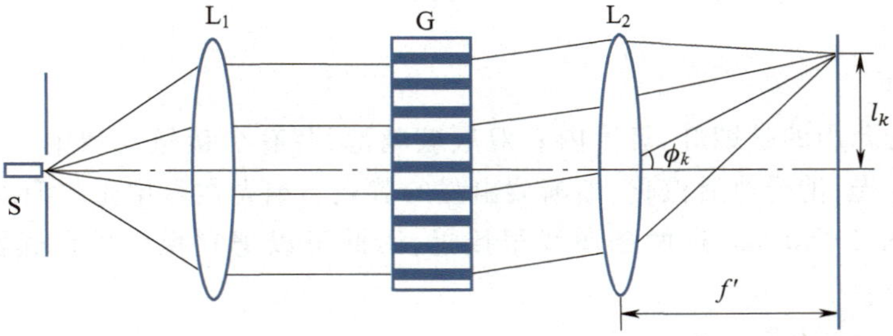

图 2-6-5

【实验装置】

1922 年布里渊(L · Brillouin)曾预言，当高频声波在液体中传播时，如果有可见光通过该液体，可见光将产生衍射效应。这一预言在 10 年后被验证，这一现象被称为声光效应。1935 年，拉曼(Raman)和奈斯(Nath)对这一效应进行研究发现，在一定条件下，声光效应的衍射光强分布类似于普通的光栅，所以也称为液体中的超声光栅。

本实验的超声光栅实验仪包括数字显示高频功率信号源发生器、内装压电陶瓷片的液槽、钠灯、LED 光源、读数显微镜和透镜，仪器装置示意图如图 2-6-6 所示。

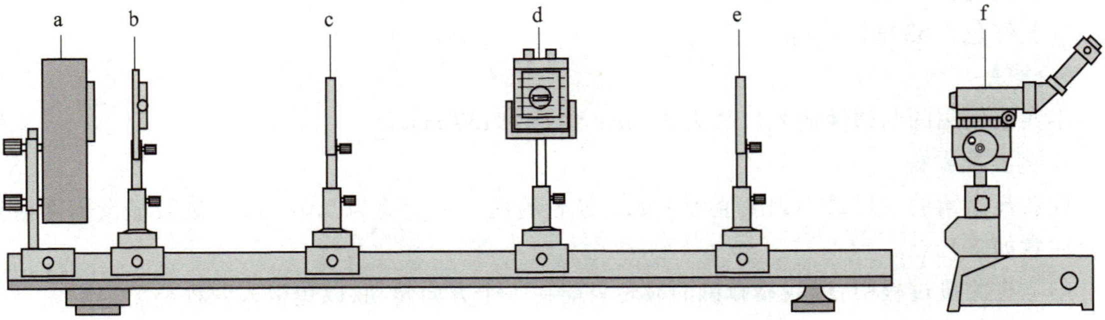

图 2-6-6

a—钠灯；b—狭缝；c—透镜 L1；d—压电陶瓷片及液槽；e—透镜 L2；f—读数显微镜

1. 高频功率信号源

本实验采用的高频功率信号源发生器示意图如图 2-6-7 所示，高频功率信号源的频率范围为(8.500~10.000) MHz，分辨率为 0.001 MHz。

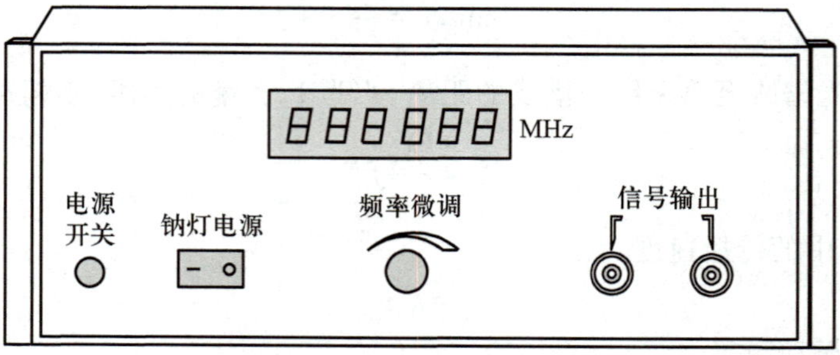

图 2-6-7

2. 钠灯

本实验单色光源用的是钠灯，灯管内有双层玻璃泡，装有少量氩气和钠。通电时加热灯丝，氩气即发出淡紫色光，钠受热后汽化，渐渐放出强的黄光。钠光在可见光范围内两条谱线的波长分别为 589.6 nm 和 589.0 nm，这两条谱线很接近，因此可以把它视为单色光源，并取其平均值 589.3 nm 为波长值。

钠灯使用时应注意如下几点：

(1) 通电后需数分钟预热，才会发出强的黄光。

(2) 频繁开关对灯的寿命有显著影响，因此不要短时间内反复开关。

(3) 使用时，钠灯应垂直放置，不得倾倒，以免金属钠流动而影响灯的性能。

3. LED 光源

本实验的 LED 光源提供 6 种颜色的光，这些光的参考波长如下。

(1) 紫色：(398±10) nm。

(2) 蓝色：(453±10) nm。

(3) 绿色：(515±10) nm。

(4) 黄色：(590±10) nm。

(5) 橙色：(611±10) nm。

(6) 红色：(629±10) nm。

4. 透镜

本实验使用的凸透镜通光口径为 28 mm，焦距为 157 mm。

5. 读数显微镜

读数显微镜的主尺最小刻度值为 1 mm，鼓轮的最小刻度值为 0.01 mm。读数显微镜在使用时应注意如下几点。

(1) 在测量过程中，读数显微镜的鼓轮只能往一个方向转动，以免引入回程差。

(2) 正式读数之前，鼓轮必须先转几圈，以便去除初始值。

(3) 读数值等于主刻度尺数据加上鼓轮读数盘上的数据，并估读到 10^{-3} mm。

【实验内容】

1. 测定钠光波长及其在液体中传播速度

(1) 点亮钠灯,将狭缝调至合适宽度,调节光源、狭缝、透镜、液槽和显微镜镜筒等器具等高同轴。

(2) 将液体注入液槽,用导线连接液槽上的压电陶瓷片和高频功率信号源。调节放置液槽的载物台,使光路与液槽内超声波传播方向垂直。

(3) 调节高频功率信号源的输出频率,同时微调液槽的方位和透镜位置,直至视场中出现稳定而且清晰的衍射光谱;再细调频率,使衍射的谱线出现间距最大且最清晰的状态,记录此时的信号源频率 ν。

(4) 使用读数显微镜读出各级衍射条纹的位置 L_k,记录在表 2-6-1 中,计算零级条纹至各级衍射条纹的距离 l_k,利用式(2-6-4)计算超声波的波长 λ_s,记录在表 2-6-2 中。

表 2-6-1

k	+4	+3	+2	+1	−1	−2	−3	−4
条纹位置 L_k								

表 2-6-2

k	1	2	3	4
$l_k=\dfrac{\lvert L_k-L_{-k}\rvert}{2}$				
λ_s				
v				
$\bar{v}$				

(5) 利用式(2-6-5)计算超声波在液体中的传播速度 v。

2. 测定 LED 光源波长及其在液体中传播速度

(1) 将光源更换为 LED 光源,重复实验 1 操作步骤。

(2) 测量并计算各色 LED 光源波长及其在液体中传播速度。

【拓展题】

1. 解释声光效应的基本原理。

2. 设计一个利用超声光栅测量液体浓度的方法,要求简述测量浓度的基本原理,设计系统框图,说明实验测量方法。

2.7 真空的获得与测量

【实验综述】

真空是指没有或者不计气体分子、原子和其他物质存在的物理空间。真空技术在金属冶炼、航天工业、薄膜制备及等离子体科学等领域有着广泛的应用,也是近现代物理实验中不可缺少的技术手段。

真空泵是对密封容器抽真空的主要仪器,一般分容积式、动量传递式和气体捕集式三类。容积式真空泵包括旋片泵和罗茨泵等,用来获得低(粗)真空和中真空;动量传递式真空泵包括油扩散泵和分子泵等,用以获得高真空;气体捕集式真空泵包括低温泵、钛升华泵和溅射离子泵等,用于获得超高真空和极高真空。

真空计是测量真空度的仪器,一般分为直接测量式和间接测量式两类。直接测量式通过测量单位面积受力情况来测量压强,如汞柱液体真空计;间接测量式通过与气体压强有关的物理量的变化来间接地测量压强,如电阻真空计、热电偶真空计和电离真空计等。

本实验主要探究真空获得和真空度测量方法。

【实验目的】

1. 了解真空系统的基本知识和操作方法。
2. 掌握获得低真空及高真空的原理和方法。
3. 掌握用复合真空计测量真空度的原理和方法。

【背景知识】

真空区域根据真空物理特点、真空泵、真空测量及真空应用等因素来划分。真空区域的划分与应用见表 2-7-1。

表 2-7-1

真空区域		低(粗)真空	中真空	高真空	超高真空	极高真空
压强范围/Pa		$10^5 \sim 10^2$	$10^2 \sim 10^{-1}$	$10^{-1} \sim 10^{-6}$	$10^{-6} \sim 10^{-9}$	$<10^{-9}$
真空泵	旋片泵					
	分子泵					
	油扩散泵					
	低温泵					

续表

真空计	电阻真空计				
	热电偶真空计				
	电离真空计				
	超高真空电离计				
应用		真空吸引、输送和成型等	真空蒸馏、冷冻干燥、真空焊接、低压风洞等	蒸馏精炼、真空烧结、真空镀膜、离子注入、电子显微镜、能谱仪等	可控热核聚变、时间基准氢分子镜、表面物理、表面化学、同步质子加速器、超导技术电磁悬浮高精度陀螺仪等

* 真空区域划分参考 ISO 3529-1-2019 标准；为有效工作区间，为不可启动区间。

【实验原理】

1. 真空的度量

在实际应用中，真空一般作为一定空间范围内气体压强小于 1 个标准大气压的总称，由真空度来反映其气体稀薄程度，并由压强值来度量。气体越稀薄，真空度越高，压强越小。

在早期，压强单位用毫米汞柱(mmHg)表示，是指 0 ℃、1 mm 高的水银柱所产生的流体静压强。目前国内外已统一采用国际单位制中的 N/m^2 为大气压强单位，也表示为 Pa。

2. 理想气体压强

气体压强实际上是大量气体分子热运动对容器壁碰撞的宏观表现。一般情况下，气体的表现符合理想气体模型，采用这种模型可以简化压强与分子热运动之间的联系。理想气体须满足如下三个基本条件。

(1) 同类气体分子大小、质量完全相同，分子体积忽略不计。

(2) 分子间的相互作用，除碰撞外，忽略不计。

(3) 碰撞过程是完全弹性的，碰撞瞬间的时间忽略不计。

这样的气体满足理想气体状态方程

$$pV=\frac{m}{M}RT \tag{2-7-1}$$

其中，p 为压强，T 为热力学温度，m 是体积为 V 的容器内气体的总质量，M 为气体的摩尔质量，R 为摩尔气体常量。引入阿伏伽德罗常量 N_A 和玻尔兹曼常量 $k(k=R/N_A)$，上式可转换为

$$p=nkT \tag{2-7-2}$$

其中，n 表示单位体积内气体分子数目(分子数密度)。

3. 气体压强的微观因素

对于容器壁上的一个面积微元 ds,假设其附近单位体积内有 n_i 个气体分子以大小为 v_i 的速度在运动。根据热运动的随机性,其中有一半分子会碰撞容器壁并反弹,另一半直接远离该容器壁。由冲量定理可得,面积微元受到的力为 $\mathrm{d}F = \sum_i n_i m_0 v_{ix}^2 \mathrm{d}s$,其中 m_0 为分子质量,v_{ix} 为速度 v_i 在 x 轴的分量大小。因此得到压强为

$$p = \frac{\mathrm{d}F}{\mathrm{d}s} = \sum_i n_i m_0 v_{ix}^2 \qquad (2-7-3)$$

根据统计平均值的定义,对于所有气体分子 $\overline{v_x^2} = (\sum n_i v_{ix}^2)/n$,且 $\overline{v^2} = \overline{v_x^2} + \overline{v_y^2} + \overline{v_z^2} = 3\overline{v_x^2}$,可得

$$p = \frac{1}{3} n m_0 \overline{v^2} \qquad (2-7-4)$$

将式(2-7-2)代入式(2-7-4)可得方均根速率 $\sqrt{\overline{v^2}} = \sqrt{3kT/m_0}$。由此可见,气体的压强取决于两个微观因素:单位体积内的分子数目和分子的平均平动动能。

下面是几个影响气体压强的物理参量。

(1) 气体分子平均自由程

麦克斯韦(James Clerk Maxwell)和玻尔兹曼(Ludwig Eduard Boltzman)等提出了气体分子速率分布统计规律。若气体分子总数为 N,dN 表示速率区间 $v \sim v+\mathrm{d}v$ 内的分子数,则分子数占总分子数的比率为 $\mathrm{d}N/N = f(v)\mathrm{d}v$,其中速率分布函数为

$$f(v) = 4\pi \left(\frac{m^2}{2\pi kT}\right)^{\frac{3}{2}} \exp\left(\frac{-m v^2}{2kT}\right) \cdot v^2 \qquad (2-7-5)$$

这一函数被称为麦克斯韦速率分布函数。通过该分布函数可推导出气体分子的平均速率为

$$\bar{v} = \sqrt{8kT/\pi m_0} \qquad (2-7-6)$$

考虑分子之间的相互碰撞,单个气体分子在单位时间内的碰撞次数为 $\bar{z} = \pi d^2 \cdot \overline{v_r} \cdot n$,其中,$d$ 为气体分子有效直径,气体分子之间的相对运动平均速率满足 $\overline{v_r} = \sqrt{2} \cdot \bar{v}$,则

$$\bar{z} = \sqrt{2}\pi d^2 \cdot \bar{v} \cdot n \qquad (2-7-7)$$

从而得到单一气体分子平均自由程

$$\bar{\lambda} = \frac{\bar{v}}{\bar{z}} = \frac{1}{\sqrt{2}\pi d^2 \cdot n} \qquad (2-7-8a)$$

将式(2-7-8a)代入式(2-7-2),可得

$$\bar{\lambda} = \frac{kT}{\sqrt{2}\pi d^2 \cdot p} \qquad (2-7-8b)$$

由此可见,对于单一成分气体而言,当温度 T 一定时,压强与平均自由程成反比关系。

(2) 气体黏度

当气体分子流动出现分层和层间速度梯度时会产生黏性力(内摩擦力)。这一作用力可以表示为

$$\mathrm{d}f = \pm\eta \frac{\mathrm{d}v}{\mathrm{d}z}\mathrm{d}s \tag{2-7-9}$$

其中,η 为黏性系数或黏度(单位为 Pa · s),$\mathrm{d}f$ 为黏性力微元,$\mathrm{d}s$ 为分层的面积微元,$\mathrm{d}v/\mathrm{d}z$ 为垂直于分层方向的速度梯度。对分层中流速快的气体,黏性力为阻力,取负号;对于流速慢的气体,黏性为动力,取正号。黏性系数与气体的种类、温度有关,其计算式为

$$\eta = \frac{1}{3}\rho \cdot \bar{v} \cdot \bar{\lambda} \tag{2-7-10a}$$

其中,$\rho = m_0 \cdot n$ 为气体密度,将式(2-7-6)和式(2-7-8a)代入式(2-7-10a),可得

$$\eta = \frac{2}{3\pi d^2}\sqrt{\frac{m_0 kT}{\pi}} \tag{2-7-10b}$$

当分子平均自由程远小于容器尺寸时,真空度较低,随着压强减小,气体密度降低,碰撞分子数下降,但是平均自由程增大,每次碰撞传递的动量增大,这使得黏性系数保持不变,正如式(2-7-10b)所示,黏性系数与压强大小无关。当分子平均自由程远大于容器尺寸时,真空度较高,气体分子之间的碰撞概率远小于与容器壁的碰撞,动量传递几乎不受分子间碰撞的影响,而主要来自与容器壁的碰撞,黏性力与分子数目有关,黏性系数 η 正比于分子数密度 n 或压强 p。这种气体分子与容器壁的动量传递被称为外摩擦。

(3) 气体热导率

当气体在空间上出现温度差异则会产生热传导现象。假设气体温度沿 z 轴方向逐渐变化,其变化率 $\mathrm{d}T/\mathrm{d}z$ 称为温度梯度。那么在微小时间 $\mathrm{d}t$ 内流经垂直于 z 轴的面积微元 $\mathrm{d}s$ 的热量 $\mathrm{d}Q$ 满足的关系为

$$\frac{\mathrm{d}Q}{\mathrm{d}t} = -K\frac{\mathrm{d}T}{\mathrm{d}z}\mathrm{d}s \tag{2-7-11}$$

其中,K 为热导率(W/(m · K)),与气体的种类和温度有关,其计算式为

$$K = \frac{1}{3}C_v \cdot \rho \cdot \bar{v} \cdot \bar{\lambda} \tag{2-7-12a}$$

其中,为 C_V为气体定容比热容,将(2-7-6)式和(2-7-8a)代入式(2-7-12a),可得

$$K = \frac{2C_V}{3\pi d^2}\sqrt{\frac{m_0 kT}{\pi}} \tag{2-7-12b}$$

与黏度类似,当分子平均自由程远小于容器尺寸时,真空度较低,气体热导率与分子数密度或者压强无关,分子数密度和平均自由程的影响互相抵消。当分子平均自由程远大于容器尺寸时,真空度较高,气体分子之间的碰撞相比于容器壁的碰撞可以忽略,能量主要通过气体分子与容器壁碰撞来完成,热导率与分子数密度或者压强成正比。这也是一种可用来测量真空度的规律。

(4) 气体扩散系数

如果气体分子在容器中各部分密度不同,会出现使气体密度趋于均匀一致的扩散过程。假

设气体密度沿 z 轴方向的变化率为 $\mathrm{d}\rho/\mathrm{d}z$,也称为密度梯度。那么在微小时间 $\mathrm{d}t$ 内经过垂直于 z 轴的面积微元 $\mathrm{d}S$ 扩散的分子质量为 $\mathrm{d}m$ 满足的关系为

$$\frac{\mathrm{d}m}{\mathrm{d}t}=-W\frac{\mathrm{d}\rho}{\mathrm{d}z}\mathrm{d}S \tag{2-7-13}$$

其中,W 为扩散系数(单位为 m^2/s),与气体的种类、温度和压强等有关,其计算式为

$$W=\frac{1}{3}\bar{v}\cdot\bar{\lambda} \tag{2-7-14a}$$

将式(2-7-6)和式(2-7-8a)代入式(2-7-14a)可得

$$W=\frac{2k}{3\pi d^2}\sqrt{\frac{k}{m_0\pi}}\cdot\frac{T^{\frac{3}{2}}}{p} \tag{2-7-14b}$$

通过式(2-7-14b)可以看出,升高温度可以增大扩散系数,使气体分子以更快的速率被抽取,真空技术中常用加热除气和烘烤除气的方法提高容器真空度;降低压强也可以增大扩散系数,真空脱气、干燥等正是利用这个原理。不同种类的分子扩散系数不同,从而引起不同的抽速。

4. 气体流量

在低气压情况下,气体分子平均自由程是一个重要参量,它与流经的管道直径 D 之比称为克努森数,通常用K_n表示($K_n=\bar{\lambda}/D$)。克努森数可以用来判定气流的状态,根据克努森判据:$K_n>1$ 为分子流、$K_n<0.01$ 为黏性流、$0.01<K_n<1$ 为黏性-分子流,定义气体流量为

$$q=p\frac{\mathrm{d}V}{\mathrm{d}t} \tag{2-7-15}$$

其中,$\mathrm{d}V/\mathrm{d}t$ 表示流经某平面的容积流率,且气体流动时的温度保持恒定。对于黏性流,其在管道内的流量可由泊肃叶公式表示

$$q_v=\frac{\pi D^4}{128\eta L}\bar{p}\cdot(p_1-p_2) \tag{2-7-16}$$

其中,L 表示管长,$\bar{p}$表示管内气压平均值,p_1和p_2分别代表管两端气压值。对于分子流,考虑分子主要与容器壁进行碰撞和反射,克努森给出分子流流量公式为

$$q_m=\sqrt{\frac{\pi}{18\rho_p}}\frac{D^3}{L}\cdot(p_1-p_2) \tag{2-7-17}$$

其中,ρ_p代表单位压强下的气体密度。而对于过渡状态的黏性-分子流,克努森提出半经验公式为

$$q=q_v+bq_m \tag{2-7-18a}$$

其中,参量满足

$$b=\frac{1+\frac{\sqrt{\rho_p}}{\eta}\cdot D\cdot\bar{p}}{1+1.24\frac{\sqrt{\rho_p}}{\eta}\cdot D\cdot\bar{p}} \tag{2-7-18b}$$

从式(2-7-18b)可见,当气体压强小时,$b\approx1$,且$q_v\ll q_m$,这时式(2-7-18a)就近似为 $q\approx q_m$;当气体压强大时,$b\approx0.8$,且$q_v\gg q_m$,这时式(2-7-18a)就近似为 $q\approx q_v$。因此,式(2-7-18b)可作为三种气流状态的普适流量公式。

在黏性流状态下,可以通过雷诺数(Re)对其是否为湍流进行判断,雷诺数的计算公式为

$$Re=\frac{D\cdot u\cdot \rho}{\eta} \tag{2-7-19}$$

其中,u 代表气流流速。一般情况下,$Re>2\ 200$,为湍流;$Re<1\ 200$,为黏性流。

为了便于区分不同的气体流动状态与压强之间的关系,列出表 2-7-2 作为一般情况下真空气体分子状态的参考。

表 2-7-2

相关参量	气体压强				
	10^5 Pa	10^2 Pa	10^{-1} Pa	10^{-4} Pa	10^{-7} Pa
分子数密度/cm^{-3}	10^{19}	10^{16}	10^{13}	10^{10}	10^7
平均自由程/cm	10^{-5}	10^{-2}	10	10^4	10^7
冲击频率/($s^{-1}\cdot cm^{-2}$)	10^{23}	10^{20}	10^{17}	10^{14}	10^{11}
碰撞频率/($s^{-1}\cdot cm^{-3}$)	10^{29}	10^{23}	10^{17}	10^{11}	10^5
单层成膜时间	10 ns	10 μs	10 ms	10 s	10^4 s (3 h)
	湍流($Re>2\ 200$),黏性流($Re<1\ 200$)		黏性-分子流	分子流	

5. 真空获得

真空系统是由真空容器和产生真空、测试真空、控制真空等仪器组成的装置,其中真空泵是用于产生真空的仪器,它是真空系统的核心部件。对于需要获得高真空的系统,真空泵由前级真空泵和高真空泵两部分串联而成:前级真空泵将系统从 1 个标准大气压降到低真空状态,一般采用机械泵;高真空泵进一步把真空度提高到更高的程度,根据所要求的高真空的范围,它可以用扩散泵($\sim 10^{-6}$ Pa),离子泵($\sim 10^{-8}$ Pa)或低温泵($\sim 10^{-11}$ Pa)实现。其中离子泵和低温泵通常需要有分子泵($\sim 10^{-6}$ Pa)将系统维持在高真空。各类真空泵主要的性能有以下几个方面。

(1) 极限压强:在真空泵长时间连续抽气的情况下,真空系统的压强最终下降并稳定在某个特定值,这个特定值便是泵的极限压强。

(2) 流量:真空泵的吸气口单位时间内流过的气体量称为泵的流量。流量的单位用压强×体积÷时间来表示,如 $Pa\cdot m^3/s$ 或 $Pa\cdot m^3/h$ 等。气体的流量主要与气流状态、管道结构、压强等有紧密联系。

(3) 抽气速率:真空泵的吸气口单位时间内流过的气体的体积称为泵的抽气速率。同一台泵对不同气体的抽气速率不一样,对于某种气体 Y,泵的抽气速率 S_Y 等于对应的流量 Q_Y 与这种气体在容器内的分压 p_Y 的比值,即

$$S_Y=\frac{Q_Y}{p_Y} \tag{2-7-20}$$

假设真空系统内所有容器壁表面都无气体吸附和脱附现象发生,这种抽气过程为理想状态

的抽气过程。设被抽容器体积为 $V(\mathrm{m}^3)$，泵的抽气速率为 $S(\mathrm{m}^3/\mathrm{s})$，在理想状态的抽气过程中，可以看成等容抽气，真空系统的气压变化用下式表示

$$V\frac{\mathrm{d}p}{\mathrm{d}t}=-S\cdot p \tag{2-7-21}$$

若时间 $t=0$ 时，气压为p_0，通过式(2-7-21)可解出气压随时间的变化关系为

$$p=p_0\exp\left(-\frac{S}{V}t\right) \tag{2-7-22a}$$

如果考虑极限压强 p_u的影响，上式则改为

$$p-p_\mathrm{u}=(p_0-p_u)\ \exp\left(-\frac{S}{V}t\right) \tag{2-7-22b}$$

上述关系适用于获得低真空的过程。随着真空度由低真空向高真空转化，抽气的时间将变得更长，因为当气压低于 10^{-1} Pa 时，真空系统的容器壁内表面将大量放气。假设单位时间容器内产生的气体总量为$\sum Q$，则式(2-7-21)改写为

$$V\frac{\mathrm{d}p}{\mathrm{d}t}=-S\cdot p+\sum Q \tag{2-7-23}$$

式中，气体总量可以分解为以下项：

$$\sum Q=Q_l+Q_\mathrm{d}+Q_\mathrm{p}+Q_\mathrm{b}+Q_\mathrm{r} \tag{2-7-24}$$

式中，Q_l为漏气量，Q_d为容器内壁气体脱附量，Q_p为容器内渗透或扩散的放气量，Q_b为泵的返流气量，Q_r为真空装配元件的放气量。通过分析，当气压较小时，$\sum Q$ 开始对系统真空度产生影响。式(2-7-22b)可改写为

$$p(t)=\frac{\sum Q}{S}+\left(p_0-\frac{\sum Q}{S}\right)\ \exp\left(-\frac{S}{V}t\right) \tag{2-7-25}$$

相应地，极限压强可表示为

$$p_\mathrm{u}(t)=\frac{\sum Q}{S} \tag{2-7-26}$$

由此可见，真空系统的极限压强要进一步下降，应当尽可能降低$\sum Q$，在选择脱附量低的材料制作真空系统的同时，还要控制并降低系统的漏气程度。

【实验装置】

布莱士·帕斯卡(Blaise Pascal)是法国数学家、物理学家，1648 年，他做了关于真空的实验，真空技术也因此逐步发展，后人为纪念帕斯卡，用他的名字帕斯卡来命名压强的单位。图 2-7-1 为本实验的真空系统装置示意图，整个系统主要由机械泵、扩散泵、热电偶真空计、电离真空计和气体放电管等组成。

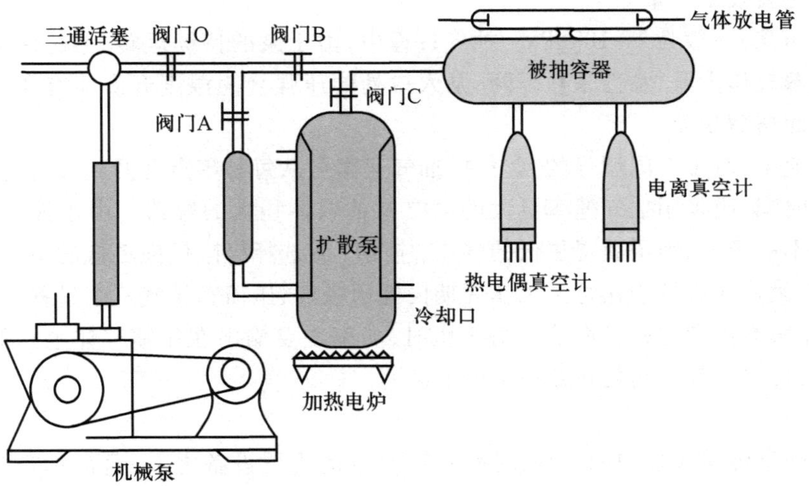

图 2-7-1

1. 机械泵

机械泵属于容积式真空泵,有旋片式、定片式和滑阀式等,本实验使用的是旋片式机械泵。旋片式机械泵主要构造如图 2-7-2 所示。泵壳内有一圆柱形空腔,其间与它偏心地安装着一个圆柱形转子,并与腔壁顶部紧密相切,转子由电机带动旋转,沿着转子直径嵌有两块刮板(E、F),可以沿直径方向自由滑动,E、F 之间用弹簧支撑,使转子在旋转过程中两刮板始终紧贴腔壁。

机械泵工作过程包括吸气、压缩和排气三个步骤:①吸气:若起始位置如图 2-7-3(a)所示,由于刮板将内腔分隔 3 个空间(Ⅰ,Ⅱ,Ⅲ),随着转子运行,空间Ⅰ的体积扩大,其间的压强减小,被抽容器中的气体从进气口被吸入;②压缩:同时空间Ⅲ中的气体被压缩,如图 2-7-3(b)所示;③排气:当空间Ⅲ中的气体被压缩到大于 1 个大气压时,便冲开排气口的阀门而逸出到大气中。转子不断旋转,过程不断地重复而达到抽气之目的。图 2-7-3(c)与图 2-7-3 (a)类似,仅因转子运转而交换了两刮板的位置。

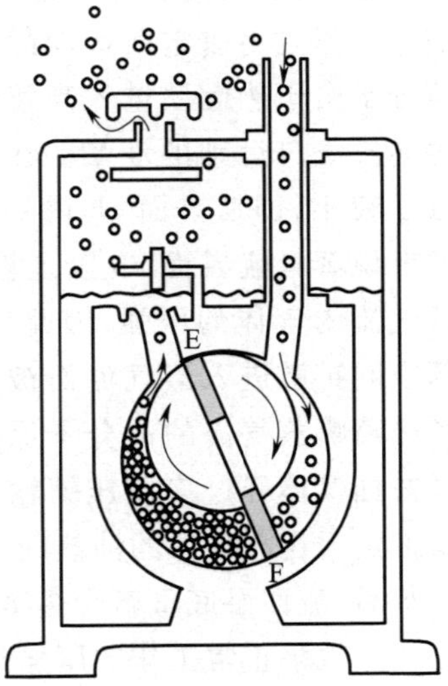

图 2-7-2

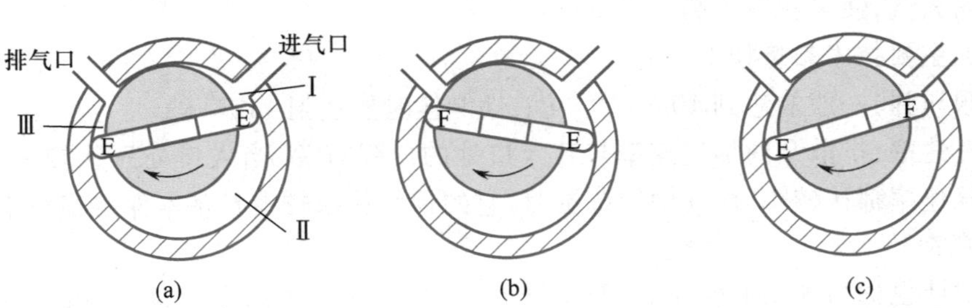

图 2-7-3

机械泵的主要技术参量如下。

(1) 极限压强:一般为 $1\sim10^{-2}$ Pa。抽气过程中,由于泵的持续运转,泵的油温会上升,从而使得油的饱和蒸气压上升、黏性系数下降,泵入口处的压强会随温度升高而有所上升,极限压强也会随之漂移而略微变大。

(2) 抽气速率:对于不同型号的真空泵,抽气速率可从每秒零点几升到数百升,甚至上千升。为了缩短抽气时间,应采用抽气速率更大的真空泵抽取体积大的容器。由于抽气速率大的真空泵的极限压强不一定低,为了获得更低的气压,应当注意选择极限压强更低的泵。

(3) 功率:旋片式机械泵在每个工作周期内经历吸气、压缩和排气三个过程。除了压缩气体外,泵也需要克服摩擦和过载等做功。高气压时,功率主要输出在压缩气体上。低气压时,气体的压缩量下降,功率大部分消耗在摩擦损失上。

2. 扩散泵

扩散泵是动量传递式泵中的一种,是获得高真空的重要设备之一,通常具有多级喷嘴结构,它是基于气体分子的碰撞进行动量传递来实现抽气的,其构造示意图见图 2-7-4 所示。

扩散泵工作原理:对于油扩散泵,作为蒸气源的油受热之后,油蒸气沿着管道向上运动,经过伞形喷嘴塔的隙缝形成高速定向运动的蒸气流,被抽容器中的气体分子由于热运动进入高速运动的蒸气流范围后,获得向排气口运动的动量。在蒸气流界面 ab 以下气体分子较小,即在界面 ab 内外的被抽气体的浓度不等,或者说蒸气流界面 ab 以上被抽空间的气体压强大于蒸气流内气体的压强,因此,被抽气体不断地自 ab 上部空间扩散进入蒸气流而被带向下一级蒸气流范围。各级喷嘴蒸气流的油分子保持一定的密度和速度,这样被抽气体经过多级压缩输运,经排气口被前级机械泵抽走。运载气体的油蒸气流撞击到扩散泵的内壁被冷却后,流回泵底重新受热蒸发而循环工作。

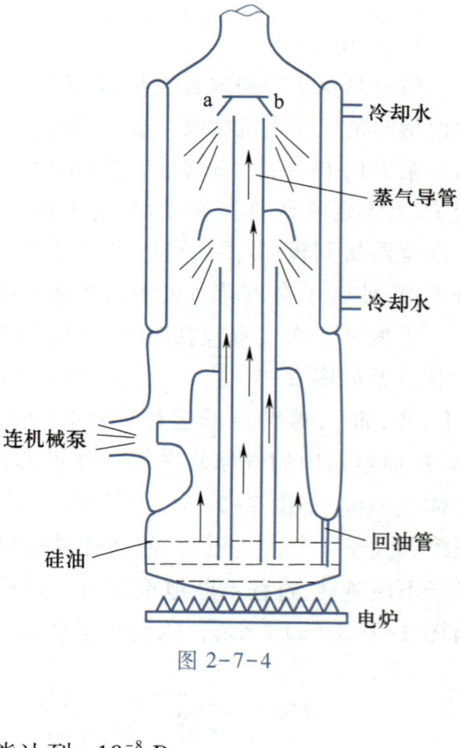

图 2-7-4

扩散泵正常工作的压强范围在 $10^{-1}\sim10^{-6}$ Pa,它的极限真空度能到达 $10^{-4}\sim10^{-6}$ Pa。如果采取液氮冷阱等措施,同时选用质量高的工作液体(硅油),并对被抽容器充分烘烤去气,便可获得更高的真空度。

扩散泵的主要技术参量如下。

(1) 极限压强:一般能达到 $10^{-4}\sim10^{-6}$ Pa,性能佳时能达到 $\sim10^{-8}$ Pa。

(2) 抽气速率:扩散泵的抽气速率与其入口处的压强有关,当入口处压强较大或者较小时,扩散泵的抽气速率都比较小,而在中间范围时,它的抽气速率较大且基本保持稳定不变。

3. 电阻真空计

电阻真空计也称为皮拉尼(Pirani)真空计,它通过热丝的电阻变化反映气体压强的变化,是一种热传导真空计。它由电阻式规管和测量电路两部分组成,测量压强范围一般为 $10^{4}\sim10^{-1}$ Pa。电阻式规管内部结构如图 2-7-5(a)所示,它是一只和真空系统相连通的管泡,常用的热丝材料有钨、铂和镍三种，为了保证热丝的稳定性，除对热丝表面进行清洁处理外，有时还在热丝表面敷一层玻璃、石英或铷等，以避免热丝在高气压下使用时被氧化。但是这层膜会加强热丝的热滞效应。

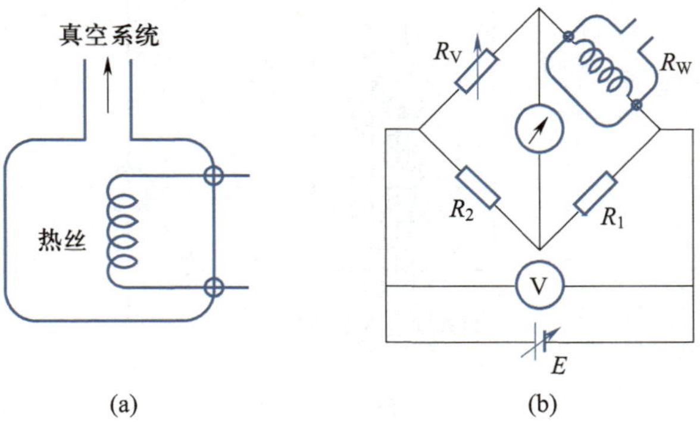

图 2-7-5

电阻真空计测量电路一般采用惠斯通电桥或开尔文电桥。根据测量热丝电阻变化的方法，可分为三种模式。

（1）定电压法：保持电桥两端电压不变，观察非平衡电流与气压的关系。

（2）定电流法：保持热丝电流（或电桥电流）不变，观察非平衡电压与气压的关系。

（3）定电阻法：调节电桥电压（可调电源）使电桥保持平衡，观察电桥电压与气压的关系。

以上三种模式以定电压法和定电阻法最为常用。定电阻法的电阻真空计测量线路原理图如图 2-7-5(b)所示，首先通过电阻 R_V 使电桥平衡，指示电表指零，稳定工作时，电桥电压为 U_0。随着气压下降，热损耗减少，热丝温度升高，电阻增大，电桥失去平衡，指示电表有读数。此时，降低电桥电压至 U，使电桥再次平衡，则热丝温度和电阻减小而恢复原值。根据气体的热导率与低气压下与压强的正比关系，可以推出

$$p=C_r(U^2-U_0^2) \tag{2-7-27}$$

式中，C_r 为真空计已知标定系数。

4. 热电偶真空计

热电偶真空计利用热电偶直接测量热丝的温度变化，在温度差的作用下热电偶两端产生的热电势，即表征真空规管内压强。热电偶真空计一般的测量压强范围为 $10^2\sim10^{-1}$ Pa。

热电偶真空计的内部结构如图 2-7-6(a)所示，它由热电偶式规管和测量线路两部分组成。热电偶规管内主要部件是热丝和热电偶，热电偶的热端与热丝相连，形成一个交叉的形状，另一端作为冷端参考端经引线引出管外，接入测量热电势的电压表。测量线路较简单，包括热丝的供电回路和热偶电势的显示回路。因为在气体压强较低时，气体的热导率与压强成正比，所以通过测量热丝电流和热丝温度变化便能测量压强大小。具体来说，当气压降低时，气体分子传导走的热量减少，热丝温度随之升高，热电偶的电势增大，反之，热电偶的热电势减小。

5. 电离真空计

最常用的电离真空计是热阴极三极管，其结构如图 2-7-6(b)所示，使用时开口与真空系统连接，在灯丝中通以电流，灯丝受热后发射电子，电子受到加有正电压（150～220 V）的加速极吸

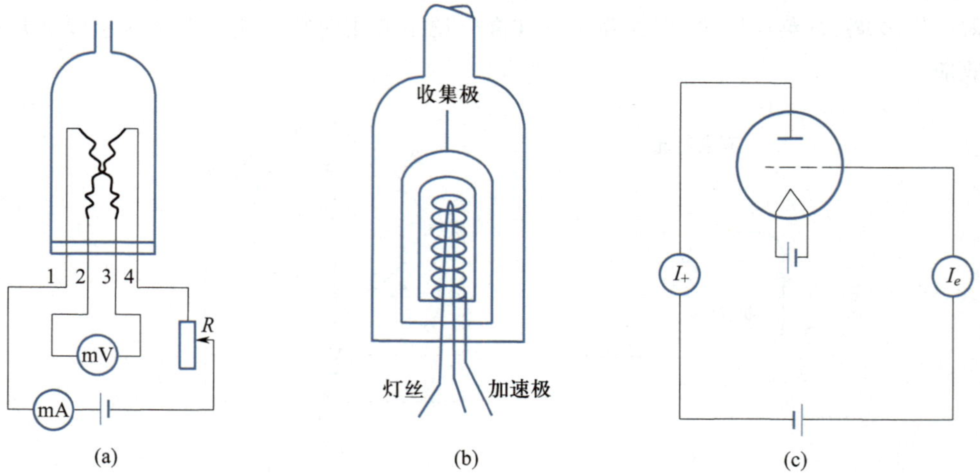

图 2-7-6

引,向加速极飞去。因为加速极是绕得很稀的金属的网,电子不容易撞到加速极上,因此只有一部分被吸收,大部分穿过加速极间的空隙,继续向加有负电压的离子收集极前进,在靠近离子收集极时又被推斥回来,结果电子就在加速极间来回振荡,直到被电极吸收为止。在电子从灯丝到加速极曲折的飞行过程中,不断和管内的气体分子碰撞,由于电子具有一定的动能,碰撞气体分子时能把中性分子激发成带正电的离子和电子。如果规管内的真空度极高,几乎没有气体分子存在,那么测电子流的电表能测到 I_e,而测离子流的电表读数为零,测量线路如图 2-7-6(c)所示。如果规管内有气体分子存在,那么就有可能被运动着的电子激发成带正电的正离子和电子,正离子被带负电压(-10~-40 V)的离子收集极吸收,就产生了离子流 I_+。

由于电子在一定的飞行路程中与气体分子碰撞的次数正比于气体分子数密度,离子流 I_+ 的大小也与规管内的气体分子密度相关,即和气体压强 p 有关,在一定压强范围内与压强成正比。同时,发射出的电子越多,碰撞气体分子产生的正离子数也多,离子流 I_+ 的大小也和 I_e 成正比,即

$$I_+ = C_i \cdot p \cdot I_e \tag{2-7-28}$$

其中 C_i 为电离真空规管系数(即电离真空计灵敏度),单位为 Pa^{-1}。对于一定气体,温度恒定时,C_i 为一定值,需要通过绝对真空计校准获得。

按照测量的线性工作范围,热阴极电离真空计可分为三种类型。

(1) 普通型热阴极电离真空计,其压强测量范围为 10^{-1}~10^{-5} Pa。

(2) 超高真空热阴极电离真空计,其测量范围为 10^{-1}~10^{-8} Pa,有的下限可到 10^{-10} Pa。

(3) 高气压热阴极电离真空计,其压强测量范围为 100~10^{-3} Pa。

限制热阴极电离真空计测量上限的因素主要是离子流与压强的关系在高气压下偏离线性而趋于饱和,这主要受到电极结构、电极间电位分布以及发射电流大小所决定。另一方面,随着气压下降,离子流 I_+ 不断变小,最终会受到各类本底电流的影响,而达到真空计的测量下限。本地电流的来源包括软 X 射线光电流、电子诱导脱附离子流和阴极材料蒸气的离子流等。通过控制本底电流的来源,提升规管的灵敏度,可以降低测量下限。例如,热阴极磁控电离真空规可测到 10^{-10}~10^{-13} Pa 的压强范围。本实验中采用的是第一种普通型热阴极电流真空计,这类真空计只

能在较高的真空度下使用，否则，大气环境中的大量气体分子会使真空计的热阴极迅速氧化而烧毁。

6. 气体放电管

图 2-7-7 是二极直流气体放电管示意图，在密封的真空管内，将一对平行板电极隔开一段距离正对，便构成了气体放电管。通过调节电极两端的稳压源的电压和外接限流电阻，测量电路中的电流和二极管两端电压，会观察到二极管丰富的伏安特性。在逐渐增大电压的过程中也会出现许多特征放电现象。辉光放电便是其中一种，也是气体导电的一种重要形式。在低气压下，冷阴极放电管在击穿气体分子后立即形成稳定的自持放电，放电过程中电流密度还比较小，需要维持放电的电压较高。这种放电过程在放电管中形成一种柔和的辉光，因此称其为辉光放电。在放电管内，从阴极到阳极会形成七个区域，分别是：区域Ⅰ称为阿斯登暗区，区域Ⅱ称为阴极辉区，区域Ⅲ称为阴极暗区，区域Ⅳ称为负辉区，区域Ⅴ称为法拉第暗区，区域Ⅵ称为正柱区，区域Ⅶ称为阳极区。

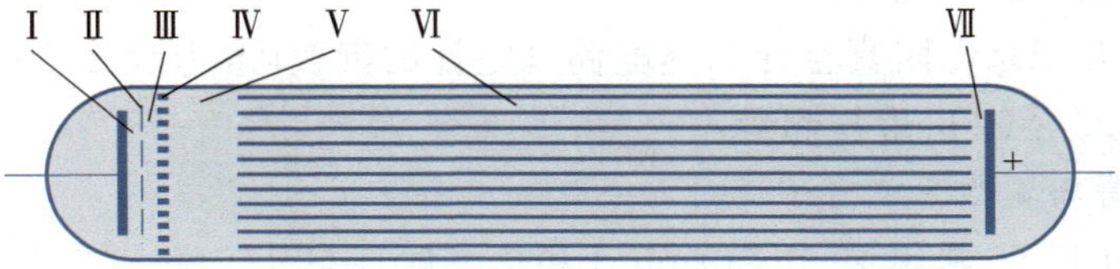

图 2-7-7

如果只需大致估计一个系统的真空度，可采用上述放电管实现。当系统内的真空度在(5 000~1 Pa)范围内，将放电管二个电极间加上数千伏的高压，板极上发射的电子在电场的加速下与管内的气体分子碰撞而辉光放电，其放电的形状和辉光的颜色随着管内气体真空度的变化而变化。这是因为不同气体其辉光放电的颜色不同：氧气为蓝色；氮气为淡红色；二氧化碳为灰蓝色。抽气时，一般相对分子质量轻的被抽得快，因而在不同的真空度下管内的气体成分不断变化而呈现出不同的颜色，从而由放电管的颜色可粗略估测系统的真空度。

7. 注意事项

(1) 真空阀门需旋转较多圈数才能充分开启，操作时需要注意，当转动接近极限位置时，再反向旋转少许即可，以保护螺杆。

(2) 真空阀门需旋转较多圈数才能完全关闭，操作时需要注意，当转动接近极限位置时，切勿用力过猛，轻轻旋转到达极限即可，以保护密封垫圈。

(3) 若扩散泵采用透明玻璃材质，强度脆弱，操作时应特别小心，不要直接碰触。

(4) 电离真空计所连接的电离规管，极易烧毁损坏，只能在 $<10^{-1}$ Pa 的气压情况下开启使用。当气压升高，及时关闭电离真空计和电离规管。

(5) 高频火花检漏仪可以用来检测玻璃容器(扩散泵)是否漏气。使用时，应不断移动探测头，不能始终对准一点，以免扩散泵被击穿。

(6) 实验完毕，应先关闭电热炉，待扩散泵完全冷却后才能关闭冷却水；关闭机械泵后，应打开微漏阀，使机械泵与所连接的腔体连通大气，以免返油。

【实验内容】

1. 气体放电现象的观察

(1) 检查真空系统阀门,关闭微漏阀,确保系统密封。

(2) 启动电阻真空计和热电偶真空计,保持电离真空计处于关闭状态。

(3) 启动机械泵,其工作噪声会慢慢地降低,直至运行平稳。

(4) 开启阀门 O、阀门 A、阀门 B 和阀门 C。

(5) 开启恒压源,调节增大放电管两端电压,使电流稳定在较小值($\sim 10^2$ μA)。

(6) 观察辉光放电的形状与颜色,观察后逐步调零电压并关闭恒压源。

2. 低真空的获得与测量

(1) 保持机械泵、电阻真空计和热电偶真空计的运转。

(2) 关闭阀门 O,开启微漏阀,使系统缓慢回到大气压。

(3) 关闭微漏阀,开启阀门 O。

(4) 观察、测量并记录电阻真空计和热电偶真空计的读数(参考表 2-7-3 记录数据)。

(5) 重复步骤(2)至(4),重复测量。

3. 高真空的获得与测量

(1) 保持阀门 O 打开,机械泵、电阻真空计和热电偶真空计正常运转。

(2) 当系统压强达到 $1\sim10^{-1}$ Pa 时,关闭阀门 B,保持阀门 A 和 C 打开。

(3) 开启进水阀,使扩散泵冷却水循环。

(4) 打开热偶温度计,测量扩散泵底部温度。

(5) 开启扩散泵底部电热炉,缓慢旋转至较大,观察温度计。

(6) 当扩散泵逐步进入沸腾状态,微调电热炉旋钮,使泵底部温度在 600~700 ℃。

(7) 注意高温防护,当系统出现异常,及时关闭电热炉。

(8) 开启电离真空计,观察、测量并记录真空计的读数(参考表 2-7-3 记录数据)。

4. 真空的破除与重新获得

(1) 保持阀门 O 打开,机械泵、电阻真空计和热电偶真空计正常运转。

(2) 保持扩散泵正常运转(包括循环水、电热炉和温度计),关闭电离真空计。

(3) 保持阀门 A 打开,阀门 B 关闭。

(4) 关闭阀门 C,打开微漏阀,使系统缓慢回到大气压。

(5) 在此情况下,可对外接真空容器进行大气操作,例如换装放电管、样品和管路等。

(6) 换装完毕后,关闭微漏阀,关闭阀门 A,开启阀门 B。

(7) 观察、测量并记录电阻真空计和热电偶真空计的读数(参考表 2-7-3 记录数据)。

(8) 若压强降低至 $1\sim10^{-1}$ Pa,关闭阀门 B,较快开启阀门 A 和 C。

(9) 开启电离真空计,观察、测量并记录电离真空计的读数(参考表 2-7-3 记录数据)。

(10) 重复步骤(3)~(9),进行真空的重复测量。

5. 真空系统的保持与关闭

(1) 在保持状态下,机械泵持续运转,并与扩散泵保持连通,冷却水持续运转。

(2) 关闭电离真空计。

(3) 关闭扩散泵底部电热炉。

(4) 继续通入冷却水,观察温度计示数,待扩散泵完全冷却。

(5) 关闭阀门 A 和 C,打开阀门 O 和 B。

(6) 打开微漏阀,使机械泵与所连接的腔体连通大气。

(7) 关闭所有真空计和热偶温度计,关闭总电源。

(8) 关闭进水阀,停止冷却水。

6. 真空系统工作特性分析

根据上述实验数据,作压强 p 随时间 t 变化的真空特性曲线图。注意:电阻真空计和热电偶真空计仅在低真空区间有效;电离真空计仅在中真空与高真空区间有效;电离真空计未启动时不用读数;各真空计读数达到极限值后读数结束;本实验以真空计 10 min 内不再变化的示数为其极限值。

表 2-7-3

编号 i	抽气时间 t/s	电阻真空计 p/Pa	热电偶真空计 p/Pa	电离真空计 p/Pa
1				
2				
3				
4				
5				
6				
7				
8				
9				
⋮				

【拓展题】

1. 简述影响真空度的主要因素。

2. 设计一种利用光学原理测量真空度的实验方法。要求画出系统总框图,简述基本原理和实验方法。

2.8 热效应

【实验综述】

热效应是指在温度变化的条件下,物体的体积、长度、密度等性质发生的变化,体现在物质系统在变化过程中释放或吸收的热能。热效应可以分为热膨胀和热收缩两种类型。热效应原理在温度测量和热能装置中有着广泛的应用,热能是自然界中最重要的能源之一。热量和功是系统状态变化中伴随发生的两种不同的能量传递形式,比如热能被转化为机械能用以发电等,如何提高热能的利用效率一直是科学家和工程师追求的目标。

本实验主要探究热机的效率和热泵性能系数。

【实验目的】

1. 了解热电效应原理和应用。
2. 熟悉热机与热泵的工作原理。
3. 测量热机的实际效率和卡诺效率。
4. 测量帕尔帖的内电阻和热泵性能系数。

【背景知识】

热机与热泵工作过程中的热循环一般有等容加热循环和等压加热循环两种方式。

1. 等容加热循环

等容加热循环是指在恒定体积下对物体进行加热循环,实现对能量的转换和利用。它的特点是加热过程快速完成,加热介质一般是气体或液体,热效率 η 仅与压缩比 ε 有关,其效率表达式为

$$\eta=1-\frac{1}{\varepsilon^{k-1}}$$

2. 等压加热循环

等压加热循环是指在恒定压力下对物体进行加热循环,实现对能量的转换和利用。它的特点是加热过程通常比较长,加热介质一般是气体,负荷的增加使循环热效率下降。其效率表达式为

$$\eta=1-\frac{\rho^{k}}{\varepsilon^{k-1}(\rho-1)}$$

【实验原理】

1. 热机原理

热机是利用热池和冷池之间的温差做功的机械装置。它利用加热电阻为热端提供热量和向冷端加冰水吸取热量来保持热端、冷端的温度。假设热池和冷池的尺寸足够大,以至于从池中吸收了多少热或者为池提供多少热量都能保持池的温度不变,这样的热池(冷池)近似为热库。

热机把热能转换为机械能，一般通过电流流过负载电阻产生热能做功，最终所做的功为消耗在负载电阻上的热量。热机工作原理示意图如图 2-8-1 所示。

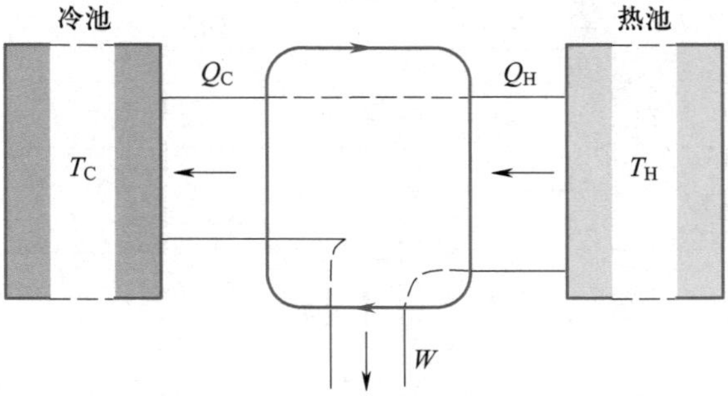

图 2-8-1

根据热力学第一定律，可得到

$$Q_H = W + Q_C \tag{2-8-1}$$

式中，Q_H和 Q_C分别表示进入热机的热量和排入冷池的热量，W 表示热机做的功。热机的效率 η 定义为

$$\eta = \frac{W}{Q_H} \tag{2-8-2}$$

如果所有的热量全部都转化为有用功，那么热机的效率就等于 1，但是热机效率总是小于 1。

在实验中，一般都用功率而非能量来计算效率，因此对式(2-8-1)求导得到

$$P_H = P_W + P_C \tag{2-8-3}$$

式中，$P_H = \frac{dQ_H}{dt}$和 $P_C = \frac{dQ_C}{dt}$分别表示单位时间进入热机的热量和排入冷池的热量，$P_W = \frac{dW}{dt}$表示单位时间内做的功，所以热机效率也可以写成

$$\eta = \frac{P_W}{P_H} \tag{2-8-4}$$

热机的最大效率仅与热机工作的热池温度和冷池温度有关，而与热机的类型无关。

卡诺定理是热力学中的一个重要定理，说明热机的最大热效率只和其高温热源和低温热源的温度有关。卡诺热机是一种理想化的热机模型，由法国工程师尼古拉 · 卡诺于 1824 年提出的。卡诺热机的效率是所有工作于相同高温热源和低温热源之间的热机中最高的，是一种理想的热机效率。卡诺循环是一种可逆的理想循环，根据卡诺定理，卡诺循环效率 η_c可以表示为

$$\eta_c = \frac{T_H - T_C}{T_H} \tag{2-8-5}$$

式中，热端温度为 T_H，冷端温度为 T_C，其单位均为 K。式(2-8-5)表明，只有当冷池温度为绝对零度时热机的最大效率为 100%。而对于给定温度，假设由于摩擦、热传导、热辐射等引起的能量损失忽略不计，则热机做功效率最大。

2. 热泵原理

热泵是热机运行的逆过程。热泵一般通过外界做功从冷池吸取热量泵浦到热池，正如冰箱

从低温内部吸取热量泵浦到较热的房间。热泵的工作原理示意图如图 2-8-2 所示。

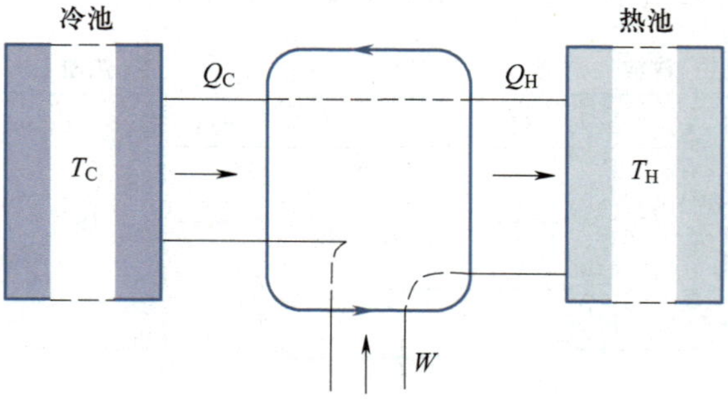

图 2-8-2

对于热泵,需要定义一个性能系数K_{COP}(coefficient of perpormance,COP),定义为单位时间从冷池泵取的热量 P_C与单位时间热泵所做的功 P_W的比值,即有

$$K_{COP}=\frac{P_C}{P_W} \tag{2-8-6}$$

尽管热机效率总是小于 1,但是热泵效率 K_{COP}总是大于 1。正如与热机的最大效率一样,热泵的最大效率 K_{max}仅取决于热池和冷池的温度,即

$$K_{max}=\frac{T_C}{T_H-T_C} \tag{2-8-7}$$

如果考虑由于摩擦、热传导、热辐射等引起的能量损失,实际 K_{COP}逼近 K_{max}。

3. 热传导

由于分子或原子不规则的热运动所构成的热传递过程称为热传导。在时间 t 的期间内穿过面积为 A 的表面的热量可表示为

$$Q=\kappa\frac{\Delta T}{\Delta x}A\cdot t \tag{2-8-8}$$

式中 κ 为热导率,表示单位截面、长度的材料在单位温差下和单位时间内直接传导的热量,单位为 $W\cdot(m\cdot K)^{-1}$。ΔT 表示面积为 A 的表面法线上相近的两点间的温度差,两点间的距离为 Δx,$\frac{\Delta T}{\Delta x}$称为温度梯度。这样,通过面积为 A 的表面的热功率 P'为

$$P'=\frac{Q}{t}=\frac{\kappa\cdot A\cdot\Delta T}{\Delta x} \tag{2-8-9}$$

1821 年,德国物理学家泽贝克发现不同金属的接触点被加热时产生电流,这个现象称为泽贝克效应(Seebeck effect),这就是热电偶的基础。1834 年,佩尔捷发现了泽贝克效应的逆效应,即当电流流过不同金属的接点时,有吸热和放热现象,这个现象称为佩尔捷效应(Peltier effect)。半导体佩尔捷制冷等效电路图如图 2-8-3 所示,虚线内部表示佩尔捷原件,U_S 是佩尔捷电势差,R_r 是佩尔捷内部电阻,R 表示负载电阻。

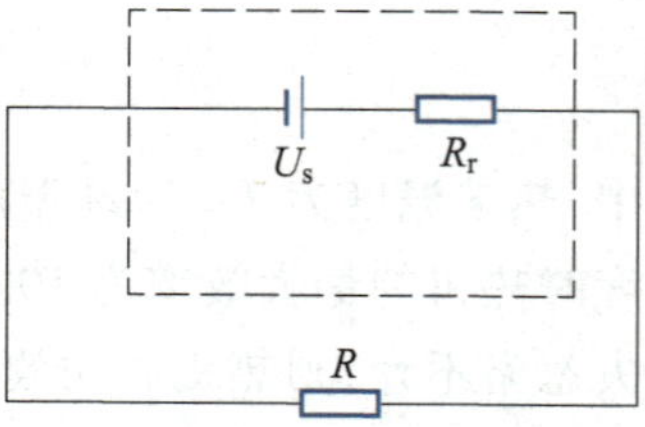

图 2-8-3

在负载电阻 R 上输出功率可表示为

$$P=I^2R \tag{2-8-10}$$

式中，I 是流过负载电阻的电流。在图 2-8-3 中，

$$I=\frac{U_S}{R+R_r} \tag{2-8-11}$$

选择合适的负载电阻，热泵就有最大的输出功率。

由式(2-8-10)和式(2-8-11)可得

$$P=\left(\frac{U_S}{R+R_r}\right)^2R \tag{2-8-12}$$

对式(2-8-12)求导，当

$$\frac{dP}{dR}=\frac{U_S^2(r-R)}{R+R_r}=0$$

求得

$$R=R_r \tag{2-8-13}$$

所以，当负载电阻等于佩尔捷器件内部电阻时，负载电阻上得到的功率是最大的。

在热机模式实验中，负载电压降表示为 U_W，所以此时电流可表示为 $I=\frac{U_W}{R}$。如果没有负载，这时没有电流流过佩尔捷元件内阻，即在内阻上的电压降为零，测量的电压刚好为 U_S，于是得到

$$U_S-\left(\frac{U_W}{R}\right)R_r-U_W=0 \tag{2-8-14}$$

根据式(2-8-14)得到佩尔捷元件内阻为

$$R_r=\left(\frac{U_S-U_W}{U_W}\right)R \tag{2-8-15}$$

此外，也可利用 2 个不同的负载电阻，通过测量负载电阻的电压，求联立方程得到内阻 R_r。

【实验装置】

1. 热效应实验仪

热效应实验仪可以做热机和热泵两类实验，图 2-8-4 是热效应实验仪面板图。

冷池和热池的温度通过温度传感器测量。热池的温度通过改变加热功率或者微调加热功率保持在某个温度不变。加热器两端的电压 U_H 和流入电流 I_H 通过电压表和电流表分别测量。其中，加热功率表示为 $P_H=U_HI_H$。负载电阻的消耗功率表示为 $P_W=\frac{V_W^2}{R}$。

除了热机实验和热泵实验外，热效应实验仪还可以间接测量佩尔捷元件的内阻，以及热传导和热辐射通过佩尔捷元件的热量、从冷池泵取的热量等。

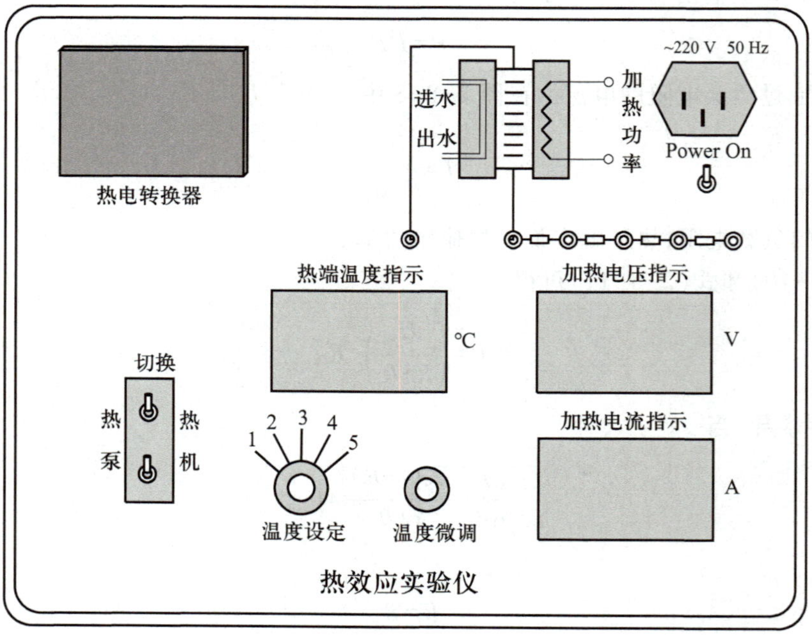

图 2-8-4

2. 佩尔捷器件

热效应实验仪的基本元件是佩尔捷器件，它是一种半导体制冷器件。为了模拟热学教材中具有无限大热池（高温热库）和无限大冷池（低温热库）的理论热机，佩尔捷器件的一端通过向冷池加冰水混合物保持低端温度不变（0 ℃），而佩尔捷器件的另一端利用加热器保持热端温度稳定。

【实验内容】

1. 卡诺效率和热效率测量

实验仪器连接示意图如图 2-8-5 所示。

（1）连接好水循环的管子，并接好循环泵的电源。

（2）连接 2.0 Ω 负载电阻，并在负载电阻上并联一个电压表。

（3）将“切换”开关切换到“热机”。

（4）把“温度选择”置加热挡“1”，开通装置电源开关，使系统达到平衡，一般需要 5~10 min。

（5）测量热端和冷端的温度，冷端的温度可以从温度计读出，热端的温度可以从装置中直接读出。

（6）在数据表格中分别记录加热电压、加热电流和负载电阻上电压。

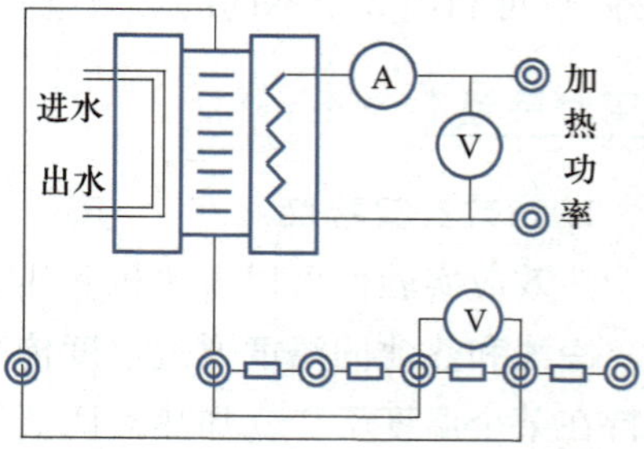

图 2-8-5

（7）“温度选择”依次置加热挡“2”、“3”、“4”、“5”（“1”、“2”、“3”、“4”、“5”挡对应的设定

温度分别为 30 ℃、40 ℃、50 ℃、60 ℃、70 ℃)进行实验。设定温度如有偏差,可通过调节"温度微调"校准(温度偏离值不大于±0.1 ℃)。

(8) 把测量的数据记录在表 2-8-1 中。

表 2-8-1

挡位	T_C/K	T_H/K	U_H/V	I_H/A	P_H/W	V_W/V	P_W/W	η/%	η_C/%
"1"									
"2"									
"3"									
"4"									
"5"									

2. 热机效率

本实验的热效应实验装置需要在两种不同模式下进行实验:热机模式确定佩尔捷器件的实际效率;开路模式确定由于传导和热辐射引起的热量损失。根据两种模式的数据,可计算帕尔帖的内电阻和卡诺效率。实验仪器连接示意图如图 2-8-5 所示。

(1) 热机模式

(a) 接好水循环的管子,并接通循环泵的电源。

(b) 连接 2.0 Ω 的负载电阻,并在负载电阻上并联一个电压表。

(c) 将"切换"开关切换到"热机"。

(d) 把"温度选择"放在加热挡位"4",打开装置电源开关,使系统达到平衡。

(e) 测定热端和冷端的温度。冷端的温度可以用温度计测量,热端温度可以从装置中直接读出。

(f) 记录加热电压、加热电流和负载电阻上的电压。

(2) 开路模式

(a) 断开负载电阻,并把电压表直接接在佩尔捷的输出端上。此时,加热热端所做的功用于热传导和热辐射。

(b) 当热端温度与热机模式中设定的温度相同时(如有差异,可调节"温度微调"),因为相同的温差,热泵做的功也相同。同时,热传导在有负载和没有负载时的传导的热量是相同的。

(c) 记录加热电压、加热电流和电压表上的读数于表 2-8-2 中。

表 2-8-2

	低温端 T_C/K	高温端			有负载 U_W/V	无负载 U_S/V
		T_H/K	U_H/V	I_H/A		
有负载						
无负载						

(3) 热机调整效率

首先，消耗在负载电阻上的功率为$\frac{U_{W}^{2}}{R}$，其余功率消耗在器件上，总的功率应该包括内部电阻消耗的功率 $I^{2}R_{r}$，R_{r} 为器件内部电阻，是无用功。总的做功为 $P'_{W}=P_{W}+I_{W}^{2}R_{r}$，这里 $I_{W}=\frac{U_{W}}{R}$。

其次，输入的热量应进行调整，在热端上的热量分两个部分，一部分是实际有用的，用于热泵做功。然后，另一部分是热源热辐射和热源通过器件传导到冷端，通过热辐射和热传导损失的热量，不管器件有没有负载都是相同的。因此，这部分热量对器件做功是没有贡献的，在调整效率里，不应该包括在内，即有 $P'_{H有效热}=P_{H}-P_{H开路}$，P_{H} 为热效应装置有负载时的输入功率，$P_{H开路}$ 是器件无负载时的输入功率。当然，P_{H} 和 $P_{H开路}$ 所得的条件是热端和冷端温度分别相同且恒定。当没有负载时，$P_{H开路}$ 等于热辐射和热传导的热量损失。假设接负载和不接负载，热辐射和热传导的损失热量是相等的，则调整效率是 $\eta_{调整}=\frac{P'_{W}}{P'_{H}}=\frac{P_{W}+I_{W}^{2}R_{r}}{P_{H}-P_{H开路}}$。

3. 热泵性能系数测量

实验仪器连接示意图如图 2-8-6 所示。进行热泵性能系数测量实验前，须先完成热机效率测量实验，得到佩尔捷器件内电阻的参量。

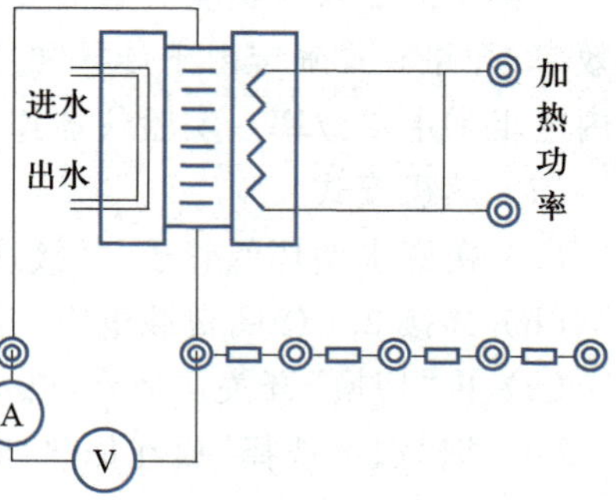

图 2-8-6

(1) 连接好水循环的管子，并接通循环泵的电源。

(2) 把“切换”开关切换到“热泵”。

(3) 热泵设定的温度与热机效率测量实验中设定的温度相同。

(4) 当系统稳定时，分别记录佩尔捷器件上的加热电压 U_{R}和电流 I_{R}。

(5) 测定冷端温度，记录热端温度，数据记录在表 2-8-3 中。

表 2-8-3

T_{H}/K	T_{C}/K	负载两端			$K_{实际}$	$K_{最大}$	$K_{调整}$
		U_{R}/V	I_{R}/A	P_{R}/W			

(6) 热泵调整效率

热泵实际效率为 $K_{实际}=\frac{P_{C}}{P_{R}}=\frac{P_{H开路}-P_{R}}{P_{R}}$。

调整性能系数：部分功率是用在佩尔捷器件内阻上，因此需调整，$I^{2}R_{r}$ 必须从输入佩尔捷器件的功率中扣除，则 $K_{调整}=\frac{P_{H开路}-P_{R}}{P_{R}-I_{r}^{2}R_{r}}$。

4. 热传导

对于一个热效应装置而言，佩尔捷器件有 126 对，而每一对有 2 个单元，这样总的有 252 个。

各个单元的有效长度除于面积的比率为 1.32，所以有$\frac{x}{A}=\frac{1.32}{252}=0.052\ 4$。把这个数据用于热机效率实验开路模式的计算，则佩尔捷器件的热导率为 $\kappa=\frac{P_{\text{H开路}}\left(\frac{x}{A}\right)}{\Delta T}$。

5. 负载选择实验

负载选择实验操作步骤如下：

(1) 连接好水循环的管子，并接通循环泵的电源。

(2) 用短导线连接 0.5 Ω 的负载电阻，并在负载电阻两端并联一个电压表。

(3) 把“切换”开关切换到“热机”。

(4) “温度选择”置加热挡“3”，开通装置电源，使系统通达到平衡。

(5) 测量冷端温度，记录加热电压(U_H)、加热电流(I_H)和负载电阻上的电压值(U_W)。

(6) 保持热端温度恒定不变，改变负载电阻值，重复上述实验。

(7) 计算输入到热端的功率、消耗在负载电阻的功率和效率。

【拓展题】

1. 阐述热效应概念。

2. 查阅资料，介绍一个热效应在实际生活中应用的仪器，并解释仪器工作原理，说明仪器功能，分析仪器效率。

2.9 全息照相

【实验综述】

全息照相技术是一门立体摄影和波阵面再现技术，全息照相既能记录、又能完全再现被摄物物光波的全部信息（振幅和相位），它形象逼真，富有立体感，所以在精密计量、信息处理和遥感技术等方面有着广泛的应用。光学全息图主要记录物体发出或反射到记录介质平面上的光波的完整波场，不同于记录几何光学成的物像的普通照相，它记录波场完整振幅和相位。任何照相材料都能记录光波的振幅信息，但对波场各部分相位是不灵敏的。

本实验通过拍摄三维物体的全息图并重现其立体图像，从中理解全息照相的原理及其特点，了解光学全息照相的拍摄过程和摄影暗室操作技术。

【实验目的】

1. 了解全息照相基本原理。
2. 熟悉和掌握各种光学元件的特性及其调节方法。
3. 观察和分析全息照相的成像特性。
4. 学习拍摄全息照片的基本技术和再现图像的观察方法。

【背景知识】

除了光学全息外，还有计算全息和数字全息。

1. 计算全息

计算全息是利用计算机与绘图仪，根据物光波的数学描述，将振幅和相位以一定的编码方式记录在透明胶片上，从而得到计算机合成的全息图。计算全息是用计算机编码制作全息图，它是建立在数字计算与现代光学的基础上的。计算全息图的制作主要分为几个步骤：(a) 抽样：得到物体和波面在离散样点上的值；(b) 计算：计算物光波在全息平面上的光场分布；(c) 编码：把全息平面上光波的复振幅分布编码成为全息图的透过率变化；(d) 成图：在计算机控制下，将全息图的透过率变化绘制成图，如果绘图设备分辨率不够，则绘制一个较大的图，再缩版得到使用的全息图；(e) 再现：这一步骤与光学全息图的再现相同，二者没有什么区别。制作一个傅里叶变换全息图流程如图 2-9-1 所示。

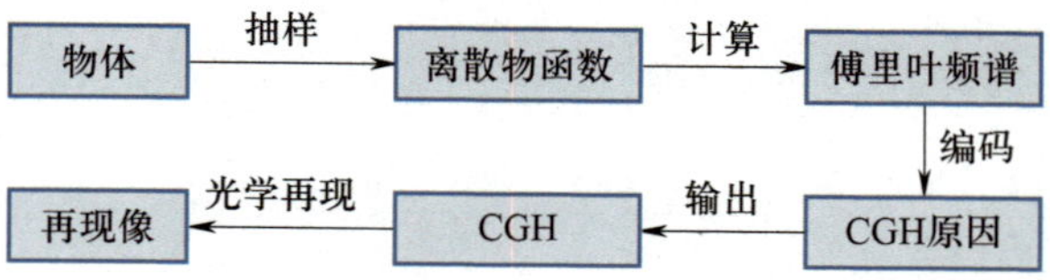

图 2-9-1

实验得到的计算全息图是原来灰度图的傅里叶频谱,再现过程同样利用了傅里叶变换或者傅里叶逆变换,从数学上可以证明,经过逆变换的傅里叶频谱可以再现为原图。这里用了两种编码:罗曼 III 型编码和李奇编码。

2. 数字全息

数字全息是用光电传感器件来代替干板,从而记录全息图,并将全息图存入计算机,用计算机模拟光学衍射过程来实现被记录物体的全息再现和处理。数字全息具有制作成本低、成像速度快、记录和再现便利等优点,从而被广泛应用。目前光电传感器件主要有电荷耦合器件(CCD)、CMOS 传感器和电荷注入器件(CID)。数字全息实现方式流程如图 2-9-2 所示。

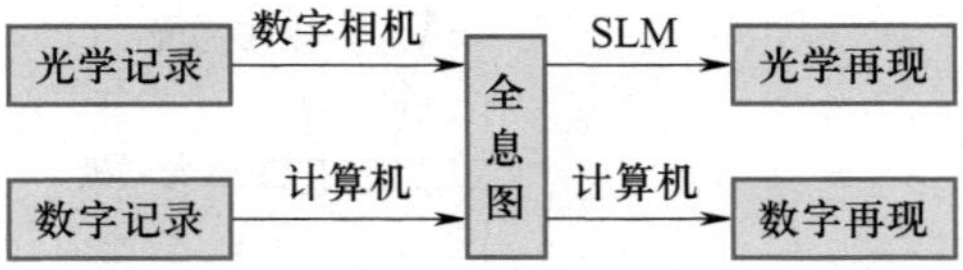

图 2-9-2

【实验原理】

1. 全息照相概述

普通照相记录的是物体发出或反射到介质平面上的光波。普通照相是基于几何光学的透镜成像原理。由于现有的光记录介质的响应时间比光波振动的周期长得多,因此只能将物体发出或散射的光波的强度分布记录下来,光波的相位并没有被记录下来,它所记录的只是物体的光强分布,所得到的是物体的二维平面图像。

全息照相是利用干涉和衍射的原理来记录和再现物体的光波。全息照相具有大景深和真正的立体感,它用干涉的方法把被摄物体的光波的振幅和相位记录下来。全息照相中的感光片除受到来自物体的光束照明外,还受到另一束参考光的照明。如果物光和参考光是高度相干的,则物光和参考光在底片上叠加干涉,其物光的振幅信息被转换成干涉条纹的明暗对比度,物光的相位信息被转换成干涉条纹的形状和疏密分布记录下来。

在全息底片上看不出被摄物体的像,而只是一些互相重叠的干涉图样,如果想要观察被摄物体时,可利用衍射现象,把物体光波重新再现。由于再现的是原来物体光波,因而得到的是一个真实的、具有视差的、大景深的三维图像。

因此,全息照相实际上是一种两步成像的照相技术。第一步,记录复杂的干涉图样,得到一幅全息图,称为记录过程;第二步,照明全息图,再现出原始物体光波,得到物体的像,称为再现过程。

2. 全息照相中记录和再现原理

(1) 记录过程

图 2-9-3 是全息照相记录过程的光路原理图。先用半反半透的分束镜将激光束分成两束光,一束光经过扩束镜后,照射在被摄物体上,经物体漫反射(或透射)而发出物光波,波场上每一点的振幅和相位都是空间坐标的函数,物光每一点的复振幅和相位用 O 表示;另一束光经扩束镜后,直接照射在底板(干板)上,这束光被称为参考光波,它的振幅和相位也是空间坐标的函

数，其复振幅和相位用 R 表示，参考光通常是平面波或球面波。

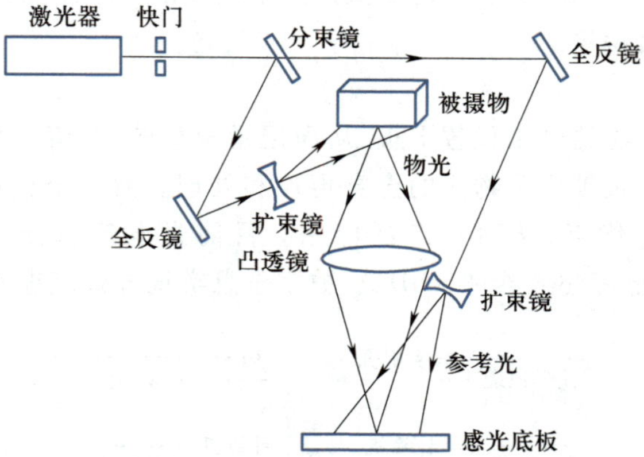

图 2-9-3

设全息照相底板平面为 XOY 平面，则物光和参考光在该平面上分别表示物体发出的物光波在 XOY 平面上的振幅和相位分布可表示为

$$O(x,y)=O_0(x,y)\mathrm{e}^{\mathrm{i}\varphi_0(x,y)} \tag{2-9-1}$$

$$R(x,y)=R_0(x,y)\mathrm{e}^{\mathrm{i}\varphi_0(x,y)} \tag{2-9-2}$$

这样，在干板上记录的信息总光场是物光与参考光的叠加，两列光波在底片平面上干涉后的合振幅为

$$A=O+R \tag{2-9-3}$$

底板上各点的光强 I 与振幅的平方成正比，两列光波在底片平面上干涉后的光强可表示为

$$\begin{aligned} I &=(O+R)(O^*+R^*)=OO^*+RR^*+OR^*+O^* \\ &=O_0^2+R_0^2+O_0R_0\mathrm{e}^{\mathrm{i}(\varphi_0-\varphi_R)}+O_0R_0\mathrm{e}^{-\mathrm{i}(\varphi_0-\varphi_R)} \\ &=O_0^2+R_0^2+2O_0R_0\cos(\varphi_0-\varphi_R) \end{aligned} \tag{2-9-4}$$

式中，O^*、R^* 分别为 $\dot{O}$ 与 $\dot{R}$ 的共轭量，$I_O=OO^*$，$I_R=RR^*$，它把物光的相位信息转化成不同光强的干涉条纹记录在干板上。

由式(2-9-4)可知，前两项是物光和参考光的强度，第三项取决于它们的相对相位关系。由此可知，物光波的振幅和相位二者信息均已被记录下来，也就是两相干光波的干涉图样被记录下来了，这样的一张全息图实际上是一种比较复杂的光栅结构。因为物体上任一发光点发出的物光在整个感光底板上的各点都和参考光相遇而发生干涉，在整个感光底板上各处都有该发光点的信息被记录，所以一张全息图上的每一点都包含了该物体的全部信息。

(2) 再现过程

干板经过曝光冲洗后，形成透光率各处都不同的全息照片，而且光透过底板时，振幅和相位都要发生变化。令 t 为复振幅的透过率，它等于透过光的复振幅除以入射光的复振幅。

如果曝光及冲洗合适，则

$$t=t_0-KI \tag{2-9-5}$$

式中，t_0 为未曝光部分的透射率，K 为取决于干板感光特性和显影过程的一个常量。

物像再现就是再用与原参考光相同的光波从适当的方向照射全息照片，并观察透射光，如果透射光波用 W 表示，则

$$W = tR = t_0R - KIR \tag{2-9-6}$$

将 I 代入式(2-9-6)得

$$W = t_0R - KR(I_O + I_R + OR^* + O^*R) \tag{2-9-7}$$

$$W = [t_0 - K(I_O + I_R)]R - KI_RO - KRO^*R \tag{2-9-8}$$

式(2-9-8)包括透射光的几个分量，其中每一项都相当于一个衍射级光波。第一项 $[t_0 - K(I_O + I_R)]R$ 说明与参考光 R 成正比，是按一定比例重建的参考光，或者说是直接透过的再照光，相当于零级衍射波。第二项 KI_RO 是物光复振幅 O 乘以常量 KI_R，是按一定比例重建的物光波，相当于一级衍射波，这个光波按惠更斯原理继续传播，与原来物体在原来位置发出的光波相同，仅仅是振幅按一定比例改变，相位改变 π。因此，观察者对着这个光波方向观察全息照片时，可以看到原来物体的三维立体像，如图 2-9-4 所示为全息照片观察方法示意图。第三项 KRO^*R 说明与物光波的共轭光波 O^* 有关，它是因衍射而产生的另一个一级衍射波，称为孪生波。如果将全息照片的正面转 180°，使反面对着光，则观察者可在与“轴”线对称的下方看到物的虚像，此时物也恰好转了 180°。

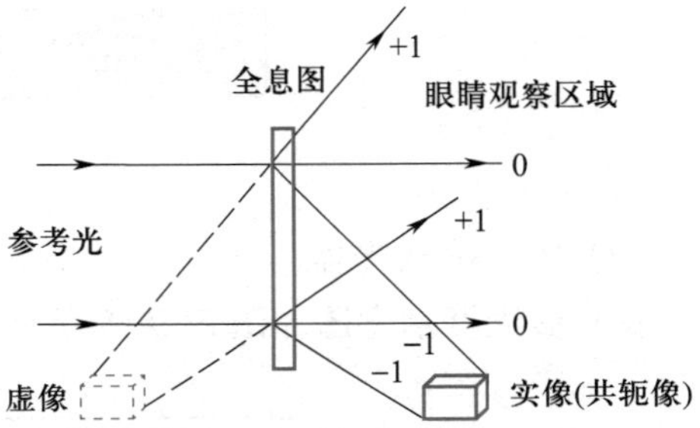

图 2-9-4

将曝光后的底片经过显影和定影等暗室技术处理后晾干，就成为一张全息图。如果我们控制曝光量的变化范围在该底片的 $t-H$ 曲线的线性区域内，振幅透过率 T 和曝光时光强成正比，即

$$T = \beta I \tag{2-9-9}$$

其中，β 是一常量，当用再现光波 $C = C_0(x,y)e^{i\varphi_C(x,y)}$ 照射时，透过光波可表示为

$$A = CT = C\beta(O_0^2 + R_0^2) + C\beta OR^* + C\beta OR \tag{2-9-10}$$

为了简单起见，常把它略去放在 C_0 中，则

$$A = (O_0^2 + R_0^2)C_0e^{i\varphi_C} + C_0R_0O_0e^{i(\varphi_C + \varphi_0 - \varphi_R)} + C_0R_0O_0e^{i(\varphi_C - \varphi_0 + \varphi_R)} \tag{2-9-11}$$

式(2-9-11)中第一项是表示再现光波透过后继续直射波，第二项代表原始像，第三项代表共轭像。

【实验装置】

英国科学家丹尼斯·加博尔(Dennis Gabor)通过将相位差转换成强度差的背景波，解决了全息照相基本问题。他通过实验发现，如果有一个合适的相干参考波和一个物体衍射波同时存在，此衍射波的振幅和相位的信息就能被完全记录下来。他还证明了这样记录下来的全息图通过相干光照射可得到原来物体的像。他因此获 1971 年度诺贝尔物理学奖。

由于受光源条件的限制，在激光出现以前，全息术的研究进展缓慢，在 1960 年激光器诞生之后，全息术得到了迅速发展。全息术在干涉计量、信息储存、光学滤波等方面获得广泛的应用，已成为一种有效的光信息储存和显示技术。

物理实验室的全息照相系统主要包括:光学平台,He-Ne激光器,反射镜,分束器,扩束镜,RSP-I型全息干板及底片架,磁性底座,以及显影、定影暗室等。

(1) 光学平台

光学平台示意图如图2-9-5所示,可用来放置磁性底座,摆放光学部件,以便设计光学实验。

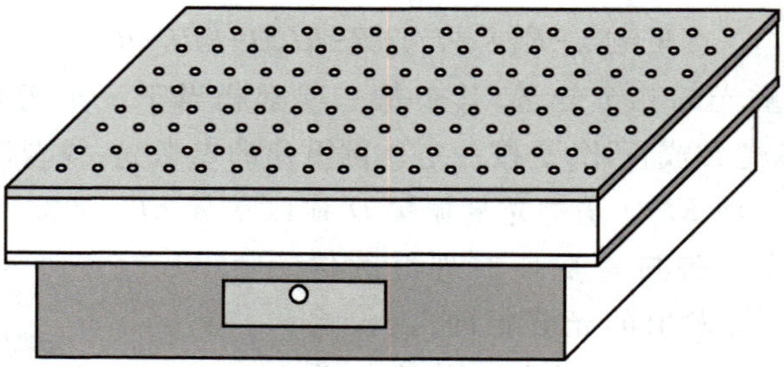

图 2-9-5

(2) He-Ne激光器

氦氖激光器示意图如图2-9-6所示,主要由激光放电管、谐振腔和激励电源三部分组成。

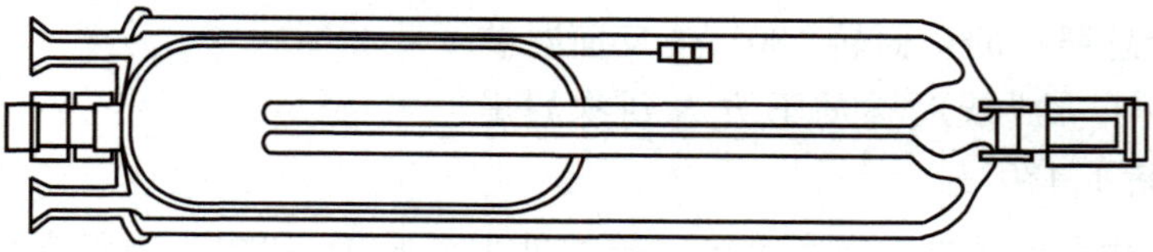

图 2-9-6

氦氖激光器是一种气体激光器。产生激光的是氖原子,氦原子只是把它吸收的能量共振转移给氖原子,起介质作用。当氦氖原子气体在放电管中时,通过电子碰撞的激发,氦原子由基态跃迁到亚稳态能级,处于这一能级的原子与氖原子碰撞时,将能量传递给氖原子,使其向不同的能态跃迁,从而产生632.8 nm、1 152 nm、3 391 nm等不同波长的激光。

本实验的氦氖激光器参量:输出功率1.5 mW,波长632.8 nm,光斑直径小于0.7 m,光束发散角小于1.5 mrad。它具有稳定性好的特点。

(3) 全息干板

全息干板是一种用于全息照相的超微粒干板,由乳剂层、底层、玻璃板、防光晕层构成。乳剂中卤化银颗粒极细,分辨率通常达1 000线/mm以上,并有足够的反差系数和极高的清洁度。

【实验内容】

1. 全息图拍摄实验

(1) 实验准备

在不关灯的情况下了解各实验设备的使用方法,布置实验拍摄光路,从分束镜到记录平面应使参考光和物体中心部位物光的光程尽量相等。激光器发出的激光经过分光镜后分成两束相干光,用反射镜调整角度后再分别用扩束镜扩展成宽的平行光束。实验中一般采用透射光作为物光而反射光作为参考光。

打开激光器电源,预热激光器。检查防震台是否水平。

(2)实验光路调整

调整光路,物光和参考光的夹角不宜太大,否则会使干涉条纹间距过小,对感光底片分辨率的要求过高。目前国产全息干板分辨率较高,对振动控制要求亦高,故需要在光学平台进行实验。物光与参考光两光束的夹角应控制在 35°~50°,以便重现时,使衍射物光与零级透射光容易分开。否则再现时,它会和零级衍射波重叠,影响再现像的观测。光程差也是做好实验的关键因素。虽然激光有很好的相干性,但光程误差也要控制在 1~2 cm 以内。例如,某次实验的光程数据(从分光镜开始算)分别为:物光 25.0 cm+47.5 cm+13.0 cm=85.5 cm,误差±0.5 cm;参考光 37.5 cm+48.5 cm=86.0 cm,误差±0.5 cm。

(3)物光与参考光调节

为了减小实验光程测量的误差,使光程尽可能一致,就要保持光路的平行性始终一致。然而,由于每个光具座都不可能恰好垂直于台面,所以平行性精度有限,但造成的误差并不大。因此,只需要保证激光器的出射光线平行以及分光镜的镜面垂直台面就可以了,其他镜面造成的误差相互抵消,可以忽略,只要调整到使感光片上的参考光和物光基本重合即可。物光与参考光强度比例:一般建议物光与参考光比值为 1∶3~1∶10。实验时,由于一般的照度计误差较大,而且难以避免其他干扰,所以不仅要保证比值合适,更重要的是保证物光的强度能够到达感光板而不至于被噪声信号所淹没。如果物光太弱,比值太小就不应该采用减小参考光的办法增大比值,建议减小物体与感光板的距离以增加物光强度来增大比值。例如,某次实验拍摄的光强数据如表 2-9-1 所示。

表 2-9-1

序号 i	物光照度/lx	参考光照度/lx	比值
1	0.993	5.08	1∶5.1
2	0.934	5.78	1∶6.2
3	0.535	3.26	1∶6.1

因此,第 1 次实验拍摄图像分辨最好。

(4)被摄物选择

由于漫发射会造成大量的能量被吸收,所以被拍摄物体应该选择反光较好的洁白陶瓷制品,高度与感光板差不多即可。为了得到丰富的图像效果和明显的三维立体感觉,还要求选择物品表面有一定起伏及凹凸,颜色以白色为主但也应该有其他颜色,这样可以更好分辨物象。将底片夹装上全息干版,注意药膜面必须朝着物光方向。

(5)曝光

检查光路、光程和光强比,待整个系统稳定数分钟后进行曝光,曝光时间由实验室根据具体情况给出。控制曝光时间不宜使用电子曝光控制器,因为控制器会引起强烈的振动干扰成像,应该使用黑纸遮挡激光器,拍摄质量对感光板成像效果影响很大。拍摄前一定要保证感光板密封不受光照,只能在较暗绿光下进行一些操作。另外,拍摄前还必须保持实验室安静 10~15 min,

减小波前扰动对相干性的影响。拍摄时,保证药膜面朝着物光方向。曝光时间和次数对成像也很关键。曝光时间可以为 8~10 s。由于全息成像的特点,可以在同一感光板上进行多次曝光,只要角度不同就可分辨。实验中采用一张感光板上曝光两次的方法,再现时是可以分辨两个不同角度的像的。

(6) 冲洗

冲洗一定要按照说明规定的时间进行,显影、定影过度或不足都可能造成实验失败。冲洗分为显影、停显、定影、烘干四部分。例如,某次实验采用现配制的显影液进行的,相关数据如表 2-9-2 所示。

表 2-9-2

序号 i	1	2	3
曝光时间/s	8.0	10.0	4.0
曝光次数/次	1	2	2
显影时间/min	2.5	2	2
停显时间/s	15	15	15
定影时间/min	3	4	4

(7) 显影与定影

将曝光后的底片放入显影液中 1~2 min,待干板颜色变成灰黑时取出,用清水冲一下再放入定影液中,定影 5 min,然后用水冲洗,吹干即得全息图。

2. 再现实验

再现实验一般有两种方法:虚像观察方法和实像观察方法。

(1) 虚像观察方法:如图 2-9-7 所示,用扩束镜将激光扩束后照射全息图,尽可能使光照方向和原参考光方向相同,仔细观察再现虚像的位置、大小、特征,并移动眼睛位置,观察视差效应。再移动全息图前后位置及改变上下位置,观察虚像的大小变化情况。

(2) 实像观察方法:如图 2-9-8 所示,用激光束照射全息图,并用毛玻璃屏找实像。如果从入射光的共轭方向观察还可以看到它的共轭像。

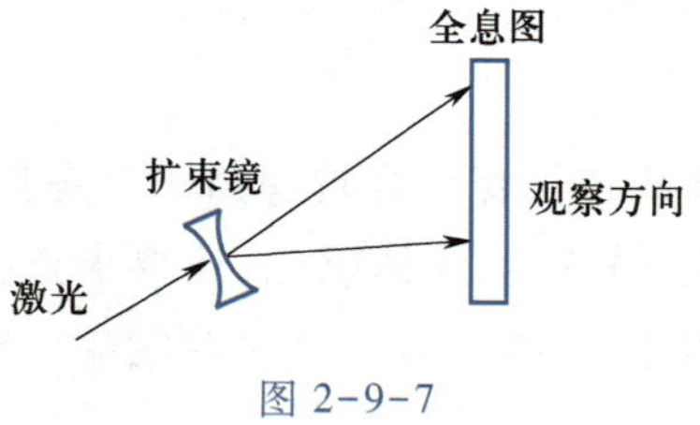

图 2-9-7

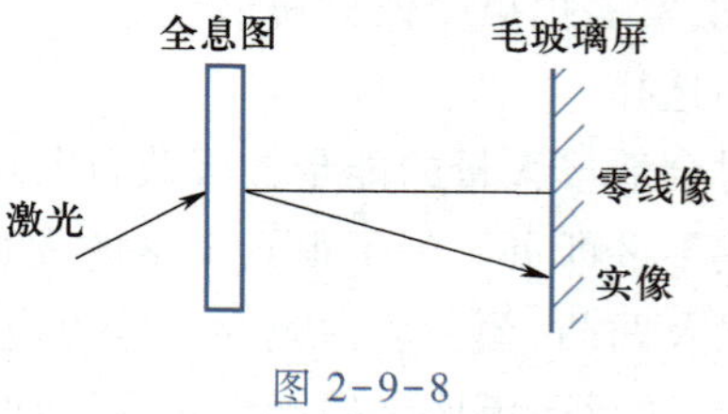

图 2-9-8

【拓展题】

1. 简述全息照相技术。
2. 简述全息照相实验再现过程。

2.10 色 度 学

【实验综述】

光经过物体反射或透射后刺激人眼，人眼产生了此物体的光亮度和颜色的感觉信息，并将其传至大脑中枢进行处理，从而形成色知觉。各种颜色名词为人们互相交流色知觉信息提供了一种简单的方式，但它不能定量的表示色知觉量。为了解决这个问题，人们应用心理物理学方法研究人眼的知觉量与外界光刺激量之间的关系，在大量实验的基础上，逐步产生了色度学。从 1931 年 CIE 色度学系统建立至今，色度学已取得了巨大的成绩，在工农业生产、科学技术和文化事业等部门得到广泛的应用。色度学理论指导着彩色电视、彩色摄影和彩色印刷等部门的工作，各种各样的测色仪器都在产品检验和生产质量控制中获得了广泛应用。

本实验主要用透射或反射方法测量样品的主波长、纯度、色坐标等色度学量。

【实验目的】

1. 掌握色度学的基本原理和基本概念。
2. 了解 CIE 1931 标准色度系统。
3. 熟悉色度仪的光学系统和使用方法。
4. 学会用透射或反射方法测量样品的各类色度学量。

【背景知识】

常见的颜色测量方法有：色卡纸比较法、分光光度法和光电积分法。

1. 色卡纸比较法

色卡纸比较法是一种目视的测量颜色的方法。它是用目视比较样品与标准颜色（色卡纸）的差别，实际操作时应该在规定的 CIE 标准照明体下进行，一般可采用 A 光源（色温 2 856 K）、D65 或“北窗光”照明。

2. 分光光度法

分光光度法主要通过测量物体反射的光谱功率分布或物体本身的特性实现对颜色的测量，其测量数据还需要通过计算的方法才能求出物体在各种标准光源和标准照明体下的三刺激值。这种测量颜色的方法比较精确，但测量速度慢。

3. 光电积分法

光电积分法是一种通过把探测器的光谱响应匹配成所要求的 CIE 标准色度观察者光谱三刺激值曲线或某一特定的光谱响应曲线的方法，一般用来对被测量的光谱功率进行积分测量，这种方法不能准确测量出色源的三刺激值，但是能够准确测量出两种颜色之间的差别，所以做成的仪器也叫色差计。这种测量颜色的方法测量精度不高，但是测量速度较快。

【实验原理】

1. 色彩三要素

颜色可以分为黑白和彩色两个系列，黑白以外的所有颜色均为彩色系列。彩色可以用三个参量表示：明度、色调和色纯度。

（1）明度表示颜色的明亮程度。颜色的亮度越高，眼睛就越感觉明亮。

（2）色调反映颜色的类别，如红色、绿色、蓝色等，与主波长或补色主波长关联。彩色物体的色调取决于在光照明下反射光的光谱成分。例如，某物体在日光下呈现绿色是因为它反射的光中绿色成分占优势，而其他成分被吸收掉了。对于透射光，其色调则由透射光的波长分布或光谱所决定。

（3）色纯度是指彩色光所呈现颜色的纯洁程度，也就是饱和度。可见光谱中各单色光的色纯度最高。当单色光中掺入白光越多时，饱和度越低。

色调与色纯度合称色度，它既说明彩色光的颜色类别，又说明颜色的深浅程度。对于同一色度的彩色光，其色纯度越高，颜色就越深；反之颜色就越淡，纯度越低。

2. 三原色

自然界中各种物体所表现出的不同色彩，都是由红色、绿色和蓝色光线按适当比例混合起来，再通过物体吸收或反射而呈现在人们眼中的。因此把这三个感色单元称为三原色或三基色。三原色的光谱波长如下。

（1）标准 R：700 nm 为红基色光，红光波长范围为 800～600 nm。

（2）标准 G：546.1 nm 为绿基色光，绿光波长范围为 600～500 nm。

（3）标准 B：435.8 nm 为蓝基色光，蓝光波长范围为 500～400 nm。

红绿蓝三原色能混合成所有颜色，其中，红+绿=黄；红+蓝=紫；蓝+绿=青；红+蓝+绿=白。混色色图如图 2-10-1 所示。用白光依次减去三原色的补色进行混合也能产生这些颜色，也称减法三原色，黄=白-蓝；紫=白-绿；青=白-红。

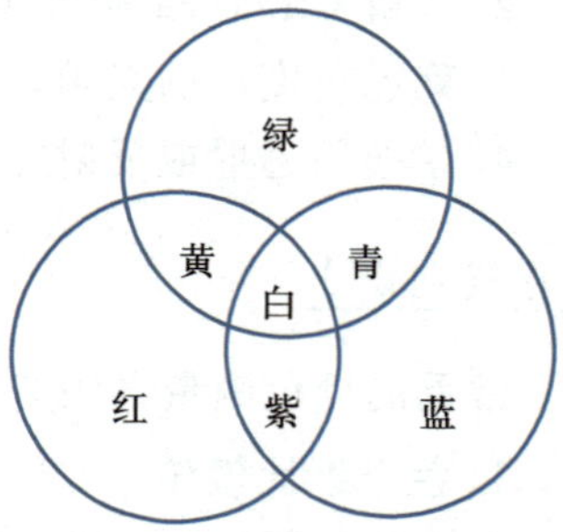

图 2-10-1

3. CIE 1931 色度系统

（1）三刺激值

为了定量表示颜色，一般用三刺激值表示，为了测得物体颜色的三刺激值，首先必须研究人眼的颜色视觉特性，测出光谱的三刺激值。虽然不同观察者的视觉特性多少是有差别的，但是具有正常颜色视觉的人彼此差异是不大的，故有可能根据一些观察者进行的颜色匹配实验，将他们的实验数据加以平均，确定一组匹配等能光谱色所需的三原色数据，此数据称为“标准色度观察者光谱三刺激值”，以此来代表人眼的平均颜色视觉特性。不少科学工作者进行了这类实验，但是由于选用的三原色不同，以及确定三刺激值单位的方法不一致，因而无法统一数据。1931 年举行的 CIE 第 8 次会议上，统一了上述实验结果，提出 CIE 标准色度坐标系统，并规定三种标准光源（A，B，C），S_A为工作在色温 2 856 K 的钨丝灯；S_B为中午的太阳光；S_C为全日平均太阳光。并对测量反射面的照明观测条件进行标准化，从而建立 CIE 1931 标准色度系统。

在说明某样品的颜色时，要指出三种基本颜色（即三原色）的相对含量，就是说，把这三种颜色加在一起时，刚好与在三种标准光源之一照明下样品的颜色一样。

在 CIE 系统中，三个基本颜色被称为“基础激励”，而一个颜色使用它的三色激励值（又称三刺激值）表示的。三个基础激励 x、y、z 相应于红（R）、绿（G）、蓝（B），$x+y+z=1$。这三者却不是真正的颜色，它们只不过是说，任何颜色可以用 $\bar{x}$ 数量的 x，$\bar{y}$数量的 y，$\bar{z}$数量的 z 混合起来加以说明。例如 560 nm 的纯光谱色，在单位辐射通量下，看起来等价于$\bar{x}=0.595$，$\bar{y}=0.995$，$\bar{z}=0.003\ 9$ 组合而成的混合色，这里$\bar{x}$、$\bar{y}$、$\bar{z}$是三色激励值。

理论上，为了定量表示颜色，采用平面直角色度坐标表示：

$$x=\frac{X}{X+Y+Z} \tag{2-10-1}$$

$$y=\frac{Y}{X+Y+Z} \tag{2-10-2}$$

$$z=\frac{Z}{X+Y+Z} \tag{2-10-3}$$

其中，X、Y、Z 为三刺激值，如果用 $C(\lambda)$ 表示一种颜色，则

$$C(\lambda)=x(R)+y(G)+z(B) \tag{2-10-4}$$

（2）色度图

所有的光谱色在色坐标上为一马蹄形曲线，该图称为 CIE1931 色度图，如图 2-10-2 所示，在图中红（R）、绿（G）、蓝（B）三原色坐标点为顶点，围成的三角形内的所有颜色均可以由三原色按一定的量匹配生成。

如图 2-10-3，任一颜色 $M(x,y)$ 的色调是由其照明光源坐标点 A 到 M 点连线并延长与光谱轨迹相交于 N 点（600 nm），N 点的光谱色的色调即为主波长（或补色波长）。

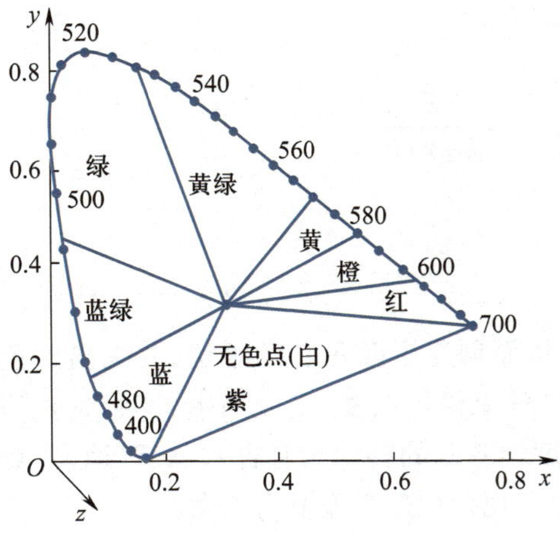

图 2-10-2

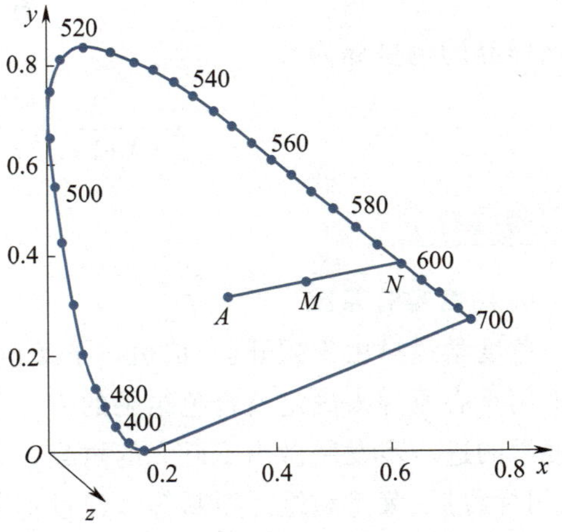

图 2-10-3

M 的饱和纯度为

$$P=\frac{AM}{AN}=\frac{x_M-x_A}{x_N-x_A} \tag{2-10-5}$$

M 的色度纯度为

$$Q=\frac{AM}{MN}=\frac{x_M-x_A}{x_N-x_M} \tag{2-10-6}$$

为测量某光源(发光体)的色坐标,必须先测量其光谱组成的功率分布 $s(\lambda)$,然后再查表找出各光谱的三刺激值,则光源的三刺激值为

$$x=k\sum_{\lambda}s(\lambda)\,\bar{x}(\lambda)\,\Delta\lambda \tag{2-10-7}$$

$$y=k\sum_{\lambda}s(\lambda)\,\bar{y}(\lambda)\,\Delta\lambda \tag{2-10-8}$$

$$z=k\sum_{\lambda}s(\lambda)\,\bar{z}(\lambda)\,\Delta\lambda \tag{2-10-9}$$

式中,k 为调整因数,它是将发光体的 Y 值调整为 100 时得到的值,即

$$k=\frac{100}{\sum_{\lambda}s(\lambda)\,\bar{y}(\lambda)\,\Delta\lambda} \tag{2-10-10}$$

则色坐标为

$$x=\frac{X}{X+Y+Z},\quad y=\frac{Y}{X+Y+Z},\quad z=\frac{Z}{X+Y+Z}$$

为测量某透射或反射样品的色坐标,必须先测量其样品的透射或反射曲线 $T(\lambda)$,再查表找出各光谱的三刺激值 $\bar{x}(\lambda)$、$\bar{y}(\lambda)$、$\bar{z}(\lambda)$ 及参考光的功率分布 $s(\lambda)$,即

$$x=\sum_{\lambda}s(\lambda)T(\lambda)\,\bar{x}(\lambda) \tag{2-10-11}$$

$$y=\sum_{\lambda}s(\lambda)T(\lambda)\,\bar{y}(\lambda) \tag{2-10-12}$$

$$z=\sum_{\lambda}s(\lambda)T(\lambda)\,\bar{z}(\lambda) \tag{2-10-13}$$

则该样品的色坐标为

$$x=\frac{X}{X+Y+Z},\quad y=\frac{Y}{X+Y+Z},\quad z=\frac{Z}{X+Y+Z}$$

【实验装置】

1. 色度实验系统

色度学最早由牛顿开创,他引入了颜色环的概念,从而创建了颜色图的想法,并提出颜色混合中用重心原理来确定混合色结果的方法。19 世纪,科学家格拉斯曼、麦克斯韦、亥姆霍兹等对色度学的进一步发展做出了巨大的贡献。奠定现代色度学基础的科学家有吉尔德、贾德、麦克亚当、司梯鲁斯、莱特和维泽斯基等。经过不断探索,产生了现代色度学及其分析仪。

本实验的色度实验系统示意框图如图 2-10-4 所示,整个系统包括光栅单色仪、扫描系统、电子放大器、A/D 采集单元、计算机及打印机。

图 2-10-4

（1）光栅单色仪

光栅单色仪由单色器外壳、狭缝、吸收池、积分球、接收单元、光栅驱动系统以及光学系统等组成。

（2）扫描系统

扫描系统主要由步进电机和滑杆组成。

（3）固/液体样品池

样品池由液体样品池、固体样品架以及光栅组合，使得固/液体都能方便的测量，光栅的存在，使得对固体样品的大小要求较低。

2. 色度实验仪光学系统

色度实验仪光学系统光路图如图 2-10-5 所示。

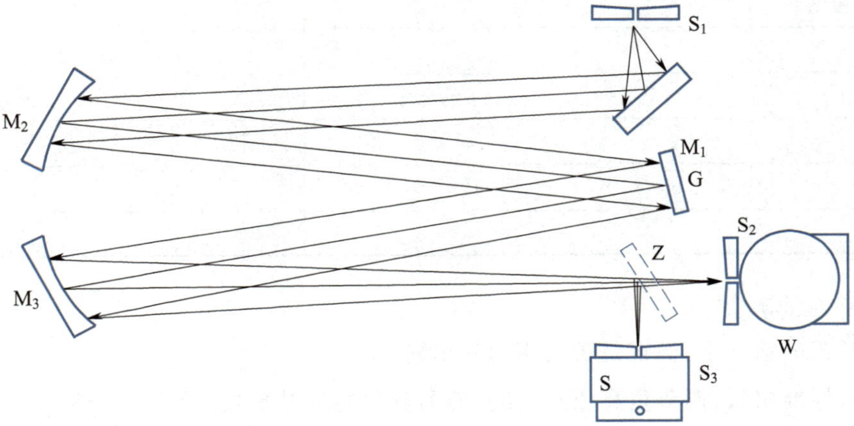

图 2-10-5

M—反射镜；M_2—准光镜；M_3—物镜；G—平面衍射光栅；Z—转镜；S_1—入射狭缝；S_2—光电倍增管接收；S_3—观察口；S—样品池；W—积分球

入射狭缝、出射狭缝均为直狭缝，宽度范围为 0~2.5 mm 连续可调，光源发出的光束进入入射狭缝 S_1，S_1位于反射式准光镜 M_2的焦面上，通过 S_1射入的光束经 M_2反射成平行光束投向平面光栅 G 上，衍射后的平行光束经物镜 M_3成像在 S_2上或 S_3上（通过转镜调节）。各器件参量如下。

（1）M_2、M_3：焦距 302.5 mm。

（2）光栅 G：每毫米刻线 1 200 条，闪耀波长 550 nm。

（3）滤光片工作区间：白片 350~700 nm。

【实验内容】

1. 透射样品的测量

（1）在开机的情况下，检查使用的是否为缝 S_3。

（2）样品室置空，调节负高压及狭缝，使测量到的反射基线位置较高，但信号又没溢出（此步骤可能要反复做几遍，才能得到理想的结果）。

（3）在上面确定的条件不变的情况下，测量空气透过率曲线，定出透射基线。

（4）放入三原色滤光片，测量透射率曲线。

（5）打开“色度计算”窗口，选择寄存器和参考光源后，计算该样品在参考光源下的色度坐标及其他参量。数据记录在表 2-10-1 中。

（6）利用色度坐标，根据 CIE 1931 标准色度图求得样品主波长，并与计算结果比较，作误差分析。数据记录在表 2-10-1 中。

表 2-10-1

	透射基线	红	绿	蓝
色度纯度				
饱和纯度				
主波长（理论值）				
主波长（实验值）				
误差				
色坐标				
x				
y				
z				

2. 反射样品的测量

（1）在开机的情况下，检查是否使用的是出缝 S_2。

（2）放入标准白板，调节负高压及狭缝，使测量到的透射基线位置较高，但信号不能溢出（此步骤可能要反复做几遍才能得到理想的结果）。

（3）在上面确定的条件不变的情况下，使用标准白板做反射基线。

（4）放入样品，测量样品的反射率曲线。

（5）打开“色度计算”窗口，选择寄存器和参考光源后，计算该样品在参考光源下的色度坐标及其他参量。数据记录在表 2-10-2 中。

（6）利用色度坐标，根据 CIE 1931 标准色度图求得样品主波长，并与计算结果比较，作误差分析。数据记录在表 2-10-2 中。

表 2-10-2

	反射基线 1	样品 1（红）	反射基线 2	样品 2（蓝）
色度纯度				
饱和纯度				
主波长				
色坐标				
x				
y				
z				

【拓展题】

1. 简述 CIE 色度学系统。

2. 设计一个利用本实验仪器测量钠灯谱线波长的方法，要求简述实验系统原理和实现方法。

2.11 光谱分析

【实验综述】

常见的光谱涉及的波段从 X 射线、紫外线、可见光、红外线、微波到射频波段。光谱技术是研究物质微观结构的重要手段,它被广泛地应用于医学、生物、化学、地质考古等许多领域。光谱仪是用平面光栅衍射的方法探究光谱分析的仪器,用它可对给定波长范围的单色光进行光谱分析,因为平面光栅衍射具有衍射本领大、衍射光线亮、分辨率高等特点,因而在特征谱线分析中有着广泛的应用。

本实验通过测量各种气体灯光的原子在可见光波段发射的光谱,使大家了解光谱与能级间的联系。

【实验目的】

1. 学会调节和操作光谱仪。
2. 通过光谱仪分析特征谱线分布图。
3. 测量氢原子的里德伯常量。

【背景知识】

光谱仪根据工作原理可以分为两大类:经典光谱仪和新型光谱仪。经典光谱仪是利用色散原理制作的仪器,是狭缝光谱仪器。新型光谱仪器是利用调制原理制作的仪器,是非空间分光的仪器。除了光栅光谱仪外,实验室常见的光谱仪还有棱镜光谱仪、干涉光谱仪和拉曼散射光谱仪等。

1. 棱镜光谱仪

利用三棱镜产生的色散现象,将不同波长的光分离成不同的方向,从而形成一个光谱和色带,其原理示意图见图 2-11-1。例如,观察和分析汞灯光谱图实验中,可以利用汞灯各单色光的波长校准望远镜所处位置的角度示值,获得波长与角度示值之间的关系,再通过比较法观察和测量其他光源的单色光的光谱图和波长。

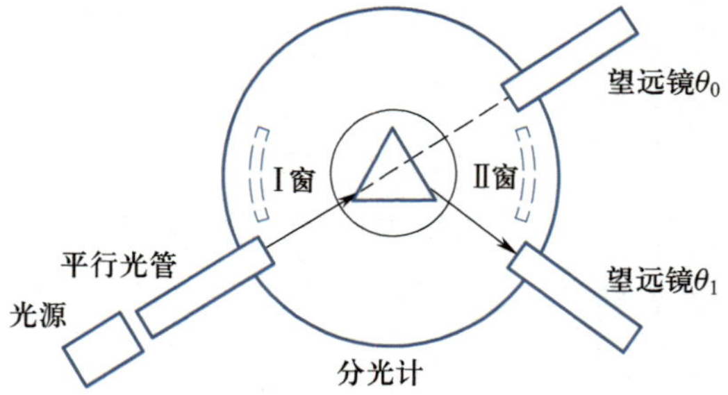

图 2-11-1

2. 干涉光谱仪

如图 2-11-2 所示，干涉光谱仪基本原理是将光分成两束，通过控制两束光的光程差，使两束光在感光元件处相遇并发生干涉，从而获得的是一系列不同光程差得到的干涉图样。干涉光谱仪主要由单色光源、分光器和检测器组成，常用迈克耳孙干涉仪来实现分光和检测。干涉光谱仪在光谱线精细结构的研究和用光波标定标准米尺等实验中都有着重要的应用。用比较法可以测量其他光谱线的波长。

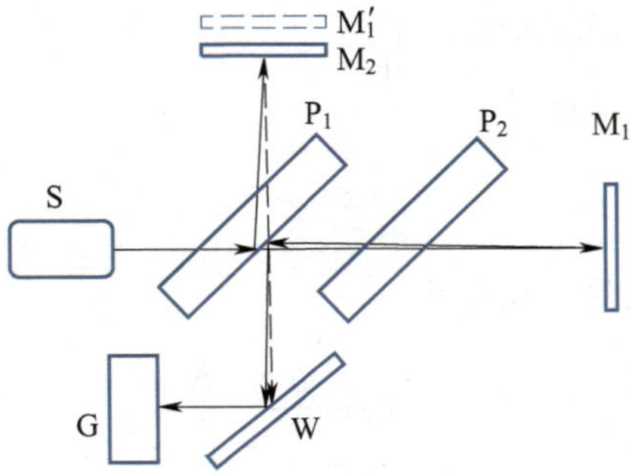

图 2-11-2

3. 拉曼散射光谱仪

拉曼散射光谱仪是一种基于拉曼效应的仪器，一般用于分析样品的分子结构。当一束频率为 ν_0 的单色光照射到样品上时，由于被物质分子散射，部分光子会与分子发生相互作用，导致光子频率出现微妙变化，这种现象称为拉曼散射。拉曼散射光谱仪通过分析这些散射光的频率变化，可以获取样品的分子振动和转动信息，从而研究分子结构。

【基本原理】

1. 光栅衍射

常见的衍射主要有单缝衍射、双缝衍射和光栅衍射。它们都可用来测量光波的波长，但由于单缝衍射、双缝衍射在各级衍射的分辨率与亮度存在相互制约的问题，而光栅正好解决了两者间的矛盾，所以实验中大多采用平面光栅做实验。光栅一般分两类，一类是透射式，另一类是反射式。透射式光栅是在一块平面透明的玻璃板上刻上平行，等间距又等宽的直痕，刻痕部分不透光，两刻痕间能透光，相当于狭缝。相邻刻痕间的距离 d 称为光栅常量。反射式光栅是在镀有金属层的表面上刻画斜的平行等间距刻痕，斜面能反射光。本实验用反射式平面光栅。

光栅衍射条纹的光强分布是由各缝引起的光振动相干叠加的结果，如图 2-11-3，各缝光振动振幅可认为近似相等。对应于衍射角为 θ 的 P 点，相邻两缝光振动的相位差为 $\Delta\phi=2\pi d\sin\theta/\lambda$。光栅中 N 个光振动矢量的叠加，与求单缝衍射的光强分布的方程类似。所以每个光振动构成了以 O 为中心，R 为半径的圆的等长弦，所对应的圆心角均为 $\Delta\phi$。由几何关系可得

$$A=2R\sin\frac{\Delta\phi\cdot N}{2} \tag{2-11-1}$$

$$A_i=2R\sin\frac{\Delta\phi}{2} \tag{2-11-2}$$

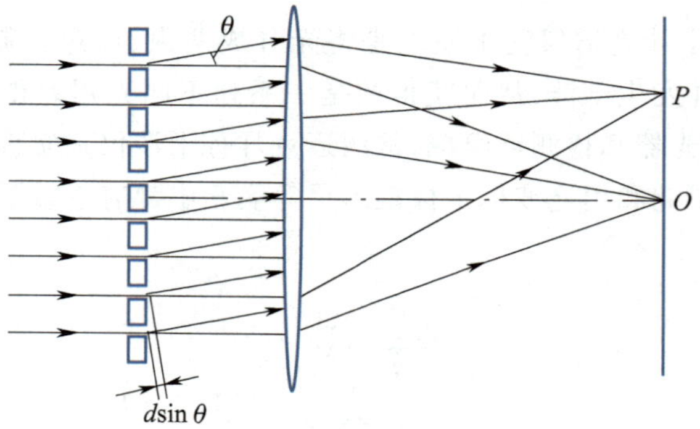

图 2-11-3

式中,R 为圆的半径。因此 P 点的合振幅为

$$A=\frac{A_i\sin\frac{\Delta\phi\cdot N}{2}}{\sin\frac{\Delta\phi}{2}} \tag{2-11-3}$$

根据单缝衍射中振幅公式 $A_\theta=A_0\frac{\sin u}{u}$,$u=\frac{\pi d}{\lambda[\sin(\alpha-\beta)+\sin(\theta-\beta)]}$,其中 β 为刻痕面与光栅面的夹角,d 为缝宽,α 为入射角。于是有

$$A=A_0\frac{\sin u}{u}\cdot\frac{\sin\frac{\Delta\phi\cdot N}{2}}{\sin\frac{\Delta\phi}{2}} \tag{2-11-4}$$

则 P 点的光强为

$$I=I_0\left(\frac{\sin u}{u}\right)^2\cdot\left(\frac{\sin\frac{\Delta\phi\cdot N}{2}}{\sin\frac{\Delta\phi}{2}}\right)^2 \tag{2-11-5}$$

式(2-11-4)和式(2-11-5)分别是 N 缝夫琅禾费衍射的振幅分布公式和光强分布公式。式(2-11-5)中,I_0代表单缝衍射时中央明纹的光强;$\left(\frac{\sin u}{u}\right)^2$ 是单缝衍射因子,表征了单缝衍射对条纹光强的影响。因子$\left(\frac{\sin\frac{\Delta\phi\cdot N}{2}}{\sin\frac{\Delta\phi}{2}}\right)^2$ 来源于 N 个光振动矢量的叠加,体现了多光束干涉的作用,称为干涉因子。

2. 光栅光谱仪光学系统

利用现代电子技术和计算机技术接收和处理某一波长范围内光谱信息的光谱仪与检测系统

的基本框图如图 2-11-4 所示。

图 2-11-4

入射光被单色仪色散后在其出射窗口形成某一波长范围的谱带。位于出射窗口处的多通道 CCD 将谱带的强度分布转变为电荷强弱的分布，由信号处理系统扫描并经 A/D 变换后在计算机的屏幕上显示。

光栅光谱仪的光学系统示意图如图 2-11-5 所示，其工作原理是：光源发出的光均匀地照亮在入射狭缝 S_1 上，S_1 位于反射式准光镜 M_2 的焦面上；光经过反射镜 M_1 反射到 M_2 上，并经过 M_2 反射成平行光束投向平面光栅 G，衍射后的光束经物镜 M_3 成像在光电倍增管接收头 S_2 上，或经过转镜 M_4 从出射狭缝射入 CCD 接收器 S_3；由于光栅的衍射作用，从出射狭缝出来的光线为多级衍射光，所以在 S_3 处形成以某一波长为中心的一条光谱带，可用 CCD 在 S_3 处探测到光谱分布图；转动光栅 G 可改变中心波长，整条光谱带也随之移动，移开平面镜 M_4 可使 M_3 反射光直接照在 S_2 上，它测量的谱段与 S_3 上观察到的完全一致。

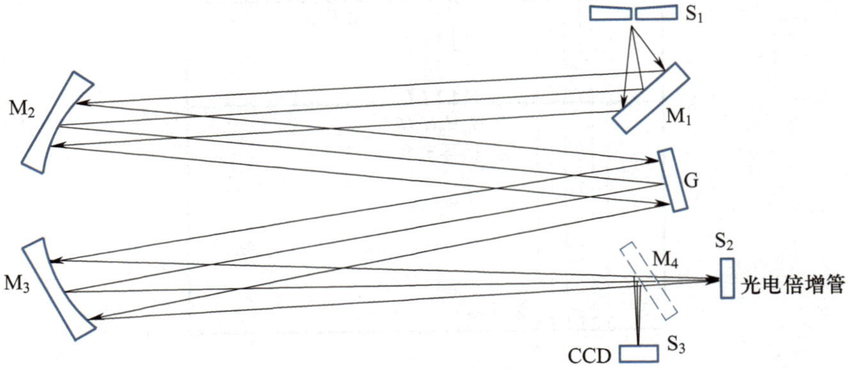

图 2-11-5

3. 氢原子的里德伯常量

光谱仪可用来测量各种特征灯的谱线，其中以氢灯为例分析氢原子的谱线分布最为典型。根据玻尔理论，氢原子的能级公式为

$$E(n)=-\frac{ue^4}{8\varepsilon_0^2h^2n^2},\quad n=1,2,3,\cdots \tag{2-11-6}$$

式中，$u=\dfrac{m_e}{1+\dfrac{m_e}{m_0}}$称为约化质量，$m_e$为电子质量，$m_0$ 为原子核质量。氢原子的 m_0/m_e等于电子从高能级跃迁到低能级时发射的光子能量。$h\nu$ 为两能级间的能量差，即

$$h\nu=E(m)-E(n),\quad m>n \tag{2-11-7}$$

如以波数 $\sigma=\dfrac{1}{\lambda}$表示，则式(2-11-7)为

$$\sigma=\frac{E(m)-E(n)}{hc}=T(n)-T(m)=R_{\mathrm{H}}\left(\frac{1}{n^{2}}-\frac{1}{m^{2}}\right) \tag{2-11-8}$$

式中，R_{H} 称为氢原子的里德伯常量，单位是 m^{-1}；$T(n)$ 称为光谱项，它是与能级 $E(n)$ 对应的项。从 R_{H} 可得氢原子的各能级的能量

$$E(n)=-\frac{R_{\mathrm{H}}hc}{n^{2}} \tag{2-11-9}$$

式中，$h=6.626\ 069\times10^{-34}\ \mathrm{J\cdot s}$，$c=2.997\ 92\times10^{8}\ \mathrm{m/s}$。

从图 2-11-6 可知，从 $m\geqslant3$ 至 $n=2$ 的跃迁，光子波长位于可见光区，其光谱符合规律。这就是 1885 年巴耳末发现并总结的经验规律，称为巴耳末系。氢原子的莱曼系位于紫外区，巴耳末系位于可见光区，其他线系均位于红外区。

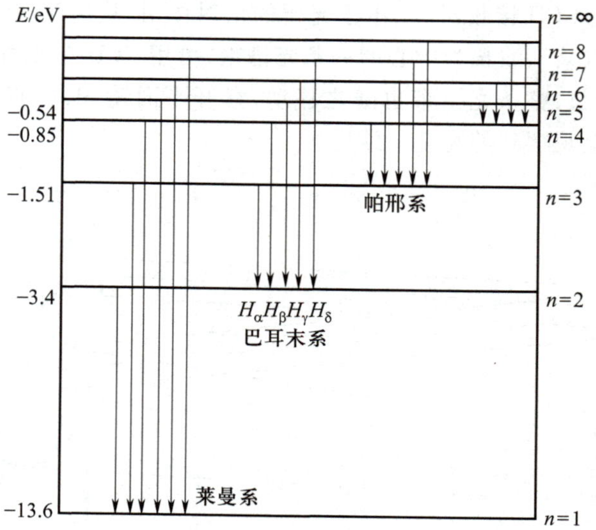

图 2-11-6

【实验装置】

里德伯是瑞典物理学家、数学家，光谱学的奠基人之一，当他获知巴耳末公式以后，用波数表示巴耳末公式，并提出自己的公式，后来被称为里德伯公式。里德伯公式具有更深刻的物理意义，是更普遍的光谱学公式，这个公式在玻尔建立原子结构理论中起到了重要的作用。本实验主要通过光谱仪探究里德伯公式。光谱仪由六部分组成：光栅单色仪、光电倍增管、CCD、扫描系统、电子放大器和计算机及其软件。该设备集光学、精密机械、电子学、计算机于一体，有利于我们从实验中学到更多的光电知识和微机在实验中运用的知识。

1. 光栅单色仪

仪器结构如图 2-11-7 所示，其主要功能是将光源从入射狭缝进入，再通过主机内的平面光栅从出射狭缝射出。光学多通道分析器的狭缝大小可通过螺旋测长计调节，衍射光可通过两种方法获得：一种是从光电倍增管获得光谱分布图；另一种是通过 CCD 的拍摄连接到计算机上并在屏幕上显示。

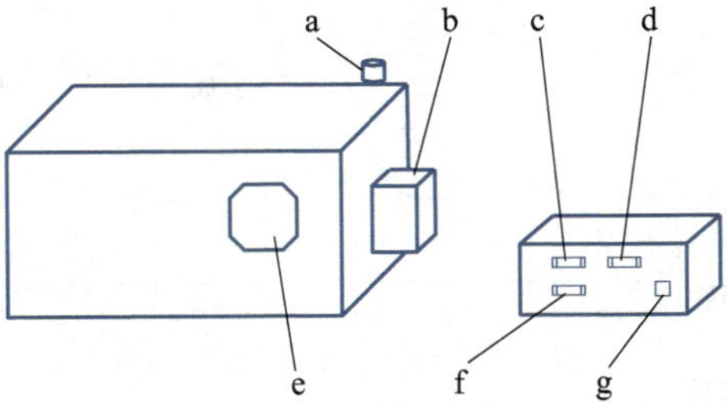

图 2-11-7

a—入射狭缝器；b—光电倍增管；c—光电倍增管接口；d—控制电机接口；
e—CCD；f—计算机接口；g—电源开关

2. 光电倍增管

光电倍增管的主要功能是将微弱的光信号通过光电阴极转换为光电子，并使光电子数量借助二次发射得到倍增放大。如图 2-11-8 所示为光电倍增管的示意图。其工作原理如下：光照射在光电倍增管上，光电阴极在入射光的激发下逸出光电子，该光电子在电场被加速后打到第一倍增极 D_1上，然后又在高速初始电子的激发下，D_1产生二次电子发射，这些电子又被电场加速并入射到 D_2上，激发出更多的二次电子，最后经倍增的光电子被阳极 A 收集而输出光电流。

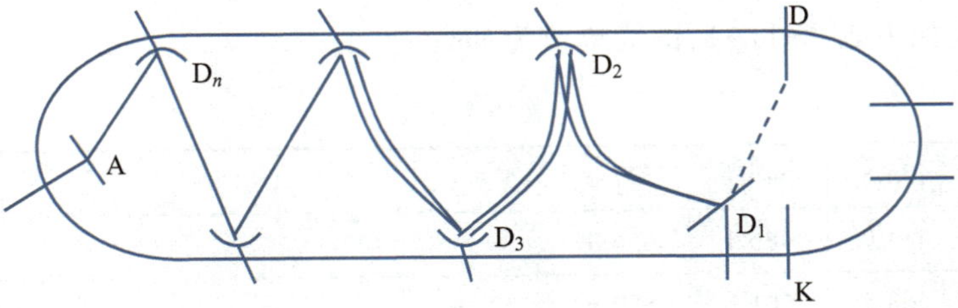

图 2-11-8

A—阳极；D—聚焦极；$D_1 \cdots D_n$—倍增极；K—光电阴极

3. CCD

CCD 是一种用耦合方式传输电荷并用电荷量来表示光强大小的器件。它具有自动扫描、光谱范围宽、动态范围大、体积小、功耗低、寿命长、可靠性高等优点。将 CCD 一维线阵放在光谱面上，一次曝光就可获得整个光谱图。

CCD 的结构原理图如图 2-11-9 所示，衬底是 P 型 Si，硅表面是一层 SiO_2 薄膜，膜上以一层金属作为电极，这样硅和金属之间形成一个小电容。如果将金属电极置于高电位，在金属界面积累了一层正电荷，P 型半导体中带正电荷的空穴被排斥，只剩下不能移动的带负电荷的受主杂质离子，形成一耗尽层，受主杂质离子因不能自由移动对导电作用没有任何贡献。在耗尽层内或附近，由于光子的作用产生电子-空穴对，电子被吸引到半导体与 SiO_2绝缘体的界面形成电荷包，这些电子是可以传导的。电荷中电子的数目与入射光强和曝光时间成正比，很多排列整齐的 CCD 像元组成一维或二维 CCD 阵列，曝光后光强分布图将成为一帧电荷分布图。

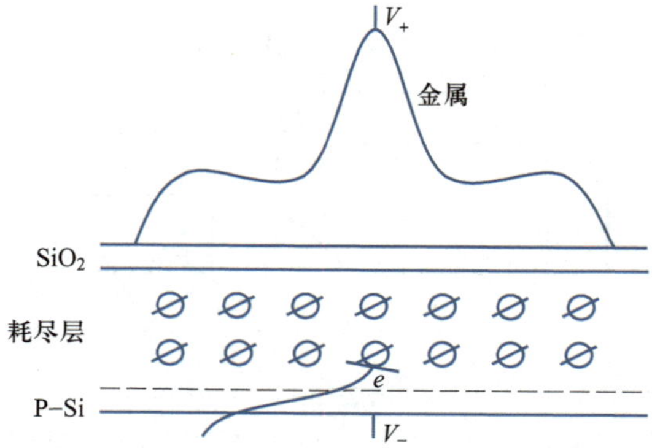

图 2-11-9

4. 光谱采集与处理软件包

衍射光通过光电倍增管或 CCD 后传输至计算机，再由计算机内的软件对这些已转换为数字信号的光信息进行处理和显示。

【实验内容】

1. 仪器调整

打开控制仪的电源开关，选择所需光源。然后，开启计算机，进入软件界面，熟悉软件中各项功能。

2. 分析和研究各种特征谱线

常用特征谱线如下表 2-11-1，谱线单位为 nm。

表 2-11-1

单位：nm

汞	404.7	435.8	546.1	577.0	579.1					
氢	410.2	434.0	486.1	656.3						
氦	447.1	468.6	501.6	587.6	706.6					
氖	470.4	471.5	534.1	540.1	585.2	640.2				
氮	444.7	463.0	493.5	504.5	566.3	568.0	593.1	600.8	648.3	672.3

描绘并分析汞灯的光谱分布图。

3. 氢原子里德伯常量计算

分别取 $n=2, m=3、4、5、6$，将测量得到的各波长值记录在表 2-11-2 中。

表 2-11-2

	H_δ	H_γ	H_β	H_α
m	6	5	4	3
λ				
R_H				
$\overline{R}_H$				

【拓展题】

1. 简述光栅的基本特性。
2. 设计一个测量光栅常量的实验方法，简述其实验原理。

2.12 电子衍射

【实验综述】

电子衍射是物质波的衍射，电子衍射一般是指电子束由于与原子发生弹性相互作用而改变方向的现象。电子衍射的发现证实了德布罗意提出的电子具有波动性的设想，构成了量子力学的实验基础。电子衍射是探测材料的重要技术手段，例如，在固态物理和化学中通常被用于研究固体的晶体结构。

本实验要求通过真空获得、薄膜制备和电子衍射等实验内容，掌握高真空获得的基本方法、设计薄膜的制备方案、测定样品的晶格常量及与衍射环对应的米勒指数，从而验证电子的波动性。

【实验目的】

1. 了解透射式电子衍射仪的结构。
2. 掌握高真空获得的基本方法。
3. 学会电子衍射所需薄膜的制备方法。
4. 通过拍摄电子穿透晶体薄膜时的衍射图像验证德布罗意公式。

【背景知识】

常用的电子衍射仪器有透射式电子显微镜（TEM）、反射式高能电子衍射仪（RHEED）和反射式低能电子衍射仪（LEED）。

（1）透射式电子显微镜

透射式电子显微镜是一种通过聚焦电子束穿透单晶或多晶样品而获得衍射图样的仪器，它拥有成像和衍射两种模式，可通过调节物镜光阑和电子透镜进行切换，主要用于对薄样品成像和衍射图样的观测。其电子光路如图 2-12-1 所示。

（2）反射式高能电子衍射仪

反射式高能电子衍射仪采用高能（10～30 keV）电子束大角度掠入射法，通过掠入射提高电子束的表面灵敏性，可动态观测单个电子衍射亮斑，观测晶体材料表面不断生长的原子结构，主要用于分子束外延生长对薄膜形成过程的实施监测。其电子光路如图 2-12-2 所示。

（3）反射式低能电子衍射仪

反射式低能电子衍射仪采用低能（30～200 eV）电子束小角度反射法，通过准直电子束定向轰击单晶材料的表面，以荧光屏接收和观察衍射电子，从而确定材料的表面原子结构，主要用于简单金属和半导体表面结构的探测。其电子光路如图 2-12-3 所示。

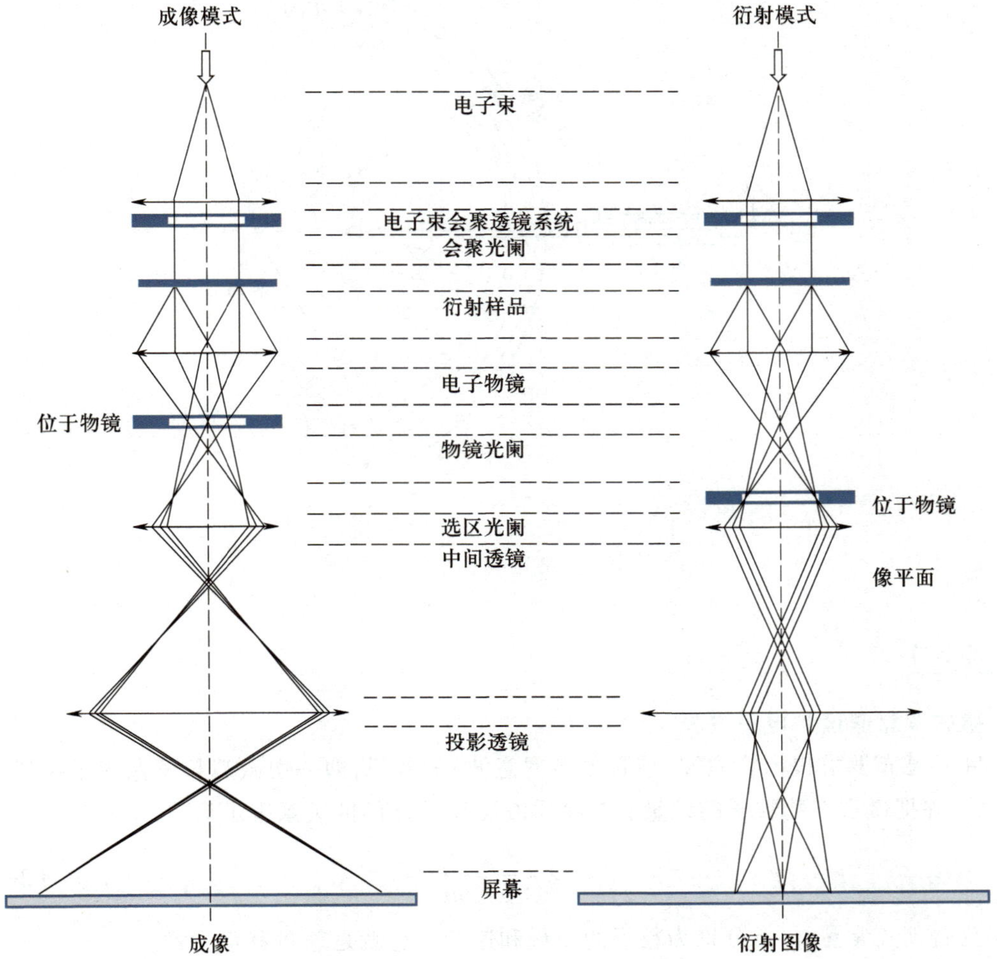
成像模式
衍射模式
电子束
电子束会聚透镜系统
会聚光阑
衍射样品
电子物镜
位于物镜
物镜光阑
选区光阑
中间透镜
位于物镜
像平面
投影透镜
屏幕
成像
衍射图像

图 2-12-1

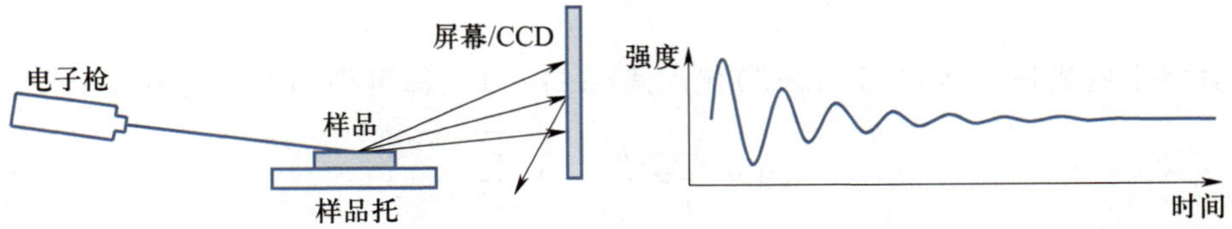
屏幕/CCD
电子枪
样品
样品托
强度
时间

图 2-12-2

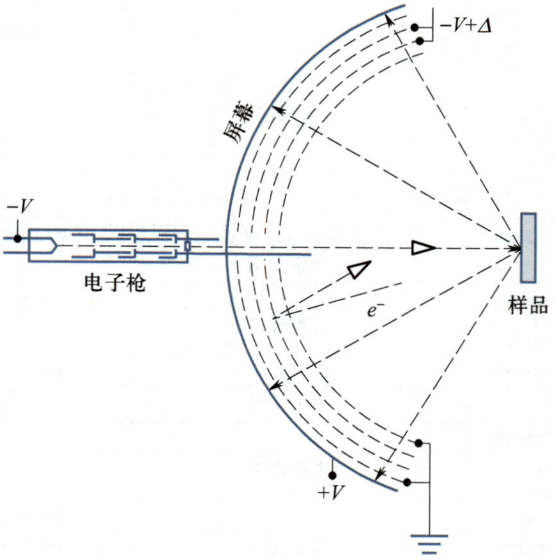

图 2-12-3

【实验原理】

1. 德布罗意假设和电子波长

1924年德布罗意提出物质波(或称德布罗意波)的假说,即一切微观粒子像光子一样具有波粒二象性,并把微观实物粒子的动量 p 与物质波波长 λ 之间的关系表示为

$$\lambda=\frac{h}{p}=\frac{h}{mv} \tag{2-12-1}$$

式中,h 为普朗克常量,m、v 分别为粒子的质量和速度。这就是德布罗意公式。

对于一个静止的质量为m_0的电子,当经过 30 kV 电压加速后,电子的运动速度已接近光速,其速度引起的质量变化就不可忽略。根据狭义相对论,电子的质量 m 为

$$m=\frac{m_0}{\sqrt{1-\frac{v^2}{c^2}}} \tag{2-12-2}$$

式中,c 为真空中的光速。将式(2-12-2)代入式(2-12-1),即可得到电子的波长

$$\lambda=\frac{h}{mv}=\frac{h}{m_0 v}\sqrt{1-\frac{v^2}{c^2}} \tag{2-12-3}$$

在实验中,近似认为电子的能量由加速电压 U 决定,电子能量的增量为电场对电子所做的功,再利用相对论质量表达式,可得

$$eU=mc^2-m_0c^2=m_0c^2\left(\frac{1}{\sqrt{1-\frac{v^2}{c^2}}}-1\right) \tag{2-12-4}$$

由式(2-12-4)得到

$$v=\frac{c\sqrt{e^2U^2+2m_0c^2eU}}{eU+m_0c^2} \tag{2-12-5}$$

$$\sqrt{1-\frac{v^2}{c^2}}=\frac{m_0c^2}{eU+m_0c^2} \tag{2-12-6}$$

将式(2-12-5)和式(2-12-6)代入式(2-12-3)得

$$\lambda=\frac{h}{\sqrt{2m_0eU\left(1+\frac{eU}{2m_0c^2}\right)}} \tag{2-12-7}$$

将 $e=1.602\times10^{-19}$ C, $h=6.626\times10^{-34}$ J · S, $m_0=9.110\times10^{-31}$ kg, $c=2.998\times10^{8}$ m/s 代入式(2-12-7)得

$$\lambda=\frac{1.226}{\sqrt{U(1+0.978\times10^{-6}U)}}\approx\frac{1.226}{\sqrt{U}}(1-0.489\times10^{-6}U) \tag{2-12-8}$$

晶体的电子衍射基于式(2-12-8),将能量相同的电子束看成一列波长固定的平面波,根据布拉格衍射模型,电子入射到晶体上时各个晶粒散射的电子波是相干的。对于给定的一族晶面,考虑镜面反射情况,反射角等于入射角,相邻晶面的电子波的波程差为波长的整数倍时,便出现相长干涉,即干涉加强。

从图 2-12-4 相邻晶面的电子波的波程差可以看出,相长干涉的条件由布拉格方程决定

$$2d\sin\theta=N\lambda \tag{2-12-9}$$

式中,d 为相邻晶面之间的距离;θ 为掠射角;N 为整数,称为衍射级次。

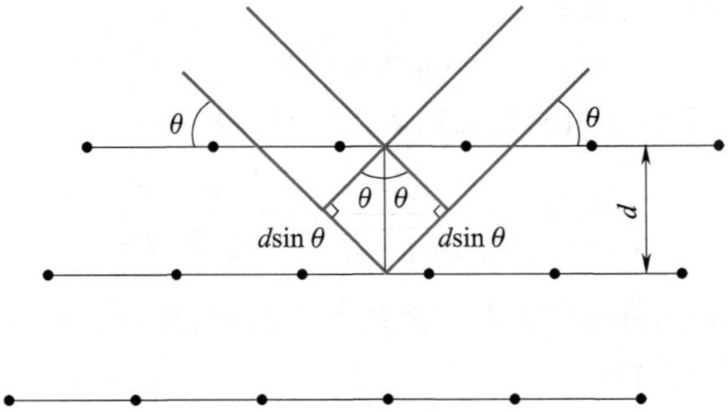

图 2-12-4

本实验采用透射的方法,让电子束穿过无规则取向的多晶金属薄膜。由于多晶薄膜是由相当多的任意取向的单晶粒组成的多晶体,当电子束入射到多晶薄膜上时,在晶体薄膜内部各方向上,均有与电子入射方向夹角为 θ 的且符合布拉格方程的晶面。这种多晶薄膜的透射电子衍射方法与用单色 X 射线对单晶粉末进行照相的实验方法类似。相干加强的透射电子波会像 X 射线一样形成一个以入射方向为轴线,顶角为 4θ 的衍射圆锥。衍射圆锥与入射轴线垂直的照相底片或荧光屏相遇便形成衍射圆环,衍射的电子方向与入射电子方向夹角为 2θ,如图 2-12-5(a)所示。

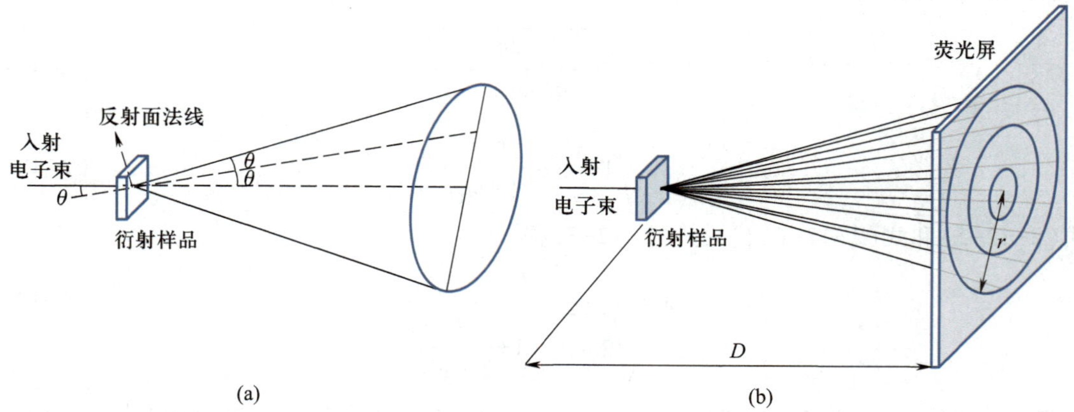

图 2-12-5

在多晶薄膜中，有一些晶面（它们的晶面间距分别为$d_1, d_2, d_3, \cdots$）都满足布拉格方程，它们的掠射角分别为 $\theta_1, \theta_2, \theta_3, \cdots$。因而，在底片或荧光屏上会形成许多同心衍射环。

可以证明，对于立方晶系，晶面间距为

$$d=\frac{a}{\sqrt{h^2+k^2+l^2}} \tag{2-12-10}$$

式中，a 为晶格常量，h、k、l 为晶面的米勒指数。每一组米勒指数唯一地确定一族晶面。

在图 2-12-5(b)的电子衍射示意图中，设样品到荧光屏的距离为 D，某一衍射环的半径为 r，对应的掠射角为 θ。电子的加速电压一般为 30 kV 左右，相应的电子波长约为 0.007 nm，比一般晶面间距（数量级为 0.1 nm）短得多。因此，由布拉格方程式（2-12-9）看出，电子的衍射角 2θ 也较小。由图 2-12-5 得到如下近似关系：

$$\sin\theta \approx r/2D \tag{2-12-11}$$

将式（2-12-10）和式（2-12-11）代入式（2-12-9），得

$$N\lambda=2\times\frac{a}{\sqrt{h^2+k^2+l^2}}\times\frac{r}{2D}=\frac{a}{\sqrt{M}}\times\frac{r}{D} \tag{2-12-12}$$

式中，h、k、l 为与半径 r 的衍射环对应的晶面族的米勒指数，$M=h^2+k^2+l^2$。对于同一底片上的不同衍射环，式（2-12-12）又可写成

$$N\lambda=\frac{a}{\sqrt{M_n}}\times\frac{r_n}{D} \tag{2-12-13}$$

式中，r_n为第 n 个衍射环半径，M_n为与第 n 个衍射环对应晶面的米勒指数平方和。在实验中，只要测出 r_n，并确定 N 和 M_n的值，就能测出电子的波长。将测量值 λ 和用式（2-12-8）计算的理论值 λ 相比较，即可验证德布罗意公式的正确性。

2. 电子衍射图像的指数标定

实验获得电子衍射相片后，必须确认某衍射环对应哪一级次 N（一般考虑 $N=1$），是由哪一组米勒指数（hkl）的晶面族的布拉格衍射形成的，才能利用式（2-12-13）计算波长 λ。

根据晶体学知识，立方晶体结构可分为简单立方、体心立方和面心立方晶体三类，如图 2-12-6 所示。

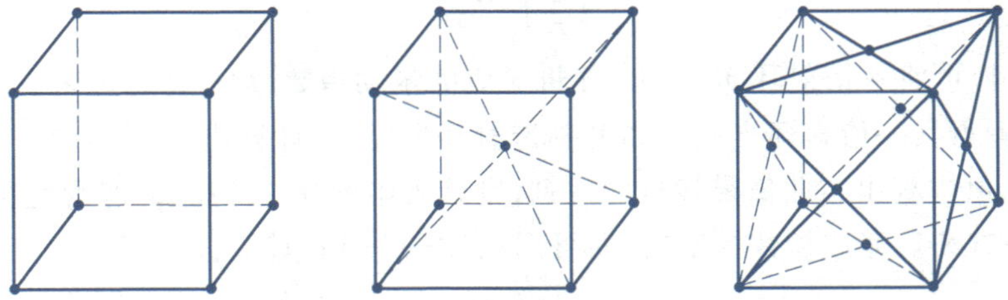

简单立方 (a)　　体心立方 (b)　　面心立方 (c)

图 2-12-6

由晶面族衍射结构因子理论分析可知，在立方晶系中，对于简单立方晶体，任何晶面族都不会产生衍射消光；对于体心立方晶体，只有 $h+k+l$ 为偶数的晶面族才不会消光，能出现衍射极大；而对于面心立方晶体，只有 h、k、l 全部为奇数或全部为偶数的晶面族才不发生消光，能产生衍射极大。这样可得到三类立方晶体产生衍射环的晶面族，见下表 2-12-1。

表 2-12-1

米勒指数(hkl)		100	110	111	200	210	211	220	221 300	310
M_n	简单立方	1	2	3	4	5	6	8	9	10
	体心立方		2		4		6	8		10
	面心立方			3	4			8		
米勒指数(hkl)		311	222	320	321	400	410 322	411 330	331	420
M_n	简单立方	11	12	13	14	16	17	18	19	20
	体心立方		12		14	16		18		20
	面心立方	11	12			16			19	20

在表 2-12-1 中，空白格表示该晶面族出现衍射消光现象。常见的金属都是面心立方晶体结构，例如金、银、铜、铝等，现在以面心立方晶体为例，说明标定指数的过程。

按照表 2-12-1 中的规律，对于面心立方晶体可能出现的反射，按照 M_n 由小到大的顺序列出面心立方晶体各衍射环对应的 M_n/M_1，见表 2-12-2。

表 2-12-2

序号	1	2	3	4	5	6	7	8	9	10
米勒指数(hkl)	111	200	220	311	222	400	331	420	422	333 511
M_n	3	4	8	11	12	16	19	20	24	27
M_n/M_1	1.000	1.333	2.667	3.667	4.000	5.333	6.333	6.667	8.000	9.000

因为在同一张电子衍射图像中，式(2-12-13)的 λ 和 a 均为定值，取 $N=1$，可以得出

$$\left(\frac{r_n}{r_1}\right)^2=\frac{M_n}{M_1} \tag{2-12-14}$$

利用式(2-12-14)可将各衍射环 M_n 定出，并将对应的米勒指数(hkl)标定出来。

标定方法：测得某一衍射环半径 r_n 和第一衍射环半径 r_1，计算出 $(r_n/r_1)^2$ 值，在表 2-12-2 的最后一行 M_n/M_1 值中查出与此值最接近的一列，则该列中的 h、k、l 和 M_n 即为此衍射环所对应的米勒指数及其平方和。完成指数标定后，便可用式(2-12-13)计算波长了。

【实验装置】

1924 年法国物理学家德布罗意在爱因斯坦光子理论的启示下，提出了一切微观实物粒子都具有波粒二象性的假设。戴维孙与革末用镍单晶反射电子完成了电子衍射实验，英国科学家汤姆孙和雷德用高速电子穿透金属薄膜的办法获得了电子衍射图样。本实验仪器是一种透射式电子衍射实验仪器，实验系统装置主要由衍射腔、真空系统和电源三部分组成。图 2-12-7 为电子衍射仪的外形示意图。

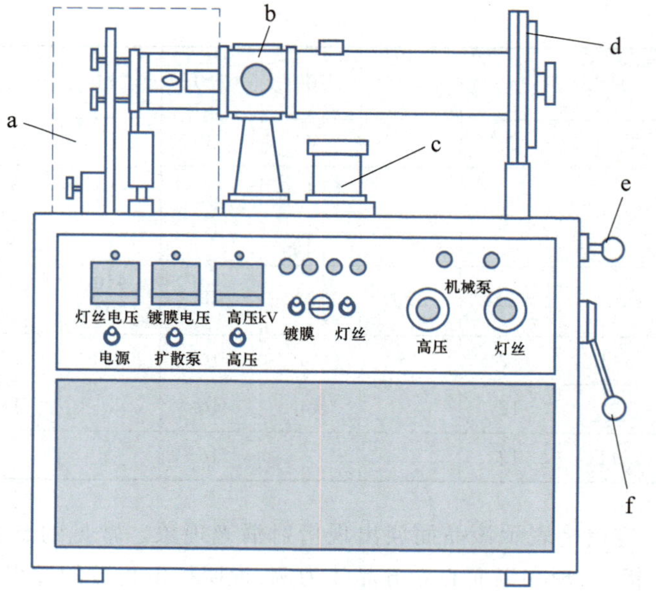

图 2-12-7

a—电子发射管；b—样品室；c—镀膜室；d—荧光屏；e—三通阀；f—蝶阀

1. 电子衍射腔

图 2-12-8 为电子衍射腔示意图。K 为阴极，B 为阳极，C 为光阑，F 为样品，E 为底片或荧光屏。阴极 K 内装有 V 型灯丝，通电后发射热电子。灯丝一端加有数万伏的负高压，阳极接地。电子经高压加速后通过细长的光阑 C 变成细的准直电子束(直径约 0.5 mm)。当电子束穿过金属薄膜 F 后，在荧光屏上形成电子衍射图像。

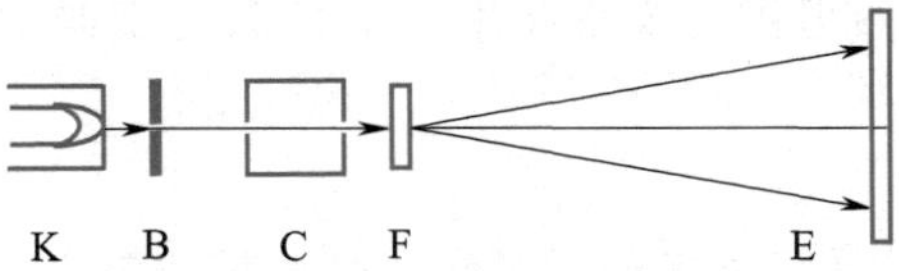

图 2-12-8

2. 真空系统

真空系统由机械泵,扩散泵和储气罐组成,电子衍射仪真空系统示意图如图 2-12-9 所示。扩散泵与衍射腔之间由真空蝶阀控制“开”或“关”。三通阀可使机械泵与衍射腔连通(“拉”位)或与储气罐连通(“推”位)。实验或镀膜时,须先将衍射腔抽成低真空,然后抽成高真空。只有在开始抽高真空时才能打开蝶阀,其他时间都要关闭蝶阀和切断电离规管灯丝电流,以保护扩散泵和电离规管。

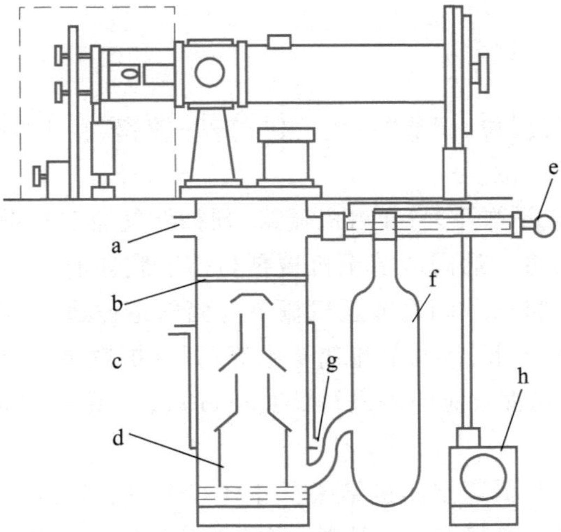

图 2-12-9

a—放气阀;b—蝶阀;c—进水口;d—扩散泵;e—三通阀;
f—储气罐;g—出水阀;h—机械泵

若需将衍射腔部分通大气(如需要取出底片或取已镀好的样品架)时,可用放气阀充入空气。但在打开放气阀前,要注意以下几点:切断电离规管电源;关闭蝶阀;若机械泵仍在工作中,三通阀必须置于“推”位;为防止充气过程中吹破样品薄膜,应将样品架向前旋紧,以使样品架封在装取样品架的窗口内。

3. 电源

电源部分主要包括真空机组的电源、高压电源、镀膜及灯丝电源三部分,电源控制部分如图 2-12-7 所示。

(1) 真空机组的电源:扩散泵电炉(1 000 W)直接由市电 220 V 单相电源供电,机械泵由 380 V 三相电源供电。

(2) 高压供电:利用 220 V 市电,经自耦变压器(0.5 kW)调压,供给变压器(220~40 000 V)进行升压,经整流滤波后变为直流高压,正端接阳极,负端接阴极,作为电子的加速电压。

(3) 镀膜和灯丝供电:此两组供电线路共用一个自耦变压器调压,经转换开关转换,或接通镀膜电路,或接通灯丝电路。

4. 仪器操作注意事项

(1) 需要严格按照流程对真空系统进行操作。打开扩散泵之前,要确保循环水已经开启;使用电离规管测量真空时,要确保低真空已经达到 1×10^{-1} Pa。

(2) 操作真空系统阀门和调节样品架位置时,应关闭电离规管,以防气压陡增引起电离规管灯丝烧毁。

(3) 发射电子束需施加几万伏高压,操作时注意高压电源绝缘防护。缓慢调节高压和样品架旋钮,如果出现击穿放电现象,立即降低电压,缩短施加高压的时间。

(4) 受高能电子的轰击,在衍射腔的阳极、样品架和观察窗处有较强的 X 射线产生,须注意辐射防护。

【实验内容】

1. 真空的获得

(1) 各个开关均置于“关”位,调节“高压”及“灯丝-镀膜”置于“0”位;调节三通阀使机械泵与储气罐连通,蝶阀调至“关”位。

(2) 打开电子衍射仪电源总开关;开启机械泵,预抽储气瓶与扩散泵。

(3) 抽气约 10 min 后,将三通阀调节至机械泵与衍射腔连通,初抽衍射腔。

(4) 抽气约 10 min 后,将三通阀调节至机械泵与储气罐连通,并将蝶阀调至“开”位。

(5) 缓慢开启扩散泵循环水,将调节流速至中等;开启扩散泵加热电源,使扩散泵开始抽气;打开复合真空计,先用热偶规管对应的表进行低真空读数,在系统真空未达到 1×10^{-1} Pa 时不宜启动电离规管。

(6) 抽气约 30 min 后,当低真空测量结果低于 1×10^{-1} Pa 时,打开高真空测量开关,加热电离规管除气 5 min 后转换至电离状态进行读数,当衍射腔达到气压低于 3×10^{-3}Pa 的高真空时,可进行镀膜或电子衍射实验。

2. 样品的制备

电子束穿透能力差,需制备极薄的多晶衍射样品。制备的方法是在预制好的非晶体底膜上生长几十纳米厚的多晶薄膜(一般采用热蒸发镀膜)。非晶底膜是多晶薄膜样品的载体,它会引起电子散射而使衍射环清晰度变差,因此底膜的厚度也需要极薄。

(1) 制底膜

用滴管将一滴由乙酸正戊酯稀释的火棉胶溶液滴到水面上,待乙酸正戊酯挥发后,在水面上会悬浮一层火棉胶薄膜(薄膜有皱纹时,其胶液太浓,薄膜为零碎的小块时,则胶液太稀),用带孔的样品架将薄膜慢慢捞起并烘干,制得覆有底膜的样品架。将样品架放入镀膜室,使底膜表面正对盛有样品颗粒的钼舟,待真空达到 10^{-3} Pa 以后,即可蒸发镀膜。

(2) 镀膜

将“灯丝-镀膜”调制“镀膜”侧,接通镀膜电流开关。转动“灯丝-镀膜”自耦调压器,使电流逐渐增加。当从镀膜室的有机玻璃罩上看到一层淡色透明薄膜时,立即将电流降到零,并关闭镀膜开关。样品蒸镀完成。

3. 观察电子衍射现象

（1）检查真空系统，按照操作步骤已将衍射腔抽至气压低于 3×10^{-3} Pa 的高真空度。

（2）通过自隔离样品腔装入待测薄膜样品。

（3）将仪器各开关置于“关”位，“高压”和“灯丝-镀膜”均调回“0”，蝶阀调至“关”位。

（4）将“灯丝-镀膜”调至“灯丝”侧，接通灯丝电流开关，调节“灯丝-镀膜”自耦调压器，使灯丝所加载电压达到 100~120 V，起到加热灯丝形成热电子的作用。

（5）接通“高压”开关，缓慢调节“高压”旋钮，调至 10~20 kV，给热电子加高压，使电子加速射出。出射电子轰击在荧光屏上，形成一个亮斑。

（6）调节样品架的位置（平移或转动），直到荧光屏上可观察到满意的衍射环。

（7）微调“高压”旋钮，观察到荧光屏上清晰的衍射图像后，先记录加速电压 U 值，再用相机正对拍摄衍射环图像。

（8）实验完成后，将“高压”和“灯丝-镀膜”均缓慢调回“0”，蝶阀调至“开”位。

4. 关闭仪器系统

（1）将仪器各开关置于“关”位，“高压”和“灯丝-镀膜”均调回“0”，蝶阀调至“关”位。

（2）取出样品。

（3）关闭复合真空计，关闭扩散泵加热电源。

（4）待扩散泵冷却充分，关闭机械泵，关闭循环水。

5. 计算波长（表 2-12-3）

（1）仔细观察电子衍射照片，区分出各衍射环，有的环强度弱，注意不要数漏。测量各环直径，确定其半径 $r_1, r_2, \cdots, r_n$ 的值。

（2）计算出 $(r_n/r_1)^2$ 的值，并与表 2-12-2 中 M_n/M_1 值对照，一般情况下 $N=1$，标出各衍射环相应的米勒指数。

（3）验证德布罗意公式：本实验中所用的银膜样品为面心立方结构，晶格常量 $a=0.408\ 56$ nm。样品至荧光屏的距离 $D=382$ mm。

表 2-12-3

次数 i	环直径 d	环半径 r	M	米勒指数(hkl)	λ/nm	$\bar{\lambda}$/nm
1						
2						
3						
4						
5						
6						

电子加速电压：$U=$ ________ kV，计算波长理论值 $\lambda'=$ ________ nm。

计算相对误差：$E=\dfrac{|\lambda-\lambda'|}{\lambda'}$。

【拓展题】

1. 简述德布罗意假说的核心内容。

2. 设计一个探究银膜厚度与基底材料发射率关系的实验系统，要求结合本实验仪器设计实验过程，画出实验系统框图，给出实验方法。

2.13 光刻工艺

【实验综述】

半导体芯片在各个方面影响着人们的生活，同时也改变了人们的思维方式，这一切都得益于半导体工业在过去半个多世纪中的飞速发展，20 世纪 60 年代发展起来的半导体平面工艺是其中重要的一环，它已经是制造各种半导体器件与集成电路的基本工艺技术。半导体平面工艺中的图形转移是一个重要步骤，用半导体平面工艺制备芯片时，每一层材料的图形转移一般都分为两个工序。首先，需要设计不同材料层的版图，并将其制成掩模板；然后，通过曝光，将设计好的图形转移到某种光敏材料层上，曝光后的光敏材料经过显影就能复现出设计的图形，这个过程称为光刻。

本实验主要通过制作光栅和分辨率板来探究光刻工艺流程及其光刻效果。

【实验目的】

1. 掌握光刻的基本流程。
2. 了解参量设置对光刻效果的影响。
3. 通过光栅制备实验掌握光刻工艺的基本操作步骤。
4. 通过光栅和分辨率板的制备，学习光刻工艺流程及测试方法。

【背景知识】

常见的光刻机根据操作方式的不同，可分为投影式光刻机、接触式光刻机和接近式光刻机。

1. 投影式光刻机

投影式光刻机示意图如图 2-13-1(a)所示，其基本工作原理是：利用投影镜头，将掩模板上的图形投影到硅片上，从而实现大面积曝光。投影式光刻机的主要特点是：曝光的视场大，能补偿硅片表面的不平整。

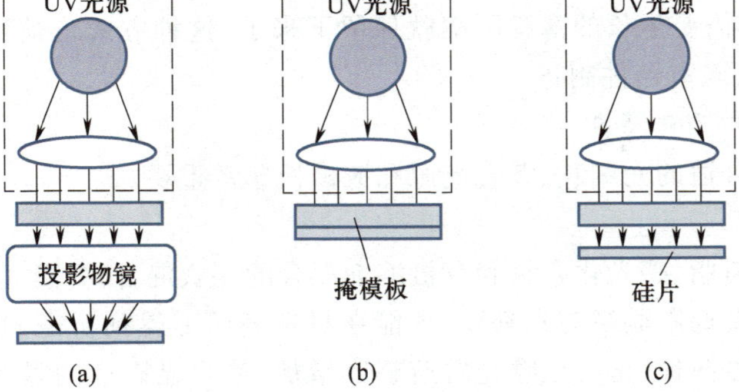

图 2-13-1

2. 接触式光刻机

接触式光刻机示意图如图 2-13-1(b)所示,其基本工作原理是:掩模板直接与光刻胶层接触,可实现小面积曝光,曝光出来的图形与板上的图形分辨率相当。接触式光刻机的特点是:光刻胶容易污染掩模板,掩模板容易损坏,掩模使用寿命很短。

3. 接近式光刻机

接近式光刻机示意图如图 2-13-1(c)所示,其基本工作原理是:掩模板与光刻胶基底层保留一个微小的缝隙,通过空气薄膜传递图像。接近式光刻机的特点是:可以有效避免与光刻胶直接接触而引起的掩模板损伤,掩模寿命长,图形缺陷少。接近式光刻机在现代光刻工艺中应用最为广泛。

【基本原理】

1. 图形转移

图形转移是指利用光刻和刻蚀将设计图形转移到所在衬底上,这一步工艺的制备精度基本上决定了器件的特征尺寸。图形转移的方式有两种:刻蚀法和沉积法,如图 2-13-2 所示。

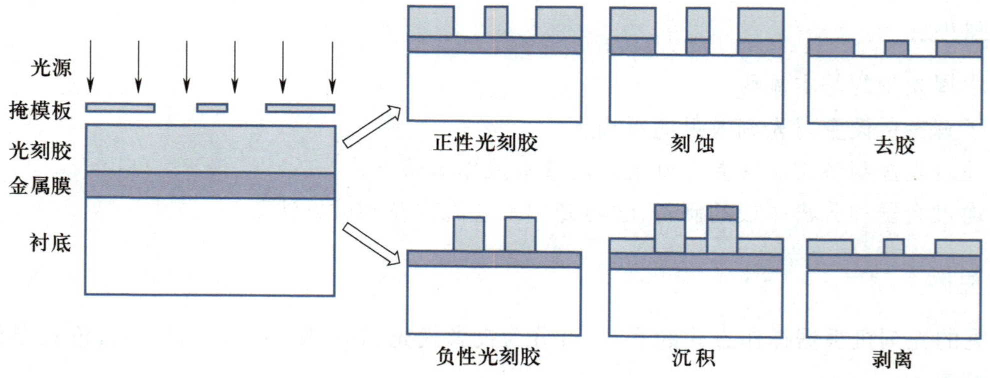

图 2-13-2

(1) 刻蚀法:先沉积薄膜,然后以光刻胶图形为掩模,对不需要的薄膜部分进行刻蚀,最后去胶得到所需的薄膜图案,这种方式主要用于硅基半导体工业。

(2) 沉积法:先通过曝光显影,暴露出需要生长薄膜的区域,沉积薄膜后,去胶的同时去掉附着在胶上的薄膜,这样需要生长的薄膜图案就保留下来了,这种方式也被称为剥离工艺,一般用于 GaAs 工艺开发或实验室器件制备。

2. 主要材料与器件技术特性

光刻工艺中选择合适的光刻胶、曝光光源和掩模板非常重要。

(1) 光刻胶

光刻胶是一种由树脂、感光化合物和有机溶剂混合的光敏混合物,曝光过程可以使其发生光化学反应。光刻时需要选用适当的光刻胶,才能在材料表面上得到所需的图像。光刻胶按形成的图像分为正性和负性两种,正胶在曝光后溶解度增加,使得显影后的曝光区域被溶解,未曝光部分留下来;负胶则与其相反。正胶一般具有分辨率高、驻波效应不敏感、曝光宽容度大等特点,是主要使用的光刻胶类型。负胶在显影后具有上小下大的底切剖面,更适用于“沉积-剥离”

工艺。

光刻胶按曝光光源的波长大致可分为 g-line 光刻胶、i-line 光刻胶和广谱光刻胶。一般来说，i-line 光刻胶的分辨率会更高一些。光刻工艺中的光刻胶选择需要结合图形线宽精度、后续工艺方式与曝光设备的工作波长综合考虑。

(2) 曝光光源

光刻工艺中用到的主要曝光光源如表 2-13-1 所示。最早采用高压汞灯作为曝光光源，高压汞灯包含三条特征谱线，分别是 g 线(436 nm)、h 线(405 nm)、i 线(365 nm)。现在的曝光设备为了光源更稳定，一般使用 LED 紫外曝光灯，但工作波长还是选用 g 线、h 线和 i 线。

表 2-13-1

种类	波长/nm		应用特征尺寸/μm
高压汞灯	g 线	436	0.50
	h 线	405	
	i 线	365	0.35~0.25
准分子激光	XeF	351	
	XeCl	308	
	KrF(DUV)	248	0.25~0.18
	ARF	193	0.18~0.13
F_2激光	F_2	157	0.13~0.1
X 射线	传统靶极 X 射线(碰撞电子)		<0.1
	光诱发等离子(X 射线)		
	同步辐射(X 射线)		
EUV	13		<0.022

(3) 掩模板

普通的光刻掩模板由透光的衬底材料(石英玻璃)和不透光的金属吸收层(主要是 Cr)组成。掩模的图形尺寸一般与芯片图形的尺寸一致或是其整数倍。由于掩模板的精度要求更高，所以大多采用电子束或扫描激光束来完成曝光。除了常规的投影式曝光外，还有一种不需要掩模的曝光方式，如激光直写和电子束直写，并可以通过计算机来控制曝光光束的聚焦位置，直接在涂有光刻胶的衬底表面写出设计图案。这种直写方式不适合大规模量产，但由于它不需要制备掩模板，因此常应用于研究开发、小批量生产等需求较为灵活的实验室场景。

3. 光刻工艺流程

一般光刻工艺流程如图 2-13-3 所示，包括表面处理与预烘烤、旋转涂胶、前烘、对准与曝光、后烘、显影、坚膜和图形检测。

(1) 表面处理与预烘烤

表面处理与预烘烤主要是为了去除表面的颗粒、有机物和水蒸气等。去污一般用化学或物理方法，表面除湿一般用 100~200 ℃进行烘烤。预处理可以大大降低光刻胶从衬底上脱落的可能性。对于某些表面亲水的衬底，涂胶之前可先用增黏剂 HMDS(六甲基二硅氮烷)进行处理，以

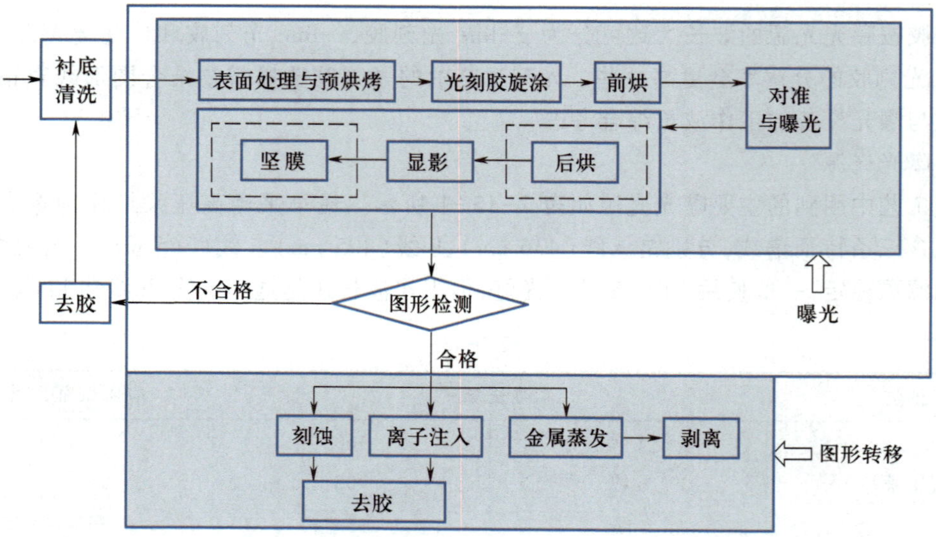

图 2-13-3

此来增强衬底与光刻胶之间的黏附性。

(2) 旋转涂胶(旋涂)

实验室中一般都采用旋转涂胶。旋涂分为滴胶、低速旋转(匀开光刻胶)和高速旋转(甩胶、溶剂挥发)3 个步骤。一开始的低速旋转可以使光刻胶在衬底表面向外扩展,避免光刻胶无法均匀覆盖衬底。后续的高速旋转也被称为甩胶,在这个过程中,光刻胶中的有机溶剂挥发,液体光刻胶最终成为一层固体胶层。高速旋转时的转速为匀胶的主转速,这个参量决定了最终得到的光刻胶厚度,光刻胶黏性系数越低,转速越快,厚度越薄。到主转速的加速度与光刻胶的均匀性有关,加速度越快,胶层越均匀。

(3) 前烘

前烘也称为软烘,其作用是去除胶中的大部分溶剂并使胶的曝光特性固定。前烘不足或是过度对前烘作用都有不好的影响。

(4) 曝光

经过前烘处理,自然冷却完全后的衬底可以进行曝光。复杂半导体芯片需要做的图案往往不止一层,可以设计对准标记,在曝光前进行套刻对准。对准完毕即可进行曝光操作,对于常见的紫外光刻机而言,一般通过曝光时间对曝光剂量进行调整。曝光剂量过小或者过大,都会带来图形尺寸的偏差。

(5) 后烘

由于曝光时的入射光和反射光会产生干涉,而光刻胶的胶厚与曝光波长尺度相当,因此这种干涉会对曝光产生一定影响,使其在胶的竖直方向上出现周期性的曝光不均匀,这种效应称为光刻胶的驻波效应,可以通过后烘改善。并不是所有的胶都需要做后烘,一般针对 i 线及更短波长的光刻胶需要这一步骤。

(6) 显影

光刻胶在曝光后,需要进行显影。被曝光的光刻胶在显影液中具有明显不同的溶解度,因此显影过后,图案得以在胶层上重现。几乎所有的正胶都用碱性显影剂,如 KOH,NaOH 水溶液。由于金属离子会影响晶体管的可靠性,因此集成电路制造商现在多使用不含金属阳离子的 TMAH(四甲基氢氧化铵)水溶液作为显影液。

与化学反应类似,显影过程容易受外界条件影响,如温度、浓度、时间、显影手法(搅拌、喷淋)等。当曝光剂量与显影时间选择合适时,获得的光刻胶图形的侧壁比较陡直。而当曝光剂量不足时,会导致显影不完全,使图形底部留有残余光刻胶。当曝光剂量充分,而过短或过长的显影时间会形成不同的侧壁,有可能对后续的工艺产生影响。

(7) 坚膜

显影之后也可以进行高温烘烤,一般称为坚膜或硬烘。坚膜可以使光刻胶进一步硬化,并增加光刻胶与衬底表面之间的黏附性,提高光刻胶在离子注入或刻蚀中对下表面的保护与抗蚀能力。硬烘温度不可过高,否则会导致光刻胶流动,降低图形精度。另外坚膜会增加去胶难度,因此不太适用于剥离工艺中。

总之,光刻工艺中,这些步骤所涉及的参量都将影响最终的光刻结果,尤其是胶的厚度与胶厚的均匀性,合适的曝光剂量与显影时间,它们是决定光刻质量的关键参量。光刻胶的说明文档中一般会给出转速与胶厚的关系,前烘、后烘的推荐温度与时间,可参考的曝光剂量,建议的显影液种类等主要光刻参量。对于一般的光刻工艺调试,可以先参考光刻胶的说明文档来设置参量,然后根据实际情况优化各种参量设置。

4. 光栅衍射

任何具有空间周期性的衍射屏都可以叫作衍射光栅。图 2-13-4(a)中为平面透射光栅,它是由一系列等宽等间隔的平行狭缝构成的。假设各缝的宽度都等于 b,相邻两缝间的宽度都等于 a,则 $a+b=d$ 称为光栅常量,它反映了光栅的空间周期性。

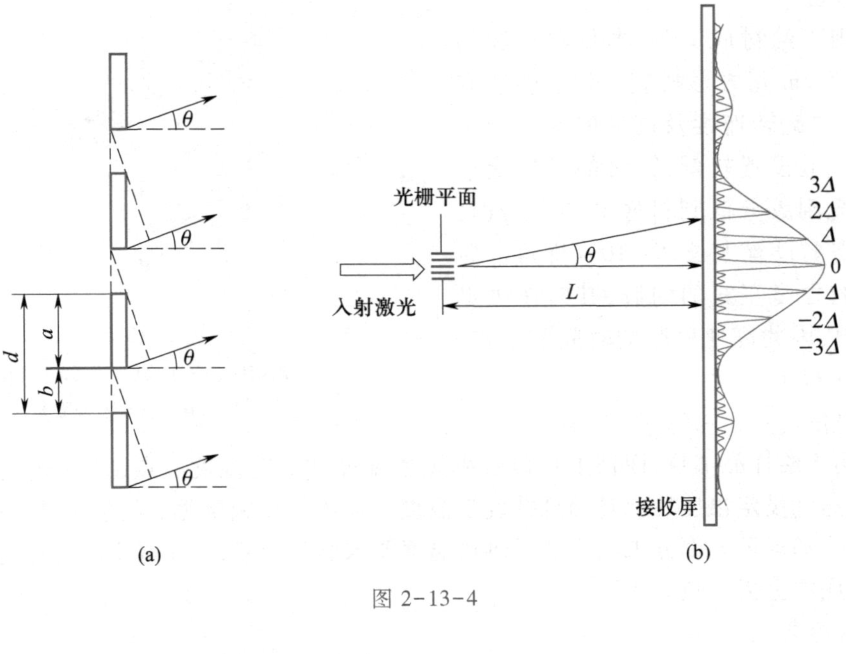

图 2-13-4

光栅谱线的所在位置可以写成如下形式

$$d\sin\theta = n\lambda,\quad n=0,\pm1,\pm2,\cdots \tag{2-13-1}$$

如图 2-13-4(b)所示，当接收屏的距离 L 较远，θ 是一个小角，有 $\theta\approx\sin\theta\approx\tan\theta$，可以写出衍射斑之间的间距 Δ 为

$$\Delta=\frac{\lambda}{d}\cdot L \tag{2-13-2}$$

可以看出，只有当光栅常量的尺度与入射光波长接近时，才能看到明显的衍射现象。可见光的波长范围为 400~760 nm，因此光栅常量一般在微米量级，可以用光刻工艺进行制备。

【实验装置】

光刻机是一种将目标结构图样印刷到硅片等基底上的机器，是制造芯片的核心装备。它使用了类似照片的冲印技术，把掩模板上的精细图形通过光线的曝光印制到硅片上。传统的光刻机使用质子束或电子束等粒子束技术进行光刻；后来激光的发明改变了光刻机的发展进程；显微镜和紫外光刻技术的应用实现了更高的分辨率；当代 EUV 光刻机通过使用更短的波长，实现了超高分辨率、较快的曝光速度和更小的尺寸。本实验系统主要包括光刻工艺实验仪、掩模板、光栅测试装置和 CCD 显微镜。

1. 光刻工艺实验仪

本实验使用集匀胶、烘烤、紫外曝光于一体的 PLP-OL-A2 光刻工艺实验仪，结构如图 2-13-5 所示，主要分为旋胶区、烘烤区和紫外曝光区。

(1) 旋胶区

旋胶区用于给衬底上胶，本仪器适配的是 2.5 cm×2.5 cm 正方形衬底。匀胶转速有两挡，分别可调旋转速度及旋转时间。低速匀胶的转速一般设置较低，其目的是使滴于衬底中心的光刻胶分散到衬底的整个表面，因此时间不需要设置太长，5~10 s 即可。后续的高速甩胶才是正式的匀胶，其转速决定了最终的胶厚，因此高速甩胶的时间要足够，最好设置 30 s 以上。

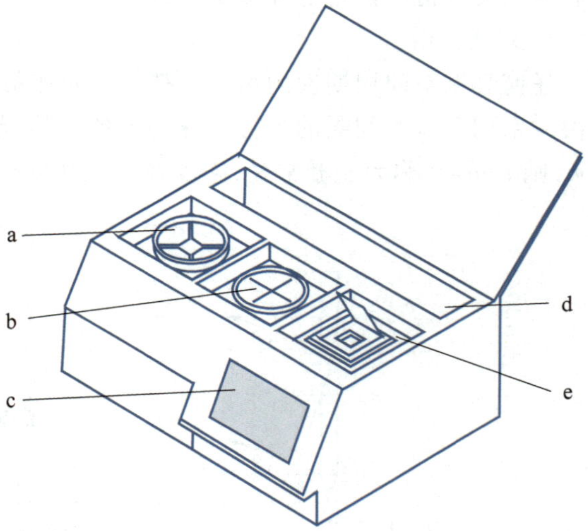

图 2-13-5

a—旋胶区；b—烘烤区；c—操作界面；d—耗材放置区；e—紫外曝光区

(2) 烘烤区

烘烤区用于给样品加热，面板上可以看到设置温度和实时温度。点击“加热”按钮后，加热板开始加热，达到设定温度后会自动维持设定温度。如需让热板降温，关闭“加热”按钮，打开盖子，待其自然冷却即可。部分工艺步骤对烘烤温度要求非常严格，建议等实时温度稳定在设置温度时，再将衬底放上去加热。

(3) 紫外曝光区

紫外曝光区用于曝光光刻胶。本仪器的紫外灯在曝光区的下侧，因此需要先放置掩模板，再

将需要曝光的样品胶面朝下，放置在掩模板上。本仪器曝光光强不可调，因此只需设定曝光时间。曝光参量的设置可以参考一下光刻胶的说明文档，但大多数时候都需要进行工艺上的摸索与调试。合上塑料盖板后，按下“光刻”按钮，设备会对样品进行设定时间的曝光。如果没有合上盖板，曝光不会进行。

（4）操作界面

图 2-13-6 为光刻工艺实验仪的操作界面，在主页面按设置按钮进入参量设置菜单，可进行以下设置：

（a）匀胶时间：5～60 s，可设置；匀胶转速：500～1 000 r/min，可设置。

（b）甩胶时间：5～300 s，可设置；甩胶转速：1 000～5 000 r/min，可设置。

（c）设定温度：可设定热板的温度，常温至 120 ℃，可设置。

（d）光刻时间：可设定曝光时间，1～150 s，可设置。

（e）加热保护：到达设定时间后热板自动关闭；1～120 s，可设置。

图 2-13-6

2.掩模板

用于制备光栅的掩模板分为四个区域，如图 2-13-7(a)，对应的光栅常量分别为 5 μm、10 μm、15 μm 和 20 μm。

用于制备分辨率板的掩模板用的是标准的 1951 USAF 分辨率板，符合 MIL-STD-150A 标准。如图 2-13-7(b)所示，该分辨率板分为组与元素，比如第 1 组第 1 元素，频率为2.000（频率表示每毫米的线条数，三横线三竖线为一个元素内容），也就是说，两条线的间距是 0.5 mm。受曝光精度与显微镜放大倍数所限，用来曝光的掩模板只到第 5 组，最小特征尺寸为 8.77 μm。

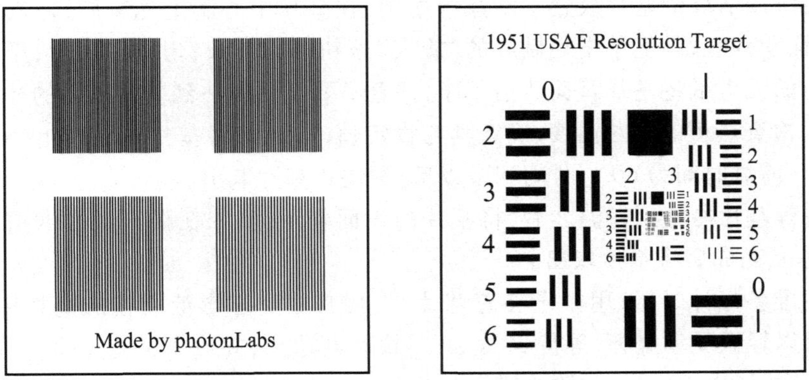

(a) (b)

图 2-13-7

3. 光栅测试装置

光栅测试装置由一维导轨、激光器、光栅座和接收屏组成，其中激光器、光栅座和接收屏依次安装在导轨上。将做好的玻璃光栅片插在光栅座上，改变光栅片的方向，可以让激光分别通过玻璃片上不同象限处的光栅。接收屏上的刻度可以测量衍射斑之间的间距。通过导轨上的刻度可以测量不同光学器件之间的距离。

4. CCD 显微镜

实验系统配备 CCD 显微镜。使用时，先打开背面的红色按钮，照明灯亮起，等待数秒后显微镜开机，此时将样品放置在样品台上即可使用。使用时，通过调节放大倍率和合适的焦距，即可获得清晰图像。

注意事项：显微镜的 LED 灯会曝光光刻胶，因此未曝光过的基片不要放到显微镜下。在显影过程中，若想要用显微镜观察显影效果，不建议长时间观察和使用。

【实验内容】

1. 光栅制备与测试

(1) 准备工作

(a) 戴好口罩和乳胶手套，提前将光刻胶和显影液从冰柜中取出，待其恢复到室温。

(b) 打开光刻工艺实验仪，使用瑞红 RZJ-304 正性光刻胶，设置参量如下。

(Ⅰ) 低速匀胶：800 r/min，8 s。

(Ⅱ) 高速甩胶：3 000 r/min，35 s。

(Ⅲ) 设定温度：100 ℃。

(Ⅳ) 曝光时间：7 s。

(c) 在屏幕上单击“加热”，等待温度升到设定温度，并达到稳定状态。

(d) 将需要用的光栅掩模板用酒精清洁干净，正面朝上放置到曝光区的卡槽上。

(e) 提前准备好显影液和去离子水；显影液为 TMAH 2.38%水溶液，倒在 25 ml 烧杯中；去离子水用于定影，倒在 100 ml 烧杯中。

(f) 取出一块玻璃片作为基片，用除尘罐吹拂玻璃片表面。注意使用除尘罐时，按得轻一些，以免气流过大将衬底吹掉。另外，使用除尘罐时，不要过度倾斜，不用时要竖直摆放。

(2) 光栅制备

(a) 匀胶：将清洁好的基片放置于转盘卡槽中，在基片中心滴上光刻胶，使其覆盖三分之一到一半的衬底面积；随后马上单击控制屏的“旋胶”按钮开始匀胶；匀胶完成后，用镊子将基片取出，用沾了酒精的无尘纸将基片背面清洁干净；注意不要把酒精沾到基片正面的光刻胶。

(b) 前烘：检查热板的实时温度，确定其与设定值一致后，将基片正面朝上，放置到热板上，同时开始计时。前烘时间为 60 s，时间到了以后，尽快将基片取出。

(c) 曝光：等基片冷却到室温之后，将基片的正面朝下，倒扣在曝光区的卡槽中，盖上盖子；单击“曝光”，曝光完成后将基片取出。

(d) 显影：准备好计时器；用镊子夹着基片，先将其放到显影液所在的烧杯中，同时开始计时；显影过程可以轻微晃动烧杯，等待 30 s 后，尽快将其取出，并放入去离子水所在的烧杯中；在去离子水中将基片清洗干净后，用除尘罐将其吹干。

（3）测量光栅常量。

（a）调整激光器的高度与角度，使其出射的光点打到接收屏的十字交叉上。

（b）选择一个合适的光栅座位置，将制备完成的玻璃光栅片插在光栅座上。

（c）测量衍射斑点之间的间距，以及光栅与接收屏之间的距离，记录在表 2-13-2 中。

（d）已知配套的激光器波长 $\lambda=650$ nm。利用光栅公式，计算所制备的实际光栅常量。

（e）改变光栅片的放置方向，分别测量四个不同光栅的光栅常量，并计算与设计值的相对误差。

表 2-13-2

光栅位置 $L_1=$________ cm，接收屏位置 $L_2=$________ cm，光栅与接收屏距离 $L=L_1-L_2=$________ cm

光栅常量设计值 d_0/mm	N 个衍射斑之间的间距		衍射斑间距 Δ/cm	光栅常量测量值 $d=\dfrac{\lambda\cdot L}{\Delta}$/mm	相对误差
	N	$N\cdot\Delta$/cm			
0.005					
0.010					
0.015					
0.020					

2. 分辨率板制备与分析

使用硅片作为衬底来制备分辨率板。在使用硅片前，需要先撕掉其上面的蓝膜。将相应的掩模板清洁后放置到曝光区的卡槽上。

按照以下四种光刻参量完成光刻流程，用显微镜观察显影后的结果。

（1）匀胶主转速：4 000 r/min，35 s；前烘条件：100 ℃，60 s；曝光时间：7 s。

（2）匀胶主转速：2 000 r/min，35 s；前烘条件：100 ℃，60 s；曝光时间：7 s。

（3）匀胶主转速：4 000 r/min，35 s；前烘条件：100 ℃，60 s；曝光时间：2 s。

（4）匀胶主转速：4 000 r/min，35 s；前烘条件：120 ℃，90 s；曝光时间：7 s。

拍摄照片并对结果进行一定描述，例如：欠曝还是过曝？线条边缘是否平滑？等等。

【拓展题】

1.简述本实验制备透射光栅的基本流程。

2. 根据实验结果，分析实验中的几种工艺参量是如何影响光刻效果的。

第3章 课题实验

3.1 热成像探究

【课题综述】

红外热成像与X射线成像、B超成像、CT成像和磁共振成像原理不同，它不主动发射任何射线，而只被动接收物体辐射出的红外线，从而形成物体的“热”影像。红外热像仪就是一种利用红外线辐射而拍摄的摄像仪。红外热成像技术在军事上应用很广，如夜视仪用于夜间跟踪目标。它在民用上的应用也越来越多，如医学上通过热成像分析人体各部分的热分布特性，从而找出病变的部分；又如电路板检修中对各元器件的热分布特性进行分析，从而探究完善电路结构布局；此外，在红外线测距、红外线远距离摄影和红外线遥感等方面也得到了广泛的应用。

本课题主要基于红外热成像技术研究相关物理现象和物理特性。

【课题目的】

1. 熟悉红外热成像基本原理。
2. 学会使用热成像技术探究相关物理特性。
3. 探索热成像仪的其他应用。
4. 设计并完成基于热成像仪的相关研究课题。

【背景知识】

1800年，英国物理学家赫胥尔从热的观点研究各种色光时，偶然发现一个奇怪的现象：放在光带红光外的一支温度计，比室内其他温度计的示数值高。于是赫胥尔宣布太阳发出的辐射中除可见光线外，还有一种人眼看不见的“热线”，这种看不见的“热线”位于红色光外侧，叫作红外线。红外线是一种电磁波，具有与可见光一样的本质。

红外测温技术中使用了一种特殊的热敏传感元件和特殊的透镜来收集和聚焦物体发射的红外信号，然后转换成为电压信号，再通过电子技术转换成为数字信号，最后通过计算机技术在屏幕上显示所测物体的温度。红外热像仪因此诞生。

红外热像仪发展历史如下。

（1）第二次世界大战后，首先由美国德克萨兰仪器公司开发研制了第一代用于军事领域的红外成像装置，称为红外寻视系统（FLIR），它利用了光学机械系统对被测目标的红外辐射扫描，并由光子探测器接收红外辐射，经光电转换后形成图像信号。它是一种非实时的自动温度分布记录仪。

（2）20 世纪 50 年代，随着锑化铟和锗掺汞光子探测器的发展，高速扫描及实时显示目标热图像的仪器系统被成功研制。

（3）20 世纪 60 年代早期，瑞典 AGA 公司成功研制在红外寻视系统的基础上增加测温功能的第二代红外成像装置，称为红外热像仪。

（4）20 世纪 60 年代中期，AGA 公司研制出第一套工业用的实时成像系统（THV），该系统需液氮致冷，还需 110 V 电源供电，携带很不方便。

（5）20 世纪 80 年代，全功能热像仪出现，它将对温度的测量、修改、分析、图像采集和存储合于一体，仪器的功能、精度和可靠性都得到显著的提高。

（6）20 世纪 90 年代中期，美国 FSI 公司成功研制焦平面阵列式结构的新一代红外热像仪（CCD），用其取代复杂的机械扫描系统，它就像手持摄像机一样携带方便。

（7）如今，轻巧的红外照相机已经广泛应用在电力、消防和医疗等许多领域。

【基本原理】

自然界中任何物体都具有一定的温度，只要它的温度高于绝对零度（-273.15 ℃）就存在分子和原子无规则的运动，其表面就不断地辐射红外线。红外线是频率介于微波与可见光之间的电磁波，波长在 760 nm～1 mm 之间，如图 3-1-1 所示。它是频率比红光低的不可见光，因此红外线是不为人眼所见的电磁波。

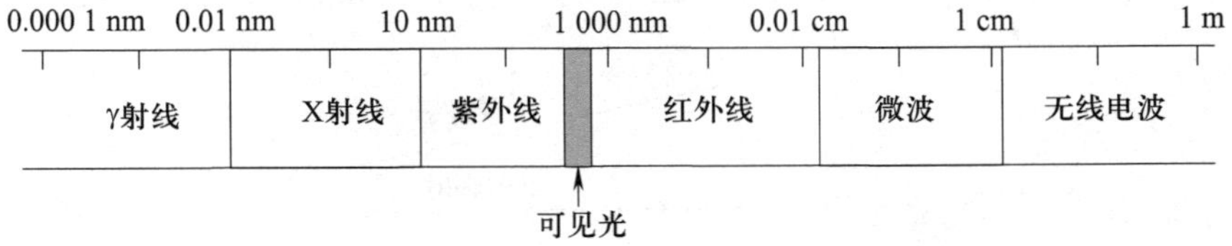

图 3-1-1

在物理学中，热是用热力学温度来表示的（单位用 K 表示），热力学温度=摄氏温度+273.15。热与光、电和磁一样，具有辐射特性，只是辐射波长有长短。热辐射又称红外辐射，物体的红外辐射波长与其自身温度有关，服从维恩定律

$$\lambda_m T = C \qquad (3-1-1)$$

式中，λ_m 为物体红外辐射的峰值波长，T 是物体的热力学温度，C 为常量，其值为 2 898 m · K。

物体的温度不仅决定了物体辐射的波长，而且也决定了物体的辐射出射度（单位面积上向外辐射的总功率），即温度越高，物体的辐射出射度越大（呈指数增大），二者之间的关系遵守斯特藩-玻尔兹曼定律

$$W = \varepsilon \sigma T^4 \qquad (3-1-2)$$

式中，W 是辐射出射度（W/cm^2），ε 是辐射率，σ 是斯特藩-玻尔兹曼常量，T 是指物体的热力学

温度，式(3-1-1)和式(3-1-2)为红外热像仪的主要物理基础。

热像仪在显示器上显示的热图直接反映的是被测物体表面上各点热分布状况。然而，由于热像仪所接收到的红外辐射与目标温度之间呈非线性关系，而且还要受到物体表面发射率、大气衰减及物体所处环境的反射等因素的影响，热图只能给出物体表面温度情况的定性描述，如果想要根据热图获得物体的直接温度值，必须采用与基准物体像相比较的方式来标定。

热像仪接收并检测到的红外热辐射的大小通常被称为热量，它用等温单位来表示，这是一个任选的测量单位。热图上某点的测量热值是由等温标尺上标记的读数和测量者所选定的温度范围热电平（等温标尺零点所对应的热度值）决定的，热值与仪器所接收到的光子辐射之间的关系是线性的，这个关系就是所标定的函数。标定函数可以以标定曲线的形式给出，用热像仪进行温度测量的基本方法就是利用标定函数把热像仪所输出的热值转化为被测物体的温度。

红外热像仪主要用途之一就是测量物体温度，实际上红外热像仪测量的是辐射通量和辐射亮度。探测器所测量的辐射通量通常由三部分组成，如图3-1-2所示，即

$$S_0=S_t+S_a+S_{atm} \tag{3-1-3}$$

式中，S_0 为接收到的总辐射能量，S_t 为被测物体辐射能量，S_a 为环境物体反射辐射能量，S_{atm} 为大气的辐射能量。它们分别为

$$S_t = K\varepsilon_0\tau_0\int_0^\infty L^b(\lambda,T)\cdot R(\lambda)\cdot \mathrm{d}\lambda = \varepsilon_0\tau_0 S_{t0} \tag{3-1-4}$$

式中，ε_0 为灰体辐射系数，τ_0 为大气透射率。

$$S_a = K(1-\varepsilon_0)\tau_0\int_0^\infty E(\lambda)\cdot R(\lambda)\cdot \mathrm{d}\lambda = (1-\varepsilon_0)\tau_0 S_{a0} \tag{3-1-5}$$

式中，S_{a0}为当环境为黑体时的辐射强度。

$$S_{atm} = K\int_0^\infty L_{atm}(\lambda)\cdot R(\lambda)\cdot \mathrm{d}\lambda = K\int_0^\infty \varepsilon_{atm}(\lambda)\cdot L_{atm}^b\cdot R(\lambda)\cdot \mathrm{d}\lambda \tag{3-1-6}$$

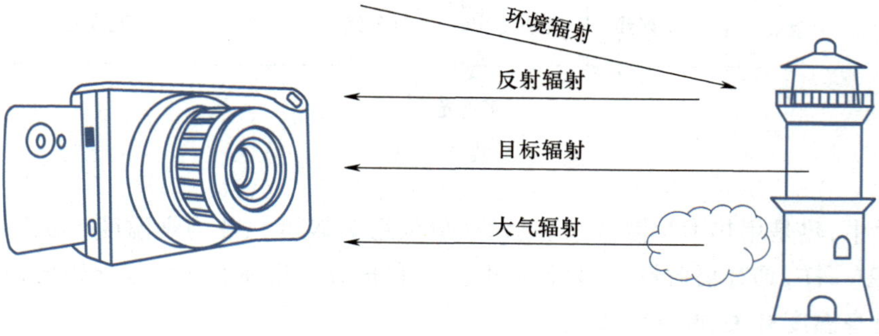

图 3-1-2

如果气体折射率对所有波长都一样，则 $S_{atm}=(1-\tau_0)\cdot S_{atm0}$。因此根据式(3-1-3)有

$$S_0=\varepsilon\tau_0 S_{t0}+\tau_0(1-\varepsilon_0)S_{a0}+(1-\tau_0)\cdot S_{atm0} \tag{3-1-7}$$

红外探测装置接收热辐射能量的多少用热值表示，热值 I 与接收的热辐射能量成线性关系，即

$$I=C_0\cdot S_0 \tag{3-1-8}$$

式中，C_0 为比例系数。

将式(3-1-7)代入式(3-1-8),得到 $I_0=\varepsilon_0\tau_0 I_{t0}+\tau_0(1-\varepsilon_0)I_{a0}+(1-\tau_0)\cdot I_{atm0}$,其中 I_0 为测得的目标表面的热值,I_{t0}、I_{atm0}、I_{a0} 是温度分别为 T_{t0}、T_{atm0}、T_{a0} 时标定曲线标定的热值。标定曲线可以精确地用如下数学模型来描述:

$$I=\frac{A}{e^{B/T}-1} \tag{3-1-9}$$

式中,I 为对应于温度 T 的热值,T 是热力学温度,A、B 为标定常量,取决于实际光圈、滤光片和扫描器类型。标定时,用热像仪对着不同温度下的基准黑体热源进行测量,用最小二乘法拟合测量数据,得到一条热值与温度的最佳拟合曲线,同时可以求出描述标定曲线的数学模型中各项标定常量的数值,得到具体的数学模型。

【实验装置】

红外热成像系统示意图如图 3-1-3 所示,主要由红外光学系统、红外探测器、存储系统和软件平台组成。红外光学系统主要是指调焦镜头,红外探测器主要是指红外线探测传感器,存储系统主要用于存储热图,软件平台主要用来分析和处理热图。

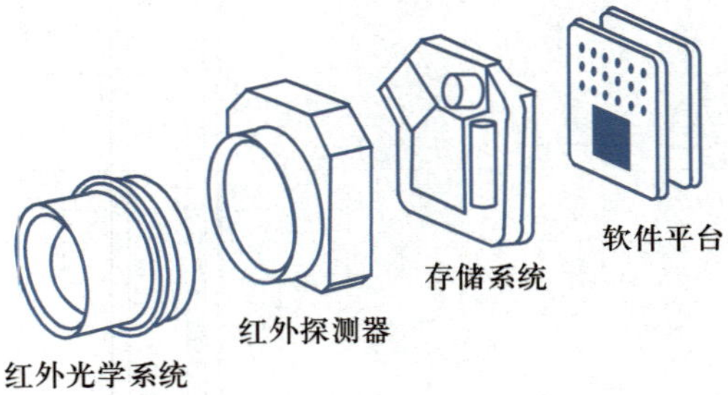

图 3-1-3

1. 红外照相机

本课题中的红外照相机示意图如图 3-1-4 所示,主要由以下几个部分组成。

(1) 红外探测传感器:接收目标发出的红外辐射信号的入口。

(2) 聚焦镜头:旋转此旋钮可进行聚焦,以得到清晰的图像。

(3) 显示屏:显示热成像图片。

(4) USB 接口:可以连接计算机或手机。

(5) 电源插孔:外接 5 V 直流电源。

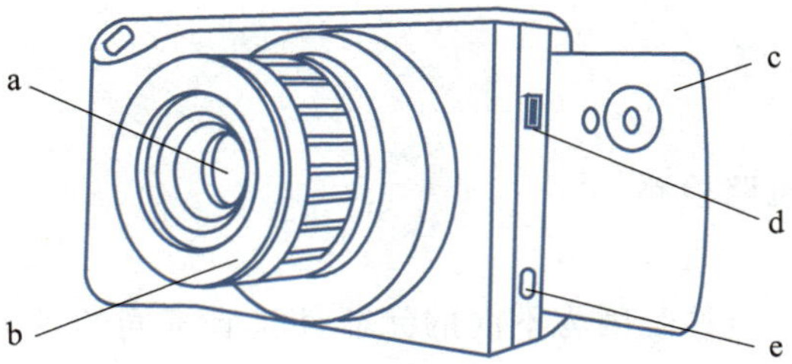

图 3-1-4

a—传感器;b—聚焦镜头;c—显示屏;d—USB 接口;e—电源插孔

红外照相机工作原理框图如图 3-1-5 所示。热源发出红外线，红外线传到镜头，镜头里有传感器，这种传感器对辐射而来的不同的强度的红外线采样，并通过扫描系统进行扫描。然后经过光电转化电路和信号放大电路输出。输出的数字信号就是显示系统可以处理的信息，这些信息经过微机处理系统处理后最终在屏幕上显示出来，或在打印机上打印出来。

图 3-1-5

2. 图像处理软件

图像处理软件（详见说明书）。软件运行界面如图 3-1-6 所示。

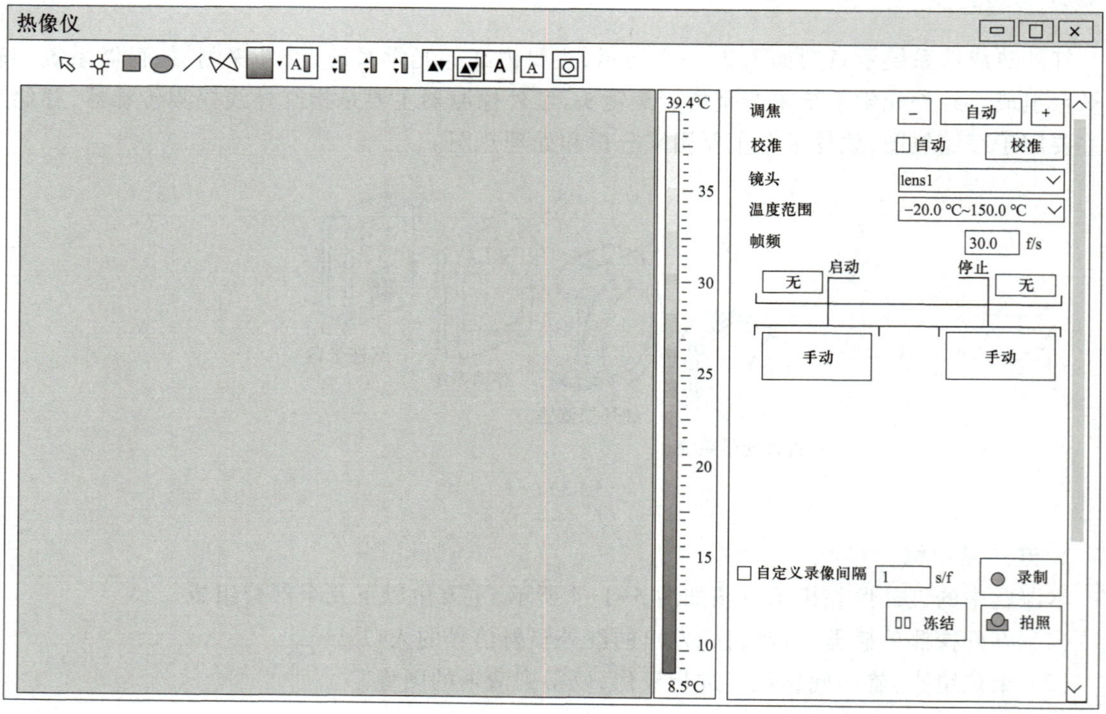

图 3-1-6

【课题内容】

1. 电路板热分布特性研究

（1）关键词

元器件温度；可视化；电路检测。

（2）课题简介

热像法检测电路板的可行性是因为不同的元器件具有不同的可视温度，一般电路板上用的最普遍的元器件有电阻、电容、电感、二极管、三极管和集成电路等。正因为各元器件均有自己独特的温度参量，所以通过温度这个特性可以区别不同的元器件等级，也可通过温度参量的变化检测该元器件是否正常工作。

(3) 基本原理

不考虑波长的影响,那么物体在某一温度下的辐射率为

$$\varepsilon(T)=M(T)/M_0(T) \tag{3-1-10}$$

根据斯特藩-玻尔兹曼定律,实际物体的红外辐射功率为

$$M(T)=\varepsilon(T)\cdot\sigma T^4 \tag{3-1-11}$$

由于物体对于给定的入射辐射必然存在着吸收、反射和透射,并且吸收率 α、反射率 ρ 和透射率 τ 三者之和必然等于 1,即 $\alpha+\rho+\tau=1$。而且,其反射和透射部分不变。因此,在热平衡条件下,被物体吸收的辐射能量必然转化为该物体向外发射的辐射能量。由此可断定,在热平衡条件下,物体的吸收率必然等于该物体在同温度下的辐射率,即 $\alpha(T)=\varepsilon(T)$。

(4) 研究内容

(a) 利用红外照相机拍摄给定的通电电路板,考察电路板上各元器件热分布状况,导出热分布图。

(b) 研究电路板热分布图的热平衡特性及对电路板上各元器件的影响。

2. 平面喷射运动中涡结构的产生和推进作用的研究

(1) 关键词

涡环;转捩点;推进力。

(2) 课题简介

涡环是一种优美的流动结构,在流体中,涡环具有很大的涡量,能够长时间维持稳定的涡结构。与此同时,涡环在流体推进中具有重要的意义,利用涡环推进在效率上相比传统的射流推进有显著的优势,具有广阔的应用前景,是一项值得研究与探讨的课题。红外热像仪可以利用流体的小幅度温差来反映流动状态,这种无须添加其他物质的方法也便于实验操作和实验后对液体的重复利用。

(3) 基本原理

转捩是从层流到湍流的过渡,在自由射流运动中,较低的喷射速度会导致形状规则(呈近似椭圆形)、缓慢扩散的液体包络面,而较高的喷射速度则会导致包络面破碎,射流呈现湍流的状态。流体力学中和黏度(黏性系数)相关的量纲为一的量为雷诺数,即在黏性力占主导因素的场合,只要雷诺数相同,流体将会表现出相同的运动状态。雷诺数的定义为

$$Re=\frac{\rho v d}{\mu} \tag{3-1-12}$$

式中,v、ρ、μ 分别为流体的流速、密度与黏性系数,d 为一特征长度。自由射流是否发生转捩取决于射流的雷诺数大小。确定射流转捩的临界雷诺数,对探究涡环产生的条件具有重要的指导作用。

(4) 研究内容

(a) 通过红外照相机观察热的液体在冷的液体中的流动行为。

(b) 探究喷口直径、喷口形状、喷射速度等参量对射流转捩点以及涡环性质的影响。

(c) 确定喷射参量组合,研究平面喷射运动中涡结构和推进力的关系。

3. 红外热成像法研究液体表层边界侧向湍流的运动性质

(1) 关键词

湍流;液体表层;包络面周期;流体流速。

(2) 课题简介

湍流是自然界最常见的流动状态,当液体流速很大时,流场出现很多小旋涡,流线逐渐混乱,层流被破坏,并形成湍流。由于湍流运动的随机性,对湍流的研究变得困难无比,对湍流的研究主要为以下两类基本问题:阐明湍流的产生原因及过程和湍流的性质。

(3) 基本原理

对于湍流这一现象界定,最核心的参量是雷诺数,它是一个量纲为一的物理量。雷诺数表征流体的流动情况,是区分湍流、过渡流和层流的最本质的数据,同时也可用来确定物体在流体中流动所受到的阻力。湍流在直管内的流动阻力表达式可以近似为

$$\tau=(\eta_1+\eta_2)\frac{\mathrm{d}u}{\mathrm{d}y} \tag{3-1-13}$$

其中,τ 为单位面积的黏性阻力,η_1 为流体的黏性系数,η_2 为涡流黏性系数,$\mathrm{d}u/\mathrm{d}y$ 是流体的速度梯度。在湍流形成过程中会存在有着较大速度梯度的流体层,称为边界层。

(4) 研究内容

(a) 利用红外热像仪对液体表面射流的运动状况进行研究。

(b) 研究表面射流起湍位置、包络面形状、包络面周期等性质与速度的关系。

(c) 研究起湍点与射流出口速度的关系。

4. 基于红外热成像系统对冰山拖尾现象与冰山定位的研究

(1) 关键词

冰山;定位;拖尾现象。

(2) 课题简介

冰山影响科考、旅游和运输,所以在实验室模拟对冰山的实时监控和警报系统的研究非常有意义。在冰川运动中对温度场改变起主要作用的是热对流与热辐射。对流传热是指流体与不同温度的固体壁面接触时,因相对运动而发生的热量传递过程,结合了热对流与热传导,所以可以通过流体的流动产生的热量传热现象及热量传输速率与温度分布进行定量分析和研究。

(3) 基本原理

在液体整个流动过程中,相邻的两个流层之间因为流速不同而作相对运动时,在切线方向上存在着相互作用力,根据牛顿黏性定律,有

$$F=\eta\frac{\mathrm{d}v}{\mathrm{d}x}S \tag{3-1-14}$$

式中,η 为黏性系数,$\mathrm{d}v/\mathrm{d}x$ 为垂直于流速方向上单位距离液层之间的速度差,即速度梯度,S 为流动的横截面积。一般情况下,在不同位置(流速方向上)处速度梯度不同,离轴线越远,速度梯度越大。单一成分液体在不同初始速度下,流体的运动状态不同,流体的速度差异状况也与其所形成的液体前缘包络面不尽相同,这也从侧面反映了两者受到的黏性阻力的差异。

(4) 研究内容

(a) 搭建冰山定位系统实验装置。

(b) 利用红外热像仪观察冰块在水中运动时的温度场分布场。

(c) 通过热传导理论分析拖尾现象热成像图片。

(d) 研究冰块运动速度与拖尾比的关系。

【课题要求】

1. 查阅相关资料,完成开题报告。
2. 确定课题题目,探讨研究内容。
3. 设计实验方案,确定实验方法。
4. 搭建实验装置,完成相关实验。
5. 完成研究论文,准备期末答辩。

3.2 纹影成像探究

【课题综述】

声场作为一种常见的物理场，由于其不便观测、稳定性差而在生活中的应用相对较少，且应用往往集中于驻波声场。为了更加方便地研究驻波声场的特性，将其可视化无疑是一种直观且高效的方法。纹影法基于声波与光波的一般作用规律：声场介质密度随声场的发生而改变，继而引起折射率的变化；当一束光穿过声场介质时，能够形成稳定的相位光栅，出现相应的纹影图像。与其他方式相比，纹影法具有直接、快速、不破坏声场的优势，不仅为驻波声场静态特征的研究提供了一个更为直观可感的途径，其非侵入性更是适用于声场的动态与连续性研究。

本课题主要探究纹影法非均匀空气介质中驻波声场的某些特性。

【课题目的】

1. 熟练调节和使用纹影成像仪。
2. 加深对声场特性的理解，探究驻波声场。
3. 利用纹影成像仪测量声波速度。

【背景知识】

典型的纹影系统主要有反射式纹影系统、透射式纹影系统和聚焦式纹影系统三种。

1. 反射式纹影系统

反射式纹影系统的光学原理示意图如图 3-2-1 所示。光源发出的光束照射到球面反射镜上，经反射后再经过测试区域，到达另一个球面反射镜，在刀口的作用下使得相关纹影图像进入成像区。其中，使用了大口径球面反射镜，并采用了光束离轴方式，适合在大视场的条件下使用。

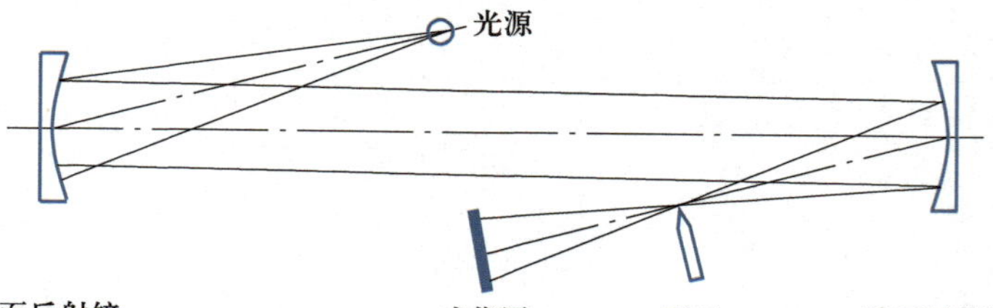

图 3-2-1

2. 透射式纹影系统

透射式纹影系统的光学原理示意图如图 3-2-2 所示。它利用光线通过流场后偏折的积分效应，记录流场图像明暗变化，被称为标准单点光源下的基本准直纹影系统。它需要组合式透镜，用于校正色差。透射式纹影系统适合在小视场的条件下使用。

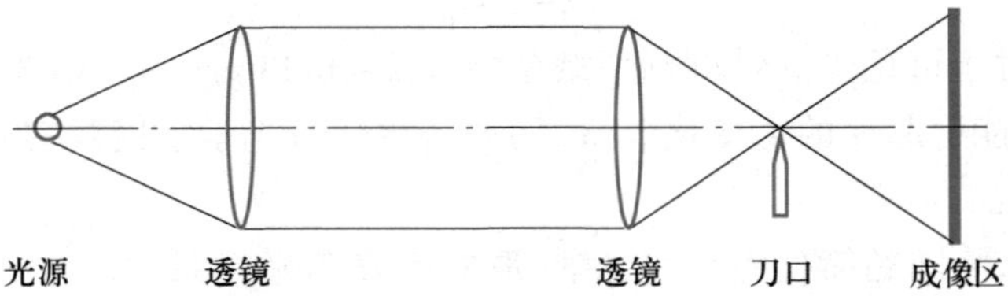

图 3-2-2

3. 聚焦式纹影系统

聚焦式纹影系统的光学原理示意图如图 3-2-3 所示。它使用了菲涅耳透镜、源格栅和刀口栅。光经过菲涅耳透镜、源格栅以及测试区、聚焦透镜、刀口栅后,再通过一个场镜和透镜进入 CCD,完成对流场区域的成像。在聚焦式纹影系统中,通过聚焦透镜可以针对特定平面进行聚焦,从而获取信息。而非聚焦区域的信息被模糊掉了。这种聚焦式纹影系统适合在大面积气流、气体蒸气和冲击波的条件下使用。

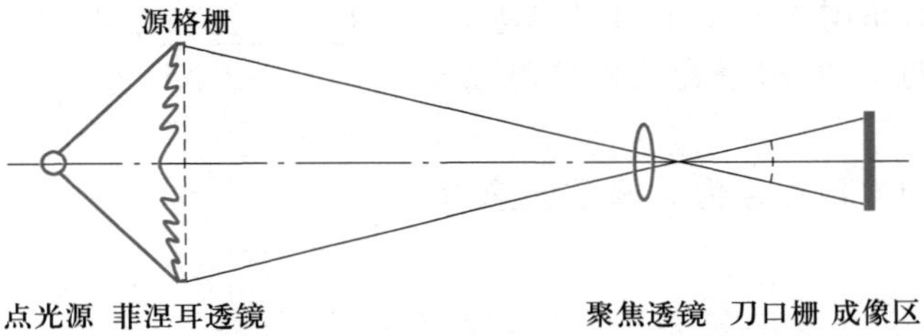

图 3-2-3

【基本原理】

1. 纹影法成像原理

纹影法是一种将光通过相物体引起的相位分布转换为光强分布的方法。如图 3-2-4 所示,设通过相物体的入射光为

$$E_i = E_0\cos(\omega t) \tag{3-2-1}$$

通过相物体引起相位落后(通常相位落后很小),光可表示为

$$E = E_0\cos(\omega t-\varphi) = E_0\cos(\omega t) + E_0\varphi\cos\left(\omega t-\frac{\pi}{2}\right) \tag{3-2-2}$$

式中,第一项代表直射光,第二项含有 φ,它包含了相物体引起的分布信息,这两项的相干叠加构成了屏幕上相物体的像。由于相物体与周围介质在边缘具有折射率梯度,如果相物体折射率大,会使光线向相物体方向偏折,使得其区域与背景产生照度差异,从而使得相物体像的相位差异转化为照度差异,因此相物体可见。下面将问题主要简化为几何光学来解释。

在均匀介质中,光沿直线传播。而当介质中出现湍流、热对流等干扰因素时,会导致同一透明介质的局部折射率 n 发生变化,使得光线传播发生扰动。扰动区域的像会与周围的像形成差异,即可见阴影。

一般透明介质的折射率 n 可表示为

$$n-1=k\rho \tag{3-2-3}$$

在标准大气中，对于可见光，格拉斯通-戴尔常量 $k\approx 0.23\ \mathrm{cm^3/g}$，式(3-2-3)中，空气密度 ρ 的两个量级的变化仅能引起 n 的值变化 30%，因此若想通过光学手段观察密度变化小的气体，需要非常灵敏的光学设备。

忽略光的相干性，将问题简化为几何光学，取右手直角坐标系 $Oxyz$，令 z 轴为未受扰动时的光线传播方向，x、y 轴构成的平面 xOy 垂直于 z 轴方向，如图 3-2-4 所示，可以证明，光的不均匀性所导致的光的折射和弯曲程度与 xOy 平面内各自的折射率梯度成正比。

假设纹影光路为在 x、y 轴方向上各向同性的二维光路，即沿 z 轴对称。图 3-2-4 中，假设垂直折射率梯度 $\mathrm{d}n/\mathrm{d}y<0$，且忽略在 x 轴和 z 轴上的折射率梯度变化，认为初始时刻通过 z_1 的是平面波，波阵面垂直于水平光轴 z 轴。当波前通过被测对象，即从 z_1 到 z_2 时，设不同的微分时间 Δt 对应微分距离 Δz，折射的偏折角度为 $\Delta\varepsilon$。由于光线始终垂直于波前阵面，通过 z_1 的水平光线同样有 $\Delta\varepsilon$ 的偏折角。

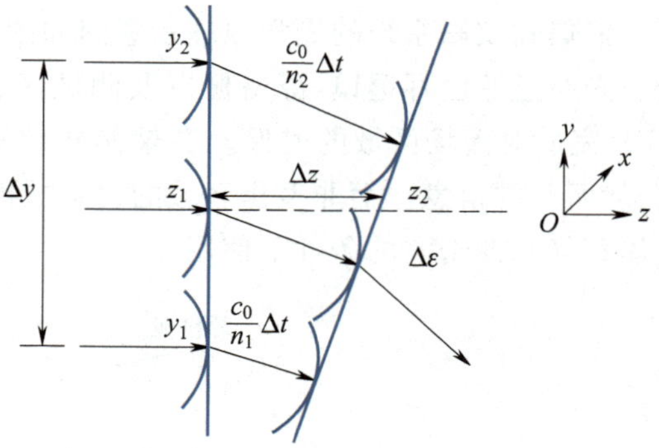

图 3-2-4

因为 $n=c_0/c$，其中本地光速为 c，真空光速为 c_0。由图 3-2-4 可知

$$\Delta\varepsilon=\frac{\left(\frac{c_0}{n_2}-\frac{c_0}{n_1}\right)}{\Delta y}\Delta t \tag{3-2-4}$$

对不同时刻的 Δt，有 $\Delta t=\Delta z\dfrac{n}{c_0}$，合并得

$$\Delta\varepsilon=\frac{n}{n_1 n_2}\cdot\frac{(n_1-n_2)}{\Delta y}\Delta z \tag{3-2-5}$$

当 $\Delta y\to 0$ 时，方程中 $\dfrac{n}{n_1 n_2}$ 可以简化为 $\dfrac{1}{n}$。在极限条件下，所有微元趋近于 0，可得

$$\frac{\mathrm{d}\varepsilon}{\mathrm{d}z}=\frac{1}{n}\cdot\frac{\mathrm{d}n}{\mathrm{d}y} \tag{3-2-6}$$

由于 $\Delta\varepsilon$ 是非常小的角度，因此可近似为 $\mathrm{d}y/\mathrm{d}z$，即图中的斜率。将其代入导数后，可以得到

$$\frac{\partial^2 y}{\partial z^2}=\frac{1}{n}\cdot\frac{\partial n}{\partial y} \tag{3-2-7}$$

该式揭示了折射率梯度大小与折射光线曲率的关系。由此，在 x、y 轴方向上，光线的偏折角经积分可得

$$\begin{cases}\varepsilon_x=\dfrac{L}{n_0}\cdot\dfrac{\partial n}{\partial y}\\[2ex]\varepsilon_y=\dfrac{L}{n_0}\cdot\dfrac{\partial n}{\partial y}\end{cases} \tag{3-2-8}$$

式中,n_0 为周围介质的折射率,L 为不均匀介质在 z 方向的长度。

可以看到,光线的折射取决于折射率梯度,光线总是朝着 n 值较高的方向弯曲。而对于气体而言,光线总是朝着密度 ρ 较高的地方弯曲。这些非均匀透明介质所产生的梯度扰动即为纹影。纹影图像揭示了偏转角度的存在。

2. 超声波传播速度

声波在理想气体中的传播速度一般可表示为

$$v=\sqrt{\frac{\gamma RT}{\mu}} \tag{3-2-9}$$

式中,μ 为气体摩尔质量,R 为摩尔气体常量(8.314 J/mol · K),γ 为气体摩尔热容比,T 为气体的热力学温度(K)。在 0 ℃时,声速 $v_0=331.45$ m/s,在温度为 t(℃)时,声速为

$$v_t=331.45\sqrt{1+\frac{t}{273.15}}\ \text{m/s} \tag{3-2-10}$$

波在不同的介质中传播速度不同,最简单的方法是直接测量声波的振动频率 f 和波长 λ,可得

$$v=\lambda f \tag{3-2-11}$$

因为实验中的声波的振动频率一般是仪器给定的,所以只要测得波长就能计算声速,常用的波长测量方法有驻波法和相位比较法两种,本实验主要介绍利用驻波法测量波长。

3. 驻波法测定超声波波长

驻波是一种波的干涉现象,两个振幅相同的相干波,在同一直线上,沿相反方向传播时,叠加后成为驻波,振幅有最大值的各点称为波腹,始终静止不动的各点称为波节。图 3-2-5 是两个换能器之间形成的驻波现象的示意图。

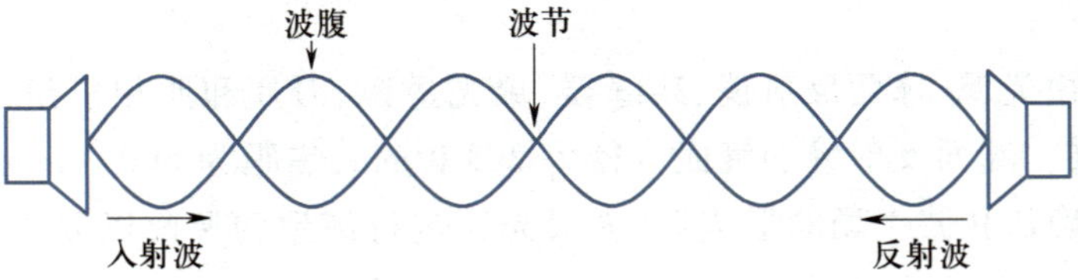

图 3-2-5

驻波共振的条件是发射面到接收面之间的距离 L 恰好等于半波长的整数倍,即

$$L_n=n\frac{\lambda}{2},\quad n=1,2,3,\cdots \tag{3-2-12}$$

因此,只要观察到最大振幅的现象,然后测得两波腹间距就可以计算出波长

$$\lambda=2(L_{n+1}-L_n) \tag{3-2-13}$$

将由式(3-2-13)计算得到的 λ 值代入式(3-2-11),就可计算出声波波速。

【实验装置】

下面图 3-2-6 是纹影成像仪系统总框图。主要包括:球面镜、声场仪、遮光器、照相机、可调恒温仪、超声波功率仪、程控步进仪和计算机等。

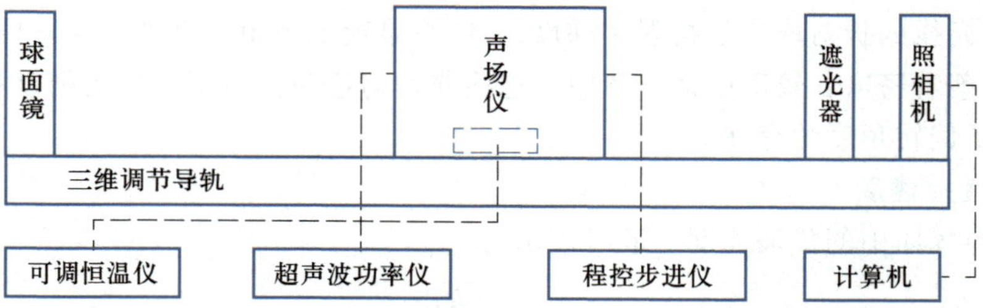

图 3-2-6

实验系统采用离轴单反射镜系统,主要包括声场系统和光学系统两大部分。其光学系统原理示意图如图 3-2-7 所示。

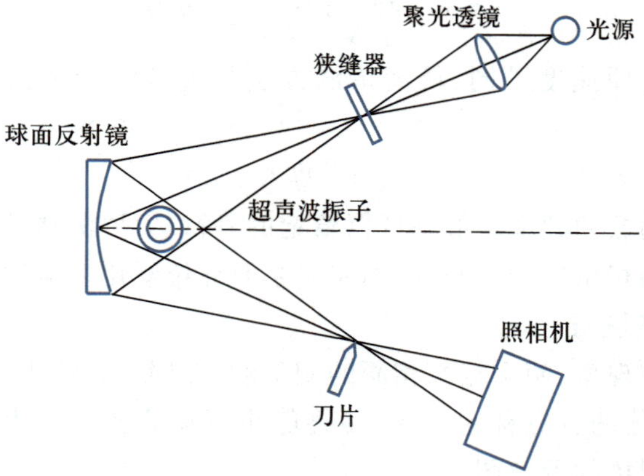

图 3-2-7

光学系统主要由光源、球面反射镜、狭缝器、聚光透镜、刀片和照相机组成。光源用 LED 光源,可连续调节光强。球面反射镜的镜面直径为 203.0 mm,焦距为 800.0 mm。照相机采用 EOS 80D 单反相机。在确认驻波声场的形成后,就对光路进行细致的调整以便在相机中观察到驻波声场的纹影图像。

1. 超声换能器

1880 年皮埃尔 · 居里和雅克 · 居里兄弟首先发现了电气石具有压电效应。后来他们又通过实验验证了逆压电效应,并得出了正压电常量和逆压电常量。

正压电效应是指某些电介质在一定方向上受到外力的作用而发生形变,同时在两个相对表面上出现正负相反的电荷,当外力去掉后,它又会恢复到不带电的状态。逆压电效应是指在电介质的极化方向上施加电场时,电介质发生形变,电场去掉后,电介质的形变也随之消失。

超声换能器由两片压电陶瓷环片(由石英和锆钛酸铝等材料制成)和轻重两种金属组成。如图 3-2-8 所示,头部轻金属(铝)与一片压电陶瓷片黏合,尾部的钢质重金属与另一片压电陶瓷片黏合,两片之间夹一铜箔做的圆环,作为引出电极。穿心螺钉将所有器件紧固成一体,但不与引出线接触,这样头尾轻重金属为一电极,铜箔片为另一电极,在压电陶瓷环片上的两个底面上加上正弦交流电压,它就按正弦规律产生振动而直接影响头部铝质轻金属,使头部轻金属发射声波。而尾部钢质金属较重,伸缩作用小,反射的声波也小。同样,压电陶瓷片也可以使声压转化为电压的变化,用来作为超声波的接收器。

2. 数码照相机

如图 3-2-9 所示,数码照相机是一种利用电子传感器把光学影像转换成电子数据的照相机,主要包括镜头、光圈、快门、测距、取景、测光、输片、计数、自拍、对焦、变焦等。

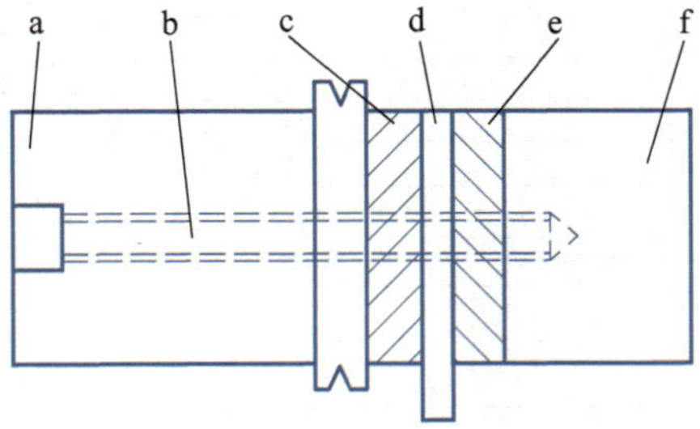

图 3-2-8

a—尾部重金属;b—紧固螺钉;c、e—压电陶瓷环片;
d—铜箔引线;f—头部轻金属

图 3-2-9

(1)“表盘”功能说明

(a) A+:常用模式。

(b) P:程序模式。

(c) SCN:场景模式。

(d) B:手动快门模式。

(e) AV:光圈优先模式。

(f) TV:快门优先模式。

(g) M:手动模式。

(2) 无线网络连接说明

(a) 下载应用:先在手机上下载照相机对应型号的应用。

(b) 打开无线网络:按 menu 键,找到无线网络设置目录,启动无线网络。

(c) 模式设置:单击手机图标的图案,选择手机接入点模式并确定。

(d) 连接:打开无线网络,找到信号源名字,输入相机右下角的密钥并连接。

3. 图像处理软件

图像处理软件具有放大、微位移测量、快速计算的功能。软件界面如图 3-2-10 所示。

【课题内容】

1. 纹影成像法声场与声速的研究

(1) 关键词

反射式纹影系统;可视化;声场;声速。

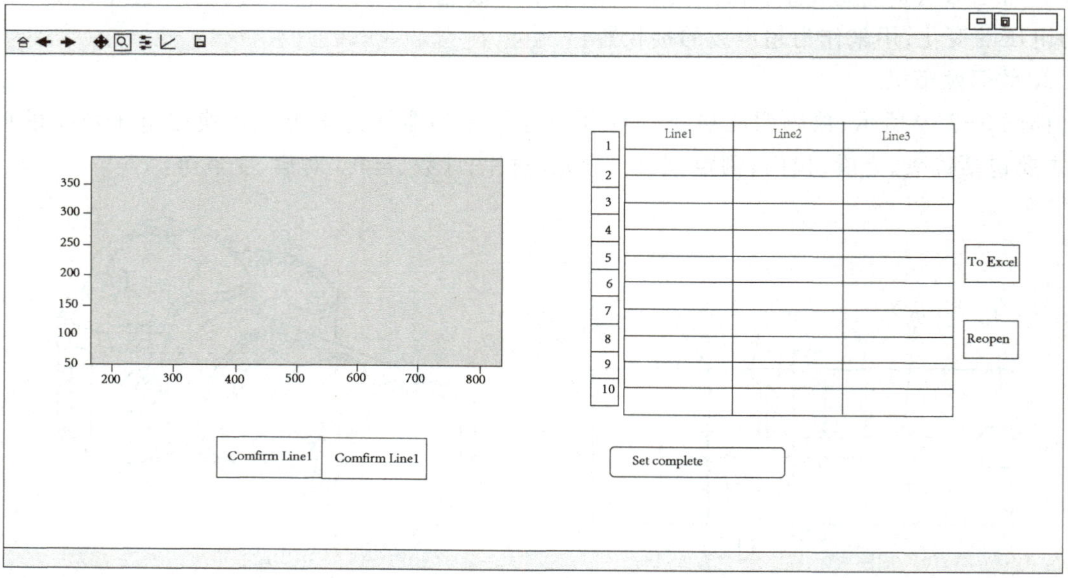

图 3-2-10

(2) 课题简介

声场往往难以直接观测,而纹影法可以实现声场的可视化。与其他方式相比,纹影法具有直接、快速、不破坏声场的优势,不仅为驻波声场静态特征的研究提供了一个更为直观可感的途径,其非侵入性更是适用于声场的动态与连续性研究。本课题根据纹影成像的原理,设计并搭建实验光路,构建超声波驻波发生装置,利用超声波驻波的稳定性及其对空气折射率造成的影响,将超声波可视化;利用照相机拍摄形成的超声波驻波图像,通过计算机软件分析得超声波性质。

(3) 基本原理

设超声波发生器所用频率为 f,恒温探头直径 D 对应纹影图像的超声波振子直径的像素值为 Δm,纹影图像中相邻两条条纹间距对应像素值为 Δn,则

$$\lambda = 2D\frac{\Delta n}{\Delta m} \tag{3-2-14}$$

推导得声速测量公式

$$v = 2fD\frac{\Delta n}{\Delta m} \tag{3-2-15}$$

因此,只要测得 Δm 和 Δn,就能计算出声速。

(4) 研究内容

(a) 利用纹影成像法探究超声波特性。

(b) 利用纹影成像法测量声速。

2. 纹影成像法超声悬浮的研究

(1) 关键词

超声悬浮;超声阵列发生器;声辐射压力。

（2）课题简介

超声悬浮通过超声波产生的高阶声辐射力克服悬浮物的自身重力，使微粒在空气中悬浮，其悬浮能力以及稳定性均较强。较强的稳定性使得超声阵列发生器的移动功能较好，可以通过改变超声波发生阵列的相位差，带动悬浮物体移动。本课题主要利用声辐射压力特性探索物体的悬浮，推导声波声压状态方程，探究二维超声悬浮方案。

（3）基本原理

气体介质中驻波声场的形成综合利用了超声波的波动特性与能量特性。如图 3-2-11 所示，在声源对面设有反射度良好的反射装置，设声波波长为 λ，L 为声源与反射端距离。由声源发出的超声波经反射端反射，反射波与原波频率相同、传播方向相反，当声源处于反射端相距 L 为 $\lambda/2$ 的整数倍时，两者相干，形成稳定驻波。这是由超声波的波动特性所决定的。

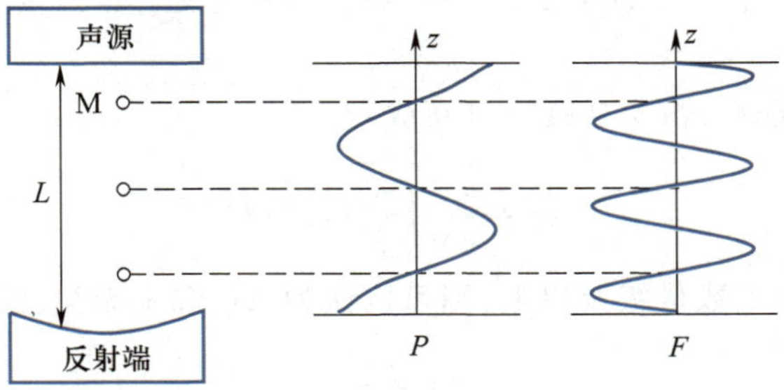

图 3-2-11

另外，由于超声波的能量特性，超声波声场改变了声源与反射端间的气体介质的密度分布，进而形成声场作用下的辐射压力。图中辐射压力为 F，M 为一质量较小物体，P 是波源发出的声波的沿 z 轴方向的振幅。

设两列相干波的波函数表达式为

$$\begin{cases} y_1 = A\sin\omega\left(t-\dfrac{x}{u}\right) = A\sin(\omega t - kx) \\ y_2 = A\sin\omega\left(t+\dfrac{x}{u}\right) = A\sin(\omega t + kx) \end{cases}$$

将两类波合成为

$$y = 2A\cos kx\sin\omega t = 2A\cos\frac{2\pi}{\lambda}x\sin 2\pi ft \tag{3-2-16}$$

可见，声辐射压力 F 沿波动方向以为周期分布。由于声辐射压力具有回复力的特性，此时如果将物体 M 置于波节处，当样品偏离平衡位置时，就有被拉回原位置的趋势，当其位置相对于平衡位置有微小偏移时，会在附近做小振幅振动，最终在波节附近实现物体的悬浮。

（4）研究内容

（a）利用纹影成像法探究超声波对物体的悬浮。

（b）研究声辐射压力特性，设计二维超声悬浮。

3. 纹影成像法流体流速的研究

（1）关键词

流体流速；可视化；超声波干涉。

（2）课题简介

利用超声波干涉来测量流体流速的方法，基于正弦超声信号的干涉方程推导出气体流速和干涉强度的关系，结合计算机可以分析该方法及其线性近似的适用范围。

（3）基本原理

当介质以垂直于发射器、接收器正对方向的速度 u 流动时，其携带的声波将发生漂移，即

$$\Delta x_i = \frac{u}{v} s_i \tag{3-2-17}$$

式中，v 为当前声波在介质中的传播速度，s_i 为一束声波 i 从发射器到接收器的传播距离，当 $u \ll v$ 时，可以忽略 s_i 的变化。

当接收器位于 x 位置时，式(3-2-17)可写成

$$\Delta x_i = \frac{u}{v}\sqrt{\left(\frac{d}{2} \pm x\right)^2 + L^2} \tag{3-2-18}$$

如果 x 和 d 比 L 小一个数量级及以上，则可以认为 Δx_i 和 x 无关，即

$$\Delta x_i = \frac{u}{v} L \tag{3-2-19}$$

在接收器所在的横向直线上，这表现为干涉图像的漂移，且漂移距离和介质流动速度 u 成正比。

（4）研究内容

（a）利用纹影成像法探究超声波干涉对流体的影响。

（b）研究流体运动原理，并测量流速。

4. 纹影成像法湍流现象的研究

（1）关键词

湍流；流体；黏性阻力。

（2）课题简介

利用纹影成像法观测表面射流起湍位置、包络面形状、包络面周期等各个性质与其出口速度的关系，揭示起湍点随速度变化的原因。

（3）基本原理

湍流在直管内的流动阻力表达式可以近似为

$$\tau = (\eta_1 + \eta_2)\frac{\mathrm{d}u}{\mathrm{d}y} \tag{3-2-20}$$

其中，τ 为单位面积的黏性阻力，η_1 为流体的黏性系数，η_2 为涡流黏性系数，$\mathrm{d}u/\mathrm{d}y$ 为流体的速度梯度。在湍流形成过程中会存在速度梯度较大的流体层，称为边界层。通过边界层的变化就可以分析湍流某些特性。

（4）研究内容

（a）利用纹影成像法探究湍流现象。

（b）研究液体表层边界侧向湍流的运动性质。

（c）射流运动中的涡现象。

【课题要求】

1. 查阅相关资料，完成开题报告。
2. 确定课题题目，探讨研究内容。
3. 设计实验方案，确定实验方法。
4. 搭建实验装置，完成相关实验。
5. 完成研究论文，准备期末答辩。

3.3 激光成像探究

【课题综述】

本课题主要研究激光成像技术和相关物理特性。激光是20世纪以来人类的重大发明之一，激光具有单色性好、方向性好、亮度高等优点，因此有着广泛的应用，例如激光切割、光纤通信、激光雷达等，本课题研究的激光成像也是其应用中的一种。激光成像具有很强的实用性，广泛地应用于各个领域。其中最常见的是运用激光成像技术进行激光表演。激光束投射在空气、水幕等载体上发生成像，由于激光束由激光控制系统编程控制，所以可形成各式各样的图案及色彩，给人五彩斑斓的视觉体验。

本课题主要探究振镜与激光扫描工作原理，以及通过激光扫描展示一些特殊的曲线、波形和动画。

【课题目的】

1. 熟悉激光成像基本原理。
2. 掌握振镜工作原理。
3. 学会制作激光扫描软件。
4. 设计并完成基于激光成像的相关研究课题。

【背景知识】

常见的激光器有气体激光器、液体激光器、固体激光器、半导体激光器等。

1. 气体激光器

气体激光器是利用气体作为工作物质产生激光的器件。增益介质为气体原子、气体分子或气体离子，对应的激光器分别称为原子激光器、分子激光器和离子激光器。气体激光器具有结构简单、造价低、操作方便、光束质量好、能长时间较稳定地连续工作等特点。氦氖激光器是实验室中最常见的一种气体激光器。

2. 液体激光器

液体激光器以液体作为激光增益介质。激活物质常常是某些有机染料溶解在乙醇、甲醇或水等液体中形成的溶液，所以液体激光器也称染料激光器。液体激光器的波长覆盖范围为紫外到红外波段，通过倍频技术还可以将波长范围扩展至真空紫外波段。常见的液体激光器有罗丹明液体激光器。

3. 固体激光器

固体激光器是以固体作为激光增益介质。通常在固体的基质材料（晶体、玻璃等）中，掺入少量金属离子（激活离子），跃迁发生在激活离子的不同工作能级之间。固体激光器具有体积小、输出功率大的特点。世界上第一台激光器即红宝石激光器就是固体激光器。

4. 半导体激光器

半导体激光器又称激光二极管，是用半导体材料作为工作物质的激光器。半导体二极管激光器的特点有：效率高，工作电压与集成电路兼容，并且还可以用 GHz 量级的频率直接进行电流调制，以获得高速调制的激光输出。常见的有用砷化镓、硫化镉、磷化铟、硫化锌作为工作物质的半导体激光器。

【基本原理】

1. 激光原理

激光就是通过受激发射光的意思。图 3-3-1 为受激辐射示意图。受激辐射的原理是粒子数反转和能级跃迁，主要包括如下四个核心内容。

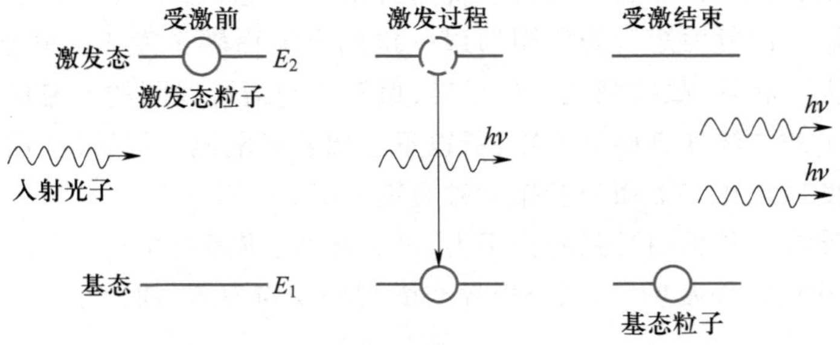

图 3-3-1

(1) 受激

原子(分子)从外部吸收能量后，从低能级状态跃迁至高能级状态，这种现象称为受激。

(2) 跃迁

受激状态是一种不稳定状态，会很快返回至低能级状态，这种现象称为跃迁。

(3) 自发辐射

跃迁时会辐射出相当于跃迁能量的光，并发射出一个能量为 $h\nu=E_2-E_1$ 的光子，这种现象称为自发辐射。

自发辐射跃迁过程用自发辐射跃迁概率 A_{21} 描述。A_{21} 的定义为单位时间内发生自发辐射跃迁的粒子数密度占处于 E_2 能级总粒子数密度的百分比，即

$$A_{21}=\left(\frac{\mathrm{d}n_{21}}{\mathrm{d}t}\right)_{\mathrm{sp}}\frac{1}{n_2}=-\frac{1}{n_2}\frac{\mathrm{d}n_2}{\mathrm{d}t} \tag{3-3-1}$$

式中，$\mathrm{d}n_2$ 为 $\mathrm{d}t$ 时间内自发辐射粒子数密度，n_2 为 E_2 能级总粒子数密度。下标 sp 表示自发辐射跃迁。

自发辐射过程只与原子本身性质有关，与外界辐射作用无关。各个原子的辐射都自发地、独立地进行，因而各光子的初始相位、光子的传播方向和光子的振动方向等都是随机、非相干的。

(4) 受激辐射

自发辐射发射出的光碰撞到同样处于受激状态的其他原子(分子)时，也会激励其他原子(分子)发生相同的跃迁，即受到诱导而辐射出光，这种现象被称为受激辐射。

受激辐射光子与入射光子具有相同的频率、传播方向、相位和偏振态。受激辐射跃迁用受激辐射跃迁概率 W_{21}来描述，即

$$W_{21}=\left(\frac{dn_{21}}{dt}\right)_{st}\frac{1}{n_2}=-\frac{1}{n_2}\frac{dn_2}{dt} \tag{3-3-2}$$

式中，dn_2 为 dt 时间内受激辐射粒子数密度，下标 st 表示受激辐射跃迁。

受激辐射与自发辐射的主要区别在于干涉性。自发辐射是粒子在不受外界辐射场情况下的自发过程，自发辐射的光子传播方向和偏振态是无规则分布的。而受激辐射是在外界辐射场控制下的发光过程，受激辐射的光子的频率、相位、传播方向和偏振态与外界辐射场完全相同。

2. 振镜原理

振镜是一种矢量扫描器件。它主要由一种特殊的摆动电机构成，其基本原理是通电线圈在磁场中产生电磁力矩与回复力矩。当线圈通以一定的电流而转子发生偏转到一定的角度时，电磁力矩与回复力矩大小相等，故线圈能发生偏转，偏转角与通过线圈的电流成正比。因为转子上通过机械扭簧或电子的方法加有回复力矩，所以不会像普通电机一样转动，回复力矩大小与转子偏离平衡位置的角度成正比。下面分析振镜磁力矩情况。

安培力是通电导线在磁场中受到的作用力，可表述为：将通有电流 I、长度为 L 的直导线，置于磁感应强度为 B 的均匀外磁场中，则单根导线受到的安培力 F_0 的大小为

$$F_0=BIL\sin\theta \tag{3-3-3}$$

式中，θ 为导线中的电流方向与磁场方向之间的夹角。安培力的方向垂直于由通电导线和磁场方向所确定的平面，且 I、B 与 f 三者的方向由左手定则判定。

振镜线圈一边受到的安培力为

$$F=NBIL\sin\theta \tag{3-3-4}$$

式中，N 为线圈匝数。

闭合电流在磁场中受到的安培力使线圈产生转动，即安培力产生了使线圈转动的力矩，这种由安培力产生的力矩称为磁力矩，磁力矩=力×距离，因此振镜磁力矩公式可表示为

$$M=NBIS\sin\theta \tag{3-3-5}$$

式中，M 为磁力矩，B 为磁感应强度大小，I 为线圈中的电流，S 为线圈平面面积。

3. 激光扫描成像原理

激光扫描成像是利用振镜及其平面反射镜控制光的反射，从而形成快速移动的光斑，利用人眼的视觉残留效应，让光斑的移动轨迹在人眼中形成一个图案。一般来说，激光扫描都是利用两片反射镜来控制激光在两个正交方向的反射角度，从而控制光斑的移动的。对于屏幕上任意一个点，可以用直角坐标系坐标(x,y)来描述。经过数学演算，可以将(x,y)转化为平面反射镜转动的角度 θ_1、θ_2，然后通过振镜来实现平面反射镜的转动。

激光扫描原理如下：输入一个位置信号（一般都是电压信号），振镜就会按一定电压与角度的转换比例摆动一定角度。激光扫描原理示意图如图 3-3-2 所示。

a、b 分别是振镜 1 和振镜 2 的平面反射镜，通过转动平面反射镜 a 和 b 可以使入射光束投射到 XOY 平面的指定位置。设两振镜的 x 轴和 y 轴的平面反射镜之间的距离为 e，振镜 2 的轴线到视场平面坐标原点的距离为 d，当 x、y 轴的光学偏转角分别为 θ_x 和 θ_y 时，视场平面上相应光点

坐标为 $P(x,y)$，则

$$y=d\tan\theta_y \qquad (3-3-6)$$

$$x=(\sqrt{d^2+y^2}+e)\tan\theta_x \qquad (3-3-7)$$

$$\theta_y=\arctan\left(\frac{y}{d}\right) \qquad (3-3-8)$$

$$\theta_x=\arctan\left(\frac{x}{\sqrt{d^2+y^2}+e}\right) \qquad (3-3-9)$$

镜 a、b 的偏转角 θ_x 和 θ_y 与镜 a、b 的控制电压 U_x 和 U_y 的关系为

$$\theta_x=k_xU_x \qquad (3-3-10)$$

$$\theta_y=k_yU_y \qquad (3-3-11)$$

式中，k_x、k_y 是系数。

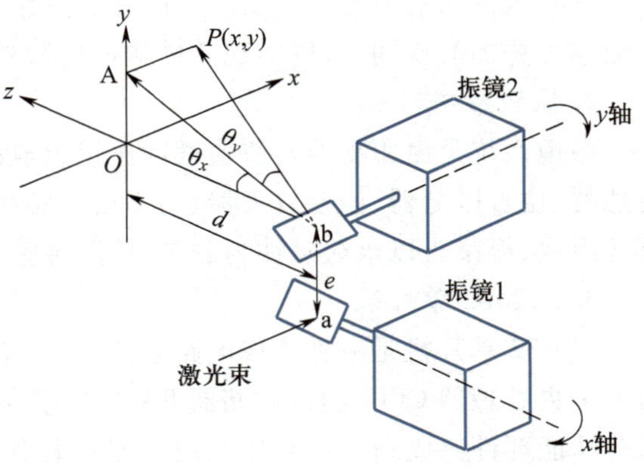

图 3-3-2

可见，通过控制 U_x 和 U_y 就可以控制镜 a、b 的偏转角度，从而控制激光束扫描成像。

【实验装置】

实验仪器系统框图如图 3-3-3 所示，仪器系统主要包括交流电源、振镜、驱动器、变压器、STM32 单片机、DAC 数模转换器、RGB 全彩激光器等。

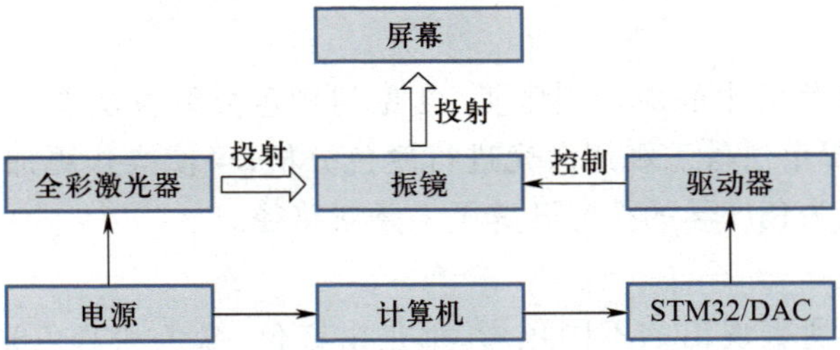

图 3-3-3

1. RGB 全彩激光器

激光的理论基础起源于物理学家爱因斯坦，1917 年爱因斯坦提出一套全新的技术理论——“光与物质相互作用”。1960 年美国科学家梅曼宣布获得波长为 0.694 3 μm 的激光，这是人类有史以来获得的第一束激光，梅曼的方案是：利用一个高强闪光灯管来激发红宝石。苏联科学家尼古拉·巴索夫于 1960 年发明了半导体激光器。

通常激光器由三部分组成：激光工作物质、激励能源和光学谐振腔，如图 3-3-4 所示。工作物质的作用是实现粒子数反转，激励能源可使原子被激发，光学谐振腔是要实现光放大。

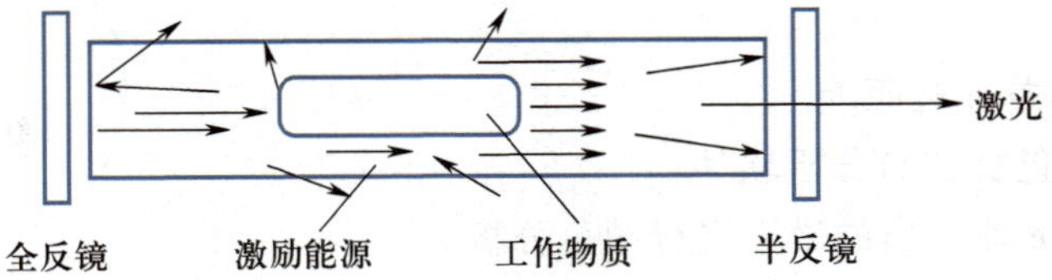

图 3-3-4

本实验采用的激光器是由红、绿、蓝三原色的单色激光发生器组合而成的 RGB 全彩激光器，根据颜色叠加的规则，可以实现 7 种颜色的激光输出。

2. 振镜系统

振镜系统是由驱动器与快速摆动振镜组成的一个高精度、高速度伺服控制系统，主要由位置传感器、位置区分器、误差放大器、功率放大器和处理器组成。振镜由定子、转子和检测传感器三部分组成，振镜头以永久磁铁为磁芯，检测传感器为电容式传感器。

3. STM32 单片机

STM32 单片机是一种集成电路芯片，是一个采用超大规模集成电路技术把具有数据处理能力的中央处理器 CPU、随机存储器 RAM、只读存储器 ROM、多种 I/O 口和中断系统、定时器/计数器等功能部件集成到一块硅片上构成的一个小而完善的微型计算机系统。

本实验系统通过 ST-LINK 下载器将配置好开发环境的计算机的程序烧录至 STM32 单片机，其搭载的 DAC 数模转换器将数字信号转化为模拟信号后传输至振镜驱动模块，从而实现对振镜的控制。

【课题内容】

1. 利用激光探究色度学

（1）关键词

色度学；RGB；三原色。

（2）课题简介

RGB 三原色在现实生活中的应用很常见，常见的颜色分析方法有色卡纸比较法、分光光度法、光电积分法和光电摄谱法等。利用激光进行颜色分析，可使操作更加简便，而且可以重复使用。全彩激光器的出现为色度学的探究开辟了一条新路径。

（3）基本原理

自然界中各种物体所表现出的不同色彩，都是由红色、绿色和蓝色光线按适当比例混合起来，再通过物体吸收或反射而呈现在人们眼中的。因此把这三个感色单元称为三原色。三原色的光谱频率如下。

（a）红光：波长范围为 800~600 nm。

（b）绿光：波长范围为 600~500 nm。

（c）蓝光：波长范围为 500~400 nm。

红、绿、蓝三原色能混合成所有颜色，其中：红+绿=黄；红+蓝=紫；蓝+绿=青；红+蓝+绿=白。混色色图如图 3-3-5 所示。用白光依次减去三原色的补色进行混合也能产生这些颜色，也称减法三原色，即：黄=白-蓝；紫=白-绿；青=白-红。

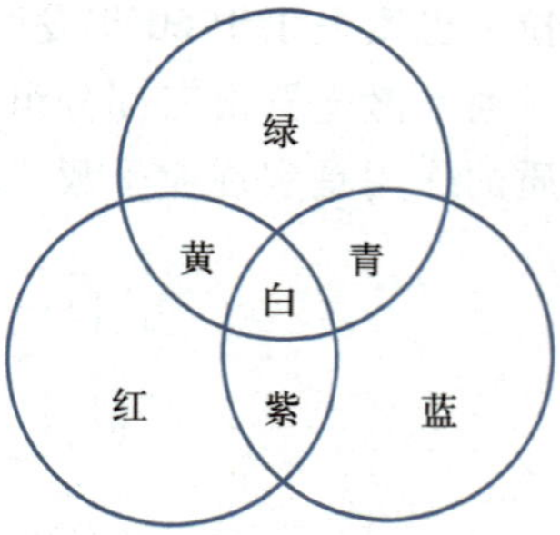

图 3-3-5

（4）研究内容

（a）学习 STM32 单片机原理。

（b）设计开发颜色叠加与分析软件。

（c）利用全彩激光器发出的激光进行颜色分析。

2. 用激光扫描成像模拟描绘李萨如图形的探究

（1）关键词

李萨如图形；模拟法；单片机。

（2）课题简介

利用示波器分析李萨如图形已经成了大学物理实验的基本内容之一，这是一个电学实验。为了更好地分析李萨如图形的成因，设计一款利用激光和振镜合成的扫描系统，能更好地让大家了解二维图形合成原理，这是一个光学与力学的实验。通过自行设计软件可以很好地展示各种各样的李萨如图形。

（3）基本原理

如果在示波器的 x 轴和 y 轴上分别输入正弦变化的电压信号 V_x 和 V_y，两信号的频率 f_x 和 f_y 相同或成简单的整数比，则电子束的振动将是两个相互垂直的简谐振动的合振动，荧光屏将描绘出合振动的图形，这种合成图形称为李萨如图形。图 3-3-6 为 3 个 f_y/f_x 为不同频率比值时的李萨如图形。

f_y/f_x	1/2	1/3	2/3
图形		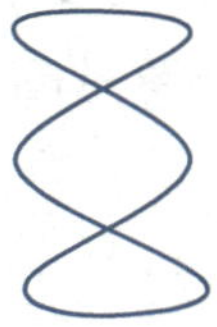	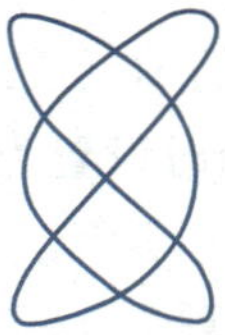

图 3-3-6

理论推导表明，李萨如图形满足以下关系：

$$\frac{f_y}{f_x}=\frac{N_x}{N_y} \qquad (3-3-12)$$

式中，f_y 和 f_x 分为 y 轴方向和 x 轴方向的信号频率，N_y 和 N_x 分别是 y 轴方向与 x 轴方向的一条直线与李萨如图形相交的最多交点个数，或相切的最少切点个数。

若 f_y 和 f_x 之比越接近整数比关系，则李萨如图形翻转速度越慢，即越稳定。反之，则李萨如图翻转速度越快，即越不稳定。

（4）研究内容

（a）学会 STM32 单片机原理。

（b）探究振镜工作原理与李萨如图形关系。

（c）设计开发模拟描绘李萨如图形的软件。

（d）制作和输出激光式李萨如图形。

3. 激光动画功能与基于激光的各类物理现象的研究

（1）关键词

响应时间；帧时间；动画；函数曲线；光栅图；物理现象。

（2）课题简介

激光动画是借助激光利用微机控制直流电机工作的表现形式（如书法、绘画等），从而使激光呈现出丰富多彩的显示效果。为此，设计和开发一个多通道的激光动画显示系统具有一定的趣味性，它不但具有振镜的书画显示功能，而且还具有扫描函数曲线功能和光栅图形显示功能，极大地丰富激光的动画功能和物理现象展示功能。

（3）基本原理

DAC 就是数模转换器，是一个可以将离散的数字信号转换为连续变量的模拟信号的器件。将数字量转化为模拟量输出的最简单方法是使用等值电阻进行分压，假设有 4 个等值电阻串联，那么第一个电阻后的电压就是$\frac{3}{4}V_{cc}$，第二个就是$\frac{1}{2}V_{cc}$，以此类推，就可以将一个电压分成等值的若干个。让开关像树枝一样分布，这样可以实现二进制控制，这样的 DAC 称为开关树 DAC。

DAC8562 模块精度为 16 bit，也就是可以转化范围为$[0,2^{16}-1]$，操作的电压为 5 V。模块有输入逻辑单元、控制逻辑单元等。输入数据并不直接进行转换，而是先存到寄存器中，然后用控制逻辑单元进行控制。输出的电压公式为

$$V_{OUT}=\left(\frac{D_{IN}}{2^n}\right)\times V_{REF}\times \text{Gain} \tag{3-3-13}$$

式中，$n=16$，D_{IN}就是转换的 16 位二进制数，V_{REF}为 DAC 的参考电压，Gain 为一个参量，在使用内部参考时设置为 2，不使用时设置为 1。

（4）研究内容

（a）探究激光动画原理。

（b）研究基于任意图片的“轮廓提取”自动生成图像数据的软件。

（c）研究激光动画原理和实现。

（d）研究基于激光的各类物理现象及其原理。

【课题要求】

1. 查阅相关资料，完成开题报告。
2. 确定课题题目，探讨研究内容。
3. 设计实验方案，确定实验方法。
4. 搭建实验装置，完成相关实验。
5. 完成研究论文，准备期末答辩。

3.4 超声波成像探究

【课题综述】

在弹性介质中，频率高于 20 kHz 的机械波叫作超声波，超声波具有频率高、波长短、强度大、定向传播、无损探伤和空化作用等特性。超声波的产生方法一般可以分为电声型和机械型两大类，电声型超声波发生器是利用具有压电效应或磁致伸缩的晶体在周期性变化的电场或磁场作用下所发生的振动，从而将电磁能转化为超声波的能量，机械型超声波发生器是用高压流体撞击空腔或簧片引起共振而产生超声波。

超声波碰到障碍就会产生回声，不同的障碍物会产生不同的回声，因此通过仪器将这种回声收集并显示在屏幕上，就可以了解物体的结构，这就是超声成像。超声成像是一种非侵入性的图像技术，主要通过超声波测距技术实现成像，超声成像技术在地形探测和金属探伤等方面有着广泛的应用。

本课题主要探究超声波成像技术，通过测量物体各个点位的距离像素，并结合计算机视觉算法和图像处理技术，显示出物体的形状和外观信息。

【课题目的】

1. 熟悉超声波物理特性。
2. 掌握超声换能器的压电效应机理。
3. 学会超声波测距技术和方法。
4. 设计并完成超声波成像的相关研究课题。

【背景知识】

超声波的物理特性主要包括超声波的反射、透射、折射、衍射、散射、衰减和多普勒效应等。

1. 超声波反射、透射和折射

当超声波遇到物体表面时，部分声波将会反射，而其他声波会从物体表面透射过物体内部，同时由于物体内部成分不同，使得超声波传播方向发生改变，也就是折射。

2. 超声波衍射、散射

当超声波遇到狭窄的物体入口时，会发生衍射现象。当超声波经过障碍物时，部分超声波会被障碍物吸收，而另一部分超声波会发生散射。

3. 超声波衰减

超声波在介质中传播时，其能量会随传播距离的增加而减弱，这种现象称为超声波衰减。引起超声波衰减的主要因素包括三种情况：扩散衰减、散射衰减和吸收衰减。扩散衰减表现为能量密度的降低，吸收衰减表现为能量的耗散，散射衰减是传播场中由障碍物产生的衰减。

4. 超声波多普勒效应

当声源与接收器之间相对运动时，声波频率会有升高或降低的现象，这种由于相对运动引起接收频率与发射频率之间产生差别的现象称为多普勒效应。

【基本原理】

1. 声波传播速度

声源振动产生声波，声波有纵波、横波和表面波三种形式。声波在介质中传播，其传播速度与介质密度有关。声波在理想气体中的传播速度可表示为

$$v=\sqrt{\frac{\gamma RT}{\mu}} \tag{3-4-1}$$

式中，μ 为气体摩尔质量，R 为摩尔气体常量（8.314 J/mol · K），γ 为气体摩尔热容比，T 为气体的热力学温度（K）。在 0 ℃时，声速 $v_0=331.45$ m/s，在温度为 t（℃）时，声速为

$$v_t=331.45\sqrt{1+\frac{t}{273.15}}\ \text{m/s} \tag{3-4-2}$$

声波在不同的介质中传播速度不同，最简单的方法直接测量声波的振动频率 f 和波长 λ，可得

$$v=\lambda f \tag{3-4-3}$$

因为实验中的声波的振动频率一般是仪器给定的，所以只要测得波长就能计算声速。

2. 压电效应

压电效应原理：如果对压电材料施加压力，它因极化而在两端表面产生电位差，反之，对压电材料两端面施加电压，则产生机械应力，所以这类材料具有机械能与电能之间的转换功能，如图 3-4-1 所示。

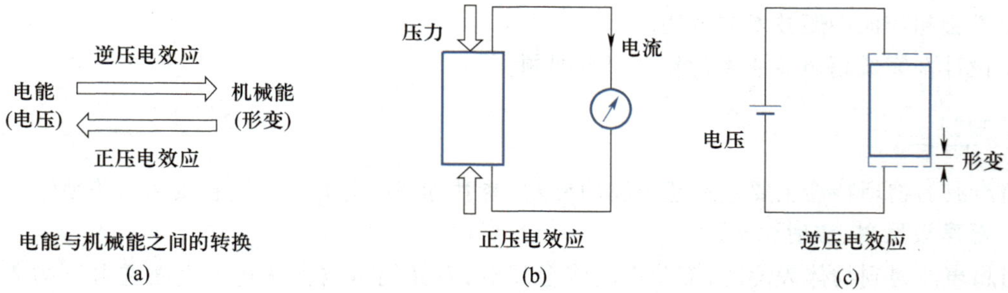

图 3-4-1

（1）正压电效应

某些材料在沿一定方向上受到外力的作用而发生形变，其内部会产生极化现象，同时在材料的两个相对表面上出现正负电荷，当外力去掉后，它又恢复到不带电的状态，而当作用力方向改变时，电荷的极性也会随之改变，并且材料受力所产生的电荷量与外力大小成正比，这种现象称为正压电效应。

（2）逆压电效应

当在某些材料的极化方向上施加电场时，这些材料会发生形变，而当电场去掉后，材料的形变也随之消失，并且材料的形变量与施加电场强度成正比，这种现象称为逆压电效应。

3. 超声波测距

设超声波在空气中的传播速度为 v,被测量物体距离为 S,超声波单程走过的路程为 L,超声波发射器与接收器之间的间距为 $2H$。由图 3-4-2 可知

$$S=L\cos\theta \tag{3-4-4}$$

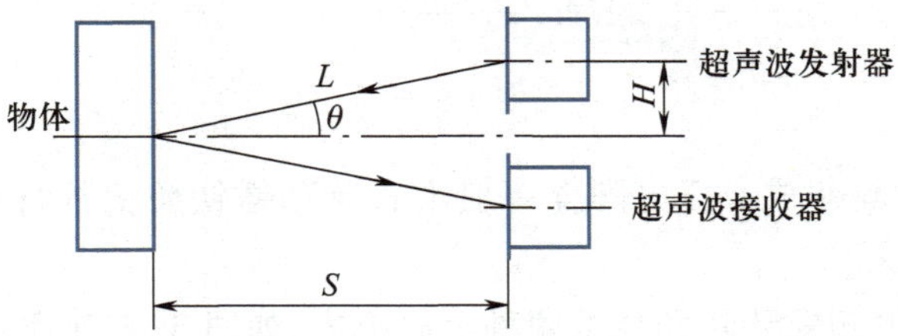

图 3-4-2

又因为

$$\theta=\arctan\frac{H}{S} \tag{3-4-5}$$

所以,将式(3-4-5)代入式(3-4-4)可得

$$S=L\cos\left(\arctan\frac{H}{S}\right) \tag{3-4-6}$$

又因为超声波走过的总路程为

$$2L=vt \tag{3-4-7}$$

式中,t 为超声波传输的时间。

将式(3-4-7)代入式(3-4-6)可得

$$S=\frac{1}{2}vt\cos\left(\arctan\frac{H}{S}\right) \tag{3-4-8}$$

一般地,S 远大于 H,所以 $\cos\left(\arctan\frac{H}{S}\right)\approx 1$,则式(3-4-8)修改为

$$S=\frac{1}{2}vt \tag{3-4-9}$$

由此可见,只要测得超声波传输的时间,就能计算得物体离开超声波发射器的距离。

【实验装置】

本实验装置主要由计算机、Arduino UNO 单片机、舵机和超声波模块四部分构成,仪器系统框图如图 3-4-3 所示。Arduino UNO 单片机控制伺服舵机带动超声波模块内超声换能器运动,同时控制超声换能器进行信号收发,Arduino UNO 单片机通过串口通信将数据传回计算机,并在计算机进行数据处理后输出图像。

1. 超声换能器

法国物理学家皮埃尔·居里和雅克·居里在 1880 年发现了电气石具有压电效应,并在第二年通过实验验证了这一效应,从而开启了利用压电材料产生超声波的技术途径。压电材料一般包括压电晶体和压电陶瓷两种,前者是单晶体,后者是多晶体。石英晶体就是一种常见的压电晶

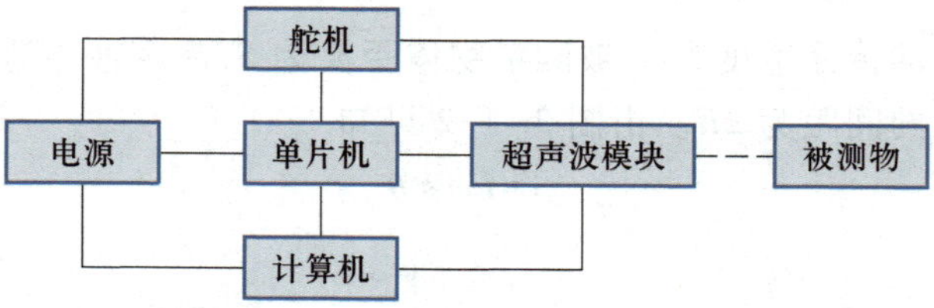

图 3-4-3

体，一般由二氧化硅等材料制成。压电陶瓷一般由石英和锆钛酸铝等材料制成。本实验使用的超声换能器是压电陶瓷。

压电陶瓷由两片压电陶瓷环片和轻重两种金属组成，如图 3-4-4 所示。头部轻金属（铝）与一片压电陶瓷片黏合，尾部的钢质重金属与另一片压电陶瓷片黏合，两片之间夹一铜箔制成的圆环，作为引出电极。穿心螺钉将所有器件紧固成一体，但不与引出线接触，这样头尾轻重金属为一电极，铜箔片为另一电极，在压电陶瓷环片上的两个底面上加正弦交流电压，它就按正弦规律产生振动而直接影响头部铝质轻金属，使头部轻金属发射声波。而尾部钢质金属较重，伸缩作用小，反射的声波也小。同样压电陶瓷片也可以使声压转化为电压的变化，用来作为超声波的接收器。

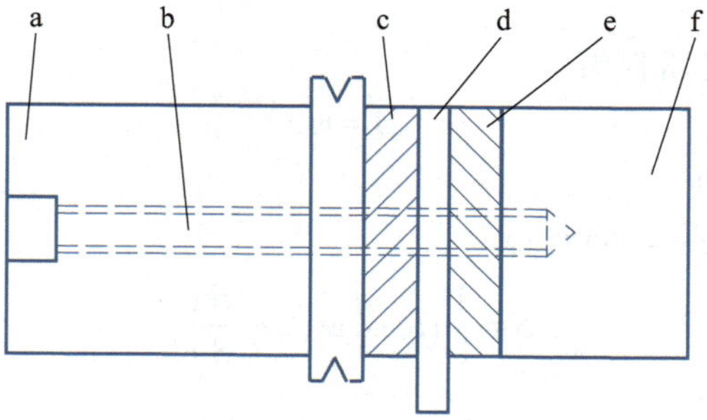

图 3-4-4

a—尾部重金属；b—紧固螺钉；c、e—压电陶瓷环片；d—铜箔引线；f—头部轻金属

2. 单片机

Arduino UNO 单片机是常用的单片机，其基本结构框图如图 3-4-5 所示。

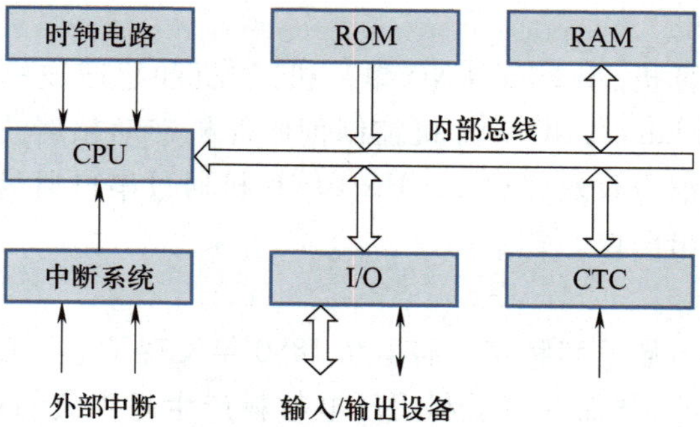

图 3-4-5

Arduino 由一个基于单片机的开放源码的硬件平台和一套专门的开发环境组成，它可以用来开发交互产品，例如它可以读取大量的开关和传感器信号，并且可以控制各式各样的指示灯、电机和其他设备，因此广泛应用于教学和科研等方面。

3. 超声波模块

超声波模块包括超声波发射器和超声波接收器。

（1）超声波发射器

超声波发送换能器和超声波放大器组成超声波发射器。超声波发射器的作用是将电信号转换为机械波发射。

（2）超声波接收器

超声接收电路由超声波接收器、信号放大器和波形转换电路三部分组成。超声波接收器与发射器一般被设计为相同的类型，否则会降低接收效果。超声波接收器获取微弱信号后，还要经超声波信号放大器进行放大和波形转换才能使用。

【课题内容】

1. 声波测距探究

（1）关键词

声波测距；时间差。

（2）课题简介

搭建实验装置，设计测量超声波发射与接收的时间差软件。通过实验验证仪器的可行性，给定仪器误差大小。

（3）基本原理

超声波发射器向某一方向发射超声波，在发射的同时开始计时，超声波在空气中传播的过程中，碰到障碍物被反射，超声波接收器收到反射波就立即停止计时，获取时间差，再通过公式计算出被测物离超声波发射器的距离。

（4）研究内容

（a）利用示波器测量超声波频率。

（b）设计测量时间差软件。

（c）记录实验数据，分析实验误差。

2. 声波定位探究

（1）关键词

声波定位；声强比；扩散衰减。

（2）课题简介

探究一种利用声强衰减规律进行三维声源定位的实验方法，利用声强比呈对数衰减的原理，推导声波强度在空气中的衰减规律与声源距离的关系式。利用 Audition 软件获取的声强比图。声音定位主要通过测量声源相对探源中心的距离、方向和高度实现。

（3）基本原理

声音强度可以用声强比描述，单位为贝尔（B），简称贝。因贝的单位太大，一般用分贝（dB）为单位，1 B = 10 dB，声强比的表达式为

$$B = 10\lg \frac{I}{I_0} \tag{3-4-10}$$

式中，B 为时间平均声强比，I 为目标声音强度，I_0 为基准声音强度，参考声音强度可由所用的录音软件确定。

一个点声源的声波在空间内以自由传播为主导，设 x 为探源中心到声源的距离，则 $I \sim \frac{I_0}{x^2}$，因此，声强比满足 $B \sim \lg \frac{I}{I_0} \sim \ln \frac{I}{I_0} \sim \ln x$。因此声强比的衰减呈对数衰减，可以用如下公式表示：

$$B = a\ln(x) + b \tag{3-4-11}$$

式中，a 为衰减系数，b 为常量。

（4）研究内容

（a）推导声波强度在空气中的衰减规律与声源距离的关系式。

（b）测量声源相对探源中心的距离、方向和高度。

（c）对声源进行三维定位和分析。

3. 超声波成像探究

（1）关键词

灰度值；超声波成像。

（2）课题简介

利用超声波测距技术实现物体的外观成像。发射超声波并接收反射回来的声波，通过测量回波的时间差来计算距离，并通过点阵扫描的方式获取物体各个点位的距离像素数据。采集到的数据经过处理和整合，利用计算机视觉算法和图像处理技术进行分析和重建，形成灰度值表现的扫描图像，从而实现物体的形状和外观信息的再现。

（3）基本原理

基于像素点组成图像的概念，使用点阵式对物体表面多个点进行距离测量，得到每个点的横纵坐标与物体表面上对应的点的深度，然后将距离值映射到合适的灰度范围。设较近的距离对应较亮的灰度，较远的距离对应较暗的灰度。则根据映射后的距离值，计算对应的灰度值。出于对算法简明度的考量，一般使用线性映射算法。

在线性映射算法中，首先需要确定最近和最远距离的范围。设测得最近距离为 d_1，最远距离为 d_2，然后定义一个灰度范围，最小灰度值为 g_{min}，最大灰度值为 g_{max}。最后，使用线性映射函数将距离值映射到灰度值。这个映射函数可以使用如下公式表示：

$$g = \frac{d - d_1}{d_2 - d_1}(g_{max} - g_{min}) + g_{min} \tag{3-4-12}$$

式中，g 为灰度结果，d 是被测点到发射换能器的距离。

通过这个线性映射函数，可以根据距离值计算出对应的灰度值，较近的距离将映射到较亮的灰度，而较远的距离将映射到较暗的灰度。利用计算机编写程序并进行模型的建立，最终可以通过计算机完成对物体的再现。另外，还可以将计算得到的颜色值应用于图像的相应区域，实现彩色超声成像。

(4) 研究内容

(a) 根据距离值计算出对应的灰度值,导出实验数据。

(b) 自制超声波成像软件。

(c) 超声波扫描成像实现与误差分析。

(d) 探究彩色超声成像技术。

【课题要求】

1. 查阅相关资料,完成开题报告。
2. 确定课题题目,探讨研究内容。
3. 设计实验方案,确定实验方法。
4. 搭建实验装置,完成相关实验。
5. 完成研究论文,准备期末答辩。

3.5 液晶成像探究

【课题综述】

液晶是一种介于固体和液体之间的物质,在一定温度区间内,它既有晶体的取向特性,又具有液体的流动特性。常见的液晶显示系统就是利用液晶对光的调制特性而制作的空间光调制器,由于这种调制器是电寻址的,便于通过计算机来控制信号的输入和输出,也能用于光学信息处理。在应用上,最重要的液晶相是向列相,向列相虽然没有位置的有序性,但是具有方向有序性,分子长轴方向在平均上指向一个共同的方向。向列相液晶的应用中有多种模式,其中一种是扭曲向列型模式,它可以组成液晶光阀,液晶光阀是液晶显示系统的基本组成部分,液晶光阀主要应用了液晶的旋光效应。而扭曲向列型液晶光阀不仅可以实现非相干光与相干光的转换、微光图像的放大,而且可以实现图像的各种实时转换。

本课题主要从实验现象中更形象地认识信息光学中广泛使用的空间光调制器,加深对液晶光阀工作原理的理解,及其一系列利用液晶光阀的应用和研究。

【课题目的】

1. 了解液晶特性。
2. 掌握液晶光阀工作原理。
3. 熟悉液晶成像基本原理。
4. 设计并完成基于液晶光阀的相关研究课题。

【背景知识】

常见的液晶显示器类型有:薄膜型液晶显示器(TFT 型)、超扭曲液晶显示器(STN 型)和扭曲向列相液晶显示器(TN 型)。

1. TFT-LCD

TFT-LCD 是薄膜型液晶显示器的简称,它属于有源矩阵液晶屏,每个液晶像素点都由薄膜晶体管来驱动,提高了显示器反应速度。这种类型的显示器的特点是:精确控制显示色阶,色彩更逼真,适应动画显示,但是耗电较高,成本也高,常用于笔记本计算机,数码照相机和液晶投影仪等。

2. STN-LCD

STN-LCD 是超扭曲向列型液晶显示器的简称,STN-LCD 采用扭曲排列的晶体管作为背电极,形成液晶分子层。当电流通过电路时,电子会在电场的作用下偏转,从而实现电信号控制。这种类型的显示器的特点是:视角比较好、透光率高、颜色鲜艳、节能效果好,但是液晶分子偏转后再恢复时比较缓慢、且有余辉影响。它常用于手机,游戏机等。

3. TN-LCD

TN-LCD 是扭曲向列相液晶显示器的简称,TN-LCD 采用扭曲排列的晶体管作为背电极,形成液晶分子层，当电路连接时，这些晶体会发生偏转，从而实现电信号的控制。这种类型的显示器的特点是：液晶分子偏转速度快、体积小、重量轻、价格便宜，但是视角比较差、透光率低、画面效果较暗。它常用于电子手表、计算器等消费性电子产品。

【基本原理】

1. 液晶

液晶是一种有机高分子化合物，当液晶分子有序地排列时，表现出光学各向异性，即光矢量沿分子长轴方向时具有较大的非常光折射率 n_e，而垂直分子长轴方向时具有寻常光折射率 n_o（针对 P 型液晶材料）。通常把两块玻璃合在一起，中间用一定厚度的间隔层控制玻璃间距，再在间隔层中充满液晶，便形成液晶盒。

液晶盒玻璃内表面经一定方法处理之后，可以使盒中的液晶分子长轴沿一定方向排列。如果在液晶盒的两块玻璃间加上一定电压 U，则液晶盒里的液晶分子在电场的作用下会沿着电场方向排列，即光轴方向沿着电场方向偏转一个角度 θ，θ 是所加电压 U 的函数。由此实现了电场控制的双折射效应的变化，沿光传播方向的折射率 n_e 和 n_o 发生变化，并有如下关系式

$$\frac{1}{n_e^2(\theta)}=\frac{\cos^2(\theta)}{n_e^2(\theta)}+\frac{\sin^2(\theta)}{n_o^2(\theta)} \tag{3-5-1}$$

液晶光阀就是利用此光学特性制作的器件。

2. 液晶光阀

扭曲向列型液晶光阀是利用液晶的光学特性制作的空间光调制器。液晶光阀是一种多层膜结构，主要由光敏层和光调制层组成，所有膜层都夹在两透明电极膜之间。若在液晶层两侧加一定电压，液晶分子在电场作用下会沿电场方向排列，即光轴方向倾向于沿电场方向偏转，从而引起双折射效应的改变。

液晶光阀的性能主要取决于液晶的两个性质：扭曲效应和双折射效应。

(1) 扭曲效应：当外加电压 $U<U_0$（U_0 为阈值电压）时，液晶分子相互平行且均匀扭曲排列，液晶对入射的线偏振光产生偏振面扭曲作用，也就是旋光作用。

(2) 双折射效应：当外加电压 $U>U_0$ 时，液晶分子偏离平行均匀排列状态，基本趋向垂直表面排列，液晶对入射光产生双折射作用，入射的线偏振光被调制为椭圆偏振光。

3. 旋光效应

当液晶光阀两端所加电压 U 为零时，液晶层两边电场为零，液晶分子取向在两液晶分子取向层表面处都是跟取向层的方向一致，并且它们的长轴方向相差 90°，此时，起偏器的方向跟液晶层的入射面的取向层方向一致，透过起偏器的线偏振光随着液晶分子取向的偏转而旋转 90°，这叫作旋光效应。此时，若检偏器与起偏器方向垂直，光线全部透过检偏器，因此输出光强为最大值，如图 3-5-1(a) 所示。若检偏器平行于起偏器，光线被检偏器阻挡，因此输出光强为最小值。

当液晶光阀两端所加电压 U 为较大电压值（如 5 V）时，受到所加电场的控制，液晶分子的倾角发生变化，趋向于垂直于液晶光阀表面，旋光效应消失，即起偏器的方向跟液晶层的入射面的取向层方向一致，透过起偏器的线偏振光透过液晶层后不发生旋转。此时，若检偏器方向与起偏器方向垂直，光线被检偏器阻挡，因此输出光强为最小值，如图 3-5-1(b) 所示。若检偏器平行

于起偏器，光线最大程度透过检偏器，因此输出光强为最大值。

当液晶光阀两端所加电压 U 为 0~5 V 时，液晶分子的倾角为中间值，相应的输出光强也就介于最小值与最大值之间，如图 3-5-1(c)所示，这样输出光束的光强空间分布就按照液晶光阀上的电压值的空间分布被调制。

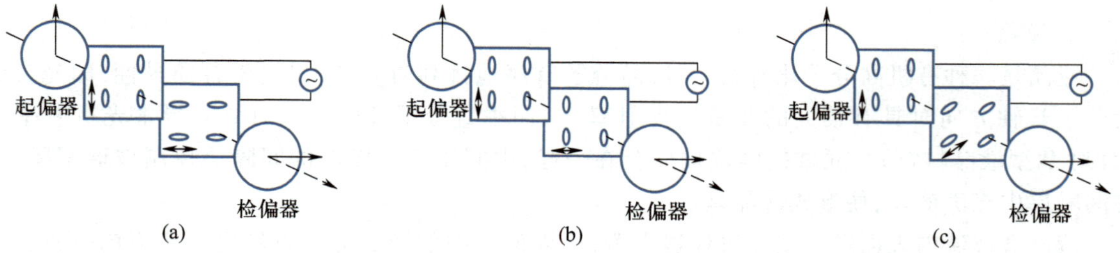

图 3-5-1

4. 电光效应

在液晶光阀两端放入起偏器和检偏器，组成如图 3-5-2 所示的空间光调制器。设起偏器和检偏器的偏振轴与 x 轴的夹角分别为 α_1 和 α_2，沿分子长轴方向的光矢量具有较大的非常光折射率 n_e，垂直分子长轴方向的光矢量具有寻常光折射率 n_o。在液晶光阀两端施加电压 U，设 θ 是所加电压 U 的函数，则由琼斯矩阵算法可以得到输出光束的光强透射率表达式

$$T=\left[\left(\frac{\pi}{2r}\right)\sin(r)\cos(\alpha_1-\alpha_2)+\cos(r)\sin(\alpha_1-\alpha_2)\right]^2+\left[\left(\frac{\beta}{2r}\right)\sin(r)\cos(\alpha_1-\alpha_2)\right]^2 \quad (3-5-2)$$

式中，$\beta=\left(\frac{\pi d}{\lambda}\right)(n_e(\theta)-n_o)$，$r=\sqrt{\left(\frac{\pi}{2}\right)^2+\beta^2}$。

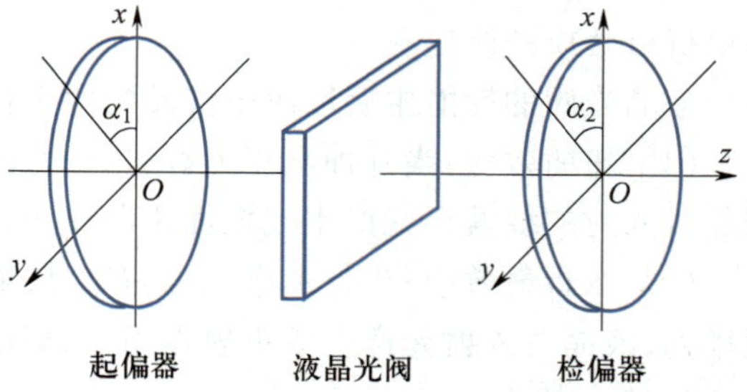

图 3-5-2

当 $\alpha_1=0°$，$\alpha_2=90°$ 或 $\alpha_1=90°$，$\alpha_2=0°$ 时，有 $T=1-\left(\frac{\pi}{2r}\right)^2\sin^2(r)$。

当 $\alpha_1=0°$，$\alpha_2=0°$ 时，有 $T=\left(\frac{\pi}{2r}\right)^2\sin^2(r)$。

当 $\alpha_1=45°$，$\alpha_2=45°$ 时，有 $T=\sin^2(r)$。

可见，通过改变液晶光阀两端施加的电压大小，可以使液晶分子长轴的偏转度数随之变化，改变非常光折射率，从而改变透射光的强度。而偏振光波的波长不同，经双折射后的偏振态也不同，因此从检偏器中出射的各色光的强度也不同，因而也可以通过改变电压大小来改变各色光的透射率。当电场满足一定条件时，可以做到尽可能使单色光出射。另外，对于某个特定波长的入射光，存在唯一电压使得该波长的光透射率最高，因此改变 α_1 和 α_2，就可以得到不同的电光效应曲线，即输出光强与所加电压的关系曲线。

【实验装置】

本实验装置主要由高分辨率电寻址透射式液晶光阀、激光变换系统、CCD 显示系统和光强

探测系统等构成。该液晶光阀的显示内容是直接由计算机控制，可以实时地进行图像处理。

图 3-5-3 为实验系统示意图，液晶层可以通过改变电压大小来改变液晶晶体的取向；频谱面可以通过遮挡来进行空间滤波；实验中用 CCD 相机观测输出图像；f 为凸透镜焦距，$f=300\ \mathrm{mm}$。

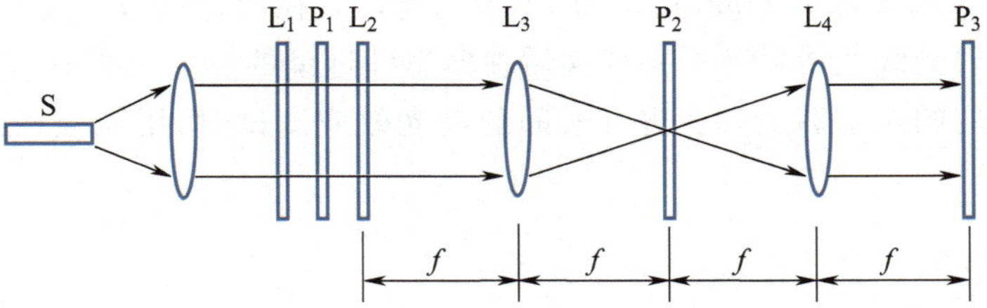

图 3-5-3

S—激光光源；L_1、L_2—偏振片；P_1—液晶层；L_3、L_4—凸透镜；P_2—频谱面；P_3—物面

1. 液晶光阀

液晶发展历史主要包括如下几个阶段：1888 年奥地利植物学家莱尼茨（Friedrich Reinitzer）发现液晶相变现象；1889 年德国物理学家勒曼（Otto Lehmann）创造了“液晶”一词；1911 年巴黎大学的莫金（Charles Mauguin）发现了在各种表面上采用的独特取向液晶材料；1936 年英国马可尼无线电报公司的 B.莱文（Barnett Levin）和 N.莱文（Nyman Levin）获得了液晶光阀的第一项专利；1969 年俄亥俄州肯特州立大学液晶研究所弗格森（James Fergason）发现了 TN（扭曲向列）场效应；1971 年扭曲向列液晶显示器出现，并被应用于电子表、计算器、掌上游戏机等设备；1984 年欧美提出 STN-LCD，后来 TFT-LCD 出现了，液晶显示器开始向廉价、低成本的方向发展；此后，液晶光阀被广泛地应用在光信息处理、空间光调制、大屏幕投影显示、光计算、自动目标识别、非相干图像与相干图像的转化等方面。

液晶光阀的整个工作流程大致可以分成两部分：其一，将显示信号转化成输出电压；其二，在输出电压的作用下，液晶对通过的光产生影响。液晶光阀结构示意图如图 3-5-4 所示，本实验液晶光阀是利用液晶混合场效应制成的一种透射式电寻址空间光调制器。它是一个由多层薄膜材料组成的夹层结构。a 是玻璃衬底。玻璃衬底里面是两层氧化物制成的透明电极 b；e 是液晶层，其厚度由衬垫的间隙决定，一般小于 10 μm；液晶层的两边是液晶分子取向膜层 c（两取向层的方向互相垂直，起到液晶分子定向和保护液晶层的作用）；d 是衬垫；低压电源 E 接在透明电极上，电压大小为 0~5 V。

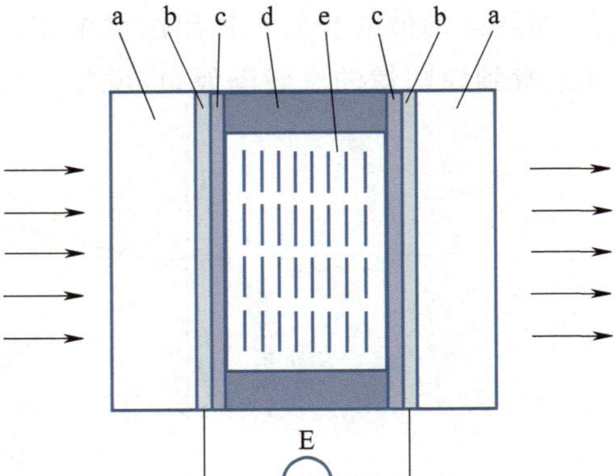

图 3-5-4

a—玻璃衬底；b—透明电极；

c—液晶分子取向膜层；d—衬垫；e—液晶层

2. 驱动电路

为了将 VGA 接口信号转换成电压信号再加到液晶上，需要设计相应的驱动电路。实验中使用的驱动电路可以将输入信号的灰度转化为驱动液晶屏所需要的驱动电压。

驱动电路系统采用不同的链路口完成输入和输出，模拟信号由AD9883A完成模数转换，采样所得数字信号经链路口输入到ADSP-21160，完成处理后由不同的链路口输出到ADV7125，完成数模转换。输出信号传输到灰度电压产生电路，得到驱动液晶屏所需要的驱动电压。

3. 半导体激光器

半导体激光器的波长为650 nm，功率为12 mW，光斑直径为30 mm。激光器发出的激光束透过液晶光阀后的衍射光线经傅里叶透镜变换后在傅里叶透镜的焦面上得到频谱，最后由CCD采集图像并输出到相应的显示器上。在进行液晶的电光效应测试时，用光强探测系统来测定透过液晶光阀的光强。

【课题内容】

1. 液晶的电光效应探究

（1）关键词

电光效应；图像反转；图像微分。

（2）课题简介

液晶的电光效应是指它的干涉、散射、衍射、旋光、吸收等受电场调制的光学现象。通过改变加在液晶光阀的电压值，得到不同的输出光强，探究液晶光阀的电光响应曲线。

（3）基本原理

液晶的电光效应是指它的干涉、散射、衍射、旋光、吸收等受电场调制的光学现象。通过改变加在液晶光阀的电压值，得到不同的输出光强，探究液晶光阀的电光效应曲线。如图3-5-5所示，曲线1为检偏器在某个位置，即$\theta=90°$时电光效应曲线，反映不同电压下灰度近似线性的变化趋势。如果旋转检偏器，改变α_2的大小，在某一特定度数下会出现曲线2的情形，曲线2与曲线1的强度值正好相反，此时若输入一幅图像，则必然会观察到原来图像的暗处在输出图像中变亮了，而原来图像的亮处在输出图像中相应的部分变暗。因此，通过调节偏振器的夹角，可在观察屏上看到原图像的反转图像，也就是实现图像的灰度翻转。

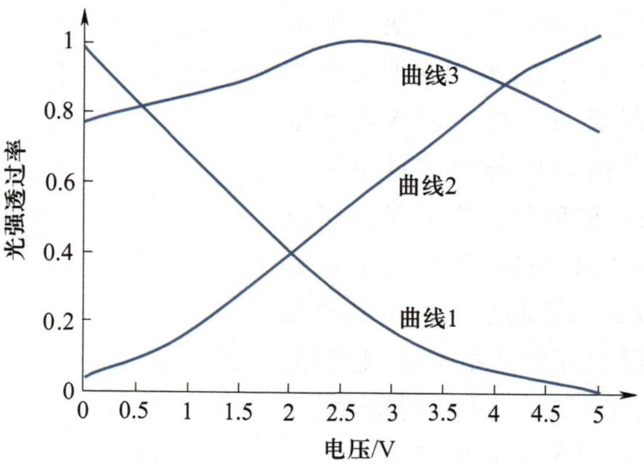

图3-5-5

曲线3代表另一特殊情形，此时液晶光阀最大透过率发生在某一中间电压值处。若输入一幅图像，则会观察到原来图像的暗处和亮处都显示为较暗，而中间灰度级显示为极亮。这时，图像的轮廓部分被增强了，这种现象称为边缘增强效应，即对图像进行了微分操作。

（4）研究内容

（a）测量不同夹角 θ 下液晶光阀的输出光强与所加电压的关系。

（b）描绘液晶光阀的输出光强与所加电压的电光效应曲线（x 轴表示电压，y 轴表示光强透过率）。

（c）探究液晶光阀用于图像反转和图像微分的机理。

2. 液晶光阀微结构探究

（1）关键词

衍射；频谱；像素。

（2）课题简介

根据衍射理论，探究液晶光阀的像素结构，分析液晶屏自身结构对频谱的影响。

（3）基本原理

透射式液晶屏的两块平板上分别镀有行电极和列电极，由于电极是不透明的金属掩膜，必然影响液晶的透过率，构成了具有周期性分布的网格结构，每个网格对应一个像素，这种结构被形象地称为“纱窗结构”。正是由于液晶的这种网格结构，使激光照射到液晶屏上会产生非常明显的点阵状的衍射图样。因此，通过测量衍射频谱就能求出液晶屏的像素尺寸。

设液晶屏像素的几何尺寸为 ab，谱面上相邻谱点的间距为 uv，则根据光的衍射理论，有

$$a=\frac{\lambda}{\sin\theta_x}=\frac{\lambda f}{u} \tag{3-5-3}$$

$$b=\frac{\lambda}{\sin\theta_y}=\frac{\lambda f}{v} \tag{3-5-4}$$

（4）研究内容

（a）求谱面单位间距 uv。

（b）求液晶的单位像素大小 ab。

（c）观察和探究矩孔衍射、单缝衍射、圆孔衍射和多缝衍射。

3. 色度差对液晶光阀成像清晰度影响的分析与探究

（1）关键词

色度学；RGB；三原色。

（2）课题简介

通过改变计算机上的色度，从而定量地改变液晶光阀的透射光强。分析色度差对液晶光阀单缝衍射的成像清晰度的影响。

（3）基本原理

自然界中各种物体所表现出的不同色彩，都可以看成由红色、绿色和蓝色光线按适当比例混合起来，再通过物体吸收或反射而呈现在人们眼中的。因此把这三个感色单元称为三原色。三原色的光谱频率范围如下。

（a）红光：波长范围为 800~600 nm。

（b）绿光：波长范围为 600~500 nm。

（c）蓝光：波长范围为 500~400 nm。

红绿蓝三原色能混合成所有颜色，其中：红+绿=黄；红+蓝=紫；蓝+绿=青；红+蓝+绿=白。混色色图如图 3-5-6 所示。而且用白光依次减去三基色的补色进行混合也能产生这些颜色，也称减法三原色，即：黄=白-蓝；紫=白-绿；青=白-红。

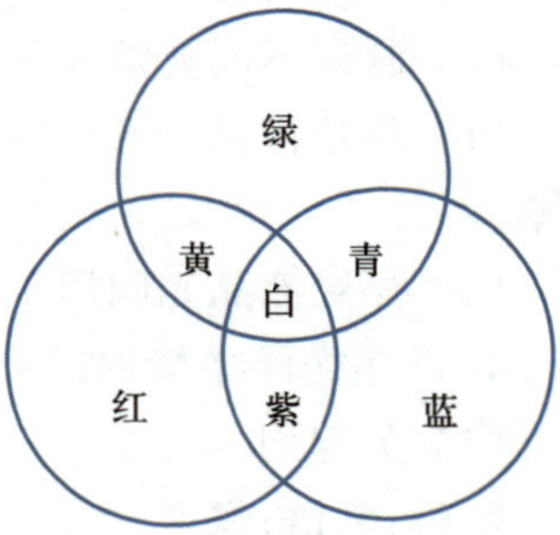

图 3-5-6

（4）研究内容

（a）观察不同色调、饱和度、亮度对液晶光阀输出光强的影响。

（b）利用全彩激光器发出的激光进行颜色分析。

（c）探究图像边缘形状对液晶光阀成像清晰度的影响。

4. 基于液晶光阀的彩色图像加密解密技术探究

（1）关键词

色彩空间；旋光度；信息加密；信息解密。

（2）课题简介

研究色彩信息与液晶光阀旋光度的关系，以及不同色彩通道对于液晶光阀成像的响应特性，并以此为依据探究一种可行的图像或文字等信息的加密解密技术和方法。

（3）基本原理

液晶光阀的光透性对绿色光反应显著，对红色光和蓝色光反应均较为迟钝。在 $R=0, B=0$ 条件下，绿色亮度与光强基本呈指数关系。由定量测量的实验结果可知，G 通道的大小是彩色图像通过液晶光阀成像的关键，而突变区域的存在可以成为加密图像的突破口，因此最重要的是选取可以用于加密的颜色。

基于上述分析，可以利用只有 G 通道的改变影响光阀的成像的特性，设计信息的加密与解密方法。通过 Photoshop 软件对方格阵列进行着色，构成 m 条条带，每一条带填充颜色固定不同的 G 通道，并且随机取色，这样可以造成人眼无法辨别，只有经由液晶光阀成像可以辨别的渐变图案。

（4）研究内容

（a）测量电压与旋光角的关系。

（b）测量灰度与旋光角的光系。

（c）测量颜色与旋光角的光系。

（d）研究彩色图像加密解密技术和方法。

【课题要求】

1. 查阅相关资料，完成开题报告。
2. 确定课题题目，探讨研究内容。
3. 设计实验方案，确定实验方法。
4. 搭建实验装置，完成相关实验。
5. 完成研究论文，准备期末答辩。

3.6 锁相放大器应用与探究

【课题综述】

锁相放大器是一种对弱信号或者掩埋在噪声中的信号准确测量的仪器,它能将深埋于强噪声之中的周期性微弱电信号有选择地提取并放大(噪声有效幅值一般为信号的 1 000 倍,甚至更大)。锁相放大器凭借选频放大微弱信号和显著提升测量信噪比的特性而广泛发挥作用,涉及领域如电输运测量、光谱测量、显微谱学测量、弱声测量、生物信号测量以及精密测量与控制等。

相敏检波器(phase sensitive detector,PSD)是锁相放大器的核心部分之一,其作用是将待测信号与参考信号进行乘法运算,提取与参考信号同频的相关信号并锁定其相位。所得信号再经低通滤波器处理,可减小噪声的频率带宽,以抑制无关频率的噪声干扰,从而精确反馈相关周期性信号的幅值和相位。掌握如何调节相敏检波器和滤波器的相关参量以优化测量是使用锁相放大器的关键。

本实验课题旨在用锁相放大器解决微弱信号测量问题。

【课题目的】

1. 了解锁相放大器的工作原理和特点。
2. 掌握锁相放大器基本参量的含义及锁相放大器的基本操作。
3. 掌握用锁相放大器检测弱信号的方法。
4. 掌握通过热噪声测定玻尔兹曼常量的方法。

【背景知识】

锁相放大器凭借选频放大微弱信号和显著提升测量信噪比的特性而被广泛应用,已成为微弱信号检测技术中不可或缺的仪器之一。常见的锁相放大方法有如下两种。

1. 电学锁相放大法

1934 年科曾斯(C.R. Cosens)基于两个热电子三极管组成的交流电桥电路设计出了锁相放大器的原型机——交流电桥平衡探测器(a balance-detector for alternating-current bridges)。在最初的设计电路中包含了参考信号输入端、三极管放大电路、*RC* 滤波电路和直流灵敏检流计。由于受到电路元件响应等诸多条件的限制,当时仪器需在 250 Hz 以下的频率工作。尽管如此,当时的仪器不仅能测量微小交流信号,而且能够测量参考信号和待测信号之间的相位关系。图 3-6-1 是 Cosens 所

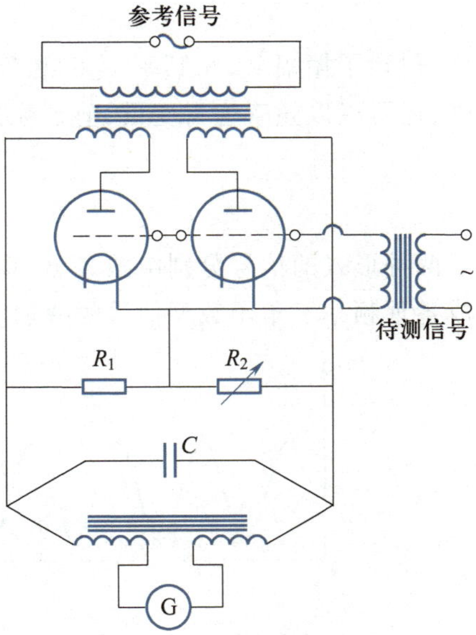

图 3-6-1

设计的探测器电路示意图。

2. 光学锁相放大法

光学锁相放大测量的基本光路如图 3-6-2 所示。对于频率为兆赫量级的光拍信号,经过偏振片后变为线偏振光,然后经过 1/4 波片转变成圆偏振光,再由可调信号源驱动的两个正交的波克尔单元(Pockel cells)对圆偏振光的偏振方向进行周期性调制,从而实现类似 PSD 的乘法运算的效果,最后,通过偏振分束镜将两束偏振正交的光信号分别传输给光电传感器,最终完成光学锁相放大测量。由于对光信号的高灵敏度,这种方法具有应用于干涉法探测引力波信号的潜力。

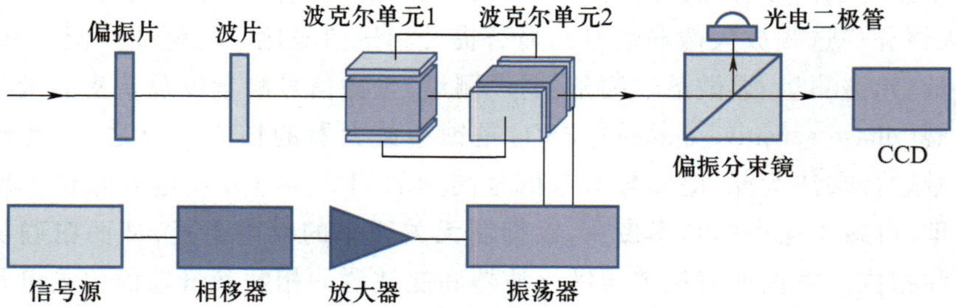

图 3-6-2

【基本原理】

1. 信号与噪声

(1) 信号

自然界中存在各类信号,携带着多种多样的信息,如光信号、声信号和电信号等。物理世界中的信号都是随时间或空间变化的,有的信号具有明显的规律性。以信号发生器输出的电信号为例,最简单的信号就是随时间变化的三角函数型,以数学函数表示为

$$s(t)=V_s\sin(\omega_s t+\varphi) \tag{3-6-1}$$

式中,包含了振幅 V_s、角频率 ω_s 和相位 φ 三个信息。在实际应用中,除了以时间为自变量表示信号外,还可以以频率为自变量,前者称为时域信号,后者称为频域信号。频域信号表示为

$$s(\omega)=\begin{cases}V_s, & \omega=\omega_s\\ 0, & \omega\neq\omega_s\end{cases} \tag{3-6-2}$$

两种形式的信号分别由图 3-6-3(a)和(b)表示。实际情况中的信号则复杂得多,有些可以看成各种频率三角函数型信号的叠加。

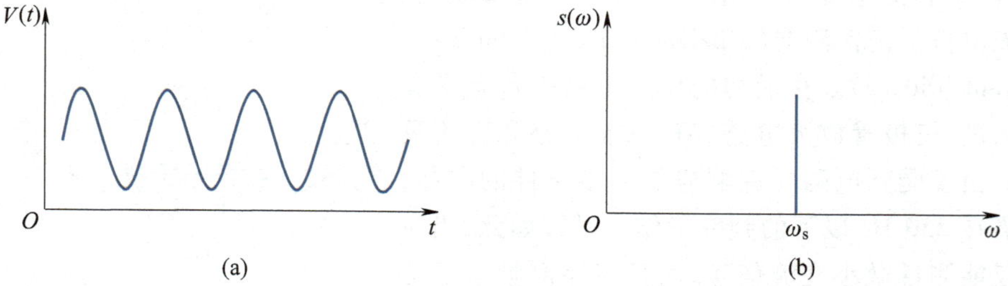

图 3-6-3

（2）噪声

任何信号都不可避免地受到噪声的干扰，在电信号中有工频噪声、射频噪声、热噪声和突发振动噪声等。为了便于认识和区分噪声，一般从频域来观察信号。在频域中待测信号仅出现在某些特定频率，而噪声则占据很宽的频率范围（宽带）。噪声的涨落对负载产生的作用可以转换成稳定的平均功率，常采用功率谱密度 $p(f)$ 衡量噪声在频域的分布。$p(f)$ 是以频率为自变量的连续函数，单位为 W/Hz。对于频率范围在 f_1 和 f_2 内的总功率 $p_{f_1-f_2}$ 可以通过积分计算：

$$p_{f_1-f_2} = \int_{f_1}^{f_2} p(f)\,\mathrm{d}f \tag{3-6-3}$$

采用噪声电压或者电流的方均值替代功率有时会更加方便，对应的电压和电流方均谱密度 w 有如下关系：

$$\overline{v^2} = \int_{f_1}^{f_2} w_v(f)\,\mathrm{d}f,\quad \overline{i^2} = \int_{f_1}^{f_2} w_i(f)\,\mathrm{d}f \tag{3-6-4}$$

它们的单位分别为 V^2/Hz 和 A^2/Hz。相应方均根谱密度的单位分别为 $V/Hz^{1/2}$ 和 $A/Hz^{1/2}$。

工频噪声的频率一般在 50 Hz 附近，有的还会出现 100 Hz 的二次谐波噪声。射频噪声的频率则在 100 kHz 的数量级，一般来自电磁感应的干扰。这两类噪声属于窄带噪声，可以通过特定频率的陷波滤波器消除。突发噪声或者脉冲噪声属于宽带噪声，由于作用时间短，经过一段时间会自行衰减消失。除以上特定的噪声外，还有三种普遍存在的电噪声，它们分别是热噪声（thermal noise or Johnson noise）、散粒噪声（shot noise）和闪烁噪声（flicker noise or 1/f noise）。

热噪声是由有限温度下电阻材料中电子的无规则热运动引起的，散粒噪声则是由于离散的载流子经过电路造成的，两种噪声都满足宽带白噪声的特征。热噪声的方均谱密度满足如下规律

$$w_v(f) = 4kTR_s \tag{3-6-5}$$

$$w_i(f) = 4kT/R_s \tag{3-6-6}$$

单位分别为 V^2/Hz 和 A^2/Hz。式中，k 是玻尔兹曼常量（1.38×10^{-23} J/K），T 为热力学温度，R_s 为噪声源等效电阻。散粒噪声常见于真空管和半导体电子器件中，在光电探测装置中是主要噪声源，其涨落与电流平均大小有关，满足规律如下：

$$w_i(f) = 2eI_0 \tag{3-6-7}$$

单位为 A^2/Hz。式中，e 为元电荷（1.6×10^{-19} C），I_0 为平均电流。

闪烁噪声是一种低频段噪声，随着频率降低，噪声谱密度不断增大。这种噪声的来源涉及许多物理过程，较为复杂。但对于确定的实验装置，闪烁噪声的特征也确定下来，形式如下：

$$w(f) = w_0/f^x \tag{3-6-8}$$

式中，w_0 是一个常量，x 一般在 0.8～1.4 范围取值。更多情况下，$x=1$，闪烁噪声也称为 1/f 噪声。将各类噪声集中在频域中展示出来，常见噪声谱曲线如图 3-6-4 所示。

（3）信噪比

信噪比是常用于表征相对于背景噪声的信号强度的一种量度，一般以信号与噪声的功率比或强度比（p_s/p_n）或（I_s/I_n）来定义信噪比（signal noise ratio，SNR），即

$$\mathrm{SNR} = p_s/p_n$$

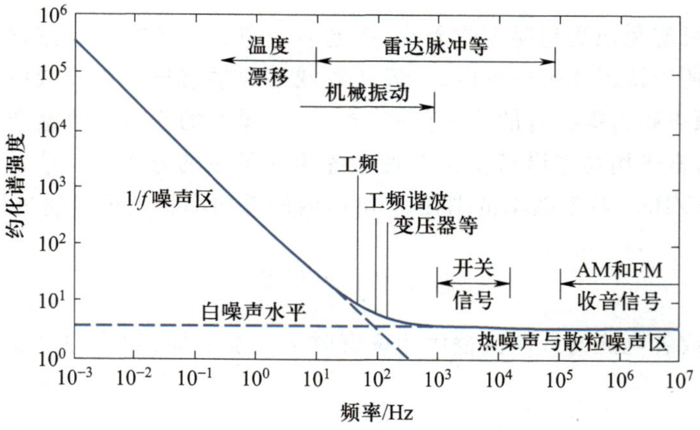

图 3-6-4

信噪比通常是跨数量级的，为方便表述，以每 10 dB 为一个量级，取 SNR = 10lg(p_s/p_n)，以分贝(dB)为单位来衡量。由于 $p \propto \overline{v^2} = v_{RMS}^2$，还可以每 20 dB 为一个量级换算为基于电压有效值定义的信噪比，即

$$\mathrm{SNR(dB)} = 20\lg(v_{s,RMS}/v_{n,RMS})$$

考虑信号频率为 f_s，带宽为 Δf_s，噪声的带宽为 Δf_n，且噪声特征为功率谱密度为常量 p_n 的白噪声，其对应的信噪比为

$$\mathrm{SNR} = 10\lg\left(\frac{\int_{f_s-\Delta f_s/2}^{f_s+\Delta f_s/2} p_s(f)\,\mathrm{d}f}{p_n \Delta f_n}\right) \tag{3-6-9}$$

一般通过滤波信号处理可缩小噪声的带宽，从而提高信噪比，滤波器带宽越窄，噪声积分面积越小，则信噪比越高。为反映信号质量改善的程度，定义信噪改善比(signal noise improvement ratio，SNIR)

$$\begin{cases}\mathrm{SNIR} = \dfrac{\mathrm{SNR_o}}{\mathrm{SNR_i}} \\ \mathrm{SNIR} = \mathrm{SNR_o} - \mathrm{SNR_i}\end{cases} \tag{3-6-10}$$

式中，$\mathrm{SNR_o}$ 是经过处理(测量系统输出端)的信噪比，$\mathrm{SNR_i}$ 是未经过处理(测量系统输入端)的信噪比；对于只有白噪声的情况，其谱密度为常量，等式可进一步化简成 $\mathrm{SNIR} = \dfrac{\Delta f_{n,i}}{\Delta f_{n,o}}$，其中 $\Delta f_{n,i}$ 和 $\Delta f_{n,o}$ 分别为输入和输出的等效噪声带宽。SNIR 越大，表明测量系统抑制噪声的能力越强。

2. 信号相关检测原理

设待测输入信号与参考信号分别为 $V_s(t) = \sqrt{2} V_s \cos(\omega_s t + \varphi_s)$ 和 $V_r(t) = \sqrt{2} V_r \cos(\omega_r t)$，两者的互相关 $R_{s-r}(\tau)$ 的函数表达式为

$$R_{s-r}(\tau) = \lim_{T\to+\infty} \frac{1}{T}\int_0^T V_s(t)\,V_r(t-\tau)\,\mathrm{d}t \tag{3-6-11}$$

式中，τ 是参考信号相对待测信号的时间延迟。当 $\omega_s = \omega_r = \omega_0$ 时，得 $R_{s-r}(\tau) = V_s V_r \cos(\omega_0 \tau + \varphi_s)$。

此时 $R_{s-r}(\tau)$ 不随时间变化，与待测信号和参考信号的振幅成正比，与两者相位差 $\omega_0\tau+\varphi_s$ 的余弦成正比。当相位差为 0 时，$R_{s-r}(\tau)$ 为最大值 V_sV_r。而当 $\omega_s\neq\omega_r$ 时，R_{s-r} 恒为 0。这反映出互相关函数的选频特性，只有与参考信号同频的待测信号才被检测出来。对于噪声，只有与参考信号同频的部分才会混入待测信号，其他频率部分则被消除。这便是信号相关检测的基本原理。

在实际实现中，式(3-6-11)的乘法运算由混合器(乘法器)电路实现，极限条件则由 $T\gg2\pi/\omega_s$ 近似满足，而积分运算则由低通滤波电路近似实现。低通滤波是指对频域信号近 0 频的部分保留，对高于 0 频的部分抑制消除，频域函数形式如下：

$$\widetilde{V}_o(\omega)=\widetilde{V}_i(\omega)H_L(j\omega) \tag{3-6-12}$$

式中，$\widetilde{V}_o(\omega)$ 和 $\widetilde{V}_i(\omega)$ 分别为频域的输出和输入信号，$H_L(j\omega)$ 是低通滤波频率响应函数。图 3-6-5(a)展示了理想的低通滤波频率响应函数曲线，对于 $\omega\leqslant\omega_H$ 的信号，$H_L(j\omega)=1$，幅度不受影响，对于 $\omega>\omega_H$ 的信号，$H_L(j\omega)=0$，幅度完全减小到 0。结合理想低通滤波频率响应函数，对式(3-6-12)做傅里叶逆变换

$$V_o(\tau)=\frac{1}{\pi}\int_0^{+\infty}\widetilde{V}_i(\omega)H_L(j\omega)e^{j\omega\tau}d\omega=\frac{1}{\pi}\int_0^{\omega_H}\widetilde{V}_i(\omega)e^{j\omega\tau}d\omega \tag{3-6-13}$$

其中，j 为虚数单位。当 $\omega_H\ll1$ 时，结合 $\widetilde{V}_i(0)=2\int_0^{+\infty}V_i(t)e^{-j\omega\times0}dt$ 得

$$V_o(\tau)\approx\frac{1}{\pi}\widetilde{V}_i(0)\omega_H=\frac{2\omega_H}{\pi}\int_0^{+\infty}V_i(t)dt \tag{3-6-14}$$

令 $\omega_H=\dfrac{2\pi}{4T}$，并取 $\omega_H\to0$ 的极限，即 $T\to+\infty$，可以得到低通滤波器作用的时域表达式

$$V_o(\tau)=\lim_{T\to+\infty}\frac{1}{T}\int_0^T V_i(t)dt \tag{3-6-15}$$

通过式(3-6-15)可以看出，理想低通滤波器可实现对信号的积分运算，从而实现信号相关检测。在实际处理中，常用图 3-6-5(b)所示的 1 阶 RC 串联电路构成低通滤波器，相应 $H_L(j\omega)$ 不是理想的台阶函数，而是如图 3-6-5(c)所示具有一定带宽且在边缘有坡度的形式。RC 电路满足 $\widetilde{V}_o(\omega)=\widetilde{V}_i(\omega)/(1-j\omega RC)$，相应频率响应函数为 $H_L(j\omega)=1/(1-j\omega RC)$，时间常量为 $T_0=RC$。时间常量是影响低通滤波器频率带宽的参量，由图 3-6-5(c)可知，时间常量越大，低通滤波器带宽越窄，滤得直流成分比重越大，它也反映出对多长时间范围的信号产生影响。根据定义不同，滤波器带宽有不同的表达式，常见的两种分别是-3 dB 带宽和等效噪声带宽

$$\begin{cases}B_{-3\text{ dB}}=1/2\pi T_0\\B_N=1/4T_0\end{cases} \tag{3-6-16}$$

式(3-6-16)中，前者代表滤波器的通过频率带宽，后者代表噪声功率的等效带宽。一般通过选取大的时间常量增强低通滤波的效果，提高信噪改善比。相应地，滤波器会对更长时间的信号产生影响。

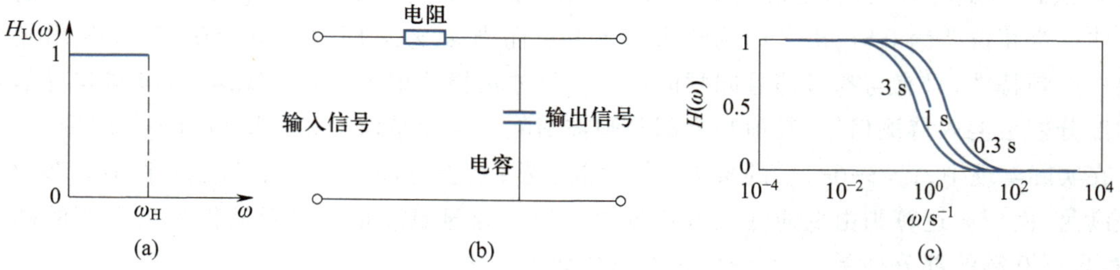

图 3-6-5

除了采用 1 阶 RC 电路低通滤波器，还可以通过多阶串联的方式增大低通滤波器的陡降(roll-off)来提升滤波效果，表 3-6-1 展示了 1 至 4 阶 RC 电路的情况，图 3-6-6 展示了多阶低通滤波器与陡降相应函数曲线。

表 3-6-1 多阶低通滤波器参量

阶数 n	响应函数 $H(\omega)$	陡降 dB/Oct	白噪声等效带宽	阶跃响应时间
1	$1/(j\omega R_0C+1)$	6	$1/(4T_0)$	$4.6T_0$
2	$1/(j\omega R_0C+1)^2$	12	$1/(8T_0)$	$6.7T_0$
3	$1/(j\omega R_0C+1)^3$	18	$3/(32T_0)$	$8.4T_0$
4	$1/(j\omega R_0C+1)^4$	24	$5/(64T_0)$	$10T_0$

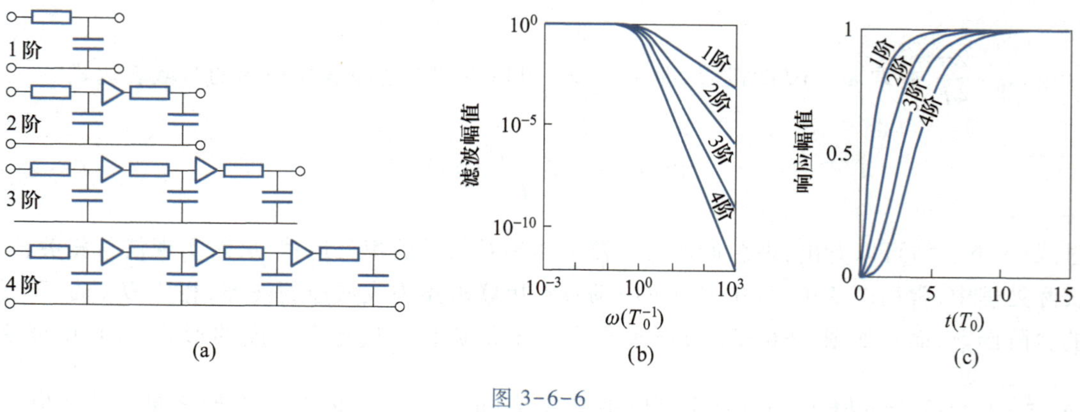

图 3-6-6

上述介绍了三角函数型参考信号，方波参考信号同样适用于相关检测原理。按照傅里叶级数展开，取值为$\pm V_r$ 的方波信号可表示为

$$V_r^s(t)=\frac{4}{\pi}V_r\left[\cos(\omega_r t)-\frac{1}{3}\cos(3\omega_r t)+\frac{1}{5}\cos(5\omega_r t)-\cdots\right] \tag{3-6-17}$$

将式(3-6-17)代入式(3-6-11)积分项可得

$$V_s(t)V_r^s(t-\tau)=\frac{2\sqrt{2}}{\pi}V_sV_r\left[\cos(\omega_r t\pm\omega_s t-\omega_r\tau)-\frac{1}{3}\cos(3\omega_r t\pm\omega_s t-3\omega_r\tau)+\frac{1}{5}\cos(5\omega_r t\pm\omega_s t-5\omega_r\tau)-\cdots\right] \tag{3-6-18}$$

再经过式(3-6-11)的积分运算,仍然只保留与待测信号同频的级数项分量的贡献,使得 $R_{s-r}(\tau)=\frac{2\sqrt{2}}{\pi}V_sV_r\cos(\omega_0\tau)$,其中 $\omega_s=\omega_r=\omega_0$。因此,方波参考信号可达到与余弦参考信号一样的选频效果,两者仅存在比例系数的区别。

实际待测信号中一般混有宽频噪声,存在待测频率的高阶谐波噪声信号,所以,在采用方波参考信号时,高阶谐波噪声信号将对信号检测造成影响,如角频率为 $2\omega_0$、$3\omega_0$ 等的信号。采用 1 阶 RC 滤波电路,方波参考信号在频域上前 5 级谐波项的通带窗口如图 3-6-7 所示。只要信号频率落在任一通带窗口内,都会给检测信号带来贡献。对于白噪声而言,每级窗口的等效噪声带宽都为 $2B_N=1/2T_0$,总的通过噪声平均功率可以写为

$$\overline{P}_{tot}=\sum_{i=1}^{\infty}\overline{P}_i=2B_Np_0\left(1+\frac{1}{9}+\frac{1}{25}+\cdots\right)=\frac{\pi^2}{4}B_Np_0 \tag{3-6-19}$$

式中,$\overline{P}_i$ 为第 i 级谐波窗口的平均功率,p_0 为功率谱密度系数。因此,方波参考信号引入的白噪声平均功率为余弦参考信号的 $\frac{\overline{P}_{tot}}{\overline{P}_1}=\frac{\pi^2}{8}\approx1.23$ 倍。对于非白噪声的窄带噪声信号,当其频率落在各级谐波通带窗口内时,会引起更大的噪声平均功率,在选用方波参考信号时要避免这种情况。

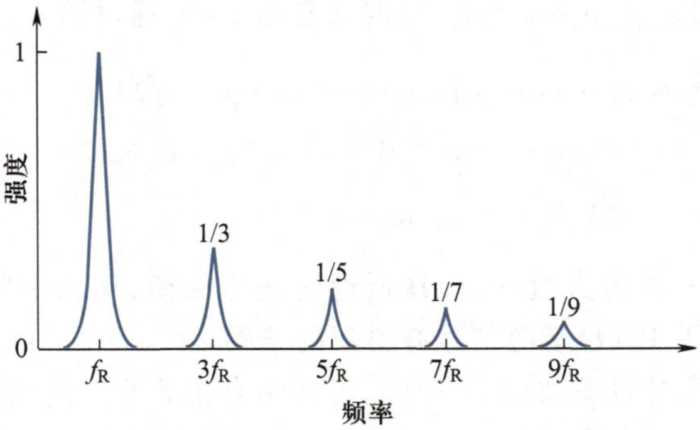

图 3-6-7

3. 锁相放大器原理

锁相放大器是利用电子电路按相关检测原理对信号进行精密测量的仪器。它能精确检测出振荡信号的幅值和相位,对电压信号的检测精度能达到微伏甚至纳伏,相位分辨能达到 0.01°~0.1°。锁相放大器主要由信号通道、参考通道和相关器三部分组成。信号通道一般包括前置放大器、带通滤波器、陷波滤波器(notch filter)、交流放大器等部分;参考通道一般包括鉴相器、锁相环、内部振荡源、宽频相移器等部分;相关器则一般包括相敏检波器(PSD)、低通滤波器、直流放大器等。一般类型的锁相放大器的电路示意图如图 3-6-8 所示。

通常,锁相放大器的输入信号要先经过预处理,前置放大器与交流放大器的增益一般可在较大范围调节,以适应待测信号的幅度大小。高通、低通滤波器组合成带通滤波器,当带通滤波器的中心频率调到与待测信号频率基本相近时,可对噪声及干扰进行初步抑制。陷波滤波器具有极窄的带宽,主要用于滤除工频及其二阶谐波的噪声。对于参考信号,一般

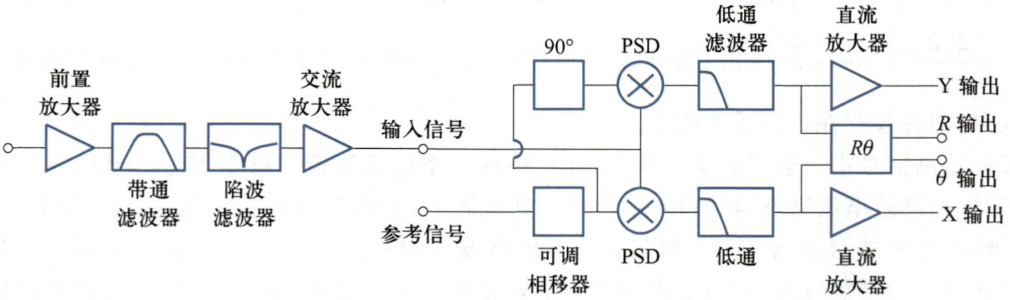

图 3-6-8

配备一个 360°连续可调相移器和一个 90°定值相移器，以使相位正交的两路参考信号与待测信号同步进行相关处理。相敏检波器和低通滤波器构成的相关器是仪器核心，前者是实现信号乘法运算的电路，后者由 RC 串联电路实现，其时间常量和陡降（roll-off）由电阻 R 和电容 C 大小决定。滤波信号将经过直流放大器后再输出。若一路参考信号为 $V_{r1}(t)=\sqrt{2}V_r\cos(\omega_r t+\varphi_r)$，则另一路为 $V_{r2}(t)=\sqrt{2}V_r\sin(\omega_r t+\varphi_r)$。假设输入信号混有噪声

$$V_{in}(t)=\sqrt{2}V_s\sin(\omega_s t+\varphi_s)+B_{in}(t) \tag{3-6-20}$$

式中，$B_{in}(t)$则为噪声信号。若 $\omega_s=\omega_r=\omega_0$，取时间延迟 $\tau=0$，通过输入信号与参考信号相乘可得

$$\begin{aligned}V_{in}(t)\cdot V_{r1}(t)&=2V_sV_r\cos(\omega_0 t+\varphi_s)\cos(\omega_0 t+\varphi_r)+\sqrt{2}V_rB_{in}(t)\cos(\omega_0 t+\varphi_r)\\&=V_sV_r\cos(\varphi_s-\varphi_r)-V_sV_r\cos(2\omega_0 t+\varphi_s+\varphi_r)+\\&\quad\sqrt{2}V_rB_{in}(t)\cos(\omega_0 t+\varphi_r)\end{aligned} \tag{3-6-21}$$

式(3-6-21)右侧第一项为直流项，会在低通滤波后保留，噪声中频率为 ω_0 的成分也会保留，其他项则被滤除。对于 $V_{r2}(t)$参考信号有类似的结果。

通过式(3-6-11)的积分计算式(3-6-21)，可得两路相关滤波的信号结果。对于 X-Y 模式输出，X 输出以 $V_{r1}(t)$为参考信号，Y 输出以 V_{r2}为参考信号。假设直流增益为 1，得

$$\begin{cases}X=V_sV_r\cos(\varphi_s-\varphi_r)\\Y=V_sV_r\sin(\varphi_s-\varphi_r)\end{cases} \tag{3-6-22}$$

对于 $R-\theta$ 模式输出，则有

$$\begin{cases}R=\sqrt{X^2+Y^2}=V_sV_r\\\theta=\tan^{-1}\dfrac{Y}{X}=\varphi_s-\varphi_r\end{cases} \tag{3-6-23}$$

其中，θ 是测得的相位，反映的是输入信号相对参考信号的相位大小。通常会使参考信号幅度为 1，并约化直流增益，这样输出的结果便直接是输入信号的幅值。相位 θ 形成的原因很多，比如由电容、电感等移相电子元件引起。测量过程中出现相位不为零的情况时，应仔细分析来源，而非简单由相移器将其消除。在有些实验中，相位的测量也是表征物理量的关键，如电容、电感的测量等。

【实验装置】

锁相放大器(lock-in amplifier)工作原理于 1934 年由 Cosens 首次提出,1946 年迪克(Robert H.Dicke)实现了模拟锁相放大器并且将其商业化。1970 年数字锁相环(DPLL)随之问世,使信号处理更为稳定。自 20 世纪 90 年代以来数字锁相放大器已逐渐成为实验室测量的通用仪器。本实验仪器系统包括锁相放大器、光学斩波器、激光器、衰减片、光电探测器、示波器、信号发生器、精密衰减器、电阻箱、BNC 线、偏振片和狭缝等。

1. 锁相放大器

锁相放大器的主要可调性能参量包括满刻度灵敏度(full-scale sensitivity)、时间常量、陡降和动态储备(dynamic reserve)。其中满刻度灵敏度可类比于量程,时间常量和陡降是关于滤波器滤波性能的参量。

(1) 时间常量

锁相中使用的滤波器为低通滤波器,即低频通过,高频衰减。在没有衰减的区域与达到最大衰减的区域之间,存在着一个衰减随频率增加而逐渐增加的过渡区域。时间常量反映的是没有衰减的区域的大小,即通过带宽。时间常量越大,通过带宽越窄,如图 3-6-5(c)所示。陡降反映的是过渡区域的陡峭程度,其值越大,过渡区域越陡峭,亦即过渡区域越窄,如图 3-6-6(b)所示。虽然时间常量越大,陡降越大,滤波效果越好,最终的信噪比越好,但两者的增大也会带来响应时间的增加。选取时间常量时,宜满足 $T_0 \gg 2\pi/\omega_s$。

(2) 动态储备

动态储备是锁相放大器对噪声大信号的容错能力的体现,也是锁相放大器的放大能力的重要指标,一般对于混入噪声大信号时,要选用高动态储备,而对于信噪比比较大的原始信号,则选用低动态储备即可。

2. 光学斩波器

光学斩波器是一种通过调速电机带动带孔圆盘稳定旋转对光源(主要是激光)进行强度调制的仪器。它通过光电门对转动圆盘的角速度进行测量并产生周期性电信号,这个信号可以传输给锁相放大器作为外部触发信号。锁相放大器根据外部触发产生同频的参考信号,进而对调制后的光信号进行锁相放大测量。在低频光信号的锁相放大测量中,光学斩波器是一种必备的仪器。

3. 实验仪器操控面板

本实验仪器面板外观如图 3-6-9 所示,可大致分为四个部分:信号输入及处理区域、测量结果区域、信号发生区域和系统设置区域。

(1) 信号输入及处理区域“1”

信号输入及处理区域主要包含关于输入信号和低通滤波器的相关设置。其中左下角两个端口为信号输入口(Singal Inputs),既可以从 A 通道直接测量,也可以从 A-B 双通道测量两通道的差分信号。A 通道不仅可以测量电压,还可通过[Input]键改为测量电流。

(2) 测量结果区域“2”

测量结果区域用于通过两个屏幕显示所检测电信号的数据,其下方的两个 BNC 接口输出与测量结果相关的信号,如 X、Y 等。

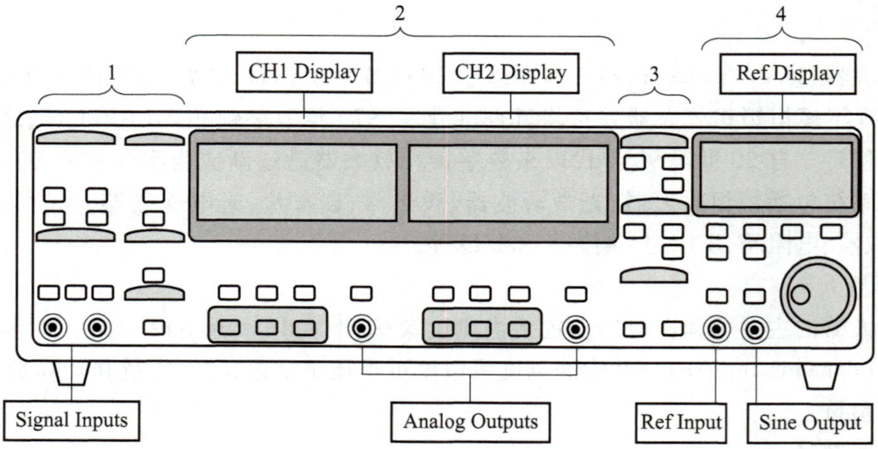

图 3-6-9

(3) 信号发生区域“3”

信号发生区域用来设置锁相放大器内部的一个正弦信号发生器所输出信号的频率、振幅、相位等参量,并通过下方的 Sine Output 通道输出。同时,这一区域还设置参考信号的来源和触发方式,分别通过[Source]键和[Trig]键更改。参考信号来源:如果使用锁相放大器产生的正弦信号给待测设备通电,参考信号需要设置为内部参考,该模式下[INTERNAL]指示灯亮起,REF IN 通道不起作用,锁相放大器直接通过内部的信号发生器来得到参考信号;而如果使用其他的外部电流源产生交流信号给待测设备通电,参考信号需要设置为外部参考,该模式下[INTERNAL]指示灯熄灭,REF IN 通道与外部电流源的参考信号输出通道相连,锁相放大器以 Ref Inputs 通道中的交流信号为参考。参考信号触发方式:有正弦(SINE)、上升沿(POSEDGE)、下降沿(NEGEDGE)三种,本实验使用 SINE 触发方式。

(4) 系统设置区域“4”

系统设置区域用来设定仪器基本工作状态。AUTO 区的三个键用来开启和关闭自动调节相位、增益和动态储备,本实验中始终保持关闭。SETUP 区主要用来调节仪器基本参量,一般无须调节。INTERFACE 区的[Local]按键用于切换远程控制和本地控制。当(Remote)灯亮起时,仪器由计算机软件控制,按键不响应,通过按下[Local]键可以将(Remote)的灯关闭,断开计算机控制,使仪器回到本机状态,按键恢复功能。[Setup]也用于调节仪器基本参量。

4. 实验注意事项

(1) 输入锁相放大器的电压不得超过 1 V,在使用电感元件时,注意感应电动势也不得超过 1 V。

(2) 严禁裸眼观看激光束,谨防激光反射至眼睛。按照激光安全分级,以相应的安全防护措施进行实验。

【课题内容】

1. 抑制不相关窄带信号的测量

(1) 按照图 3-6-10 连接电路,打开各仪表开关。

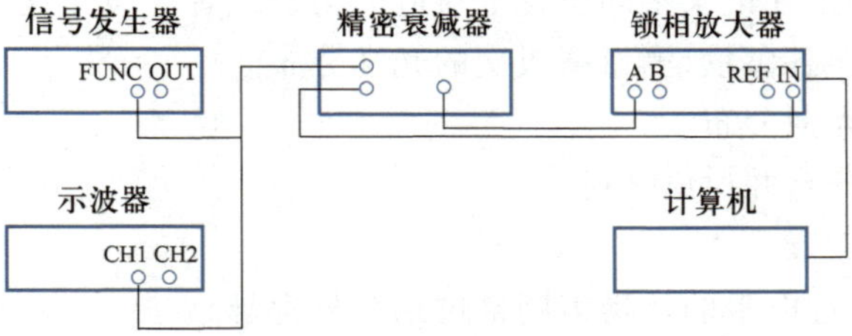

图 3-6-10

(2) 通过信号发生器产生一个峰峰值为 100 mV、频率为 700 Hz 的信号。

(3) 通过锁相放大器 Sine Outputs 输出一个峰峰值为 100 mV、频率为 1 001 Hz 的信号。

(4) 将两路信号由精密衰减器以×1 挡作用后叠加并输入锁相放大器 A 通道。

(5) 锁相放大器采用内部触发,选择合适的参量测量结果,采集一段时间的数据。

(6) 计算分析输入信号和测量信号的信噪比与信噪改善比。

(7) 依次改变信号发生器的频率为 800 Hz、900 Hz、1 000 Hz、1 001 Hz 和 1 100 Hz。

(8) 重复(5)-(6)的步骤,讨论锁相放大器对不相关信号的抑制能力。

2. 抑制宽带白噪声的测量

(1) 按照图 3-6-10 连接电路,打开各仪表开关。

(2) 通过信号发生器产生一个有效值为 100 mV 的白噪声信号。

(3) 通过锁相放大器 Sine Outputs 输出一个峰峰值为 100 mV、频率为 1 001 Hz 的信号。

(4) 将两路信号由精密衰减器以×1 挡作用后叠加并输入锁相放大器 A 通道。

(5) 锁相放大器采用内部触发,选择合适的参量测量结果,采集一段时间的数据。

(6) 计算分析输入信号和测量信号的信噪比与信噪改善比。

(7) 依次改变 Sine Outputs 输出端精密衰减器的挡位:$\times10^{-1}$、$\times10^{-2}$、$\times10^{-3}$。

(8) 重复步骤(5)和(6),讨论锁相放大器对白噪声信号的抑制能力。

3. 对光学干涉与衍射的精密测量

(1) 按照图 3-6-11 连接光路和电路,打开各仪表和激光器开关。

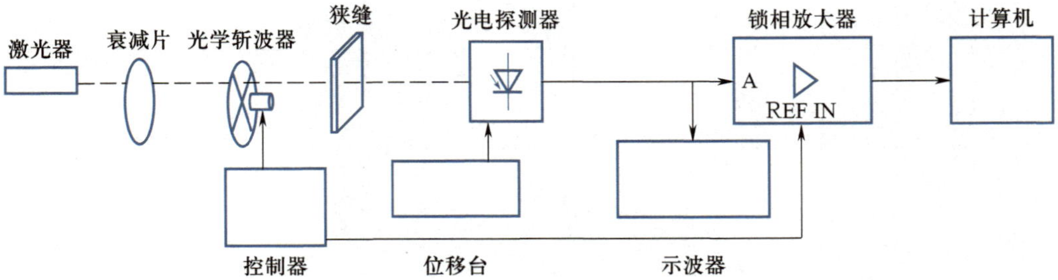

图 3-6-11

(2) 调节光路等高共轴,使狭缝产生对称均匀对称的衍射或干涉图样。

(3) 通过光学斩波器调制激光强度,调节其斩波频率至 200~300 Hz 的范围。

(4) 使用光电探测器进行测量,测得电信号分别输入示波器和锁相放大器。

（5）调节位移台，测量并记录不同位置上对应的衍射或者干涉光强，得到光强分布。

（6）调整锁相放大器各参量，测量高级次的光强分布。

（7）测量高级次的光强分布。

（8）对比理论光强分布并讨论分析。

4. 其他设计与探究实验

（1）请设计实验，通过电阻的热噪声测量玻尔兹曼常量。

（2）请设计基于锁相放大器测量声场幅度和相位的实验，与示波器测量进行对比。

（3）请设计测量 *RLC* 幅频和相频特性的实验，与示波器测量对比。

【课题要求】

1. 查阅相关资料，完成开题报告。
2. 确定课题题目，探讨研究内容。
3. 设计实验方案，确定实验方法。
4. 搭建实验装置，完成相关实验。
5. 完成研究论文，准备期末答辩。

3.7 三维立体成像探究

【课题综述】

三维投影系统利用光的干涉和衍射原理实现图像的立体三维静态或动态展示，可在不需要佩戴三维眼镜的情况下展示立体的图像。三维立体投影装置综合了光学系统、机械系统和计算机控制系统的设计和构建。三维投影装置的基本光学结构单元是由透明薄板等材质构成的多棱锥以及放置在锥顶位置的平板计算机投影源构成。图像光线由投影源发出，在棱锥侧面产生全反射，进入观察者眼睛。通过设计，可以使每个侧面反射的光线恰好构成三维物体的不同侧面，这样观察者从不同方向观看，就可以看到三维物体的不同侧面从而看到三维立体图像。三维立体成像技术展示信息量大且直观，因而有着广泛的实际应用。

本课题主要设计和构建三维立体成像装置，探究成像效果和性能。

【课题目的】

1. 熟悉三维立体成像装置的成像原理。
2. 学会三维立体成像装置的设计和构建。
3. 探索三维立体成像装置的机械控制和计算机控制。
4. 评估所构建的三维立体成像装置的成像和控制效果。

【背景知识】

目前实现三维立体成像有多种技术，常见的有分光法、色分法、时分法、全息投影法等。

1. 分光法

分光法模拟三维立体图像是通过在两台放映机的镜头前分别放置方向相互垂直的偏振片，同时将两幅二维平面图像投影在同一投影显示屏上。配套使用的偏振眼镜的左右两个镜片的偏振方向相互垂直，每只眼睛只能看到对应的画面，结果是双眼看到不同的图像在大脑中形成一个三维立体图像。

2. 色分法

色分法模拟三维立体图像技术与分光法相似，即将两个不同视角拍摄的影像分别以两种不同的颜色投射在同一画面中。观察者通过配套使用、左右镜片为不同颜色的立体眼镜观看，两眼分别所见的图像在大脑中重叠形成一个三维立体图像。

3. 时分法

时分法模拟三维立体图像要求观察者佩戴装有电子控制镜片的立体眼镜，两个镜片在透光与不透光之间进行切换，使得人眼只能看到透光状态下的非同时画面，进而在大脑中形成三维立体图像。

4. 全息投影法

使用全息投影技术亦可实现三维立体成像，其原理是利用光的干涉和衍射原理记录并再现物体的三维图像。

【基本原理】

1. 三维立体成像

佩珀尔幻像是一种光学错觉技术，制作方法是利用一张半透半反的薄板使物体成一个虚像，又因为是半透的薄板，所以又可以看到薄板后的景物，所以感觉是产生了幻觉的图像，佩珀尔幻像光路图见图 3-7-1。传统的佩珀尔幻像只能展示一个方向的像，借助现代摄影技术和计算机技术可以记录并展示同一个物体不同方向的影像，这给生成立体的投影带来极大的帮助。如果录制同一物体多个角度的图像并采用多个面共同投影，这样可以同时成多个像。如果距离设置合理的话，所成虚像在空间中的位置是重合的，从而实现三维立体成像。

三维立体投影成像原理：由透明材料制成具有若干个(4 个或 6 个)面的反射锥体，视线能从任何一面穿透。通过对置于其顶部电子图像的表面镜射和反射，进而在锥形空间内形成可见的三维影像，三维立体成像多棱锥设计示意图如图 3-7-2 所示。选择透明板材制作反射锥的反射面，形状为相同的等腰三角形，然后把反射面黏合起来形成多棱锥反射体(其顶部可开口或不开口)。手机或其他用于图像或视频演示的电子设备显示屏向下置于反射锥顶部，即可在锥体内以三维的形式显示所播放的图像，达到良好的视觉效果。为了使成像具有三维感和距离感，一般采用透明度较好的聚甲基丙烯酸甲酯板材。

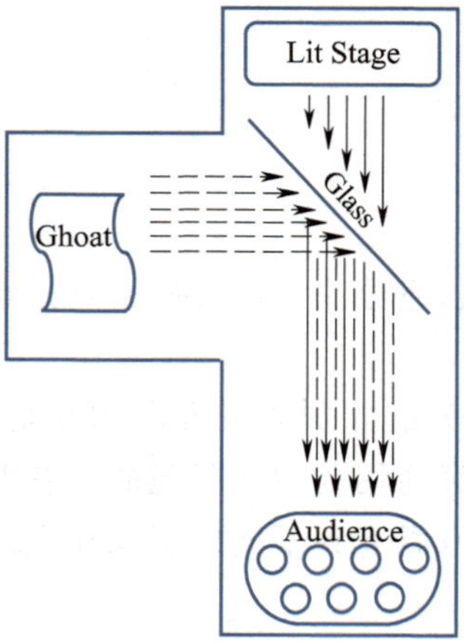

图 3-7-1

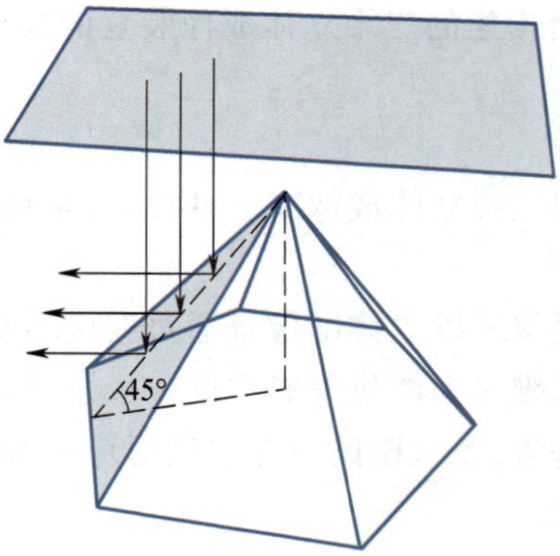

图 3-7-2

为了保证让反射光水平射入眼睛，需要使多棱锥的侧面和底面所成的二面角为 45°。假设棱锥的面数为 N，通过几何计算可得，侧面三角形斜边与底边的比值 ξ 为

$$\xi=(\sqrt{1+2\tan^2\theta})/2 \tag{3-7-1}$$

式中，θ 的值为$\frac{N-2}{N}\times 90°$。当 $N=4$ 时，即需要制作四棱锥时，计算得到的比值为$\sqrt{3}/2$；而当 $N=6$ 时，即需要制作六棱锥时，计算得到的比值为$\sqrt{7}/2$。

全息投影片源是自行编写的立体投影的程序，以实现图像展示的实时控制。下面是一种绘制算法的伪代码(源代码编写所使用的软件语言为 C++)：

```
for(i=0;I<N;i++)
{
    DrawModel(
        RenderTarget=TempRenderTargets[i],
        Eye=RotationMatrix(π*2*i/N)*EyePosition,
        Target=Origin
    );
}
for(i=0;I<N;i++)
{
  RotateRenderTarget(π*2*i/N,ScreenCenter);
  DrawTargetToScreen(Source=TempRenderTargets[i]);
}
```

除了模型展示和动画效果外,该程序还提供了交互的功能。通过键盘控制,可以直接使模型旋转,使得获取图像的角度改变,在立体投影中就呈现出角度变换的三维图像。

2. 双四棱锥偏振三维立体成像

双四棱锥偏振三维立体成像装置的成像单元由两个相同的透明四棱锥相互嵌合并加装偏振片构成。相应的双四棱锥偏振三维立体成像装置成像原理图如图 3-7-3 所示。两个作为投影源的平板电脑屏幕朝内平行放置于成像单元的上下两侧,屏幕表面覆盖有偏振片(偏振片 A)。该成像单元由两个相互嵌合的透明四棱锥加装偏振片(偏振片 B)构成。由投影源屏幕发出的光经过偏振片 A 后,一部分直接在四棱锥表面反射(偏振光 a),另一部分经四棱锥表面反射后通过偏振片 B(偏振光 b),控制两束偏振光的相位相互垂直形成视差(上下投影源所播放的画面亦有细微差别以增强该视差)。观察者经由 3D 眼镜即可在两个四棱锥的重叠空腔内观察到电脑图像的三维立体成像。

3. 便携式自动控制六棱锥三维立体成像

六棱锥三维立体成像引入可收合成像系统与投影源升降旋转系统并实现电气化控制,构建便携式可收纳型立体投影装置。六棱锥由六个等腰梯形亚克力板构成,其设计尺寸如图 3-7-4

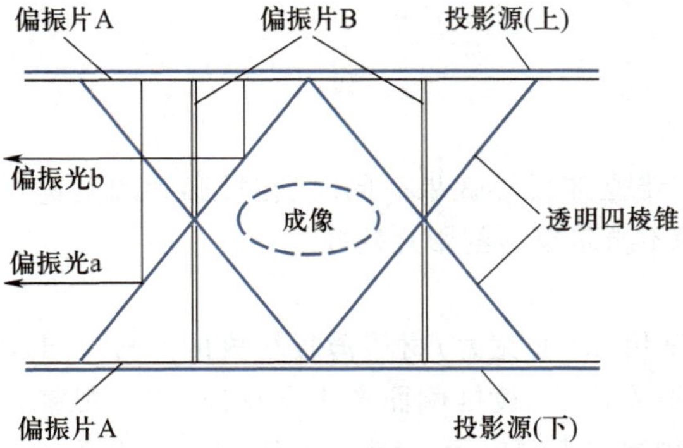

图 3-7-3

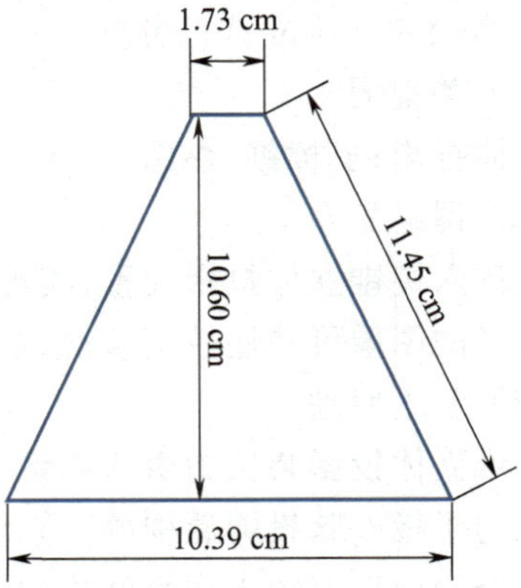

图 3-7-4

所示。它由六片亚克力板拼接而成，具有顶部开口的六面反射锥，棱锥的侧面和底面所成的二面角为 45°。

成像六棱锥的自动开合由六轴对称曲柄滑块式传动结构机械控制系统实现，可收纳型六棱锥立体投影装置成像系统的机械结构，如图 3-7-5(a)所示；用于构成六棱锥主体的六个梯形侧板及一个六边形底板的组合方式如图 3-7-5(b)所示。六棱锥成像系统的开合使用单片机驱动舵机控制，相应的控制程序可根据需要设计。成像所需的电子图像由成像时放置于六棱锥顶部的平板电脑提供。播放源的旋转和升降通过由升降和旋转两部分组成的机械控制平台控制。

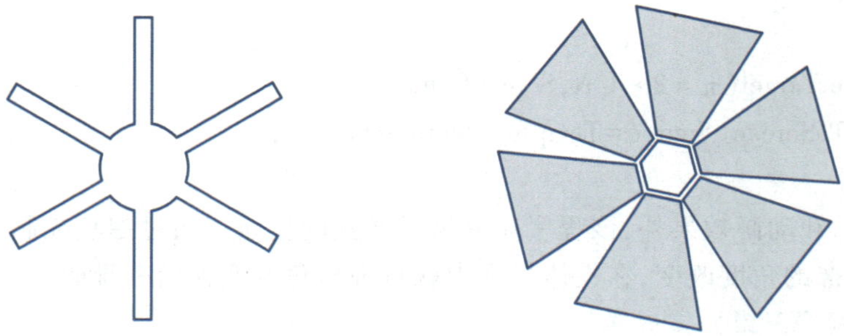

(a)　　(b)

图 3-7-5

便携式可收纳型立体投影装置由可收纳成像系统、平板电脑放置台和升降平台构成。其中成像系统可以通过单片机控制六个成像面板的开合，升降平台可以控制投影源的升降以达到理想的三维成像效果。

【实验装置】

本实验的装置均为自行搭建，所使用的机械部件可自主设计并由 3D 打印制作而成。MG995R 型数字舵机、单片机、驱动电机等为商用常规小型设备或部件。

【课题内容】

1. 六棱锥三维立体投影探究

(1) 关键词

立体投影；多棱锥；影像。

(2) 课题简介

设计六棱锥立体投影装置，实现良好的三维立体投影效果。同时，在投影片源上进行改进，使得投影的图像可在遥控下移动，投影的影像不再是单纯的影片播放。

(3) 基本原理

三维立体投影装置为由透明聚甲基丙烯酸甲酯(亚克力)材质薄板构成的六棱锥，以及覆盖在上方的平板电脑投影源构成。光线由投影源发出，在棱锥侧面产生全反射，进入观察者眼睛。使每一个侧面反射的光线恰好构成一个三维物体的不同侧面，观察者从不同方向观看，就可以看到三维物体的不同侧面从而形成三维立体影像。

(4) 研究内容

(a) 用透明聚甲基丙烯酸甲酯材质的薄板搭建六棱锥三维立体成像装置。

(b) 制作用于立体投影的程序,通过键盘控制对模型进行旋转以改变图像角度。

(c) 评估三维立体成像效果。

2. 双四棱锥偏振三维立体投影探究

(1) 关键词:全息;三维成像;偏振片。

(2) 课题简介

根据光的偏振原理,设计和构建一种结构简单、易于使用的全息三维立体成像装置。该装置的成像系统由加装了偏振片的两个相互嵌合的透明四棱锥单元组成,达到良好的全息三维成像效果。

(3) 基本原理

偏振全息三维立体成像装置的基本成像单元为由透明材质薄板构成的四棱锥结构,然后由两个相同的透明四棱锥相互嵌合并加装偏振片构成,两个作为投影源的平板电脑屏幕朝内平行放置于成像单元的上下两侧,屏幕表面覆盖有偏振片。由投影源屏幕发出的光经过偏振片后,一部分直接在四棱锥表面反射,另一部分经四棱锥表面反射后通过另一片偏振片,控制两束偏振光的相位相互垂直形成视差,由此通过 3D 眼镜在两个四棱锥的重叠空腔内观察到全息三维立体成像。

(4) 研究内容

(a) 搭建由两个相同的透明四棱锥相互嵌合和拍照片构成的光学成像单元。

(b) 使用 ECMA Script 6 编写投影源程序,导入所拍摄的 8 个不同视角的投影源图像并控制三维成像效果。

(c) 评估三维立体成像效果。

3. 便携式自动控制三维立体投影探究

(1) 关键词:

立体投影;自动控制;便携式。

(2) 课题简介

设计和构建一种新型的便携式自动控制三维立体投影装置,其由机械自动控制的开合式三维成像系统和投影源升降平台组成。成像系统为六片透明材质的等腰梯形薄板构成的六棱锥结构,其开合由单片机控制的机械系统实现,投影源位置调节由机械平台操控。

(3) 基本原理

采用由透明材质薄板(聚甲基丙烯酸甲酯板,厚度为 1~2 mm)组成六棱锥三维立体成像单元。成像六棱锥的自动开合由六轴对称曲柄滑块式传动结构机械控制系统实现,使用单片机 Arduino Mega驱动舵机控制(控制程序自行编写)。成像所需的电子图像由成像时放置于六棱锥顶部的平板电脑提供,播放源的旋转和升降通过自行设计的由升降和旋转两部分组成的机械控制平台实现。

(4) 研究内容

(a) 搭建由机械自动控制的开合式三维成像系统和投影源升降平台组成的新型便携式可收纳型立体投影装置。

(b) 由 3D 建模构建所投影对象的模型,通过 Blender 2.8.0 进行物体参量变换、光源设计、纹理选择和渲染等建立用于投影源的 3D 模型。采集六个对称视角的动画视频制作投影片源,由同步叠加后的动画获得最终投影源。

(c) 评估三维立体成像和控制效果。

【课题要求】

1. 查阅相关资料,完成开题报告。
2. 确定课题题目,探讨研究内容。
3. 设计实验方案,确定实验方法。
4. 搭建实验装置,完成相关实验。
5. 完成研究论文,准备期末答辩。

3.8 声悬浮设计与探究

【课题综述】

声悬浮是一种利用高强度声波的声辐射压力抵抗重力将声场中的物体悬浮在空气中的方法。与磁悬浮的原理不同,它通过空气介质振动在物体周围产生声辐射压力,从而产生悬浮效果。声悬浮在科学研究和工业生产中有诸多应用,例如,无接触地研究液滴蒸发和颗粒形成过程;将光投射到悬浮颗粒上,颗粒在悬浮力作用下沿着路径快速移动,从而创建连续的立体图像;声悬浮在3D打印中的应用等。

本课题主要基于不同的声悬浮技术探究相关物理现象和物理特性。

【课题目的】

1. 熟悉声悬浮的基本原理。
2. 学会使用超声波换能器探究声悬浮相关物理规律。
3. 探索不同的声悬浮方案。
4. 设计并完成基于声悬浮的相关研究课题。

【背景知识】

1866年,昆特管实验首次证实了声悬浮的可能性。在谐振腔中的实验表明,粒子可以通过声辐射力聚集在驻波的节点处。在20世纪初,瑞利(Lord Rayleigh)发展了与声波相关的压力理论,该理论主要分析了声波所包含的气压力和能量。1934年,金(L.V.King)开始对声场中的粒子进行分析,得到了声场中不可压缩粒子受到的力。Yosioka和Kawasama紧随其后,计算了平面声波中可压缩颗粒上的力。随后,戈里科夫(Lev P.Gor'kov)将声场一般化为Gor'kov势,这是声悬浮的数学基础。

下面是几个典型的声悬浮装置。

1. 基于压电制动器的声悬浮装置

最常见的悬浮装置是Langevin Horn,它由压电制动器、金属发射器和反射器组成。这一悬浮装置需要精确地调节发射器和反射器之间的距离,因为发射器和反射器之间需要是波长的精确倍数,这在实际应用中存在困难,因为波长随着声速变化,而声速受温度和海拔等环境因素显著影响。在许多研究中已经对这种方式做了重要的改进。

2. 基于压电换能器阵列的声悬浮装置

新一代声悬浮装置一般采用大量小型压电换能器组成阵列而构成,这个悬浮装置称为TinyLev。它与Langevin Horn的主要区别在于它使用了顶部和底部的两组超声波声源,而不是发射器和反射器,以及使用了大量具有并联激励的小型换能器,而不是单个压电元件。使用两个相反的行波,而不是一个声源和一个反射器,这意味着即使顶部和底部之间的距离不是波长的精确倍数,仍然可以悬浮。这形成了一个更稳健的系统。

3. 基于相控阵超声换能器的声悬浮装置

使用相控阵超声换能器(通常称为 PAT)进行悬浮是一个重大发展。相控阵超声波换能器是一组超声波扬声器,它们被控制以产生单个所需的声场。这是通过控制每个输出之间的相对相位(即延迟时间)以及相对输出幅度来实现的。

【基本原理】

1. 超声波

声音的产生,源自物体的振动通过介质传播到人耳中产生听觉感受。超声波同样是源自物体的振动,一般是超声波换能器发射面在特定频率的电压信号驱动下的振动。一般超声波发射面为一圆面。下面以圆形振动面模型分析超声波的振源的运动特征。

对于一个圆形薄膜,根据微元受力分析可得圆膜振动方程为

$$\frac{\partial^2\eta}{\partial x^2}+\frac{\partial^2\eta}{\partial y^2}=\frac{1}{v_0^2}\frac{\partial^2\eta}{\partial t^2} \tag{3-8-1}$$

式中,η 为薄膜沿垂直膜平面方向的振动位移,$v_0=\sqrt{F_T/\sigma}$ 代表薄膜的声速,x 和 y 为正交平面坐标,t 为时间坐标。其中,F_T 代表膜内张力,σ 为膜的面密度。采用极坐标对式(3-8-1)进行变换,可得

$$\frac{\partial^2\eta}{\partial r^2}+\frac{1}{r}\frac{\partial\eta}{\partial r}=\frac{1}{v_0^2}\frac{\partial^2\eta}{\partial t^2} \tag{3-8-2}$$

由于圆膜振动过程中具有圆的对称性,振动位移与极坐标中的角度 θ 无关,即$\frac{\partial\eta}{\partial\theta}=0$。因此式(3-8-2)简化形式中不出现 θ,仅出现极坐标 r。对式(3-8-2)进行分离变量求解,得到方程通解为

$$\eta(r,t)=AJ_0(kr)\mathrm{e}^{\mathrm{i}\omega t} \tag{3-8-3}$$

式中,A 为振幅系数,J_0 为零阶柱贝塞尔函数,$k=\omega/v_0$ 为波矢大小,ω 为角频率,i 为虚数单位。

对于一个圆形薄板,考虑其等效杨氏模量为$\frac{E}{1-\delta^2}$,近似得到薄板的振动方程为

$$\frac{EK^2}{\rho(1-p^2)}\left(\frac{\partial^2}{\partial x^2}+\frac{\partial^2}{\partial y^2}\right)^2\eta=\frac{\partial^2\eta}{\partial t^2} \tag{3-8-4}$$

式中,E 为薄板的杨氏模量,δ 为泊松比,ρ 为薄板的密度,$K=h/\sqrt{12}$ 为截面回转半径,h 为厚度。同样采用极坐标系和分离变量法可得圆形薄板振动的通解

$$\eta(r,t)=(AJ_0(kr)+BI_0(kr))\mathrm{e}^{\mathrm{i}\omega t} \tag{3-8-5}$$

其中,$k^4=\frac{\omega^2\rho(1-\delta^2)}{K^2E}$,$A$ 和 B 为振幅系数,I_0 为零阶虚宗量柱贝塞尔函数。

当超声波换能器发射面的圆形薄膜或薄板以超过 20 kHz 的频率振动时,它能够推动附近的空气振荡,从而产生在空气中传播的超声波。

2. 超声波传播

对于小振幅的超声波,在空气中传播时,满足三个基本方程,首先是空气介质的运动方程

$$\rho \frac{\mathrm{d}v}{\mathrm{d}t}=-\frac{\partial p}{\partial x} \tag{3-8-6}$$

式中，密度 $\rho=\rho_0+\rho'$，分成无扰动的静态部分 ρ_0 和微小变化部分 ρ'；v 为振动速度；p 为声压的变化。对于空气介质，还有连续性方程的限制

$$-\rho \frac{\partial}{\partial x}(\rho v)=\frac{\partial \rho}{\partial t} \tag{3-8-7}$$

最后，由绝热过程物态方程 pV^{γ} = 常量得到

$$v_{\mathrm{c}}^2=\frac{\gamma p}{\rho} \tag{3-8-8}$$

其中，v_{c} 为空气中声速，p 为压强，γ 为定压热容与定体热容之比。由此，在线性近似下，可得声压的波动方程为

$$\frac{\partial^2 p}{\partial x^2}=\frac{1}{v_{\mathrm{c}}^2}\frac{\partial^2 p}{\partial t^2} \tag{3-8-9}$$

考虑三维情况，式(3-8-9)可改写为

$$\frac{\partial^2 p}{\partial x^2}+\frac{\partial^2 p}{\partial y^2}+\frac{\partial^2 p}{\partial z^2}=\frac{1}{v_{\mathrm{c}}^2}\frac{\partial^2 p}{\partial t^2} \tag{3-8-10}$$

3. 声场分布

由式(3-8-10)出发，根据标量波动传播理论，在均匀介质中传播的声场通常写成复简谐波的积分形式

$$p(M_0)=\int_S t(M_0,\boldsymbol{r})\cdot U(\boldsymbol{r})\mathrm{d}S \tag{3-8-11}$$

式中，M_0 代表测量点，$p(M_0)$ 为测量点的声场复振幅。在微元 $\mathrm{d}S$ 上激发的振幅为 $U(\boldsymbol{r})$ 的振动经过 $\boldsymbol{r}$ 传播到 M_0 测量点，$t(M_0,\boldsymbol{r})$ 为传播因子。传播因子具有如下形式：

$$t(M_0,\boldsymbol{r})=\begin{cases}\dfrac{\omega\rho v_{\mathrm{c}}}{\lambda}\cdot\dfrac{\mathrm{e}^{-\mathrm{j}kr}}{r}, & S\text{ 为主动振动面}\\[2ex] \dfrac{\mathrm{j}}{\lambda}\cdot\dfrac{\mathrm{e}^{-\mathrm{j}kr}}{r}, & S\text{ 为固定反射面}\end{cases} \tag{3-8-12}$$

式中，$k=2\pi/\lambda$ 为波数，λ 为波矢大小，ω 为振动角频率，ρ 为介质密度，v_{c} 为介质材料中的声速。$p(M_0)$ 具有压强的量纲，因此声场的绝对值对应声压强度。

根据式(3-8-11)和式(3-8-12)可知，随着反射次数的增加，声压强度逐渐减弱。当反射多次后，单次反射声场衰减至小量而可忽略。因此，计算时分别考虑每次反射的声场，经有限次的反射声场计算，相加得到总声场。考虑起始发射声波：将振动面分成 N 个面积为 S_n 的单元，每个单元的振动复振幅为 U_n，其中 $n=1,2,\cdots,N$。将声场空间也离散化，分为 M 个点，每个点声场强度为 p_m，其中 $m=1,2,\cdots,M$。按照式(3-8-11)，任意点声场强度 p_m 可写成

$$p_m=\sum_{n=1}^{n=N}\frac{\omega\rho c}{\lambda}\cdot\frac{\mathrm{e}^{-\mathrm{j}kr_{nm}}}{r_{nm}}\cdot U_n\cdot S_n \tag{3-8-13}$$

式中，r_{nm} 表示第 n 个振动面元到点 m 的距离。将式(3-8-13)中传播因子项改写成矩阵元

$$T_{mn}^{(\mathrm{TM})}=s_n\cdot\frac{\mathrm{e}^{-\mathrm{j}kr_{nm}}}{r_{nm}} \tag{3-8-14}$$

则矩阵为

$$\boldsymbol{T}^{(TM)}=\begin{bmatrix} T_{11}^{(TM)} & T_{12}^{(TM)} & \cdots & T_{1N}^{(TM)} \\ T_{21}^{(TM)} & T_{22}^{(TM)} & \ddots & T_{2N}^{(TM)} \\ \vdots & \vdots & \vdots & \vdots \\ T_{M1}^{(TM)} & T_{M2}^{(TM)} & \cdots & T_{MN}^{(TM)} \end{bmatrix} \tag{3-8-15}$$

将复振幅和声场写成列向量形式，$\boldsymbol{U}=[U_1 \quad \cdots \quad U_N]^{\mathrm{T}}$，$\boldsymbol{P}=[p_1 \quad \cdots \quad p_M]^{\mathrm{T}}$，结合式(3-8-13)、式(3-8-14)和式(3-8-15)，起始发射声场则可简写为

$$\boldsymbol{P}^{\mathrm{E}}=\frac{\omega\rho c}{\lambda}\cdot \boldsymbol{T}^{(\mathrm{TM})}\cdot \boldsymbol{U} \tag{3-8-16}$$

以相同原理得到振动面到反射面、反射面到振动面以及反射面到空间任意点的传播因子 $\boldsymbol{T}^{(\mathrm{TR})}$、$\boldsymbol{T}^{(\mathrm{RT})}$ 和 $\boldsymbol{T}^{(\mathrm{RM})}$ 的矩阵元

$$T_{in}^{(\mathrm{TR})}=s_n\cdot\frac{\mathrm{e}^{-\mathrm{j}kr_{ni}}}{r_{ni}},\quad T_{ni}^{(\mathrm{RT})}=s_i\cdot\frac{\mathrm{e}^{-\mathrm{j}kr_{in}}}{r_{in}},\quad T_{mi}^{(\mathrm{RM})}=s_i\cdot\frac{\mathrm{e}^{-\mathrm{j}kr_{im}}}{r_{im}} \tag{3-8-17}$$

式中，r_{ni} 和 r_{in} 表示第 n 个振动面元到第 i 个反射面元的距离，r_{im} 表示第 i 个反射面元到点 m 的距离。通过式(3-8-14)、式(3-8-16)和式(3-8-17)类比写出发射与反射声场之和，也就是总声场强度

$$\boldsymbol{P}=\frac{\omega\rho c}{\lambda}\boldsymbol{T}^{(\mathrm{TM})}\boldsymbol{U}+\frac{\omega\rho c}{\lambda}\frac{i}{\lambda}\boldsymbol{T}^{(\mathrm{RM})}\boldsymbol{T}^{(\mathrm{TR})}\boldsymbol{U}+\frac{\omega\rho c}{\lambda}\left(\frac{i}{\lambda}\right)^2\boldsymbol{T}^{(\mathrm{TM})}\boldsymbol{T}^{(\mathrm{RT})}\boldsymbol{T}^{(\mathrm{TR})}\boldsymbol{U}+\frac{\omega\rho c}{\lambda}\left(\frac{\mathrm{j}}{\lambda}\right)^3\boldsymbol{T}^{(\mathrm{RM})}\boldsymbol{T}^{(\mathrm{TR})}\boldsymbol{T}^{(\mathrm{RT})}\boldsymbol{T}^{(\mathrm{TR})}\boldsymbol{U}\cdots \tag{3-8-18}$$

使振动面各点复振幅一致为 $U_n=U_0\mathrm{e}^{-\mathrm{j}\omega t}$，其中 U_0 为振幅。根据式(3-8-4)和式(3-8-7)计算传播因子 $\boldsymbol{T}^{(\mathrm{TR})}$、$\boldsymbol{T}^{(\mathrm{RT})}$、$\boldsymbol{T}^{(\mathrm{TM})}$ 和 $\boldsymbol{T}^{(\mathrm{RM})}$ 矩阵，由式(3-8-18)可得到计算声场。

4. 势能分布

根据 Gor'kov 理论，在悬浮物尺寸远小于声波波长时，球径为 R 的小球感受到的声辐射势 V 为

$$V=2\pi R^3\left(\frac{\overline{p^2}}{3\rho c}-\frac{\rho\,\overline{\dot{u}^2}}{2}\right) \tag{3-8-19}$$

其中，$\overline{p^2}$ 和 $\overline{\dot{u}^2}$ 分别是声场和速度的方均值。速度场通过下面两式得到

$$\phi=-\frac{p}{\mathrm{j}\omega\rho} \tag{3-8-20}$$

$$\dot{u}=\nabla\phi \tag{3-8-21}$$

其中，ϕ 是速度势。R 很小时，相对声势能记为 $\widetilde{V}=\dfrac{V}{2\pi R^3}$，忽略球体积带来的影响。根据复振幅 U_n 简谐振动假设，有 $\overline{p^2}=\dfrac{1}{2}|p|^2$，$\overline{\dot{u}^2}=\dfrac{1}{2}|\dot{u}|^2$，结合式(3-8-19)、式(3-8-20)和式(3-8-21)得到

$$\widetilde{V}=\frac{1}{2}\left(\frac{|p|^2}{3\rho c}-\frac{|\nabla p|^2}{2\omega}\right) \tag{3-8-22}$$

将模拟声场 p 按照式(3-8-22)右侧第二梯度项进行近邻差分，然后以方均形式代入便得到

声势能。

【实验装置】

1. 超声波换能器

超声波换能器是用来产生超声波的声源装置，常见的有两大类。一类是基于压电陶瓷圆盘和变幅杆的换能器，这类换能器体积和质量较大，常用于焊接、乳化、切割和雾化等，当其振动面振动时，可认为各点近似满足等振幅同相位的条件。另一类则是基于压电陶瓷和金属板的小型超声波传感器，常用于声波探测。如图 3-8-1 所示是超声波换能器工作状态的等效电路图。

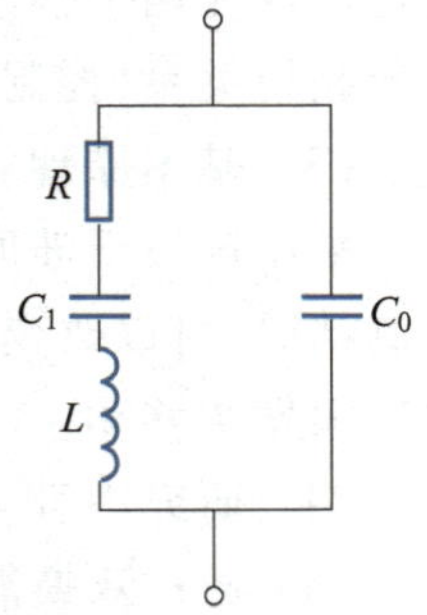

图 3-8-1

2. Arduino 芯片板

Arduino 是一款便捷灵活、方便上手的开源电子原型平台。包含硬件(各种型号的 Arduino 芯片板)和软件(Arduino IDE)。它构建于开放原始码 simple I/O 界面版，并且具有使用类似 Java、C 语言的 Processing/Wiring 开发环境。Arduino 能连接各种各样的传感器，并通过控制与反馈感知环境、影响环境。芯片板上的微控制器可以通过 Arduino 的编程语言来编写程序，编译成二进制文件，烧录进微控制器。

3. L298N 板

L298N 板是一种双 H 桥电机驱动芯片，其中每个 H 桥可以提供 2 A 的电流，内含 4 路逻辑驱动电路，功率部分的供电电压为 2.5~48 V，逻辑部分供电电压为 5 V，可接受 5 V TTL 电平信号。一般情况下，功率部分的电压应大于 6 V，否则 L298N 芯片可能不能正常工作。一个 L298N 板可同时驱动两个载荷工作。芯片板还具有反馈检测和过热断路的自我保护功能。

【课题内容】

1. 超声驻波悬浮与声速的研究

(1) 关键词

超声驻波；声悬浮；波节。

(2) 课题简介

选择不同本征频率的变幅杆型超声波换能器，使其与平面正对，在合适的距离上产生超声驻波。通过以超声驻波使轻小颗粒悬浮的方式，确定驻波的波节。测量波节间距，得到波长，结合频率测量声速。

(3) 基本原理

对于超声驻波，轻小颗粒将悬浮于各波节点附近。相邻波节点之间的距离则为半波长，结合超声波频率，可得声速为

$$v_c=\lambda f \tag{3-8-23}$$

(4) 研究内容

(a) 通过不同换能器产生不同超声驻波场，以轻小颗粒悬浮观测其波长。

(b) 研究不同频率下波长的大小以及相应的声速。

2. 双换能器相位操控悬浮的研究

（1）关键词

相位；双换能器；操控。

（2）课题简介

通过两个频率一致的换能器同向产生超声波，经过反射面反射后叠加形成驻波。驻波的状态可由改变两个换能器振动面的相位关系而实现调控。驻波的波节点也会发生移动。通过仔细调节相位关系，控制波节位置，便可以使轻小颗粒悬浮。

（3）基本原理

采用声波干涉原理，类似于光学实验中的杨氏双缝干涉，当把双缝中的一条缝用一块透明玻璃遮挡时，可以改变双缝之间的光程差，也就改变了双缝之间的相位差。这将使得双缝干涉的光强极大发生移动。

（4）研究内容

（a）通过双换能器与反射面产生对称、稳定的驻波，使轻小颗粒悬浮。

（b）通过调节两个换能器的驱动电信号的相位关系改变悬浮状态。

（c）通过改变两个换能器的驱动电信号的频率关系，观察动态悬浮。

3. 超声调制法测量声速的研究

（1）关键词

调制法；声速测量；调幅；相位。

（2）课题简介

声速的测量有很多方法，最直接的是通过测量声波传播一段距离所需的时间，通过距离除以时间得到声速。为了准确测得时间，可通过信号发生器驱动超声波换能器产生调幅声波，通过调幅声波在接收端和发射端的相位关系可以确定传播的时间差，再由发射端和接收端的距离便可测量声速。

（3）基本原理

对于发射端和接收端的传播时间差 Δt，可通过两者信号的相位差 $\Delta\phi$ 以及超声波频率 f 计算获得：

$$\Delta t=\frac{\Delta\phi}{2\pi f} \tag{3-8-24}$$

再由传播距离便可测量声速。这与光拍法测光速原理类似。

（4）研究内容

（a）通过信号发生器调幅，研究接收信号与发射信号的相位差，测量声速。

（b）研究如何选择调幅的频率以提高声速测量精度。

（c）研究超声调制法与光拍法的异同。

4. 相控阵超声悬浮控制的研究

（1）关键词

相控阵；悬浮控制；声场。

（2）课题简介

通过两个换能器的相位控制操控悬浮的课题研究，可以进一步拓展到多个换能器，甚至换能器阵列。独立调节换能器阵列中每一个的相位,实现相控阵调节声场。最终能在更大范围控制轻小颗粒悬浮移动。

(3) 基本原理

通过相控阵的声波干涉原理,构建经相位调节连续可变的超声驻波场。类似于光栅衍射。

(4) 研究内容

(a) 搭建超声换能器阵列实验装置。

(b) 通过 Arduino 芯片板编程,独立控制换能器的相位。

(c) 测量各换能器的时序信号,分析评定相位关系的精度和正确性。

(d) 研究如何调节相位实现对轻小颗粒的悬浮操控。

【课题要求】

1. 查阅相关资料,完成开题报告。
2. 确定课题题目,探讨研究内容。
3. 设计实验方案,确定实验方法。
4. 搭建实验装置,完成相关实验。
5. 完成研究论文,准备期末答辩。

3.9 虚拟电机测控系统设计与探究

【课题综述】

随着科学技术的快速发展,特别是在工业自动化和机电一体化领域的迅猛发展,电机作为核心部件在各类设备和系统中扮演着越来越重要的角色。传统的电机测控方法多依赖于手动操作,存在安全隐患且无法满足自动化、智能化的需求。因此,基于 LabVIEW 的电机测控系统应运而生。基于 LabVIEW 的电机测控系统具有操作简便、控制精度高、响应速度快等优点,随着技术的不断进步,该系统有望在更多领域得到广泛应用,如工业自动化、机器人控制等。同时,通过进一步优化控制算法和硬件设计,可以进一步提升系统的性能和可靠性。

本课题主要探究基于 LabVIEW 的电机测控系统,自主设计虚拟实验仪器。

【课题目的】

1. 了解并掌握虚拟仪器的概念及应用。
2. 学会使用 LabVIEW 软件设计和编译虚拟仪器。
3. 理解并掌握数据采集和测量分析。
4. 设计并完成基于 LabVIEW 的电机测控系统相关研究课题。

【背景知识】

虚拟仪器(virtual instrumentation)是利用高性能的模块化硬件,结合高效灵活的软件来完成各种测试、测量和自动化的应用。之所以称为虚拟仪器,是因为它们的外观和操作与真实的仪器极其相似。虚拟仪器以软件为核心,将以前传统仪器中由硬件电子线路实现的信号处理、结果显示和仪器控制用计算机软件来实现,用户通过软件编译的虚拟面板操作计算机,即可实现仪器的操作。

虚拟仪器的发展大致经历三个阶段。

(1) 早期的虚拟仪器是通过通用接口总线(GPIB)标准的建立发展起来的。通过 GPIB 和 RS-232 总线将计算机连接起来以实现与检测仪器的通信,从测量仪器获得数据,并通过各种数据分析函数来完成数据的分析处理和显示。

(2) 随着微处理器技术水平和性价比的不断提高,逐渐用即插即用的数据卡(PC DAQ)来取代原来的传统测量仪器,以完成数据采集分析的任务。

(3) 20 世纪 90 年代虚拟仪器框架得到广泛认可和采用。以面向对象技术为基础的虚拟仪器开发软件已经成为标准的虚拟仪器开发平台,图形化编程成为主流,NI 公司的 LabVIEW7.1 就是典型代表。发展到这一阶段,人们认识到虚拟仪器软件框架才是数据采集和仪器控制系统实现自动化的关键。

LabVIEW(laboratory virtual instrument engineering workbench)是一款图形化编程语言,是一种以数据流驱动的图形化编程语言。在 LabVIEW 中编写软件的过程,就像是一个程序流程框图绘制的过程,结合它提供的各种控件、信号分析处理函数库,可以大大提高我们的编程效率。另外,由于它并非一种封闭的语言,而是具有强大的外部接口能力,可实现与诸如 C/C++、Basic、Matlab、Python 等编程语言互通的能力,现在,LabVIEW 不局限于虚拟仪器软件类的开发,而是已经发展成为一种通用的、完善的、开放的高级编程语言。

【基本原理】

1. 电机测控原理

转速是电机的一个重要指标,它表示电机每分钟旋转的圈数,但是虚拟仪器和传统仪器一样都无法直接测量电机的转速,必须采用间接的方式,先将转速转变成电信号,然后利用数据采集卡将电信号采集到虚拟仪器中,最后将所采集的电信号换算回转速。利用 LabVIEW 进行电机转速控制的过程如图 3-9-1 所示。

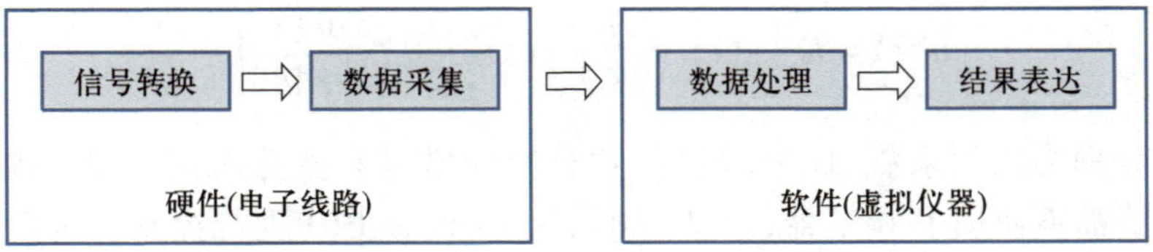

图 3-9-1

对于直流电机来说,电机两端施加的电压不同,则转速不同,因此若想提高或降低转速,只需调节电压大小即可,具体进程的流程图如图 3-9-2 所示。

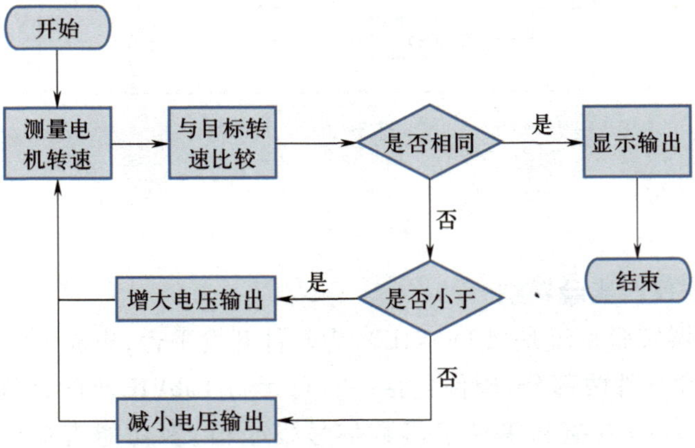

图 3-9-2

本课题中电机获取的电压由虚拟仪器系统提供,根据系统需求,选择合适的直流电机、传感器、电阻等硬件设备,搭建信号转换电路,确保各设备之间通信正常。利用 LabVIEW 编写采集程序。利用程序操控数据采集卡获取转换的信号并对采集到的数据进行处理,包括统计、拟合等。然后,基于 PID 等控制算法,编写控制程序,实现对电机转速的精确控制,通过调整控制参量,满足不同转速需求。

2. PID 算法

PID 控制算法是结合比例(proportional)、积分(integral)和微分(differential)三种环节于一体的控制策略。PID 算法是当下工业界使用最为广泛的控制算法,它是连续系统中技术最为成熟、应用最为广泛的一种控制算法。通过 LabVIEW 平台可以实现 PID 控制算法,借助 NI ELVIS 系统与电机连接,达到稳定控制电机转速的效果。最终实现的效果为:给定一个转速,能够快速调整到目标转速且有效控制误差。

如图 3-9-3 所示,模拟 PID 控制系统包括 PID 控制器和被控对象,其中:

(1) $r(t)$为参考值(设定值),亦可记作 SP 或 SV。

(2) $u(t)$为 PID 控制器输出值。

(3) $e(t)$为设定值与被调量之间的偏差值,满足 $e(t)=r(t)-c(t)$。$e(t)$作为 PID 控制器的输入,$u(t)$作为 PID 控制器的输出和被控对象的输入,其控制规律满足方程

$$u(t)=K_{p}\left[e(t)+\frac{1}{T_{i}}\int_{0}^{t}e(t)\mathrm{d}t+T_{d}\frac{\mathrm{d}e(t)}{\mathrm{d}t}\right] \tag{3-9-1}$$

其中,K_p、T_i、T_d 分别为比例系数(比例增益)、积分时间常量和微分时间常量。实际工程应用场合中,很多情况下都不使用 D 调节器(令 $T_d=0$),用 PI 代替 PID 进行控制。这是因为 PI 和 PID 相比,校正环节更容易建模,实现零极点对消,参量整定更加方便。

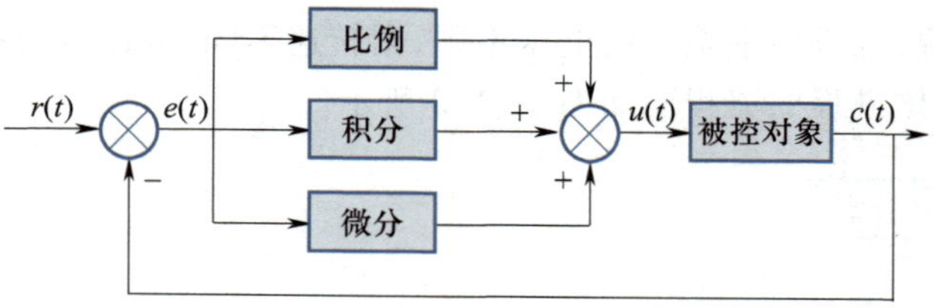

图 3-9-3

【实验装置】

1. NI ELVIS 虚拟仪器实验系统

NI ELVIS 虚拟仪器实验系统是以 LabVIEW 为软件开发平台,集成了常用仪器功能的教学实验系统。它包括硬件和软件两部分:硬件包括一台可运行 LabVIEW 的计算机,一块多功能数据采集卡,一根 68 针的数据电缆和集成了函数信号发生器、多功能直流电源等仪器功能的 NI ELVIS 教学实验操控平台;软件则是 LabVIEW 编程语言。

2. NI ELVIS 原型实验板

NI ELVIS 原型实验板通过一个 PCI 总线连接器连接到 NI ELVIS 平台上,如图 3-9-4 所示。在原型实验板的正中央是 5 块大小不一的面包板,其中正中最大的一块面包板是 NI ELVIS 为用户提供的用于搭建实验电路的面包板,其余 4 个比较小的面包板的插口与 NI ELVIS 上集成的硬件模块相连,也就是说这 4 个面包板上的插孔是 NI ELVIS 上相应硬件模块的输入/输出接口。

3. LabVIEW 软件

LabVIEW 虚拟仪器设计软件(详见说明书)。

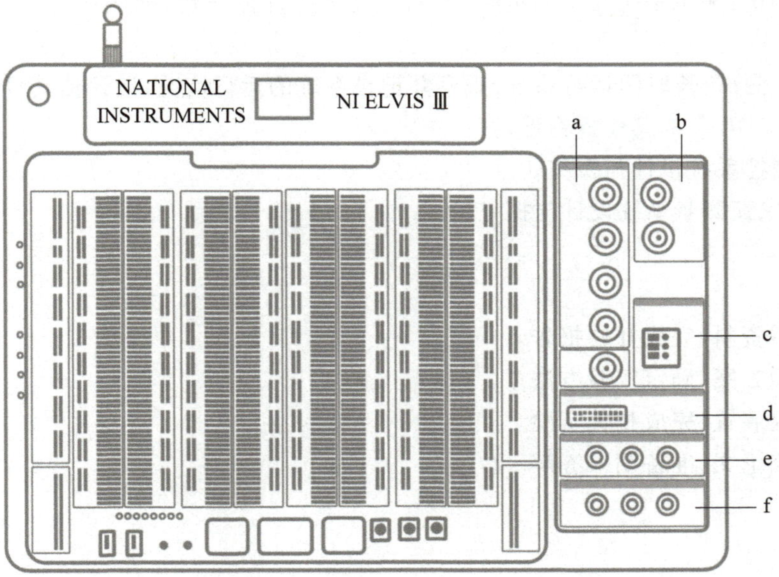

图 3-9-4

a—示波器；b—函数信号发生器；c—伏安特性分析仪；d—逻辑分析仪/图形发生器；e—直流源；f—数字万用表

【课题内容】

1. 基于 LabVIEW 的电机测控系统设计与探究。

（1）关键词

LabVIEW；NI ELVIS；电机。

（2）课题简介

基于 LabVIEW 的电机测控系统设计与探究是一个结合了现代控制理论、计算机科学和电气工程技术的综合性课题，电机测控系统主要由硬件部分和软件部分组成。硬件部分包括电机、转换电路、NI 教学仪器套件（NI ELVIS）等设备；软件部分则采用虚拟仪器编程语言 LabVIEW，实现数据采集、处理、控制及用户界面显示等功能。

（3）研究内容

（a）设计并搭建外部电路，完成信号转换，利用数据采集卡采集信号，输入计算机。

（b）利用 LabVIEW 软件设计并编译电机测控系统，测量电机的转速，并根据实际要求控制并改变转速。

2. 电机测控系统测试与验证

（1）关键词

测试；验证。

（2）课题简介

在系统设计完成后，需要进行一系列的测试与验证工作，以确保系统的稳定性和可靠性。

（3）研究内容

（a）功能测试：验证系统是否能够实现预期的测控功能，如电机的启动、停止、调速、定位等。

（b）性能测试：测试系统在不同负载、不同工况下的性能表现，如响应时间、控制精度、稳定性等。

（c）可靠性测试：长时间运行系统，观察并记录系统的运行情况，以评估其可靠性和稳定性。

3. 基于 LabVIEW 的其他探究课题

（1）温度测控系统设计与探究。

（2）电压、电流测量系统设计与探究。

【课题要求】

1. 查阅相关资料，完成开题报告。
2. 设计实验方案，确定实验方法。
3. 搭建实验装置，完成相关实验。
4. 完成研究论文，准备期末答辩。

3.10 利用手机上的传感器测量相关物理量的探究

【课题综述】

随着科学技术的进步,手机变得越来越智能并且功能越来越强大,具备更好的摄像功能、人工智能助手、生物识别技术等,这些强大功能的背后都是各种传感器发挥着关键作用。

Phyphox(physical phone experiments)软件将手机中一系列传感器集成后设计为可视化操作界面,使得可以通过界面操作来调用智能手机的内置传感器进行各种物理实验和测量。这些传感器包括加速度计、陀螺仪、磁力计、光传感器、压力传感器、温度传感器等。通过这些传感器,可以进行运动学、声学、光学、磁学等各种类型的实验。

本课题主要利用手机软件 Phyphox 自主设计实验测量物理量和探究相关物理规律。

【课题目的】

1. 熟悉智能手机中常见传感器的工作原理。
2. 学会使用 Phyphox 软件测量空气中的声速。
3. 学会使用 Phyphox 软件测量转动惯量。
4. 设计并完成基于 Phyphox 软件的相关研究课题。

【背景知识】

智能手机作为现代科技的杰作,经历了令人难以置信的发展历程,从最初的简单通信工具,到如今的多功能智能设备,智能手机已经成为人们日常生活中不可或缺的一部分。其中,传感器在智能手机的发展中起着关键作用,为其带来了更多功能和拓展性应用。

智能手机内置了大量传感器,这些传感器使得手机能够执行多种功能,从而提高用户体验和便利性。以下是一些常见的手机传感器及其功能。

1. 磁感应传感器

磁感应传感器主要实现指南针功能,可在导航应用中使用。

2. 加速度传感器

加速度传感器用来检测手机的移动速度和方向,也可以用于计步。

3. 陀螺仪

陀螺仪主要用来确定手机的位置和方向,也可以用来使镜头稳定。

4. 声音传感器

声音传感器主要用于手机中的传声器和录音机。

5. 图像传感器

图像传感器是手机摄像头的核心组成部分,用于实现拍照、摄像、人脸识别等功能。

6. 指纹传感器

指纹传感器主要用于手机解锁、支付等安全验证场景。

7. 距离传感器

距离传感器主要功能是：当手机贴近脸部或被放入口袋时，屏幕会自动熄灭，从而减少了屏幕背光和触摸操作的能耗。

8. 光电传感器

光电传感器用于调节手机屏幕的亮度，一般依据手机所处环境的光线强弱来自动调整。

9. 压电传感器

压电传感器主要用于手机在横竖屏切换时自动调整屏幕方向。

10. 北斗导航定位传感器

北斗导航定位传感器主要功能是通过接收卫星坐标信息来实现用户的定位。

11. 霍尔传感器

霍尔传感器主要用于检测磁场变化，从而控制手机的锁屏和休眠状态，以及支持无线充电功能。

12. 心率传感器

心率传感器利用了光电测量原理来实现心率检测，传感器通常由一个 LED 光源和一个光敏元件组成。

13. 红外线传感器

红外线传感器主要用于实现“万能遥控”功能，允许用户通过手机来控制各种设备，如电视和空调等。

此外，手机中还集成了气压传感器、加速度传感器、磁场感应装置等多种传感器，使得手机成为一个集多种功能于一身的生活“小帮手”。

【基本原理】

1. 声音传感器

手机中常用的是驻极体电容式传声器，驻极体传声器由声电转换和阻抗变换两部分组成。内部结构如图 3-10-1 所示，基本结构由一片单面涂有金属的驻极体薄膜与一个上面有若干小孔的金属电极（称为背电极）构成。驻极体面与背电极相对，中间有一个极小的空气隙，形成一个以空气隙和驻极体作绝缘介质，以背电极和驻极体上的金属层作为两个电极构成一个平板电容器。电容的两极之间有输出电极。

场效应管（FET）是传声器（MIC）的主要器件，起到阻抗变换的作用，其电路如图 3-10-2 所示。C 是一个可以通过膜片震动而改变大小的电容，声电转换的主要部件；C_1、C_2 是为了防止射频干扰而设置的，可以分别对两个射频频段的干扰起到抑制作用；R_L 是负载电阻，它的大小决定灵敏度的高低；V_S 是工作电压，为 MIC 提供工作电压，C_0 是隔直电容。

对于平行板电容器，其电容为 $C=\varepsilon S/L$，其中 ε 为介质的介电常量，S 为膜与驻极板的面积，L 为膜与驻极板的距离。即电容的容量 C 与介质的介电常量 ε 成正比，与膜、驻极板的面积 S 成正比，与膜、驻极板之间的距离 L 成反比。另外，电容器的电容与电容器的电荷量 Q、两个极板间的电压 V 的关系为 $C=Q/V$。从上面两个公式可以得到：$C=\varepsilon S/L=Q/V$。对于一个特定的驻极体传声器，其面积、电荷量、介电常量都是不变的。当声压作用在 2 μm 厚的振膜上时引起膜片振动，改变了膜片与驻极板之间的距离 L，产生了一个 Δd 的距离变化，必然要产生一个大小为 ΔV 的电

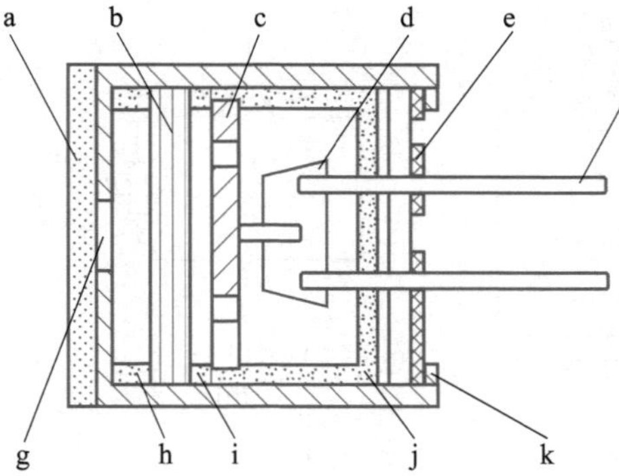

图 3-10-1

a—防尘隔膜；b—驻极体；c—金属背电极；d—场效应管；e—单面敷铜板；f—引脚；
g—气孔；h—金属垫圈；i—塑料垫圈；j—塑料支架；k—金属外壳

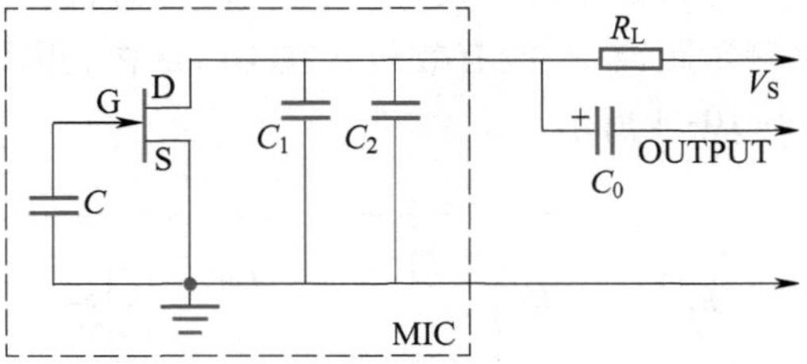

图 3-10-2

压变化。这样就完成了一个由声信号到电信号的转换。由于这个信号非常微弱，*FET* 的内阻非常高，不能直接使用，因此还要进行阻抗变换。FET 是一个电压控制元件，漏极的输出电流受源极与栅极电压的控制。由于电容器的两个极是接到 FET 的源极 S 和栅极 G 的，因此相当于 FET 的 S 极与 G 极之间加了一个 ΔV 的变化量，FET 的漏极电流 I 就产生一个 ΔI_D 的电流变化量，并在电阻 R_L 上产生一个 ΔV_D 的电压变化量，通过电容 C_0 输出。这个电压的变化量是由声压引起的，因此整个传声器就完成了一个声电转换过程。

2. 光强传感器

光强传感器通常使用光敏元件来测量环境光的强度。最常见的光敏元件是光敏三极管，它是一种能够将光转换为电信号的半导体器件。

通常用单晶体 Ge 或 Si 制造 NPN 或 PNP 型光敏三极管，其结构如图 3-10-3(a)所示。使用电路如图 3-10-3(b)所示，等效电路如图 3-10-3(c)所示。

光敏三极管可以等效为一个光电二极管与一个普通晶体管基极、集电极并联：集电极、基极产生的电流，输入到共发三极管的基极在放大。不同之处是，集电极电流(光电流)由集电结上产生的 i_φ 控制。集电极起双重作用，把光信号变成电信号的起光电二极管作用，使光电流再放大时起一般三极管的集电结作用。一般光敏三极管只引出 e、c 两个电极，体积小，光电特性是非线性的。

智能手机可以利用光强传感器的测量结果来自动调节屏幕亮度，以确保在不同的环境光照

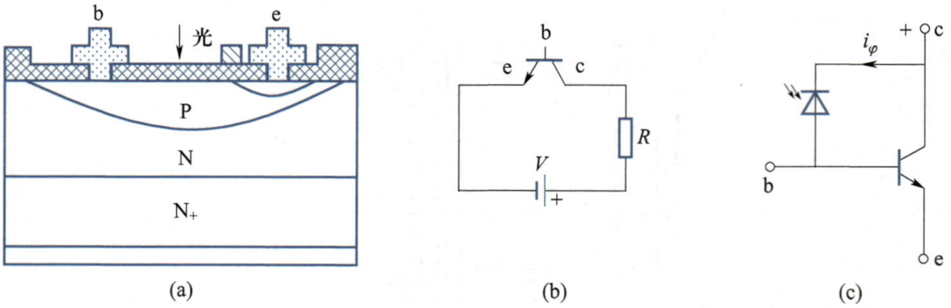

图 3-10-3

条件下获得舒适的观看体验。光强传感器还可以帮助相机调整曝光设置,以适应光线条件,从而获得更好的照片质量。

3. 距离传感器

智能手机中的距离传感器通常是指红外线(IR)距离传感器,被近距离物体反射后红外探测器通过接收到红外线的强度测定距离,一般有效距离在 10 cm 内,距离传感器同时拥有发射和接收部件,电路基本原理如图 3-10-4 所示。

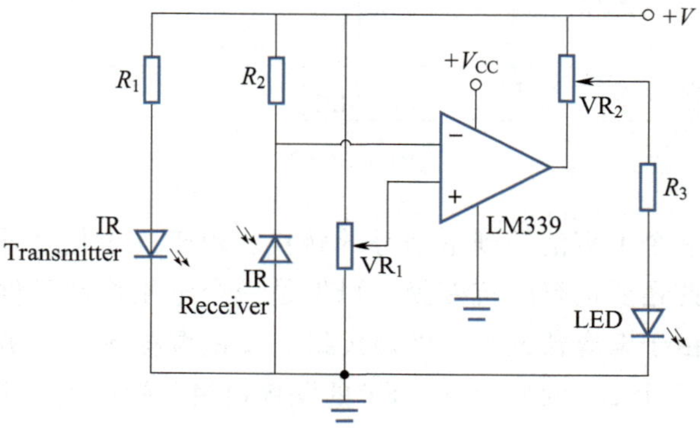

图 3-10-4

发射器发射连续红外线,红外接收器模块接收红外信号。接收器中使用 LM 339 运算放大器作为比较器,当红外接收器不接收信号时,反相输入端的电势高于比较器 IC 的同相输入端,因此比较器的输出变低,LED 不发光;当红外接收器模块接收到信号时,反相输入端的电位变低,因此比较器(LM 339)的输出变高,LED 开始发光。电阻器 R_1(100 Ω)、R_2(10 kΩ)和 R_3(330 Ω)用于确保至少 10 mA 的电流分别通过光电二极管和普通 LED 等红外 LED 器件。电阻器 VR_2(预设为 5 kΩ)用于调整输出到 LED 上的电压。电阻 VR_1(预设为 10 kΩ)用于设置电路图的灵敏度。

手机中的距离传感器主要用于自动调节屏幕亮度、通话时手机自动熄屏或锁屏等功能。

4. 陀螺仪传感器

陀螺仪结构示意图如图 3-10-5 所示,陀螺仪传感器的工作原理基于陀螺稳定性,即角动量守恒。一个正在高速旋转的陀螺,当其旋转轴发生改变时,会产生力的作用来保持其稳定。陀螺仪传感器利用这种稳定性来测量设备的旋转和倾斜。三轴陀螺仪可以同时测定 6 个方向的位置、移动轨迹和加速度。

陀螺圆盘在恒速电动机的无摩擦轴承中以角速度 ω 旋转，且与该轴承是同轴旋转。这个轴承的角动量 $L=J\omega$，用图 3-10-6 所示的实线来表示，由于角速度（速率）Ω 是被测量（或传感器输入），所以矢量 ΔH 将在无穷小的时间 Δt 内旋转通过角 $\Omega \cdot \Delta t$，由此做功 $J\omega \cdot \Omega \cdot \Delta t$。为了执行这个旋转，转矩必须施加在正交方向上，这与图 3-10-5 所示的转角 θ 有相同的方向。如果这个方向是由刚度为 K 的扭力弹簧和旋转阻尼常量为 B 的阻尼器所约束，那么相应的抗转矩是 $K\theta+B\dot{\theta}$。根据牛顿第二定律（转矩＝角动量的变化率）有 $J\omega\Omega=K\theta+B\dot{\theta}$。从这个结果可以看出，当 B 很小时，方向架轴承的旋转角 θ 将与被测角速度（Ω）成正比。对这种读数在适当校准后可以读出角速度。

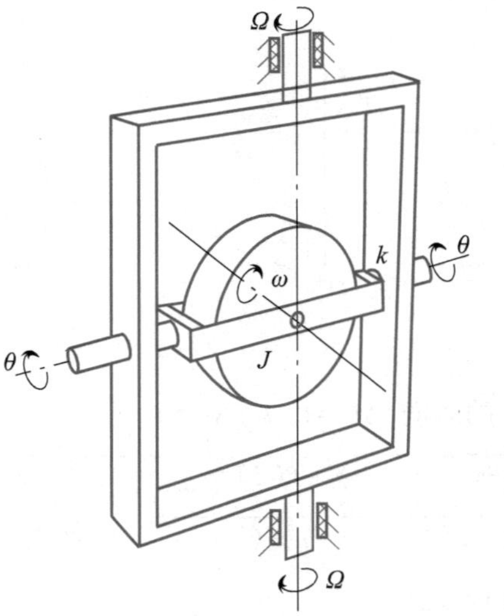

图 3-10-5

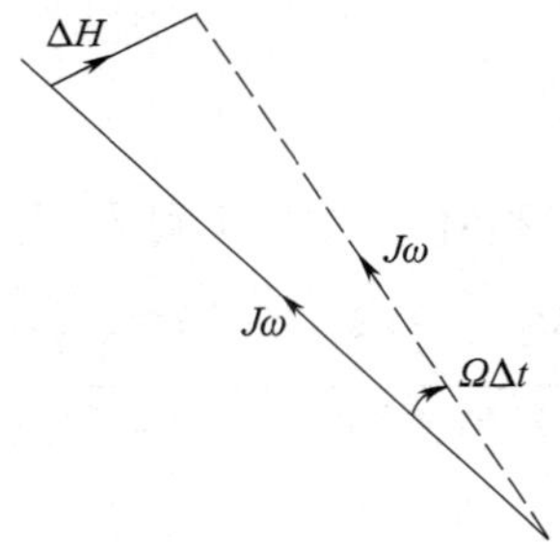

图 3-10-6

陀螺仪传感器通常与其他传感器结合使用，以提供更准确的姿态感知和方向控制功能。比如，通过结合陀螺仪和加速度计的数据，设备可以检测到更复杂的运动模式，如旋转、倾斜、加速度变化等。因此陀螺仪传感器通常被应用在拍照时防抖技术、GPS 惯性导航、动作感应控制游戏等方面。

5. 加速度传感器

加速度传感器内部有一块重物和压电片整合在一起，当手机倾斜角度改变时，压电片受力不同，通过两个正交方向产生的电压来计算水平方向。当手机存在加速度时，造成晶体形变，这个形变一样会产生电压，根据加速度与电压关系就能计算出加速度。

压电式加速度计利用了压电效应，即某些电介质在沿一定方向上受到外力的作用而变形时其内部产生极化现象，同时在它的两个相对表面上出现正负相反的电荷。通过测量压电材料两级的电势差即可求得其形变，压电原理在宏观尺度的加速度计中应用颇为广泛，这类加速度计的构造多为基座和质量块之间夹一压阻材料，其内部结构如图 3-10-7 所示。

通过测量质量块发生的位移变化，加速度传感器能够确定设备在三个轴（x、y、z 轴）上的加速度值。这些值可以由智能手机的操作系统或应用程序使用，以进行各种功能，如拍照、屏幕自动旋转、姿态检测、步数计数等。

6. 北斗导航定位传感器

北斗导航定位模块通过天线来接收北斗导航卫星的连续信号，帮助计算行驶距离和确定手机位置。智能手机中的北斗导航定位位置传感器是通过接收卫星信号来确定设备的地理位置。智能手机中的北斗导航定位位置传感器接收来自多颗卫星的信号。通常，至少需要接收来自四颗卫星的信号才能确定准确的位置。

如图 3-10-8 所示，四颗卫星的坐标分别为 $T_1(x_1,y_1,z_1)$、$T_2(x_2,y_2,z_2)$、$T_3(x_3,y_3,z_3)$、$T_4(x_4,y_4,z_4)$，$M(x,y,z)$ 为定位目标。

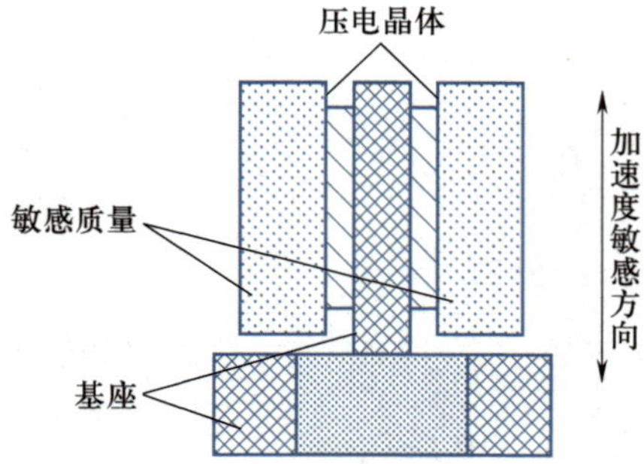

图 3-10-7

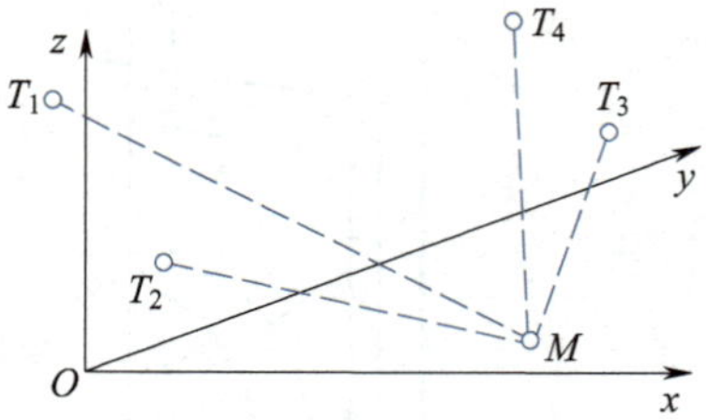

图 3-10-8

设 t_1、t_2、t_3 和 t_4 分别为 M 到 T_1、T_2、T_3 和 T_4 的时间，$\Delta t_1=t_2-t_1$，$\Delta t_2=t_3-t_1$，$\Delta t_3=t_4-t_1$；v 为声速；$l_1=v\Delta t_1$，$l_2=v\Delta t_2$，$l_3=v\Delta t_3$；$f(1)=\sqrt{(x_1-x)^2+(y_1-y)^2+(z_1-z)^2}$；$f(2)=\sqrt{(x_2-x)^2+(y_2-y)^2+(z_2-z)^2}$；$f(3)=\sqrt{(x_3-x)^2+(y_3-y)^2+(z_3-z)^2}$；$f(4)=\sqrt{(x_4-x)^2+(y_4-y)^2+(z_4-z)^2}$。因此有

$$f(2)-f(1)=v\Delta t_1=l_1 \tag{3-10-1}$$

$$f(3)-f(1)=v\Delta t_2=l_2 \tag{3-10-2}$$

$$f(4)-f(1)=v\Delta t_3=l_3 \tag{3-10-3}$$

设 $f_1(x,y,z)=f(2)-f(1)-l_1$，$f_2(x,y,z)=f(3)-f(1)-l_2$，$f_3(x,y,z)=f(4)-f(1)-l_3$。

如果 $f_1(x,y,z)=f_2(x,y,z)=f_3(x,y,z)=0$，则 x、y、z 就是解。

设模函数 $F(x,y,z)=f_1^2(x,y,z)+f_2^2(x,y,z)+f_3^2(x,y,z)$，若 $F(x,y,z)=0$，则 x、y、z 就是解。

设 $x(0)$、$y(0)$、$z(0)$ 是第 0 步（初始）时的试样解，$x(k)$、$y(k)$、$z(k)$ 是第 k 步的试样解，则

$$x(k)=x(k-1)-\Delta x(k),\quad \Delta x(k)=h(k)\cdot\left.\frac{\partial F}{\partial x}\right|_{x=x(k-1),y=y(k-1),z=z(k-1)}$$

$$y(k)=y(k-1)-\Delta y(k),\quad \Delta y(k)=h(k)\cdot\left.\frac{\partial F}{\partial y}\right|_{x=x(k-1),y=y(k-1),z=z(k-1)}$$

$$z(k)=z(k-1)-\Delta z(k),\quad \Delta z(k)=h(k)\cdot\left.\frac{\partial F}{\partial z}\right|_{x=x(k-1),y=y(k-1),z=z(k-1)}$$

用 MATLAB 软件进行梯度法求解 M 点的 x、y、z 坐标。

若智能手机确定了设备的精确位置，则该位置信息可以通过地图应用或其他定位相关的应用程序进行使用。通过与地图数据的结合，智能手机可以提供导航指引、定位服务、位置分享等

功能。

7. 电子罗盘磁力传感器

一种基于霍尔效应的磁力传感器，可以测量手机周围环境的磁场大小和方向，还可以测量地磁场，在无北斗导航定位信号时可以根据地磁场来指示方向。

霍尔式传感器是一种磁敏传感器，基于霍尔效应原理工作。它将被测量的磁场变化（或以磁场为媒体）转换成电动势输出。霍尔效应是具有载流子的半导体同时处在电场和磁场中而产生电势的一种现象。如图 3-10-9（带正电的载流子）所示，把一块宽为 b、厚为 d 的导电板放在磁感应强度为 $\boldsymbol{B}$ 的磁场中，并在导电板中通以纵向电流 I，此时在板的横向两侧面 AA'之间就呈现出一定的电势差，这一现象称为霍尔效应（霍尔效应可以用洛伦兹力来解释），所产生的电势差 U_H 称为霍尔电压。霍尔效应的数学表达式为 $U_H=R_H\dfrac{IB}{d}=K_HIB$。式中，$R_H=-\dfrac{1}{ne}$是由半导体本身载流子迁移率决定的物理常量，称为霍尔系数。$K_H=\dfrac{R_H}{d}$为灵敏度系数，与材料的物理性质和几何尺寸有关。

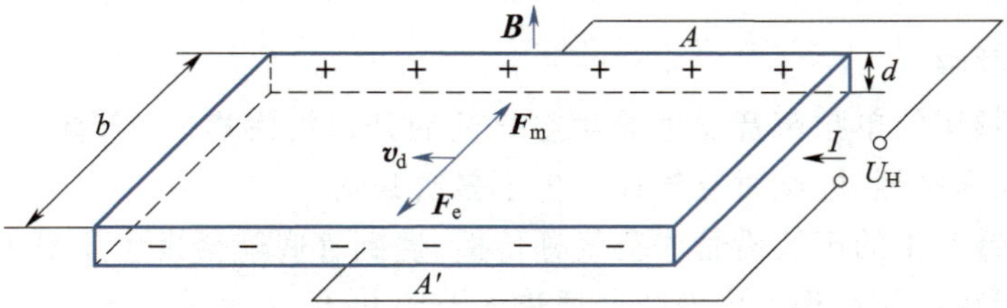

图 3-10-9

智能手机中的电子罗盘磁力传感器通常与其他传感器（如加速度传感器和陀螺仪）结合使用，以提供更准确的方向信息。这些传感器的数据可以由操作系统或应用程序处理，用于指南针、导航、地图定位等功能。

【实验装置】

Phyphox 软件有四个功能模块：传感器、数据导出、遥控器和自定义实验。

1. 传感器

Phyphox 允许使用手机中的传感器进行实验，可以设计的实验内容有加速度计、磁强计、陀螺仪、光线传感器、压力传感器、传声器、北斗导航定位等。

2. 数据导出

Phyphox 软件可以以多种常见格式导出数据，以便实验与分析。也可以通过手机上的任何应用程序保存或共享数据。目前，Phyphox 支持以下导出格式：逗号分隔值（CSV）、制表符分隔的值、MS Excel（xls）。

3. 遥控器

从任意浏览器控制所做的实验。例如，可以通过笔记本控制 Phyphox，并将生成的数据直接下载到桌面。

4. 自定义实验

如果有一个特定的实验，不包括在 Phyphox 中，Phyphox 允许使用可视化实验编辑器创建这个特定的实验，该编辑器将生成一个简单的文件，定义实验，包括数据分析。然后，可以将这个文件复制到手机上，或者与他人共享。

【课题内容】

1. 声速的测量

(1) 关键词

声速；驻波；共振。

(2) 课题简介

Phyphox 软件中有声音频谱分析模块。如果对一个硬质塑料管吹气，用手机测量管口的声音频率特征，某些频率的波长与管长满足一定关系时，会产生驻波，该频率的声强较大。还可以利用 Phyphox 软件的特定发生模块发出特定频率的声音，改变管长就能找到该频率的驻波条件。通过这两种方法都可以计算出声速。

(3) 基本原理

(a) 空气柱的共鸣

在使用可调节频率的单频声音发生器对空气柱的开口端发声时，会有多个特殊的频率对应的声音较强、共鸣较为强烈，即此时空气柱产生了多次共鸣。

单频声音发生器产生的声波沿管内空气柱传播，遇到管底就会发生反射现象，向上的反射波与入射波叠加，由于在反射过程中由波疏介质进入波密介质，入射波与反射波相位差为 π。

设入射波波动方程为

$$x_1 = A\cos\left[\omega\left(t+\frac{y}{v}\right)\right] \tag{3-10-4}$$

设反射波波动方程为

$$x_2 = A\cos\left[\omega\left(t-\frac{y}{v}\right)+\pi\right] \tag{3-10-5}$$

则驻波方程为

$$x = x_1 + x_2 = 2A\cos\left(\frac{2\pi}{\lambda}y+\frac{\pi}{2}\right)\cos\left(\omega t+\frac{\pi}{2}\right) \tag{3-10-6}$$

要形成稳定驻波必须满足两个条件：由于在管底反射，且产生半波损失，入射波与反射波反相，所以管底处驻波振幅为 0，即为波节；在开口端，管内的空气受到管壁的限制，而管外的空气则没有限制，波从管内进入管外，相当于边界条件的变化，因此会产生反射，而且入射波与反射波同相，振幅加倍，即处于波腹。

(b) 声速测量

对于一个一端开口一端封闭的空气柱，其管长固定为 L，由驻波理论知，开口端是波腹，封闭端是波节。当声音频率满足

$$f=\frac{(2n-1)v}{4L}, \quad n=1,2,3,\cdots \tag{3-10-7}$$

时可以产生共鸣，此频率声音的幅值得到加强。因此当一个混频声波作用于空气柱时，频率为$\frac{v}{4L},\frac{3v}{4L},\frac{5v}{4L},\cdots$的声音组分的振幅格外大，从而可以通过声音频谱分析来比较不同声音组分的振幅，进而确定基频的大小，最后根据式(3-10-7)可求出声速v的大小。

对于两端开口的空气柱，其管长固定为L，由驻波理论，两个开口端都是波腹，当声音频率满足

$$f=\frac{nv}{2L},\quad n=1,2,3,\cdots \tag{3-10-8}$$

可以产生共鸣，此频率声音的幅值得到加强。因此当一个混频声波作用于空气柱时，频率为$\frac{v}{2L}$，$\frac{2v}{2L},\frac{3v}{2L},\cdots$的声音组分的振幅格外大，从而可以通过声音频谱分析来比较不同声音组分的振幅，进而确定基频的大小，最后根据式(3-10-8)计算出声速的大小。

最后，利用一个手机发出固定声音的频率，将一根两端开口的玻璃管一端没入水中，通过改变没入水中的深度改变空气柱管长，由驻波理论，只有当满足公式(3-10-7)才会有明显的共鸣现象，即单频声音的振幅最大，记录此时的管长，从而得到声速。

由相关研究文献可知，空心管发出共鸣音的有效长度比实际长度大，存在一个“管口校正量”的问题，修正后管口长度$L=L'+\delta L$，而δL与管内直径d有关。在空气中，如果温度不变，声速v是定值，同时对于同类型的管其管口修正量δL也是定值，因此可以通过线性拟合确定声速v的大小。

(4) 研究内容

(a) 探究两端开口硬质塑料的发声特征，用 Phyphox 软件的声音频谱分析功能测量声速。

(b) 探究一端开口硬质塑料的发声特征，用 Phyphox 软件的声音频谱分析功能测量声速。

(c) 探究特定频率声源下，改变空气柱长度，管口位置声音特性，用 Phyphox 软件的声音频谱分析功能测量声速。

2. 复摆法测量几何体转动惯量

(1) 关键词

复摆；转动惯量；周期；磁场。

(2) 课题简介

Phyphox 软件中有环境磁感应强度测量模块，制作不同规格、形状的几何框，使其小角度摆动，分别利用距离传感器、声音传感器、光学传感器以及磁场强度传感器等传感器测量复摆的周期，利用周期计算出几何框相对支点的转动惯量。

(3) 基本原理

复摆是一刚体绕固定水平轴在重力作用下在竖直平面进行小角度摆动的动力运动体系，又称物理摆。如图 3-10-10 所示，摆动过程中，复摆只受重力和转轴的反作用力，而重力矩起到回复力矩的作用。

复摆动力学方程为

$$J\frac{\mathrm{d}^2\theta}{\mathrm{d}t^2}=-mgh\sin\theta \tag{3-10-9}$$

由式(3-10-9)可知,复摆周期为

$$T=2\pi\sqrt{\frac{J}{mgh}} \tag{3-10-10}$$

假设三角形均质金属框示意图如图 3-10-11 所示。

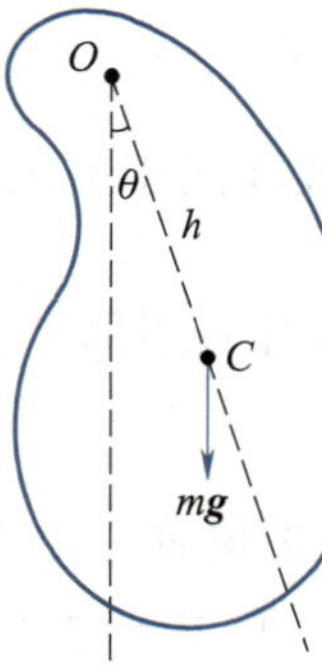

图 3-10-10

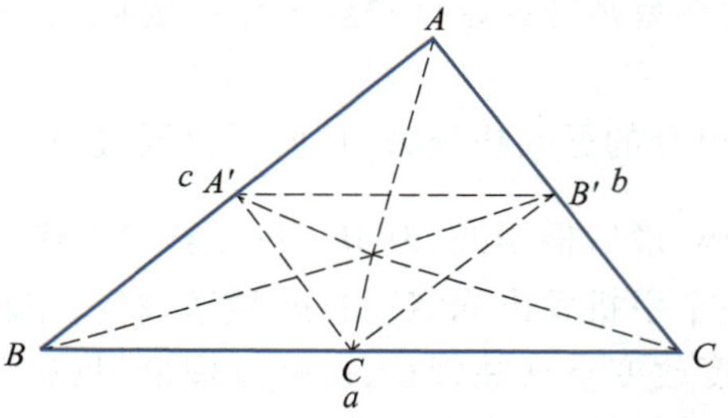

图 3-10-11

则三角形均质金属框绕某一顶点为支点的转动惯量分别为

$$J_A=\frac{m(a^3+b^3+c^3+3abc)}{12(a+b+c)}+mh_{AJ}^2 \tag{3-10-11}$$

$$J_B=\frac{m(a^3+b^3+c^3+3abc)}{12(a+b+c)}+mh_{BJ}^2 \tag{3-10-12}$$

$$J_C=\frac{m(a^3+b^3+c^3+3abc)}{12(a+b+c)}+mh_{CJ}^2 \tag{3-10-13}$$

因为矩形均质金属框绕质心的转动惯量为

$$J_c=\frac{m}{12(a+b)}(a^3+3a^2b+3ab^2+b^3) \tag{3-10-14}$$

由平行轴定理和垂直轴定理可知,绕矩形某一顶点的转动惯量为

$$\begin{aligned}J&=I_c+\frac{1}{4}(a^2+b^2)\\&=\frac{(m+3)a^3+(3m+1)a^2b+(3m+1)ab^2+(m+3)b^3}{12(a+b)}\end{aligned} \tag{3-10-15}$$

圆形均质金属框绕圆弧上任一点 A 的转动惯量为 $J_A=2mR^2$,圆弧状金属框对称悬挂时其转动惯量与圆形框一样。

(4) 研究内容

(a) 制作三种不同规格的几何框,测量相关物理量计算出该物理摆的理论转动惯量。

(b) 将几何框悬挂,使其小角度摆动,利用 Phyphox 软件中的磁场强度传感器测量下方磁感应强度的变化周期,计算出其转动惯量。

（c）将几何框悬挂，使其小角度摆动，利用 Phyphox 软件中的接近距离传感器测量接收距离的变化周期，计算出其转动惯量。

（d）将几何框悬挂，使其小角度摆动，利用 Phyphox 软件中的光强传感器测量下方光强的变化周期，计算出其转动惯量。

（e）将几何框悬挂，使其小角度摆动，利用 Phyphox 软件中的多普勒传感器测量下方声音频率的变化周期，计算出其转动惯量。

（f）比较几种传感器的测量结果精度以及与理论值的相对误差，并进行分析。

【课题要求】

1. 查阅相关资料，完成开题报告。
2. 确定课题题目，探讨研究内容。
3. 设计实验方案，确定实验方法。
4. 搭建实验装置，完成相关实验。
5. 完成研究论文，准备期末答辩。

3.11 基于金刚石NV色心的拉比振荡探究

【课题综述】

量子比特是量子计算的基本信息单位,并且可以通过人工可控的二能级量子体系来实现。在周期性外场的驱动下,拉比振荡通过调控量子态布居度来操控量子比特,因此在量子计算和量子通信等领域有重要意义。金刚石NV(nigrogen-vacancy)色心体系相比于其他二能级量子体系,可以在室温常压下实现量子比特,并通过光泵磁共振的方式进行拉比振荡。由于对环境要求较低,且量子态具有易于初始化和读出、可操控、相干时间较长等优点,金刚石NV色心体系被认为是量子计算机的技术路径之一。

本课题实验通过编辑激光微波序列实现对金刚石NV色心系综量子态的精密调控,在共振和近共振的条件下测量并分析其典型二能级体系下的拉比振荡行为,以获得π脉冲周期、等效拉比频率等物理量,了解二能级体系随时间的演化过程。

【课题目的】

1. 掌握金刚石NV色心基本物理性质和拉比振荡的相关知识。
2. 在教学机上调节光路并编辑激光微波序列。
3. 探究金刚石NV色心的拉比振荡现象。

【背景知识】

在过去的数十年中,经典计算机通过晶体管的通断来实现经典比特,并且性能随晶体管的数量增加而增加。而量子计算机通过应用量子力学规律,可以在一些二能级量子体系上实现量子比特,其在某些复杂问题上的计算能力有望大大超越经典计算机。典型的二能级量子体系包括超导电路、离子阱、核磁共振、量子点和金刚石NV色心等。

1. 超导电路

超导电路是一种使用超导材料和超导技术制作的电路。超导特性是指某些物质在一定温度和磁场条件下电阻降为零,同时表现出完全抗磁性状态。这一特性使超导电路的应用变得非常有意义,例如将超导电路应用在电力系统,可以降低能源损耗、提高传输稳定性和延长仪器寿命等。

2. 离子阱

离子阱是一种将离子通过电磁场限定在有限空间内的仪器设备。离子阱技术是指利用电荷与电磁场间的交互作用力牵制带电粒子运动,利用受限离子基态和激发态组成的两个能级作为量子比特,再利用微波激光照射操纵量子态,并通过连续泵浦光和态相关荧光实现量子比特的初始化和探测。其中,离子阱量子计算机具有量子比特品质高、相干时间较长、量子比特的制备和读出效率较高等特点。

3. 核磁共振

核磁共振是利用磁矩不为零的原子核在外磁场作用下发生塞曼分裂的物理现象，其过程包括对某一特定频率的射频辐射的共振吸收。核磁共振主要是由原子核的自旋运动引起的。核磁共振已广泛应用于核磁共振成像检查，成为一种最常见的影像检查方式。

4. 量子点

量子点是一种非常小的纳米级别半导体，又称半导体纳米晶。量子点独特的性质基于它自身的量子效应，即当物质缩小到纳米尺度时，很多时候就不再遵循经典物理的定律，而开始出现量子效应。量子点具有激发光谱宽且连续分布、发射光谱窄而对称、颜色可调、光化学稳定性高、荧光寿命长等荧光特性。

5. 金刚石 NV 色心

金刚石 NV 色心是金刚石中的一种发光点缺陷。一个氮原子取代金刚石中的碳原子，并且在邻近处有一个空位，这样的点缺陷被称为 NV 色心。NV 色心的自旋可通过激光和微波实现操作和探测。NV 色心在激光的泵浦下表现出较强的荧光，由于 NV 的荧光非常稳定，所以是一种良好的单光子源，被用于量子密钥分配、生物荧光标记等实验。

【基本原理】

1. 拉比振荡原理

以电磁波和原子互相作用为例，在电偶极近似下，哈密顿量可表示为

$$H=H_0+H_I \tag{3-11-1}$$

一般以一组二维正交完备基$\{|1\rangle,|2\rangle\}$作为二能级体系的基矢，其中$|g\rangle$定义为能量较低的基态，$|e\rangle$定义为能量较高的激发态，在这两个基态下，满足

$$\begin{cases}H_0|1\rangle=E_1|1\rangle\\H_0|2\rangle=E_2|2\rangle\end{cases} \tag{3-11-2}$$

因此，在任意时刻，波函数$|\varphi(t)\rangle$可表示为

$$|\varphi(t)\rangle=C_1(t)|1\rangle e^{-i\omega_1 t}+C_2(t)|2\rangle e^{-i\omega_2 t} \tag{3-11-3}$$

式中，$\omega_1=E_1/\hbar$，$\omega_2=E_2/\hbar$，且$C_1(t)$和$C_2(t)$满足归一化条件

$$|C_1(t)|^2+|C_2(t)|^2=1 \tag{3-11-4}$$

将式(3-11-3)代入含时薛定谔方程后，可得

$$\begin{cases}i\dot{c}_1(t)=\Omega\cos(\omega t)e^{-i\omega_0 t}c_2(t)\\i\dot{c}_2(t)=\Omega^*\cos(\omega t)e^{i\omega_0 t}c_1(t)\end{cases} \tag{3-11-5}$$

式中，$\omega_0=(E_1-E_2)/\hbar$，$\Omega=\langle 1|er\cdot E_0|2\rangle/\hbar$。

使用欧拉公式，可以将式(3-11-5)变换为

$$\begin{cases}i\dot{c}_1(t)=\Omega(e^{i(\omega-\omega_0)t}+e^{i(\omega+\omega_0)t})c_2(t)\\i\dot{c}_2(t)=\Omega^*(e^{-i(\omega-\omega_0)t}+e^{-i(\omega+\omega_0)t})c_1(t)\end{cases} \tag{3-11-6}$$

由于电磁波频率ω与能级跃迁频率ω_0相近，处于共振或近共振状态，此时$\omega+\omega_0\sim\omega_0$且$|\omega-\omega_0|\ll\omega_0$。因为原子无法响应高频振动，可以采用旋波近似，将高频项$e^{-i(\omega+\omega_0)t}$和$e^{i(\omega+\omega_0)t}$省略，则式(3-11-6)变为

$$\begin{cases} \mathrm{i}\dot{c}_1(t)=\Omega \mathrm{e}^{\mathrm{i}(\omega-\omega_0)t}c_2(t) \\ \mathrm{i}\dot{c}_2(t)=\Omega^* \mathrm{e}^{-\mathrm{i}(\omega-\omega_0)t}c_1(t) \end{cases} \tag{3-11-7}$$

假设所有原子在初始时都布居在基态上，则初始边界条件为 $c_1(0)=1, c_2(0)=0$，可得微分方程组(3-11-7)的解为

$$\begin{cases} |c_1(t)|^2=\dfrac{\Omega^2}{W^2}\sin^2\left(\dfrac{W}{2}t\right) \\ |c_2(t)|^2=\dfrac{\Omega^2}{W^2}\cos^2\left(\dfrac{W}{2}t\right) \end{cases} \tag{3-11-8}$$

式中，$W^2=\Omega^2+(\omega-\omega_0)^2$。当处于共振时，$\omega=\omega_0$ 时，$|c_1(t)|^2=\sin^2(\Omega t/2)$，$|c_2(t)|^2=\cos^2(\Omega t/2)$。此时两个能级的布居度在电磁波的作用下，以频率 Ω 随时间来回振荡，这就是拉比振荡。

2. 金刚石 NV 色心基本物理性质

金刚石是碳的一种同素异形体，金刚石的莫氏硬度等级高达 10 级，是硬度最大的天然物质。纯净的金刚石晶体在可见光波段是透明的，而天然金刚石通常带有杂质元素引入的缺陷，导致在日光照射下具有一定的颜色。颜色的种类与杂质元素相关，例如，硼元素会引入蓝色，氮元素会引入黄色，因此这些杂质元素也被称为色心。

金刚石 NV 色心晶体结构如图 3-11-1 所示，金刚石 NV 色心是金刚石晶体的一种点缺陷，其中 N 代表一个替代碳原子的氮原子，V 代表在该氮原子相邻处由碳原子缺失产生的空位。金刚石 NV 色心有两种常见的电荷态：NV^0 和 NV^-，本实验研究的是带负电的 NV^- 色心。NV^- 色心带有 6 个电子，其中 2 个来自氮原子，3 个来自与空位相连的碳原子，另外 1 个来源于施主杂质的电子。这 6 个电子中有两对配对的电子对，另外 2 个电子参与形成自旋为 1 的三重态($|m_s=0\rangle$，$|m_s=1\rangle$，$|m_s=-1\rangle$)。磁场为零时，$|m_s=1\rangle$ 态和 $|m_s=-1\rangle$ 态是简并的，与 $|m_s=0\rangle$ 态的能级差所对应的零场劈裂频率为 2 870 MHz。

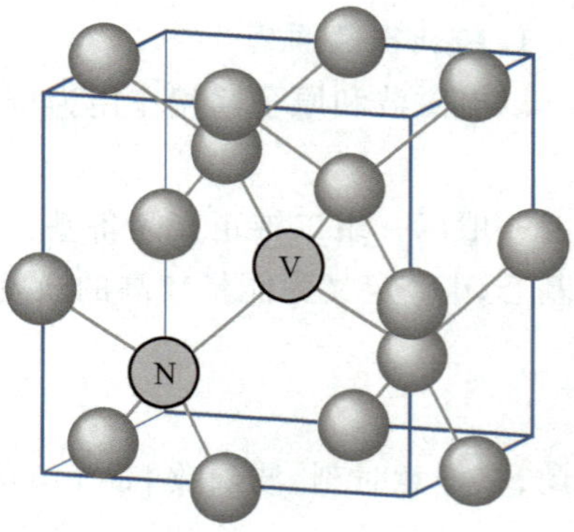

图 3-11-1

3. 基于金刚石 NV 色心的光泵磁共振原理

NV 色心三重态基态和激发态的原子态分别为 ^3A 和 ^3E，它们之间能级跃迁所对应的零声子线为 637 nm，其跃迁方式可以分为自旋守恒的辐射跃迁和自旋不守恒的非辐射跃迁。在光频率足够大的激光(例如 532 nm)照射后，处于基态电子都被激发至激发态，绝大多数的 $|m_s=0\rangle$ 态的激发态电子进行自旋守恒的辐射跃迁至基态并辐射荧光，而 $|m_s=\pm1\rangle$ 态的激发态电子除一部分进行辐射跃迁外，另一部分先通过非辐射跃迁至亚稳态，再跃迁至三重态基态的 $|m_s=0\rangle$ 态。在这个过程中，$|m_s=\pm1\rangle$ 态的布居度减小，$|m_s=0\rangle$ 态的布居度增加，因此对 NV 色心三重态基态的多次激发和弛豫可以使布居度从 $|m_s=\pm1\rangle$ 态转移至 $|m_s=0\rangle$ 态，从而实现自旋极化。

由于 $|m_s=\pm1\rangle$ 态的非辐射跃迁不发出荧光，所以 $|m_s=0\rangle$ 态的荧光强度比 $|m_s=\pm1\rangle$ 态的荧光强度大。因此，可以通过比较荧光强度的差别得出相对荧光强度，以读取当前 NV 色心所处自旋态的概率。在室温下，由于单次测量所得荧光强度差别不明显，因此一般需要多次测量取平均

值。基态的 $|m_s=0\rangle$ 态和 $|m_s=1\rangle$ 态或者 $|m_s=-1\rangle$ 态可以作为量子比特，而通过激光照射，可以实现量子比特的初始化和读取。室温下，金刚石 NV 色心能级结构与激发跃迁过程如图 3-11-2 所示。

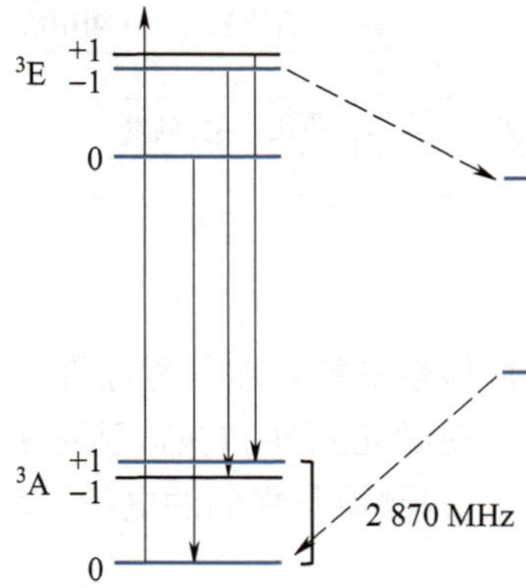

图 3-11-2

【实验装置】

本实验使用的实验装置由光路模块、微波模块、控制采集模块和电源模块组成。各模块可以通过软件 Diamond I Studio 编辑激光微波脉冲序列。

1. 光路模块

光路模块拓扑图如图 3-11-3 所示，光路模块由永磁铁、脉冲激光器、可调聚焦透镜、透镜、含有 NV 色心的金刚石、滤光片、光电探测器和笼式组装系统组成。脉冲激光器产生的 532 nm 激光脉冲经透镜聚焦后会聚在金刚石 NV 色心上，产生的荧光通过透镜和滤光片聚焦于光电探测器，把光信号转化为电信号，从而实现对金刚石 NV 色心电子自旋态的初始化和读取。永磁铁安装在与光路平行的导轨上，可以通过移动永磁铁的位置，调整金刚石所处磁场的大小的和方向。

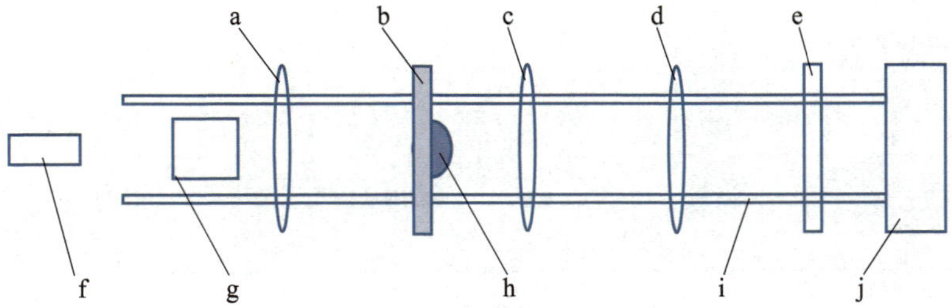

图 3-11-3

a、c、d—透镜；b—辐射模块；e—滤光片；f—脉冲激光器；g—可调聚焦透镜；h—金刚石 NV 色心；i—笼杆；j—光电探测器

2. 微波模块

微波模块拓扑图如图 3-11-4 所示，微波模块用于对金刚石施加处于共振频率的微波。微波模块由微波源、微波开关、合路器、微波功率放大器和处于金刚石边的辐射结构构成。对金刚

石克施加功率范围为-1 dbm～-10 dbm 的微波，其中 1 dbm=10log(P/1 mW)，P 为微波功率。

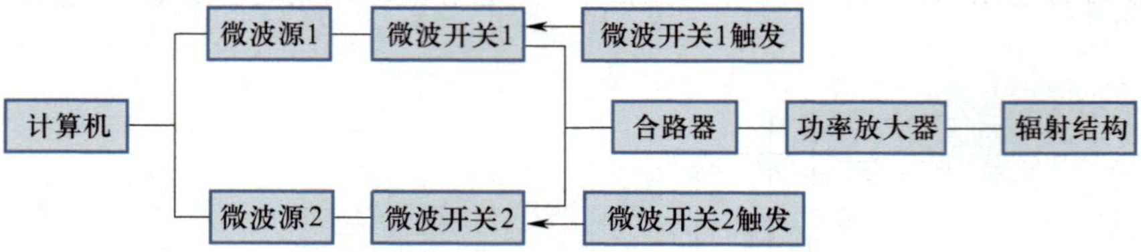

图 3-11-4

3. 控制采集模块

控制采集模块的作用分为脉冲控制盒信号采集处理。通过将 TTL 信号传输给激光脉冲发生器、微波模块和信号采集处理部分，可以实现激光脉冲和微波脉冲的调制与输出。此外，控制采集模块还同步各部件的运行时序，并将光电探测器收集到的电信号转化为数字信号。

4. 电源模块

电源模块为实验装置提供电能，工作电压 220 V，最大功率 200 W。

5. 脉冲序列编辑页面

脉冲序列编辑页面可以通过简单的图形化编程控制脉冲激光发生器和微波模块，编辑激光微波脉冲序列，实现对金刚石 NV 色心电子自旋态的操控。Diamond I 软件的激光微波脉冲序列编辑页面示意图如图 3-11-5 所示。

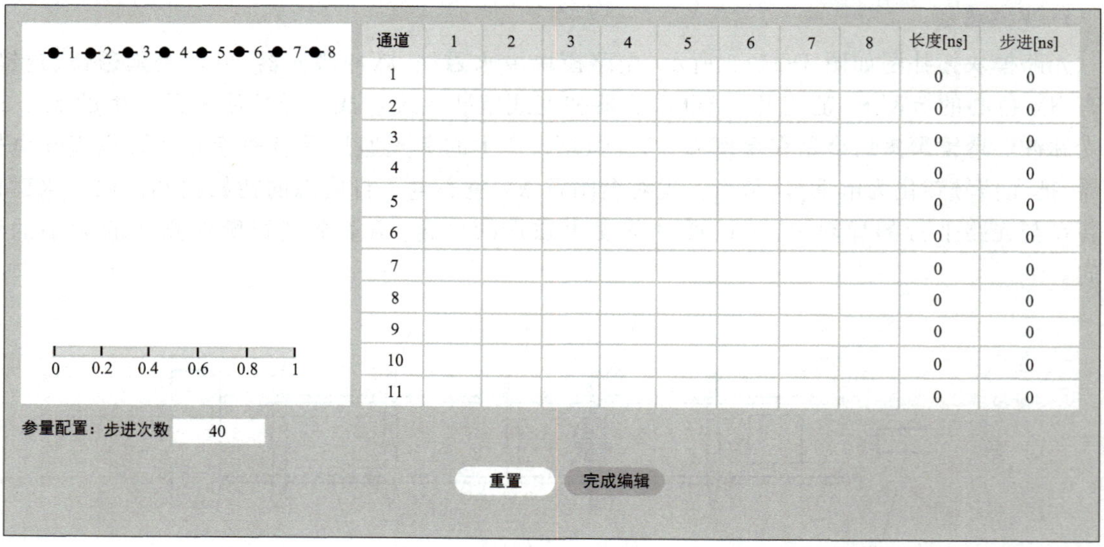

图 3-11-5

【课题内容】

1. 金刚石 NV 色心连续波谱实验

(1) 关键词

塞曼劈裂；连续波；磁场。

（2）课题简介

1896 年，荷兰物理学家塞曼在研究磁场下的原子光谱线时，发现谱线劈裂现象，该现象被称为塞曼效应。通过塞曼效应，可以计算原子总角动量量子数和朗德因子的值，因而塞曼效应是研究能级结构的重要方法之一。由于金刚石 NV 色心基态 $|m_s=\pm1\rangle$ 在磁场下劈裂，所以可以通过塞曼效应研究其电子自旋能级结构，并测量磁共振频率。

（3）基本原理

本实验通过对金刚石 NV 色心施加在一定频率范围内的微波，并测量其连续波谱来观察塞曼效应。金刚石 NV 色心的塞曼效应拓扑图如图 3-11-6 所示，首先使用 532 nm 的激光将金刚石 NV 色心电子自旋态初始化为 $|0\rangle$ 态，然后施加一定范围频率的微波，并使用激光读取电子自旋态的布居度。在磁场作用下，如果微波频率等于 $|m_s=0\rangle$ 态与 $|m_s=\pm1\rangle$ 态的能级差除以普朗克常量，NV 色心吸收能量，使电子自旋态从 $|m_s=0\rangle$ 态跃迁至 $|m_s=\pm1\rangle$ 态。由于光照射后，$|m_s=0\rangle$ 态的荧光强度较强于 $|m_s=\pm1\rangle$ 态，所以可以通过测量荧光强度的强弱读取 NV 色心当前电子自旋态的布居度。在微波频率和能级差产生共振时，荧光谱线上表现为低谷。根据塞曼效应，在外磁场 $\boldsymbol{B}$ 作用下，能级的变化量 $\Delta E=Mg\mu_B B$，其中 $\mu_B=he/4\pi m$（e 为电子电荷量绝对值，m 为电子质量）为玻尔磁子，M 为磁量子数，g 为朗德因子。因此在金刚石 NV 色心体系中，可以观察到相对于 2 870 MHz 对称且偏离能量为 $g\mu_B B$ 的低谷。在实际实验中，往往能够观察到多对相对于2 870 MHz对称的低谷，其原因可以由金刚石的晶体结构解释。在金刚石中，每个碳原子与以 sp_3 杂化轨道与周围碳原子形成共价键，构成正四面体结构，因此作为缺陷的 NV 色心可以拥有四个取向。外磁场对四种向的 NV 色心有四个不同大小的投影，因此可以在实验中最多观测到 8 个低谷。

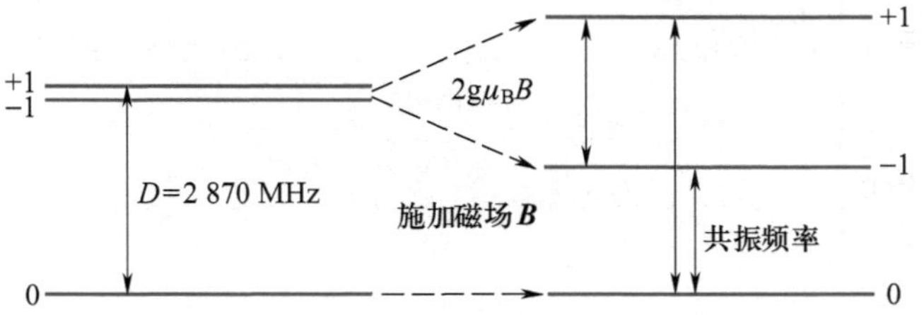

图 3-11-6

（4）研究内容

（a）改变永磁铁在导轨上的位置，测量在不同磁场方向和大小时的连续波谱并记录低谷所对应的共振频率。

（b）拆除永磁铁，测量连续波谱和金刚石 NV 色心的零场劈裂频率。

（c）根据波谱设计测量磁场方向和大小的测量方案。

2. 共振时的拉比振荡

（1）关键词

拉比振荡；共振。

（2）课题简介

美国科学家伊西多·艾萨克·拉比在 1936 年提出一个模型，后被称为拉比模型，解释了包括拉比振荡的原子与光的基本相互作用。拉比振荡是一种典型的量子现象,对研究与控制量子系统的含时演化有重要意义。拉比振荡描述了在特定频率外场作用下,二能级体系的基态和激发态的布居度以特定频率进行周期性变化的振荡现象。

(3) 基本原理

在共振的情况下,基态和激发态的能级差所对应的频率与外电场频率相等,外电场振幅为 E_0。此时拉比频率为 $\Omega=\langle 1|er\cdot E_0|2\rangle/\hbar$。为当电磁波与原子的作用时间 T 满足 $\Omega T=\pi$ 时,原子的布居度完全翻转,被称为 π 脉冲。此时,若初始时原子处于基态 $|1\rangle$,经过 π 脉冲后将跃迁至激发态 $|2\rangle$。当作用时间 T 满足 $\Omega T=\pi/2$ 时,被称为 $\pi/2$ 脉冲。此时,对于初始处于基态 $|1\rangle$ 的原子,经过 $\pi/2$ 脉冲后将变为叠加态 $1/\sqrt{2}(|2\rangle-\mathrm{i}|1\rangle)$。由于频率大小与外电场振幅 E_0 成正比,所以 $\pi/2$ 脉冲或 π 脉冲时间与 E_0 成反比。因此可以通过调整外电场功率大小来调控拉比振荡周期。

对于金刚石 NV 色心,当外电场频率与 $|m_s=\pm1\rangle$ 态和 $|m_s=0\rangle$ 态所对应的能级差相等时,可以实现共振时的拉比振荡。在实验中,使用软件自带的图形化编程语言编辑如图 3-11-7 所示的激光微波脉冲序列,其中 T 为微波脉冲宽度,T_0 为第一测量点,N 为测量步进次数,t 为测量步进长度。在每一次循环中,激光经过一段时间的照射后,使 NV 色心电子自旋初始化至 $|m_s=0\rangle$ 态后,在 T 时间内施加共振频率的微波,之后关闭微波,再照射激光,通过测量相对荧光强度读取 NV 色心的电子自旋态。在每次循环中,微波脉冲宽度随循环次数以步进长度 t 递增,电子自旋态演化状态随脉冲宽度增加而变化,因此可以测量相对荧光强度随微波脉冲宽度的变化来获得拉比振荡曲线。

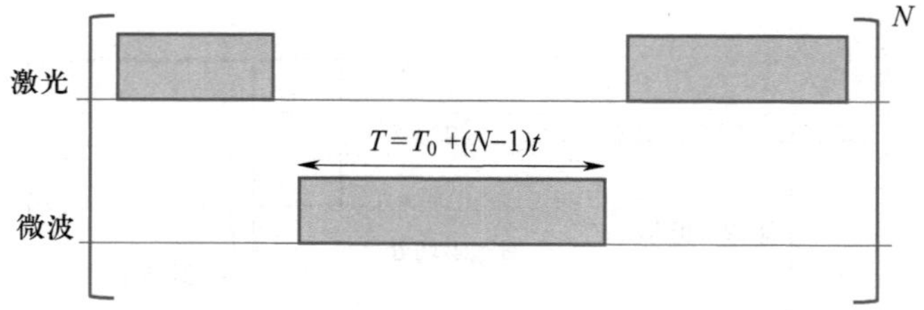

图 3-11-7

(4) 研究内容

(a) 基于课题内容 1 确定的共振频率,编辑激光微波脉冲序列,利用实验装置产生在共振情况下的拉比振荡现象。

(b) 使用傅里叶变换等数学工具得出拉比振荡周期,并获得 $\pi/2$ 脉冲和 π 脉冲时间。

(c) 探究拉比振荡周期与共振频率下的微波功率的关系。

3. 近共振时的拉比振荡

(1) 关键词

拉比振荡;近共振。

(2) 课题简介

共振时的拉比振荡是一种理想情况,而在实际实验中,由于微波源精度限制,微波频率与共振频率会有较小的偏差,被称为失谐量,此时被称为近共振。在近共振情况下,失谐量会对基态与激发态布居度的含时演化引起较大的影响。

(3) 基本原理

在近共振情况下,定义失谐量 $\Delta=\omega-\omega_0$,如果不考虑初相位,此时式(3-11-5)的解变为

$$c_1(t)=\left\{c_1(0)\left[\cos\left(\frac{\Omega_{\text{eff}}t}{2}\right)+\frac{i\Delta}{\Omega_{\text{eff}}}\sin\left(\frac{\Omega_{\text{eff}}t}{2}\right)\right]-c_2(0)\,\mathrm{j}\,\frac{\Omega}{\Omega_{\text{eff}}}\sin\left(\frac{\Omega_{\text{eff}}t}{2}\right)\right\}\mathrm{e}^{-\frac{\mathrm{j}\Delta}{2}t}$$
$$c_2(t)=\left\{c_2(0)\left[\cos\left(\frac{\Omega_{\text{eff}}t}{2}\right)-\frac{i\Delta}{\Omega_{\text{eff}}}\sin\left(\frac{\Omega_{\text{eff}}t}{2}\right)\right]-c_1(0)\,\mathrm{j}\,\frac{\Omega}{\Omega_{\text{eff}}}\sin\left(\frac{\Omega_{\text{eff}}t}{2}\right)\right\}\mathrm{e}^{-\frac{\mathrm{j}\Delta}{2}t} \tag{3-11-9}$$

其中,$\Omega_{\text{eff}}=\sqrt{\Omega^2+\Delta^2}$ 为等效拉比频率。

对于初始边界条件为 $c_1(0)=1,c_2(0)=0$,可得

$$|c_1(t)|^2=\frac{\Omega^2}{\Omega_{\text{eff}}^2}\sin^2\left(\frac{\Omega_{\text{eff}}}{2}t\right)$$
$$|c_2(t)|^2=\cos^2\left(\frac{\Omega_{\text{eff}}}{2}t\right)+\frac{\Delta^2}{\Omega_{\text{eff}}^2}\cos^2\left(\frac{\Omega_{\text{eff}}}{2}t\right) \tag{3-11-10}$$

从公式可得出结论,失谐量可以通过等效拉比频率对布局度随时间振荡的频率和幅度造成影响。在本课题中,编辑与课题实验 2 相同的激光微波脉冲序列,通过改变微波频率使失谐量发生变化,从而实现近共振情况。

(4) 研究内容

(a) 在近共振情况下,探究失谐量对等效拉比频率的影响。

(b) 在近共振情况下,探究失谐量对拉比振荡幅度的影响。

【课题要求】

1. 查阅相关资料,完成开题报告。
2. 确定课题题目,探讨研究内容。
3. 设计实验方案,确定实验方法。
4. 搭建实验装置,完成相关实验。
5. 完成研究论文,准备期末答辩。

3.12 空间滤波及光信息处理技术探究

【课题综述】

光学信息处理技术是指利用光学手段对各种输入信息进行变换处理。空间滤波是指通过在光学系统的频谱面上放置合适的滤波器,进而对物图像进行变换处理的一种技术,是光学信息处理技术里最经典、最基础的技术。利用空间滤波技术可以实现去除图像噪声、图像融合与分割、像素恢复与增强等图像处理。

本课题主要探究利用空间滤波技术处理各种光信息。

【课题目的】

1. 掌握空间频率、空间频谱的概念和空间滤波的原理。
2. 掌握利用空间滤波技术实现光学图像处理的技术。
3. 学会利用空间滤波技术实现 θ 调制假彩色编码。

【背景知识】

两个重要的空间滤波实验:阿贝-波特实验和相衬显微镜实验。

1. 阿贝-波特实验

1873 年,阿贝(Abbe)在研究显微镜成像问题时提出,在相干光照射下,相干成像的过程可以分两步完成,即二次成像理论。之后,为了验证阿贝成像理论,阿贝于 1893 年,波特(Porter)于 1906 年,分别做了相关实验来验证阿贝成像原理,这就是阿贝-波特实验。

2. 相衬显微镜实验

1935 年,策尼克(Zenike)提出相衬显微技术,这是空间滤波技术早期最成功的应用之一。当用显微镜观察透明物体时,物体厚度不同的地方产生的相位的改变量也不同。由于相衬显微镜采用了新的相衬方法,使得观察到的光的强度与物体的相位改变量有关,所以可以测量透明物体的厚度。策尼克也因此获得 1993 年诺贝尔物理学奖。

【基本原理】

1. 阿贝二次成像理论

阿贝二次成像过程可以分两步完成:第一步是入射光场经物平面(如一维光栅)发生夫琅禾费衍射,在透镜后焦平面上形成一系列衍射斑(一维光栅衍射频谱斑),这一步可以被称为分频;第二步是后焦平面上的各衍射斑作为新的次波源发出球面次波,传播到像平面上相干叠加形成物体的像(一维光栅像),这一步可以被称为合频。相干成像过程如图 3-12-1 所示。

因为相干成像过程分为分频和合频,所以这个理论后来被称为阿贝二次成像理论。为了验证该理论,阿贝和波特分别进行了相关实验进行验证。在相关实验中,采用相干单色光垂直照射细丝网,在物镜的后焦面上,出现了二维正交衍射图案。衍射斑点作为子波继续传播到达像平

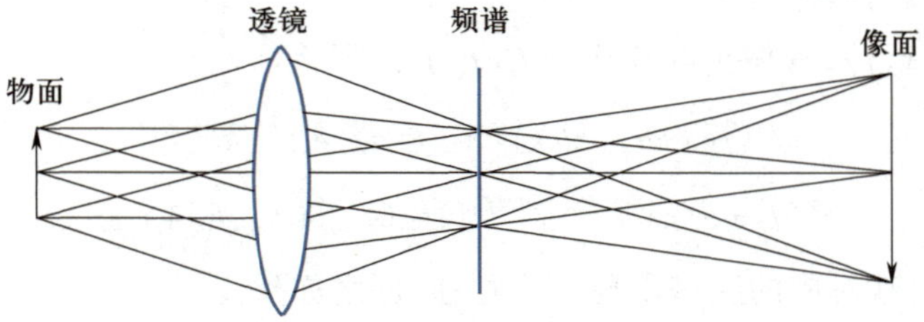

图 3-12-1

面,实现了细丝网像的再现。

2. 光学傅里叶变换

傅里叶光学是将电子学信号分析中使用的傅里叶分析方法应用到光学领域而发展出起来的一个重要的现代光学内容。在电子学中,对于任一个时间的一维函数,可以用一维傅里叶变换展开。类似地,对于光学系统中的空间二维函数 $g(x,y)$,也可以按照傅里叶变换理论展开。若以 $e^{j2\pi(f_x x+f_y y)}$ 为基矢展开,$g(x,y)$ 可以写成

$$g(x,y)=\int_{-\infty}^{+\infty}\int_{-\infty}^{+\infty}G(f_x,f_y)e^{j2\pi(f_x x+f_y y)}df_x df_y \tag{3-12-1}$$

式中,f_x 和 f_y 分别为 x,y 方向的空间频率,$G(f_x,f_y)$ 为 $e^{j2\pi(f_x x+f_y y)}$ 所对应的权重。反过来,也可以得到

$$G(f_x,f_y)=\int_{-\infty}^{+\infty}\int_{-\infty}^{+\infty}g(x,y)e^{-j2\pi(f_x x+f_y y)}dxdy \tag{3-12-2}$$

$g(x,y)$ 和 $G(f_x,f_y)$ 互为傅里叶逆变换。$G(f_x,f_y)$ 为 $g(x,y)$ 的空间频谱。

光学傅里叶变换可以等价于一个透镜的作用。透镜是光学系统里的一个基础元件,在一定条件下可以实现傅里叶变换的作用,即可以将入射光波经过傅里叶透镜后,在透镜焦平面上的光场分布相当于入射光波的傅里叶变换。例如,将透射率为 $g(x,y)$ 的平面图像,放在焦距为 f 的傅里叶透镜的前焦平面上,当用波长为 λ 的平面波照射平面图像时,透镜后焦平面上的复振幅分布 $G(f_x,f_y)$ 就是 $g(x,y)$ 的傅里叶变换,且满足

$$f_x=\frac{x}{\lambda f},\quad f_y=\frac{y}{\lambda f} \tag{3-12-3}$$

3. 傅里叶变换卷积定理

两个复值函数 $f(x,y)$ 和 $h(x,y)$ 的卷积的定义为

$$g(x,y)=\int_{-\infty}^{+\infty}\int_{-\infty}^{+\infty}f(a,b)h(x-a,y-b)dadb=f(x,y)*h(x,y) \tag{3-12-4}$$

式中,* 号表示卷积运算。根据卷积定理,两个函数乘积的傅里叶变换等于这两个函数分别傅里叶变换的卷积;反过来,两个函数卷积的傅里叶变换等于这两个函数分别傅里叶变换的乘积。在光学系统中,当两个物体同时放在物面上时,当光通过后,两个物体组合后的频谱为这两个物体独自原有频谱的卷积。

4. 傅里叶变换相移定理

对于复值函数 $f(x,y)$，其傅里叶变换为 $G(f_x,f_y)$，那么

$$\mathscr{F}(f(x\pm a,y\pm b))=G(f_x,f_y)\mathrm{e}^{\pm \mathrm{j}2\pi f_x a}\mathrm{e}^{\pm \mathrm{j}2\pi f_y b} \tag{3-12-5}$$

$$\mathscr{F}(f(x,y)\mathrm{e}^{\pm \mathrm{j}2\pi f_{x0}x}\mathrm{e}^{\pm \mathrm{j}2\pi f_{y0}y})=G(f_x\mp f_{x0},f_y\mp f_{y0}) \tag{3-12-6}$$

即原函数平移时，其对应的频谱出现一个相移，反之亦然。

【实验装置】

空间滤波相关实验的实验装置一般由光源、傅里叶透镜、空间光调制器等组成。经典的 4f 光路如图 3-12-2 所示。

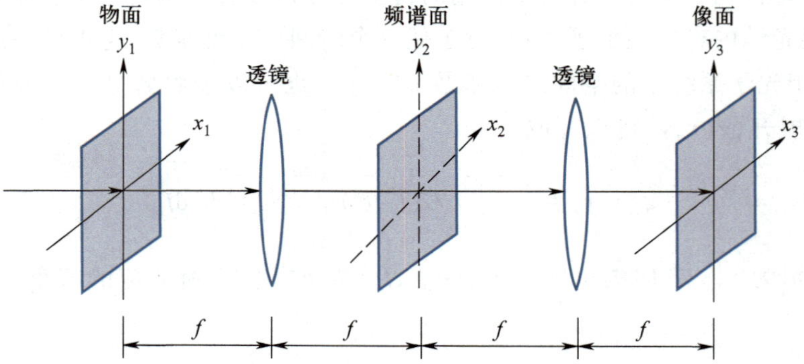

图 3-12-2

【课题内容】

1. 利用空间滤波技术，改变物面频谱结构，进而改变输出图片的效果

（1）关键词

空间滤波；频谱面。

（2）课题简介

阿贝二次成像的两步实质上就是两次傅里叶变换，第二步是第一步的逆变换。如果这两次傅里叶变换均是理想的，没有信息损失，那么像和物应该完全相似。如果在频谱面上人为设置一些空间滤波器，改变频谱面上的光信息的振幅或者相位，那么接收到的像将会发生相应的变化。

（3）基本原理

在频谱面上，低频成分集中在频谱面的光轴附近，而高频成分则处于远离光轴的地方，高频部分决定了图像的精细结构以及突变部分。最简单的振幅型空间滤波器就是一些特殊形状的光阑，如图 3-12-3 所示。下面是几种常用的滤波方法。

（a）低通滤波：例如圆形光孔，可以滤去高频成分，保留低频成分。经过低通滤波后，图像的精细结构消失，黑白突变处变模糊。

（b）高通滤波：例如小圆屏，滤去低频成分，让高频部分通过。利用高通滤波，可以实现图像

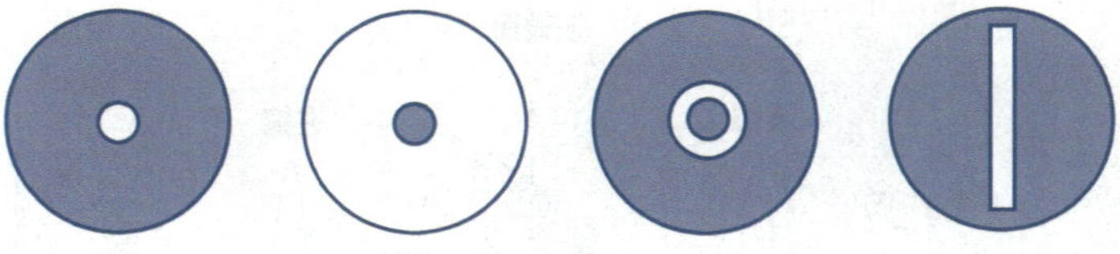

图 3-12-3

的轮廓或者边缘增强。

(c) 带通滤波:例如圆环形,允许特定区域的频谱通过,去除随机噪声。

(d) 方向滤波:例如狭缝,只有沿狭缝方向的衍射的物面信息能通过。

除此之外,还有其他种类滤波器,例如相位滤波器等,相位滤波器可以改变光场的相位发布。

(4) 研究内容

(a) 设计实验,利用空间滤波原理,改变物面频谱结构,进而改变输出图片的效果。

(b) 分析影响实验效果的各类因素。

2. 利用空间滤波技术,实现光学图像的数学运算

(1) 关键词

空间滤波;光学图像的加减。

(2) 课题简介

利用空间滤波技术可以实现图像的一些数学运算,其中光学图像的加减是最基本的一种光学运算,它是信息光学相关理论、微分运算以及逻辑运算等更复杂光学运算的基础。利用图像的加减可以求得两个图像的相同点和不同之处,可用于医学、军事、气象探测等领域。实现光学图像的加减的方法有多种,例如全息法、散斑法以及光栅法等。本课题利用 $4f$ 系统实现两个图像的相加或者相减等数学运算。

(3) 基本原理

以图像加减为例,介绍空间滤波的基本原理。采用 $4f$ 光路系统,利用振幅型正弦光栅作为空间滤波器放置在频谱面,可以实现光学图像的加减。

如图 3-12-4 所示,将待处理的两图像 A 和 B 放置于 $4f$ 光路系统的输入面上,透镜的焦距为 f 且两图像的中心连线的中点为输入面的坐标原点,两图像的中心与坐标原点的距离都为 b。输入面上的光场分布可以写成

$$g(x_1,y_1)=g_A(x_1-b,y_1)+g_B(x_1+b,y_1) \tag{3-12-7}$$

那么相应地,频谱面上所对应的光场分布为

$$G(x_2,y_2)=G_A\left(\frac{x_2}{\lambda f},\frac{y_2}{\lambda f}\right)\mathrm{e}^{-\mathrm{j}2\pi\frac{b}{\lambda f}x_2}+G_B\left(\frac{x_2}{\lambda f},\frac{y_2}{\lambda f}\right)\mathrm{e}^{\mathrm{j}2\pi\frac{b}{\lambda f}x_2} \tag{3-12-8}$$

即为输入面光场分布的傅里叶变换。其中,$G_A\left(\frac{x_2}{\lambda f},\frac{y_2}{\lambda f}\right)$ 和 $G_B\left(\frac{x_2}{\lambda f},\frac{y_2}{\lambda f}\right)$ 分别对应 $g_A(x_1,y_1)$ 和 $g_B(x_1,y_1)$ 的傅里叶变换。

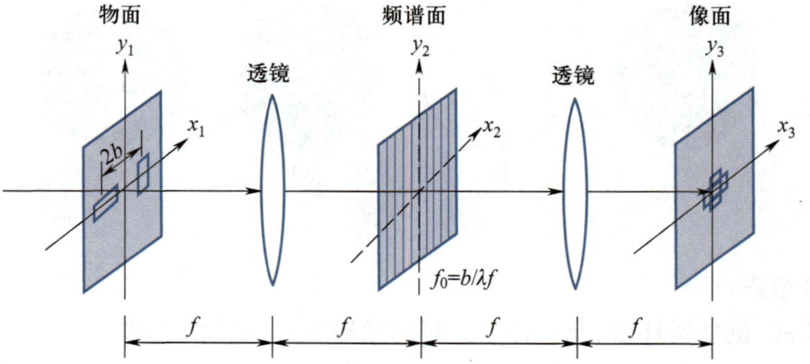

图 3-12-4

若将振幅型一维正弦光栅放置于频谱面上，正弦光栅的复振幅透过率函数可以表示为

$$t(x_2,y_2)=t_0+t_1\cos(2\pi f_0x_2+\varphi_0)=t_0+\frac{t_1}{2}e^{-j(2\pi f_0x_2+\varphi_0)}+\frac{t_1}{2}e^{j(2\pi f_0x_2+\varphi_0)} \tag{3-12-9}$$

其中，光栅的频率满足 $f_0=(b/\lambda)f$（或者说两图像的中心与坐标原点的距离 b 满足 $b=\lambda ff_0$）。

此时，频谱面上的光场分布为 $G(x_2,y_2)t(x_2,y_2)$，那么，输出像面上的光场分布为 $G(x_2,y_2)t(x_2,y_2)$ 的傅里叶逆变换，即

$$U_3=\mathscr{F}^{-1}[G(x_2,y_2)t(x_2,y_2)] \tag{3-12-10}$$

其中

$$\begin{aligned}G(x_2,y_2)t(x_2,y_2)&=\left[G_A\left(\frac{x_2}{\lambda f},\frac{y_2}{\lambda f}\right)e^{-j2\pi f_0x_2}+G_B\left(\frac{x_2}{\lambda f},\frac{y_2}{\lambda f}\right)e^{j2\pi f_0x_2}\right]*\left[t_0+\frac{t_1}{2}e^{-j(2\pi f_0x_2+\varphi_0)}+\frac{t_1}{2}e^{j(2\pi f_0x_2+\varphi_0)}\right]\\&=t_0G(x_2,y_2)+\frac{t_1}{2}e^{-j(4\pi f_0x_2+\varphi_0)}G_A\left(\frac{x_2}{\lambda f},\frac{y_2}{\lambda f}\right)+\frac{t_1}{2}e^{-j\varphi_0}G_B\left(\frac{x_2}{\lambda f},\frac{y_2}{\lambda f}\right)+\\&\quad\frac{t_1}{2}e^{j\varphi_0}G_A\left(\frac{x_2}{\lambda f},\frac{y_2}{\lambda f}\right)+\frac{t_1}{2}e^{j(4\pi f_0x_2+\varphi_0)}G_B\left(\frac{x_2}{\lambda f},\frac{y_2}{\lambda f}\right)\end{aligned} \tag{3-12-11}$$

$$\begin{aligned}U_3=&t_0g_A(x_3-b,y_3)+t_0g_B(x_3+b,y_3)+\frac{t_1}{2}g_A(x_3,y_3)e^{j\varphi_0}+\frac{t_1}{2}g_B(x_3,y_3)e^{-j\varphi_0}+\\&\frac{t_1}{2}g_A(x_3-2b,y_3)e^{-j\varphi_0}+\frac{t_1}{2}g_B(x_3+2b,y_3)e^{j\varphi_0}\end{aligned} \tag{3-12-12}$$

式(3-12-12)中，第一、三、五项分别表示图像 A 的 0 级、+1 级和-1 级像；第二、四、六项分别表示图像 B 的 0 级、-1 级和+1 级像。图像 A 的+1 级和图像 B 的-1 级的位置以轴线为中心重合。当光栅条纹和轴线重合时，即 $\varphi_0=0$ 或 π 时，图像 A 和图像 B 相加；当光栅条纹偏离轴线 1/4个周期时，即 $\varphi_0=\pi/2$，图像 A 和图像 B 相减。

(4) 研究内容

(a) 搭建 4f 光路，利用光栅作为空间滤波器，对目标图像实现相加或者相减。

(b) 搭建 $4f$ 光路,采用空间滤波,对目标图像实现其他数学运算。

3. 利用空间滤波技术,实现 θ 调制假彩色编码

(1) 关键词

θ 调制;假彩色编码;卷积定理。

(2) 课题简介

θ 调制假彩色编码是经典的光学空间滤波实验之一,是阿贝二次成像理论的一个应用。用白光照射由不同取向的光栅填充而成的无色透明编码片,在其频谱面进行适当的空间滤波处理后,就可以输出彩色的图像。由于利用空间滤波技术将原本没有颜色的图像人为选色后彩色化,所呈现的颜色并不是物体本来的颜色,所以 θ 调制编码也称空间假彩色编码。假彩色编码技术是广泛应用的一种信息光学技术。

(3) 基本原理

θ 调法假彩色编码是阿贝二次成像理论的一个妙用。其基本流程为:首先,用不同取向的光栅分别调制图像的不同部分,制成光栅调制编码片;其次,搭建 $4f$ 光路,将光栅调制编码片置于 $4f$ 系统的输入面上,并用白光照明;最后,根据预期的颜色,在频谱面上进行适当的空间滤波处理,输出面上就可以呈现假彩色图像。

当用一单色平行光垂直照射一间距均匀的一维光栅时,在透镜的后焦面上会形成离散的光栅衍射点,也就是频谱面上的频谱点,其排列方向与光栅线相垂直。同理,对于一个二维图像,若其不同的部位受到方向不同的光栅的调制(假彩色编码示意图如图 3-12-5(a)所示,光栅调制编码片中,背景、房间、屋顶分别填充为水平、垂直、斜向光栅),那么透镜的后焦面上,频谱点的分布是这三个方向光栅分别对应的频率点的集合。

当用白光光源照明光栅调制编码时,由于光的色散,在频谱面上可以得到色散的彩色谱斑,每个彩色谱斑从外向内的颜色按红、橙、黄、绿、蓝、靛、紫的顺序变化。若在频谱面上,放置匹配的滤波器,能够控制不同光栅所对应的不同方向的谱斑处分别只能通过一种不同的颜色,如图 3-12-5(b) 所示,水平光栅频谱通蓝色,垂直光栅频谱通红色,斜向光栅通绿色,那么就可以将被不同光栅调制的区域“填充”上不同的颜色,像平面上得到彩色的像(蓝色背景,红色房间,绿色屋顶)。

(a)

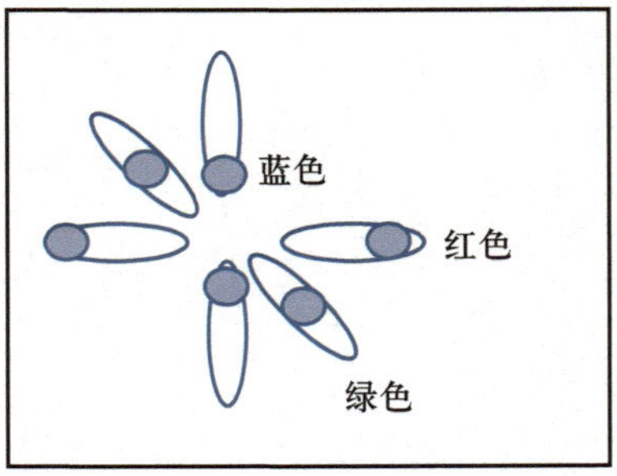

(b)

图 3-12-5

(4) 研究内容

(a) 设计二维图像,然后对其实现彩色填充输出。

(b) 基于空间光调制器,自行设计空间滤波实验。

【课题要求】

1. 查阅相关资料,完成开题报告。
2. 确定课题题目,探讨研究内容。
3. 设计实验方案,确定实验方法。
4. 搭建实验装置,完成相关实验。
5. 完成研究论文,准备期末答辩。

3.13 数字全息成像技术探究

【课题综述】

全息成像技术是指利用光的波动学原理,将物体的振幅和相位信息以干涉条纹的形式记录下来,制成全息图技术。通过一定的方式对全息图进行再现,得到逼真原物体的立体像。传统的光学全息技术采用感光材料来记录干涉条纹,需要曝光、显影、定影等程序,整个流程比较复杂。随着技术的发展,尤其是计算机、电子成像、电子显示技术的发展以及人们对全息技术需求的提高,在全息成像技术领域相继发展出数字全息、计算全息等技术。数字全息一般是指采用光电传感器件代替传统的干板材料,以数字的形式存储全息图,然后利用计算机软件模拟全息再现。计算全息一般是指根据光学原理,利用计算机直接计算得到全息图,全息图记录过程不需要实际光路,即计算机制全息图,然后再通过光学手段进行再现。全息成像技术的应用非常广泛,可以应用到很多领域,如信息存储、全息防伪、干涉度量、物体检测以及三维显示等,是现代光学领域中重要的研究领域之一。

本课题主要探究数字全息的成像光路以及计算机制全息图的方法。

【课题目的】

1. 熟悉全息成像记录和再现的基本原理。
2. 学会搭建数字全息成像光路以及数字再现方法。
3. 探索影响数字全息成像效果的因素。
4. 熟悉计算机制全息图的几种算法。
5. 探索计算机制全息图的新方法。

【背景知识】

全息技术是一种利用光的干涉和衍射原理记录并再现物体真实三维图像的技术。实验室常见的三种全息实验是全息照相、数字全息和计算全息。

1. 全息照相术

1948 年,英国科学家丹尼斯·伽博(Dennis Gabor)提出了一种可以同时记录光波振幅和相位的方法,并根据此办法制成世界上第一张全息图。自此之后,经典全息照相技术开始它的发展历程,经典全息照相的发展经历了汞灯记录同轴全息、激光记录激光再现离轴全息、激光记录白光再现等阶段。

2. 数字全息技术

1967 年,顾德门(Goodman)提出数字全息的概念,即利用光电传感器(CCD 或 CMOS)代替干板记录全息图,并用计算机模拟来实现全息图所记录物体的全息再现,实现了全息图记录、存储以及再现的数字化。利用光电传感器记录全息图省去了经典全息中的显影、定影等复杂的过程,降低了制作成本,提高了制作的效率。

3. 计算全息技术

1965年，罗曼（A.W.Lohmann）等利用计算机与绘图仪制成世界上第一张计算全息图。计算全息图（CGH）是指利用计算机对数字化的物体图像进行编码得到的全息图。计算全息图不仅可以将复杂的波前干涉光学记录用数值计算的形式代替，还可以制作真实世界不存在的物体的全息图。因为空间光调制器的发展，相息图也逐渐发展起来，并且随着计算机计算能力的不断提升，计算维数也从二维逐渐扩展至三维。

【基本原理】

1. 全息成像的过程

不论是纯光学全息、数字全息还是计算全息，全息成像的过程都需要全息记录和全息重现两个过程。记录时，引入参考光（相息图除外），使其与物光在记录平面上发生干涉，形成干涉图像；再现时，参考光通过干涉图像，发生衍射，获得原物图像。

（1）波前记录

传播到记录介质上的参考光和物光分别为

$$R(x,y)=A_R(x,y)e^{-j\varphi_R(x,y)}\quad O(x,y)=A_O(x,y)e^{-j\varphi_O(x,y)} \tag{3-13-1}$$

式中，$A_R(x,y)$和$A_O(x,y)$分别为参考光和物光的波面振幅，$\varphi_R(x,y)$和$\varphi_O(x,y)$分别为参考光和物光的波面相位，参考光一般为相对简单的平面光波或球面光波。参考光与物光干涉后的光场强度为

$$\begin{aligned}I(x,y)&=A_R^2+A_O^2+R^*O+RO^*\\&=A_R^2+A_O^2+A_R(x,y)^*A_O(x,y)e^{j[\varphi_R(x,y)-\varphi_O(x,y)]}+A_R(x,y)A_O(x,y)^*e^{-j[\varphi_R(x,y)-\varphi_O(x,y)]}\end{aligned} \tag{3-13-2}$$

式中，第一项和第二项分别为参考光和物光的强度分布项，第三项和第四项是两束光的干涉项，包含了物光的振幅和相位信息。

在全息照相中，参考光与物光干涉后的光场强度决定了干板线性区的振幅透过率，振幅透过率可表示为

$$t(x,y)=t_0+\beta[I(x,y)] \tag{3-13-3}$$

式中，t_0、β分别为与干板曝光量有关的常量。在数字全息中，虽然不再制作全息干板，但是干涉项的信息可以通过光电传感器件等以数字图像的形式记录下来。

（2）全息再现（重建）

当使用原参考光$R(x,y)$再现物像时，通过全息图后的光场强度可以表示为

$$\begin{aligned}A(x,y)&=Rt_0+R\beta(A_O^2+A_R^2+R^*O+RO^*)\\&=R[t_0+\beta(A_O^2+A_R^2)]+\beta RR^*O+\beta RRO^*\end{aligned} \tag{3-13-4}$$

式中，第一项为$R[t_0+\beta(A_O^2+A_R^2)]$，是强度按一定比例衰减的直接透射光，其传播方向为参考光的方向，为光栅的零级衍射项。第二项为βRR^*O，除振幅大小改变外，其形式与物光$O(x,y)$相同，这一项是按一定比例重建的物光波，为光栅的正一级衍射项。由于RR^*是均匀再现的光强，所以这一项是物光信息的准确再现，它将（在物体原来的位置上）形成逼真原物体的三维立体虚像，当从不同角度观察该虚像时，可以看到物体的不同侧面。第三项为βRRO^*，与物光的共轭光

有关，是光栅的负一级衍射项，该项说明在与虚像相反的一侧可以形成物光的共轭实像。

当使用原参考光的共轭光 $R(x,y)^*$ 再现物像时，通过全息图后的光场强度可以表示为

$$A(x,y)=R^*\left[t_0+\beta(A_0^2+A_R^2)\right]+\beta R^*R^*O+\beta R^*RO^* \tag{3-13-5}$$

此种情况下，第三项 βR^*RO^* 是物光信息的准确再现项，再现像为实像。

2. 离轴全息

在汞灯记录同轴全息阶段，使用的光源为汞灯，物光和参考光的光学路径一致。再现时，原始像、共轭像、零级像在同一方向上，无法分开。1960 年后，激光的诞生促进了全息技术的快速发展。1962 年，密西根大学的利思和乌帕特尼克斯引入倾斜入射参考光，实现离轴全息，离轴全息光路示意图如图 3-13-1 所示。S 发出的光，经过透镜后变成平行光，上半部分光束照射到棱镜上，经过棱镜折射后，产生倾角 θ，作为参考光，下半部分光束照射到物体上，作为物光。这两束光交汇后产生干涉条纹，并被记录下来。

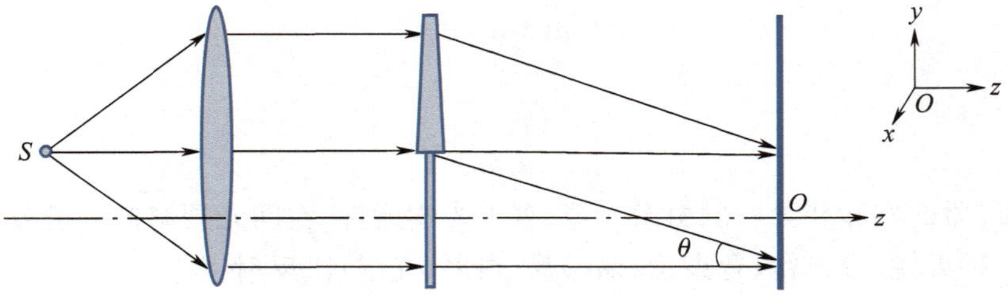

图 3-13-1

当用原参考光 $R(x,y)$ 重现时，第一项衍射光 $u_1'+u_2'$，第二项衍射光 u_3'，第三项衍射光 u_4'，实现了三个像的分离。离轴全息术再现光路示意图如图 3-13-2 所示。

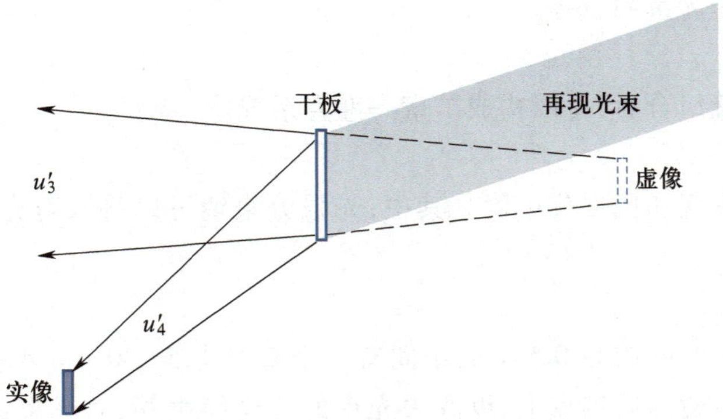

图 3-13-2

3. 菲涅耳衍射积分

若衍射屏和观察屏之间的距离满足菲涅耳衍射条件，对于衍射屏上的物像 $U_0(x_0,y_0)$（菲涅耳衍射积分示意图如图 3-13-3 所示），在观察屏上的复振幅 $U(x,y)$ 可以根据菲涅耳衍射积分公式得到

$$U(x,y)=\frac{1}{\mathrm{j}\lambda d}\exp(\mathrm{j}kd)\iint_{-\infty}^{+\infty}U_0(x_0,y_0)\exp\left\{\mathrm{j}\frac{k}{2d}\left[(x-x_0)^2+(y-y_0)^2\right]\right\}\mathrm{d}x_0\mathrm{d}y_0 \tag{3-13-6}$$

式中，j 为虚数单位；$k=2\pi/\lambda$，λ 为光波波长。

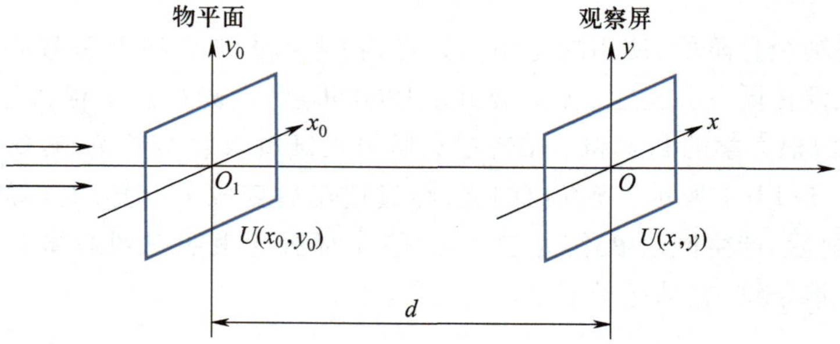

图 3-13-3

【实验装置】

全息成像实验的实验装置一般由激光器、若干光学元件、空间光调制器等组装而成。光学元件有平行光管、扩束镜、分束镜、合束镜、偏振片、白屏、光强计、反射镜等。

1. 平行光管

由光源、毛玻璃（使分划板被均匀照亮）、分划板、物镜等组成，是一种能够产生平行光束的光学仪器。

2. 扩束镜

一般用来扩展激光光束的直径。

3. 准直透镜

准直透镜与扩束镜组合后，可以构成扩束—准直系统。

4. 分束镜

分束镜有光强分束镜和偏振分束镜。其中，光强分束镜可以将入射光分成一定光强比的透射光束和反射光束。

5. 针孔滤波器

针孔滤波器是一个厚度约为 0.5 mm，中间有一个直径为 5~30 μm 小孔的钢片。在实验中，通常将针孔面置于扩束镜的后焦点上，以滤去光束的杂光噪声等，对光束进行滤波，相当于一个低通滤波器。针孔的直径越小，滤波后的光束越均匀，但是光强减少量也会越多。因此，在实验中，需要综合考虑选择针孔直径。在本课题中，使用直径为 25 μm 的针孔。一般情况，针孔和扩束镜一起固定在针孔调节座上。通过调节针孔调节座上的螺丝旋钮，可以调整针孔滤波器的位置。

6. 偏振片

当自然光波通过偏振片时，与偏振片标定方向垂直的偏振分量将被偏振片强烈吸收，而对与之正交的分量被吸收较弱，因此偏振片能够将自然光转换为线偏振光。偏振片还可以用来检验未知光波是否是线偏振光,具有起偏和检偏的性能。

7. 毛玻璃

毛玻璃俗称磨砂玻璃,也叫雾面玻璃或者防眩玻璃,是一种表面粗糙不平整的半透明玻璃。光线通过毛玻璃后向四面八方射出去,具有漫反射成像的效果。

8. 空间光调制器

空间光调制器是一种以液晶为光电调制材料的显示器件,能对光波的相位、振幅、偏振态等参量进行调制。空间光调制器的屏幕由许多独立的像素单元组成,这些单元形成一个二维阵列。其中,每个单元的光学特性均可以通过相应的电信号或者光信号进行控制(液晶分子的排列方式、位置等会发生改变,使得通过相应单元的光的反射率、透射率及折射率等也发生改变)等,进而实现对光束的调制。

【课题内容】

1. 数字全息成像系统的搭建和优化

(1) 关键词

数字全息;反射式光路;透射式光路数字还原。

(2) 课题简介

在全息技术中,若采用光电传感器件代替传统的干板记录干涉条纹,用数字的形式存储全息图,然后用计算机数值模拟光学衍射过程的形式就是数字全息技术。通过本课题,探究影响全息图记录及再现效果的因素,并探究提高全息图记录和再现效果的方法。

(3) 基本原理

(a) 数字全息记录

相比传统的光学全息,数字全息在制作流程、材料成本上有一定的优势,但是,数字全息所使用的记录介质的分辨率较低,例如某型号数码相机的分辨率约为 100 线/mm 且感光面积很小,而全息干板等传统记录介质的分辨率可以达到 5 000 线/mm。根据奈奎斯特采样定理,若想获得高质量还原像,全息表面上光波的最大空间频率只能是记录介质空间频率的一半以下。记录介质的分辨率限制了可以记录的全息表面的光波最大空间频率。若数码相机像素大小为 Δx,那么一个条纹周期 Δe 要至少等于两个像素周期,即 $\Delta e \geqslant 2\Delta x$。

若物光和参考光在全息平面上的最大夹角为 θ_{max},则数码相机平面上形成的最小条纹间距 Δe_{min} 为

$$\Delta e_{min} = \frac{\lambda}{2\sin\left(\frac{\theta_{max}}{2}\right)} \tag{3-13-7}$$

当物光和参考光的夹角 θ 很小时,有 $\sin\theta \approx \tan\theta \approx \theta$,因此

$$\theta \leqslant \frac{\lambda}{2\Delta x} \tag{3-13-8}$$

$$\theta_{max} = \frac{\lambda}{2\Delta x} \tag{3-13-9}$$

即在数字全息记录光路中，参考光与物光的夹角大小受到数码相机分辨率的限制。由于数码相机像素的尺寸一般在 5~10 μm 范围内，故所能记录的最大物参角在 2°~4°范围内。

(b) 数字全息再现

图 3-13-4 展现了数字全息再现过程，数字全息的再现可以通过光纤方法，也可以通过计算机模拟实现。对于光学还原方法，需要利用参考光照射全息图来实现，是一个光学衍射过程。所以，在计算机模拟还原的过程中，也是要数值处理一个类似的过程。在数字全息中，为了获得清晰的重现像，再现距离等于记录距离。当用与参考光相同的光 $R(x,y)$ 照射全息面时，再现面上的光场分布 $\Gamma(\xi,\eta)$ 可以根据基尔霍夫-菲涅耳衍射公式得到

$$\Gamma(\xi,\eta)=\frac{\mathrm{i}}{\lambda}\int_{-\infty}^{\infty}\int_{-\infty}^{\infty}R(x,y)I(x,y)\frac{\exp\left(-\mathrm{i}\frac{2\pi}{\lambda}\rho\right)}{\rho}\cos\theta\mathrm{d}x\mathrm{d}y \tag{3-13-10}$$

式中，$\rho=\sqrt{d^2+(\xi-x)^2+(\eta-y)^2}$，$\theta$ 是物光与参考光之间的夹角。

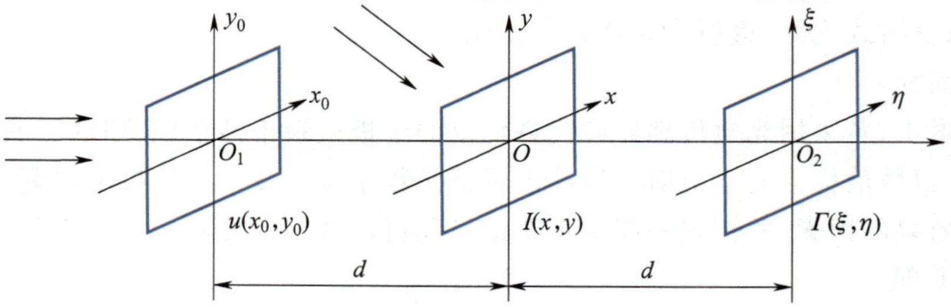

图 3-13-4

公式(3-13-10)是数字全息再现的重要数学模型。通过对其进行不同的数学变换，可得到不同的算法，如菲涅耳近似重构法、卷积定理重构法以及傅里叶变换重构法等。在菲涅耳近似重构法中，当参考光接近垂直入射时，式(3-13-10)可近似表示为

$$\Gamma(\xi,\eta)=\frac{\mathrm{i}}{\lambda d}\exp\left(-\mathrm{i}\frac{2\pi}{\lambda}d\right)\exp\left[-\mathrm{i}\frac{\pi}{\lambda d}(\xi^2+\eta^2)\right]\times$$
$$\int_{-\infty}^{\infty}\int_{-\infty}^{\infty}R(x,y)I(x,y)\exp\left[-\mathrm{i}\frac{\pi}{\lambda d}(x^2+y^2)\right]\exp\left[\mathrm{i}\frac{2\pi}{\lambda d}(x\xi+y\eta)\right]\mathrm{d}x\mathrm{d}y \tag{3-13-11}$$

式(3-13-11)可以采用傅里叶变换来计算，为方便计算机处理，式(3-13-11)离散化后，可以表示成

$$\Gamma(m\Delta\xi,n\Delta\eta)=\frac{\mathrm{i}}{\lambda d}\exp\left(-\mathrm{i}\frac{2\pi}{\lambda}d\right)\exp\left[-\mathrm{i}\pi\lambda d\left(\frac{m^2}{N^2\Delta x^2}+\frac{n^2}{N^2\Delta y^2}\right)\right]\times$$
$$\sum_{k=0}^{M-1}\sum_{l=0}^{N-1}R(k\Delta x,l\Delta y)I(k\Delta x,l\Delta y)\exp\left[-\mathrm{i}\frac{\pi}{\lambda d}(k^2\Delta x^2+l^2\Delta y^2)\right]\exp\left[\mathrm{i}2\pi\left(\frac{km}{M}+\frac{ln}{N}\right)\right] \tag{3-13-12}$$

式中，M 和 N 分别为 ξ，η 两个方向上采样点个数，Δx 和 Δy 分别表示全息面的采样间隔。傅里叶变换的频率为

$$\begin{cases} f_{x_0}=\dfrac{\xi}{\lambda d} \\ f_{y_0}=\dfrac{\eta}{\lambda d} \end{cases} \tag{3-13-13}$$

根据频域和空域采样间隔之间的关系，可得

$$\begin{cases} \Delta f_{x_0}=\dfrac{1}{M\Delta x} \\ \Delta f_{y_0}=\dfrac{1}{N\Delta y} \end{cases} \tag{3-13-14}$$

因此全息平面和重现像面的像素点大小之间的关系为

$$\begin{cases} \Delta \xi=\dfrac{\lambda d}{M\Delta x} \\ \Delta \eta=\dfrac{\lambda d}{N\Delta y} \end{cases} \tag{3-13-15}$$

（c）数字全息成像基本光路

图 3-13-5 是透射式数字全息光路示意图。

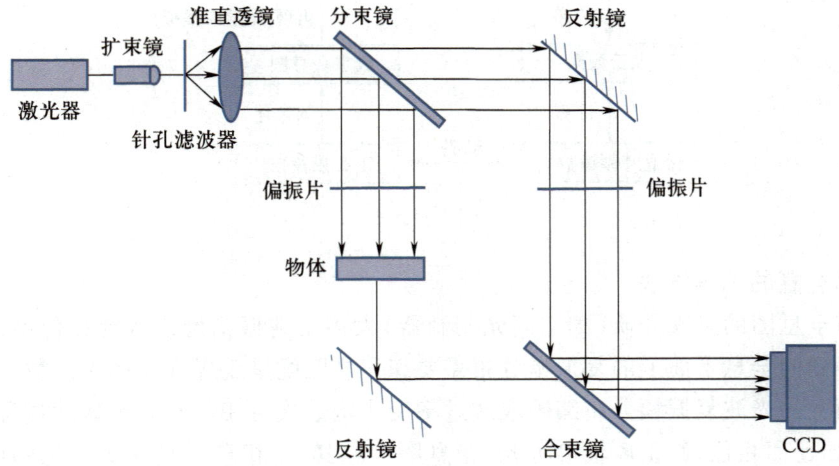

图 3-13-5

（4）研究内容

（a）搭建并优化透射式数字全息成像系统，研究物光与参考光的光强比，物光与参考光之间的倾角，入射光波长等因素对数字全息成像的影响。

（b）设计光路，搭建反射式数字全息成像系统，探究影响反射式数字全息图成像效果的因素，如光路、衍射距离、物光与参考光的光强比等。

2. 计算机制全息图以及光路复现

（1）关键词

计算机制全息图；光路再现。

（2）课题简介

根据光的波动原理，利用计算机计算不需要实际光路，就可以直接获得全息图，然后通过光学重建或者计算机模拟进行再现。通过本课题，熟悉利用计算机制全息图的流程，熟悉用计算机软件制作全息图、相息图的一些方法。

（3）基本原理

（a）计算全息图的制作过程

计算全息图的制作过程主要分以下几步。

（Ⅰ）抽样：待编码的物体或者图像以及全息面图像的光信息都是连续的，但利用计算机储存和处理图像时，需要对物面和全息面进行离散化处理，即抽样，抽样间隔需要满足采样定理。

（Ⅱ）计算：运用光学物理定律，利用计算机计算全息平面上复振幅的分布。

（Ⅲ）编码：把全息平面上光波的复振幅分布编码成透过率分布函数或者相位延迟分布函数。

（Ⅳ）成图：利用计算机，将编码得到的透过率分布函数或者相位延迟分布函数绘制成图。

计算全息图再现过程与利用光学方法得到全息图再现过程基本一致。计算全息图的制作流程见图 3-13-6。

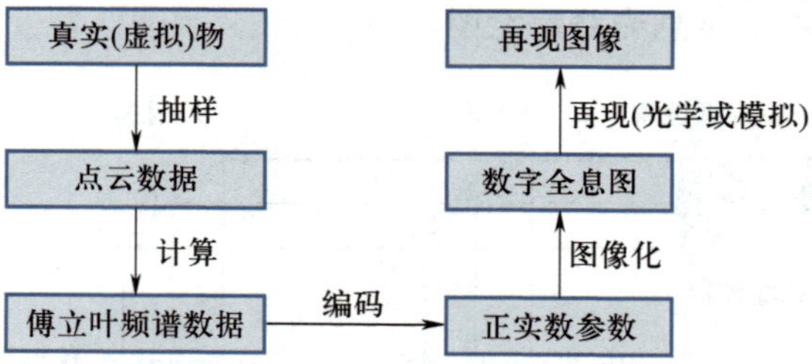

图 3-13-6

（b）计算全息的编码方法

由于目前全息图的呈现介质（如空间光调制器）大多是纯振幅型或者纯相位型，所以运用物理定律计算得到的全息平面上的复振幅分布需要编码成匹配呈现媒介的调制函数。全息编码就是把全息平面上的光波复振幅分布编码成透过率变化函数或者相位延迟函数的过程。编码的方法有很多种，如迂回相位、修正离轴参考光、相息图等。其中，相息图是计算全息图中的一种，可以充分利用入射光，衍射效率很高。

（4）研究内容

（a）根据不同的计算全息编码方法制作计算全息图，利用计算机模拟还原或者振幅型空间光调制器光路还原，并比较成像效果。

（b）利用计算机软件制作彩色相息图，并利用相位型空间光调制器进行光路还原，探究提高再现像效果的方法。

【课题要求】

1. 查阅相关资料,完成开题报告。
2. 确定课题题目,探讨研究内容。
3. 设计实验方案,确定实验方法。
4. 搭建实验装置,完成相关实验。
5. 完成研究论文,准备期末答辩。

第4章 虚拟实验

4.1 基于 LabVIEW 的虚拟仪器实验

【实验综述】

虚拟仪器技术就是利用高性能的模块化硬件,结合高效灵活的软件来完成各种测试、测量和自动化的应用。虚拟仪器以软件为核心,利用计算机强大的数据处理能力,将以前传统仪器中由硬件电子线路实现的信号处理、结果显示和仪器控制用计算机软件来实现,用户通过软件编译的虚拟面板来操作计算机,即可实现对测试仪器的操作。虚拟仪器最大的优势是灵活性高、成本低,易于操作、维护及设备更新。

LabVIEW 是一个图形化程序编译平台,它早期是为实现仪器自动控制而设计,现在已经成为一种逐渐成熟的高级编程语言。

本实验主要基于 LabVIEW 软件设计和编译虚拟仪器,探究虚拟实验内容,并测试和分析相关物理量。

【实验目的】

1. 通过实验掌握虚拟仪器的概念及应用。
2. 学会使用 LabVIEW 软件设计和编译虚拟仪器。
3. 掌握利用虚拟仪器采集数据和测量分析。

【背景知识】

1. 虚拟仪器

虚拟仪器的概念是由美国国家仪器公司(National Instruments,NI)所创建的,虚拟仪器由硬件和软件两部分构成。硬件是虚拟仪器的基础,由计算机和具体的数据采集设备构成。软件是虚拟仪器的核心,利用计算机强大的计算和处理能力定义仪器的具体功能。

与实物仪器相比,虚拟仪器不需要大量的实际硬件设备,而是通过软件模拟来实现仪器的功能。举例来说,假如需要对某个电路的信号波形进行测量和分析,如果使用传统的示波器,就需要专门的硬件设备,将其连接到电路上进行测量,操作相对烦琐。而虚拟示波器可以通过安装相应的软件在计算机上实现相同的功能，操作更加方便灵活，并能够随时调整参量、保存数据及导出结果，且不需要额外的硬件设备。还有一点不同是，虚拟仪器需要与外围设备之间进行通信与数据传输，常用的数据传输方式有 GPIB 总线、DAQ 数据采集卡、VXI 硬件平台等，如图 4-1-1 所示。

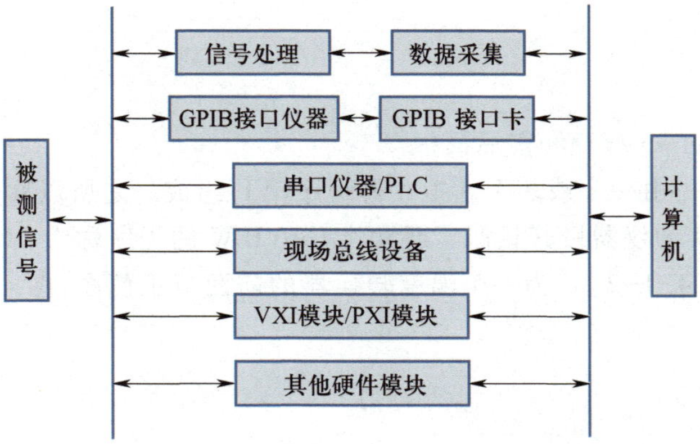

图 4-1-1

然而，虚拟仪器上的数据采集精度、带宽等特性往往不如专用的实验仪器高，其数据分析能力也与计算机性能和软件算法相关。除此之外，虚拟仪器还受到数据传输速度的限制，可能在实时性上会略有欠缺。

综上所述，虚拟仪器特别适合于需要灵活场景的教育、研发、远程监控和数据分析等领域的应用。用户可以根据具体需求和实际情况选择虚拟仪器来提高工作效率和解决问题。

2. LabVIEW 与图形化编程语言

1983 年，NI 公司开始寻找最小化编程仪器系统所需时间的方法，虚拟仪器概念应运而生。直观的前面板用户界面，结合新颖的框图编程方法，能够产生一个高效的、基于软件的图形化仪器系统。LabVIEW 正是 NI 公司所发布的虚拟仪器开发系统。

LabVIEW 使用的是一种图形化编程语言，有时也称为 G 语言。它代替文本编程语言来创建应用程序，其源程序完全是图形化的框图，而不是文本代码。它把复杂、烦琐、费时的语言编程，简化为利用线条把各种不同的图形化功能模块连接起来的图形编程。用户可以直观地通过图形的布局来理解程序的流程，而不需要深入研究代码细节。因此，在 LabVIEW 中编写软件的过程，其实就是一个绘制程序流程框图的过程，结合它提供的各种控件、信号分析处理函数库，可以大大提高编程效率。

在 LABVIEW 中，程序的执行是由数据流驱动的，这种方式使得并行处理和复杂数据处理变得更加容易实现。传统的文本编程语言根据指令的先后顺序决定应用程序的执行顺序，也称为控制流。而数据流是另外一种运行逻辑：当所有的输入端都具备了必要的输入数据时，程序框图节点将运行。节点在运行时产生输出数据并将该数据传送给数据流路径中的下一个节点。数据流经节点的动作决定了框图上的程序或函数的执行顺序。

另外，LABVIEW 具有强大的外部接口能力，可实现与诸如 C/C++、Basic、Matlab、Python 等编程语言互通的能力，现在，LabVIEW 不仅仅局限于虚拟仪器软件类的开发，而且已经发展成为一种通用的、完善的、开放的高级编程语言。

LABVIEW 也支持多种操作系统，包括 Windows、macOS 和 Linux。同时，它提供了广泛的硬件支持，包括 NI 自家的数据采集和仪器控制硬件，以及其他厂商的产品。这使得 LABVIEW 在仪器控制和数据采集领域特别强大，在工业自动化、仪器仪表、数据采集等领域得到了广泛的应用。

【基本原理】

1. LABVIEW 中的 VI 程序和前后面板

一个 LabVIEW 程序由一个或多个虚拟仪器程序（VI）组成。之所以称为虚拟仪器，是因为它们的外观和操作与真实的仪器极其相似。通常将 LabVIEW 的程序称为 VI。每个 VI 都包括前面板与后面板两部分，图 4-1-2(a) 为一个温度转换器的前面板示例图，图 4-1-2(b) 是它的后面板示例图。

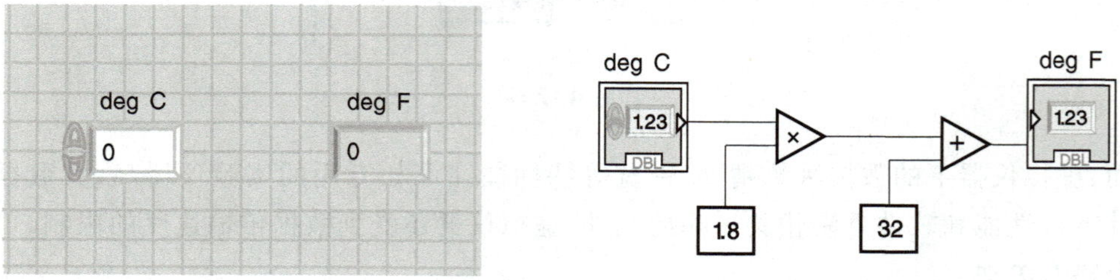

(a) (b)

图 4-1-2

前面板是虚拟仪器的外观，相当于真实仪器的面板，是与用户进行交互的界面。在前面板中通过鼠标选择并摆放旋钮、按钮、数值框等输入类型控件（供用户手动调节或输入）和显示屏、指示灯、电压表等显示类型控件（用来显示结果），以此来配置一个友好的用户界面。在选择和摆放控件的过程中，无论是输入类型控件还是显示类型控件，都要根据处理的信号或数据类型进行相应选择。如果处理的是数值类型数据，则需要选择数值类型的输入或显示控件；如果处理的是图形类信号，则需要选择图形类的输入或显示控件。

后面板是虚拟仪器的代码区域，相当于真实仪器的内部电路。在此面板中，利用鼠标将各个控件对应的图标连接起来，再添加一些必要的函数，从而实现虚拟仪器的功能。后面板上控件图标的外观取决于数据类型。不同的类型提供不同的数据储存方式，有助于有效利用存储器。LabVIEW 中常见的数据类型见表 4-1-1。

表 4-1-1

数据类型	控件缩写	图标形式	颜色
长整型	I_{32}		蓝色

续表

数据类型	控件缩写	图标形式	颜色
双精度	DBL		橙色
扩展精度	EXT		橙色
布尔型	TF		绿色
字符串	abc		紫红色

函数是具有特定功能的单元,类似于真实仪器中的集成电路。LabVIEW 系统拥有一个功能强大的函数库,可以满足众多数据分析和处理的要求。在后面板单击鼠标右键以显示函数库,然后选择所需的函数并拖放到后面板中,再将控件图标与函数相连接,实现仪器功能。

完成的 VI 程序可以运行以及终止。与其他的文本程序类似,VI 程序也可以进行调试。当运行按钮呈现为一个裂开的箭头时,表示该 VI 有问题,单击此按钮将会列出所有的错误信息。对程序调试时,可以单步执行、设置断点以及使用探针来观察中间数据。LabVIEW 程序中几种常用的操作图标见表 4-1-2,调试方式见表 4-1-3。

表 4-1-2

操作步骤	运行	暂停	终止	报错	单步执行
对应图标					

表 4-1-3

操作步骤	断点	探针
设置方式	鼠标右键连线,单击 BreakPoint 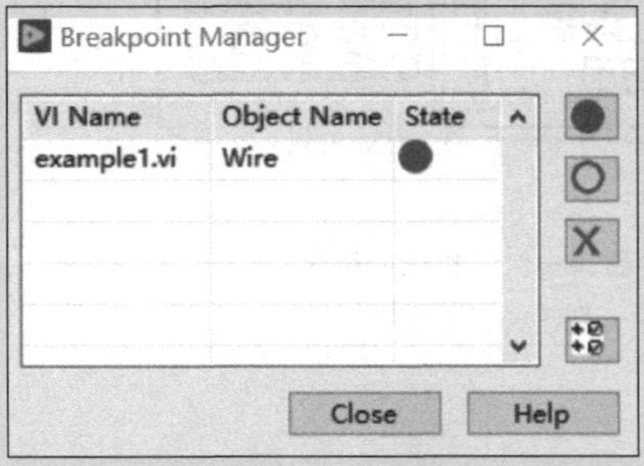	鼠标右键连线,单击 Probe 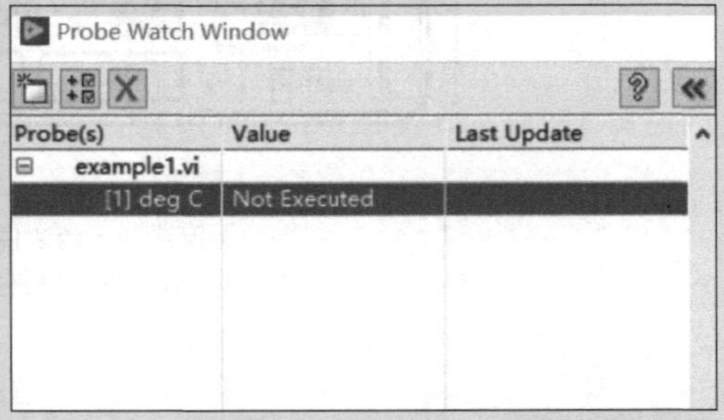

2. 数据采集

数据采集简称DAQ(data acquisition),是实现测量现实世界信号,并把这些信息发送到计算机,用于处理、分析、储存和其他数据操作的过程。需要采集的物理量可以是各种类型的,除电压、电流这种容易测量的电学量之外,还可以是速度、温度、湿度、压力、声音、流量和启停等各种现实物理量或动作。

在测量非电学物理量时,一般需要使用传感器,它可以将某种非电学量对应到电学量,从而实现测量。例如,在数据采集时,首先要选择合适的传感器,将其安装在需要监测的位置或系统中。传感器检测到非电学物理量,并将其转换成电信号。DAQ设备接收到电信号,进行模数转换,将模拟信号转换成数字信号,并传输给计算机。

LabVIEW能够控制DAQ设备,例如读取模拟输入信号(A/D转换)、产生模拟输出信号(D/A转换)、读写数字信号等。在实验室中,如果要使用虚拟仪器的方法采集数据,需要一个DAQ设备、一台配有LabVIEW和DAQ驱动软件的计算机,并通过一些方法将传感器信号连接到DAQ设备,如连接器模块、电路面包板和导线等。

【实验装置】

虚拟仪器实验系统主要由计算机、LabVIEW软件系统和NI ELVIS虚拟仪器实验平台组成。

NI ELVIS是模块化的虚拟仪器实验平台,它集成函数发生器、示波器、数字万用表、可变电源、频谱分析仪、阻抗分析仪等多种仪器以及基于RIO架构的FPGA嵌入式设计功能。如图4-1-3是NI ELVIS Ⅲ面板示意图。

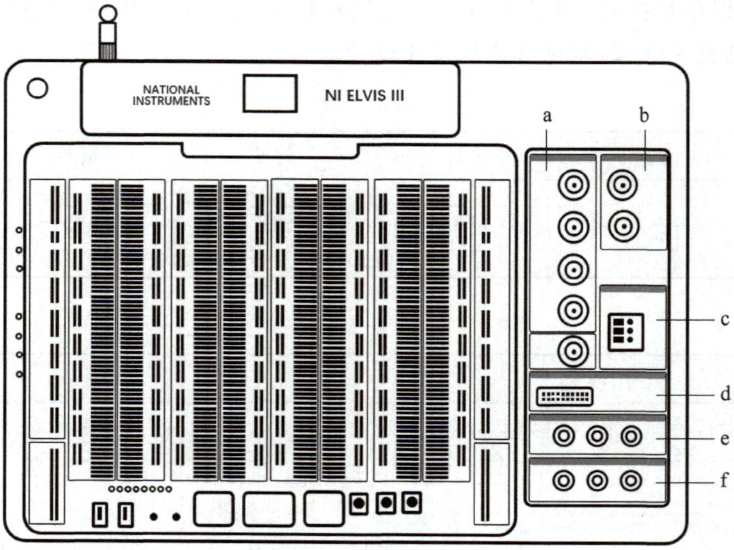

图4-1-3

a—示波器;b—函数信号发生器;c—伏安特性分析仪;

d—逻辑分析仪/图形发生器;e—直流源;f—数字万用表

【实验内容】

1. 设计温度转换器,掌握基础编译方法

(1) 新建一个空白的 VI 程序,按 Ctrl+T 键,让前面板与后面板分列显示。

(2) 单击选择前面板,添加控件,完成图 4-1-2(a)中的前面板。

(a) 在前面板单击鼠标右键,显示控件面板,单击选择 Numeric>>Numeric Control,将此控件摆放到前面板,用来输入需要转换的温度(摄氏度)。

(b) 在前面板单击鼠标右键,显示控件面板,单击选择 Numeric>>Numeric Indicator,将此控件摆放到前面板,用来显示转换后的温度(华氏度)。

(3) 单击选择后面板,添加函数,完成图 4-1-2(b)中的后面板。

(a) 在后面板单击鼠标右键,显示函数面板,单击选择 Numeric>>Multiply 函数,将其摆放到后面板。

(b) 在后面板单击鼠标右键,显示函数面板,单击选择 Numeric>>Add 函数,将其摆放到后面板。

(c) 在后面板单击鼠标右键,显示函数面板,单击选择 Numeric>>Numeric Constant 常量框,将其摆放到后面板,输入相应的常量。或者直接右键单击函数端子,单击选择 Create Constant,输入相应的常量。

(4) 用鼠标将各个图标和函数连接起来,单击运行按钮,调试 VI。

2. 利用 LabVIEW 编译自动匹配器,学会使用循环结构

(1) 新建一个 VI 程序,单击选择前面板,添加控件,完成图 4-1-4(a)中的前面板。

(a) 在控件面板中单击选择 Numeric>>Numeric Control,将此控件摆放到前面板,用来输入要匹配的数值。

(b) 在控件面板中单击选择 Numeric>>Numeric Indicator,将此控件摆放两个到前面板,分别用来显示当前计算机产生的随机数和循环次数。

(2) 单击选择后面板,添加函数,完成图 4-1-4(b)中的后面板。

(a) 在函数面板中单击选择 Numeric>>Random Number(0-1)函数,将其摆放到后面板,用于让计算机产生 0 到 1 之间的随机数。

(b) 在函数面板中单击选择 Numeric>>Multiply 函数,将其摆放到后面板。设置 Multiply 函数中的乘数为 10 000,从而将计算机产生的随机数扩大 10 000 倍。

(c) 在函数面板中单击选择 Numeric>>Round To Nearest 函数,将其摆放到后面板,将扩大后的数值取整。

(d) 在函数面板中单击选择 Comparison>>Not Equal 函数,将其摆放到后面板,用于判断取整后的随机数是否与 Number to Match 的数值相等。如果不相等,将布尔值 True 赋给循环函数;如果相等,则将布尔值 False 赋给循环函数。

(e) 在函数面板中单击选择 Structures>>While Loop 函数,将要循环的内容用该函数框起来。鼠标右击 While Loop 框中的条件端子,将其设置为 Continue if True。

(f) While Loop 框中的迭代端子是从 0 开始计数的,因此真正的循环次数需要再加 1,可以通过 Increment 函数来实现。在函数面板中单击选择 Numeric>>Increment 函数,将其摆放在循环框外,此函数用来将计数值加 1。将迭代端子与 Increment 函数和 of iterations 显示控件相连,用来记录计算机产生随机数的次数。

(3) 用鼠标将各个图标和函数连接起来,单击运行按钮,调试 VI。

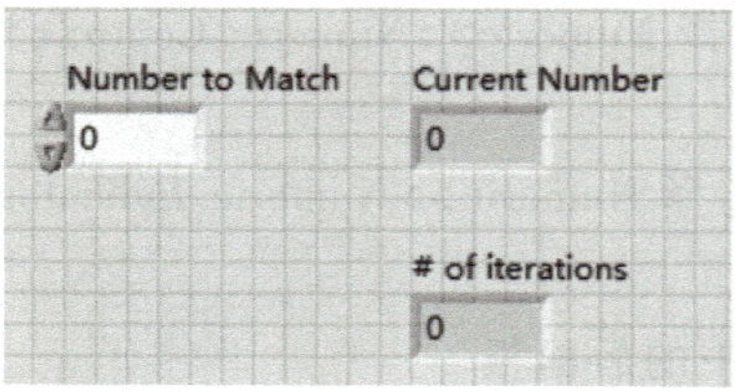

(a)

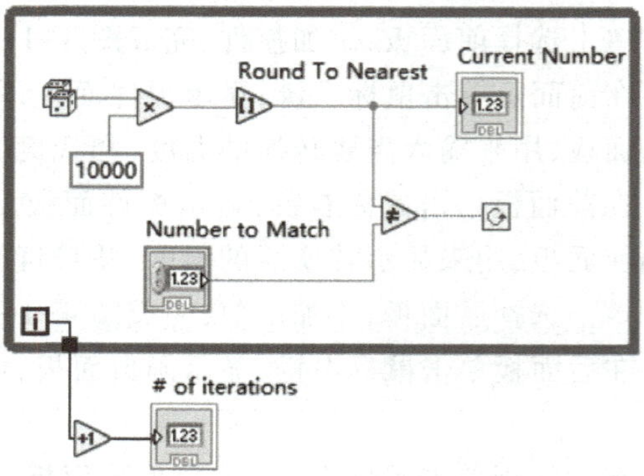

(b)

图 4-1-4

3. 利用 LabVIEW 编译数值判断器,学会使用选择结构

(1) 新建一个 VI 程序,单击选择前面板,添加控件,完成图 4-1-5(a)中的前面板。

(a) 在控件面板中单击选择 Numeric>>Numeric Control,将此控件摆放到前面板,用来输入需要求平方根的数。

(b) 在控件面板中单击选择 Numeric>>Numeric Indicator,将此控件摆放两个到前面板,用来显示求平方根后的数。

(2) 单击选择后面板,添加函数,完成图 4-1-5(b)中的后面板。

(a) 在函数面板中单击选择 Structures>>Case Structure 函数,将其摆放到后面板,此函数为选择结构函数。

(b) 在函数面板中单击选择 Comparison>>Great or Equal to 0 函数,将其摆放到后面板,用于判断输入的数值是否大于等于 0。

(c) 先将 Case 框上端的状态栏设定为 False 状态。

(Ⅰ) 在函数面板中单击选择 Numeric>>Numeric Constant 函数,将其摆放到 Case 框中并输入-9 999。当求平方根的数值为负数时,则显示此数,表示此时输入的数值小于 0。

(Ⅱ) 在函数面板中单击选择 Dialog & User Interface>>One Btn Dialog 函数,将其摆放到 Case 框中,当求平方根的数值为负数时,该函数显示提示信息,告知用户数值小于 0 不能求平方根。

(Ⅲ) 用鼠标右键单击 One Btn Dialog 函数 Message 端口,在出现的下拉菜单中单击选择 Create Constant,创建一个信息提示框,并在提示框中输入提示信息。

(d) 再将 Case 框上端的状态栏设定为 True 状态。在函数面板中单击选择 Numeric>>Square Root 函数,将其摆放到 Case 框中。

(3) 完成图 4-1-5(b)中的连接。单击运行按钮,调试 VI。

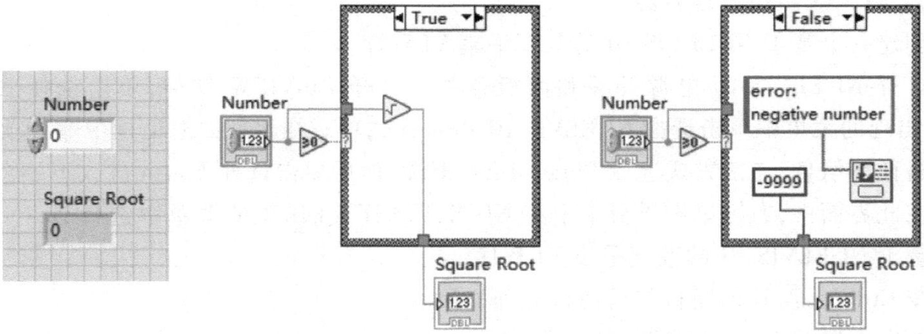

(a) (b)

图 4-1-5

4. 学会使用图形显示控件

（1）新建一个 VI 程序，单击选择前面板，添加控件，完成图 4-1-6(a)中的前面板。

（a）在控件面板中单击选择 Graph>>Waveform Graph，将此控件摆放到前面板，用来显示波形。

（b）在控件面板中单击选择 Boolean>>Stop Button，将此控件摆放到前面板，用来控制后面板的循环函数。

（2）单击选择后面板，添加函数，完成图 4-1-6(b)中的后面板。

（a）在函数面板中单击选择 Express>>Input>>Simulate Sig 函数，将其摆放到后面板，并与 Wave Graph 控件相连。此函数用于产生一个仿真的正弦波信号。

（b）在函数面板中单击选择 Timing>>Wait Until Next ms Muntiple 函数，将其摆放到后面板。设置该函数中的时间常量为 30，此函数能让图像延时 30 ms 显示。

（c）在函数面板中单击选择 Structures>>While Loop 函数，将要循环的内容用该函数框起来，并将 Stop 控件与条件端子相连。将循环的条件端子设置为 Stop if True。

（3）单击运行按钮，调试 VI。

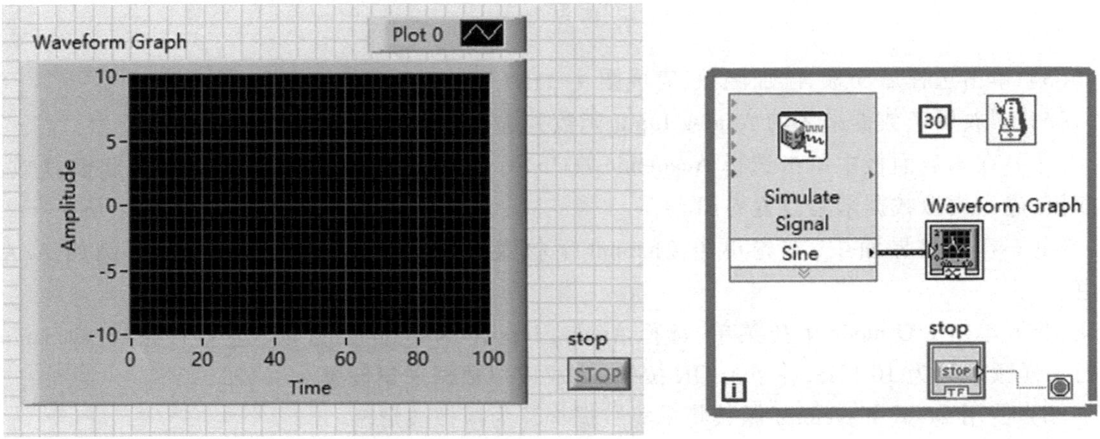

(a) (b)

图 4-1-6

5. 利用 ELVIS 实现数据采集

（1）创建一个基于 NI ELVIS III 的数据采集 VI 程序。

（a）打开 NI ELVIS III 电源开关和面板开关。打开 LabVIEW 软件，单击选择 Create New Project，在出现的菜单中单击选择 NI ELVIS III Project 选项。在出现的对话框中输入项目名称和项目保存路径等信息，连接方式选择 Plugged into USB，然后单击选择 Finish 进入下一个界面。

（b）在此界面中，右键单击子目录中的 NI-ELVIS III，在出现的菜单中选择 New>>VI，即创建了一个基于 NI ELVIS III 的数据采集 VI 程序。

（c）按 Ctrl+T 键，让前面板与后面板分列显示。

（2）单击选择前面板，添加控件，完成图 4-1-7(a)中的前面板。

（a）在控件面板中单击选择 Graph>>Waveform Graph，将此控件摆放到前面板，用来显示波形。

（b）在控件面板中单击选择 Boolean>>Stop Button，将此控件摆放到前面板，用来控制后面板的循环函数。

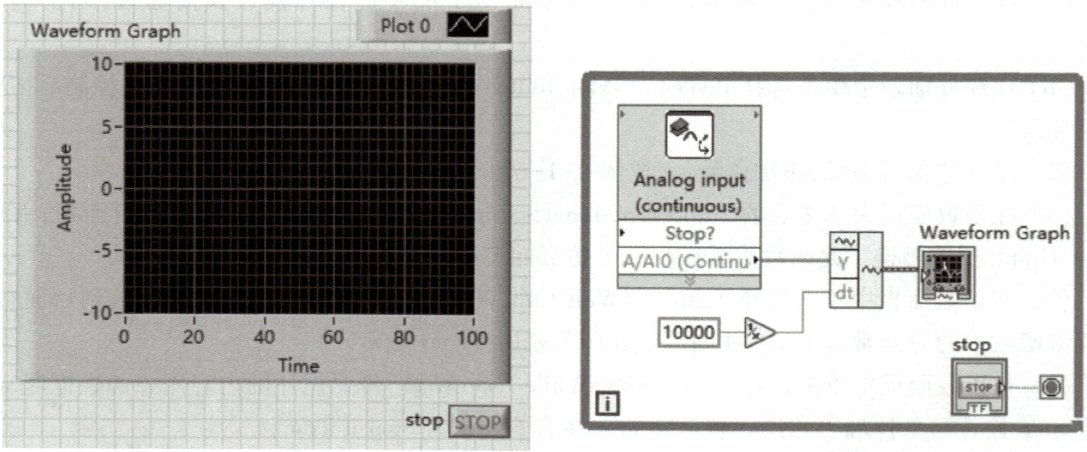

(a) (b)

图 4-1-7

（3）单击选择后面板，添加函数，完成图 4-1-7(b)中的后面板。

（a）摆放用于数据采集的 Analog Input 函数并选择对应通道。

（Ⅰ）在函数面板中单击选择 Academic I/O>>Control I/O>>Analog Input 函数，将其摆放到后面板，进入模拟数据采集设置界面。

（Ⅱ）在采集界面中，首先单击 Channel 下拉菜单，选择一个数据采集通道，例如 A/AI0 通道。

（Ⅲ）单击 I/O mode 下拉菜单，选择 Analog Input(continuous)选项(连续采集)。将 Sample 中的采样频率设为 10 kHz，并单击 OK 按钮，完成模拟数据采集设置。

（b）使用 Build Waveform 函数将采集数据构建为模拟波形。

（Ⅰ）在函数面板中单击选择 Waveform>>Build Waveform 函数，将其摆放到后面板。

（Ⅱ）在此函数左侧单击鼠标右键，显示选择菜单，单击选择 Add Element，此时原函数的左侧会增加一个输入端 Y。在新增的输入端上再次单击鼠标右键显示选择菜单,然后单击选择 Select Item>>dt。根据之前设置的采样频率,dt 的输入数值应为 1/10 000 s。

(Ⅲ) 在函数面板中单击选择 Numeric>>Reciprocal 函数,将其摆放到后面板,并与 Build Waveform 函数的 dt 端相连。设置该函数的输入数值为 10 000。

(Ⅳ) 将 Analog Input 函数的信号采集输出端与 Build Waveform 函数的 Y 输入端相连,Build Waveform 函数的输出端与 Waveform Graph 显示控件相连。

(c) 在函数面板中单击选择 Structures>>While Loop 函数,将要循环的内容用该函数框起来,并将 Stop 控件与循环状态点相连。

(4) 运行程序进行数据采集。

(a) 双击桌面 Measurements Live 图标,进入硬件操作界面。也可以通过 NI ELVIS III 设备窗口中的“开始进行测量”选项进入 ELVIS III 硬件操作界面。

(b) 该操作界面为网页端,需要与所用的 NI ELVIS III 硬件进行连接。在页面中单击 MEASURE 选项,输入任意用户名,成功连接后将进入操作界面。

(c) 交流信号采集。

(Ⅰ) 单击右上角 Click here to add instruments 图标,单击选择 Function and Arbitrary Waveform Generator(函数信号发生器)。

(Ⅱ) 在出现的 Function and Arbitrary Waveform Generator 操作面板上,设定好信号类型、频率和峰峰值,再单击 Run 按钮,ELVIS III 面板上的 FUNCTION GENERATOR 端口就会有相应的交流信号输出。

(Ⅲ) 用导线将 ELVIS III 面板上的 FUNCTION GENERATOR 输出端与程序中所设定的那个数据采集端口相连,并运行程序,此时可以在显示控件上看到采集到的函数信号发生器的信号波形。

(d) 直流信号采集。

(Ⅰ) 单击右上角 Click here to add instrument 图标,单击选择 Variable Power Supply(可变直流电源)。

(Ⅱ) 在出现的 Variable Power Supply 操作面板上,设定电压值,再单击 Run 按钮,则 ELVIS III 面板上的 VARIABLE POWER SUPPLY 端口就有相应的直流信号输出。

(Ⅲ) 用导线将 ELVIS III 面板上的 VARIABLE POWER SUPPLY 输出端与面包板上的数据采集端口相连,运行程序,此时可以在显示控件上看到采集到的直流信号。

6. 同时采集并测量交流与直流信号

(1) 打开 NI ELVIS III 电源开关和面板开关,创建一个基于 NI ELVIS III 的数据采集 VI 程序,步骤如前。

(2) 单击选择前面板,添加控件,完成图 4-1-8(a)中的前面板。

(a) 在前面板中放置一个 Waveform Graph 控件,用来观察交流信号的波形。

(b) 在前面板中放置两个 Meter 控件,分别命名为直流电压和交流电压,用于显示测量得到的直流交流信号的电压值。

(c) 在前面板中放置一个 Stop Button 控件,用来控制后面板的循环函数。

(3) 单击选择后面板,添加函数,完成图 4-1-8(b)中的后面板。

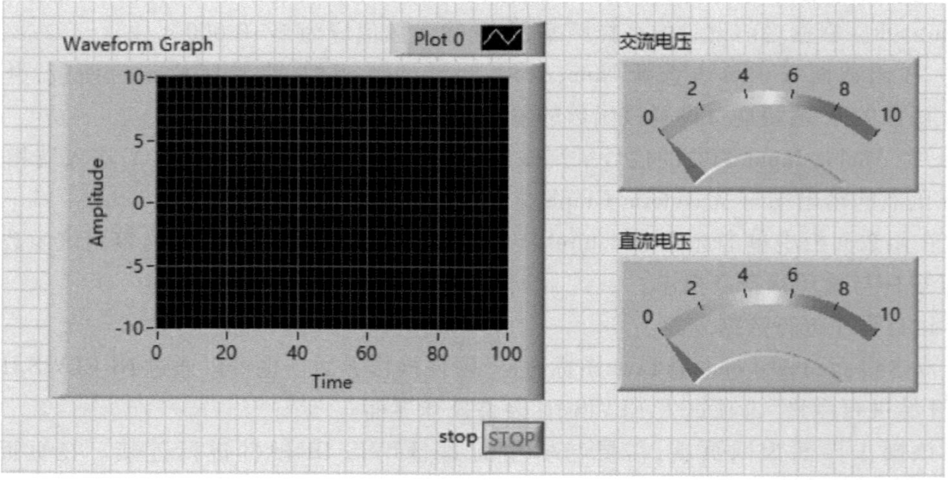

(a)

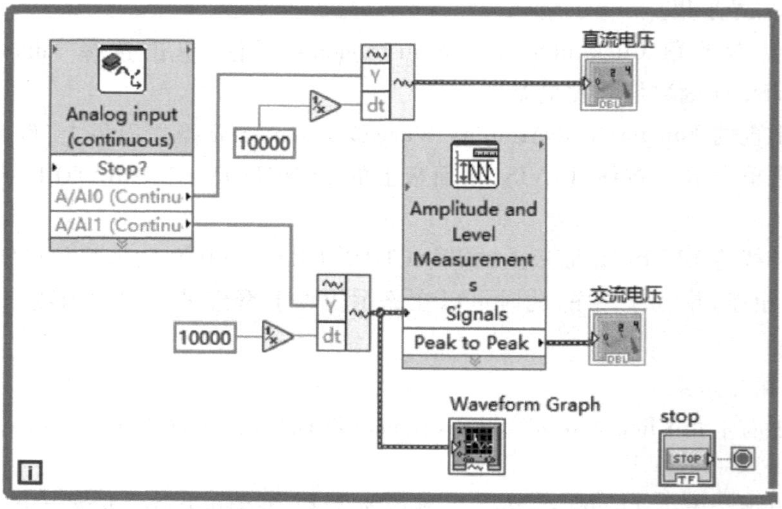

(b)

图 4-1-8

(a) 摆放用于数据采集的 Analog Input 函数并选择对应通道。

(Ⅰ) 在函数面板中单击选择 Academic I/O>>Control I/O>>Analog Input 函数,将其摆放到后面板,进入模拟数据采集设置界面。

(Ⅱ) 在采集界面中,首先单击 Channel 下拉菜单,先选择一个数据采集通道 A/AI0,用于采集直流信号。单击 Channel 右侧的"+"号键,增加一个采集通道,选择通道 A/AI1,用于采集交流信号。此时 Analog Input 函数将会有两个采集信号输出。

(Ⅲ) 单击 I/O mode 下拉菜单,选择 Analog Input(continuous)选项(连续采集)。将采样频率设为 10 kHz,并单击 OK 按钮,完成模拟数据采集设置。

(b) 在函数面板中单击选择 Structures>>While Loop 函数,将要循环的内容用该函数框起来,并将 Stop 控件与循环状态点相连。

(c) 在循环框内摆放两个 Build Waveform 函数，分别将 A/AI0 和 A/AI1 通道的采集数据构建为模拟波形，步骤如前。

(d) 将直流信号(A/AI0 通道)所对应的 Build Waveform 函数的输出端与直流电压的 Meter 控件相连。直流信号的电压值可以直接输出到 Meter 控件。

(e) 测量交流信号的峰峰值并输出。

(Ⅰ) 在函数面板单击选择 Express>>Signal Analysis>>Amp & Level 函数，将其添加到循环框内。该函数可以对交流信号进行多种分析，包括峰峰值、平均值、有效值等。

(Ⅱ) 在随后出现的界面中，选择 Peak to Peak(峰峰值)选项，将交流信号(A/AI1 通道)所对应的 Build Waveform 函数的输出端与 Amp & Level 函数输入端相连，Amp & Level 函数输出端与交流电压的 Meter 控件相连。

(4) 双击桌面 Measurements Live 图标，进入硬件操作界面，操作与设置步骤如前。用导线将 ELVIS III 面板上的 FUNCTION GENERATOR 输出端和 VARIABLE POWER SUPPLY 输出端分别与面包板上相应的数据采集端口相连，运行程序，此时两个 Meter 控件上将实时显示采集到的直流电压值和交流电压值。

【拓展题】

1. 叙述虚拟仪器的优缺点。
2. 设计一个用虚拟仪器采集位移信号的实验方案，用文字简述其硬件与软件的基本架构。

4.2 托卡马克等离子体虚拟仿真实验

【实验综述】

核能是未来利用清洁能源的重要模式之一，其中聚变能更是目前国际原子能发展的焦点，与传统的核裂变相比，其实验装置没有核泄漏的危险，且反应产物没有放射性污染，其燃料氘可从海水中提取，储量丰富。因此，聚变能被认为是最终解决人类社会发展能源需求的潜在方案之一。

磁约束装置运行在超低温、高真空和强磁场环境下，其建设耗资巨大，实验运行费用高昂。直接接触和了解磁约束核聚变实验装置和实验运行的机会非常少，无法直接观察到相关实验现象。通过引入虚拟仿真实验，一方面，将等离子体物理过程与实体实验场景关联在一起，提供功能模块化的虚拟实验空间，形象直观展现磁约束核聚变中的等离子体物理过程；另一方面，提供可变磁位形、多参量调节条件和任意指向实验检测探针，实现实体实验不具备且难以完成的教学和探索功能。

本虚拟仿真实验基于我国的大科学装置全超导托卡马克 EAST 实验装置及实验场景，将真实实验数据和前沿的理论模型以及大规模数值模拟相结合，设计模块化实验，使学生认知托卡马克聚变实验装置与过程、理解磁约束原理、探究磁约束下带电粒子的运动规律以及探索复杂的等离子体湍流问题，进一步还能探索磁场位形对等离子体物理过程的影响，深化仿真实验学习效果。

【实验目的】

1. 了解核聚变反应原理以及磁约束原理。
2. 认识托卡马克核聚变实验装置的主要构成及其功能。
3. 探究等离子体磁流体力学平衡的物理原理以及带电粒子参量、磁场等依赖关系。
4. 自主设计并分析磁约束装置等离子体平衡剖面特点。

【背景知识】

轻核聚变的实现方式一般包括磁约束聚变和惯性约束聚变。

1. 磁约束聚变

磁约束聚变通过强磁场来约束和控制等离子体，使其保持在高温和高密度条件进行聚变。1950 年左右磁约束聚变研究人员探索了一系列磁场构型，包括托卡马克、磁镜、仿星器、等离子体环形箍缩等。1990 年以来，聚变研究在托卡马克装置上取得了突破性进展，实现了功率增益因子即聚变反应产生的功率与输入等离子体的功率之比超过 1，证实了以托卡马克为代表的磁约束核聚变的科学可行性。

目前国际领先的磁约束装置托卡马克，是一种利用磁约束实现受控核聚变的环形容器；正在建造中的国际热核聚变反应堆项目（ITER）即采用托卡马克位型。ITER 是世界上第一个反应堆规模的受控热核聚变装置,由中国、欧盟、印度、韩国、日本、俄罗斯、美国七方合作参加,验证聚变的技术可行性,为实现磁约束聚变能商业化发电重要的科学和技术桥梁。

2. 惯性约束聚变

惯性约束聚变是利用高能量激光或粒子束等外部能源对聚变燃料进行压缩,使其达到足够高的温度和密度,从而引发聚变反应。它主要应用于国防领域。

核聚变能在大规模商业应用之前需要解决两大关键问题:一个是实现核聚变反应的持续进行,并获得聚变能量增益;另一个是聚变反应产生的能量转化为可实际应用的热能,并能产生出足够的氚保证聚变反应自持。第一个问题的解决依赖于托卡马克等离子体物理技术的发展,本实验主要关注第一个问题即托卡马克等离子体物理过程,将在下文中重点介绍。第二个问题则取决于包层技术的发展。发生核聚变后产生的 α 粒子留在等离子体继续加热燃料离子,而聚变产生的高能中子转变成核热以及氚燃料的增殖是依靠包层来完成。

【实验原理】

1. 核聚变反应

核聚变反应是指两个较轻的原子核在一定条件下结合成一个较重的原子核,并伴随着大量能量释放的过程。最容易发生的核聚变反应是氢元素的同位素氘和氚,在 1 亿摄氏度的高温下聚变生成一个阿尔法粒子(氦核)和一个中子的反应,并放出 17.6 兆电子伏的能量

$$^{2}_{1}\mathrm{H}+^{3}_{1}\mathrm{H}\rightarrow ^{4}_{2}\mathrm{He}(3.52\mathrm{MeV})+^{1}_{0}\mathrm{n}(14.06\mathrm{MeV}) \qquad (4-2-1)$$

原料中的氘在海水中大量存在;而氚的半衰期为 12 年,无法在自然界存在,但可以通过中子与锂元素的核反应制备:

$$^{6}_{3}\mathrm{Li}+^{1}_{0}\mathrm{n}\rightarrow ^{3}_{1}\mathrm{H}+^{4}_{2}\mathrm{He} \qquad (4-2-2)$$

以上反应的原料丰富,聚变产物清洁无辐射。因此,聚变能源被认为是人类社会发展能源需求的最终解决方案。

2. 磁约束原理

核聚变反应需要在一亿摄氏度的高温下进行,此时燃料氘氚完全电离,形成等离子体。怎样约束高温的等离子体,维持其高密度的状态使其发生聚变反应,是一个国际难题。磁约束核聚变的原理是根据带电粒子无法横越磁场运动的性质,利用磁场来约束高温的等离子体,维持其高温(~10 keV,约 1 亿摄氏度)、高密度(~10^{20} m^{-3})的状态,从而达到核聚变反应以及能量增益的条件——劳逊判据(聚变三乘积)

$$n\tau_E T>3\times10^{21}\ \mathrm{m}^{-3}\cdot\mathrm{s}\cdot\mathrm{keV} \qquad (4-2-3)$$

式中,n 是等离子体密度,密度越大,燃料离子发生聚变反应的概率越大;τ_E 是能量约束时间,表征装置的约束性能;T 是等离子体温度,温度越高,原子核穿越库仑势垒发生聚变反应的概率越大。劳逊判据表征了由聚变反应产生的 α 粒子对等离子体自加热,维持等离子体自持燃烧的条件。

托卡马克中约束磁场的拓扑结构类似于轮胎的形状,如图 4-2-1 所示,其平衡磁场由环向场线圈产生的环向磁场和环向等离子体电流产生的极向磁场共同构成,形成了嵌套的磁面,并将等离子体约束于其中。装置的磁面即对应了等离子体的等压面。等离子体的力学平衡由磁压力与等离子体热压力相平衡得到

$$\nabla p = J\times\frac{B}{c} \tag{4-2-4}$$

式中,p、$\boldsymbol{J}$、$\boldsymbol{B}$ 分别为等离子体压强、电流密度和磁感应强度。在环形装置中,磁流体力学平衡可由 Grad-Shafranov 方程(GSE)描述。GSE 是磁约束聚变装置设计的基础;改变等离子体的电流、磁场分布,其约束等离子体的径向压强分布也会相应改变,共同构成了磁约束等离子体的平衡分布。

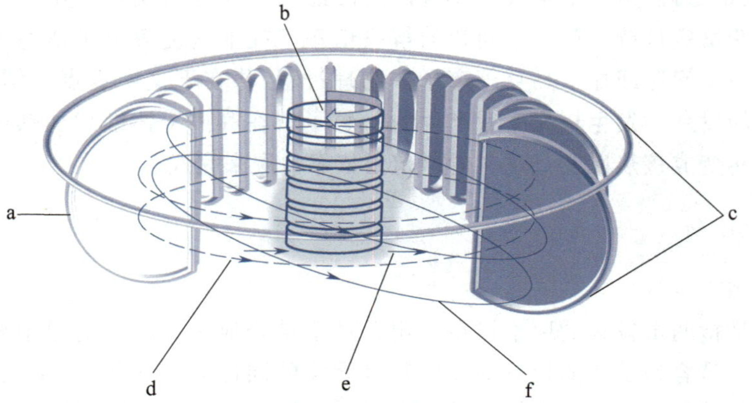

图 4-2-1

a—环向磁场线圈;b—内部极向磁场线圈;c—外部极向磁场线圈;d—环形磁场;e—等离子体电流;f—扭曲的磁场

3. 磁约束装置中的带电粒子轨道

磁约束装置中具有复杂的磁场位型,相应的带电粒子的运动轨迹也非常复杂,可以分解为沿着磁感应线的自由运动、绕磁感应线的快速拉莫回旋运动以及横越磁场的缓慢"漂移"运动。带电粒子沿着磁感应线方向不受力,而在垂直于磁场方向由于受到洛伦兹力的作用而围绕磁感应线做快速的回旋运动。当在非均匀磁场中以及存在电磁扰动时,粒子回旋运动的"导心"会有一些集体的漂移运动;如当磁场具有曲率时,带电粒子沿着弯曲的磁感应线运动时会受到离心力的影响,从而会产生额外的"曲率漂移",其方向垂直于磁场和曲率方向;而当磁场非均匀时,带电粒子的拉莫回旋半径在各点不同,使得带电粒子的导心产生磁场梯度漂移,其方向垂直于磁场和其梯度方向。粒子的磁场曲率漂移和梯度漂移(合称磁漂移)表示为

$$V_B = \frac{m(v_\perp^2 + 2v_{/\!/}^2)}{2q}\frac{B\times\nabla B}{B^3} \tag{4-2-5}$$

可以看到,其速度与其能量呈正相关,垂直于磁场及其曲率方向,并与电荷符号有关。因此,不同的粒子成分,其运动特征具有很大的差别。例如,电子和热离子由于其电荷符号相反,磁漂移方向相反,会引起电荷分离,如图 4-2-2 所示;此过程产生的电场会导致电子和离子共同向外的电漂移($V_E = cE\times B/B^2$,其中 E 是电荷分离产生的电场)损失,并引起放电失败。这也是托卡马克装置中必须引入等离子体电流来产生极向磁场的原因。由于极向场引起的磁场螺旋,

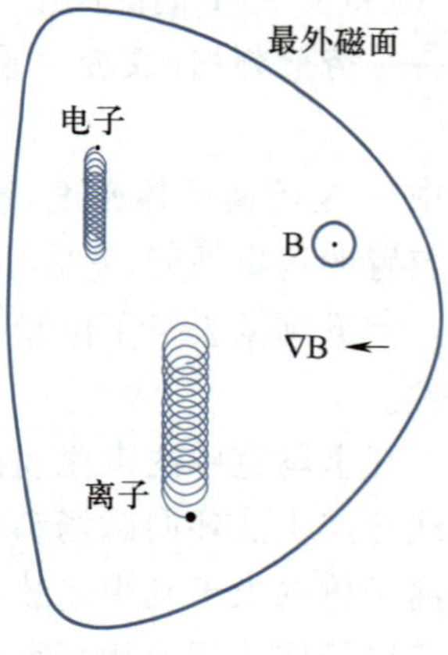

图 4-2-2

使得粒子沿着磁感应线的快速自由运动抵消缓慢的磁漂移引起的电荷分离。又例如，聚变产生的 α 粒子，具有 3.52 MeV 的高能量，其轨道半径要显著大于离子的轨道。

此外，真空室内小半径处磁场强，大半径处磁场弱，当带电粒子沿着磁感应线运动时，由于磁矩（$\nu \equiv v_{\perp}^{2}/B$）守恒，粒子沿着磁感应线运动到磁场较强区域时（强场侧），其垂直磁场方向能量增加，相应地，平行于磁场的速度减小，这叫作磁镜效应。该效应会导致初始时垂直速度较大的粒子的平行速度可能会变为零从而被沿着磁感应线“反弹”，并被“捕获”在磁场较弱的区域（弱场侧），这类粒子叫作磁“捕获粒子”或者“香蕉粒子”；而初始时垂直速度较小的粒子的平行速度受影响较小，可以沿着磁感应线运动，覆盖整个磁面，这些粒子叫作“通行粒子”。单个带电粒子的轨道由其磁漂移运动和沿着磁感应线的运动共同决定，形成“香蕉轨道”或“通行轨道”，其偏离磁面的距离与粒子速度成正比。对于同样的能量和质量，捕获粒子偏离磁面的距离更大。

燃烧等离子体一般可以分为高能粒子和背景等离子体两种成分。“捕获粒子”与“通行”高能粒子对应的特征频率不一样，因此与背景等离子体的相互作用明显不一样，从而可以激发不同的等离子体不稳定模式，例如高频的阿尔芬本征模和低频的鱼骨模不稳定性等。

因此，在托卡马克装置的复杂磁场几何位型下，理解单个带电粒子的轨道特征，是理解等离子体的复杂动理学行为的基础。

4. 等离子体微观湍流与输运

约束等离子体具有芯部压强高、边缘压强低的特点。这个等离子体不均匀性所携带的自由能，会激发等离子体的集体振荡（即不稳定性），如起静电的“漂移波”湍流，其在等离子体的不同参量区间具有不同的自由能来源，如离子温度梯度模、捕获电子模等，因而具有不同的偏振特性。这些漂移波不稳定性，会引起等离子体横越磁场的反常输运，从而导致约束性能下降。等离子体中发生的非线性自组织行为，如带状流激发等，会导致漂移波湍流的饱和；其过程是通过漂移波湍流非线性激发带状流而达到的，在此过程中湍流被带状流散射到稳定的短波长区域，从而被抑制。这个非线性过程，决定磁约束聚变装置中的湍流的强度，从而决定磁约束聚变装置的约束水平和经济效益。

【仪器装置】

中国于 1984 年建成第一座托卡马克装置“中国环流器一号”。2006 年建成的 EAST 是国际上首个全超导托卡马克装置，在长脉冲高品质等离子体约束研究方面处于世界先进水平，2021 年 12 月实现 1 056 s 长脉冲运行。2020 和 2023 年分别实现 102 s 和超过 400 s 的高约束 H 模放电，刷新了世界纪录。

本虚拟仿真实验系统以非圆截面全超导托卡马克核聚变实验装置 EAST 为蓝本构建实验场景，以 3D 仿真、动画等手段立体展现实验装置内部结构与重要诊断测量装置的组装。在仿真实验大厅内通过浏览单击，查看各装置的基本介绍，如图 4-2-3 所示。

实验仪器主体包括真空室、纵场线圈、极向场线圈、诊断系统、内外冷屏、外真空杜瓦，支撑系统等部件。仿真实验通过组装主要诊断装置和电磁测量系统了解其基本组成结构。

1. 真空室

由 16 个 D 形截面的不锈钢扇形焊接组成，提供为热核聚变反应提供了超高真空的运行环境。周围窗口提供抽气、诊断、加热电流驱动及冷却通道。

图 4-2-3

2. 超导纵场线圈

由 16 个 D 形超导线圈沿环形均匀分布组成,可在等离子体中心产生 3.5 T 的环向磁场。

3. 超导极向场线圈

由上下对称分布的中心螺管和四对大线圈组成,提供极向磁场。

4. 外真空杜瓦

圆桶状结构,它分为圆顶盖、中部环体和基座三个部分。外真空杜瓦主要为极向场、纵场、真空室等部件提供真空、低温环境。

5. 快动探针

可测量等离子体中电子温度和电子密度、粒子流量、平行等离子体流、湍流输运等,为接触式诊断系统。移动速度可达到 2 m/s,测量等离子体参量轮廓时间间隔可达 300 ms。探针系统采用两级传动结构:一级传动为长距离慢动系统,目的是驱动探针系统穿过托卡马克装置的水平窗口进入等待区域,在该区域,探针头不受等离子体的影响;二级传动为短距离快动系统,目的是驱动探针快速进入和退出等离子体削删层区域进行数据诊断。

6. 电磁测量系统

电磁测量系统是托卡马克运行、等离子体反馈控制系统和共振磁扰动线圈系统的基本诊断。电磁测量传感器分布在真空室内,提供包括等离子体电流、极向场电流、磁通量、磁场等测量。它包括罗科线圈和磁探针。

(1) 罗科线圈:分为上下两组,每组包含 8 个线圈,沿环向均匀分布。它用于测量极向磁场。

(2) 磁探针:磁探针包括小探针和磁通环。每个小探针都是二维的,由面积较小的多匝线圈构成,分别测量切向和法向的局部磁场。磁通环是面积较大的单匝线圈,用于测量磁通值。

【实验内容】

1. 托卡马克装置认识与重要诊断测量装置组装

(1) 浏览实验环境与设备,学习各设备功能介绍,并完成知识测试题。单击装置,学习实验装置各部件名称、构造及主要用途介绍。例如 EAST 主机、主要诊断设备、真空室内部腔体等。

（2）学习安装一种常用的等离子体诊断设备即快动探针，依次单击认识快动探针各部件，并观察其安装位置，学习其构造与功能。

（3）分别单击电磁测量装置的磁通环与磁探针模块，了解其不同的测量模块的分布位型与工作原理。

（4）做好实验前的预备工作，包括装置检查、启动冷却和抽真空装置，打开控制系统，开启纵场线圈电流和极向场线圈电流开关。真实实验时准备阶段冷却降温、抽真空需耗时一个多月，仿真实验冷却、抽真空已按真实实验的实验参量条件进行预设，确定实验准备就绪，开始实验。

2. 等离子体磁流体力学仿真实验

本部分旨在观察和理解托卡马克真空室内等离子体磁流体力学平衡中的物理过程，测量物理参量分布状态。在实验开始前完成知识点测试。

（1）选择最外磁面位形（三角形变、椭圆面、或圆形面）；设定实验条件（输入极向场线圈励磁电流），设置注入等离子体温度、密度的分布函数参量。参量含义及取值范围可参考界面上的文字说明。单击“运行”，进行等离子体放电。单击“磁面位形”查看真空室环向截面上的磁面分布，如图 4-2-4 所示。待运行结束，查看参量分布图并进行取点测量，将采集数据保存至文档。

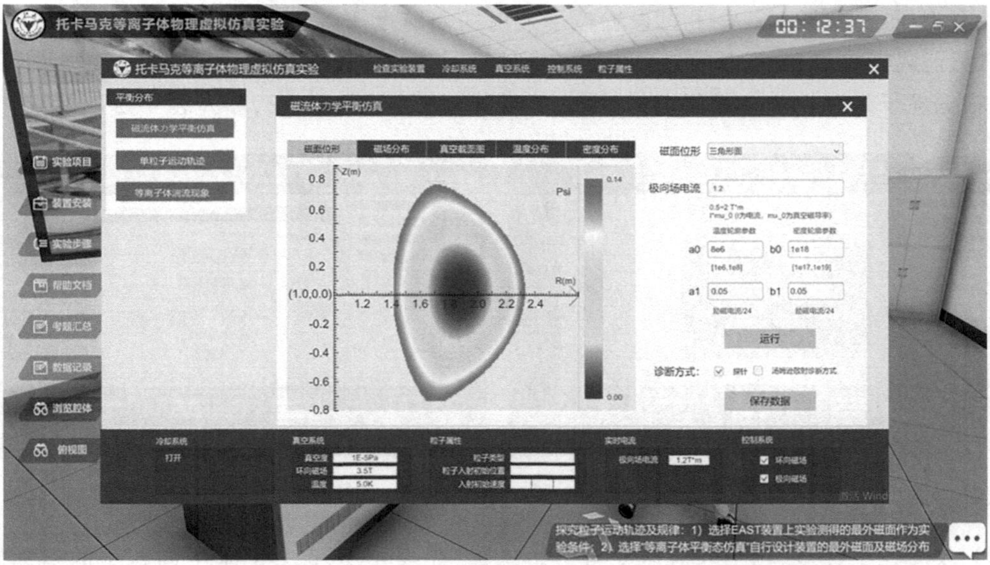

图 4-2-4

（2）单击“温度分布”显示真空室内环向截面上的温度分布，并进行测量。将鼠标沿 x 轴（R 方向）移动，测量温度 T 值，并记录对应的 R 值，填入表 4-2-1 中，绘制径向温度分布轮廓 T-R 曲线。

表 4-2-1

R/m									
T/(10^7 K)									

（3）单击“密度分布”显示真空室内环向截面上的密度分布，测量电子密度。将鼠标沿 x 轴（R 方向）移动，测量密度值 n_e，并记录对应的 R 值并填入表 4-2-2 中，绘制径向密度分布轮廓 n_e-R曲线。

表 4-2-2

R/m									
n_e/cm^{-3}									

（4）探究在不同的最外磁面位形条件下，不同的极向场电流条件下，托卡马克中磁场分布、等离子体温度分布与密度分布情况。更改最外磁面位形，针对不同实验条件，进行探究实验。例如，选择圆形最外磁面位形，改变极向场励磁电流大小，分别查看磁面分布、磁场分布，并测量径向温度分布轮廓与密度分布轮廓。拓展测量选择不同极向位置的参量轮廓。

3. 单粒子在复杂磁场中的运动轨迹仿真实验

测量带电粒子在复杂磁场中的运动轨迹，并总结粒子轨迹随实验参量变化的规律，理解磁约束等离子体的必要性与实验条件。

（1）在如图 4-2-5 所示的实验界面，选择实验条件“1 基于 EAST 装置实际位形”。设定粒子类型（D 离子、α 粒子 He、电子），设置粒子入射初始速度 V_{01}、V_{02}和 V_{03}以及入射位置半径。单击开始运行，观察粒子 3D 运动轨迹。可以看到粒子运动导心基本沿着磁感应线行进，如图 4-2-6 所示。根据粒子运动轨迹在截面上的投影，并测量轨道参量 ΔR，ΔZ，填入表 4-2-3 中。

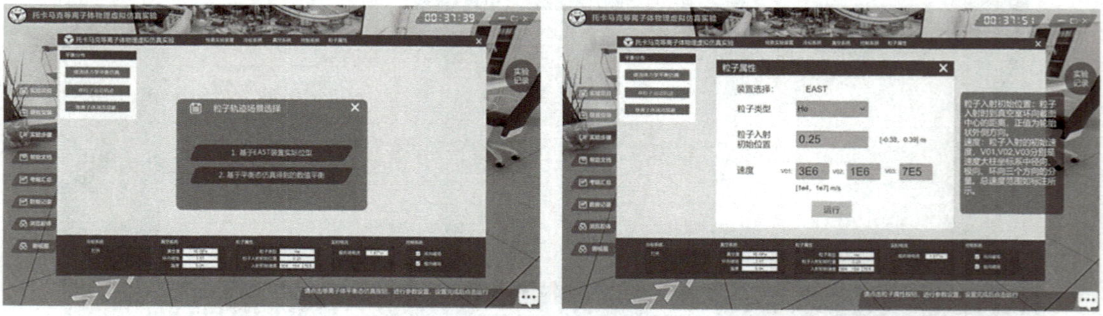

图 4-2-5

（2）改变粒子类型、粒子入射速度与初始位置，在表 4-2-3 中记录不同粒子的运动轨道参数随不同入射速度大小或方向的变化规律，采用控制变量法，每次改变一个参量，归纳总结“捕获粒子”与“通行粒子”实现的实验条件。

4. 托卡马克等离子体平衡剖面设计探究性实验

初步设计磁约束核聚变环形装置中等离子体平衡剖面，并研究在该磁面位形条件下粒子运动轨迹规律。理解托卡马克真空室内等离子体磁流体力学平衡中的物理过程，通过设计改变实验参量，探究对等离子体磁流体力学平衡的影响，并在自主设计实验装置位形与实验条件下，探究粒子轨道的变化规律并进行总结。

（1）在“单粒子运动轨迹”实验中选择实验条件“2 基于平衡态仿真得到的数值平衡”，将采

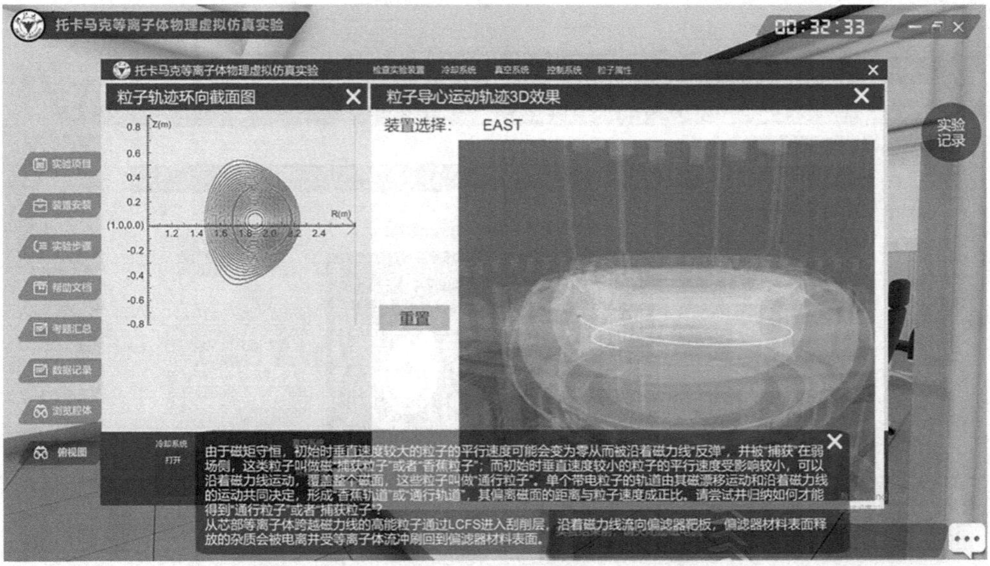

图 4-2-6

表 4-2-3

序号 i	粒子类型	入射位置	V_{01}	V_{02}	V_{03}	ΔR	ΔZ	捕获/通行粒子
1								
2								
3								
4								
5								
6								
7								
8								
9								
10								

用实验内容 2 中的步骤(4)中自行设计的装置最外磁面位形以及磁场分布作为实验条件，选择粒子类型与初始条件，单击“运行”，可直观显示粒子的运动轨迹并进行测量。

(2) 更改不同的托卡马克等离子体平衡剖面设计条件，探究粒子运动轨迹的变化规律。例如自由选择某一磁面位形，设置极向电流大小，分析在该实验装置条件下粒子运动轨迹规律。也可以固定极向励磁电流大小，更改最外磁面位形，进行探究实验。

5. 等离子体中的湍流演示性实验

观察基于大规模数值模拟的磁约束等离子体中的湍流产生与演化过程，以及湍流中的温度、密度演化，了解其对等离子体约束的意义。图 4-2-7 所示为低约束模式下的离子温度梯度摸湍流演化截图。

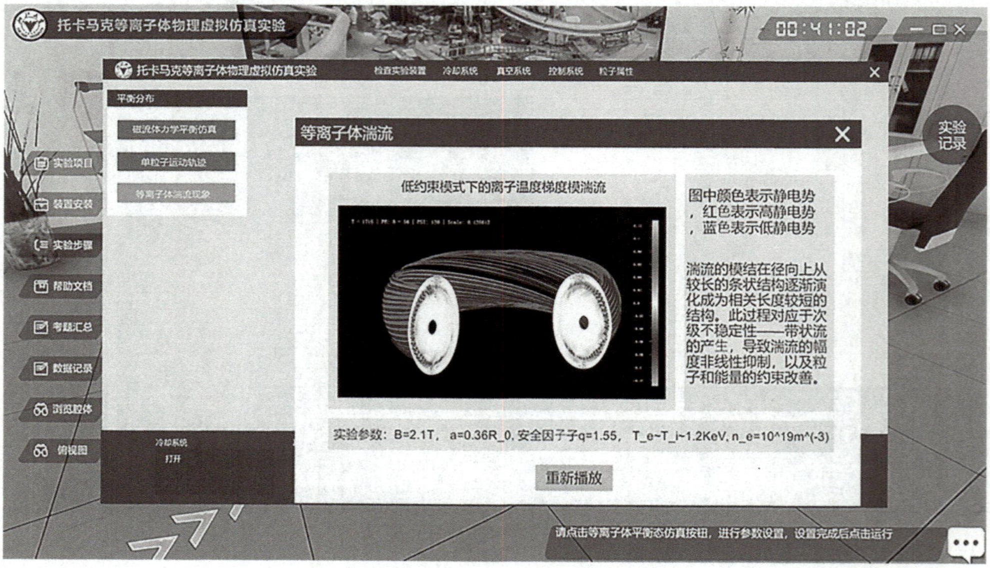

图 4-2-7

【拓展题】

1. 请简述核聚变反应发生以及产生能量增益的条件，并写出最易发生的核聚变反应表达式。

2. 磁约束环形装置中，如果仅有环向磁场，等离子体中不同电性的粒子将做怎样的运动？

3. 环形装置中磁流体力学平衡是指什么？在环形装置的环向截面上，磁场分布规律和等离子体压强分布规律分别是怎样的？

4. 托卡马克内等离子体中的电子与聚变产生的 α 粒子，其运动轨迹有何不同，原因是什么？

5. 请归纳“捕获粒子”和“通行粒子”的形成条件。

参考文献

读者意见反馈

为收集对教材的意见建议，进一步完善教材编写并做好服务工作，读者可将对本教材的意见建议通过如下渠道反馈至我社。

咨询电话　400-810-0598

反馈邮箱　hepsci@ pub.hep.cn

通信地址　北京市朝阳区惠新东街4号富盛大厦1座

　　　　　高等教育出版社理科事业部

邮政编码　100029